AF617170

HISTORIA DEL CINE EN ESPAÑA

EL NACIMIENTO DE UNA INDUSTRIA CULTURAL

(1896-1931)

sh

HISPANOSCOPE LIBROS
Colección dirigida por Jesús Rodrigo

Historia del cine en España
El nacimiento de una industria cultural (1896-1931)
Juan Carlos De la Madrid y Christian Franco Torre

Valencia - España
www.shangrilaediciones.com
shangrila@shangrilaediciones.com

Imagen de cubierta:
Infografía: Nicolás De la Madrid a partir de la imagen
de la representación del *Cuadro II de Cinematógrafo Nacional,*
en *El Arte del Teatro,* 15-VI-1907

Diciembre, 2025

ISBN: 979-13-990331-2-0
Depósito legal: V-3532-2025

HISTORIA DEL CINE EN ESPAÑA

EL NACIMIENTO DE UNA INDUSTRIA CULTURAL

(1896-1931)

JUAN CARLOS DE LA MADRID
CHRISTIAN FRANCO TORRE

sh

SUMARIO

INTRODUCCIÓN

EL CINE EN ESPAÑA, OTRA HISTORIA

Al escribir un libro de historia es casi imposible huir del ejercicio que Stefan Berger ha expresado en una de sus últimas obras: la reflexión sobre la práctica teórica que implica este desempeño.[1] En un libro de historia del cine, escrito con el siglo XXI ya avanzado, ese ejercicio es más necesario aún. La historia del cine se ha hecho al revés; hacia atrás. Partiendo del final para interpretar el principio. Es una historia lineal que, entendiendo el cine como se entiende hoy: el cine clásico con las hechuras del Modo de Representación Institucional descrito por Burch,[2] ha ido a buscar sus principios. Se ha transformado en el relato de una curiosidad científica, que pasó más tarde a ser un espectáculo de masas, para acabar convirtiéndose en una manifestación artística capaz de adoptar unos códigos, socialmente aceptados, para contar relatos de ficción. Pero esos códigos ya estaban allí antes de empezar a escribir la historia del cine. Llegó adónde tenía que llegar. Al punto de partida.

Esta historia teleológica ha identificado el cine con el arte, sólo con lo artístico. Un planteamiento que viene muy bien para su estudio estético, pero que le hurta la necesaria interpretación histórica por la que nosotros estamos más interesados. Así que dejemos claro, desde el principio, que no vamos a hacer una historia estética, de lo artístico y de sus obras. Ese es un campo que trillaremos, pues es imposible sortearlo y ese rodeo no está en nuestras intenciones primeras, pero el verdadero propósito de este estudio

1. BERGER, Stefan: *History and Identity. How Historical Theory Shapes Historical Practice*, Cambridge University Press, 2022, p. XI.
2. BURCH, Noël: *El tragaluz del infinito (Contribución a la genealogía del lenguaje cinematográfico)*, Cátedra, Madrid, 1987. Finalmente es el mismo planteamiento con el que se abordaron estudios tan importantes como el de BORDWELL, David, STAIGER, Janet y Thompson, Kristin: *El cine clásico de Hollywood. Estilo cinematográfico y modo de producción hasta 1960*, Paidós, Barcelona, 1997.

es describir cómo el cine en España llegó a ser parte de una industria cultural, siendo un fenómeno que, en sus inicios, no era ni pretendía ser arte. Un estudio histórico en un doble sentido: la historia del cine en cada momento y su interpretación cultural a través de la historia de España.

Ese planteamiento, llevado a toda la historia del cine español, es aún novedoso. En la ya densa y extensa historiografía española, salvo algunas excepciones, no ha cuajado una corriente de historia cultural o, al menos, una que pretenda abordar el estudio del cine como una industria de esa naturaleza. No es el enfoque habitual ni, por supuesto, el que adoptan la mayoría de los trabajos y las investigaciones sobre nuestro cine. Ha sido sustituido por una aplicación de los conceptos canónicos de un tipo de historia del arte que ha tratado al cine con un objeto estético, sólo con valor artístico, que debía de ser incluido en el resto de la historia del arte; sus valoraciones y sus períodos. La obra de arte es siempre el resultado de una fabricación intelectual a partir de un discurso interpretativo, donde el canon y su discusión han sido elementos centrales y soporte para la ampliación de las prácticas, los objetos y los límites culturales estudiados.[3] Como consecuencia de esto llegó la búsqueda de un repertorio de obras maestras, la nómina de sus creadores y las corrientes artísticas en las que podían insertarse, para cerrar una historia del cine homologable y con encaje en la historia del arte. En mimética maniobra con otras manifestaciones artísticas. Una historia del cine semejante a una historia del arte que hace tiempo que ha perdido el monopolio de ese tipo de relato ensimismado y poco atento a los métodos de otras ciencias sociales, y de la propia Historia.[4]

Por eso, entre las cuestiones de método que es menester aclarar antes de abordar un estudio como el que pretendemos, está la de decidir cuál será el punto de vista desde el que se aborde esta investigación. Eso nos lleva a partir de los planteamientos tradicionales, para superarlos más tarde. Hemos de atender a los dos conceptos que Gilbert Cohen-Séat diferenciaba, ya a mediados del siglo XX: *hechos fílmicos* y *hechos cinematográficos*.[5] De esa primera decisión han dependido muchas otras en los estudios de historia del cine.

3. Estudiado en MANSFIELD, Elizabeth (ed.): *Making Art History. A Changing Discipline and its Institutions*, New York, Routledege, 2007.
4. Idea ampliamente desarrollada por Larry SHINER en *La invención del arte. Una historia cultural*, Paidós, Barcelona, 2004.
5. "Ce que notre titre propose d'entendre par filmologie serait une connaissance ordonnée, ayant pour objet un ensemble de phénomènes

Según esta teoría, los hechos fílmicos pertenecen al territorio de las películas propiamente dichas, el de la imagen y el sonido; eso que, los interesados por los textos, llaman "el texto". Mientras que los hechos cinematográficos tienen que ver con todo lo referente a la producción y recepción de la película. El mismo Cohen-Séat dejó escrito que no era suficiente con proyectar una imagen sobre una pantalla para constituir un hecho cinematográfico, de la misma manera que un sonido vocal no constituye un lenguaje, deben darse las condiciones para que esas imágenes sean recibidas y entendidas convenientemente. En otras palabras que, además de la película, de lo fílmico, existe todo un ancho campo que, para lo que a nosotros nos interesa, incluiría la producción, distribución, exhibición y efectos sobre el público consumidor. El hecho cinematográfico más extenso, ya que incluye también a las películas.

Esta primera distinción es la base para situarse, metodológicamente hablando, a la hora de abordar una historia del cine. A partir de ahí los cuatro discursos fundamentales de los estudios del cine encuentran abrigo: de historia y teoría, para lo cinematográfico y de análisis y crítica para lo fílmico. Todos los manuales, desde los más clásicos, optan en su método entre ser historias estéticas, tecnológicas, económicas o sociales. Las categorías que sirvieron a Allen y Gomery para estructurar su famoso estudio, y que han servido a otros más recientes para catalogar los manuales conocidos como económico-industriales o socioculturales, si parten desde el hecho cinematográfico, y estético-lingüísticos, si, por el contrario, su prioridad es el hecho fílmico. Estos últimos son los más habituales, el enfoque mayoritario de las historias del cine sobre películas y autores.[6]

Aquellos que se decantaron por la historia fílmica se ocuparon del estudio de las películas, pero, evidentemente, se encontraron con un problema principal, no podían ser todas, pues no todas son abarcables para el

spécifiques dont on verra qu'ils peuvent se diviser en deux groupes principaux: les faits filmiques et les faits cinématographiques", COHEN-SÉAT, Gilbert: *Essai sur les principes d'une philosophie du cinéma*, Presses Universitaires de France, Paris 1958, p. 11.

6. ALLEN, Robert C. y GOMERY, Douglas: *Teoría y práctica de la historia del cine*, Paidós, Barcelona, 1985. Una clasificación reciente de los principales manuales de historia del cine, atendiendo a estos criterios y a algún otro, puede encontrarse en la introducción de libro de José Luis SÁNCHEZ NORIEGA: *Historia del cine. Teorías, estéticas, géneros*, Alianza Editorial, Madrid 2018 (tercera edición), pp. 16-22.

análisis. Había que seleccionar. A todo el repertorio posible, le debía ser aplicada la medida de un canon como herramienta valorativa para saber cuáles merecían estudio. Hablamos de un conjunto de películas relevantes para una comunidad interpretativa.[7]

Eso implicaba, además, que tenía que existir un paradigma con el que fijar los criterios para seleccionar esas películas y unos agentes encargados de hacer la selección. Algo habitual en los estudios sobre cine, que afecta a los archivos cinematográficos, las políticas culturales o los programas docentes, y aún al conocimiento popular del cine, siempre sujeto a votaciones públicas promovidas por entidades varias para elegir un corpus de películas: las diez, las cien... mejores de la historia.

El canon, como noción que fija la norma para las obras y los discursos de lo cinematográfico; la que es capaz de marcar el criterio de calidad y elegir lo mejor, ha tenido, en el cine, un modelo y una cierta dependencia de lo hecho en el más añoso canon literario. Pero el cine siempre ha sido peculiar al multiplicar los agentes creadores del canon. Así, entre los encargados de elaborar el canon cinematográfico hay estudiosos (críticos, teóricos e historiadores), los llamados filmólogos, pero también hay cineastas, público y cinéfilos, que es una categoría intermedia entre público, creadores y estudiosos. Eso quiere decir que la canonización se escapa del discurso de las academias más tradicionales, que sí lo controlan en otras artes. Aquí no es monopolio exclusivo de expertos, el espectador es también un agente canonizador. El cine, como medio de masas, ha dejado sitio a los consumidores para que influyan en el canon de la obra; una especie de "lector in fábula" elevado a los altares académicos, no ya para interpretar los textos sino para valorarlos. Por eso el canon se despliega en el ecosistema de estudiosos, pero también de público: las salas de cine, las ceremonias de entrega de premios, los medios de comunicación y las aulas de facultades y escuelas. Todos ellos son lugares donde elaborar canon[8] que, como siempre,

7. Es definición reciente de NIETO, Jorge: "El valor del pasado. Canon y crítica en la historiografía reciente sobre el cine español bajo el franquismo", en *Archivo Español de Arte*, Julio-septiembre 2017, p. 288.
8. GALINDO, José María: "El canon cinematográfico y el campo cinematográfico. Variaciones fílmicas de una tradición conceptual", en *El pasado en la Historia. El canon en el cine español, Archivos de la Filmoteca*, nº 78, abril, 2020. Coords. Jorge Nieto Ferrando y Teresa Sorolla Romero, pp. 40-44. Este número recoge un interesante monográfico con aportaciones varias sobre el asunto.

tiene el problema de trascender, de hacerse universal o atemporal. Eso choca con la volatilidad del consenso en que se basan todos los cánones y de la dualidad de los mismos, siempre gestionando las dos caras de un canon sincrónico (el de la crítica) y un canon diacrónico (el historiográfico).[9]

Si llevamos este panorama al cine español nos encontramos con una corriente, hoy mayoritaria dentro del grupo de las historias estético-lingüísticas, que funden una parte del método de la historia del arte con el análisis textual. Con este enfoque, son mayoría los estudios sobre los hechos fílmicos, por tanto.

La teoría del humus.

Para abordar esos estudios era necesario aplicar un canon al cine español, y no fue fácil. Siempre con una selección de títulos recurrentes e intocables en el cine mundial, el cine español jugaba en otra liga. En una inferior. Sus películas eran de difícil comparación y encaje en los cánones del cine internacional. Y eso los excluía de cualquiera de estos grupos al no poder pasar la prueba de una "universalización suficiente".[10] Nunca una película española entraría en una lista de las que se suponía dictaban la calidad, el genio y el arte en la historia del cine universal. No era posible. Los filmes españoles partían con el pecado original de no ser valorados ni en su propia casa, con lo que difícilmente podrían salir de ella a buscarse la vida en las listas mundiales. Era moneda de uso común que en España la elaboración de una historia del cine, rigurosa y profesional, se había retrasado mucho más que en otros países. Tal vez eso se debiera a las características principales del pensamiento cinematográfico español entre las que se encuentran un exceso de autocrítica rayano en el cainismo, el gran predominio de lo sociológico sobre lo artístico, la omnipresente preocupación por definir un cine nacional y la tendencia a supeditar los análisis a criterios po-

9. MONTERDE, José Enrique: "Breve historia de la crítica y la prensa cinematográfica en España", en *La prensa cinematográfica en España (1910-2010)*, Shangrila, Valencia, 2018, p. 25.
10. Requisito indispensable para que el canon no sea una propuesta arbitraria, a juicio de Jon JUARISTI y Juan Ignacio ALONSO, en *El canon español. El legado de la cultura española a la civilización*, La Esfera de los libros, Madrid, 2022, p. 11.

líticos, de los que derivaron los prejuicios por todo el cine posterior a 1939.[11] Los estudiosos del cine español, preocupados por esos problemas, condicionados por el pasado reciente y por criterios ajenos a la producción y a la estética, no podían dar valor a lo propio.

Así había sucedido durante el franquismo cuando José María García Escudero director general de Cinematografía en 1951 y entre 1962 y 1967, no dudaba en escribir que "hasta 1939 no hay cine español, ni material, ni espiritual, ni técnicamente".[12] Negado así el cine español anterior al franquismo, el director Juan Antonio Bardem avanzaba unos años más la sentencia al decir, en 1955, que había sido "políticamente ineficaz, socialmente falso, intelectualmente ínfimo, estéticamente nulo, industrialmente raquítico".[13] Por su parte los hermanos Pérez Merinero, le ponían losa a la fosa en 1974, diciendo que "no existe (ni ha existido nunca) cine en España".[14] En los primeros años de la transición a la democracia, sucedió lo contrario: mientras que hacer historia del cine español era contribuir a la causa anti-

11. LUQUE, Alberto: "El pensamiento cinematográfico español", en MONTERDE, José Enrique y CASALS, Josep: *Un arte nuevo. El pensamiento cinematográfico español de los orígenes a los años 60 (I)*, pp. 281, 295 y 296.
12. GARCÍA ESCUDERO, José María: *La historia en cien palabras del cine español y otros escritos sobre cine*, cine-club del SEU, 1954, p. 11. El debate sobre la existencia del cine como arte no se había abierto en serio hasta el final de los años veinte, antes ni tan siquiera se tenía en cuenta que existiera esa posibilidad.
13. Ponencia de Juan Antonio Bardem en las Conversaciones de Salamanca, de mayo 1955, publicada luego en *Objetivo*, junio de 1955. Para contexto y análisis de las Conversaciones y su tiempo véase: NIETO, Jorge Juan y Company, Juan Miguel (coords.): *Por un cine de lo real. Cincuenta años después de las "Conversaciones de Salamanca"*, Ediciones de la Filmoteca, Salamanca, 2006.
14. PÉREZ MERINERO, Carlos y David: *En pos del cinema. Antología de la* Gaceta Literaria *(1932-1935)*, Anagrama, Barcelona, 1974, p. 7. Los Pérez Merinero estaban vinculados, en su labor de zapa contra las estructuras del cine franquista, a Javier Maqua, Julio Pérez Perucha y Francisco Llinás en el colectivo Marta Hernández, nacido en 1972. Más información en LÓPEZ SANGÜESA, José Luis (ed.): *Crisis y agonía del cine español [1939-2018]*, Cisma editorial, 2019 y ARANZUBÍA, Asier (coord.): *Los mecanismos comunicativos del cine de todos los días. Antología del colectivo Marta Hernández y Javier Maqua en Comunicación XXI*, Shangrila, Santander, 2016.

franquista, una parte cuantitativamente importante de la producción fue catalogada, precisamente, como "franquista" y por lo tanto cine exento de calidad; muy malo.[15] Eso lo alejaba de cualquier movimiento canonizador.

A partir de los años 90 del siglo XX la situación experimentó un giro notable. Cerca de esos años se habían ido publicando algunos trabajos que pretendían, con enfoques y empeños distintos, abordar la historia del cine español. Hablamos de una serie de títulos que, lejanos de los primeros escritos de los años veinte[16] y superando las historias clásicas muñidas durante la dictadura franquista,[17] fueron apareciendo desde el mismo final del franquismo para crecer, en posibilidades y puntos de vista, con la democracia. Se trata de obras como la Fernando Méndez Leite Serrano, *Historia del Cine Español en cien películas* (1975) y, sobre todo, *Cine Español 1896–1983*, publicada por el Ministerio de Cultura y coordinada por Augusto Martínez Torres en 1984, con una segunda edición, en formato de bolsillo, denominada *Cine español 1896-1988*. Este segundo fue un libro fundamental en el momento de su aparición pues, a pesar de su diversidad de aportaciones, es la primera obra con intención global, que rompe con las aportaciones anteriores y se convierte en una referencia para las que le siguieron. Por su parte, Emilio Carlos García Fernández publicó en 1985 su *Historia Ilustrada del Cine Español* (1985) y un volumen posterior *El cine español entre 1896 y 1939* (2002), cuyo título comprende "Historia, industria, filmografía y documentos"; un gran esfuerzo de síntesis. Carlos F. Heredero publicó en 1993 *Las Huellas del tiempo. Cine español 1951-1961* y Jean-Claude Seguin redactó su breve, pero densa, *Historia del Cine Español* en 1995, con un indudable valor como obra de conjunto, moderna y profesio-

15. Así lo refleja Imanol ZUMALDE en su estimable trabajo de compilación bibliográfica sobre la historiografía del cine español: "Asignatura pendiente. Pequeño breviario de la historiografía del cine español", *en La nueva memoria. Historia(s) del cine español (1939-2000)*, Via Láctea, A Coruña, 2005, pp. 420-486 (especialmente pp. 425-435).
16. Tal vez el primer intento de acercarse a algo parecido a una historia del cine español, lo protagonizó Alfredo Serrano, crítico del diario barcelonés *El Día Gráfico*, al escribir *Las películas españolas: estudio crítico- analítico del desarrollo de la producción cinematográfica en España: su pasado, su presente y su provenir*, Barcelona, 1925.
17. Nos referimos a dos obras de cita obligada: CABERO, Juan Antonio: *Historia de la cinematografía española (1896-1949)*, Gráficas Cinema, 1949 y MÉNDEZ LEITE, Fernando: *Historia del cine español*, Rialp, Madrid, 1965.

nal, a pesar de las limitaciones de espacio impuestas por el formato de la edición. Cuatro años más tarde, José María Caparrós Lera publicaba su *Historia crítica del cine español (desde 1987 hasta hoy).* Eran momentos en que las investigaciones empezaban a cuajar en trabajos de conjunto de gran empeño como los respaldados por la Filmoteca Española entre 1993 y 1997: *Catálogo del Cine español. Películas de ficción 1921-1930*, editado por Palmira González y Joaquín Cánovas y *Catálogo del Cine español, Películas de ficción 1941–1950*, editado por Ángel Luis Hueso, el *Catálogo del cine español. Largometrajes 1951-1960*, Editado por Ramón Rubio y Alicia Potes, además del *Catálogo general del cine de la Guerra Civil*, de Alfonso del Amo. Por la repercusión que ha tenido, cerramos el recorrido con la aparición de *La Historia del Cine Español*, publicada en 1995.[18]

Esa producción bibliográfica coincidía con la entrada de los estudios de cine en la Universidad y con la formación de las primeras generaciones de estudiosos que empezaron a investigar sobre temas monográficos y ámbitos locales del cine español. Era un movimiento a favor de los vientos que soplaron en todo el mundo tras el congreso de la FIAF de Brighton, en 1978,[19] cuando el cine primitivo atrajo la atención de los historiadores, más

18. Otros títulos y autores abordaron estudios en repertorios y formatos distintos a la historia clásica con resultados y planteamientos también distintos. Fueron reunidos para su comentario por Rafael UTRERA en “El concepto de cine nacional. Hacia otra Historia del Cine Español”, en *Comunicación* nº 3, 2005 (pp. 83-97) y en su prólogo a la *Historia del cine español* de J. M. Caparrós, T&B editores, Madrid, 2007, pp. 9-16. Hablamos de: *Diccionario del Cine Español. 1896-1968*, de Fernando Vizcaíno Casas; *Enciclopedia del Cine Español. Cronología*, de Pascual Cebollada y Luis Rubio; *Cine Español 1951-1978; Diccionario de Directores*, de Ángel A. Pérez Gómez y José L. Martínez Montalbán; *Diccionario de Directores del Cine Español*, de Azucena Merino*; Diccionario de Películas Españolas*, de José Luis López; *Directores artísticos del cine español*, de Jorge Gorostiza; *Guionistas en el cine español*, de Esteve Riambau y Casimiro Torreiro; *El cine español en sus intérpretes*, de Carlos Aguilar y Jaume Genover; *Diccionario del cine español* y su nueva versión *Cine español. Diccionario Espasa*, de Augusto Martínez Torres; *Diccionario del Cine Español*, obra colectiva dirigida por José Luis Borau*; Historia del cortometraje español*, coordinada por Medina, Mariano y Martín o *El Documental en España. Historia, estética e identidad*, de Casimiro Torreiro y Alejando Alvarado como editores.

19. Era un simposio, “Cinema 1900-1906”, dentro de la edición número 34 del Congreso de la Federación Internacional de Archivos Fílmicos

por la historia que por la estética, con investigaciones "micro-históricas", por ejemplo sobre la historia local basada en los hechos cinematográficos, que dejaron sin hacer un gran trabajo de síntesis y de reelaboración de esas investigaciones.[20] Cosa que sucedió también en España, pese a algunos intentos de elaborar un panorama conjunto con las historias de los primeros tiempos.[21]

El mismo momento en el que, con *La Historia del Cine* de 1995, se daba un paso al frente en el intento de rescatar un relato que, con criterios profesionales, había tardado mucho tiempo en redactarse, siempre bajo las toneladas de peso del tópico de un cine español "inexistente, o irrelevante, o indigno de merecer un estudio".[22]

Y volvió el asunto del canon. De su necesidad y de la exclusión del cine español de todos los cánones conocidos, como no fuese para alguna película afortunada y sola, de genios que, como Buñuel, estaban en la misma situación que sus películas y que, sólo forzando los términos, podrían considerarse españolas. Entonces los nuevos estudiosos volvieron a los viejos métodos de la historiografía del arte que, como construcción intelectual, siempre necesitó construir a su vez un objeto sobre el que se subrayan luego unos valores que, en el momento de creación de la obra, pudieron ser secundarios.[23] Los estudiosos españoles decidieron así olvidar muchos de los prejuicios anteriores sobre su propio cine para analizar pe-

(FIAF), organizado por David Francis (archivero del National Film Archive de Londres) y Eileen Bowser, archivera del departamento de cine de MOMA de Nueva York.

20. Para una descripción sobre estos tiempos véase MAZZANTI, Nicola: "Un paisaje que se aleja: arqueología y cine entre continuidad y ruptura", en *Patrimonio y arqueología de la industria del cine*, INCUNA-CICCES, Gijón, 2010, pp. 15-22.

21. Es el caso del primero de estos intentos sintetizadores de investigaciones locales españolas en un volumen colectivo dirigido por MADRID, Juan Carlos de la: *Primeros tiempos del cinematógrafo en España*, Universidad de Oviedo/Ayuntamiento de Gijón, 1996 [2ª edc. de Ediciones Trea, 1997].

22. VV.AA.: *Historia del cine español*, Cátedra, Madrid, 1995. El entrecomillado pertenece al texto introductorio de Román Gubern en la p. 12.

23. URQUÍZAR, Antonio: *Historiografía del Arte*, Editorial Universitaria Ramón Areces, Madrid, 2017, p. 31.

ríodos olvidados con criterios nuevos.[24] Cambiar de paradigma para elaborar un canon que le fuera aplicable. La clave estaba en manejar una escala más reducida, nacional, hasta comparar las películas españolas con otras películas españolas y no con las extranjeras. Ahí la operación era posible. Eso y la búsqueda de ciertas tradiciones populares, del espectáculo, la literatura y la plástica, ha completado la tarea, por medio del rastreo en el sainete, la astracanada, el tremendismo rural, la crónica urbana u otros paradigmas. Con ello se ha ido formando un canon que José Enrique Monterde no dudó en calificar, usando la terminología de Gramsci, como de nacional-popular.[25]

Tales componentes, lo nacional y lo popular, fueron conjugados por algunos autores hasta desarrollar una especie de "teoría del humus" que permitió a varios de estos investigadores ir a buscar las raíces de ese cine que ya merecía su propio canon y su propio panteón. Son las películas del período republicano y, sobre todo, las antes denostadas de la época franquista que, tras la guerra civil, según estas teorías, se habrían alimentado de una "savia nutricia" de tradiciones culturales y "formas estéticas propias en las que se ha venido expresando históricamente la comunidad española" y que, revitalizadas por los cineastas, confluyen en un cine "estilizado y popular", a partir de lo que Santos Zunzunegui bautizó como las "cuatro vetas creativas" del cine español. Cuatro formas de hacer películas que servirían

24. Así lo explicaba Antonia del REY REGUILLO, para el caso del cine de los años veinte: "si se analizan exhaustivamente los filmes, si se examinan las circunstancias de producción en cada caso concreto —dejando de lado prejuicios apriorísticos y trasnochados complejos de inferioridad—, es probable que empecemos a sorprendernos al entender que muchos de los llamados defectos de esta filmografía no son más que opciones discursivas todavía vigentes en el sistema y que nuestro denostado cine mudo encierra una riqueza expresiva propia, que está por descubrir y reivindicar.", en *El cine español de los años veinte, una identidad negada*, en Colección Eutopías, vol. 195, Episteme, Valencia, 1998, p. 24.

25. MONTERDE, José Enrique: "Sobre el canon cinematográfico (y español)", en *El pasado en la Historia...*, p. 31. La primera vez que Gramsci usa ese término, utilizado hoy para un sinfín de aplicaciones, es en GRAMSCI, Antonio: *Quaderni del carcere* (4 vols.), Einaudi, Turín, 2014, Q1 19, p. 112. Juan Antonio RÍOS CARRATALÁ rastreó la pervivencia de lo sainetesco en *Lo sainetesco en el cine español*, Universidad de Alicante, Alicante, 1997.

para clasificar la totalidad de la producción cinematográfica española: el esperpento, el costumbrismo, el mito y las vanguardias.[26]

En esa línea Zunzunegui se ha planteado muy en serio, desde los primeros tiempos de estas investigaciones, en carveriana maniobra, saber "de qué hablamos cuando hablamos de historia del cine" y, por su puesto de cine español.[27] Tarea en la que ha coincidido en momento, planteamiento e intenciones, con varios trabajos de Pérez Perucha.[28] Ellos han puesto los cimientos para edificar ese canon hispano, que había llegado para quedarse. Un afán, este de crear y actualizar el canon, que nunca ha desaparecido entre los estudiosos del cine español, sean divulgadores, como la revista *Caimán. Cuadernos de cine* (mayo de 2016) y el diario *El País*, entre otros, o instituciones del propio cine, como ocurrió con el listado de 100 películas elaborado por la Academia de las Artes y las Ciencias Cinematográficas de España, concretado en "los largometrajes de referencia que propone el proyecto de 'Cine y educación', impulsado por la Academia de Cine para la creación de planes de alfabetización audiovisual".[29] Pero, por encima de

26. ZUNZUNEGUI, Santos: "La línea general o las vetas creativas del cine español", en ZUNZUNEGUI, Santos y PÉREZ PERUCHA, Julio: *La nueva memoria. Historia(s) del cine español*, Vía Láctea, La Coruña, 2002 [hay edición posterior en Liceus, 2005]. El autor vuelve sobre estos asuntos parecidos en *Historias de España. De qué hablamos cuando hablamos de cine español*, libro reeditado por Shangrila en 2018.

27. Mucho tiempo ha pasado entre dos escritos en los que Santos Zunzunegui dejó claros sus propósitos: "De que hablamos cuando hablamos de historia (del cine)", en *Cinematógrafo. Metodologías de la historia del cine*, Festival de cine y Fundación Municipal de Cultura de Gijón, 1989, pp. 17-23 e *Historias de España: de qué hablamos cuando hablamos de cine español*, Filmoteca de la Generalitat Valenciana, Valencia, 2002.

28. PÉREZ PERUCHA, Julio: "Hacia una reconsideración del cine español", en ZUNZUNEGUI, Santos y PÉREZ PERUCHA, Julio: *La nueva memoria...*, a partir de la p. 18. Del mismo autor: *Cine español. Algunos jalones significativos (1896-1936)*, Filmes 210, Madrid, 1992.

29. Pueden consultarse en su web.
https://www.academiadecine.com/2019/03/28/las-100-peliculas-del-cine-espanol-que-todo-estudiante-deberia-conocer/ [consultado en agosto de 2021]. El último listado divulgativo, elaborado por periodistas de Babelia, suplemento cultural: "Las 50 mejores películas españolas del último medio siglo", en *El País*, Madrid, 11-V-2025. Sobre esas

todos estos proyectos canonizadores, destaca el coordinado por Julio Pérez Perucha en la *Antología crítica del cine español*, pensado como:

> "Una antología crítica de películas españolas que sirviera para balizar ese territorio, nuestro cine, relativamente virgen a falta de suficientes trabajos de conjunto y de inexcusables monografías emprendidas con herramientas metodológicamente fiables y contrastadas, y que designara un arsenal suficientemente amplio y representativo de películas como para que se constituyese en osamenta sobre la que, en el futuro, poder subsanar aquellas deficiencias, estimulando el abordaje, con la garantía de que la tentativa no resultaría tediosa ni frustrante, de un detallado análisis de las numerosas facetas de nuestro cine (...).[30]

Fue esta de la Antología una destacada aportación, por pionera, muy vinculada al momento y destinada a rehabilitar el maltrecho estudio del cine español, respondiendo al interrogante planteado por Pierre Sorlin, al criticar la entonces recién nacida *Historia del cine español*, por no responder a una cuestión que consideraba esencial para una obra de ese tipo: ¿existe originalidad en el modelo cinematográfico español?[31]

Esa pregunta encerraba una cuestión mayor que se debatía por entonces. Algunos autores, singularmente los ya mencionados, pensaban que sí. Que era posible buscar algo que identificase el cine producido en España más allá del hecho de encontrarse contenido en unos límites geográficos y político-administrativos. Que había algo propio en el cine español que lo distinguía del cine producido en otros lugares. Un cine nacional con identidad única y coherente. Y se sintieron en la necesidad de responder a la pregunta de Sorlin con fundamentos más cercanos, pues el silencio de los investigadores españoles, como tantas veces ha sucedido en la historiografía española, dio oportunidad a respuestas elaboradas desde lugares leja-

listas y su valor reflexionó el crítico Carlos BOYERO en "De qué hablamos cuando hablamos de cine", *El País*, Madrid, 30-V-2025.

30. PÉREZ PERUCHA, Julio (dir.): *Antología crítica del cine español, 1906-1995. Flor en la sombra,* Cátedra, Madrid, 1997, p. 12.

31. La recensión crítica de Sorlin había aparecido en el número 80 de la revista *Reseaux*, noviembre-diciembre de 1996.

nos. Fue el caso de Marsha Kinder, caracterizando un modelo de cine español al que Zunzunegui respondió con la apelación al ya mencionado humus, encontrando en esa herencia las formas estéticas propias, aportando unos modelos de representación originales de un cine alimentado por la cultura popular, que habría sobrevivido al capitalismo urbano hasta llegar a lugares tan lejanos como el cine de Pedro Almodóvar. El autor compara este proceso con lo sucedido, por ejemplo, en el flamenco, la tonadilla o el folklore, como base de la música culta escrita por Albéniz, Granados o Falla.[32]

Por esa senda transitaron investigaciones como las de José Luis Castro, uno de los mayores canonizadores de la reciente historiografía del cine español. Ha llegado a aportar su propio modelo de canon, de los años cuarenta y cincuenta, a partir de la sistematización de lo que el autor considera "humus cultural popular", en cuatro modelos de nomenclatura un tanto Burchiana: Modelo de estilización sainetesco-costumbrista (MESC), Modelo obsesivo-delirante (MEOD), Modelo de estilización paródico-reflexivo (MEPR) y Modelo de estilización formalista-pictórico (MEFP).[33]

Aunque esa personalidad cultural del cine, tardía en su decantación dentro de las fronteras españolas, casi no saliera de ellas, salvo las honrosas excepciones de los hispanistas. Nos referimos al empeño de estudiosos como Sarah Wright y Nuria Triana Toribio, entre otros, en el ámbito universitario del Reino Unido[34]; Marvin D'Lugo, como referencia en el entorno

32. KINDER, Marsha: *Blood Cinema*, University of California Press, Berkeley-Los Ángeles-London, 1993 y, como editora en *Refiguring Spain. Cinema/Media/Representation*, Duke University Press, Durham NC, 1997. Para la postura de Santos Zunzunegui puede verse, entre otros, el trabajo ya citado: "La línea general o las vetas creativas del cine español"...

33. CASTRO, José Luis: "Un nuevo canon para el cine español: trayectorias históricas, sabores textuales", en *El canon en el cine español, Archivos...*, p. 56. Este artículo es un destilado de las teorías que el autor había desarrollado tiempo atrás, especialmente a partir de la edición de *Un cinema herido. Los turbios años cuarenta en el cine español (1939-1950)*, Paidós, Barcelona, 2002.

34. Puede encontrarse cumplida referencia a estudios y estudiosos de principios del siglo XXI en TORIBIO, Núria Triana: "Miradas distintas. El estudio del cine español en Gran Bretaña", en *Secuencias. Revista de historia del cine*, nº 28. *Dedicado a: Cine español: Una mirada sin fronteras*, pp. 46-60.

académico norteamericano[35] o Nancy Berthier[36] en el territorio francófono, además, por supuesto, de un autor que será citado docenas de veces en este texto: Jean-Claude Seguin.[37] Pese todo el conocimiento del cine español en el extranjero seguía siendo escaso, razón por la que Valeria Camporesi, profesora de la Universidad Autónoma de Madrid (más tarde directora de la Filmoteca Española) actualizó su estudio también en Italia, donde, salvo estudios dispersos,[38] pese a la vecindad y la afinidad, tampoco el cine español era bien conocido. Camporesi editó un volumen colectivo, usando doce películas para estudiar, a la vez, doce momentos históricos y culturales.[39]

En resumen: era posible estudiar el cine español, un cine nacional de una España con una cultura propia con siglos de antigüedad. Hacerlo con métodos nuevos, pero eso sí, decantándose del lado del hecho fílmico, de las películas, a partir de la creación de un canon propio. Su método se basaba en las formas para llegar a los estilos en los que se expresarían esas formas culturales propias ubicadas en nuevos contextos de significación. Todo ello usando, mayoritariamente, a partir de la semiótica y la teoría narrativa fílmica, la metodología del análisis textual. Un método que, por resumir a partir de un clásico, se trata de utilizar "el film como objeto de lenguaje,

35. La obra de Marvin D'LUGO comprende obras generals como *Recent Spanish Cinema in Global Contexts.* Guest editorship of *Post-Scripts, Essays in Film and the Humanities*, 21.2 (Winter/Spring, 2002); *Guide to Cinema in Spain*, Greenwood Press, 1997. También estudios monográficos sobre Pedro Almodóvar: *Pedro Almodóvar: Contemporary Film Directors,* University of Illinois Press, Urbana and Chicago, 2006 y (como editor junto a Kathleen Vernon) *A Companion to Pedro Almodóvar*, West Sussex, UK: Wiley-Blackwell, 2013. Y sobre Carlos Saura: *The Films of Carlos Saura: The Practice of Seeing.* Princeton University Press, 1991.
36. Con obras como: *Le Franquisme et son image. Cinéma et Propagande*, PUM, 1998; *De la guerre à l'écran: ¡Ay Carmela! de Carlos Saura*, PUM, 1999, (2.ª edición aumentada en 2005) y *La muerte de Franco en la pantalla. "El Generalísimo is still dead",* Shangrila, Valencia, 2020.
37. Berthier y Seguin coincidieron en *Cine, nación, nacionalidades en España*, Casa de Velázquez, 2007.
38. Por ejemplo: AMORCIDA, Pedro, SPAGNOLETTI, Giovanni y VIDAL, Nuria: *Cinema in Spagna oggi. Nuovi autori, nuove tendenze*, Lindau, 2002.
39. CAMPORESI, Valeria (ed.): *Il cinema spagnolo atraverso i film*, Carocci, Roma, 2014.

como lugar de representación, como momento de narración y como unidad comunicativa: en una palabra del film como texto".[40]

Este tipo de análisis que hizo fortuna durante años y se ha consolidado como una alternativa al estudio del cine desde el lado de la semiología, arraigó en España con estudios y analistas de prestigio como Jesús González Requena, vinculados en los años ochenta del siglo XX a la revista *Contracampo*, desde 1989 a *Archivos de la Filmoteca* y más tarde a grupos y departamentos universitarios como, por ejemplo, el de la Universidad Jaume I de Castellón que, en 2007, mostraba su vigor en una obra de síntesis coordinada por Javier Marzal y Francisco Javier Gómez Tarín.[41] Sus planteamientos por lo que al estudio del cine se refiere, se resumen en ocuparse del hecho fílmico, de las películas y de su materialidad de imágenes y sonidos y, a partir de su estudio, un análisis fílmico en cuanto que análisis textual, descubrir cómo esa película dice lo que está diciendo, en ningún caso interpretarla. Se supeditaba la subjetividad del cineasta a la subjetividad del analista. Se trataba de explicar los mecanismos que inscriben, "en su misma materialidad una significación que no es en absoluto inocente".[42]

Todo lo dicho hasta aquí retrata las corrientes mayoritarias en la historiografía del cine español, las que estudian las películas como "textos", las que se decantan por el hecho fílmico. No han sido las únicas, pero sí son, como varias veces se ha repetido, las hegemónicas.

Muy distantes de su influencia han quedado las historias basadas en el hecho cinematográfico, por ejemplo, los estudios locales. Todo un arsenal de aportaciones diversas, en todos los territorios de España, que han

40. CASETTI, Franceso y DI CHIO, Federico: *Cómo analizar un film*, Paidós, Barcelona, 1994, p. 11. Los parámetros narratológicos para el análisis de los filmes están descritos en GAUDREAULT, André y JOST, François: *El relato cinematográfico. Cine y narratología*, Paidós, Barcelona, 1995.
41. Jesús G. Requena formó a varias generaciones de historiadores del cine en la Unversidad de Vallolid, en su primero diplomatura y luego Máster de Historia y Estética de la Cinematografía. MARZAL, Javier y GÓMEZ TARÍN, Francisco Javier (eds.): *Metodologías del análisis del film*, Edipo, Madrid, 2007.
42. ZUNZUNEGUI, Santos: "La crítica y los críticos", en *Cahiers du Cinéma España*, nº 17, 2008, p. 93 y ZUMALDE, Imanol: "El extraño caso del análisis-Jeckyll —y la crítica-Hyde—", en *Cahiers du Cinéma España*, nº 17, 2009, p. 85.

ido retratando el cine palmo a palmo, en cada uno de los rincones del mapa. Su aportación es densa, desigual e incompleta por la ya mencionada ausencia de una visión de conjunto, cosa que sirvió para desacreditarlas como "impresionismo localista", para unos, o como una opción de consolación para otros; la única opción posible en la mayoría de los lugares de España en los que no existió producción de películas. Una especie de estudio del cine sin cine.[43]

Lejos de estas ideas, sin embargo, están aquellos que defienden la historia local del cine como una elección consciente y voluntaria y no como la única opción. Una metodología llamada a revitalizar el estudio del hecho y el espectáculo cinematográficos.[44] Han reforzado tal afirmación algunas historias que, sin dejar de ser locales, no son localistas y han hecho aportaciones metodológicas universales, adoptando un punto de vista nuevo y enriquecedor, capaz de renovar los estudios cinematográficos de los primeros tiempos. Nos referimos a las investigaciones que han ligado el espectáculo de cine al de varietés, estudiándolo como parte sustancial del nacimiento de las industrias culturales. Un espectáculo que se vendía en unos locales, sujetos a rápida aceptación, para unos públicos que llegaron a formar clientela interclasista; de masas.[45]

Después de un largo viaje estamos llegando a un lugar que nos interesa. Por este sendero se ha de seguir para desvelar que es en este universo

43. ZUNZUNEGUI, Santos: "A vueltas con la metodología", en *A propósito de Cuesta. Escritos sobre los comienzos del cine español, 1896-1920*, Institut Valencià de l'Audiovisual i la Cinematografia Ricardo Muñoz Suay, Valencia 2010, pág. 218 y DÍEZ PUERTAS, Emeterio: *Historia social del cine en España*, Editorial Fundamentos, Madrid, 2003, p. 16.
44. Es el caso, entre otros, de Txomin ANSOLA: "Otras voces, otros ámbitos. La historia del espectáculo cinematográfico en el marco local" en *A propósito de Cuesta...*, p. 230 y *Del taller a la fábrica de sueños. El cine en una ciudad industrial: Barakaldo (1904-1937)*, Servicio Editorial de la Universidad del País Vasco, Bilbao, 2002, pp. 13-15. Aquí se reivindicaba la historia local apoyada en una copiosa producción que había tenido dos recopilaciones pioneras en DE LA MADRID, Juan Carlos: *Primeros tiempos...* y *Artigrama*, Universidad de Zaragoza, 2001, nº 16.
45. Son dos trabajos de Juan Carlos DE LA MADRID: *Cinematógrafo y varietés en Asturias (1896-1915), Servicio de Publicaciones del Principado de Asturias*, Oviedo, 1996 y *8.000 Películas de cine primitivo. Asturias, 1896-1915*, CICCES-INCUNA, Gijón, 2009.

donde se desarrollará la parte más importante de nuestro trabajo: en el hecho cinematográfico. No sólo ahí, pero sí desde ahí. Quede claro, antes de que otra cosa sea, que lo que pretendemos es hacer una historia cinematográfica, no fílmica. Y eso merece una explicación metodológica que sitúe nuestras pretensiones en el panorama hasta aquí descrito, respondiendo desde nuestro propio punto de vista a los principales asuntos ya expuestos. Empecemos por la historia social.

Una historia sociocultural.

A finales de los años ochenta del pasado siglo coincidía el despuntar de la historiografía del cine, con objetos y objetivos renovados, con la introducción en España de los estudios sobre sociabilidad.[46] El dominio de la historia social y política tradicional era puesto en cuestión por los estudios de la cultura popular, la "historia desde abajo" de los británicos. Sucedía esto por influjo del mucho más avezado hispanismo francés pues, entonces, esa noción no se usaba entre los historiadores españoles del mundo contemporáneo. En España no existía una tradición de análisis cultural, de la historia social del ocio y de la vida cotidiana y, eso que empezaba, avanzaba fundamentalmente por el camino de la sociabilidad formal (el asociacionismo y afines).[47] Después de al menos tres décadas el estudio de la

46. Era el momento de reflexiones, teorías y debates sobre la historia social que quedaron plasmados en publicaciones como JULIÁ, Santos: *Historia social. Sociología histórica*, Siglo XXI, Madrid, 1989; CASANOVA, Julián: *La historia social y los historiadores*, Crítica, Barcelona, 1991, y FORCADELL, Carlos: "Sobre desiertos y secanos. Los movimientos sociales en la historiografía española", en *Historia contemporánea*, nº 7, 1992, pp. 101-116.
47. Así lo exponía Jacques MAURICE: "Propuestas para una historia de la sociabilidad en la España contemporánea", el artículo formaba parte de un monográfico de la revista *Estudios de Historia Social*, nº 50 y 51, 1989. En él se contenían otros trabajos estratégicos para marcar la introducción de este concepto en la historiografía española, que le debe también mucho a los trabajos de Jean-Louis GUEREÑA, presente en ese mismo número con "Fuentes para la historia de la sociabilidad en la España contemporánea", y a otros trabajos del mismo autor como "La sociabilidad en la España contemporánea", en Isidro SÁNCHEZ y Rafael

sociabilidad informal aún es de un caudal escaso por los problemas de relación entre el estudio de la cultura popular, la historia social y la historia como disciplina, pero los cambios son apreciables.[48]

En ese tiempo la historia cultural, en claro auge, con referentes internacionales como Peter Burke,[49] ha forzado con sus propuestas el viraje de la historia social, desde su viejo interés por las estructuras macrosociales hasta llegar a nuevos sujetos, a una atención a la escala micro en sus procesos, abriéndose a nuevos temas y demostrando cómo se ha convertido en un lugar de renovación y en un punto de convergencia de intereses y metodologías. Haciendo cambiar a la historia social, pero cambiando ella también en el proceso hasta convertirse una historia cultural distinta, alejada del culturalismo sin matices, que en muchas ocasiones llevaba a este tipo de historia a pecados semejantes a los ya señalados para la historia del cine, con monografías sobre arte o pensamiento, construidas en función de su lógica interna, si atender a los condicionantes socioeconómicos o utilizando como guía el estudio de alguna figura destacada, pero no llegando a describir el consumo cultural. Aquí hablamos de otra cosa; de "una historia sociocultural muy atenta al diálogo con sus contextos económicos, sociales y políticos", que nosotros, con Jorge Uría, consideramos la única posible,[50] y es la que intentamos aplicar en este estudio a la historia del cine en España.

VILLENA (coords.): *Sociabilidad fin de siglo. Espacios asociativos en torno a 1898*, Ediciones de la Universidad de Castilla y La Mancha Cuenca, 1999.

48. Puede seguirse el proceso consultando dos aportaciones de Jorge URÍA, separadas por quince años: "Los lugares de la sociabilidad. Espacios, costumbre y conflicto social", en Santiago CASTILLO y Roberto FERNÁNDEZ (coords): *Historia social y ciencias sociales*, Editorial Milenio, Lleida, 2001, pp. 201-224 y "Espacios, lugares, territorios, los escenarios de la acción social", en Santiago CASTILLO y Monserrat DUCH: *Sociabilidades en la historia*, Catarata, Madrid, 2015, pp. 59-90. El estado de situación actual se recoge en CASTILLO, Santiago y URÍA, Jorge (coords.): *Sociedades y Culturas*, Ediciones Trea, Gijón, 2021.

49. Resulta indispensable para conocer este proceso la consulta de los trabajo de Peter BURKE: *Qué es la historia cultural*, Paidós, Barcelona, 2006 y *Historia y teoría social*, Amorrortu editores, Buenos Aires, 2007 [1ª edc. 1992].

50. URÍA, Jorge: *La España Liberal (1868-1917). Cultura y vida cotidiana*, Editorial Síntesis, Madrid, 2006, p. 10 y 388 y siguientes.

No es un camino fácil. No lo fue la introducción de la historia cultural en España, desbrozada su senda por aportaciones pioneras como las de Pons y Serna, que incorporaban lo cultural a la escritura de la historia como se hacía en otros lugares.[51] Entre los muchos problemas que reviste la empresa está el de la ausencia de una historia cultural integrada, capaz de armonizar las cada vez más abundantes aportaciones en terrenos sectoriales de la historia social de la cultura (música, artes escénicas, artes plásticas, arquitectura, educación, alfabetización, libro y lectura).[52] Pero en el cine español el panorama es aún peor. Ni siquiera se acerca a las aportaciones, maduras ya en muchos casos, de otros terrenos artísticos o culturales. Su integración es más compleja. Nosotros pretendemos contribuir a que sea posible.

Cierto es que aún no hay muchos estudios que se hayan adentrado con estas premisas en lo cinematográfico y español dentro de la historia sociocultural. Sin embargo algunos han comenzado a llegar con ejemplos que ya hemos citado para territorios localizados y otros que, abarcando a toda España, tienen lo social y lo cultural en el título. Tal es el caso de la *Historia social del cine en España*, de Emeterio Díez Puertas, o *Una historia del cine español. Cine y sociedad, 1910-2010* de Sally Faulkner. Ninguno de ellos se ajusta a nuestra propuesta, en el primer caso porque el formato, una recopilación de artículos, lastra la visión general y en el segundo por su método: colocar la movilidad social en primer término por medio del análisis textual y su intención: la aplicación del concepto *middlebrow* al cine español. Ambas cosas están muy lejos de nuestro método e intenciones.[53]

Mucho más cercano sentimos trabajos de ámbitos cronológicos parciales como los de Marta Carrión,[54] o historias generales que se acercan a

51. PONS, Anaclet y SERNA, Justo: *Cómo se escribe la microhistoria: ensayo sobre Carlo Ginzburg*, Cátedra, Madrid, 2000 y *La historia cultural: autores, obras y lugares*, Akal, Madrid, 2005.
52. URÍA, Jorge: "Sobre cultura popular e historiografía española contemporánea. Algunas reflexiones, en CASTILLO, Santiago y URÍA, Jorge (coords.): *Sociedades y Culturas...* pp. 174-175.
53. DÍEZ PUERTAS, Emeterio: *Historia social del cine en España*, Editorial Fundamentos, Madrid, 2003 y FAULKNER, Sally: *Una historia del cine español. Cine y sociedad, 1910-2010*, Iberoamericana Madrid, 2017.
54. A partir de su tesis doctoral: "Cine e identidad nacional española durante la Segunda República", Universitat de València, 2011, aplicado luego a la transición con la dictadura de Primo de Rivera en su valioso

nuestro planteamiento desde su mismo título, como el trabajo de Vicente Benet: *El cine español. Una historia cultural.* Lo es por situarse en el centro la idea de modernidad, entendida como la industrialización, la masificación de las ciudades, el desarrollo de los medios de comunicación y de transporte y cómo su instauración provocó cambios y tensiones que se reflejaron en el cine español que "recicla tradiciones, establece modas, inventa iconografías, elabora nuevas formas de narrar y también de representar el cuerpo humano, que las masas de la sociedad industrial valoran, aprecian y consumen". Un planteamiento que, por tanto, dista bastante de lo que hemos llamado "teoría del humus", que se remontaba a herencias o tradiciones remotas para explicar el cine. Eso que el propio Benet llama visiones esencialistas encargadas de construir un cinema nacional y que, llevado a más largo alcance, remite a visiones del nacionalismo romántico sobre la supervivencia de las formas culturales a lo largo de generaciones.[55]

He aquí la cuestión del territorio asomando en nuestro proyecto de historia sociocultural del cine español. Hemos de marcarlo y, al hacerlo, debemos marcar también nuestro enfoque, muy diferente por cierto de lo que hasta aquí hemos comentado. Y como hablar de España y de lo español siempre es complicado y genera debate, tras la primera visión general de Nuria Triana sobre un cine nacional español,[56] otros autores como Luis Alonso, hace tiempo que han llevado este debate al terreno del cine, a partir de los intentos de construir un cine nacional basado en las tradiciones, netamente españolas, que ya hemos descrito por extenso, basándose en que esta "retroactiva reconstrucción nacional del cine español" encontraría "la resistencia o impotencia de los historiadores a reconocer o justificar el carácter de construcción cultural que tiene el concepto de nación y, por tanto, toda historia e historiografía del cine nacional".[57]

libro: *Por un cine patrio. Cultura cinematográfica y nacionalismo español (1926-1936)*, Universitat de València, Valencia, 2013.

55. BENET, Vicente J.: *El cine español. Una historia cultural*, Paidós, Barcelona, 2015 [1º edc. 2012], especialmente pp. 16-20. Sobre el rechazo de lo que denomina la "invención del pueblo" véase BENIGNO, Francesco: *Parole nel templo: un lessico per pensare la storia*, Viellla, Roma, 2013.

56. TRIANA, Nuria: *Spanish National Cinema*, Routledge, Londres-Nueva York, 2003.

57. ALONSO, Luis: "Quimeras, engaños y pendencias. El problema de España y la cuestión de los cines nacionales en 1900", en *A propósito de Cuesta...*, p. 282.

En el fondo no es más que el debate, llevado al cine hasta los años veinte, de si es posible que existiera un cine nacional en una nación que aún no tenía conciencia de serlo. Una cuestión que, por ejemplo Jean-Claude Seguin, tomando a Francia como la medida de todas las cosas, despacha diciendo que España ha sido un país incapaz de producir un modelo nacional, disperso en un puzzle de nacionalidades dispares, donde el cine tiende a buscar modelos en las otras cinematografías, en sus inicios, para acabar buscando en formas tradicionales; costumbrismos, españoladas, algo que pudiera funcionar como fragmentos identitarios.[58] La misma eterna cuestión, sobre todo historiográfica, acerca de la debilidad de la construcción nacional española, un paradigma surgido a partir de trabajos como uno fundacional de Borja de Riquer, en el que basa esa idea de la débil nacionalización en la existencia de una burguesía liberal incapaz de formular un proyecto nacional aceptado más allá de las élites, que se encontró con un Estado, igualmente anémico, e incapaz de lanzar la idea de un país vertebrado en lo económico y en lo social, mientras que otras regiones, singularmente Cataluña, eran capaces de lo contrario.[59] Una teoría que, desbordando hasta el siglo XX, llegaría a su desenlace final en el enfrentamiento de la guerra civil con un encaje teleológico tan perfecto, que parecía escrita hacia atrás. Lo cierto es que, en estos momentos, la teoría de la débil nacionalización parece superada por los estudios de la importancia del nacionalismo, incluso como argumento movilizador en ambos bandos de la guerra civil, y como preocupación de los intelectuales.[60] Tra-

58. El autor considera, aplicando tal vez un troquel jacobino, que "se admite generalmente que España es una nación de naciones... que se me permita decir que, para mí, España es una no-nación de no-naciones", SEGUIN, Jean Claude: "El cine en la formación de la conciencia nacional", en Nancy BERTHIER y Jean Claude SEGUIN (dir.): "Cine nación y nacionalidades en España", Casa de Velázquez, Madrid, 2007, edición en línea, [última consulta 22-X-2023].
59. Puede encontrarse este planteamiento como controversia en RIQUER, Borja de: "Sobre el lugar de los nacionalismos-regionalismos en la historia de España y FUSI, Juan Pablo: "Revisionismo crítico e historia nacional (a propósito de un artículo de Borja de Riquer)", en *Historia Social*, nº 7, 1990, pp. 105-134. Y la matización de la teoría en ÁLVAREZ JUNCO, José: *Mater dolorosa. La idea de España en el siglo XIX*, Madrid, Taurus, 2001, donde pone el acento en una nacionalización muy débil más allá de las élites.

bajos posteriores han encontrado, además, diferencias, y también similitudes, con otros casos europeos donde, en realidad, cada uno ha seguido su propia ruta.[61] Además, en el caso español la importancia del fenómeno turístico ha contribuido, con su promoción al exterior, a cimentar la identidad nacional y la configuración del Estado-nación y sus instituciones. Primero con una visión decimonónica del valor de tradiciones y monumentos, luego con la visión regeneracionista de amor a la patria, modernizada a partir de 1928 por el Patronato Nacional del Turismo, especialmente en época republicana, con la pretensión de formación de ciudadanos y, desde el régimen franquista, con una imagen de España diseñada no sólo para los turistas extranjeros, sino para los propios españoles.[62] En todo el proceso el cine tuvo un papel creciente.

Lo que sí es cierto para el caso español es que la controversia no es sólo del pasado, sino el resultado de llevar al pasado las pendencias del presente. De un presente especialmente convulso en España para los asuntos del nacionalismo.

Toda esa confusión, trasladada al terreno historiográfico, ha desembocado, por una parte en la necesidad de negar una nación con Estado para afirmar otras sin él o las maniobras anacrónicas, y metodológicamente lla-

60. NUÑEZ, Xosé Manoel: *¡Fuera el invasor! Nacionalismo y movilización bélica durante la Guerra Civil española (1936-1939)*, Marcial Pons, Madrid, 2006; PÉREZ VIEJO, Tomás: *España imaginada. Historia de la invención de una nación*, Galaxia Gutemberg/Fundación Alonso Martín Escudero, Barcelona, 2015; para el caso de los intelectuales FOX, Inman: *La invención de España*, Cátedra, Madrid, 1997.

61. Sobre este asunto, desde una perspectiva comparada, pueden verse aportaciones recientes de José ÁLVAREZ JUNCO en *Dioses útiles. Naciones y nacionalismos*, Galaxia Gutemberg, 2016, especialmente pp. 199-201 y "España: el debate sobre la nación", en TOWNSON, Nigel (coord.) *¿Es España diferente? Una mirada comparativa (siglos XIX y XX)*, Taurus, Madrid, 2010, pp. 29-64.

62. MORENO, Ana: *De forasteros y turistas. Una historia del turismo en España (1880-1936)*, Marcial Pons, Madrid, 2022, pp. 285-286; AFIGUÉNOVA, Eugenia: "El discurso del turismo y la configuración de una identidad nacional para España", en REY, Antonia del (ed.): *Cine, imaginario y turismo. Estrategias de seducción*, Tirant lo Blanch, Valencia, 2007, pp. 33-64 y VELASCO, María: *La política turística. Gobierno y administración turística en España: 1952-2004*, Valencia, Tirant lo Blanch, 2004.

mativas, de llegar a redactar una historia del cine español "por autonomías", partiendo de los momentos en que esas autonomías no existían.[63] Si es complicado basar la historia del cine en España, parece imposible defender una historia del cine en unas demarcaciones administrativas que buscan darle pasado a su presente, forzando los límites administrativos actuales, en compleja maniobra, para hacerlos coincidir con los hechos de hace más de un siglo.[64]

Por eso debe de quedar claro que renunciamos a tratar la historia del cine como medio para apuntalar la comunidad imaginada (aunque sí estudiar cómo se empleó el cine para lograr tal propósito sin descartar el "nacionalismo banal").[65] Ni la española ni otras que quisieran ser por oposición a ella, afirmando su propio cine y negando el anterior. Para nuestro método, España como Estado-nación, con todos los cuestionamientos y problemas ideológicos que el proceso de nacionalización y los nuevos nacionalismos arrojan sobre su análisis, existía cuando llegó la imagen en movimiento y, dentro de las mismas fronteras, afectada por las mismas leyes y para espectadores de la misma nacionalidad, ha pasado más de un siglo produciéndose y exhibiéndose cine. Eso no se puede negar, por más que quien quiera negar la realidad de España niegue todo aquello que pueda sonar a "español". Pero ése es otro problema que no depende de la historia del cine (de ninguna historia hecha con criterios científicos). Es, una vez más, el debate entre lo fílmico y lo cinematográfico, entre el cine espa-

63. Asunto que puede rastrearse en diversos trabajos, pero es especialmente chocante en aquel que lo lleva a su título: J.M. CAPARRÓS (coord.) *Cine español. Una historia por autonomías. Vol. I*, Centro de Investigaciones Film-Historia, Barcelona, 1996.
64. Riesgo ya señalado por Juan Carlos DE LA MADRID en *Primeros tiempos del cinematógrafo en España*... p. II.
65. Nos referimos al célebre concepto de nación acuñado por Anderson, como una comunidad política imaginada, dotada luego de Estado para ser convertida en patria. Según esta teoría cualquier recurso que contribuya a visualizar esa imagen y hacer que la comparta el mayor número de personas, consigue ir construyendo la propia comunidad. Por ejemplo, el cine. ANDERSON, Benedict: *Comunidades imaginadas. Reflexiones sobre el origen y la difusión del nacionalismo*, Fondo de Cultura Económica, México, 1993. Un complemento a esta teoría es la del "nacionalismo banal" con el que la idea de nación desborda a narraciones omnipresentes en la vida cotidiana y de mayor valor del que aparentan: BILLIG, Michael: *Banal nationalism*, Sage, Londres, 1995.

ñol (nacional) que ocupa a la mayoría de la historiografía, con intereses, derechos y torcidos, y el cine en España que nos ocupará a nosotros.

Este es uno de los basamentos de nuestra investigación, una preposición retrata por completo nuestras intenciones: hablamos de cine *en* España, lo que no implica que este no sea un estudio del cine español, pero, para incluir en él todos los elementos de lo cinematográfico, era necesario variar nuestro enfoque, jugar en un terreno que comprenda muchos otros fenómenos de la historia sociocultural, que una historia convencional "del cine español", acabaría reduciendo, desde el propio título, a las películas. Éstas serán, para nosotros, un producto de consumo creado por las industrias culturales, a la vez que objeto artístico. Nuestra intención es ver el enfoque de la sociedad que produce y consume las películas, teniendo en cuenta que las películas españolas son sólo una pequeña parte del cine que se ha visto en el país.[66] Entendiendo las múltiples vertientes del cine que es una forma de expresión artística, un medio de comunicación de masas, una potente industria y un producto cultural que genera reflexión crítica y teórica, además de un espacio público de sociabilidad en el tiempo de ocio.[67]

Hablamos de un enfoque complejo y transversal, como debe ser toda historia del espectáculo, paralela a la evolución de la sociedad y que admite ópticas diversas: la historia intelectual de los productos de creación; la historia empresarial que se interese por las condiciones de su explotación; la historia económica de sostener y consumir ese espectáculo; la historia política y jurídica para explicar las medidas de regulación y control de contenidos; la historia social de los productores y los consumidores del espectáculo y, al fin, la historia cultural.[68]

66. Sobre esto se extiende Emeterio DÍEZ PUERTAS en su *Historia social...*Especialmente p. 11.
67. Sobre asuntos como éste son veteranos en la historiografía europea con ejemplos como JANCOVICH, Mark, FAIRE, Lucy y STUBBINGS, Sarah: *The Place of the Audience.Cultural Geographies of Film Consumption*, BFI, Londres, 2003 o BILTEREYST, Daniël, MALTBY, Richard y MEERS Philippe (eds.): *Cinema, Audiences and Modernity. New Perspectives on European Cinema History*, Routledge, 2012. En España son recogidos por varios trabajos de la ya citada GARCÍA CARRIÓN, Marta: "Lugares de entretenimiento, espacios para la nación: cine, cultura de masas y nacionalización en España (1900-1936)", en *Ayer*, nº 90, 2013, pp. 115-137.

España es, para nosotros, un marco geográfico y cultural, el lugar para contener nuestro objeto de estudio, pero, en ningún caso, la unidad que dé sentido a nuestro análisis determinando un cine enraizado en arcanos culturales y en tradiciones populares. Un espacio capaz de acoger el objeto de estudio y, a la vez, ser el objeto mismo. Nuestro enfoque tiene que hacer posible la convivencia de la historia ***y*** el cine y del cine *en* la historia. La conjunción y la preposición han de operar a nuestro favor y de la misma manera. Lo que nosotros pretendemos es introducir la historia del cine en la historia contemporánea. Aún más: trataremos de hacer historia de España utilizando el cine como inicio y punto de vista para encontrar las intersecciones que tiene con el resto de la sociedad española a lo largo del tiempo en producción, distribución, exhibición y público. La llegada del cinematógrafo sería así el inicio, nuestro billete para subir la historia del cine en España al tren de la historia contemporánea de todo el país. Lo contrario sería caer en el más viejo de los usos de esta historia del cine: ocuparse sólo del cine, de las imágenes.[69]

Con esto hemos avanzado también la parte sustantiva de nuestra propuesta metodológica que, a estas alturas es sabido, no se decanta por lo fílmico sino por lo cinematográfico. Eso nos permite prescindir del canon, de cualquier tipo de canon, pues su condición relativa multiplica la existencia de cánones por los criterios tomados para su creación porque, en el fondo, la clave son los parámetros de canonización antes que su resultado: el canon.[70]

68. BAKER, Edwar y CASTRO, Demetrio: "Presentación. Espectáculos en la España contemporánea: de lo artesanal a la cultura de masas", en *Ayer*, nº 72, 2008, p. 16.
69. Puede apreciarse esta tendencia en una visión general que, sobre la introducción del cine en España, hace Joaquín CÁNOVAS, donde afirma que el estudio de la recepción del espectáculo cinematográfico en la sociedad española finisecular sólo puede hacerse "tras la elaboración de un censo de títulos, llamémoslo catálogo si queremos ser ambiciosos, que localice, date y afilie el mayor número de películas proyectadas en las diferentes modalidades de exhibición cinematográfica desarrollada durante los primeros años de vida del cinematógrafo en España, podremos disponer de documentación que facilite el estudio y lograr desentrañar los mecanismos de funcionamiento del primer público cinematográfico, sus hábitos, sus gustos y su implicaciones en el nuevo espectáculo". En "Introducción del cine en España. Pionerismo en industria", en *A propósito de Cuesta*... p. 24.

Ese riesgo de acordar los criterios para formar el canon, el de hacer un canon indiscutible, en el sentido más antiguo, el del "gran relato" de la más vieja forma de hacer historia, existe siempre que se aborda su construcción. La propia *Antología crítica del cine español*, pese a sus muchas virtudes, no pudo sortear los riesgos de lo canónico. Sobre todo la paradoja de que esa vocación de pervivencia lo conduce a una revisión constante, a ser un concepto volátil, en un cambio que depende de los gustos, las modas, de la sociedad o los momentos históricos. Esos cambios que, en el cine español, han hecho canonizar obras o autores en momentos y lugares distintos, rescatando títulos o personajes olvidados y dando valor a otros que se consideraban de segunda fila (desde Serrano de Osma a Paul Naschy), dependiendo del paradigma o los criterios que regían el viejo y el nuevo canon siempre cambiante. Porque son los investigadores quienes han ido ampliando el canon o canonizando nuevas obras para así ampliar su objeto de estudio. Han ido haciendo camino al andar a la vez que se daban tajo a sí mismos. Esa forma de actuar que, siguiendo los modos de una determinada historia del arte, ha ejercido siempre una selección previa de películas canonizadas y susceptibles de ser estudiadas. Un método criticado por algunos historiadores, como decimonónico, por establecer un discurso de catálogo destinado a enumerar las obras, los géneros, los estilos o los autores representativos en cada momento, acotando su universo y su objeto de estudio.[71]

Nuestra propuesta es otra. Más social y menos fílmica, puesto que el cine no sólo refleja la sociedad, forma parte de la historia con la propia sociedad. Nuestro método conoce el canon, o un canon, pero no lo necesita. No hay "lista". El paradigma es la propia historia, que lo incluye todo. A todas las películas. Las conocidas y las por conocer, las incluidas en un canon y en otro y las aún por canonizar.

¿Qué pasa entonces con el método de análisis? El segundo gran pilar de la mayoría de estudios hasta aquí analizados. Desde los planteamientos de la historia fílmica que hemos expuesto está claro que todo el protagonismo debe ser de las películas y su estudio: el "texto" y el análisis textual. Eso implica, además, cuestionar, por obsoletos, algunos de los métodos tradicionales del historiador. Zunzunegui resumía esos métodos, por lo que a la historia del cine español se refiere, en tres tópicos indeseables: el fetichismo del dato, el problema del contexto y el retorno del biografismo que,

70. NIETO, Jorge: "El valor del pasado"..., p. 292.
71. Es el caso de DÍEZ PUERTAS, Emeterio: *op. cit.*, p. 12.

para el caso del cine de los orígenes, Minguet redujo a dos problemas de similar tenor: la lacra del positivismo y el error de la autorreferencialidad.[72]

El primero de los problemas, que retrotrae la historia del cine español a una historia positivista, casi decimonónica, sería el retorno de la obsesión por los datos en un intento de contarlo todo; de hacer una descripción perfecta, global y definitiva de lo que sucedió en el pasado. Quienes pensamos que ese retrato no se ajusta a la realidad tenemos que acudir a lo más básico del método del historiador para contrarrestar afirmaciones como ésta rescatando, de los clásicos, la diferencia fundamental existente entre dato y hecho histórico. Para que un mero hecho del pasado se convierta en un hecho histórico es necesario un proceso constante de selección, interpretación y ordenación, en el que interactúan el historiador y los datos.[73] Y esto es así porque, como todo historiador sabe, el pasado no existe, es un tiempo acabado que no tiene presencia material y actual. Por eso el campo de trabajo del historiador no puede ser el pasado sino sus restos materiales que aún perviven en el presente, sólo con ellos se puede reconstruir una parte del pasado. Esa es su verdadera tarea: la construcción de un pasado histórico en forma de un relato narrativo a partir de las pruebas y fuentes documentales legadas por el pasado.[74] Por eso los hechos son fundamentales, cuanta mayor variedad de fuentes y restos de ese pasado nos lleguen, su reconstrucción será más sólida. Sin fetichismos.

En cuanto al problema del contexto es cuestión mayor cuando, precisamente, se invoca como problema. Esto es así en el método del análisis textual que le da un valor irrelevante. Tal cosa se rastrea con frecuencia en los estudios que han aislado a las películas de la sociedad que las producía o recibía o quedándose muchas veces en la pura anécdota,[75] primando las

72. ZUNZUNEGUI, Santos: "Tres tristes tópicos", en MARZAL, Javier y GÓMEZ TARÍN, Francisco Javier (eds.): *Metodologías del análisis del film*, Edipo, Madrid, 2007, pp. 17-30 y MINGUET, Joan M.: *Paisaje[s] del cine mudo en España*, Ediciones de la Filmoteca, Valencia 2008, pp. 12-14.

73. CARR, Edward H.: *¿Qué es la historia? Edición definitiva*, Ariel, Barcelona, 1999, p. 76.

74. Para estos asuntos es ya es un clásico indispensable el libro de Enrique MORADIELLOS: *El oficio de historiador*, Siglo XXI editores, 3ª edc. 1999, especialmente pp. 5-18.

75. PABLO, Santiago: "Cine e historia ¿La gran ilusión o la amenaza fantasma?", en *Historia contemporánea*, nº 22, 2001, p. 10.

imágenes y dando al contexto un simple valor ornamental, pero se agudiza cuando, en el análisis textual, se defiende que los textos definen el contexto y no a la inversa. Es el "texto", la película, la que "aparece siempre como portador de instrucciones sobre su *contexto pertinente de interpretación* al tiempo que señala como activar dicho contexto y proporciona la garantía última de su lectura". Es decir, el contexto está inscrito en el texto dado y no al revés. Hay que ir desde el texto al contexto y no a la inversa.[76]

Muchos juegos de palabras se han podido leer a cuenta de los textos y los contextos, y casi todos con la intención de banalizar al segundo. Convendría tomar en serio esta relación, toda vez que el "texto", como discurso único, no tiene sentido, a nuestro entender. Al menos no tiene el sentido que le puede dar la lectura del contexto social que lo rodea, pero también lo explica y lo determina con sus juegos de poder y conflictos varios. Abroquelarse en las películas, creyendo que todo está allí, es negar a la historia del cine la posibilidad de crecer a partir del estudio y la descripción de sus usos sociales y culturales. De la propia experiencia de ir al cine, con la importancia de los espacios de exhibición y los hábitos de visionado.[77] Es un asunto capital y lo ha sido siempre, precisamente, para que los historiadores sorteasen ese supuesto fetichismo del dato, "el arte del contexto" o "las ideas en contexto" son reivindicadas por quienes ven ahí uno de los problemas fundamentales de hacer historia. Siempre, claro está, que el contexto sea definido con mucho cuidado, prestando atención a los rasgos esenciales de una sociedad y una época y a las características y requisitos específicos de una forma de arte en concreto.[78]

Creemos que el "texto", si aceptamos el término para designar películas de cine, tiene un valor, muy importante además, en cuanto a documento, pero no mayor que otra obra que maneje un historiador del arte (un cuadro, un edificio...) que nunca tiene valor descontextualizado ni analizado por separado. Ahí el "texto" dice sólo unas cuantas cosas del contexto, son necesarias muchas otras informaciones. No creemos posible "concebir el análisis del texto fílmico como fuente primera y substancial,

76. ZUNZUNEGUI, Santos: "Tres tristes tópicos", pp. 23-25.
77. Annette KUHN ha mostrado hasta qué punto esto es determinante para los espectadores, a partir de sus propias experiencias en la Gran Bretaña de los años treinta en *An Everyday magic. Cinema and Cultural Memory*, I.B. Tauris, Londres, 2002.
78. ELLIOT, John H.: *Haciendo historia*, Taurus, Madrid, 2012, p. 186.

por lo que ese texto fílmico dice, o por lo que el analista le haga decir, que viene a ser lo mismo".[79] Eso puede llevar a maniobras tan arriesgadas como la de hacer el análisis de una película que se ha perdido, que no existe, a partir de una fotografía tomada, supuestamente, desde el mismo lugar, como fue el caso del *Entierro del general Sánchez Bregua*. Donde, al pretender analizar sólo el texto (la película), se utiliza curiosamente sólo el contexto (la fotografía).[80]

Si todos los datos deben salir del texto, hay que tener en cuenta que éste siempre es avaro con las lecturas históricas. El texto siempre está en presente; en *su* presente. Forzar conclusiones a partir de ahí puede llevar a graves problemas metodológicos y a interpretaciones fallidas. Sirva como ejemplo de lectura de imágenes descontextualizadas el monstruo que aporta la escritora Susan Jacoby que, la tarde del 11 de septiembre de 2001, durante el ataque terrorista a las torres gemelas de Nueva York, oyó como dos hombres comentaban en un bar de Nueva York lo siguiente: "esto es igual que Pearl Harbor", decía uno. "¿Qué es Pearl Harbor?", preguntaba el otro. "Cuando los vietnamitas tiraron bombas en una bahía y así empezó la guerra de Vietnam".[81]

Exageraciones al margen, no está claro que el matrimonio entre la historia y el análisis textual funcione. En todo caso el segundo no puede sustituir a la primera. No es posible prescindir del trabajo de campo, el de extraer datos, fiables y contrastados, sometidos a análisis y crítica por parte del historiador, que por algo es un profesional de esa disciplina. Un análisis que ha de venir determinado por una metodología sólida.

Sin negar las ventajas del análisis textual y metodologías similares, creemos que son más aptas para la estética que para la historia, más para los trabajos de macro que de gran angular. Nuestra óptica plantea un estudio extenso, en espacio, tiempo, estado de la cuestión y análisis. Un estudio de historia que sólo con las técnicas del historiador puede abordarse,

79. El texto corresponde a MINGUET, Joan M.: *Paisaje[s]...del cine mudo.* p.14.
80.El análisis de esa película perdida está recogido en CASTRO, José Luis, FOLGAR, José María y NOGUEIRA, Xosé: "José Sellier y las primeras filmaciones españolas: Fábrica de gas, Orzan, oleaje y plaza de Mina (mayo de 1897). Estado de la cuestión y nuevas aportaciones documentales", en *A propósito de Cuesta...* especialmente pp. 54-57.
81. Referencia aportada por MACMILLAN, Margaret: *Usos y abusos de la historia*, Ariel, Barcelona, 2010, p. 187.

aunque combine otras técnicas y tenga que hacerse eco de otros análisis y algunos cánones. Eso es justamente lo contrario de lo que se han planteado los historiadores del "texto", incluso aquellos que conferían cierta importancia a las técnicas historiográficas, pero siempre subordinadas, como escribe Zumalde a la hora de hablar de la *Antología del cine español*, que considera el meridiano cero de la historiografía de nuestro cine y un modelo del que partirían otros estudios, modelo hecho de "la hibridación del análisis textual y los rudimentos de la ciencia histórica".[82]

Aquí se defiende otro enfoque en el que las técnicas de la historia priman sobre todo lo demás. Por eso el historiador debe tener formación, método y rigor. Ha de ser distinto a cualquier intruso al que le dé por escribir historia y, en la historia del cine son legión. Su interpretación es menos arriesgada que la interpretación de las películas a través del análisis textual. Por descontado deja mucho menos margen a la subjetividad y a las conclusiones gaseosas, ocultas en un tono a medio camino entre lo técnico y lo ensayístico, lleno de "epifanías", "rugosidades" y "presencias vicarias" en las que los vietnamitas siempre acaban bombardeando Pearl Harbor.

Este método, el hecho de no quedarse sólo en las imágenes, se acerca más al de una historia social atenta a multitud de factores que inciden en el cine, como en el resto de la sociedad. Por otro lado nos permitirá abordar también el eterno problema de la periodización, combinando lo fílmico, lo cinematográfico y el resto del contexto sociocultural, para segmentar períodos, haciendo un compendio que busque intersecciones y que aproxime lo más posible la historia del cine a la historia contemporánea. No se trata de incluir, por compromiso, la clásica introducción histórica que poco dice de lo que sigue y que, en muchas ocasiones, no casa con ello. Una de esas que empieza retratando, por ejemplo, la España que recibió el cinematógrafo como un país atrasado, arruinado, analfabeto y corrupto, sin actualizar esa visión con las nuevas tendencias historiográficas sobre el fenómeno de la modernidad y sin caer en la cuenta de que, un país como ése, no hubiera recibido el cine a la misma velocidad que las naciones europeas más adelantadas. No es eso. Se trata de describir un escenario en el que fondo y primer plano sean la misma cosa, pero luego movernos por él con la libertad de una planificación que irá dando continuidad al relato, un relato histórico: del cine y del resto de lo que acontecía en la sociedad cercana a él. El mismo relato.

82. ZUMALDE, Imanol: "Asignatura pendiente....", p. 481.

Queremos apartarnos de los análisis de las imágenes, solamente de ellas, para huir también de los problemas ya señalados al hablar de la inexistencia en España de una historia cultural integrada. Planteamientos como este tipo de análisis de la historia del cine retardan su posible integración a una visión general pues, mientras en otras áreas de la cultura se escriben ya historias sociales solventes, el cine sigue ensimismado, en lo superficial, en lo más formal; en las imágenes y los métodos de siempre. Mientras que otros han pasado a la iconología, el cine se dedica, en exclusiva, a la iconografía. Por fortuna, hay ejemplos de nuevos estudios que transitan ya por una senda en la que el dato se trata sin fetichismo, el contexto determina el "texto" y las biografías aportan un caudal informativo esencial. Todo ello, además, en períodos especialmente sensibles del cine español. Y sin utilizar los nuevos cánones ni las viejas savias nutricias.[83]

Situados ya en este lugar, nuestro trabajo trata de hacer una historia del cine en España, bajarla a la tierra de la otra historia y meterla dentro de ella, de forma que, con un esquema claro y un lenguaje divulgativo, se cuente la historia del cine y la historia reciente de España, al alcance de cualquier lector interesado por el cine o por la historia (y no necesariamente por ambas cosas a la vez).

Una historia que parte del origen de las industrias culturales, desde los espectáculos de cine y varietés hasta las formas modernas de consumo. Un proceso lento, no empezará sin vuelta atrás hasta el final de la Primera Guerra Mundial, no se consolidará hasta pasada la crisis del 29 y, en toda España, no llegará a insertarse en una verdadera sociedad de consumo de masas hasta las décadas de 1960 y 1970. Pero su arranque está en los cambios de principios de siglo.[84] Es la genealogía de esa nueva sociedad, coincidente con los cambios de espectáculo, industria cultural y clientela consumidora. Estudiaremos los mecanismos de la venta del tiempo de ocio: espectáculos para vender y público con tiempo y dinero para comprar. Además, para comprender cabalmente la trayectoria de este espectáculo de-

83. Existen dos ejemplos firmados por Christian FRANCO: *Edgar Neville. Duende y misterio de un cineasta español*, Shangrila, Santander 2015 y *La poética del asedio. Cine e historia en la autarquía*, Shangrila, Valencia 2021.
84. ALONSO, Luis Enrique y CONDE, Fernando: *Historia del consumo en España: una aproximación a sus orígenes y primer desarrollo*, Debate, Madrid, 1994 pp. 65-80.

beremos prestar atención a su evolución en cuanto a contenidos y continentes que sirvieron para hacerlo rentable, social y económicamente.

Y eso atravesando la historia de la España contemporánea. La de los siglos XIX a XXI, capaz de condicionar el cine, de reescribir los "textos", en unos contextos por los que pasaron guerras, dictaduras, transiciones, democracias y crisis industriales. Todas las que intentaremos encerrar en un esquema cronológico que nos llevará a repartir el estudio en tres volúmenes cercanos a las cuatro décadas.

El primero abarca desde la llegada del cine a la llegada de la Segunda República. Un denso período de treintaicinco años en el que se liquida la Restauración y con ella el siglo XIX, sobre todo en política, y se atraviesa una dictadura antes de llegar a la república. En nuestros intereses está también, como reza el título del primer volumen de esta obra, abarcar igualmente el período de formación de las industrias culturales. Desde que nace la posibilidad de su existencia hasta que el cine se convierte en un espectáculo asentado en un crecido parque de edificios. Sobre todo en las ciudades. El camino que une estos dos hitos es largo, sobre todo en significados, pues va desde una forma antigua de entender el consumo cultural a una nueva manera de explotar espectáculos para ofrecérselos a un público de masas. Es el tiempo de la formación de las industrias culturales y el primer atisbo de consumo moderno que, con el crecimiento de las ciudades y la aparición por vez primera del tiempo de ocio entre los más modestos, vuelve del revés la España que vio llegar las primeras imágenes animadas.

Así se ha plasmado en este primer volumen, un denso período de historia del espectáculo, desde el género chico a los cines grandes. Desde un forma de concebir la representación en la que el cine iba de complemento de otros espectáculos anteriores, de carne y hueso, hasta su definitiva independencia como espectáculo autónomo e industria cultural de gran vigor. Es también un recorrido técnico, desde la llegada de los primeros aparatos hasta la irrupción del cine sonoro a la que este libro se asoma dejando un camino de azúcar presto para ser recorrido. Es también, y sobre todo, una historia social, la del proceso de formación de públicos que, a través de diversas alternativas que aquí se describen, liga sus condiciones de vida y de trabajo a la posibilidad creciente de ser los espectadores de este nuevo espectáculo, un público de masas. Es esto, además, dentro de la historia política de la Restauración española que, de monarquía tradicional, acaba muriendo en república con una dictadura de complemento y con el proceso de modernización de catalizador, para pasarlo todo a limpio y, de paso, a celuloide.

Todo esto, quede claro, con el análisis de unos procesos y unos hechos que van más allá de las imágenes, como corresponde a una historia, ésta, que es social y cultural. De gran angular. Donde se analizan los tiempos, los procesos (industrialización, modernidad y cultura de masas), los lugares (exhibición dentro de la lógica de una historia mínima de las ciudades), las personas (espectadores del cine dentro de la historia del consumo) y, finalmente, el espectáculo (lo fílmico y sus diversas compañías y modos, subordinado al resto).

No somos eruditos, no somos críticos, no somos filólogos, no somos sociólogos, no somos antropólogos... Somos historiadores, abiertos a las nuevas ideas y a los nuevos enfoques, a la colaboración con disciplinas afines y útiles, pero siempre fieles al método de nuestra profesión para, en todo caso, escribir un libro de historia.

1.

HOY LAS CIENCIAS ADELANTAN QUE ES UNA BARBARIDAD

Un célebre sainete lírico sitúa a la puerta de una botica a su titular y otro amigo, entrado en años como él, discutiendo sobre los adelantos de la ciencia. Era catorce de agosto de 1894, noche de la Virgen de La Paloma. Hablamos de la representación de una obra teatral, llena de licencias y situaciones forzadas por la imaginación del Ricardo de la Vega,[85] pero el texto y el contexto nos servirá de mucho para colocarnos en nuestro punto de partida: la capital de España, justo al finalizar el siglo XIX, sometida a las servidumbres del proceso de modernización. Un pequeño laboratorio para destilar la situación de las ciudades españolas a la llegada de un cinematógrafo que ya estaba llamando a las puertas.

El cuadro es muy potente, como correspondía a los inicios de las obras del género, procuraban enganchar desde el primer minuto al respetable, pues ese público podía hacer que la primera representación fuese la última "echándola al foso".[86] Da mucha información. Para empezar la acción transcurre en el centro de Madrid. Tal vez un barrio entre los ensanches y el centro histórico, pues la casa que sirve de decorado es un híbrido; más acomodada que las más modestas, pero sin llegar a ser completamente de lujo: "una casa grande, moderna, de tres pisos", con el portal enmarcado por la botica y una buñolería de lujo con una taberna a su lado.[87] Pero moderna, no se olvide.

85. VEGA, Ricardo de la: *La verbena de La Paloma o El boticario y las chulapas y celos mal reprimidos*, sainete lírico en un acto y en prosa con música de Tomás Bretón. Estreno en el Teatro Apolo el 17-II-1894. Acto único, escena primera, Sociedad de Autores Españoles, octava edición, Madrid, 1907. Puede encontrarse copia en línea de este libreto en la Reese Library of the University of California: https://urlc.net/QlSl[consultado el 20-XI-2021].
86. TEMES, José Luis: *El siglo de la zarzuela, 1850-1950*, Siruela, Madrid, 2014, p. 149.
87. *La verbena de La Paloma...*, p. 5.

Podemos localizar mejor aún ese lugar con la mezcla de los circunstantes, pues junto al boticario y su contertulio, están los porteros de la finca y los clientes de la taberna, dos amigos del tabernero, "mozos de chapa", que juegan con él al tute. Hasta allí llegan Julián y sus desdichas provocadas por los amores y desamores con su novia, Susana. El protagonista de la obra es un cajista de profesión. Un oficio manual duro. Desempeñado en imprentas y periódicos por hombres que colocaban letras de forma maquinal durante días (en un artículo largo podían invertir tres horas) y expuestos a enfermedades profesionales como el saturnismo, envenenados por el plomo o la alferecía, por la repetición de movimientos.[88] Con sueldos de cuatro pesetas como el de Julián (en algunas imprentas cobraban a tanto las cien líneas compuestas). Con la llegada del siglo XX la mecanización les tenía reservada una rebaja de sus condiciones: cada vez menos tajo pero más penoso, para trabajadores cada vez más jóvenes, con jornales cada vez más chicos. Se distinguía de otros oficios puramente manuales en la exigencia de un nivel de instrucción suficiente como para manejarse con soltura en el lenguaje. Por ambas cosas, dureza e instrucción, formaron parte de los núcleos reivindicativos más tempranos y constituyeron la columna vertebral del primer socialismo organizado, sobre todo en Madrid.[89]

La presencia de Julián contribuye a centrar más aún el escenario, pues él mismo describe "su camino de siempre" desde su trabajo: "Corredera Alta, Corredera Baja, y me desemboco en la de la Luna para tomar la

88. Sobre sus condiciones de trabajo en talleres y diarios de provincias, puede verse MADRID, Juan Carlos De la: *Prensa y sociedad en una villa del Cantábrico*, Laria, Oviedo, p. 350.

89. Desde la Asociación del Arte de Imprimir, en 1874, hasta que un grupo comandado por un joven tipógrafo llamado Pablo Iglesias fundara en la clandestinidad, en 1879, el primer núcleo del futuro PSOE. En Barcelona los tipógrafos o cajistas también estuvieron presentes en las primeras organizaciones de clase pero sin la repercusión de otras industrias de mayor arraigo en la ciudad catalana (metalurgia, textil y construcción). Véase RALLE, Michel: "Socialistas madrileños (de los orígenes de la agrupación a 1910)" en *Estudios de Historia Social*, nº 22-23, 1982, pp. 321-358; CASTILLO, Santiago: "El socialismo madrileño hace un siglo: Un anhelo de reformas", en *Arbor* CLXIX, 666 (junio 2001), pp. 411-429 y SMITH, Ángel: "Los tipógrafos de Barcelona (1899-1914). Relaciones laborales, desarrollo sindical y praxis política", en CASTILLO, Santiago (ed.): *El trabajo a través de la historia*, Asociación de Historia Social, Madrid 1996, pp. 437-445.

de Tudescos".[90] Es decir, atravesando Malasaña desde el borde de Chamberí, barrio nacido cuando Madrid rebasó sus confines tradicionales, hasta llegar a la zona donde pronto se asentaría la Gran Vía, artería sobre la que pivotaría el crecimiento moderno de la ciudad. Si Julián tenía que hacer tanto recorrido se debía a otra circunstancia también "moderna", como era la separación entre el hogar y el lugar de trabajo, cuando hasta mediados del siglo XIX eran frecuentes los talleres, colmados y otros tajos o negocios familiares, en la misma casa donde se habitaba. Al ganar velocidad la industrialización creció la proletarización, la separación de los universos público y privado, precisamente por el trabajo, y crecieron las distancias para trabajar.[91] Y también los medios de locomoción encargados de allanar y vender el transporte hasta esas distancias.

La razón de las congojas de Julián, Susana, es, como sus amigas, una "modistilla", término peyorativo que las chanzas del pueblo usaban para designar, en los sainetes, a unas jóvenes de dudosa moralidad, asiduas a bailes y verbenas y amigas de las bebidas espirituosas. La realidad era muy otra. En el Madrid de finales del siglo XIX las modistas y costureras copaban las profesiones textiles femeninas. Una dura ocupación, de larguísimas jornadas a cambio de sueldos de miseria, ejercida en casa o en talleres por niñas entre 10 y 14 años que, en el mejor de los casos, la abandonaban a la edad de contraer matrimonio.[92] Una dura profesión, pero también una profesión moderna, pues la moda y el vestido fueron la punta de lanza por la que sociedades como la española accedieron al primer consumo. Consumo decimonónico, de clases burguesas, hecho a base de puntadas y remates de manos de las clases subalternas; de costureras y modistillas. La obra sitúa la casa de Susana, mucho más pobre que la primera, en "una calle del barrio de la Latina".[93]

Con esta descripción se ha dibujado una perfecta situación socio-espacial del Madrid de aquella época, lleno de casas de vecindad, buhardi-

90. *La verbena de La Paloma...*, p. 10.

91. Así se observa en PALLOL, Rubén: *Una ciudad sin límites. Transformación urbana, cambio social y despertar político en Madrid (1860-1875*), los libros de la Catarata, Madrid, 2013, p. 64.

92. NUÑEZ ORGAZ, Adela: "Las modistillas de Madrid, tradición y realidad (1884-1920)", en BAHAMONDE, Ángel y OTERO, Luis Enrique (eds.): *La sociedad madrileña durante la Restauración (1876-1931),* Comunidad de Madrid- Alfoz- UCM, 1989, vol. 2 pp. 436-450.

93. *La verbena de La Paloma...*, p. 16.

llas, sotabancos y ciudadelas en los barrios bajos al Sur y al Oeste, bordeando el Manzanares (Hospital, Latina, Inclusa), barrios nuevos de vivienda obrera más allá de los ensanches Norte y Este (Chamberí, Cuatro Caminos, La Prosperidad y La Guindalera), pero también lugares próximos al centro en calles vetustas y traseras de las principales (Álamo, Espejo, Leganitos). Allí, en diversas tipologías de casas colectivas, en deplorables condiciones higiénicas, vivían, a principios del siglo XX, uno de cada diez madrileños. Los lugares donde aplicar el concepto de "bajos fondos" referido a Madrid.[94] Así se percibió por el público desde el primer momento, cuando ante el éxito por aclamación en el teatro Apolo, la crítica anotaba, entre otros muchos elogios, estas finas precisiones que aquí se copian:

> "(...) El «trabajo» de V. representa una labor de mucho tiempo, pues acusa el estudio del natural de una infinidad de tipos, de costumbres, y hasta de «ruidos» nacionales (...) Pero ello es que, junto á la observación finísima, se desborda el ingenio brillante que caracteriza á su musa, y que al lado de las alegrías de esos barrios bajos, en los que se conserva con la capillita de la Virgen de la Paloma la tradición religiosa más pura y más simpática de «nuestro» Madrid, se vislumbran relampagueos dramáticos de corte sano y conmovedor, todo corazón y nobleza, que son las «características» de nuestro pueblo (...)".[95]

94. Es el censo, de 52.521 habitantes (la capital tenía 539.835), que ofrece Philih HAUSER en su monumental *Madrid bajo el punto de vista médico-social. Su policía sanitaria, su climatología, su suelo y sus aguas, sus condiciones sanitarias, su demografía, su morbicidad y su mortalidad*, Establecimiento tipográfico "Sucesores de Rivadeneyra", Madrid, 1902, Vol. 1, p. 323. En el mismo lugar, y en páginas precedentes, pueden hallarse descripciones de los barrios obreros de la capital y sus penosas condiciones de vida. Sobre los bajos fondos véase en VICENTE, Fernando: "La modernidad deformada. El imaginario de bajos fondos en el proceso de modernización de Madrid (1860-193)", en *Ayer*, nº101, 2016, pp. 213-240.
95. SEPÚLVEDA, Enrique: "Mi estafeta". Crítica del estreno de La verbena de la Paloma en el teatro Apolo, el 14 de febrero de 1894, en una función de género chico en la que compartió secciones por horas con *Cosas de Apolo y La serpentina, El Dúo de la Africana* y *El guirigay*. En *La Época*, Madrid, 16-II-1894.

Don Hilarión y don Sebastián, viejos verdes de manual y por lo tanto muy lejos de ser proletarios,[96] ponderando el adelanto de las ciencias, cuestionan "todo lo que era sólido" que diría Muñoz Molina,[97] lo que antes parecía seguro y que, con los nuevos inventos y los nuevos tiempos, se quedaba atrás. La propia zarzuela, en su caracterización de personajes y trato realista de situaciones, aporta la modernidad de los tiempos que a nosotros nos interesa sobremanera.[98] Aparatos que llegaban, para asombro de todos, a lugares donde trabajadores, manuales pero en servicios modernos, comerciantes y señores, compartían asombro y, con los años, al menos en el cinematógrafo, habrían de compartir taquilla.

Sucedía en los años que preparaban en España la llegada del siglo XX. Como si fuera una noche de verbena, con humo de churros y voladores, el siglo XIX amenazaba con irse dejando olor a pólvora en el ambiente. El mismo olor que no se podían quitar de su ropa los Borbones. El de las guerras carlistas y las revoluciones gloriosas que acabaron mandando al exilio a Isabel II, la hija de otro monarca, Fernando VII, que de pólvora todo lo sabía. Así que, cuando su nieto llegó al trono, comenzando el año de 1875, la pólvora llegó con él: guerra en Cuba y guerra carlista, la tercera. Cuña de la misma madera para un adolescente de 17 años, al que habían traído a España para convertirlo en Alfonso XII e iniciar con él la Restauración monárquica.

Vale la pena detenerse un trecho en este período porque es el principio de nuestra historia y se prolongará hasta los años veinte, si se quiere hasta los treinta, sirviendo de suelo a la llegada del cinematógrafo y al inicio del cine como industria cultural. Durante años se consideró que ese ré-

96. Con el esfuerzo diario y los horarios de un trabajador pocos llegaban a viejos y los que lo hacían ya habían malgastado su tiempo de chanzas y requiebros con las mujeres. Clarín, en *La Regenta*, lo deja claro hablando de los trabajadores de la provinciana Vetusta: "El obrero pronto se hace taciturno, pronto pierde la alegría expansiva, sin causa. Hay pocos viejos verdes entre los proletarios". ALAS, Leopoldo: *La Regenta*, Biblioteca Clásica Castalia, Madrid, 2001, Tomo I, p. 351.

97. MUÑOZ MOLINA, Antonio: *Todo lo que era sólido*, Seix Barral, Barcelona, 2013.

98. Un completo análisis sobre la modernidad en esa caracterización de personajes y situaciones puede encontrarse en BALLESTEROS, Ana Isabel: *La verbena de la Paloma: la modernidad de su libreto*, Universidad de Mayores, Madrid, 2004.

gimen era un ejemplo de que España, una vez más, siempre fue diferente. Un lodazal de corrupción en el que chapoteaban las élites políticas valiéndose de sus tentáculos locales para amañar elecciones y someter a los españoles, aplastados por un sistema arcaico, incapaz de acometer reformas. Un país paleto, atrasado y analfabeto, en el que nada bueno pasaba si es que venía de esa política de "oligarquía y caciquismo". Un país de recuerdos, malviviendo al extremo de Europa y al extremo de una modernidad que nunca atravesaría los Pirineos.[99] Producto de una clase política que, en sus procedimientos y en sus objetivos, quedaba retratada por un célebre párrafo salido de la siempre hábil pluma de Pérez Galdós donde hasta la noción de "casta" se adelantó un siglo a los que hicieron luego tanta fortuna electoral con ella:

> "Los políticos se constituirán en casta, dividiéndose hipócritas en dos bandos igualmente dinásticos ó igualmente estériles, sin otro móvil que tejer y destejer la jerga de sus provechos particulares en el telar burocrático. No harán nada fecundo; no crearán una Nación; no remediarán la esterilidad de las estepas castellanas y extremeñas; no suavizarán el malestar de las clases proletarias. Fomentarán la artillería antes que las escuelas, las pompas regias antes que las vías comerciales y los menesteres de la grande y pequeña industria".[100]

Pero no fue del todo así. Precisamente la llegada del cinematógrafo, un invento moderno, es demostración de lo contrario. Y no la única. Esta idea, hija de los muchos hilvanes que en el traje de la historia de España fue dejando el regeneracionismo, no se corresponde con la realidad, al

99. Hasta finales del siglo XX, se mantuvo lo fundamental de la visión costiana, acuñada a principios del mismo siglo y aderezada y ampliada luego por otros intelectuales como Ortega y Gasset. COSTA, Joaquín: *Oligarquía y caciquismo como la forma actual de gobierno en España: urgencia y modo de cambiarla*, Fortanet, Madrid, 1901. Hace décadas, sin embargo, que la historiografía tiene una interpretación distinta sobre el período como puede verse en SUÁREZ CORTINA, Manuel: "La Restauración (1875-1923) en la historiografía del siglo XXI", en *Bulletin d'Histoire Contemporaine de l'Espagne* [En línea], nº 52, 2017.
100. PÉREZ GALDÓS, Benito: *Cánovas*, Episodios Nacionales, Serie Final, Perlado, Páez y Compañía, Madrid, 1912, p. 277.

menos no con la realidad que reconstruyen las últimas investigaciones históricas. Aquel país sometido a la corrupción política de los caciques no era exactamente, no solamente, la España de la Restauración. Es cierto que se trataba de un régimen amañado, no democrático, pero sí liberal. Con todas sus taras, reconocía derechos y libertades básicos y los políticos disponían de cierta independencia con respecto al poder económico. Tampoco estaba desconectado absolutamente de la realidad social, en especial la local, pues de ella nacieron movimientos de masas, con nuevos actores, como los trabajadores protestones y ya asociados, y hasta las mujeres, asomándose al mundo laboral y haciendo evidente su carencia de derechos sociales. En ambos casos su maltrecha situación y sus demandas se dejaron ver en la calle e incluso en el parlamento.[101]

Tampoco es exacto que España fuera un país atrasado en la ciencia o en la cultura. El atraso y la modernización se fueron alternando en esas décadas de principios del siglo XX. Si nos fijamos en sus ciudades más pujantes, con un Madrid que veía desarrollarse a la Institución Libre de Enseñanza, en sí misma un proyecto modernizador para la sociedad española, y una Barcelona, cuna de todos los Modernismos y vanguardias en el arte y la cultura, y punta de lanza de un movimiento que cuestionaba las costuras del Estado a partir de su propia interpretación de la historia, la sociedad y el territorio. Un país que no permaneció aislado ni siquiera de los ciclos científicos de la Europa de su tiempo.[102]

Por último, hay que matizar también la idea de un país solo en su indigencia política y social, pues en todo momento estuvo vinculado al con-

101. Sustentan este tipo de interpretaciones trabajos como los de Mercedes CABRERA y Fernando DEL REY REGUILLO: "De la oligarquía y el caciquismo a la política de intereses. Por una relectura de la Restauración", en Manuel SUÁREZ CORTINA (ed.): *Las máscaras de la libertad. El liberalismo español, 1808-1950*, Marcial Pons/Fundación Sagasta, Madrid, 2003, pp. 289-326.

102. Con respecto a la Institución Libre de Enseñanza puede verse GARCÍA-VELASCO, José: "Un proyecto de modernización de la cultura finisecular: la Institución Libre de Enseñanza", tesis doctoral dirigida por Juan Pablo Fusi, Universidad Complutense, Madrid, 2016. Una visión general sobre la cercanía de España a los movimientos culturales y científicos europeos en GÓMEZ-FERRER, Guadalupe y SÁNCHEZ GARCÍA, Raquel (coords.): *Modernizar España: proyectos de reforma y apertura internacional (1898-1914)*, Biblioteca Nueva, Madrid, 2007.

texto internacional de su tiempo, incluso para lo malo. Así operaron las consecuencias de la globalización del comercio y el colonialismo, que se llevaron al final los restos de su otrora fabuloso imperio colonial, pero es lo cierto que, en todo, el régimen español fue comparable a otros de América y sobre todo de Europa. No estuvo lejos del transformismo italiano o del relativismo portugués, sistemas en los que también se apuntaló el desarrollo del capitalismo y el dominio de la burguesía en estructuras clientelares o de falseamiento electoral.

En definitiva, aquella España de la Restauración no fue tan diferente ni tan caduca. Vivía un momento difícil en lo particular, pero estaba inmersa en un período de cambio en lo general del que no se mantuvo al margen. Como ocurrió en otros países más desarrollados, aquellos años sirvieron para cubrir el tránsito del proceso de modernización. Un nuevo régimen demográfico hizo crecer la población, hacia la consolidación de un capitalismo nacional, vinculado a los intereses internacionales y al desarrollo de las ciudades, con todo lo que eso implicó, incluyendo una nueva dimensión urbana, también en lo intelectual, y la agudización de las miserias sociales y económicas de unos cada vez más atestados "barrios bajos". El marco indispensable para el desarrollo de una nueva cultura de masas, con nuevas formas de consumo, en la que nacieron y fueron desarrollándose poco a poco las industrias culturales. Por ejemplo una que tenía como objeto la venta de imágenes.

Hemos vuelto a la verbena de la Paloma. Y allí, entre discusiones sobre esas ciencias que adelantaban bárbaramente, quedan expuestos algunos de los ingredientes esenciales que nos interesan para arrancar este relato: el cambio de siglo; lo urbano y la modernización, que fueron creciendo de la mano; avances de la ciencia y progresos de la sociedad; la mezcla de clases, las acomodadas y las subalternas, que si estaban separadas en sus viviendas y en sus trabajos, acabaron confluyendo, dos décadas más tarde, al compás del avance y la reforma de las ciudades, en los espectáculos de masas que iban a alimentar, con ese público y en esos lugares, el nacimiento de las industrias culturales.

La feria había dejado de ser el gran mercado anual de raíz agraria, fue sustituida por las fiestas patronales urbanas, en las que la verbena, con las noches ya iluminadas, era espacio principal. En la nueva feria convivían espectáculos antiguos y nuevos, junto a números circenses, de fuerza, escamoteo y equilibrio, se mostraban las más conocidas e imposibles deformidades de las viejas ferias que conservaban intacto su poder de fascinación popular. En aquellos mismos lugares, se empezaron a mostrar aparatos tan sorprendentes como los que reconstruían el movimiento proyectando una luz. Una atracción más, de las que se veían en aquellas verbenas estivales.

2.

TIEMPOS MODERNOS

Entre 1808 y 2008 España ha sufrido la transformación más radical de su historia. Un cambio en los modos de vida para cubrir el viaje desde una sociedad agraria, estática, con su origen remoto en los estamentos del Antiguo Régimen, a una moderna sociedad de clases medias urbanas, basada en el consumo y regida por un sistema democrático.

La meta estaba en la modernización, concepto esquivo, polivalente y no pocas veces trufado de ideología que aquí se viene manejando como guía y que, en clásica definición de Álvarez Junco, sería el compromiso de una sociedad para alcanzar unos niveles estandarizados de avance social, industrialización, urbanización, alfabetización, adscripción y especialización laboral.[103] Un proceso que se puede acotar cronológicamente asociándolo a los cambios introducidos por la Segunda Revolución Industrial y la expansión del capitalismo, es decir, aproximadamente desde 1870 al primer tercio del XX.[104]

103. ÁLVAREZ JUNCO, José: "¿Modernidad o Atraso? Sociedad y cultura política", en JULIÁ, SANTOS (coord.): *Debates en torno al 98: Estado, Sociedad y Política*, Comunidad de Madrid, 1998, pp. 79-92. Somos conscientes de las aristas que tiene un concepto en el que tantas veces se confunden "modernización" y "modernidad" y que no pocas veces, como señala Costa Pinto, tiene una enorme carga ideológica, y etnocéntrica, con un matiz que lo aboca a una finalidad histórica: hacer que unas sociedades, supuestamente más atrasadas, sean semejantes a otras sociedades contemporáneas que se presentan como paradigmas. COSTA PINTO, Luis Álvaro: "Modernización, concepto e ideología", en *Revista de Estudios Políticos*, nº 14, 1980, pp. 145-152.

104. Así lo establece, por ejemplo, PASDERMADJIAN, H: *La Segunda Revolución Industrial*. Prólogo de André Siegfred. Traducción por V. G. Madrid: Tecnos, 1960.

Pese a que se ha usado para procesos y momentos históricos distintos, en nuestra intención está darle un significado basado en el contraste entre el mundo urbano y el mundo rural, en una transformación que se desarrolla fundamentalmente en las ciudades, como consecuencia del progreso de la industria y la plena implantación del capitalismo y que, finalmente, supone un cambio en la vida cotidiana, la concepción del tiempo y las relaciones espacio-temporales. Una marcha de largo recorrido que arranca con la quiebra de los moldes estamentales del Antiguo Régimen hacia las formas liberales y burguesas, con su base en la Segunda Revolución Industrial, más o menos desde 1870, y que empieza a tomar vuelo desde principios del siglo XX, con un momento de aceleración después de la Primera Guerra Mundial. Tiempo de descomposición del régimen restauracionista en España, para consolidarse definitivamente durante la década de los veinte. El mismo esquema de cambio esencial para el cine, su lenguaje, su estructura industrial y su producción internacional.

Un tiempo en el que España se incorpora a ese movimiento modernizador de todas las sociedades europeas, a su propia velocidad con un gran crecimiento demográfico que iba haciendo pasar la población del campo a la ciudad, cada vez en mayor proporción, reduciendo las tasas de analfabetismo, terciarizando la economía a la vez que cambiaban los mercados laborales y se consolidaban partidos y sindicatos de masas, se elevaba el nivel de vida y los nuevos hábitos dieron paso a una, también nueva, sociedad de consumo.

Ese proceso ocupó el primer tercio del siglo XX, pero el origen de todo está en una cultura burguesa, que se asienta en la España del siglo XIX, y triunfa llevando sus nuevos estilos de vida y valores hegemónicos hasta el siglo XX. Primero los ilustrados y los liberales más tarde, empezaron el camino hacia un mundo moderno, enfrentado al de la vieja civilización del Antiguo Régimen y al que algunos países europeos ya habían saltado, en una lenta revolución, que era política y también cultural. Un mundo portador de nuevas costumbres capaces de ir transformando la cultura de los españoles en todas las vertientes (físicas, mentales, espaciales o sentimentales) hasta imponer un sistema de valores y de prácticas, presidido por la difusión de la cultura de consumo, que tenía como meta la creación de comunidades de ciudadanos libres y consumidores satisfechos, y la sociedad del ocio, con nuevos estilos de vida en consonancia con lo que ellos consideraban beneficioso para el progreso de la nación. Condiciones esenciales para que, durante la Restauración y al mismo tiempo que en los países más avanzados del espacio atlántico, se impulsara, pese a crisis coyunturales y sectoriales, un estimable proceso de modernización e industrialización.[105]

La modernización quedó patente en la política, la economía y hasta en la demografía, pero tuvo su repercusión más honda en la sociedad; en la vida cotidiana y la cultura, donde ese término alcanza su verdadero significado.[106] Todo el primer tercio del siglo XX está recorrido por ese movimiento, sobremanera industrial y urbano, pero capaz de invadir las líneas de un pensamiento que empieza a pertenecerle a los intelectuales más que a los políticos. En el paso de los siglos XIX al XX, llegó el despertar cultural de España, cuyo inicio el historiador alemán Curtius situó en 1900, prolongándose mucho más allá, hasta dibujar un período conocido, desde Mainer, como la "Edad de Plata" de la cultura española, entre 1902 y 1939. Allí fueron a remansar los aportes de la vieja generación "de los sabios", que intentó modernizar a la ciencia española a partir de 1888, la generación del 98, protagonista de los intentos de regeneración tras el Desastre, la generación del 14, que miraba a Europa con esperanza de cambio y la óptica de José Ortega y Gasset, y la generación del 27, con los primeros intelectuales producto de la modernización y los cambios impulsados por esas generaciones anteriores.[107] Figuras notables, capaces de acelerar las transformaciones, pero insertas en un movimiento que las superaba porque, como ha señalado Juan Pablo Fusi, no era solamente el resultado de la confluencia de unas pocas personalidades de gran valía, sino de un hecho social de considerable entidad, expresión de una sociedad en transformación.[108]

105. Tal es el esquema que desarrolla, desde la historia cultural, Jesús CRUZ: *El surgimiento de la cultura burguesa. Personas, hogares y ciudades en la España del siglo XIX*, Siglo XXI, Madrid, 2014. Véase también FUSI, Juan Pablo: *Historia mínima de España*, Turner, Madrid, 2012, pp. 202-205.

106. Estamos de acuerdo con lo que afirman Ana Aguado y Dolores Ramos en *La Modernización de España (1917-1939). Cultura y vida cotidiana*, Síntesis, Madrid 2002, p. 11.

107. La tesis de Curtius se publicó por vez primera en 1949: CURTIUS, Ernst Robert: *Ensayos críticos sobre la literatura europea*, Antonio Machado Libros, Madrid, 1989. MAINER, José Carlos: *La Edad de Plata (1902-1939)*, Madrid, Cátedra, 1987 (1ª edc.). La "generación de los sabios" es un término acuñado por Pedro LAÍN ENTRALGO, por ejemplo, en: "La guerra civil y las generaciones españolas", *En este país*, Tecnos, Madrid, 1986.

En el terreno intelectual son años de cambio denso y veloz, con gran desarrollo de las disciplinas jurídicas y las humanidades, pero especialmente de la ciencia. Sus progresos llegaron aupados a figuras aisladas como Santiago Ramón y Cajal, y al convencimiento del poder de cambio de una sociedad que veía como los inventos y adelantos, desde la iluminación nocturna a la telegrafía sin hilos, condicionaban su vida y marcaban la transformación hasta en las costumbres más cotidianas.

No fue un camino sencillo. En España la investigación y las ciencias, salvo las biomédicas, sobrevivían en precario. Sin instituciones, sin laboratorios y con unas estructuras universitarias que hacían inviable la investigación científica. Frente a ese universo el resto de Europa habitaba en otra galaxia. Sólo empezó a invertirse la situación cuando el apoyo a la ciencia y el conocimiento pasó a la Administración, desde la simbólica creación en 1900 del Ministerio de Instrucción Pública, a los hitos que se fueron cubriendo con otras instituciones científicas que hicieron cambiar el panorama con una especie de "cajalización de España".[109] Si hubiera que destacar una de esas instituciones, sin duda sería la Junta para la Ampliación de Estudios (JAE), a partir de 1907. Desde sus modestos planteamientos –becas de formación en el extranjero y red de laboratorios en España para los retornados– fue capaz de desatar una verdadera revolución en un país tan necesitado de apoyo al desarrollo científico. El inicio de una labor que despegó a partir de 1910, en múltiples instituciones: Centro de Estudios Históricos, Instituto Natural de Ciencias Físico-Naturales, Escuela Española de Roma de Arqueología e Historia, Laboratorio de Investigaciones Físicas, Residencia de Estudiantes, Residencia de Señoritas, Instituto-Escuela o Institut d'Estudis Catalans, entre otros. Una obra con la que cristalizaron las ideas institucionistas y regeneracionistas y que rindió al país los mayores servicios jamás conocidos en materia científica.[110]

108. FUSI, Juan Pablo: *Historia mínima de España*, Turner, Madrid, 2012, p. 205.
109. Es afortunada expresión manejada por Leoncio LÓPEZ-OCÓN en su *Breve historia de la ciencia española*, Alianza Editorial, Madrid. 2003.
110. Es la teoría de LÓPEZ, José María: "Las ciencias sociales en la Edad de Plata española: el Centro de Estudios Históricos, 1910-1936", tesis doctoral, Universidad Complutense, Madrid, 2003. p. 704. Del mismo autor: *Heterodoxos españoles. El Centro de Estudios Históricos, 1910-1936*, Marcial Pons, Madrid, 2006, pág. 427. Véase también: SÁNCHEZ

Para que esos cambios progresaran desde la escuela, se necesitaba una verdadera política de Estado sobre la Enseñanza. Nunca había existido, pero la creación del ministerio de Instrucción Pública y Bellas Artes en fecha tan temprana como 1900, la hacía posible cuando a su frente se situó Romanones, con postulados plenamente liberales. Dentro del espíritu regeneracionista de Joaquín Costa, el de "pan y escuela", se trataba de abrazar el pragmatismo de la reforma económica y educativa.[111] Pese a las alternativas, de avance y retroceso, los cambios se demostraron muy útiles con el pasar de los años. De manera lenta pero irreversible la escuela cambió con medidas como la obligatoriedad de la escolarización hasta los doce años, desde 1907, la gratuidad total, eliminando los pagos de los alumnos a los maestros y la mejora en la dotación del material pedagógico de las escuelas. Al mismo esfuerzo respondieron los planes de reforma de la Enseñanza Secundaria, sobre todo el Plan Bugallal, en vigor desde 1903 a 1926. Si a esto unimos la aparición de iniciativas privadas, de órdenes religiosas o de asociaciones populares como los ateneos obreros catalanes y asturianos, nos encontraremos que, a paso lento pero sin pausa, los niveles de alfabetización progresaron. Con diferencias notables según regiones la tasa de alfabetización masculina era del 55% en 1900, del 61% en 1910 y del 80% en 1930; la femenina, en los mismos años: 32%, 41% y 63%.[112]

A partir de la reforma de la educación primaria y secundaria se había de llegar inevitablemente a la universitaria. Un viejo acorazado difícil de mover en aguas modernas. De agitar esas aguas se encargaron las nuevas ideas de los precursores de la Institución Libre de Enseñanza (la ILE), uno de los movimientos de renovación cultural más profundo y duradero de la Es-

RON, José Manuel: "La Junta para Ampliación de Estudios e Investigaciones Científicas, un siglo después", en *Circunstancia.* Año V - nº 14, septiembre 2007.

111. José CASTILLEJO, alma de la JAE, así lo dejó dicho en *Democracias destronadas. Un estudio a la luz de la revolución española 1923-1939*, siglo XXI, Madrid, 2008, p. 14.

112. ÁLVAREZ LÁZARO, Pedro (dir.): *Cien años de educación en España. En torno a la creación del Ministerio de Instrucción Pública y Bellas Artes*, Madrid, MEC, 2001; RUIZ BERRIO, Julio: "Las reformas históricas de la enseñanza secundaria en España", en *Encounters on Education*, volumen 7, 2006, pp. 95-111 y NÚÑEZ, Clara Eugenia: "Educación", en CARRERAS, Albert y TAFUNELL, Xavier *Estadísticas Históricas de España. Siglos XIX y XX*, Fundación BBVA, Bilbao, 2005 (2º edc.), pp. 155-244.

paña contemporánea.[113] Fundada en Madrid en 1876 al rebufo de la influencia de las ideas Krausistas que se habían extendido por España desde el Sexenio Democrático, fue transformándose y adaptándose a la realidad nacional. Los precursores de la ILE, con Francisco Giner de los Ríos y las ideas pedagógicas de Bartolomé Cossío en vanguardia, fueron los responsables de inocular el virus del cambio que llegó a la estructura universitaria muy poco a poco. Era una empresa de largo alcance hecha a base de hacer confluir fuerzas y tendencias intelectuales y políticas en el proyecto de la modernización de España, destinado a conseguir cambios en los diversos aspectos de la cultura, pero que, en el campo universitario, fueron muy evidentes.[114] Al menos lo fueron para el hispanista inglés Trend que, al entrar en la Residencia de Estudiantes, sintió "una sensación o una fuerte sugestión de que Oxford o Cambridge estaban viniéndose sobre mí". Tal era la modernidad de aquel "Madrid inglés", un proyecto en el que otros vieron el intento de crear una nueva aristocracia intelectual con hijos de las familias pudientes pagados por el presupuesto público.[115]

En ese mismo tiempo la tecnología y la industria crecieron también con el progreso, tímido, de la enseñanza de las titulaciones de ingeniería y el respaldo de normas como la Ley de Patentes de 1878 y de Propiedad Industrial de 1901, que facilitaron el acercamiento a los países del entorno ya en la primera fase de la Restauración. Un fenómeno, que se aceleró tras la Gran Guerra y resultó llamativo en terrenos como la automoción, donde una firma española, la Hispano-Suiza, ya podía competir desde 1903 con sus propios modelos en pie de igualdad con el extranjero. No quedaron a la zaga sectores como la energía, especialmente la electricidad, o los sistemas motores o mecánicos, con avances de interés. Los lugares de mayor im-

113. Así lo califica Rafael NÚÑEZ FLORENCIO: "La Cultura", en Álvarez Junco, José y Shubert, Adrian (eds.): *Nueva historia de la España contemporánea (1808-2008)*, Galaxia Gutemberg, Barcelona, 2018, p. 390.
114. GARCÍA-VELASCO, José: "Un proyecto de modernización de la cultura finisecular"..., p. 43.
115. TREND, John Brande: *A Picture of Modern Spain. Men and Music*, Constable and Co., Londres, 1921, p. 33. También RIBAGORDA, Álvaro: "J. B. Trend: un hispanista inglés en la Residencia de Estudiantes", en *BILE*, nº 89-90, Julio 2013, pp. 115-138. La crítica a la Residencia de Estudiantes pertenece a MARCO, José María: *Francisco Giner de los Ríos. Pedagogía y poder*, Península, Barcelona, 2002, p. 307.

plantación industrial iban en vanguardia, como el País Vasco y, sobre todo, Cataluña, donde el catalanismo político y social, especialmente la patronal, puso mucha atención en colaborar con el fomento de las enseñanzas técnicas.[116]

Todos los cambios confluyeron en el mencionado proceso de modernización que llegó arrumbando el régimen demográfico antiguo, con cifras de los nuevos tiempos. Las mejoras en sanidad e infraestructuras de abastecimiento y salubridad fueron combatiendo la mortalidad infantil y catastrófica, que si bien siguieron presentes con fatal protagonismo, no pudieron impedir un aumento de la población desde los 18,6 millones de habitantes de 1900 a los 23,5 de 1930, con una esperanza de vida que pasó de los 33,9 años a los 50 en el mismo período.[117]

Con el crecimiento de la población y las consecuencias positivas de la alfabetización (en 1910 las mujeres tenían libre acceso a la universidad) crecieron también los lectores de una industria editorial, en lento cambio, que tenía como mejor expresión las cabeceras de una prensa con el horizonte de ser de masas. Un largo camino iniciado con el siglo XX en el que se cerraba el tiempo del periodismo romántico, literario o de partido, en busca de otro más moderno, de información, más industrializado, con empresas organizadas en sociedades anónimas. Una prensa basada en la difusión, los lectores y la publicidad de los productos que la modernización de la sociedad empieza a vender también.[118]

Los periodistas se fueron profesionalizando desde que se fundase, en 1895, la Asociación de la Prensa de Madrid y, en 1902, la Sociedad benéfica de vendedores de periódicos e impresos, demostración de cómo la

116. ROCA, Antoni M. y LUSA, Guillermo: "Historia de la ingeniería industrial. La escuela de Barcelona (1851-2001)", en *Documentos de la Escuela de Ingenieros Industriales de Barcelona*, nº 15, 2005, pp. 11-94 y ROCA, Antoni M.: "Cien años del Institut d'Estudis Catalans. Sus principales contribuciones", en *Quark: Ciencia, medicina, comunicación y cultura*, nº 39-40, 2007, pp. 39-43.
117. NICOLAU, Roser: "Población, salud y actividad" en CARRERAS, Albert y TAFUNELL, Xavier *Estadísticas Históricas de España...*, pp. 77-155.
118. De lo que se trataba finalmente era de aumentar la capacidad de la prensa en el territorio según la clásica noción de difusión: "el instrumento que da los acontecimientos más recientes en los más cortos y regulares períodos a la más amplia circulación". DOVIFAT, Emil, *Periodismo*, UTEHA, 1959, p. 3 (1ª edc. Berlín, 1931).

venta callejera se iba imponiendo a la suscripción.[119] Antes de la Gran Guerra ambas tenían un carácter más asistencial que profesional, como corresponde a la moderada velocidad de los cambios. No obstante se iba cerrando una tupida red de periódicos en las ciudades más importantes, pero también en las capitales de provincia, en las que coexistían grandes diarios con pequeñas empresas de corte decimonónico. España pasaba, entre 1900 y 1915, de 1.347 cabeceras a 1.980. En ese período no hubo ninguna que alcanzase la tirada de 100.000 ejemplares. Sólo se acercaron *La Vanguardia Española, ABC* y *El Liberal.* Los grandes progresos, industriales, profesionales y de difusión, llegaron después de la Primera Guerra Mundial, cuando el crecimiento de las infraestructuras de comunicación y la disminución de tarifas para el transporte de prensa por ferrocarril dispararon las audiencias: en 1873 se trasportaban 43,3 millones de periódicos por ferrocarril, en 1933 eran 234,7; cinco veces más. Es ese momento cuando se asiste a una verdadera renovación de contenidos, con el crecimiento de nuevas informaciones, entre las que tendrían destacada presencia los fenómenos de la cultura de masas, como los deportes y los espectáculos populares, especialmente el cine.[120]

Las ciudades fueron el crisol en el que acabaron por fundirse todos los cambios. Lugares que crecían con su capacidad para atraer actividad económica y población robada al campo, mostrando así su principal contribución a la modernización: el progreso de la urbanización. El crecimiento demográfico de España fue liderado por una sociedad urbana que pasó de

119. RODRÍGUEZ INFIESTA, Víctor: "La venta de prensa en España: los orígenes del asociacionismo", en *Estudios sobre el mensaje periodístico*, nº 15, 2009, pp. 443-453.

120. Para los aspectos generales véanse SÁNCHEZ ARANDA, José Javier y BARRERA, Carlos: *Historia del periodismo español. Desde sus orígenes hasta 1975*, Pamplona, 1992; PIZARROSO QUINTERO, Alejandro, *De la Gazeta Nueva a Canal Plus. Breve historia de los medios de comunicación en España*, Madrid, 1992; SEOANE, María Cruz y SÁIZ, María Dolores: *Historia del periodismo en España. 3. El siglo XX: 1898-1936*, Alianza Editorial, Madrid, 1996 y FUENTES, Juan Francisco y FERNÁNDEZ SEBASTIÁN, Javier: *Historia del periodismo español*, Madrid, 1998. Para las cifras de transporte por ferrocarril BAHAMONDE, Ángel, MARTÍNEZ, Gaspar y OTERO, Luis Enrique: *Las comunicaciones en la construcción del Estado contemporáneo en España, 1700-1936*, Ministerio de Obras Públicas, Transportes y Medio Ambiente, Madrid, 1993, p. 116.

concentrar el 20,9% de la población en 1900 al 30,9% en 1930. Tras la Primera Guerra Mundial la espita de la emigración, siempre dirigida a Ultramar, se quedó en España haciendo crecer las ciudades. Núcleos cada vez más grandes en los lugares económicamente más dinámicos que, al movimiento comercial e industrial que conseguían atraer, sumaban su propio movimiento, el del crecimiento de la urbe a través de la construcción. La urbanización se realizó a través de Ensanches, que equipaban con infraestructuras modernas el espacio rural para incorporarlo a la ciudad, o con las reformas interiores, que modificaban de forma radical las viejas trazas urbanas. Bilbao era la muestra del crecimiento industrial, Barcelona del mayor crecimiento en todos los órdenes pero, especialmente el de ser ciudad, que le discutía importancia y tamaño a la capital: Madrid. Estas dos últimas, capitales administrativa y económica de España, habían despegado en la segunda mitad del siglo XIX con ambiciosos planes de Ensanche: Plan Cerdá para Barcelona en 1857 y Plan Castro para Madrid en 1860, marcando la senda de los cambios que recorrieron en resto de ciudades españolas e incluso, en el caso de Cerdá, llegándose a barajar oficialmente como modelo para el resto del país, donde, al menos treinta ciudades, de diversos tamaños, tuvieron su propio plan de ensanche.[121]

Al nacer el siglo XX setenta y cinco municipios sobrepasaban los 10.000 habitantes. Casi el 94% de los españoles vivía en los 41.626 municipios de menos de un millar de habitantes. Sin embargo, era todavía un mundo rural, a él pertenecía el 74% de la población activa.[122] Sólo Madrid, Barcelona, Sevilla, Valencia, Málaga y Murcia, superaban los 100.000 pobladores. Pero era un mundo en cambio en el que Madrid, Barcelona y Bilbao funcionaban como los polos de atracción de la emigración interna. Concentraban el 59% de los flujos migratorios internos (Madrid era el destino de más de la mitad). En el otro extremo estaban Castilla, León, Galicia

121. GRAU, Ramón: "Un sansimoniano para la Barcelona decimonónica", en *La Razón en la Ciudad. El Plan Cerdà, Metrópolis*, nº 76, Barcelona 2009, p. 53; MAGRINYÀ, Francesc: "El ensanche y la reforma de Ildefons Cerdà como instrumento urbanístico de referencia en la modernización urbana de Barcelona", en *Scripta Nova: Revista electrónica de geografía y ciencias sociales*, nº 13, 296, 2009. (Ejemplar dedicado a: Globalización y modernización urbana: Lisboa y Barcelona). y *Plan Castro, 150 años*, Área de Gobierno de Urbanismo y Vivienda, Ayuntamiento de Madrid.
122. INE, *Anuario*, 1910.

y Aragón, que emitían el 83% de la emigración interna. Un profundo desequilibrio producto de los cambios de esos tiempos.[123]

Las capitales de provincia lanzaron su llamada sobre la población de su ámbito más próximo. San Sebastián a la buena sociedad en busca de baños, en imitación a la realeza, Asturias transformó su paisaje con la minería y la siderurgia y sus principales ciudades (Oviedo, Gijón, Avilés y Mieres) crecieron recorriendo el mismo camino que la propia industrialización: desde el interior a los puertos. En la cuenca mediterránea la hegemonía fue para Valencia, donde se unieron la burguesía comercial y las fortunas de la agricultura del regadío; en Andalucía la influencia industrial se notaba sobremanera en Huelva, pero las otras ciudades importantes crecieron por el auge de las finanzas y el comercio. En Castilla los intereses de la agricultura de secano, especialmente los harineros, predominaron, concentrados en el eje Valladolid-Palencia-Santander.[124]

Se venía dibujando un nuevo panorama, con el aumento de la población urbana en toda la segunda mitad del XIX, muy similar al que se produjo en el mismo período en naciones del ámbito Mediterráneo, como Italia o Portugal, pero lejos de las cifras de Gran Bretaña o Alemania. El carácter urbano de estos núcleos estaba además matizado por la situación administrativa, la disposición o proximidad a infraestructuras básicas (puertos, ferrocarriles, vías de comunicación). Predominaban las ciudades pequeñas, de entre 5.000 y 15.000 habitantes, vinculadas al marco agrario circundante sobre el que ejercían funciones políticas, administrativas y comerciales como cabecera de comarca.[125]

123. Para mayor precisión, en las cifras y el análisis: GONZÁLEZ PORTILLA, Manuel, HERNANDO, Josu y URRUTIKOETXEA, Josetxo: "Desarrollo urbano y flujos migratorios: los desequilibrios regionales en el primer proceso modernizador español, 1860-1930", en OTERO, Luis Enrique y PALLOL, Rubén: *La sociedad urbana en España, 1900-1936. Redes impulsoras de la modernidad*, Libros de la catarata, Madrid, 2017, pp. 70-98.

124. Una síntesis del panorama puede verse en OTERO; Luis Enrique: "Tradición y modernidad en la España urbana de la Restauración", en GÓMEZ-FERRER, Guadalupe y SÁNCHEZ, Raquel (eds.): *Modernizar España. Proyectos de reforma y Apertura internacional (1898-1914),* Biblioteca nueva, Madrid, 2007, pp. 79-118.

125. Un planteamiento de conjunto en los aspectos urbanos puede encontrarse en los libros de Fernando DE TERÁN, *Historia del urbanismo en España III. Siglos XIX y XX*, Cátedra, Madrid, 1999; Carmen DELGADO

Lo cierto es que el crecimiento de las ciudades otorgó gran relevancia al espacio urbano, poblado de arquitecturas singulares con estilos que competían, desde los historicismos del siglo XIX, a las vanguardias del XX, donde el racionalismo trató de imponerse al modernismo, más en Madrid, con figuras como Antonio Palacios, que en una Barcelona donde la figura de Antonio Gaudí dio imagen y personalidad muy acusada a toda ciudad.

Ese mismo crecimiento de la trama urbana llevo a las autoridades a plantearse viejos problemas constantemente aplazados, como las infraestructuras de abastecimiento de agua y sistemas de eliminación de basuras, alcantarillado, asfaltado, alumbrado y transporte. Las comunicaciones fueron fundamentales, a partir de las estaciones ferroviarias y telegráficas, mientras que la aparición de la electricidad y el motor de explosión permitieron el desarrollo de sistemas integrados de transporte con las redes de tranvías, autobuses, metro y ferrocarriles. Palanca para el crecimiento de las ciudades y los procesos de metropolización de las más importantes, sobre todo Madrid y Barcelona. Si a esto unimos el progreso de las comunicaciones telefónicas, podremos concluir que la circulación de personas y mercancías fue el resorte para la aceleración del tiempo y reducción de las distancias que caracterizó a esta sociedad urbana en proceso de modernización. Las ciudades se convirtieron así en el lugar de encuentro de esos flujos de personas, mercancías e ideas que viajaban más rápido y más lejos, aportando a sus habitantes materiales y referentes para entender el mundo o apropiárselo.[126]

Los productos y los cambios viajaban a gran velocidad desde las grandes ciudades europeas a las capitales españolas. Pero sus voces, e incluso

VIÑAS, *Las pequeñas y medianas capitales de provincia en el proceso de modernización del sistema urbano español*, Universidad de Las Palmas de Gran Canaria, Las Palmas de Gran Canaria, 1995; Francisco QUIRÓS: *Las ciudades españolas, a mediados del siglo XIX*, Ámbito, Valladolid, 1991 y NÚÑEZ, Gregorio: "Modernización de las ciudades españolas durante la crisis política de la Restauración", *Ciudad y territorio: Estudios territoriales*, nº 128, 2001, pp. 251-274.

126. OTERO, Luis Enrique: "La sociedad urbana en España. Redes y flujos que impulsaron la modernidad. 1900-1936", en *La sociedad urbana en España...*, pp. 25-69. También: OTERO, Luis Enrique y PALLOL, Rubén: *La ciudad moderna. Sociedad y cultural en España, 1900-1936*, Libros de la catarata, Madrid, 2018 y PALLOL, Rubén: "Deudas pendientes de la historia urbana en España", en *Ayer*, nº 107, 2017, pp. 287-302.

sus ecos, llegaban también a las capitales de provincia y pequeñas ciudades, gracias a la mayor difusión y mejor circulación de periódicos, revistas, libros, catálogos y mercancías de toda especie. Así pudo llegar la noticia del invento de la imagen en movimiento y así, la legión de aparatos nacidos para exponerla al público, llegaron a España y, en poco tiempo, se aventaron por todo su territorio mostrando una de las maravillas de la vida moderna, entrando en las costumbres y en las narraciones populares para admiración del respetable:

> - DOROTEO: El Cinematógrafo es la aplicación de la electricidad a una serie combinada de instantáneas cuyas películas, al pasar por el aparato cilíndrico con rapidez vertiginosa, proyectan en el foco las imágenes que se quieren reproducir.
> (Pausa se miran unos a otros con asombro)
> - BENITO: ¡Ah vamos! ¡Pus no me enterao!
> - CAMILO: ¡Toma! Ni nadie.
> - DOROTEO: ¡Claro! ¡Por que vosotros no habéis estudiado Botánica![127]

127. MERINO, Gabriel: *Los adelantos del siglo. Humorada en un acto y tres cuadros.* Cuadro Primero, Escena II. Música de Ángel Rubio. Estreno en el Teatro Romea, 20-II-1897, Florencio Fiscowich, editor, R. Velasco impresor, Madrid, 1897, p.9.

3.

VAPOR, CHISPA Y ESTACIÓN
LA LLEGADA DEL CINEMATÓGRAFO

Adentrarse en los primeros tiempos del cinematógrafo en España es un viaje tan aventurado como apasionante. Consiste en explorar una *terra incognita* en la que aún se navega costeando por los hechos ciertos y con muchas dificultades para internarse en el tan lejano como extenso continente de la ignorancia o la duda. Un trabajo complicado al que se llevan aplicando los historiadores del cine con intensidad, en todos los territorios, durante más de treinta años. Y, pese a tan grande esfuerzo, ese proceso y la reconstrucción de esos años no es aún definitiva. Se saben muchas cosas, pero tal vez sean casi tantas como las que se ignoran y siempre se está a la espera de que nuevas investigaciones cambien algunas conclusiones y no pocas certezas. Los documentos son escasos, incompletos e inseguros. Las personas que hoy estudiamos como pioneros no se consideraban a sí mismos más que barraqueros, buhoneros, comerciantes, curiosos, fotógrafos o artistas de menor cuantía, con lo que hicieron nada para que su vida y su trabajo trascendieran.

De la mayoría de las películas de aquellos tiempos se ha perdido hasta su rastro. Estaban fabricadas en celuloide inflamable (entre sus componentes estaban el algodón pólvora, alcohol, éter, alcanfor y aceite de ricino) capaz incluso de entrar en combustión espontánea, un material con cierta semejanza a la pólvora, que pocos quisieron arriesgarse a almacenar para la posteridad, si exceptuamos la afortunada y no poco casual conservación de todo el catálogo Lumière y buena parte del Edison. Además, fue mucho el desgaste que tenían las primeras cintas, por razones técnicas, de paso y arrastre de las películas y de condiciones de exhibición, incluida la costumbre de los pioneros de regalar al público fotogramas de las cintas defectuosas, lo que hizo que se perdieran decenas de ellas por ese simple procedimiento. La historia posterior, más de un siglo de calamidades, no fue mejor: en España la producción anterior a 1905 es insignificante y la de los años posteriores, hasta la década de los veinte, se ha perdido en gran proporción. Cuando la producción arrojaba unos volúmenes apreciables, la crisis del paso al sonoro fue un nuevo mazazo para esas imágenes que pasaron a valer nada. Desde 1954 el uso del celuloide de seguridad (triacetato de celulosa y poliéster) provocó una nueva destrucción de patrimonio (sólo se transfirieron a soporte seguro las películas rentables) que, en España por ejemplo, arrasó el cine republicano. El último paso lo dio la llegada de la televisión, volviendo atractivo el cine antiguo, por su posibilidad de cubrir minutos de programación, pero metió a la industria en una nueva carrera en pos de formatos de imagen electrónica que se sucedieron a gran velocidad, algunos sin la calidad suficiente, y que provocaron la pérdida de imágenes, por ejemplo muchas de las que ya se habían realizado para televisión en formatos de vídeo con una vida efímera. El aprecio por el material de los pioneros y su conservación es un proceso muy reciente que ha podido rescatar muy poco material.[128]

Lo de la pérdida de las películas es algo ya conocido, pero lo mismo ha sucedido con el rastro de las personas que las rodaban, las hacían circular o las exhibían. Dicho lo cual, es cierto también que se tiene la información indispensable como para hacer una aproximación ajustada y suficiente de cómo fueron aquellos años y aquellos acontecimientos. Al menos, y con todas las reservas, lo esencial de unos y otros para trazar un panorama general de contornos seguros.

Al ser éste un fenómeno complejo no tiene una explicación sencilla. No puede tenerla porque siguiendo ese rastro medio borrado hemos de buscar bajo todos los pliegues del tiempo para coger la estela de la gran variedad de aparatos capaces de proyectar imagen en movimiento, que hacían lo mismo, con mayor o menor fortuna, en los mismos lugares y al mismo tiempo. Los que, después de dispersarse a los cuatro vientos, recorrieron

128. A la industria productora de imágenes sólo le interesó conservar las películas mientras producían beneficios. Se da la paradoja añadida de que, cuantos más beneficios produce una película, mayor es su desgaste y, por lo tanto, de esta "crisis de éxito" se desprende una peor conservación. De una forma tan eficaz se expresa Alfonso DEL AMO en "Bases industriales de la conservación cinematográfica" en *Archivos de la Filmoteca*, nº 10, Valencia, 1991, p. 27. Véase también MADRID, Juan Carlos de la: "Apuntes para un concepto de patrimonio audiovisual en Asturias", en VV.AA.: *Estudio básico sobre el patrimonio industrial asturiano. Los archivos históricos, industriales y mercantiles*, TREA, Gijón, 2000, pp. 78-80.

como un relámpago la Península Ibérica, poco después de que los ingenios más postineros se presentasen en la mejor sociedad europea. Un periplo que, salvo en el caso de los aparatos Lumière, fue improvisado, casual y, no pocas veces, aventurero o azaroso.

Eso teniendo en cuenta que hablamos de inventos extranjeros que aquí recalaron, traídos generalmente por personas o empresas también foráneas, aunque se hable últimamente de inventores españoles que ya habían desarrollado la posibilidad de construir un cinematógrafo. Es el caso del fraile paúl Mariano Díez Tobar, que hay quien sitúa como inspirador del invento de los Lumière basándose en que, en 1889[129], impartió la conferencia titulada: *El cinematógrafo, descripción del aparato por el que las imágenes de las personas, lo mismo que de las demás cosas, sea que en el acto existan, sea que ya no existan, aparecen al vivo y como si fueran la realidad, con sus colores, movimientos etc ... ante nuestra vista.* [130] Este invento, de ser como se dice, en nada varió el panorama en lo referente a la

129. X: "Fragmento de una conferencia sobre la nueva máquina acústica y la música del porvenir, dada en el colegio de Vilafranca Del bierzo (León) por uno de sus profesores", en *El Mundo Científico*, Barcelona, 18-II-1911. De esa publicación extraemos este sugerente texto: "El conferenciante autoriza con absoluto desinterés á cualquiera de los asistentes para que lleven á la práctica de las ideas ó conceptos que se encuentren nuevos en sus conferencias. De una de ellas ha salido el cinematógrafo según consta de testimonios fehacientes. El ingeniero francés A.F. asistió el año 1889 á la conferencia el Cinematógrafo, é inmediatamente, con anuencia del conferenciante, mandó construir en París el aparato. Lumiére fue el que hizo las películas; Demeny como Pathé sólo fueron nuevos constructores; Marey fue el primero que se aprovechó de la idea ya la aplicó al estudio cinematográfico del vuelo de las aves. De donde resulta que la cuna del cinematógrafo no es Francia, ni los Estados Unidos (Edison) sino España. Pronto se dará la conferencia sobre el Iconotelescopio, ó visión de las imágenes a distancia", p. II.

130. El *Diccionario de biografías* de la Real Academia de la Historia da por cierto que, si Mariano Díez Tobar (Tardajos –Burgos-, 21-V-1868 – Madrid, 25-VII-1926) no adquirió la patente del invento, es seguro que el científico francés Lumière mantuvo conversación personal con el fraile, a quien invitó a la primera sesión de cine que diera en España, en 1895, aunque declinó la invitación. Puede verse en https://urlc.net/O6QH [consultado en 6-I-2023]. Se ha reivindicado en el mismo sentido la figura de otro español, Agustín Gómez Santa María, como inventor de un instrumento de proyección al que llamó Dinascopio, a mediados del siglo XIX. Así lo hace Mary G. SANTA EULALIA en su

difusión de las imágenes en movimiento, nada del ingenio científico fue decisivo y sí mucho de la vertiente comercial.

El ferrocarril fue su plataforma, y es una pieza estratégica para la noción de modernidad sobre la que se apoya este libro. El aspecto comercial del cinematógrafo necesitaba de una logística para su traslado y la vía férrea fue la más eficaz. Un tema, este de los trenes, tan importante como controvertido en la historiografía contemporánea española. Seguramente por eso, durante casi un siglo, un ciento de investigaciones se dedicaron a explorar su responsabilidad en el fracaso del primer intento industrializador de España.[131] A partir de ahí surgieron los llamados "grandes debates"[132] que han seguido ocupando casi todo el espacio dedicado al ferrocarril en las historias generales de España, a pesar de las aportaciones de investigaciones posteriores.[133] Son controversias que tienen que ver, sobremanera, con

artículo: "Un inventor español del cine sale del anonimato", *Academia: revista del cine español* (Tribuna), nº 108, Madrid 2005 pp. 3-4, a partir del libro de Laurent MANNONI: *Le Grand Art de la Lumiere et de l'Ombre: archéologie du cinema*, Nathan Université, París, 1999.

131. Contenidos en obras ya clásicas como: CAMERON, Rondo E.: *Francia y desarrollo económico de Europa*, Tecnos, Madrid, 1971; CASARES, Aníbal: *Estudio Histórico-Económico de las construcciones ferroviarias españolas en el siglo XIX*, Estudios del Instituto de Desarrollo Económico, Madrid, 1973; TORTELLA, Gabriel: *Los orígenes del capitalismo de España: banca, industria y ferrocarriles en el siglo XIX*, Tecnos, Madrid, 1973; NADAL, Jordi: *El fracaso de la revolución industrial en España, 1814- 1913*, Ariel, Barcelona, 1975.

132. Nos referimos a las discusiones sobre los problemas de una red construida prematuramente, con un deficiente cálculo de la demanda del negocio, es decir con más red que demanda, al no haberse realizado de forma acompasada con la industrialización ni haberse valorado adecuadamente los costes de construcción; la lenta participación de los gobiernos, especialmente de los Moderados, unida a la corrupción política y al constante estado de guerra civil; los trazados serpenteantes o antieconómicos, o la famosa red radial desde Madrid que, para algunos fue lastre y lo contrario para otros. Incluso hay opiniones como las de Cuadra Echaide, para quien la red no era radial, sino una triple estrella con centros en Valladolid, Alcázar de San Juan y Zaragoza.

133. Un muy útil estado de la cuestión puede encontrarse en el trabajo de MUÑOZ, Miguel: "Los 'grandes debates' de la historiografía ferroviaria española y su influencia en la historiografía general y económica", *Revista de la Historia de la Economía y de la Empresa*, XII, 2018, pp. 89-112.

la primera fase de la construcción de la red ferroviaria, cuando los tráficos fueron menores de los calculados, desembocando en la crisis ferroviaria (y económica) de 1866. Entonces las comunicaciones terrestres eran esenciales en España, también lentas y caras: en 1867 transportar carbón, en carros y caballerías, desde las minas de San Juan de las Abadesas hasta Barcelona costaba más que comprarlo en Inglaterra; en esas mismas fechas, para realizar un viaje de Oviedo a Madrid, había que utilizar 120 caballos, 15 zagales, 5 postillones y un mayoral. El precio de los billetes, en berlina, equivalía al sueldo mensual de un capitán del ejército, en baca al sueldo completo de un artesano.[134]

Esas distancias siderales y la crisis ferroviaria quedaron lejos del momento en el que los ferrocarriles hicieron viajar a los aparatos de la imagen en movimiento. A la llegada del cinematógrafo el ferrocarril ya era importante y empezaba a ser rentable, pese a que la decisión de un ancho de vía que aislaba su trazado de Europa a la vez que la participación mayoritaria de capitales extranjeros (franceses, sobre todo) no suponía mayor cercanía sino, muy al contrario, un control halógeno sometido a intereses que no eran los nacionales. Entre 1876 y 1896 se tendieron una media de 240 kilómetros de vía al año, intentando corregir las deficiencias del primer tendido, iniciar los circuitos de vía estrecha como complemento a ese tendido principal, conectar regiones productoras y consumidoras y, sobre todo, articular un mercado entre las capitales de provincia. El siglo XX se inició con una red ferroviaria que, en lo sustancial, era muy semejante al actual.[135]

Esa es la razón por la que el cinematógrafo utilizó el ferrocarril para sus primeras correrías. La llegada sobre raíles y, sobre todo, su rápido des-

134. *Información sobre el Derecho Diferencial de Bandera y sobre las aduanas exigibles a los Hierros, el Carbón de Piedra y los Algodones*, Madrid 1867, III, pp. 59-70 y CASARIEGO, Jesús Evaristo: *Caminos y viajeros de Asturias*, ALSA, Oviedo, 1979, pp. 80-81. Mariano José de Larra describía una situación en Madrid donde "en los coches viajaban sólo los poderosos; las galeras eran el carruaje de la clase acomodada (...); los carromatos y las acémilas estaban reservadas a las mujeres de militares, a los estudiantes, a los predicadores cuyo convento no les proporcionaba mula propia. Las demás gentes no viajaban (...)"; FÍGARO: "La diligencia", en *Mensajero*, Madrid, nº 47, 16 –IV-1835.

135. GÓMEZ MENDOZA, Antonio: "Los efectos del ferrocarril sobre la economía española, 1855-1913", en *Papeles de economía española*, nº 20, 1984, p.157.

pliegue entre 1896 y 1897 por muchas provincias españolas, es una prueba más de la vinculación de los aparatos de imagen en movimiento con el proceso de modernización económica, y sobre todo social, que se vivía en la España de entre siglos. En esos años el ferrocarril, con su trazado radial, o más bien estrellado, unía a casi todas las capitales españolas salvo Teruel, donde su llegada se retrasó hasta 1901. En una primera andanada se trazaron los grandes ejes desde Madrid: hacia el norte, a través de Valladolid y Burgos, hasta San Sebastián e Irún, hacia el noreste, a través de Zaragoza y Lérida, hasta Barcelona y Gerona, hacia el este, a través de Alcázar de San Juan y Albacete, hasta Murcia y Cartagena, luego Alicante, Valencia y Castellón. Un esquema que a fines de siglo estaba completo con la prolongación del eje sur a través de Despeñaperros a toda la Baja Andalucía y luego al sureste; al oeste, a través de Ciudad Real a Badajoz y la frontera portuguesa, y al norte hacia Asturias y Galicia. Esa articulación abría itinerarios principales en el valle del Ebro, que comunicaban la industria vasca y catalana y todo el Mediterráneo, de Valencia a Barcelona, llegando a través de Portbou a la frontera francesa.[136]

Los territorios del país fueron ganados por los carriles y el negocio se repartió entre compañías privadas, explotadoras de la red. Después de un proceso de concentración, lo sustancial de los tendidos quedó principalmente en manos de La Compañía de Caminos de Hierro del Norte de España ("Norte"); la de Madrid a Zaragoza y Alicante (MZA); la del Oeste y la de Ferrocarriles Andaluces. En esos tiempos, hasta la primera década del siglo XX, la carretera y la rueda eran una competencia limitada en el transporte de viajeros y nula en el de mercancías. Subamos pues a esos trenes para llegar a conocer cómo se extendió en sus primeros tiempos el cinematógrafo por territorio español. Hacerlo implica, ante todo, adelantar un par de aclaraciones.

En primer lugar que llamaremos "Cinematógrafo Lumière", al invento de la casa de Lyon, que tan determinante ha sido para la extensión de la imagen en movimiento, y dejaremos el término "cinematógrafo" para el resto, como genérico de todos los aparatos capaces de proyectar imagen

136. CUÉLLAR, Domingo: "Los ferrocarriles en España, siglos XIX y XX. Una visión en el largo plazo", *Jornadas de Historia Ferroviaria: 150 años de ferrocarril en Albacete (1855-2005)*/coord. Por Francisco Polo Muriel, 2007, pp. 11-64.

en movimiento, aunque también citemos marcas y características de aparatos concretos.

En segundo lugar, que hablamos en este libro de ingenios capaces de proyectar imagen en movimiento, no sólo de crearla, pues, lo que hoy conocemos como cine, es un híbrido de imagen y proyección. No consideramos condición suficiente la recreación del movimiento, pues ese espectáculo, la imagen en movimiento propiamente dicha, ya se había paseado por España en 1895, presentada por máquinas de visión individual en las que la alusión a Edison estaba muy presente, como lo estuvo después incluso en aquellos inventos que no le pertenecían.

Thomas Alva Edison traspasó la frontera de la invención hasta llegar a la innovación técnica, siendo un personaje clave para entender el desarrollo científico y tecnológico de Estados Unidos, pero también su desarrollo comercial.[137] De la misma forma fue clave su proyección comercial al mundo, en el que se labró la imagen del inventor total. Así puede encontrarse sin dificultad en la prensa española de finales del siglo XIX y no sólo en las grandes cabeceras sino también en los diarios de provincias que, desde la lámpara incandescente y el fonógrafo, seguían a Edison como padre de los inventos-espectáculo y de mucho más. Eso puede explicar que la alusión a Edison, por su popularidad y porque a él se le atribuye la paternidad de la imagen en movimiento, estuviese presente en cualquier noticia sobre ella, poco importaba si el aparato o las películas le pertenecían o no al Mago de Menlo Park. Su nombre-marca era sinónimo de confianza en todo el mundo, precisamente por su vertiente comercial, como equivalente de genialidad científica y capacidad inventiva. Todos los inventos parecían ser suyos. Esa estrategia comercial, que caracterizaba a Edison y caracterizó los primeros dos años de los Lumière, es la que nos permitirá entender mejor la llegada de la imagen en movimiento a España.

Desde luego lo primero en llegar fue el Kinetoscopio de Edison, que instaló el abogado y periodista Manuel Galindo en Zaragoza, en abril de 1895, como parte de su atracción "Eliseo Express" y que se repetiría en la capital aragonesa el mismo año, en octubre, cuando un kinetofonógrafo, aparato que, además de la visión de las imágenes en movimiento, incluía unos auriculares para escuchar música sincronizada, se exhibió en el "Salón

137. De esta manera lo define Ana ROMERO DE PABLOS en "Thomas Alva Edison: de la invención a la innovación, en *Temas para el debate,* nsº 129-130, 2005, pp. 33-37.

Edisson", instalado en el nº 116 de la calle del Coso.[138] Entre ambas presentaciones el Kinetoscopio, de legítima marca Edison o similar, viajó a varios lugares cubriendo la segunda mitad de 1895. Llegó primero a Barcelona, donde el Kinetoscopio se pudo disfrutar desde su presentación, el primero de mayo, coincidiendo con la apertura del "Salón Edison" en la plaza de Cataluña, por los profesores Nel y Dumont. Allí se exhibía junto al Fonógrafo y era descrito por la prensa como "el zootropo; pero extraordinariamente perfeccionado por Edison" por medio de unas fotografías que pasan ante el objetivo a una velocidad de dos mil planchas por minuto.[139] En el mismo mes de mayo otro kinetoscopio, en otro "Salón Edison" del murciano Eduardo Pagán y Ruiz, se instalaba en Madrid, en la Carrera de San Jerónimo, nº 34, en el mismo local donde, un año después, se presentará el Cinematógrafo Lumière.[140] Realmente eran cinco las máquinas de visión individual que ofrecía esta atracción al precio de una peseta, que, en julio, quedó en la mitad.[141] Es este mes, concretamente el día cinco, el momento en que, otra vez el "Salón Edison", se instala en San Sebastián, en el número 14 de la calle del Pozo. Se trataba de otro kinetofonógrafo y se mantuvo durante toda la temporada de baños en competencia con el Eliseo Express de Manuel Galindo, que, desde el día seis de julio, le disputaba público desde el número 4 de la calle Legazpi, aunque no consta que en la capital Guipuzcoana, incluyera, como había hecho en Zaragoza, el kinetoscopio.[142]

138. SÁNCHEZ VIDAL, Agustín: *El siglo de la luz. Aproximaciones a una cartelera. I del kinetógrafo a Casablanca (1896-1946),* CAI, Zaragoza, 1996, p. 52 y, del mismo autor, *Los Jimeno y los orígenes del cine en Zaragoza*, Patronato Municipal de las Artes Escénicas y de la Imagen, Zaragoza, 1994, p. 130.

139. Así lo describe *La Correspondencia de España*, Madrid, 4-V-1895.

140. Noticias sobre estas exhibiciones y sobre la pista de Eduardo Pagán en la base de datos de la web *Le Grimh. Groupe de Réflexion sur l'Image dans le Monde Hispanique* https://www.grimh.org/index.php?option=com_content&view=article&id=1698:1896-1906-villes-madrid&catid=60&lang=es&Itemid=164 [consultado el 7-I-2023].

141. La prensa madrileña deja constancia del programa: "Salón-Edison (Carrera de San Jerónimo, 34). - El kinetóscopo, último invento de Edison. -Fotografías de movimiento. -Bailarinas japonesas. -Riña de gallos. El equilibrista Caicedo. -Árabe jugando la espingarda. -Carmen Otero, baile andaluz. -Una peseta". En *La Época*, Madrid, 22-V-1895.

La imagen en movimiento ya había llegado; era conocida en varios lugares de España, pero, para nosotros, este año y estos aparatos forman parte del precine. Es este un concepto denso y amplio, objeto de novedades constantes,[143] estudios de gran importancia y del que aparatos como el Kinetoscopio nunca han formado parte al ser imagen en movimiento, pues lo precinematográfico se refiere al enorme universo técnico, iconográfico, narrativo y cultural, de experiencias y de ingenios que, con manifestaciones hasta uno o dos siglos más antiguas, precedieron al cine de los orígenes.[144] Sin entrar en profundidades metodológicas ni en consideraciones

142. LETAMENDI, Jon y SEGUIN, Jean-Claude: *Los orígenes del cine en Guipuzkoa y sus pioneros*, Filmoteca Vasca, San Sebastián, 1998, pp. 45-52.

143. Además de los libros de Athanaisus Kircher, tan importantes para entender la linterna mágica (*Magia lucis et umbrae, libro X de Ars Magna Lucis et Umbrae, Roma 1645*) se ha publicado recientemente que el pintor Vermeer podría haber modelado su estilo realista a partir de la cámara oscura, cuyo uso le habrían desvelado los jesuitas. FERRER, Isabel: "Vermeer revela el misterio de su luz en vísperas de su mayor retrospectiva en Ámsterdam", *El País*, Madrid, 6-I-2023.

144. Es este un concepto aún en discusión, objeto de todo tipo de aportaciones, que parte de trabajos fundacionales como MANNONI, Laurent: "Le quatrième centenaire du cinéma. L'archéologie du cinéma et la naissance de l'industrie cinématographique", in Marie, Michel (ed.), *Théorème* nº 4. *Cinéma des premiers temps. Contributions françaises*, 1996; BRUNETTA, Gian Piero: *Il viaggio dell'icononauta. Dalla camera oscura di Leonardo alla luce dei Lumière*, Marsilio, Venezia, 1997 o TOSI, Virgilio: *El cinema prima di Lumiére*, RAI TV, Torino, 1984. En España también ha sido objeto de estudio y discusión, aún abierta, que puede seguirse, además de en estudios locales de muy diverso tipo, en trabajos como: FRUTOS, Francisco Javier: *La fascinación de la mirada. Los aparatos precinematográficos y sus posibilidades expresivas*, Junta de Castilla y León/Seminci, Valladolid 1996; QUINTANA, Àngel, BRUNETTA, Piero, ZUNZUNEGUI, Santos y MACHETTI, Sandro: *Què és el precinema? Bases metodològiques per a l'estudi del precinema*, Museu del Cinema - Col·lecció Tomàs Mallol - Ajuntament de Girona, Girona, 2000; PONS, Jordi, y otros: *L'origen del cinema i les imatges del s. XIX*, Museu del Cinema - Col·lecció Tomàs Mallol - Ajuntament de Girona, Girona, 2000; MARTÍN ARIAS, Luis: *En los orígenes del cine*, Castilla Ediciones, Valladolid, 2009 y FERNÁNDEZ, Javier: "Magia y cine: del espectáculo mágico al cinematógrafo", tesis doctoral, Universidad complutense, Madrid, 2013.

teóricas, hemos hecho un corte, siempre brusco y artificial en los trabajos de investigación histórica, en el año 1896. Podría parecer una vuelta atrás frente al progreso de la investigación del primer cine, una concesión al viejo mundo Lumière como medida de todas las cosas, pero no es así. Se trata de una toma de partido por lo espectacular; por la proyección de las imágenes, que se transforma en un componente fundamental en una historia como ésta, tan preocupada por el público y el espectáculo y, por lo tanto, por los efectos del visionado colectivo. Esa es la diferencia que nos interesa y, por lo tanto, nuestro punto de partida.

A finales de 1895 tenían lugar en Europa las primeras proyecciones públicas de imagen en movimiento: el primero de noviembre en Berlín, concretamente en el Music-hall Wintergarten, los hermanos Max y Emil Skladanowsky y el 28 de diciembre en París, en el legendario Salón Indien del Grand Café, donde los otros hermanos, Louis y Auguste Lumière, presentaban sus aparatos. Ya desde ese momento se despertó el interés en España por el nuevo espectáculo y por comprar esos productos. En febrero de 1896 se han documentado al menos seis peticiones a los Lumière para comprar su cinematógrafo, pero destaca sobremanera una, nada menos que del 18 de octubre de 1895, anterior a cualquier presentación, en la que el ingeniero catalán José Sanglas, intentaba comprar un aparato a la casa Lumière, que no se lo pudo servir por estar aún en fabricación.[145]

Tiempos de máximo interés que prepararon la temprana llegada y rápida extensión del cinematógrafo en territorio español. A partir de aquí, en 1896, comienza el espectáculo. La mejora de la red ferroviaria tenía un efecto de arrastre, y no precisamente de vagones, sino de multitud de sectores económicos que articularon en el territorio un mercado nacional. Llegaba más género, más diverso y con precios homogéneos en todos los territorios batidos por el vapor. Fue muy llamativo en el caso de productos básicos, tanto de alimentación como de industria: cereales, aceite de oliva, vino, harinas, azúcar, ganado, manufacturas textiles o minería, especialmente metálica. Pero fue más decisivo aún en el transporte postal o de viajeros.[146] Y contribuyó de la misma forma para generar ese efecto de creación

145. Ha sido documentado por LETAMENDI, Jon y SEGUIN, Jean-Claude, en *Los orígenes del cine en Cataluña*, Institut Catalan de les indústries culturals y Filmoteca Vasca, Barcelona, 2004, pp. 56-58.
146. Sobre el asunto de la mayor o menor incidencia del ferrocarril en el mercado nacional pueden verse los trabajos de Antonio GÓMEZ

de un mercado único en los nuevos productos de las industrias culturales por venir, donde la irrupción, primero de los aparatos, y más tarde del espectáculo de la imagen en movimiento, tendrá mucho que decir.

"Ya llegó", rezaba una de tantas gacetillas provincianas con las que la llegada de la imagen en movimiento se anunció en las ciudades de España. Había expectación, un ambiente previo, ése que se acaba de retratar en el apartado anterior, que preparó a la sociedad para recibir el invento. Nada más. Era una atracción de aquellas que frecuentaban teatros, cafés y barracas del momento y uno de los inventos que los tiempos modernos dejaban ver, un día sí y otro también. El arte es cosa que hay que dejar, si acaso, para más adelante.

Fueron muy pocos los meses que mediaron entre la presentación mundial de los aparatos cinematográficos y su llegada nuestro país. Menos aún desde su arribada y diseminación por toda la geografía hispana. Es lo cierto que, entre mayo de 1896 y diciembre de 1897, todas las capitales de las provincias españolas menos Teruel, y multitud de ciudades de diverso tamaño y condición, se fueron infectando, con la vía férrea y las fechas de fiestas, de las presentaciones y exhibiciones de la imagen en movimiento. Inventos para embobar al respetable y para llenar la bolsa de aquellos primeros empresarios que cubrieron aquel viaje de dos formas principales: el Sistema Lumière y el resto.

El Lumière, sobre el que volveremos más adelante, lo ponen en marcha los empresarios de Lyon en el segundo semestre de 1895, rechazando la comercialización libre del aparato y sustituyéndolo por un sistema de concesiones dependientes de la empresa en los territorios por los que se iba extendiendo el invento. Una especie de franquicia, según se entienden hoy día estos negocios, aunque no exactamente. Primero llegó a París, Lyon y Londres y, el éxito de esas experiencias, decidió la extensión de las conce-

MENDOZA: *Ferrocarril y mercado interior en España (1874- 1913)*, Vol II. *Cereales, harinas y vinos*, Vol II, *Manufacturas textiles, materias textiles, minerales, combustibles y metales*, Banco de España, Madrid, 1984 y 1985 respectivamente. También BARQUÍN, Rafael: "Transporte y precio del trigo en el siglo XIX: creación y reordenación de un mercado nacional", *Revista de Historia Económica*, año XV, 1997, invierno, nº 1, pp. 17-48 y GÓMEZ MENDOZA, Antonio y SAN ROMÁN, Elena: "Transportes y Comunicaciones", en CARRERAS Y TAFURELL, (Coords.): *Estadísticas Históricas de España, siglos XIX y XX*, vol II, Fundación BBVA, Madrid, 2005, pp. 509-572.

siones por todo el mundo.[147] Fue un modelo de éxito por su coherencia, organización, orientación comercial y repercusión posterior. En el resto de exhibiciones no hubo sistema ni modelo. O, por mejor decir, hubo tantos modelos como pioneros o aparatos, cambiantes en función de las circunstancias del propio viaje o de sus presentaciones e imprevistos en rutas, contenidos o efectos. Pero hemos de empezar por aquí, por lo que no era Lumière, pues en la primera exhibición en España, un Animatógrafo de Robert William Paul se adelantó, dos días, a la presentación del Cinematógrafo Lumière.

Estamos en el mayo de 1896. Seguimos divisando el panorama desde el tren que, en Madrid, fue un factor determinante para su desarrollo y hasta para su configuración urbana, supuso el comienzo de su transformación como área metropolitana y ciudad moderna con las posibilidades, y también las limitaciones, de este medio de transporte nuevo que, a la vez, ensanchó y puso límites a la ciudad. Estaba determinada por la ubicación y conexión de sus dos estaciones principales y la existencia de otras tres más, pero sobre todo por proyectarse y recibir todo tipo de flujos, sobreponiéndose a su situación que, aunque central en la Península Ibérica, está rodeada de sistemas montañosos y lejos de ríos navegables. Así, al ser cabecera de las tres grandes líneas ferroviarias (M.Z.A., Norte y Oeste), tuvieron mayor importancia las conexiones a larga distancia, aunque las cercanías se completasen con una importante red de vía estrecha. Desde esa larga distancia llegaban las novedades y, como se podrá ver de inmediato, siguieron viaje las nuevas imágenes animadas.[148]

Fue de este modo, el día 12 de mayo en proyección pública y un día antes en proyección privada para la prensa, como se presentó en Madrid el nuevo invento. Aquí las fechas son importantes porque un par de días se-

147. Conocemos ese sistema desde que Jean-Claude SEGUIN lo describiera en "El sistema Lumière en España (1896-1897), en MADRID, Juan Carlos De la: *Primeros tiempos del cinematógrafo en España...*, pp. 25-49.
148. GONZÁLEZ YANCI, María Pilar: "El transporte configurador del desarrollo metropolitano de Madrid. Del inicio del ferrocarril al metro ligero, siglo y medio de historia", en *Anales del Instituto de Estudios Madrileños*, nº XLVI, Madrid, 2006, pp. 597-640, y "El impacto del ferrocarril en la configuración urbana de Madrid. 150 años de historia del ferrocarril", en *Ferrocarril y ciudad,* Fundación de los ferrocarriles españoles, Madrid, 2002, pp. 133-155.

Fig.1. Edwin Rousby, ilustración de un artículo titulado "Titiriterías", en *Nuevo Mundo*, 21-V-1896.

paran dos presentaciones y, con ellas, la narración tradicional y la más moderna de la llegada del cinematógrafo a España. Las proyecciones del día 12 fueron movidas por la mano de Edwin Rousby, un húngaro trotamundos que, con un Animatógrafo del inglés Robert William Paul, posiblemente adquirido en Londres, inició las proyecciones cinematográficas sobre pantalla en suelo español, exhibiendo cintas del propio Paul, que también vendía las de Edison. Su presentación fue en la plaza del Rey; en el circo Parish (antes Price) dentro del espectáculo de la compañía ecuestre, acrobática, gimnástica y cómica que dirigía Hugo Herzog.[149]

El Cinematógrafo Lumière le pisaba los talones. El día 13 ya hacía un pase a prensa y notables para abrirse a todo el público al día siguiente ("las representaciones de anoche fueron de convite, asistiendo los em-

149. Esta presentación está sobradamente documentada en los libros sobre los orígenes del cine en Madrid, por ejemplo el de Josefina Martínez: *Los primeros veinticinco años de cine en Madrid (1896-1920)*, Filmoteca Española, Madrid, 1992 págs. 25 a 28 y, con todo el aparato hemerográfico necesario, en la base de datos de Le Grimh: https://www.grimh.org/index.php?option=com_content&view=article&layout=edit&id=2904&Itemid=679&lang=es [consultado en 2-II-2023]. Es un lugar común la crítica a las viejas historias del cine por ocultar, con diversos intereses, estas proyecciones frente a las del Cinematógrafo Lumière. Un ejemplo reciente con parecidos argumentos puede encontrarse en FERRARA, Chrystelle: "La construcción de los orígenes del cine en España a través de la manipulación historiográfica franquista", en Juan Carlos Colome, Javier Esteve y Melanie Ibáñez: *Debates, historiografía y didáctica de la Historia*, 2015, pp. 28-31.

bajadores de Francia y Austria y otras muchas personalidades distinguidas"[150]). Fue ese día 14 de mayo, tal y como lo reflejó la prensa del momento, en la Carrera de San Jerónimo nº 34 duplicado, en los bajos del Hotel Rusia:

> "Desde anoche cuenta Madrid con un espectáculo de tanta novedad como atractivo.
> El *Cinematógrafo*, ó sea la fotografía animada, es verdaderamente notable, y constituye uno de los adelantos más maravillosos alcanzados por la ciencia en el siglo actual.
> La exhibición de cuadros y vistas panorámicas, reproducidas por medio del Cinematógrafo, se hace en un espacioso local (Carrera de San Jerónimo, 34), que anoche estuvo muy concurrido por las muchas y distinguidas personas invitadas á la inauguración.
> La proyección de la fotografía animada sobre un telón blanco, no puede hacerse con más perfección que la que vimos anoche, estando reproducidos todos los movimientos de personas y objetos que atraviesan la escena.
> El programa, repetido varias veces ayer, contenía diez números, de los que son dignos de mención especial la llegada de un tren á la estación, un paseo por el mar, la Avenida de los Campos Elíseos, el concurso hípico de Lyon y la demolición de un muro.
> El público podrá admirar dese hoy este espectáculo, de 10 á 12 de la mañana, de 3 á 7 de la tarde y de 9 á 11 de la noche".
> (*La Época*, Madrid, 14-V-1896).

Esta ya era una proyección organizada, con el sentido y los propósitos del Sistema Lumière. Jean Busseret, que tendrá una gran importancia en la difusión del cinematógrafo en España, era el responsable del puesto de Madrid, figurando como operador un tal Boula (o Boulaz), que bien podría ser uno de los empleados de la casa, o uno de los hermanos Boulade, ópticos de Lyon muy relacionados con los Lumière. La grafía de los apellidos recogidos en los documentos confunde a los historiadores, pero lo que ya se ha podido establecer con claridad es que Alexandre Promio, frente a todo lo que se ha escrito durante décadas, aún no estaba allí, en aquella primera función. Por no saber, ni siquiera puede asegurarse que Boula[de] estuviera

150. "El cinematógrafo" en *La Iberia*, Madrid, 14-V-1896.

desde el principio, sólo que llegó el julio para la clausura de la primera temporada. Son parte de los enigmas aún por resolver de esos primeros tiempos, incluso en un sistema tan documentado como el Lumière.[151]

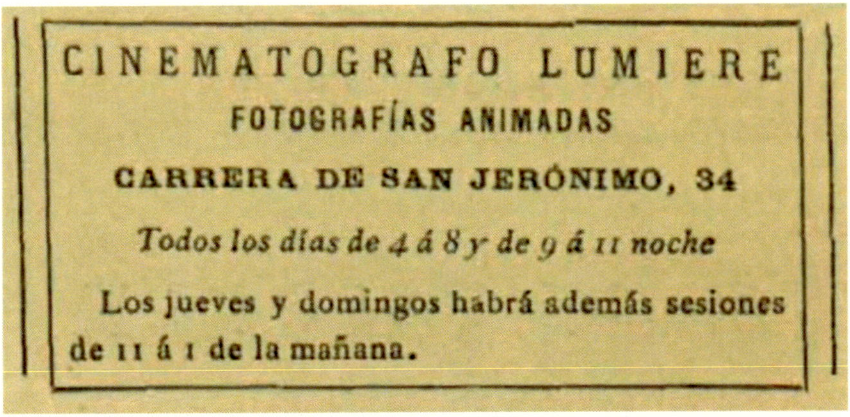

CINEMATOGRAFO LUMIERE
FOTOGRAFÍAS ANIMADAS
CARRERA DE SAN JERÓNIMO, 34
Todos los días de 4 á 8 y de 9 á 11 noche
Los jueves y domingos habrá además sesiones de 11 á 1 de la mañana.

Fig.2. Anuncio de las sesiones madrileñas del cinematógrafo Lumière en *El Álbum ibero americano,* 14-VI-1896.

Lo cierto es que Madrid se convierte, con estas dos ofertas de imagen en movimiento, en una especie de banco de pruebas de lo que pasaría en toda España en los meses por venir, en los que se enfrentan dos formas de concebir, de presentar y también, no se debe olvidar, de cobrar el espectáculo. A ambos modelos responden la miríada de presentaciones posteriores: unas por no ser Lumière, en aparatos, espectáculo y precio; otras por serlo y algunas más por querer parecerlo (y cobrarlo).

Rousby y su Animatógrafo se corresponden con la forma de presentación más popular que, con la estabilización del espectáculo, hará que el

151. Téngase en cuenta que ni tan siquiera la licencia para esas primeras exhibiciones de Cinematógrafo la solicita el concesionario Lumière, Jean Busseret, sino el ingeniero Rafael Justo Villanueva. A resolver estos enigmas se han aplicado durante décadas los ya mencionados Seguin y Letamendi. Son varias las publicaciones que pueden citarse e iremos citando al respecto, pero, como resumen, puede volverse a la página ya citada de Le Grimh, en la que sus datos están respaldados por un arsenal de fuentes hemerográficas.

cine recale desde primera hora en el mundo de las varietés, que le dieron acomodo mientras buscaba un lugar propio. Compartió sus locales, sus programaciones, sus formas y sus públicos. Allí, durante años, el cine no fue protagonista; no fue vedette. Fue sólo espectáculo de relleno: un complemento, como de toda la vida se ha llamado a este tipo de números en el mundo del espectáculo.[152] Y eso pasó, como se puede ver, desde la primera proyección, empotrado el Animatógrafo en los números de una compañía cómica, ecuestre y acrobática y debutando al mismo tiempo que "la hermosa bailarina señorita Tejero".[153] Un mundo muy conocido por Rousby, ya que pertenecía a él desde hacía tiempo; tenía experiencia y adaptación al medio. Era sólo una parte de un espectáculo circense que se representaba en un circo, un edificio duro de acústica y corto de visión, más apropiado para espectáculos sobre suelo de serrín y que, por supuesto, se pagaba a precio de circo.

La presentación Lumière era otra cosa. Un acto organizado por una empresa veterana en la producción y comercialización de material fotográfico, ambos sesgos están presentes en su propuesta. Nos referimos a la demostración científica y lo comercial, pues los de Lyon respondían a una estrategia empresarial. La firma francesa disponía desde hacía tiempo de una tupida red de distribución de sus afamadas placas fotográficas y concibieron al Cinematógrafo como la mejor publicidad de su empresa.[154] Por eso idearon un sistema, muy rígido, de concesiones y no de ventas, ya que no estaban en disposición de fabricar a gran escala y por eso las presentaciones de sus aparatos eran un reclamo que avanzaba el resto de productos de la compañía. Un anuncio. Una especie de "y esto es sólo una parte de lo que somos capaces de hacer". Y de vender, claro. Lo que se exhibía era realmente el aparato y no sus películas. Los Lumière, más industriales que artistas, no comprendieron, tal vez ni siquiera se pararan un minuto a pensar, que el futuro del cine estaría en las películas y no en el aparato.[155] De

152. Este asunto está ampliamente desarrollado en MADRID, Juan Carlos De la: "Cine de complemento. El espectáculo de varietés en España hasta 1914", en *Cinema i teatre influències i contagis*, Museu del cinema, Gerona, 2006, pp. 63-96.
153. *La Justicia*, Madrid, 12-V-1896.
154. SEGUIN, Jean-Claude y LETAMENDI, Jon: "La llegada del cinematógrafo a España (1896-1897): Metodología y esbozo", en *Secuencias: Revista de historia del cine*, nº 28, 2008, p. 22.
155. LETAMENDI, Jon y SEGUIN, Jean-Claude: "Los operadores Lumière o la difusión del cinematógrafo", en NÁRVÁEZ, Daniel (coord.): *Los ini-*

ahí el famoso cientifismo de sus presentaciones, que se dirigieran a un público selecto que iba a ver el movimiento del mundo que salía de una caja, pero no a compartir espectáculo con otras varietés conocidas. Además, sólo por ver imágenes en movimiento, sin equilibristas o cupletistas, pagaba la fabulosa cifra (para público modesto) de una peseta por sesión, hasta tres veces más que otros espectáculos más afines al mundo de las varietés y el teatro por horas que presentaba la cartelera madrileña de aquellos días isidriles.[156] Más de lo que se pagaría en espectáculos de cine veinte años después. La selección del público estaba hecha, antes de empezar el espectáculo, para adaptarlo a los verdaderos propósitos de la presentación.

Convivieron ambas formas y se impuso la mejor en lo técnico y en lo comercial. Rousby había llegado antes y había presentado su espectáculo en solitario, dentro del programa de la compañía del domador de caballos Hugo Herzog, por cuanto la sorpresa y aceptación del público fue notable, como se puede ver en la prensa de la época, en especial con algunas películas, seguramente las mejor proyectadas como *El puente Black Friars de Londres* (*Blackfriars Brigdge*), tanto del catálogo de Paul (*Una Herrería- The Engineers Shop and Nelson Dock-*) como del de Edison (*Blacksmith Shop*). Pero, a la vez que se montaba su segunda proyección pública el día 13 de mayo, los Lumière presentaban, en el elegante local de la Carrera de San Jerónimo, su Cinematógrafo a las personas más principales, antes de abrir las funciones al público en general, que, desde luego, no era el mismo que el del Animatógrafo, en poder adquisitivo y exigencia de espectáculo. La competencia estaba planteada en el espacio, pero fue muy poco sostenida en el tiempo. Por encima de otras consideraciones parece ser que se impuso la superioridad técnica del Lumière sobre el Animatógrafo: era más preciso y más nítido en la proyección, más sencillo en el manejo y más versátil en sus prestaciones, puesto que podía rodar, proyectar y revelar. Tampoco hay que descartar los servicios de la estrategia publicitaria Lumière, que inauguró una forma de "presentaciones", copiadas luego por otros pioneros, al menos en su publicidad, para gente elegante, dirigidas a la curiosidad del cientifismo burgués y de los propios intereses de su compañía. En el caso de Madrid el rendimiento de tal estrategia fue máxima cuando, el 12 de junio,

cios del cine, Universidad Autónoma de Zacatecas y Plaza y Valdés, México, 2004, p. 30.

156. MARTÍNEZ, Josefina: *Los primeros veinticinco años de cine en Madrid...*, p. 35.

se organizó una función para la familia real española, para que admirara la reina regente María Cristina, justo antes de partir a su veraneo en San Sebastián, el espectáculo que ya había visto antes su hija y vería después de esa función, al parecer con gran entusiasmo.[157]

Aquella presencia con la reina "sus augustos hijos y la alta servidumbre de palacio", como se suponía, fue un éxito que los delegados Lumière y otros que quisieron suplantarlos, llevaron por toda España. Una noticia convertida en reclamo y publicidad que, si bien se refería al Cinematógrafo de Lyon, acabó sirviendo como gancho para anunciar en adelante cualquier función de cualquier aparato: la Familia Real había visto y se había encantado con la imagen en movimiento que todos esos aparatos eran capaces de proyectar. Entonces la sociedad tenía pocos modelos, pocos ideales lejanos a los que parecerse. Los reyes eran, de las "personas conocidas", las más prestigiosas, más inalcanzables y, por supuesto, el ideal para imitar.[158] Por esa sesión famosa, además de lo ya dicho, podemos conocer las películas del catálogo Lumière que el Cinematógrafo proyectaba entonces en Madrid:

> "Coraceros - ciclistas y ginetes - Demolición de un muro - Baños en el mar - El expreso en la estación de Berlín - El emperador de Alemania - Rancho de la infantería - Coche de vapor - Jardín de las Tullerías - Salida de la fábrica de Lumiere - Escena infantil - El regador - Destrucción de las malas hierbas - Esgrima de sable - Lle-

157. *El Imparcial*, Madrid, 14-VI-1896; *La Época*, Madrid, 7-VI-1896 y *La Unión Católica*, Madrid, 19-VI-1896.

158. Las casas reales habían cumplido, en toda Europa, un papel semejante siendo modelo susceptible de ser imitado por los grupos que tenían más próximos. Por ejemplo, en el descubrimiento y uso de la playa, en el que cumplieron en papel de "Star", que les asigna Marc Boyer. Lo fueron en Europa, pero también en España, en El Sardinero de Santander o La Concha de San Sebastián. BOYER, Marc: *Le tourisme de l'an 2000*, Presses Universitaires de Lyon, Lyon, 2000, pp. 102-106. Para los casos vasco y cántabro véase LARRINAGA, Carlos: "La madurez de un producto turístico: el País Vasco entre 1876 y 1936", en VIII Congreso de la Asociación Española de Historia Económica, Santiago de Compostela, 2005, pp. 5-7; AJENJO BULLÓN, Xavier y SUÁREZ CORTINA, Manuel (eds.): *Santander fin de siglo*, Caja Cantabria, Universidad de Santander y Ayuntamiento de Santander, Santander 1998.

gada de un tren - Discusión política - Pesca de sardinas - Avenida de los Campos Elíseos - Salida de un coche - Bolsa de Marsella - Concurso hípico - Tempestad en el mar - embarque de una red de pesca - El concierto- Jugadores de cartas - Fabricación de embutidos - Serpiente - Herrador - Forjadores - Rancho de los soldados - Vuelta de un paseo en mar - Plaza de Lyon".[159]

Fuese por la superioridad técnica o por la habilidad promocional, es lo cierto que Rousby deja la competencia, se va de España con destino a Portugal, contratado por el empresario Antonio Manuel Dos Santos Jr., desde el 12 de junio, para llevar su espectáculo al Real Coliseo de Lisboa, donde tuvo un gran éxito, siendo también el primero en mostrar la imagen en movimiento en el país vecino.[160] No se sabe la fecha de su última proyección en Madrid, pero sí se conoce, con certeza, que el día 14 salía para Portugal, por supuesto, subido a un vagón de ferrocarril, medio que seguía articulando la distribución del cine en la Península Ibérica, pues la línea entre Madrid, Cáceres y Portugal, concebida con carácter internacional, ya funcionaba desde 1881.[161] Desde entonces la compañía Herzog siguió su gira por España, con su espectáculo circense y de varietés, pero sin incluir el cine, con lo que privó a Barcelona, Vitoria o San Sebastián de conocerlo en fechas muy tempranas.[162] En Madrid, tras la partida de Rousby, todo respondía ya a los dictados del Sistema Lumière.

159. *La Correspondencia de España*, Madrid, 13-VI-1896.
160. Para el caso portugués pueden consultarse: RIBEIRO, M. Felix: *Os mais antigos cinemas de Lisboa 1896-1939. A distribuiçâo de filmes en Portugal 1908-1930*, IPC/Cinemateca nacional, Lisboa, 1978, p. 11; VIDEIRA, Santos, A.: *Para a história do cinema em Portugal I, Cinemateca Portuguesa*, Lisboa 1991, pp. 57-96 y FERREIRA, António J.: *A fotografia animada em Portugal. 1894-1895-1896-1897*, Cinemateca Portuguesa, Lisboa 1986.
161. El 8 de octubre de 1881 se inauguraba en Cáceres la línea férrea Madrid-Lisboa con la presencia de Alfonso XII y de Luis I de Portugal. No se había concebido como una sola línea, sino la unión de tres líneas, concedidas a distintas empresas: Madrid a Malpartida de Plasencia; Malpartida de Plasencia a Cáceres y Cáceres a la frontera portuguesa por Valencia de Alcántara. Más detalles sobre este asunto en: BLANCH, Antonio: "La llegada del ferrocarril a Extremadura: una época de especulación y corrupción", en *Revista de Estudios Extremeños*, 2013, Tomo LXIX, Número I, pp. 437-460.

En efecto, el cinematógrafo llegó a España muy pronto, a lo largo de ese mismo año 1896 en que se había puesto de largo en Europa pues, cuando se presentó en Madrid, sólo había llegado antes a Francia, Bélgica, Gran Bretaña, Italia, Alemania y Suiza. Su no menos rápida extensión posterior estuvo condicionada por lo que era y lo que no, el mencionado sistema Lumière que a continuación se expone.[163]

La decisión final de comercializar el aparato Lumière demoró su tiempo, además de por la escasa capacidad de producirlo en serie, labor que encomendaron al inventor parisino Jules Carpentier, porque los Lumière se tentaron la ropa antes de dejar que circulara libremente por el mundo, temiendo a la copia o al plagio. Fue así como idearon un sistema piramidal, no de venta, sino de concesiones dependientes de la empresa que repartirían por el mundo entre febrero de 1896 y abril de 1897. Tenían efecto para una región, un país o todo un continente: en Inglaterra eligieron a Félicien Trewey, en Italia a Calcina, en toda Australia a Marius Sestier... y en España a Jean Busseret; aunque la dirección de la explotación para España y Portugal dependió de un economista de la empresa: Jean Marie Pradel. Según este sistema, el empresario compraba la concesión y se obligaba, además de hacer un retorno del 60% de los beneficios a la casa de Lyon, a contratar a operadores de la compañía para que sólo ellos tuvieran acceso al manejo y a los secretos de los aparatos en los puestos decididos por la casa en cada territorio.

Sobre este esquema general hubo excepciones, en la Península Ibérica, por ejemplo, donde la casa explotó directamente el aparato sin aplicar concesiones, en dos períodos: el primero con un solo puesto en Madrid, entre mayo y finales de octubre de 1896, en el que otras ciudades importantes (Barcelona o Lisboa, sin ir más lejos) no tuvieron acceso a la máquina, tal vez por escasez de unidades; y otro entre diciembre de 1896 y mayo de 1897, donde los puestos se multiplicaron: otra vez en Madrid (diciembre de 1896 a marzo de 1897), Barcelona (diciembre de 1896 a junio de 1897), Valencia (18 de diciembre de 1896 a marzo de 1897), Sevilla (8 de enero de

162. LETAMENDI, Jon y SEGUIN, Jean-Claude: *Los orígenes del cine en Cataluña*, p. 67.

163. Con una primera descripción, ya hace mucho tiempo, en SEGUIN, Jean-Claude y LETAMENDI, Jon: "El Sistema Lumière en España (1896-1897)", en MADRID, Juan Carlos De la (coord.): *Primeros tiempos del cinematógrafo en España*, Trea, Gijón, 1997, pp. 25-49.

1896 a abril de 1897), Lisboa (febrero de 1896 a marzo de 1897) y Oporto (desde el 4 de marzo a finales del mismo mes de 1897).

A la vista de estas fechas hemos de hacer un paréntesis en el Sistema Lumière para dejar los trazos de la legión de máquinas y aparatos que, en esos meses del implantación del sistema y de forma simultánea, se aventaban por toda la Península llegando a cualquier lugar para mostrar aquello que ya era negocio, fuese como "presentación" o fuese como número de varietés que, en este año, de esos hubo menos.

La secuencia lógica nos lleva a la segunda ciudad en importancia de España, Barcelona, y, en efecto, allí se presentó el segundo aparato de los que iniciaban el viaje peninsular. Hablamos de un kinetographe, del que no conocemos muchos más datos, en cuanto a empresa y máquina,[164] pero es muy probable que se tratara del Kinétographe de George William de Bedts. Sí es seguro que, el 4 de junio, se presentaba en una función cerrada para prensa y notables y que, a partir del día siguiente, empezaron sus funciones de pago en el salón de descanso del Teatro Principal. Por diversas informaciones, de Barcelona y de Zaragoza, adonde viajó después el aparato, sabemos que, con la molesta trepidación de los de su clase y marca, presentó cintas como *La rue d'Havre (París)* y *Estación ferroviaria de Vicennes.* Ofrecía seis películas como ésas, entre las 15 y las 23:00 horas (las funciones podrían durar entre 30 y 60 minutos máximo) al ya conocido y elevado precio de una peseta. No sería mal negocio habida cuenta de la cantidad de pases posibles. Tal vez por ello, y por entretener la espera, en el vestíbulo se había instalado un fonógrafo.

Por extraño que parezca, no se documentan más funciones en la capital condal hasta el mes de noviembre, fecha en la que llega el Cinematógrafo perfeccionado del Teatro Novedades, mientras que, para la llegada oficial de los aparatos Lumière, habría que esperar hasta diciembre, cuando el puesto de Barcelona toma cuerpo de la mano del operador y empleado de la casa Jean-Claude Villemagne. Es cierto que en toda Cataluña esos meses no fueron pródigos en presentaciones (están documentadas en Lérida, Manresa o Sabadell), pero son muchos meses, una secuencia abierta que nos permite dar marco a las más variadas presentaciones que fueron cubriendo el territorio español en esa segunda parte del año. Es el tiempo en el que llega más de una cámara a todo tipo de ciudades principales (Ma-

164. Todos los que ofreceremos han sido rescatados por Letamendi y Seguin en su obra sobre los inicios del cine en Cataluña (pp. 75-96).

drid, Valencia, Zaragoza, Valladolid, Santander, Bilbao, Alicante, Sevilla, San Sebastián o Cádiz) e incluso alguna secundaria como la villa asturiana de Avilés, que rebasaba muy justamente los 10.000 habitantes, y conoció dos presentaciones distintas en el agosto de 1896[165] (por Madrid habían pasado ocho esos meses, cuatro por Valencia o tres por Zaragoza o Valladolid). Un tiempo que se aceleró a partir de junio, cuando empezaron a llegar todo tipo de aparatos, imitaciones de Edison y sobre todo Lumière, con toda clase de denominaciones: Kinetógrafo, Kinematógrafo, Mouvógrafo, Vidamotógrafo, Cinefotógrafo. A este último aparato, el Cinefotógrafo americano, la publicidad de junio le asignaba las cualidades de reproducir la "fotografía viviente, tamaño natural, ilusión absoluta del movimiento sin ruido y sin trepidación", además de presumir de un gran surtido de películas Edison, "con color y sin color". Como muestra del crecimiento que iba alcanzando el negocio, los promotores de este producto insertaron el siguiente anuncio en la prensa madrileña:

> "DESEANSE representantes en todas las ciudades de España, para la venta de Cinefotógrafos (fotografías animadas) y Films (películas). Últimas novedades. Las mejores y las más baratas conocidas hasta hoy. Escribir a W Gefferson y Cª, 76, Albany Street. Regenta Park, Londres".[166]

Mientras todo esto sucedía, iba transcurriendo la segunda mitad de 1896; es el tiempo en el que se consuma el despliegue del cinematógrafo por toda España. No creemos necesario para el empeño de este libro, buscar cada aparato; seguirle la pista a todos y cada uno de los pioneros que fueron vendiendo su mercancía, repitiendo parecidos procesos y recogiendo idénticas reacciones. Este relato no tiene intención de ocuparse en resaltar primeras veces, sólo nos interesa saber adónde llegó antes para levantar los planos de este primer año. Es un proceso complejo, desde luego no lineal, y no se puede describir como si fuera una carrera. Ni había meta, ni tiene interés repartir un medallero entre aquellos a los que la casualidad hizo llegar

165. MADRID, Juan Carlos De la: *Cinematógrafo y varietés en Asturias (1896-1915),* Servicio de Publicaciones del Principado de Asturias, Oviedo, 1994, pp. 37-38.
166. *La Época*, Madrid, 20-X-1896, para la publicidad del Cinefotógrafo: *El Imparcial*, Madrid 28-VI-1896.

aquí o allí antes que a otro lugar. Sin embargo no renunciamos a exponer todos los datos que hemos podido reunir, ordenados cronológicamente, en el Cuadro 1. Allí pueden hallarse los momentos y los lugares para que cada lector saque sus propias conclusiones. Casi todo lo que sabemos está en ese esquema y es un caudal informativo suficiente para conocer la llegada del cinematógrafo a España. A partir de ahora, con una muestra tan llamativa de presentaciones y de pioneros, unida a los circuitos y los desplazamientos que ya se van comentando, podemos reconstruir aquel proceso.

CUADRO 1. LLEGADA DEL CINEMATÓGRAFO A ESPAÑA. PROYECCIONES EN 1896

CIUDAD Y FECHAS	APARATO	PIONERO	LUGAR DE EXHIBICIÓN
Madrid, 11-V a 11-VI	Animatógrafo Robert W. Paul	Edwin Rousby Inicio de las proyecciones cinematográficas sobre pantalla en suelo español.	Circo Parish (Price) en la Plaza del Rey, dirigido por Hugo Herzog al que se une Rousby.
Madrid, 13-V (pública 14).	Cinematógrafo Lumière	Jean Busseret es el responsable del puesto Lumière de Madrid y Boulaz o Boulade, uno de los operadores. Alexandre Promio no llegará hasta junio.	Nº 34 duplicado de la Carrera de San Jerónimo. Bajos Hotel de Rusia.
Barcelona 4 al 20-VI	Kinétographe George William de Bedts		Teatro Principal
Haro, 5-VI	Cinematógrafo		Ha habido un cinematógrafo durante las fiestas.
Zaragoza, 28 y 30- VI. Última función 7-VII	Kinetógrafo.		Teatro Principal
San Sebastián, 24-VII. 11-IX último anuncio.	Vidamotógrafo	Pedro Armando Huguens	Avenida de la Libertad, 32
Santander, 24-VII	Cinetógrafo Kinetógrafo Werner.	Macario Alfaro	Plaza de Numancia
Valencia, 29-VII	Vitógrafo. Tal vez algo parecido al animatógrafo de Paul.	Construido por Fleury, Creux y Cía.	Feria
San Sebastián, 6-VIII	Cinematógrafo La Unión vascongada, San Sebastián 7-VIII-1896		Alameda 19, frente al kiosko del Bulevar

CIUDAD Y FECHAS	APARATO	PIONERO	LUGAR DE EXHIBICIÓN
Bilbao, 6-VIII a 5-IX	Kinetógrafo Eliseo Expréss Posiblemente un aparato Werner.	Manuel Galindo	Calle Jardines
Bilbao, 8-VIII	Kinetógrafo Werner	Eduardo Jimeno, contratado por el empresario Fidel Canto	Salón Mercantil en los bajos del Teatro Arriaga
Alicante, 9-VIII	Vitógrafo		
Gijón,14-VIII	Kinetógrafo Werner, aunque se hace pasar por "verdadero Lumière".	Macario Alfaro	
Murcia 17-VIII a 7-IX	Fotoanimógrafo	Juan Belmás y Leopoldo Guerrero	Calle Trapería, nº 19.
Avilés, 22-VIII			Almacenes de las Casas de Carbajal en calle San Bernardo, nº 8
Avilés, 25-VIII			Calle Rui Pérez
Redondela (sin cofirmar). 30-VIII a 2 de IX	Cinematógrafo		Casino
La Coruña 4 a 13-IX	Cinematógrafo del Señor Prado. Abogado de Oviedo que exhibe el cinematógrafo en Galicia	Los empresarios del espectáculo son los señores Pedregal y Ramos.	Circo Coruñés
Valladolid-IX	Kinetógrafo Werner	Eduardo Jimeno	Barracas de la feria de San Mateo
Valladolid antes 11-IX hasta primeros meses de 1897	Cinematógrafo		Calle de la Constitución, en la nueva casa del Señor Cuesta
Málaga 2-IX, día 3 abierta al público hasta 15-IX	Kinematógrafo Werner	José Moratalla, malagueño.	Salón París, bajos del hotel Victoria Calle Marqués de Larios

CIUDAD Y FECHAS	APARATO	PIONERO	LUGAR DE EXHIBICIÓN
Valencia 9 a 18-IX	Vitagraphe	Charles Kalb	Teatro-Circo Apolo
Salamanca 11-IX	Animatographo Portuguez	Francisco Pinto Moreira, acompañado del empresario Julio Hermenegildo Verde	Café del Siglo
Oviedo, primera noticia 12-IX al 21-IX			"Elegante pabellón árabe" del Campo de San Francisco.
Granada, 13-IX	Kinetógrafo Werner	Una sociedad anónima formada por jóvenes "de la mejor sociedad granadina"	Bajos de la terraza del Teatro Principal. También conocido como El Campillo bajo.
Zaragoza 14 a 22-IX	Aparato por identificar, probablemente el de Alberto Durán		Calle de la Independencia, nº 27.
Sevilla, 17-IX a 5-X	Cinematógrafo	Guilherme da Silveira y Francisco Dos Santos (actor) de Guilherme Da Silveira & Co.	Antiguo café Suizo (calle sierpes, 27-29), Ricardo Mosquera es el representante de los portugueses
Sevilla 24-29 IX	Cinematógrafo	Teatro del Duque	
Valladolid, finales IX	Kinetógrafo Eliseo Expréss Posiblemente un aparato Werner.	Manuel Galindo	Calle de la Pasión, nº 4 y 6
Valladolid, al menos desde 22-IX	Cinematógrafo		Calle Fuente Dorada
Jerez 8-X	Cinematógrafo	Los portugueses Francisco Dos Santos y Guillermo Silveira, acompañados del empresario Ricardo Mosquera	Teatro Principal
Cádiz 5 al 13-X	Cinematógrafo		

CIUDAD Y FECHAS	APARATO	PIONERO	LUGAR DE EXHIBICIÓN
Valencia 5-X al 22-XI	Nuevo cinematógrafo de París		Teatro Ruzafa Empresario Rafael Díaz
Santander 8-X a 5-XI.	Cinematógrafo	Macario Alfaro La Atalaya, Santander, 5-XI-1896.	Calle Correo, nº 8
Cádiz 17 a 19-X	Cinematógrafo	Los portugueses Francisco Dos Santos y Guillermo Silveira, acompañados del empresario Ricardo Mosquera	Teatro Cómico
Zaragoza, 18-X	Kinetógrafo Werner	Jimeno	Porches del Paseo de la Independencia, 28. Luego se trasladó enfrente a las Casas de San Clemente
Pamplona, 22 a 28-X	Kinematógrafo	Alberto Durán.	Teatro Principal
Córdoba, 23-X a 1-XI	Cinematógrafo	Los portugueses Francisco Dos Santos y Guillermo Silveira, acompañados del empresario Ricardo Mosquera	Teatro-Circo del Gran Capitán
Madrid 29-X a 16-XI	Cinematógrafo Pathé		Teatro Romea
Madrid 30-X/30-XI. Se va a Valladolid	Cinematógrafo Vitagraph	Charles Kalb	Teatro Apolo
Madrid, 30-X hasta enero siguiente	Mouvógrafo	Joseph Eugène Beaugrand, pintor francés creador del aparato "Mouvographe"	Calle Alcalá, nº 4. Local de Ramón del Río y Amparo Pichardo.
Valencia 31-X a 16-XI	Cinematógrafo	Adolfo Arrengo Charles Lamas	Teatro Apolo

CIUDAD Y FECHAS	APARATO	PIONERO	LUGAR DE EXHIBICIÓN
Murcia 1 al 7 –XI.	Kinematógrafo		Teatro Romea
Vitoria 1 al 8-XI	Kinematógrafo	Alberto Durán	Teatro circo de la calle Florida
Madrid 7 a 16-XI	Cinematógrafo Werner		Teatro de la Zarzuela.
Madrid 7-XI a 5-XII	Cronomatógrafo		Montera, 10. Local propiedad de Albert Weil
Palma de Mallorca 8-XI Baleares. Sólo se da una función "ante la rotura del aparato"	Cinematógrafo	Winster y Luisini (propietario). Totalmente desconocidos en otras latitudes y presentaciones.	Teatrito Sociedad la Constancia
Granada, 10 al 18-XI	Cinematógrafo	Los portugueses Francisco Dos Santos y Guillermo Silveira, acompañados del empresario Ricardo Mosquera. Recorren toda Andalucía, como harán Marques y Azevedo en el noroeste.	Teatro Principal. En los bajos de la terraza.
Málaga 15-XI a 5-XII	Cinematógrafo		Calle de Granada, 21, muy cerca del Hotel Victoria.
Logroño 18 a 22-XI	Kinematógrafo de Alberto Durán	Alberto Durán	Teatro Municipal
Alicante 21-XI	Cinematógrafo	Adolfo Arrengo Charles Lamas	Teatro Principal
Almería 23 a 30-XI	Cinematógrafo "inventado por Edisson"	Francisco Dos Santos y Guillermo Silveira, portugueses y propietarios del aparato, acompañados por el empresario del espectáculo Ricardo Mosquera.	Teatro Novedades
Albacete, XI.			

CIUDAD Y FECHAS	APARATO	PIONERO	LUGAR DE EXHIBICIÓN
Barcelona 26 a 29-XI	"Cinematógrafo perfeccionado", [Cinematógrafo Joly]	Espectáculo de complemento de la compañía teatral de Miguel Cepillo.	Teatro Novedades
Huesca 24-XI a 8-XII	Cinematógrafo perfeccionado	Juan Minuesa (es oscense pero reside en París desde hace algunos años).	Calle del Coso Alto, nº 41. Ese año la feria es muy pobre y el mayor atractivo es el cinematógrafo y un fonógrafo.
Málaga 5-XII a 5-I-1897	Cinematógrafo	José González	En el local del antiguo Café de España, en la Plaza de la Constitución.
Orihuela 6-XII	Cinematógrafo	Adolfo Arrengo Charles Lamas	
Valencia 7 a 19 XII	Cinematógrafo	Eugène Six (o Lix)	Teatro de la Princesa
Murcia, 7-XII	Cinematógrafo	Adolfo Arrengo Charles Lamas.	Teatro Circo Villar. El empresario de la compañía es Castro Casielles
Castellón de la Plana, 9 a 13-XII	El Cinematógrafo de París	Mr. Crux.	Teatro Principal
Barcelona 10-XII hasta 18-VII-1897	Cinematógrafo Lumière	Puesto de Barcelona de la empresa Lumière a cargo del operador y empleado suyo Jean-Claude Villemagne.	Estudio Napoleón. Antonio y Emilio Fernández, fotógrafos, Rambla de Sta. Mónica, 15-17. A partir de 18-VII-1897 continúa como "Fotografía Napoleón".
Valladolid 11 a 21-XII	Cinematógrafo	Charles Kalb	Teatro Zorrilla
Valencia 12-XII Hasta el 10-I-1897	Cronofotógrafo Demenÿ	Marselieu (aunque cambia la denominación según fuentes)	Teatro Ruzafa
Lérida, del 12-XII al 15-XII	Kinematógrafo	Alberto Durán	Café París
Alcoy, Alicante 19 a 28-XII	Cinematógrafo	Adolfo Arrengo Charles Lamas	Teatro Apolo

CIUDAD Y FECHAS	APARATO	PIONERO	LUGAR DE EXHIBICIÓN
Valencia 19-XII hasta 2-III-1897	Cinematógrafo Lumière	Hay puesto Lumière en Valencia por el concesionario Jean Busseret y el responsable del puesto E. Murat.	Calle Zaragoza, planta baja de la antigua "Casa Celemina" esquina del Miguelete.
Manresa 19 a 27-XII	Kinematógrafo	Alberto Durán	Centro Unión Comercial e Industrial, hasta el día 24, luego Conservatorio el día 27
Sevilla 22 a 30 XII	Cinematógrafo	Teatro del Duque.	
Valencia, 23-XII a 11-III-1897	Eliseo Expréss	Manuel Galindo	Plaza de las Barcas
Huelva, 23-XII	"Cinematógrafo perfeccionado Yoli", [Cinematógrafo Joly]		Teatro Colón
Vitoria, 25-XII a 1-I -1897	Cinematógrafo	Charles Kalb	Teatro Principal
Manresa, 27-XII	Kinematógrafo	Alberto Durán	Teatro del Conservatorio, es el mismo que se exhibía en el Centro Unión Comercial e Industrial.
Madrid, 31 XII a 30-III-1897.	Cinematógrafo Lumière 2ª temporada	Jean Busseret es el responsable.	Nº 28 duplicado de la Carrera de San Jerónimo, 1º

FUENTE: Bibliografía, hemerografía y bases de datos referentes a todos los lugares. Elaboración propia.

No nos podemos dejar arrastrar por el torrente de los datos de este cuadro, aunque es cierto que dan para mucho conocer y mucho escribir. Nos interesan las conclusiones que de ellos se pueden extraer, pues, ya vista la cantidad, se impone asociar personas, aparatos y lugares para batir territorio y explicar así las líneas maestras de la extensión del cinematógrafo. Por eso vamos a elegir casos estratégicos que nos permitirán concluir, desde lo particular, las generalidades de este proceso.

Empezamos siguiendo, hasta donde su rastro nos deje, a algunos de los pioneros más representativos, empezando por los extranjeros que, por razones obvias, son los pioneros de los pioneros. Hemos visto la importancia de Jean Busseret y Edwin Rousby, abanderando, cada uno de una forma distinta, la presentación del invento. Rousby era el nombre artístico de Samuel Rosner, un artista cosmopolita, asiduo de los círculos de music hall y varietés de Norteamérica y Europa. Ya había estado en España, pisando tablas y serrín, al menos desde 1889 y, cuando conoció el invento de la imagen en movimiento, se decidió a volver a Madrid con la trayectoria ya conocida. Él fue el primero, pero a esa nómina habría que unir a Charles (de nombre verdadero Karl) Kalb, el austriaco que trotó con sus aparatos por buena parte de la geografía española. Tenemos que colocarlo en el equipo de Rousby, pues fue otro gasta suelas del espectáculo que muestra muy bien el camino al que se sumó el cinematógrafo. Es una trayectoria iniciada exhibiendo fonógrafos y más tarde incrustado en todo tipo de números de varietés, especialmente practicando ilusionismo y escamoteo, asistido por su partenaire y esposa Mary Fay. En cuanto pudo se hizo con un aparato Vitagraphe de la casa parisina Clément & Gilmer con el que realizó una gira de medio año, desde septiembre de 1896 a enero de 1897, recorriendo Valencia, Madrid, Valladolid, Vitoria, Santander, Bilbao e Irún. Años después volvió a España para seguir llevando vistas en los espectáculos de varietés.

También es de importancia el periplo de Guilherme da Silveira, actor de larga trayectoria en Portugal y Brasil, que conoció tal vez el aparato de Rousby en Lisboa y, formando compañía (Guilherme da Silveira & Cª) con el también actor Francisco dos Santos como experto operador, se decidió a dar el salto a España como exhibidor de imagen en movimiento. Fue una gira andaluza en la que estaban representados por el empresario español Ricardo Mosquera (y tal vez por el portugués António Manuel Teixeira), que los llevó, desde septiembre de 1896, por Sevilla, Jerez, Cádiz, Córdoba y Granada, para acabar, en noviembre del mismo año, en Almería.[167] Son una muestra del importante papel de los exhibidores portugueses en los primeros tiempos del cinematógrafo en España. A ellos volveremos, para comprobar que eran casi siempre gente de teatro. Como Charles Lamas, genuino y veterano artista de varietés, "excéntrico imitador de toda clase de instrumentos", muy conocido en Madrid y el resto de España (especialmente en el norte y noroeste) donde había llevado su arte[168] antes del cinematógrafo y a él se sumó, a finales de 1896, cuando coincidió en Valencia, en el Teatro Apolo, en octubre de 1896, con el operador Adolfo Arrengo, que pertenecía como él a la compañía Casto Casielles. Su sociedad artística los llevó luego a Alicante, Orihuela, Murcia, Alcoy y Burriana y a una larga gira por distintos lugares de Cataluña, a lo largo de 1897.[169] Como se ve, los artistas portugueses dejaron ver que en la Península las distancias cada vez eran más cortas: el cinematógrafo llegó por ferrocarril a Lisboa y de Lisboa volvió, también por ferrocarril, para extenderse por muchas provincias españolas.[170]

167. Ricardo Mosquera llevó el aparato también a Huelva e incluso a Murcia según lo recoge BARRIENTOS, Mónica: "El primitivo cinematógrafo de Sevilla (1896-1906) a través de programas de mano y prensa local", tesis doctoral, Universidad de Sevilla, 2003, p. 121.

168. Sus habilidades fueron conocidas, reconocidas y recordadas en toda España. Años después de los acontecimientos que narramos, puede leerse, en un artículo reproducido en Gijón de la prensa madrileña, lo siguiente: "(...) Recordamos de un portugués que se titulaba Lamas el cual imitaba admirablemente el violín con la boca, hasta en los *picicatos.* Tenía un violín en la mano, hacía como que le hería con el arco; pero era su boca la que producía el sonido. Ilusión perfecta, mérito, ingenio, todo lo imaginable; pero el artista no ejecutaba más que tres piezas dos de ellas cortísimas; si llega a tener un repertorio se eterniza; pues nada de eso; las tres piezas, siempre las mismas, claro es que cansaban pronto." El fragmento es parte de un sabroso artículo "Varietés", en el que un desconocido articulista, repasa la mayoría de los espectáculos de ese género que transitan por los cinematógrafos españoles. *El Noroeste*, Gijón, 10-V-1907.

169. En la petición que eleva Charles Lamas al Ayuntamiento de Murcia dice, entre otras cosas que "este cinematógrafo ha dado cincuenta y cuatro representaciones en Valencia, en el teatro Apolo, siendo esta la primera población en España que ha trabajado". Véase MUÑOZ ZIELINSKI, Manuel: *Inicios del espectáculo cinematógrafico en la región murciana (1896-1907)*, Academia de Alfonso X el Sabio, Murcia 1985, pp. 32-37 y 195-197. Para el caso de Cataluña véase LETAMENDI, Jon y SEGUIN, Jean-Claude: *Los orígenes del cine en Cataluña...*, pp. 264-287.

No hemos de olvidar a los de la casa Lumière que, a finales de 1896, inició una segunda temporada con puestos otra vez en Madrid, además de en Barcelona, Valencia y Sevilla. Por eso hemos de destacar algunos de sus responsables, empezando por el concesionario en España, el ya conocido Jean Busseret que, además de su papel en la primera temporada del puesto madrileño, incluyendo su presentación a la Familia Real, se encargó de montar la segunda temporada en la capital, en noviembre de 1896, tras haber hecho lo propio en Toulouse y Carcassonne. También es Busseret quien se ocupa de instalar el puesto de Valencia, pidiendo autorización al gobernador civil el 16 de diciembre para instalarlo en la calle Zaragoza, aunque luego quedará en manos de E. Murat. Por último, Busseret se ve obligado a volver de Lisboa, ya en marzo de 1897, para hacerse cargo del puesto de Sevilla, sito en la calle Sierpes 68, con el propósito de enderezar la desastrosa gestión de su primer responsable, que estafó a la casa Lumière. Su trabajo en Sevilla, y en toda España, concluyó en marzo. Mientras esto sucedía Jean-Claude Villemagne, operador y empleado de la casa, tuvo a su cargo el Puesto de Barcelona, el más longevo de los instalados en España. Durante años se pensó que el aparato Lumière había llegado a esta ciudad de la mano de los fotógrafos Antonio y Emilio Fernández, los "Napoleón", pero hace tiempo que se ha demostrado que esto no es así. El papel de los empresarios barceloneses se limitó al alquiler del local para las exhibiciones, en la Rambla de Sta. Mónica números 15-17, desde diciembre de 1896 hasta al menos el 18 de julio de 1897, dos meses después del inicio de la venta libre de las cámaras y cuando ya se iba abandonando en todo el mundo el sistema de las concesiones. Entonces se retira Villemagne y continúa el negocio de las proyecciones bajo la razón social de "Fotografía Napoleón".[171]

170. También hay noticias de otro portugués, Francisco Pinto Moreira que, al frente de su Animatógrafo Portuguez, llegó en septiembre de 1896 dispuesto a rodar una película de toros, pero no consta que llevara a término su propósito. Sus pistas puede ser reconstruidas en multitud de libros sobre los orígenes del cinematógrafo, pero también, y de forma más completa y documentada, en la siempre cumplida página de Le Grimh [consultada 4-II-2023]: https://goo.su/DeIKU; https://goo.su/JHvPGvN; https://goo.su/3XVifs y https://goo.su/yGnGNzo.

171. Le grimh: https://www.grimh.org/index.php?option=com_content&view=article&layout=edit&id=1166&Itemid=679&lang=es [consultado10-II-2023] LETAMENDI, Jon, y SEGUIN, Jean-Claude: *Los orígenes del cine en Cataluña...,* pp. 11-147.

Fig.3: Alexandre Promio hacia 1920 (colección Jean-Claude Seguin).

Mención aparte merece Alexandre Promio, jefe de la sección cinematográfica en la casa Lumière desde marzo de 1896 y al que, durante años, se le atribuyó la presentación del Cinematógrafo en Madrid, aunque, como ya se ha dicho, hoy está demostrado que, en los días en los que se presenta el aparato en Madrid, Promio no estaba en España. Su viaje comenzó a principios de junio para dedicarse a uno de sus principales cometidos: tomar vistas. Fue así como rodó, en Barcelona, las primeras películas jamás tomadas en suelo peninsular (España y Portugal). Se trata de varias cintas sobre el puerto, de las que nos ha llegado noticia de: *Place du port à Barcelone*. Ese mismo periplo lo llevaría a Madrid para refrescar las vistas del puesto capitalino, a tiempo para recibir a la Familia Real. Allí, entre el 12 y el 22 de junio, rodó las famosas "vistas madrileñas". Después de eso Promio que, como se ve tuvo una tan breve como importante contribución a los inicios del cine en España, regresó a Burdeos. No volvería a España y seguiría con sus responsabilidades en la casa lionesa, además de otros negocios que, en ciertos momentos fueron complementarios, como la representación comercial del champán Mercier.[172] La totalidad de vistas españolas conservadas en los catálogos Lumière es la que se reproduce a continuación:

> *Déchargement d'un navire*; *Arrivé des toreadors*; *Puerta del Sol*; *Porte de Tolède*; *Lanciers de la reine, charge*; *Lanciers de la reine, défile*; *Défile du génie* ; *Cyclistes militaires; Distribution des vivres aux soldats* ; *Danse au bivouac*; *Hallebardiers de la reine*; *Garde descendante du palais royal*; *Artillerie (exercise du tir); Courses de taureaux, II*; *Courses de taureaux, I*; *Panorama du port I ; Panorama du port, II ; Regiment d'infanterie, sortant de la messe ; Défilé d'un regiment d'infanterie; Artillerie de montagne avec mulets ; Hussards: défilé en tenue d'exercice ; Hussards: défilé par quatre; Hussards: défilé au trot / [cavalerie]; Transport de cages ; École de tauromaquie; Encierro de toros; Procession à Séville, I ; Procession à Séville, II ; Procession à Séville, III ; Rue à Séville ; Foire de Séville; El vito; Estrella de Andalucía; La jota; Boleras robadas (ensemble); Bolero de medio paso; Las peteneras; Las manchegas; Boleras robadas (deux); La malagueña y el torero; Bolero de medio paso (ensemble); La sal de Andalucía; El ole de la curra; Sortie d'un bal d'enfants costumés en Espagne.*[173]

Otro de los operadores extranjeros de interés en estos primeros tiempos fue Henry William Short, socio y amigo de Robert William Paul que, entre mediados de agosto y septiembre 1896, rodó varias películas en España (en Madrid, Sevilla y Cádiz) y Portugal para abastecer su Animatógrafo

172. Sobre Alexandre Promio deben consultarse las aportaciones de Jean-Claude SEGUIN: *Alexandre Promio ou les énigmes de la lumière*, Editions L'Harmattan, París, 1999 y "Alexandre Promio y las películas españolas Lumière", en cervantesvirtual.com [consultado 3-III-2023].
173. Según catálogo establecido por Michelle en AUBERT, Michelle; SEGUIN, Jean-Claude (eds.): *La production cinématographique des Frères Lumière.* Paris: Mémoires de cinéma, 1996.

en una serie denominada *A tour in Spain and Portugal.* Aunque las películas no se han localizado hasta la fecha, conocemos sus títulos por los catálogos de Paul: *Cadiz, street scene in plaza del Cathedral*; *Andalusian dance, by two permorfes*; *Church; After Mass*; *Leaving the church of San Salvador*; *Seville; Madrid A, Scene in the Puerto der Sol*; *Madrid B, Scene in the Puerto der Sol*; *Bullfight A, Procession of Bull-fighters in the Ring at Sevilla; Bullfight B, The Fight; Bullfight C, The Fight y Fardo*; *Unique Spanich Dance, performed by one man and two women.*[174]

Tuvieron también su importancia los operadores vinculados a la casa Gaumont que, aunque no podamos precisar su identidad, rodaron varias películas en España en diciembre de 1896, coincidiendo con una temporada del Cronofotógrafo Gaumont Demenÿ, a caballo entre Valencia y Barcelona y 1896 y 97. Son cintas de gran interés porque, al menos dos, son actualidades reconstruidas, y eso, tratándose del año 1896, las convierte precursoras de este género, de las más antiguas del mundo: *Flux et reflux, Guerrillas, Dispute espagnole, Barcelona (Carrier)* y *Spanish cavalry, working dress.*[175] Están asociadas a la exhibición, entre el 11 y el 31 de diciem-

174. La información sobre Henry William Short procede del catálgo PAUL, Robert W.: *Catalogue of Paul's animatographs & films.* London: Animatograp depot, 1903.También puede encontrarse en la página de Le grimh:
https://www.grimh.org/index.php?option=com_content&view=article&id=967:1896-1906-figures-paul-william&catid=62&Itemid=679&lang=es [consultada 3-II 2023]. De los rodajes realizados en Portugal entre agosto y septiembre se conservan *A sea cave near Lisbon / A boca do inferno em Cascais* (Cinemateca Portuguesa), *Andalusian dance* (baile de las Hermanas Aguilera rodado en Lisboa, conservado en el National Museum of Photography, Film & Television de Bradford (UK) a partir de un Filoscope de la colección) https://urlc.net/O6K7. Más información sobre esa gira en SOTO, Begoña: "Lo que de real tiene el mar. Sobre 'A tour in Spain and Portugal' (R.W. Paul / H.W. Short, 1896)". *El documental, carcoma de la ficción. X Congreso de la Asociación Española de Historiadores del Cine",* Filmoteca de Andalucía, Córdoba 2004, pp. 286-297.

175. *Gerrillas* puede encontrarse también en las referencias de prensa de sus exhibiciones en diferentes lugares como *La muerte de un cabecilla, La muerte de Maceo* o *La muerte de Maceo por la columna Cirujeda.* Lo mismo puede decirse de *Dispute espagnole,* que aparece como *Una juerga valenciana, Una juerga en la huerta de Valencia* o *Riña entre jugadores.*

Figs.4A y 4B: Fotogramas de *Déchargement d'un navire* [21 mayo 1896]-[12 junio1896] y *Arrivé des toreadors* [14 de junio de 1896] (Alexandre Promio, 1896; films Lumière, núm. catálogo 133 (vista 34) y 132 (vista 260). Dos de las primeras vistas españolas con Barcelona y Madrid como localizaciones (catalogue-Lumière).

bre, del Cronofotógrafo en el teatro Ruzafa de Valencia. Hay que tener en cuenta que cerca de estas sesiones estaba Miguel Pellicer, miembro de la burguesía valenciana dedicada al comercio de cítricos, que había comprado dos aparatos, a 1.500 francos la pieza, el mes de noviembre, y que es posible que les sacara rendimiento en alquiler, como se demuestra por sus ofrecimientos a diversos ayuntamientos (se han conservado cartas a los de Badajoz y Villareal). Para elevar el interés de estas exhibiciones se especula que el propio Pellicer, o alguien muy allegado a él, pudieron positivar y revelar, con lo que las escenas tomadas en Valencia no tuvieron que viajar a Francia. El final del periplo cinematográfico de Pellicer se localiza en octubre de 1897, cuando participa (posiblemente con sus cámaras) en la sociedad "Galindo y Compañía" junto a Miguel Iborra y Manuel Galindo, de la que se aparta dos meses después.[176]

Los operadores hasta aquí mencionados llegaban bajo el amparo de empresas importantes, pero hubo otros, sin salir de 1896, capaces de proyectar nuevas películas con nuevos aparatos. Es el caso del Mouvógrafo instalado, en octubre, por Ramón del Río y su esposa Amparo Pichardo, en un salón de la calle Alcalá 4, muy al estilo Lumière, de los de cobrar una peseta para gente copetuda. Ofrecía vistas en color y la combinación del sonido del grafófono con las cintas "cuyo asunto lo requiera", pero, sin duda lo más singular de este caso es la llegada a Madrid del constructor del aparato, el pintor parisino Joseph Eugène Beaugrand, que rodará cintas españolas para enriquecer las funciones; en concreto: *Corrida de toros del 18 de octubre, La parada del Palacio, Sevillanas, Loreto Prado, Asalto de sable por los discípulos del Sr. Carbonell, Salida de misa de doce de las Calatravas* y *Puerta del Sol.*[177] Posiblemente parisino, y de seguro francés, era Eugène Lix (o Six) quien, contratado por el valenciano Teatro de la Princesa, rodó y proyectó, en noviembre, varias películas. Nos ha llegado noticia de dos: *La vista del mercado* y *La Plaza de la reina.*[178]

176. LETAMENDI, Jon, y SEGUIN, Jean-Claude: *Los orígenes del cine en Cataluña...,* pp. 11-147 y Le grimh:https://www.grimh.org/index.php?option=com_content&view=article&layout=edit&id=4543&Itemid=679&lang=es [consultado 3-III-2023].
177. *La Época*, Madrid, 29-X-1896, *El Heraldo de Madrid*, Madrid, 31-X-1896 y *La Correspondencia de España*, Madrid, 14-XII-1896.
178. *Las Provincias*, Valencia 18-XII-1896.

Y ya que hemos hablado de Manuel Galindo, podemos empezar por él a repasar la primera hora de algunos pioneros autóctonos que, desde agosto de 1896, se las arreglaron para formar parte del nuevo negocio, con diversos formatos. No tenían experiencia anterior y saltaron al espectáculo precisamente con el cinematógrafo, por lo que no buscaron los circuitos de fiesta mayor sino más bien las poblaciones que les parecieron más atractivas, y más rentables, en los trayectos del ferrocarril. Pertenece a este grupo el mencionado Galindo, un aragonés polifacético, que ejerció la abogacía y el periodismo (firmaba como "Fígaro Chico") en Madrid. Desde 1894 se introdujo en el maquinismo, explotando en el formato de "salón científico" máquinas de imagen y sonido (fonógrafos, kinetoscopios y similares). Así creó el "Eliseo Express", del que ya hemos hablado, desde su presentación el 6 de agosto en Bilbao, pasando luego por Valladolid y Valencia, y que, ya en 1897, realizará una gira Mediterránea, en poblaciones levantinas y catalanas (Valencia, Tortosa, Alicante, Castellón, Alcoy). Llevaba un espectáculo muy especial. Su Kinetógrafo, posiblemente un aparato Werner que acabó cambiando por un Cronofotógrafo Demenÿ, se complementaba con proyecciones de vistas fijas y audiciones de fonógrafo y no eran infrecuentes las conferencias pedagógicas, reforzando el cientifismo de los aparatos mostrados.[179]

No es menos relevante la presencia de Alberto Durán, aunque sólo sea por su enigmática trayectoria, iniciada con un Vivagraph en el Londinense The Pavillon, antes de saltar a España, probablemente en Zaragoza, y seguro en Pamplona a finales de octubre con un Kinematógrafo, normalmente en combinación con un Graphophone. Con él fue capaz de montar una larga gira que lo llevó luego por Vitoria, Logroño, Lérida, Manresa, Sabadell, Barcelona, Mataró, Reus y Tarragona, hasta mayo de 1897. Además de presentarse en varias ocasiones alternando con números de varietés o teatro, cultivó el género menos teatral de espectáculos-conferencia, diser-

179. Datos sobre Galindo en MARTÍN ARIAS, Luis y SAÍNZ GUERRA, Pedro: *El cinematógrafo (1896-1919)*, Caja de Ahorros Popular, Valladolid 1986, pág. 5; BLASCO Ricard: *Introducció a la Historia del cine Valencià*, Ajuntament de Valencià, Valencia 1984, pág. 12; LETAMENDI, Jon y SEGUIN, Jean-Claude: *Los orígenes del cine en Bizkaia y sus pioneros*, Filmoteca Vasca, Bilbao, 1998 págs. 199 a 206 y *Los orígenes del cine en Cataluña...*, pp. 239-264. Y Le Grimh: https://www.grimh.org/index.php?option=com_content&view=article&layout=edit&id=4565&Itemid=679&lang=es.

tando en las proyecciones sobre las virtudes del aparato de imagen en movimiento, más cerca de la vertiente científica de algunos pioneros de aquellos años próximos al modelo de presentaciones Lumière, como sucediera con Galindo.[180]

Fig.5: Eduardo Jimeno, ante la portada de su Wargraph (*Primer Plano*, Madrid, 14-VI-1942).

Acabaremos este repaso a los autóctonos con los aragoneses Eduardo Jimeno Peromarta y Eduardo Jimeno Correas, padre e hijo, nombres señeros en los inicios del cine en España, que han protagonizado diversos episodios, aunque otros, que les fueron asignados, no puedan caer

180. Un detallado seguimiento de este pionero y sus sesiones, especialmente las ofrecidas en tierras catalanas, puede encontrarse en LETAMENDI, Jon y SEGUIN, Jean-Claude: *Los orígenes del cine en Cataluña...*, pp. 147-193.

en su haber. Con ellos hemos de marcar distancia respecto de los nombres anteriores, pues aquí se entra en el terreno de las barracas, muy poco frecuentes en el primer año de vida del invento y que sólo comenzarán a despegar a partir de finales de 1897. Precisamente los Jimeno, con gran recorrido en el mundo de la feria cuando sumaron el cinematógrafo a sus atracciones, nos permiten ir describiendo los circuitos antiguos batidos por las barracas en sus cazaderos tradicionales.

Les costó arrancar. Lo hicieron con un kinetógrafo Werner, comprado en París a finales de junio de 1896, con algunas películas y un frasco de líquido para hacer empalmes, total: quince mil francos. Años después, ellos mismos llegaron a reconocer que había sido un timo. A pesar de todo lo sumaron a su barraca de panoramas y figuras de cera para, ya con el Werner, comenzar su primer periplo en el Teatro Arriaga de Bilbao para continuar luego por Valladolid y Zaragoza. Allí siguieron su circuito ferial, pero prescindiendo de las proyecciones cinematográficas hasta el año siguiente en que pudieron adquirir un legítimo Lumière. El Werner, un aparato muy utilizado por los pioneros españoles antes de la venta libre del Lumière, resultó ser un calvario de rotura de películas, sin accesorios para componerlas, y arrastrando un obturador tan ruidoso que ni siquiera dejaba escuchar el acompañamiento del piano. Había sido un timo parisino a quienes, buscando un Lumière a toda costa, después de haber quedado impresionados al conocer el invento en Madrid en sus primeras sesiones, pagaron una cifra fabulosa por poco más que una caja de zapatos.[181]

181. SÁNCHEZ VIDAL, Agustín: *Los Jimeno y los orígenes del cine en Zaragoza...*, pp. 135-143. Puede encontrarse también la transcripción de una entrevista realizada por Antonio García-Rayo en 1981 a Eduardo Jimeno, nieto, aún entonces al frente del Cine Proyecciones en Madrid, en que relata aquel lance de la siguiente manera: "Les pidieron más de veinte mil francos (una fortuna), pero mi abuelo ni se lo pensó, los sacó de la faja, se los entregó y a cambio recibió el "Vernée". No se lo dejaron ni tocar, le dijeron que cuando llegaran a España lo desenvolvieran y lo sacaran de la caja. Parece una cosa quimérica –reconoce–, pero en 1895 muchos españoles carecían de luces para los negocios, y mi abuelo y mi padre eran dos de ellos. Les hicieron caso y no la desembalaron hasta que llegaron a España. En el embalaje también venían unas decenas de cajas con películas para proyectar y otras cuantas con película virgen para filmar. Cuando las montaron sobre la máquina y empezaron a proyectarlas empezaron a partirse y, como se puede imaginar, no sabían cómo pegarlas. Fue un fracaso lógico aquella primera

Por lo visto hasta aquí, y a partir de la muestra recogida en el cuadro, tenemos datos suficientes como para establecer un panorama sobre el segundo semestre de 1896, analizando así la llegada y primer despliegue del cinematógrafo. Para empezar vemos como, en tan pocos meses, el cinematógrafo, en sus diversas versiones y aparatos, recorrió al menos 34 ciudades de 28 provincias distintas.[182] Territorios de Madrid, Cataluña, Valencia, Castillas Vieja y Nueva, Murcia, Andalucía, Aragón, Navarra, Logroño, País Vasco, Asturias, Galicia y Baleares. Es decir, toda la costa, las ciudades más importantes, todo el sur, el norte, noroeste, este y un pasillo que unía las costas cantábrica y mediterránea a través del valle del Ebro, dejando como ausencias más notables Las Canarias y, en el interior, Extremadura y amplios territorios castellanos. La modernización, el progreso económico y las posibilidades de los transportes, iban de la mano en este viaje del primer cinematógrafo como se ve en el siguiente mapa.

proyección". En Archivo Fundación AGR [consultado el 6-II-2023]:https://short-url.uk/y0qf.

182. Nos referimos a: Albacete, Álava, Alicante, Almería, Asturias, Barcelona, Cádiz, Castellón, Córdoba, Granada, Guipúzcoa, Huelva, Huesca, La Coruña, Lérida, Logroño, Madrid, Málaga, Murcia, Palma de Mallorca, Pamplona, Salamanca, Santander, Sevilla, Valencia, Valladolid, Vizcaya y Zaragoza. Serían 29 provincias si se incluye Pontevedra por la referencia de las exhibiciones en el casino de Redondela que recoge el archivo de Le Grimh: https://www.grimh.org/index.php?option=com_content&view=article&id=10902:1896-1906-ville-redondela&catid=60&Itemid=678&lang=es.

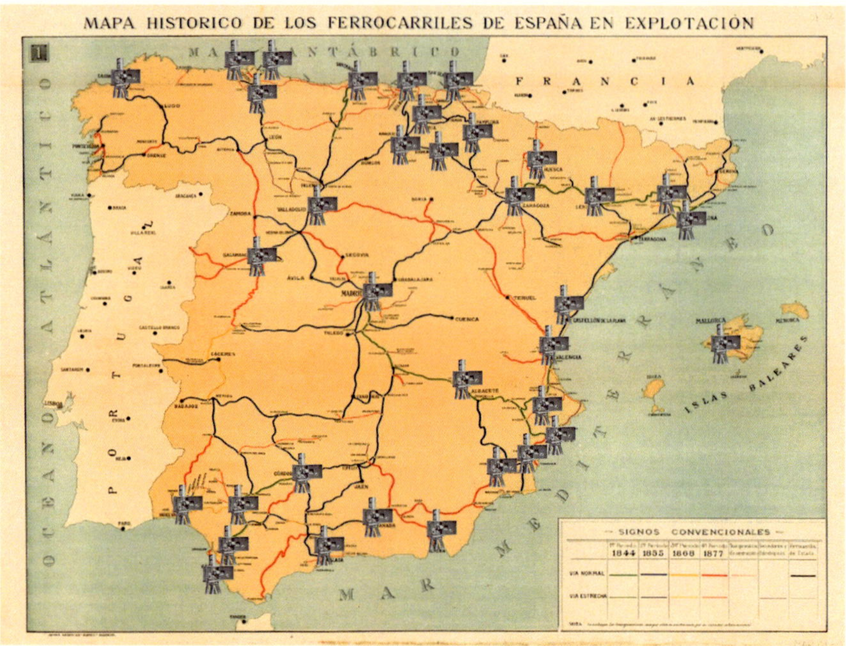

Fig.6: Localidades con proyecciones cinematográficas en 1896 sobre plano de ferrocarril del *Mapa Histórico de los ferrocarriles de España en explotación.*

Fuente: Todas las mencionadas, además de
Francisco de Asís Cambó y Batlle: *Elementos para el estudio del problema ferroviario en España*, Ministerio de Fomento, Madrid, 1918. Elaboración propia.

Hasta allí llegaron 18 aparatos llevados por 31 pioneros[183] y expuestos en 53 locales de seis tipos fundamentales: ferias (4),[184] locales en casas

183. Edwin Rousby, Delegados Lumière (Jean Bousseret, Boulaz, Alexandre Promio, Jean-Claude Villemagne), E. Murat, José Garzón, Pedro Armando Huguens, Macario Alfaro, Manuel Galindo, Eduardo Jimeno, Juan Belmás, Leopoldo Guerrero, Señor Prado, José Moratalla, Charles Kalb, Francisco Pinto Moreira, Julio Hermenegildo Verde, Guilherme da Silveira, Francisco Dos Santos, Alberto Durán, Joseph Eugène Beaugrand, Adolfo Arrengo, Charles Lamas, Winster, Luisini, Juan Minuesa, José González, Eugène Six (o Lix), Mr. Crux, Marselieu.

y calles (17),[185] cafés (4),[186] circos (2),[187] locales diversos (3)[188] y teatros (23).[189] La abrumadora mayoría de teatros nos hace reafirmarnos en lo que se viene diciendo hasta aquí: ese mundo romántico del cinematógrafo de barraca de feria para asombro del pueblo llano, no fue, en los primeros momentos, como se cuenta. Cierto es que, como vemos, también se ubicaron en todo tipo de locales, tal vez con la única condición de tener unos cinco metros entre la pantalla (o lo que fuera) y el proyector, ya situado entre el público, pero las funciones más formales fueron mayoría. Los teatros tenían enormes ventajas porque eran conocidos, estaban bien ubicados y generalmente bien instalados, no necesitaban gastos adicionales y, además de tener buen aforo, daban más prestigio al espectáculo. Hablamos de presentaciones tipo Lumière, que contagiaron a muchos pioneros por su mayor rentabilidad, pues mostraban sus aparatos como demostraciones científicas, para un público burgués, muy culto y muy pudiente, que tenía que pagarlas a peseta. No se presentaban como espectáculos de varietés, aunque en muchas de estas funciones, teatros incluidos, el cinematógrafo iba como complemento, metido dentro de funciones de varietés. Se han documen-

184. Valencia, Valladolid, Oviedo, Huesca.

185. Nº 34 Carrera de San Jerónimo, Calle Ancha de Cádiz, Avenida de la Libertad y Alameda San Sebastián, Plaza Numancia Santander, Calle Jardines de Bilbao, Calle Trapería en Murcia, almacenes Carbajal y Calle Rui Pérez en Avilés, Calle de la Constitución en Valladolid, Calle Fuente Dorada en Valladolid, Calle de la independencia en Zaragoza, Calle Correo Santander, calles Alcalá y Montera en Madrid, Calle Granada en Málaga y Plaza de las Barcas de Valencia.

186. Café del Siglo en Salamanca, Antiguo Café Suizo de Sevilla, Antiguo Café España de Málaga, Café París de Lérida.

187. Circo Parish, Circo Coruñés.

188. Casino de Redondela (sin confirmar), Teatrito Sociedad la Constancia, Centro Unión Comercial e Industrial de Manresa.

189. Teatros Principal y Novedades de Barcelona, Teatros Apolo, Romea y de la Zarzuela de Madrid, bajos del Teatro Principal de Granada, Teatro Principal de Pamplona, Teatros Principal y Cómico de Cádiz, Teatro Principal de Vitoria, Teatro Jovellanos de Gijón, Teatro Municipal de Logroño, Teatro Municipal de Alicante, Bajos del Teatro Arriaga, Teatro-Circo del Gran Capitán en Córdoba, Teatro Apolo de Alcoy, Teatro Zorrilla de Valladolid, Teatro-Circo Apolo de Valencia, Teatro Ruzafa de Valencia, Teatro de la Princesa de Valencia, Teatro Novedades de Almería, Teatro Colón de Huelva, Teatro del Conservatorio de Manresa.

tado 19 de estas presentaciones. Era lógico teniendo en cuenta el empeño, en cuanto a duración de las funciones de cine, que podían montarse en solitario, pero eran muy combinables con otras atracciones desde el primer momento pues se trataba de películas agrupadas por "secciones", organizándose de esta forma unas proyecciones que habrían de durar una media hora aproximadamente, distribuidas a veces de dos en dos, generalmente con entre ocho y diez vistas cada una de media. Aunque no todo este tiempo era de proyección, de él habría que descontar, entre otras cosas, cambios de cintas, lo que nos da un tiempo de proyección efectiva de unos diez minutos por sección.[190]

Para profundizar en el asunto del precio hemos estudiado una muestra de 23 funciones, en las que se ha podido documentar el valor de la entrada. Diez de ellas se cobraron a peseta; incluso en los teatros Principal de Cádiz (5 al 13-X) y Novedades de Barcelona (26 a 29-XI-1898) llegaron hasta 1,5 pesetas. Es cierto que, en ambos casos, eran funciones de complemento: la primera de la compañía del señor Ortas y la segunda de la compañía teatral de Miguel Cepillo. Pero el precio era elevadísimo para un espectáculo cinematográfico.

El resto de precios son muy variados, especialmente en los teatros, donde el abanico se abría mucho teniendo en cuenta la misma variedad de localidades que ese tipo de locales podían ofrecer. Por ejemplo el Teatro Colón de Huelva, donde, para ver el cinematógrafo perfeccionado Yoli (Joli) el 23 de diciembre de 1896, las entradas iban desde las plateas con 6 entradas a 3 pesetas, sillas de patio con entrada 0,40, asiento de anfiteatro con entrada 0,25, asiento de grada 0,15. Dos meses antes, el cordobés Teatro-Circo del Gran Capitán ofrecía, para ver el cinematógrafo de los portugueses Francisco Dos Santos y Guilherme da Silveira, desde los palcos sin entradas a 2 pesetas a grada a 0,15 pasando por sillas con entrada a 0,50.

Otras opciones se acercaron a los precios que iban a generalizarse en la mayoría de las poblaciones durante años, cuando el espectáculo llegó de verdad a las barracas de feria, con opciones de dos precios para *general* y *preferencia* (0,50 y 0,25 pesetas). Por ejemplo, las sesiones que ofreció el Señor Prado en el circo Coruñés, el 4 de octubre. Lo más frecuente, salvo alguna rara excepción, es que los precios más asequibles se ofrecie-

190. MADRID, Juan Carlos De la: *Cinematógrafo y varietés en Asturias...*, p. 163.

ran en locales no teatrales, en casas o espacios comerciales adaptados, como los de la calle de la Independencia en Zaragoza o la de Granada en Málaga, donde el 14 de septiembre y 15 de noviembre dos aparatos, sin identificar, ofrecían sesiones a 0,50 pesetas. En el antiguo café Suizo de la sevillana calle Sierpes, los portugueses Silveira y Dos Santos debutaban el 17 de septiembre a 0,60 y 0,30 pesetas. Quedan otros casos de locales pertrechados para proyectar y en ciudades pequeñas, como el caso de la asturiana de Avilés, donde el 22 de agosto, se presentó un cinematógrafo del que nada se sabe cobrando 0,50 pesetas, en los bajos de unos almacenes de la calle San Bernardo.

Se comprueba por tanto que, ese primer año, ver imágenes en movimiento resultaba muy caro. Se han apuntado ya las principales razones que lo pueden explicar, pero, en absoluto, era un precio destinado a perdurar. Cae pronto hasta situarse en los que durante muchos años fueron los más habituales; 0,25 y 0,50 pesetas, siempre que consideremos *general* y *preferencia;* aunque esto no quiere decir que el mercado no estuviese sujeto a fluctuaciones y que los precios no subieran, pero la estabilidad en esos valores, en la mayoría del territorio español, sobre todo en las ciudades de provincias, fue muy duradera. Téngase en cuenta que, una peseta por ir al cine aún se pagaba, de media, en la España de 1935.[191] Ya hemos dicho que esa cantidad era una suma desmedida para quienes habían de ocupar masivamente las sillas de los cinematógrafos en los primeros años del siglo XX, incapaces de pagar ese precio por semejante género. La prensa granadina, a la que le parecía muy caro un espectáculo de sólo media hora, lo dejaba claro:

> "El kinetógrafo
> Continúa abierto al público ese espectáculo, por más que la concurrencia sea muy escasa.
> Sin duda el excesivo precio de una peseta que desde el principio le fijaron, hace que la aceptación sea muy reducida.
> La exhibición de esas fotografías animadas, si bien agrada a los concurrentes, no tiene bastante atractivo para seguir frecuen-

191. DÍEZ, Emeterio: "El precio del cine en España (1931-2000)" en *Boletín de la Academia*, nº 69 y VV.AA.: "El precio de una entrada de cine en España: 1930-2012", pág. 67, eprints.ucm.es [consultado el 5-II-2023].

> tando dicho centro, puesto que viéndolas una vez ya está todo visto, y la mayoría de las personas les basta con la explicación. Nosotros entendemos que es un espectáculo excesivamente caro, y que su precio no debería ser arriba de veinticinco céntimos, según se dijo hace pocos días en un periódico local".
>
> (*La Alianza*, Granada, 21-IX-1896)[192]

Sobre la rentabilidad de estos precios para el empresario es poco lo que se puede decir con cifras en la mano. La simple observación del crecimiento del número de aparatos y pioneros en poco tiempo, y los precios más habituales, parece indicar que se ganaba un buen dinero. Sobre este asunto tenemos algunos datos inconexos a partir de la recaudación de funciones especiales, como la que ofrecieron los enigmáticos Winster y Luisini en el teatrito de la Sociedad la Constancia de Palma de Mallorca, una función desastrosa, entre la rotura del aparato y los "desahogos del público", que se saldó con una ganancia de 50 pesetas para la Sociedad de Protección del Soldado herido en Cuba.[193] Mucho más lucrativas fueron las funciones de los Lumière en Madrid, cuando, el 4 de diciembre, donaron 139,80 pesetas para la Cruz Roja o, sobre todo, cuando Villemagne entrega en Barcelona, ya en enero de 1897, nada menos que 802,5 pesetas al Asilo Naval Español. Se conocen, además, algunas de las ofertas que los pioneros hicieron a ayuntamientos de toda España para proyectar, a cambio de un precio cerrado en ocasiones festivas y que, en 1897, rondaba las 100 pesetas diarias.[194]

Montar este tipo de funciones no estuvo exento de inconvenientes de todas clases: búsqueda del local, permisos administrativos, publicidad, transporte, aceptación del contenido de las cintas, que no siempre casaba bien con la moral provinciana, pero tal vez el más determinante sea el referido al progreso, el mismo progreso que representaba el cinematógrafo y que, para presentarse, necesitaba de una fuente luminosa que, por lo ge-

192. Pueden verse comentarios semejantes en otro periódico granadino: *La publicidad: diario de avisos noticias y telegramas. Eco fiel de la opinión y verdadero defensor de los intereses morales y materiales de Granada y su provincia*, 21-IX-1896.

193. *El Heraldo de Baleares*, Palma de Mallorca, 9-XI-1897.

194. *El Liberal*, Madrid, 5-XII-1896 y *Los orígenes del cine en Cataluña...*, pp. 117 y 356.

neral, aunque no siempre, tomaba de la energía eléctrica. La implantación de la electricidad en España fue un proceso relativamente rápido, no mucho más lento que en el resto de Europa, desarrollado entre los años 80 y el fin de siglo. Para entonces se habían instalado ya fábricas de electricidad en buena parte de las capitales de provincia. Es decir, la electricidad se extendió a la vez que el cinematógrafo que, como ella, era un elemento de modernidad, indispensable, que se asociaba al bienestar, pero también al festejo.[195] Sin embargo, al ser tiempos pioneros, sufrieron los inconvenientes de la novedad. Las fábricas de electricidad, aún de tamaño reducido, no tenían una distribución uniforme en todo el territorio: estaban situadas cerca de los mercados urbanos donde hubiera carbón.[196] No en vano a esta nueva forma de energía, se la llamaba entonces, con admiración, "hulla blanca". Su llegada a todas las ciudades y pueblos grandes de España se había completado en 1900,[197] pero fue un proceso desigual, en velocidad y en calidad de suministro, en los distintos territorios. Así que, en esos años, tener o no tener energía eléctrica podía determinar que los pioneros se bajasen o no del tren en determinada población y, en todo caso, que sufrieran los inconvenientes del no menos pionero suministro.

195. Así se vio en Andalucía, donde la iluminación eléctrica se asoció siempre con la "prueba del alumbrado" de las fiestas que culminaría con la instalación de la iluminación eléctrica en el Real de la Feria de Sevilla ya en 1903. BARTOLOMÉ, Isabel: "La electrificación atractiva (1983-1967)", en *Andalucía en la historia*, nº 68, 2020, p. 34.
196. En 1882 ya se fundaba en Barcelona la Compañía Anglo-Española de Electricidad y, en 1889, ya se instalaba Siemens-Halske. AEG se presentaba en Madrid y luego en Barcelona, Sevilla (1894) y Vizcaya (1896). En 1900 se fundaba en Madrid la Sociedad General Gallega de Electricidad y en Barcelona la Compañía Barcelonesa de Electricidad, obra también de AEG. XIMÉNEZ, Luis: "La electricidad cambió el mundo: el caso madrileño", tesis doctoral, Universidad Carlos III, Madrid, 2013, pp. 182-185 y YESARES; R.: "Anuario de electricidad para 1901", Editorial Bailly-Bailliére e Hijos, Madrid, 1901.
197. Las estadísticas de finales de 1901 recogían en España 861 centrales de producción eléctrica, con una potencia total de poco más de 75 MW. Había, además unas 650 fábricas dedicadas exclusivamente a la producción de electricidad, el 75% para usos públicos. GARCÍA DE LA INFANTE, José María: *Primeros pasos de la luz eléctrica en Madrid*, Ediciones Fondo Natural, Madrid, 1987, p. 193 y siguientes.

Todo esto estaba muy condicionado, además, por el aparato con el que se estuviera trabajando. Hemos mencionado más arriba una panoplia bastante extensa.[198] Se trata, en todos los casos, de ingenios fabricados fuera de España, con más o menos calidad, pero que exigieron arriesgarse a una compra lejana y un transporte aventurado. Además, cuando llegaban a las manos del pionero, lo hacían casi desnudos de todo tipo de accesorios de apoyo o reparación, más allá de algún bote de acetona para empalmar esas películas que tenían la costumbre de romperse en cada proyección. Eso, además del ruido lacerante, la trepidación y los problemas de enfoque, martirizaban a espectadores y pioneros en cada función. Pero sobre todo, la fuente luminosa.

Tener luz eléctrica era lo mejor, pero no lo único. Algunos proyectores usaban otras alternativas como la luz oxietérica, una peligrosa combinación de oxígeno y vapores de éter y gasolina, que fue utilizada con cierta frecuencia, pero, cuando se utilizaba luz eléctrica, los problemas empezaban a menudear. Fue así desde el primer momento, como cuando se suspendió la que hubiera sido primera temporada en Barcelona del Animatógrafo, entre otras cosas porque, aquello que se anunció en Madrid como "último adelanto de la electricidad", no encontró suministro adecuado en Eldorado barcelonés por dificultades de última hora "en el juego de luces".[199] Lección que aprendió el Teatro Principal de Zaragoza que instaló luz eléctrica, entre otras comodidades, para recibir al Kinematógrafo en junio, pero que no pudo sortear Alberto Durán cuando la crecida del Ebro, dejó a la "Sociedad Logroñesa" sin el suministro que precisaba su kinematógrafo para trabajar en el teatro de Logroño en noviembre.[200] De hecho este tipo de imponderables se dieron en cualquier lugar, ya fuese en Granada, donde el Teatro Isabel la Católica tuvo que desistir de presentar un

198. Animatógrafo Robert Paul, Cinematógrafo Lumière, Cinematógrafo Pathé, Cinematógrafo Joly, Cinematógrafo, Kinetoscopio Edison, Kinétographe, Cinetógrafo, Kinetógrafo Werner, Vidamotógrafo, Fotoanimógrafo, Vitagraphe, Animatógrapho Portuguez, Nuevo cinematógrafo de París, Kinetógrafo del Eliseo Express, Mouvógrafo, Cronomatógrafo, Cronofotógrafo Demenÿ.

199. *La Publicidad*, Madrid, 12-V-1896 y *El Noticiero Universal*, Barcelona, 25-V-1896.

200. Véase, en ambos casos Le grimh [consultado el 3-II-2023]: https://www.grimh.org/index.php?option=com_content&view=article&layout=edit&id=4563&Itemid=678&lang=es

cinematógrafo "hasta que cualquiera de las dos nuevas fábricas en embrión puede facilitar la fuerza eléctrica necesaria para este objeto" o en Huelva, donde la función que el Cinematógrafo perfeccionado Yoli daba en el Teatro Colón, se echa a perder por "falta de foco eléctrico", idéntica explicación para unas funciones de poca calidad del aparato de Alberto Durán en Logroño.[201] Un foco luminoso de menor intensidad, bien por no disponer de energía eléctrica o bien por usar uno de gas, suponía una proyección de menor calidad. Pero las incidencias podían ser aún peores y se dieron mucho tiempo después como cuando, la primera función de un cinematógrafo, en septiembre de 1905, dejó sin luz a gran parte de la población de Melilla. Al contrario, la disposición de esa energía facilitaba la extensión del cinematógrafo, como ocurrió en la isla de Palma de Mallorca, después de la puesta en servicio de la primera fábrica de electricidad, en Alaró, montada por los hermanos Perelló, también empresarios de cinematógrafo.[202]

Es hora de saltar un trecho hasta internarnos en el año 1897, del que ya habíamos empezado a recorrer sus primeros meses dando noticias. Todas las que hemos recopilado están generosamente expuestas en el cuadro 2, con la información y los detalles que nos servirán de punto y aparte para empezar a narrar los cambios fundamentales de este año, que van a condicionar y a caracterizar el periplo del cine en los años siguientes: la venta libre de los aparatos Lumière, la estabilización de la exhibición en barracas de feria y la proliferación de películas rodadas en suelo español, algunas por españoles.

201. *La Publicidad*, Granada, 7-X-1896, *La Provincia*, Huelva, 24-XII-1896 y *La Rioja*, Logroño, 20-XI-1896.
202. SARO, Francisco: "Los cines de Melilla y la aventura de Marruecos", en SAÍZ, J.R. (coord.): *La exhibición cinematográfica en España. De los barracones de feria a los palacios de cine*, Consejería de Cultura, Turismo y Deporte, Gobierno de Cantabria, Santander, 2009, pág. 191 y AGUILÓ, Catalina: "La cinematografía en Mallorca (1897-1915)", en MADRID, Juan Carlos De la: *Primeros tiempos...*, pp. 245-246.

CUADRO 2. LLEGADA DEL CINEMATÓGRAFO A ESPAÑA. PROYECCIONES EN 1897

CIUDAD Y FECHAS	APARATO	PIONERO	LUGAR DE EXHIBICIÓN
Madrid, 1-I	Mouvógrafo	Joseph Eugène Beaugrand, fotógrafo francés responsable de la creación del aparato "Mouvographe"	Calle Alcalá, nº 4. Local de Ramón del Río y Amparo Pichardo.
Madrid 4-I	Cinematógrafo		Salón Cervantes, Calle Jacometrezo, nº 32. Dedicado a bailes, representaciones dramáticas y demás.
Sevilla, 7-I	Cinematógrafo Lumière	Jean Busseret en la cuarta concesión Lumière de España tras Madrid, Barcelona y Valencia.	Calle Sierpes 68, local alquilado para la concesión.
Zaragoza, 7 y 17-I	Cinematógrafo	Juan Minuesa, aficionado local	Salones de la Sociedad Velocipédica Zaragozana. Heraldo de Aragón, 8-I-1896
Madrid 8-I (probablemente hubiese empezado los últimos días de 1896)	Cinematógrafo	Salón del Heraldo entresuelo. Son los locales del periódico *El Heraldo de Madrid.*	
Santander 8-I	Vistascope	Charles Kalb *El Correo de Cantabria*, Santander, 6-I-1897.	Teatro
Palafrugell 4-I	Cinematógrafo sin identificar.	No es seguro que se hubieran ejecutado las funciones, pero el centro las sacó a contratación.	Centro Fraternal
Madrid 5-I	Cinematógrafo Lumière		Teatro de la Zarzuela
Sabadell 10-I	Kinematógrafo	Alberto Durán	Teatro Euterpe

CIUDAD Y FECHAS	APARATO	PIONERO	LUGAR DE EXHIBICIÓN
Bilbao, 14-I	Vitagraphe aunque la prensa lo llama 'Lucematógrafo'	Charles Kalb	Teatro Arriaga
Badajoz 17-I	Cinematógrafo del doctor Posadas	José Posadas, prestidigitador	Teatro López de Ayala
Barcelona 21-I	Cronofotógrafo Demenÿ. Asociado a la casa Gaumont		Café Colón
Cádiz 22-I	Cinematógrafo perfeccionado Yoli. En realidad es el de Henri Joly.	Caballero Fonseca	Teatro Eslava del empresario Azcoaga.
Barcelona 26-I (pública 27)	Cinematógrafo Leroy.		Salón de Ventas, nº 8 de la calle Puertaferrrisa.
Palma de Mallorca 26-I	Cinematógrafo aunque seguramente es un cronofotógrafo Gaumont	Señores Fogués y Calvo. Probablemente, cintas y aparato les fueran alquiladas por el valenciano Pellicer.	Teatro Principal
Irún, 30-I	Vitagraphe De Clemente &Gilbert	Charles Kalb Acaba de dar una gira por toda España.	Teatro de Irún
Barcelona 31-I-1897	"Cinematógrafo perfeccionado", [Cinematógrafo Joly]		Teatro Principal
Barcelona al menos desde 2-II	Animatógrafo		Gran Salón New London. Rambla de las flores, 8.

CIUDAD Y FECHAS	APARATO	PIONERO	LUGAR DE EXHIBICIÓN
Mataró 2-II	Kinematógrafo	Alberto Durán	Teatros Euterpe y Principal
Valencia 3-II	Nuevo Cronofotógrafo. Asociado a la casa Gaumont		Nº 4 de la calle de las Barcas.
Segovia 6 y 7-II	Kinetógrafo	Enrique del Olmo	Teatro Principal
Villanueva y la Geltrú 13-II	Kinematógrafo	Alberto Durán. No hay confirmación absoluta.	Teatro Tívoli
Mahón 15-II	Cinematógrafo aunque seguramente es un cronofotógrafo Gaumont	Señores Fogués y Calvo. Probablemente, cintas y aparato les fueran alquiladas por el valenciano Pellicer.	Círculo Menorquín casino del partido conservador
Reus 20-II	Kinematógrafo, aunque se anuncia como cinematógrafo	Alberto Durán. Proyección con conferencia. Es un empresario ilustrado al estilo de Galindo, no un simple feriante.	Antiguos salones de billares del Café París
Barcelona 24-II	Cronofotógrafo Demenÿ. Asociado a la casa Gaumont		Café Colón
Burriana, 27-II	Cinematógrafo, probablemente de Arrengo	Charles Lamas	Teatro Vico
Barcelona 2-III	Animatógrafo		Gran Salón New London
Córdoba 2-II	Cronoguiratógrafo o cinematógrafo perfeccionado		Salón Arco Real (al lado de la audiencia)

CIUDAD Y FECHAS	APARATO	PIONERO	LUGAR DE EXHIBICIÓN
Zaragoza, 8-III	Cronophotho-graphe Las cintas pertenecen al catálogo Gaumont y el aparato es un Demeny 60mm, comercializado por Comptoir Générale Photographie	Francisco Iranzo	Coso Bajo, 35, antiguo local de la Cesaraugustana.
Córdoba, 9-III	Cinetógrafo		Teatro-Circo del Gran Capitán
Palma de Mallorca 10-III	Cinematógrafo		Teatro-Circo Balear
Tortosa 12-III	Eliseo-Expréss Cinematógrafo	Manuel Galindo.	Teatro Principal
Tarragona 13-III	Kinematógrafo	Posiblemente Alberto Durán	Teatro Ateneo
Burgos 14-II	Kinetógrafo	Posiblemente el mismo de Enrique del Olmo que dio funciones en Segovia.	Calle San Juan, casa del señor Dorronsoro.
Palencia, 6-III	Kinetógrafo	Probablemente Enrique del Olmo	Planta Baja de la casa nº 17 de la calle Don Sancho.
Palencia, 17-III	Kinetógrafo	Probablemente Enrique del Olmo	Seminario Conciliar Fue una petición del rector del Seminario y acudieron el obispo y buena parte del Cabildo Catedralicio.
Hellín 19-II	Cinematógrafo	Los empresarios, tal vez locales, Hernández y Franco	Teatro Principal
Barcelona 14-III	Cinematógrafo		Salón de Ventas

CIUDAD Y FECHAS	APARATO	PIONERO	LUGAR DE EXHIBICIÓN
Oviedo, 12-IV	Kinetógrafo	Enrique del Olmo	Antiguo Palacio de Vista Alegre, calle de la Magdalena.
Tarrasa 17-IV Cataluña	Cinematógrafo	Adolfo Arrengo Charles Lamas	Teatro Campos del Retiro
Sevilla 17-IV	Cinematógrafo	Guilherme da Silveira y Francisco Dos Santos (actor) de Guilherme Da Silveira & Co.	Palacio Edén (es la transformación del salón suizo, donde había llegado el cinematógrafo, hasta alcanzar 700 butacas).
Barcelona al menos 25-IV	Cinematógrafo		Gran Salón New London
Pontevedra 18-25 IV-1897	Cinematógrafo Lumière	Augusto Marques y Alexandre Pais de Azevedo.	Teatro de Pontevedra. Una función de varietés con Miss Zaida, bandurria y guitarra y el señor Asensio. Se proyectan 20 cuadros en su despedida, además un sexteto, dirigido por el artista local Jesús García y un monólogo del "celebrado actor portugués" Alexandre Azevedo. Recita *O Fidel*, monólogo de Abilio Guerra Junqueiro, renovador del teatro brasileño.
Vigo 29-IV- 10-V-1897	Cinematógrafo Lumière	Augusto Marques y Alexandre Pais de Azevedo.	Teatro-circo Tamberlick, en una función de varietés con Mis Zaida, bandurria y guitarra y el señor Asensio, en tres partes.
Sabadell finales de abril	Cinematógrafo	Adolfo Arrengo Charles Lamas	Teatro de los Campos del Recreo

CIUDAD Y FECHAS	APARATO	PIONERO	LUGAR DE EXHIBICIÓN
Villanueva y la Geltrú, en abril			
Madrid, después del 1-V	Vitascopio Edison	Pedro Armando Huguens	Calle Alcalá, 4
Caceres, muy probabalemente V			Calle Alfonso XIII, llega con motivo de las fiestas de San Fernando.
Alcoy, 1-V	Elíseo-Expréss	Manuel Galindo	Círculo Industrial
Gijón 3-V	Kinetógrafo	Posiblemente el mismo de Enrique del Olmo que dio funciones en Segovia.	Calle Corrida 55 y 57
Felanitx 18-IV			Teatro
Felanitx 9-V	Cinematógrafo		En Can Manuel
Alcoy, 7-V	Elíseo-Expréss	Manuel Galindo	Círculo
Lérida 10-V	Kinetógrafo Werner	Eduardo Jimeno	Barraca en la Rambla de San Fernando
Lérida 9-V	Kinematógrafo		Rambla de San Fernando, nº 4 bajo
Tuy 13-17 de mayo	Cinematógrafo Lumière	Augusto Marques y Alexandre Pais de Azevedo.	Teatro de Tuy
Barcelona 13-V	Cinematógrafo	Posiblemente Wolf Polak	Café Colón
Granollers 15-V	Cinematógrafo	Adolfo Arrengo	Teatro La Unión Liberal
Cádiz 15-V	Kinetographe Edisson.		Lugar donde estuvo el Club de Regatas, Calle Duque de Tetuán (Calle Ancha) esquina San José.

CIUDAD Y FECHAS	APARATO	PIONERO	LUGAR DE EXHIBICIÓN
La Coruña, 23-V- 3-VI	Cinematógrafo Lumière	Augusto Marques y Alexandre Pais de Azevedo.	Nª 25 de la Calle Real después de descartarse, por seguridad, el Circo Coruñés.
La Coruña, 23-V- 3-VI	Cinematógrafo Lumière	José Sellier	Calle Real
Bilbao, 31 de mayo	Cinematógrafo Lumière	Dentro del espectáculo "Exposición Imperial" del Prusiano Karl Eisenlohr. Era un panorama con vistas estereoscópicas.	Plaza Circular, nº 4
Barcelona, Al menos 2-VI	Cinematógrafo Lumière	Desconocido, pero fue uno de los pioneros en obtener más tempranamente un aparato oficial.	Teatro Lírico, con la compañía del madrileño Teatro Lara.
Pamplona 5-VI	Cinematógrafo Lumière	Señor Arenas.	Calle Navas de Tolosa, nº 9.
Málaga 10-VI	Cinematógrafo Lumière (no es seguro que sea Lumiére)	Rafael Alcauza	Café del Siglo, calle Granada. El empresario, que trae con frecuencia atracciones, es el señor Alcalá.
La Felguera 13-VI	Kinetógrafo	Enrique del Olmo, malagueño que, dice una carta en la prensa, ha presentado el cinematógrafo en Gijón hace un mes.	
Vitoria, 13-VII	Cinematógrafo Lumière	Eduardo Salinas y Antonio De Lucas	Teatro-Circo
Daroca 17-VI	Cinematógrafo	Con motivo de las fiestas.	Teatro.

CIUDAD Y FECHAS	APARATO	PIONERO	LUGAR DE EXHIBICIÓN
Madrid 30-VI	Cinematógrafo		En la Kermese organizada en el asilo de Santa Cristina
Madrid 3-VI	Cinematógrafo		Vuelven los anuncios del instalado en la Carrera de San Jerónimo 28
Badajoz, 7-VII	Cronofotógrafo	Miguel Pellicer, valenciano, escribe al ayuntamiento para exhibiciones. No consta respuesta.	
Lugo 7-VII	Cinematógrafo Lumière	Augusto Marques y Alexandre Pais de Azevedo.	Teatro-Circo
Pamplona, 9-VII	Cinematógrafo perfeccionado	Francisco Iranzo	Calle Navas de Tolosa, n.º 13.
Málaga desde mediados de agosto	Cinematógrafo Lumière		Café de España
Betanzos, al menos 12 al 16 de junio	Cinematógrafo Lumière	Augusto Marques y Alexandre Pais de Azevedo.	Teatro de Betanzos, escasa concurrencia
Ferrol 16-VI a 4-VII Se anunciaron unas funciones del señor Prado el año anterior que no se llegaron a dar.	Cinematógrafo Lumière	Augusto Marques y Alexandre Pais de Azevedo.	Calle Real
Pamplona, 16-VII	Cinematógrafo Lumière		Una de las barracas de la calle Chinchilla
Barcelona, 19-VI	Cinematógrafo Lumière	Antonio Tramullas (operador).	Fotografía Napoleón, Rambla Santa Mónica, 15-17

CIUDAD Y FECHAS	APARATO	PIONERO	LUGAR DE EXHIBICIÓN
La Coruña 19 VI	Un cinematógrafo en una reunión de confianza con cartomancia, ilusión, cuadros disolventes y música.		En casa del farmacéutico militar Sr. De Florejachs
Burgos, 24 –VI	Cinematógrafo Lumière	Antonio Salinas y Eduardo De Lucas	Calle Santander,º 12, en casa del señor Berberana; partir del 7-VII, aprovechando la suspensión de Werner de los Jimeno, en la calle San Juan, en casa del señor Dorronsoro.
Jaca 25-VI	Cinematógrafo Lumière	Félix Preciado. Este fotógrafo lo compra cuando se liberaliza la venta y al poco tiempo ya anuncia esta función.	
Burgos, 26-VI	Kinetógrafo Werner	Eduardo Jimeno	Calle San Juan, casa de Dorronsoro
Tarrasa, 5-VII	Cinematógrafo		Plaza Mayor
Burgos, 11-VII	Cinematógrafo Lumière	Tras ver el de Salinas y de Lucas, Eduardo Jimeno Hijo, sale para Lyon y adquiere un Lumière	Calle San Juan ,12.
Masnou, antes del 11-VII	Heliocinégrafo Perret y Lacroix	Ballel y Serra	
Calasparra, 14-VII Murcia	Cinematógrafo de Leo el Bohemio	Es un hipnotizador y mentalista "rival de Onofroff" que estuvo con Manuel Galindo el creador del Elíseo Express.	Teatro

CIUDAD Y FECHAS	APARATO	PIONERO	LUGAR DE EXHIBICIÓN
Mataró, segunda quincena de julio	Heliocinégrafo Perret y Lacroix	Ballel y Serra	Calle de la Riera
Tarazona, segunda quincena de julio,	Cromatógrafo Todas las cintas pertenecen al catálogo Gaumont y el aparato es un Demeny 60mm, comercializado por Comptoir Générale Photographie	Francisco Iranzo	Café Oriental
Santander, 17-VII	Cinematógrafo Joly		Calle del Correo, nº 10.
Madrid, antes del 23-VII	Cinematógrafo perfeccionado		Jardines de El Retiro
Santander, 23-VII(¿?)	Cinematógrafo Lumière	Eduardo Jimeno	Primera Alameda
Santander, 23-VII(¿?)	Cinematógrafo Lumière	Juan Minuesa	Alameda Segunda
Llanes, 29-VII	Cinematógrafo Lumière	Eduardo de Lucas y Antonio Salinas	Teatro de Llanes
Gijón 30-VII 1897	Cinematógrafo Lumière	Augusto Marques y Alexandre Pais de Azevedo. En abril exhibiciones frustradas en Vigo.	Nº 33 del Paseo de Alfonso XII (lugar de las barracas de feria). En la casa del sr. Pondal, donde se dan frecuentes audiciones.
San Sebastián 2-VIII	Cinematógrafo Lumière	José María Obregón	Calle Andía, cerca del Teatro-Circo
Pamplona, 3-VIII	Cinematógrafo Lumière	Tomás Zabalo un pamplonés que compra el cinematógrafo que funcionó en la calle Navas de Tolosa.	Local Paseo de Valencia, n.º 36, bajo. Justo al lado de las oficinas del Eco de Navarra.

CIUDAD Y FECHAS	APARATO	PIONERO	LUGAR DE EXHIBICIÓN
Santander 4-VIII	Cinematógrafo		Tinglados de Becedo. Un aparato está funcionando, en las ferias con otros.
Cádiz 5-VIII	Cinematógrafo Lumière		Calle Duque de Tetuán (Calle Ancha), nº 19.
Vitoria, 7-VIII	Cinematógrafo Lumière	Eduardo De Lucas y Antonio Salinas	Calle de la Estación nº 8 En las fiestas de la Virgen Blanca
Huesca, 12-VIII	Cinematógrafo Lumière	Félix Preciado (fotógrafo local)	Calle del Coso Alto, 28. Entresuelo
Bilbao, 18-VIII	Cinematógrafo Lumière	Eduardo Jimeno	Terrenos de la Concordia
Areyns de mar, 18-VIII	Heliocinégrafo Perret y Lacroix	Ballel y Serra	Número 20 de la Calle Riera
Barcelon a partir del 20-VII, aprox.	Cinematógrafo Lumière Desde principios de Noviembre pasa a Llamarse "Cinematógrafo de la casa Napoleón". (el 15 –XII- llega otro aparato oficial Lumière a la calle Marqués de Duero).		Fotografía Napoleón.
Carmona, 22-VIII,	Cinematógrafo		Teatro de Verano.
Llanes 29, 30-VIII y 2-IX	Cinematógrafo	Aparato adquirido por un vecino	Teatro de Llanes
Calella, 30-VIII	Heliocinógrafo Perret y Lacroix	Ballel y Serra	Casino Calellense

CIUDAD Y FECHAS	APARATO	PIONERO	LUGAR DE EXHIBICIÓN
Palencia 31-VIII	Cinematógrafo Lumière	Antonio de la Rosa	Calle Mayor, nº 220
Haro, desde principios IX	Cinematógrafo de Eduardo De Lucas y Antonio Salinas		Calle de la Vega
Oviedo, primera noticia 3-IX	Cinematógrafo Lumière y Wargraph		
Murcia 3-IX	Cinematógrafo		Recreative Garden
Gerona, 4-IX	Cinematógrafo Lumière		Calle Platería,n º 27
Palencia 7-IX	Cinematógrafo Lumière	Antonio de la Rosa	Cinematógrafo público en las ferias de San Antolín, con pantalla colocada en el arco del mercado y proyección desde la Calle Mayor.
Valladolid, 7-IX	Cinematógrafo Lumière	Antonio de la Rosa	Hay tres barracones de cinematógrafo en el paseo del Campo Grande que dicen ser el verdadero Lumière.
Zamora 11 y 12-IX	Kinetógrafo	Enrique el Olmo	Teatro Principal
Valladolid, 28-29-IX	Cinematógrafo Lumière	Antonio de la Rosa	Cinematógrafo Público en el Campo Grande.
Burjasot, 11-IX	Cinematógrafo		Teatro Novedades
Lloret de mar, 11-IX	Heliocinógrafo Perret y Lacroix	Ballel y Serra	Un entoldado en el Paseo del Mar.
Madrid, desde mediados IX	The Edison Vitascope		
Murcia 17-IX	Cinematógrafo Lumiiére	Pedro Sandoval, fotógrafo murciano y su hijo Máximo.	

CIUDAD Y FECHAS	APARATO	PIONERO	LUGAR DE EXHIBICIÓN
Logroño 18-IX	Cinematógrafo Lumière	Probablemente Eduardo Jimeno	Paseo del Espolón o de Las Améscoas. Junto al paseo del Kiosco.
Logroño 18-IX	Cinematógrafo Lumière	Probablemente Eduardo Jimeno	Paseo del Espolón. Salón del futuro instituto con entrada por la calle Duquesa de la Victoria
Logroño 18-IX	Cinematógrafo Lumière	Eduardo De Lucas y Antonio Salinas	Paseo del Espolón, junto al café de verano.
Logroño 18-IX	Cinematógrafo Lumière	Probablemente José María Obregón	Paseo del Espolón
Olot, 18-IX Gerona	Animatógrafo		Café Imperial
Manacor 18-IX	Cinematógrafo		Local contiguo a la Exposición.
Sevilla 20-IX	Cinematógrafo Edisson (es un kinetoscopio).	Señor Cárdenas	Salón Palacio Edén
Fregenal de la Sierra 21-IX	Cinematógrafo		Con motivo de las ferias.
Fitero 23-IX Navarra	Cinematógrafo		Con motivo de las fiestas.
Barcelona, 24-IX	Cinematógrafo		Salón de Ventas
San Feliu de Guixols, 25-IX	Heliocinégrafo Perret y Lacroix	Ballel y Serra	Paseo Marítimo frente al Casino Guixolense.
Olot, 26-IX Gerona	Cinematógrafo		Paseo del Ferial
Almería, posiblemente esté en octubre	Cinematógrafo Silveria	Guillermo Silveira	

CIUDAD Y FECHAS	APARATO	PIONERO	LUGAR DE EXHIBICIÓN
Soria 2-X	Cinematógrafo Lumière		Local de la antigua sociedad del Círculo de la Constancia, Collado, 9.
Toledo, 2-X	Cinematógrafo Lumière	Augusto Marques y Alexandre Pais de Azevedo.	Teatro de Rojas, con el nuevo empresario, Guillermo Cereceda
Zaragoza 4-X Aragón	Cinematógrafo Lumière	José María Obregón	En la calle del Coso 47, o sea en la Plaza de la Constitución.
La Coruña 6 -X	Cinematógrafo Lumière	José Sellier	Nº9 de la calle San Andrés.
Zaragoza 7-X	Cinematógrafo	Macario Alfaro	Calle Coso, nº 39, esquina a los Mártires.
Zaragoza, 12-X	Cinematógrafo Lumière	Félix Preciado (fotógrafo oscense)	Calle Espoz y Mina donde el antiguo comercio de tejidos del señor Anechina.
Manresa, 17-X,	Cinematógrafo Lumière		Calle Vestales, nº 8, local donde había estado el Casino Ibérico
Zaragoza 20-X	Cinematógrafo Lumière	Eduardo Jimeno	En la plaza de Salamero frente a la calle Cinco de marzo.
Ferrol 21-X Sólo un anuncio	Cinematógrafo de la Sociedad Electro Fotográfica		
Talavera de la Reina 21-X	Cinematógrafo	Posiblemente Marques y Azevedo, ya que coinciden fechas con el final en Toledo.	Teatro Calderón
Las Palmas 23-X	Kinetoscopio		Plaza de Cairasco

CIUDAD Y FECHAS	APARATO	PIONERO	LUGAR DE EXHIBICIÓN
Ávila 24-X			Se habla del cinematógrafo en unos versos satíricos publicados por *El Zumbo*, 24-X.
Palma de Mallorca 24-X	Cinematógrafo	J.Enrici	Teatrito del Círculo de Obreros Católicos, C/ Fortuny, 6.
Huesca, 25-X	Cinematógrafo		En los porches de Vega-Armijo.
Córdoba, 30-X	Cinematógrafo		Gran Teatro
Córdoba Principios de XI	Cinematógrafo Edison perfeccionado	Lo lleva el ilusionista Dr. Posadas y María Antonelli.	Gran Teatro
Tarazona, segunda quincena de noviembre.	Cinematógrafo		En el teatro, con poco éxito.
Bañolas, 30-X.	Animatógrafo		Calle de La Canal
Tudela, 31-X.	Cinematógrafo		Carrera de la Monjas, 20.
Lérida, 1-XI.	Cinematógrafo indeterminado		Calle Mayor
Sóller, 13-XI	Cinematógrafo	Signor Scrici	Teatro Defensora Sollerense
Guadalajara, 13-XI	Cinematógrafo	Dentro del espectáculo del mentalista Mr. Lenson y la sonánbula Mlle. Baylach	Teatro Principal
Zaragoza, 17- XI	Cinematógrafo	Juan Minuesa, aficionado local	Teatro Circo ofrece una función a beneficio de Cruz Roja.
San Feliu de Guixols, 17-X	Cinematógrafo	Jaime Tell y otros vecinos	Salones el Guixolense y Torrent
Alcalá de Henaraes, 21-XI		Compañía nigromántica y cinematográfica que había triunfado en Guadalajara.	Salón Cervantes

CIUDAD Y FECHAS	APARATO	PIONERO	LUGAR DE EXHIBICIÓN
Cabra, 21-XI	Cinematógrafo Lumière	Jean Lucien Porte Duvignau en el espectáculo de Negrón	Teatro
Béjar antes del 27-XI	Cinematógrago Lumière	Cesar Marques y Alexandre Pais de Azevedo	
Madrid, 28-XI	Biógrafo	Lucio García Leal	Hotel Inglés.
Barcelona, 3-XII	Animatógrafo Frégoli	Leopoldo Frégoli	Teatro Eldorado
Palamós, 4-XII	Cinematógrafo Lumière	Sr. Carbonell	Teatro Cervantes
Córdoba, 5-XII	Cinematógrafo Lumière	Jean Lucien Porte Duvignau en el espectáculo de la Compañía Franco española de Luis Juárez Negrón	Gran Teatro
Córdoba, 14-XII	Cinematógrafo Lumière	Jean Lucien Porte Duvignau en el espectáculo de la Compañía Franco española de Luis Juárez Negrón	Salón de Recreo. Alquilan un local en la calle María Cristina para seguir con su espectáculo.
Vitoria, 14-XII	Cinematógrafo Lumière	Eduardo De Lucas y Antonio Salinas	Teatro Principal.
Palafrugell, 5-XII	Cinematógrafo		En el salón del antes Centro de Católicos de la Calle Tarongeta.
Sevilla 10-XII	Cinematógrafo Edisson		Café Suizo, vuelve a su denominación anterior es espacio de la Calle Sierpes.
Barcelona, 15-XII	Cinematógrafo Lumière Muy posiblemente un aparato oficial de la casa.	Estanislao Bravo y Enrique Farrús.	Marqués de Duero, junto al teatro circo Español.

CIUDAD Y FECHAS	APARATO	PIONERO	LUGAR DE EXHIBICIÓN
Barcelona, 21-XII	Heliocinégrafo Perret y Lacroix	Mr. Arres (posiblemente es el de Ballel y Serra).	Teatro Romea
Valencia, 23-XII	Cinematógrafo Lumière	Jimeno	Hay tres barracones de cinematógrafo en la feria, en Los Solares de San Francisco.
Valencia, 23-XII	Cinematógrafo Lumière	Antonio de la Rosa	Hay tres barracones de cinematógrafo en la feria, en Los Solares de San Francisco.
Valencia, 23-XII	Cinematógrafo Lumière	Antonio Sanchís (o Sanchis)	Hay tres barracones de cinematógrafo en la feria, en Los Solares de San Francisco.
Madrid, 26-XII	Cinematógrafo	Fernando Debas y Compañía.	Ateneo de Madrid durante una fiesta infantil.
Vigo 13-21-XI-1897	Cinematógrafo Lumière	José Sellier	
Peñaranda de Bracamonte 23-XII	Cinematógrafo Lumière	Alexandre Azevedo y César Marques	Teatro de Peñaranda
Orense, no se confirma en 1897 y aparece un aparato en 1898, 24-VI	Un "cinematógrafo Lumière" de paso para Vigo		
Jaca fines XII	Cinematógrafo	Félix Preciado	
Badalona, 7-I	Heliocinégrafo Perret y Lacroix	Ballel y Serra	Primero en la calle Lluch y luego en Teatro Badalonés.
Aguilar 2-IX-1901	Cinematógrafo y Vidaograh eléctrictrico		Teatro de las flores, función benéfica

FUENTE: Bibliografía, hemerografía y bases de datos ya citados referentes a todos los lugares. Elaboración propia.

En el primer semestre de 1897 concluye el Sistema Lumière, cerrando su estructura de puestos españoles. Aguantó los meses cruciales de la extensión de la imagen en movimiento en toda la Península Ibérica, pero era demasiado rígido para perdurar. Asfixiado por el interés en el nuevo invento, la proliferación de los pioneros y la velocidad que iban tomando los acontecimientos, tanto control era imposible. Incluso no se puede descartar que algunas de sus cámaras se vendieran, con reservas y sin publicidad, desde el mes de enero. A partir del primero de mayo comenzó la venta libre y oficial sin cortapisa alguna. Los aparatos de los industriales lioneses ya podían circular y, con ellos, asistimos al segundo impulso de la extensión del invento, en este caso con los auténticos aparatos de Lyon entre los muchos que ya circulaban por cualquier lugar. Es el momento en que fotógrafos, barraqueros, otra vez los portugueses y algún otro, dieron un nuevo impulso al negocio de la imagen en movimiento.

Y fue, en principio, un mal momento, pues la venta libre del aparato coincidió con la tragedia del parisino Bazar de la Charité, el 4 de mayo, que puso sobre la mesa el riesgo de incendio como algo consustancial al cinematógrafo como espectáculo. Aquella catástrofe descabezó a la buena sociedad parisina, sobre todo a sus mujeres, incluida la Duquesa de Alençon que había ido al bazar a ejercer su anual filantropía. Encontraron una muerte horrible, quemadas, asfixiadas o aplastadas por la multitud y el pavor. Ante un siniestro de tan importantes proporciones sociales (126 muertos y más de 200 heridos), el cinematógrafo quedó proscrito un tiempo, en especial para ciertas clases, que no necesitaban acudir a lugares de riesgo para encontrar diversión.[203] Si, para lo bueno, la imagen en movimiento, todos los aparatos, se hacían pasar alguna vez por el Lumière, en este caso para lo malo, también todos los cinematógrafos fueron el Cinematógrafo, en el peligro y amenaza mortal. Fue así porque el aparato que

203. Referencias sobre este siniestro pueden encontrarse en cualquier historia del cine. Nosotros hemos utilizado la clásica y útil obra de SADOUL, Georges, *Histoire Générale du Cinéma. 1. L'invention du cinéma 1932-1897*, Denoël, Paris, 1941, pp. 325-339. Las identificaciones de los cuerpos carbonizados eran casi imposibles, entonces Hans Albert, Cónsul de Paraguay, concibió la idea de llamar a los dentistas de las víctimas para lograr su identificación. Veánse los detalles en HEIT, Óscar, ARCUSHIM, Abrahan y GONZÁLEZ, Carlos: "El incendio del Bazar de la Caridad de Paris, nacimiento de la Odontología Legal", *Revista del Colegio de Odontólogos Entre Ríos*, n°149, 2016, pp. 12-17.

provocó el incendio en el Bazar no era Lumière sino un Joly-Normadin. En el funeral, en Nôtre Dame y en presencia del presidente de la República, el sacerdote oficiante, señor Ollivier, condenó los adelantos y las máquinas presentando la tragedia como un castigo destinado contra un "siglo orgulloso", más especialmente en Francia que, según él, había dejado en el olvido su vocación y sus tradiciones.[204] La prensa propagó el suceso en todo el mundo, a la velocidad de las propias llamas y, durante un tiempo, la prevención se instaló en los espectadores. Sin embargo, España quedaba muy lejos de la zona cero de aquella tragedia y, aunque tuvo una gran repercusión azuzada por el miedo al desastre,[205] muy pronto fue olvidada para continuar con ese segundo impulso en el que la imagen en movimiento empezó a llegar a cualquier lugar.

La venta de las cámaras Lumière pudo mucho más. Fue el acontecimiento principal capaz de lanzar a los fotógrafos españoles dentro del colectivo de pioneros de segunda oleada. Se trataba de una incorporación natural eligiendo, precisamente, el inicio de la venta oficial de los aparatos Lumière. Esta firma tenía gran prestigio entre la profesión por la calidad de unos productos de los que eran consumidores desde hacía años. Su relación comercial les permitió tener información de cómo se iban a mover las cosas y decidieron subirse al carro, pese a la expectación general, cuando tuvieron la seguridad de comprar un aparto original. Fue una decisión astuta, no hay más que recordar la desastrosa elección de Jimeno y su Werner; comprar un Lumière tenía enormes ventajas. Además de las técnicas, ya comentadas, el precio era determinante. Podrían atestiguarlo los mismos Jimeno, a los que un aparato original, con todos los accesorios necesarios, les costó 2.200 francos. Las películas, a 50 francos cada una.[206] Una cifra al alcance de algunos profesionales. Los mismos que se apresuraron a ponerla

204. LALOUETTE, Jacqueline: "Parler de Dieu après une catastrophe. L'exemple de prédicateurs catholiques après l'incendie du Bazar de la Charité (4 mai 1897)", en *Histoire urbaine*, nº 34, 2012, pp. 93-110.
205. Las autoridades de varias ciudades tomaron sus precauciones. No hay más que ver el caso de Zaragoza que dictó una normativa muy estricta destinada a prevenir los incendios cinematográficos. Se recoge la información en *Los Jimeno y los orígenes del cine en Zaragoza*, pp. 173-175.
206. SÁNCHEZ VIDAL, Agustín: *Los Jimeno...*, p. 143. Este autor da la cifra de 2.500 francos, que Letamendi y Seguin, matizan en su libro sobre Cataluña a partir de una factura (descuento ya incluido), en p. 230.

sobre la mesa, por ejemplo los fotógrafos. Sabemos que, aunque existieron muchos intentos de comprar las cámaras a los Lumière, hasta mayo de 1897 no llegaron a varios profesionales que, en algunos casos, tenían relación antigua con la empresa gala. Hablamos del franco-español Joseph Sellier que, desde el 23 de mayo, ya proyectaba en La Coruña; Salinas y De Lucas (o Moreno), que hacen lo propio desde el 12 de junio en Vitoria, Félix Preciado, desde el 25 de junio en Jaca y el ya mencionado Eduardo Jimeno, que proyectó en Burgos, con un aparato legítimo, desde el 11 de julio. Curiosamente todos de la mitad norte del país.

Fig.7: José Sellier y su esposa en 1915 (colección Jean-Claude Seguin).

José Sellier disponía de una reputada galería en La Coruña y un pie en Galicia y otro en Lyon, ciudad en la que había vivido varios años, eso y sus inquietudes por los progresos de la fotografía, tal vez le permitieran tener una relación directa con los Lumière. Sin duda había relación comercial, que lo mantuvo al tanto de las novedades, lo que le permitió comprar muy pronto un aparato original, posiblemente antes de abril, y exhibirlo desde el 23 de mayo. A partir de octubre, adaptó su propio local, en la calle Ancha de San Andrés, para proyectar películas entre las que estaban las que él mismo facturó. Aún siguió en el mundo de las exhibiciones cinematográficas, algunos años más, ya que se le conocen proyecciones en diversos lugares de Galicia en 1898. Desde ese momento se dedicó al negocio de la fotografía, en el que siguió siendo un referente en La Coruña hasta su jubilación en 1915.[207]

El fotógrafo alavés Eduardo De Lucas (de nacimiento murciano y apellido comercial Moreno) y su, primero aprendiz y más tarde socio, Antonio Salinas,[208] dispusieron de un flamante aparato comprado en junio de 1897 en Lyon, tal vez uno de los primeros vendidos a un español, a partir de una novelesca peripecia en la que la pertenencia a la masonería de Eduardo De Lucas, además de haber pasado parte de su juventud en Francia, le allanaron el camino. Cuando se decidieron a explotar el ingenio la división del trabajo estaba clara: De Lucas se encargaba de la organización de los viajes, los suministros y la publicidad, Salinas aportaba la parte técnica, manejando cámaras y proyectores. El radio de acción de sus viajes fue siempre el justo para no alejarse demasiado de sus negocios de fotografía en Vitoria. Se desplazaron primero a Burgos, donde conocieron a Eduardo Jimeno, antes socio y después rival de los alaveses, y que al parecer compraría su cámara Lumière después de conocido el modelo de Salinas y De Lucas. Desde allí siguieron periplo por localidades cercanas, siendo esa condición y no necesariamente la importancia la que determinaba sus pasos, pues, además de acudir a Logroño o Zaragoza, también está documentada su presencia en las villas de Haro, en Logroño y la asturiana de Llanes, muy próxima al límite con la provincia de Santander.[209] Eduardo De Lucas falleció en 1899 y Salinas continuó como su sucesor en el negocio fotográfico, pero abandonó pronto el cinematógrafo, vendiéndole su aparato Lumière a otros pioneros muy conocidos en el mundo de la feria: los vallisoletanos hermanos Pradera.

El fotógrafo oscense Félix Preciado es también de los más madrugadores en comprar un verdadero Lumière, pero fracasa en su intento de proyectar en Jaca, en junio de 1897, y su primera proyección ha de ser en

207. CASTRO, José Luis, FOLGAR, José María, NOGUERIA, Xosé y SEGUIN, Jean-Claude: "José Sellier Loup (Givors, 1850-A Coruña, 1922), fotógrafo y cineasta", en VV.AA.: *José Sellier en A Coruña. Los comienzos del cine español*, Diputación de A Coruña, 2013, pp. 64-119.
208. Todos los detalles sobre Eduardo De Lucas y Antonio Salinas pueden hallarse en la obra de Jon LETAMENDI y Jean-Claude SEGUIN, *Los orígenes del cine en Álava y sus pioneros (1896-1897)*, Vitoria, 1997.
209. Más datos en MADRID, Juan Carlos De la: "El cinematógrafo Lumière en Llanes", nº extraordinario de *El Oriente de Asturias*, Llanes, julio 1998, págs. 35 a 41 y "Cuando el cine llegó a Llanes", en *El Libro de Llanes*, Ed. Trea, Gijón, 1998, pp. 90 -91.

Huesca en agosto. Tras diez días de proyecciones, se dirigió a Zaragoza para instalarse en la feria del Pilar, donde aprovechó el mes de octubre. A partir de aquí una enfermedad truncó parte de sus planes, aunque se sabe que vuelve a proyectar en Jaca y Huesca, donde deja su actividad cinematográfica en 1898 para dedicarse sólo a la fotografía.[210]

Sobre los Jimeno se han dicho ya muchas cosas, completemos la información diciendo que se liberan de la tortura de su Werner en la feria burgalesa en julio de 1897. Allí conocieron el funcionamiento del verdadero Lumière en las exhibiciones de Salinas y de Lucas. Eso decidió a Eduardo padre a salir para Lyon, dispuesto a comprar ese aparato, cosa que consigue, y retorna a Burgos, donde entabla una pugna comercial con los pioneros vitorianos. A partir de aquí, ese mismo año ya inicia una gira por Santander, Santiago, Bilbao, Logroño y Zaragoza, donde tiene su cuartel general. Este año será el inicio de una larga vida dedicada a las proyecciones cinematográficas.[211]

El aparato Lumière, referente en tantas cosas, nos ha servido de hilo conductor para comprobar cómo se iba consolidando el nuevo espectáculo. Pero ya sabemos que no era único y que, este mismo año 1897 de generalización del invento, podemos encontrar todo tipo de referencias que nos permiten asegurar hasta qué punto había calado en la sociedad española lo que ya era un nuevo espectáculo y un nuevo negocio, con todo tipo de marcas y aparatos. Sin ir más lejos el fotógrafo madrileño Juan Rivas Huetos presenta, en fecha tan temprana como el 25 de enero, una patente cinematógrafica. Es el primero en España. Su aparato se denominó Sivar y tal vez nunca fue fabricado, pero demuestra hasta qué punto estaba su autor al tanto de los adelantos de la cinematografía, aportando novedades como un cuenta imágenes que permitía saber el tiempo que quedaba de rodaje. Algo verdaderamente útil en aquellos tiempos.[212] Para los adelantos, y tam-

210. Puede seguirse su actividad en las referencias de Le Grimh [consultado en 4-II-2023]:
https://www.grimh.org/index.php?option=com_content&view=article&id=10196:1896-1906-persona-preciado-felix&catid=62&Itemid=679&lang=es.

211. Más información en SÁNCHEZ VIDAL, Agustín: *Los Jimeno y los orígenes del cine en Zaragoza...*, a partir de la p. 143.

212. Toda la documentación sobre esta patente en Le Grimh [consultado en 3-II-2023]:
https://www.grimh.org/index.php?option=com_content&view=article&id=10145:1896-1906-persona-rivas-huetos&catid=62&Itemid=679&lang=es.

bién para el negocio, la imagen en movimiento había pasado a formar parte de los espectáculos o de sus promotores. En la prensa, también desde enero, podemos encontrar ofertas de compras, ventas, alquileres, cesiones o transacciones varias de este tipo de máquinas. Algunas tan sugerentes como este anuncio que se publicó en Madrid:

> "¿Quién se enriquece pronto?
> El que expone el Cinematógrafo
> (fotografías animadas) ¡Ideal Edison!
> ¿Dónde se encuentran los aparatos?
> En H.O. Foersterling & Cª
> Berlín W Leipzigerstrasse 12"[213]

Los empresarios del mundo de la feria debieron estar de acuerdo con las expectativas del reclamo. Las barracas, que no fueron el destino preferente en 1896, ya empezaban a hacerse normales en 1897, trazando el camino que iba a seguir el nuevo espectáculo en los próximos años y, en el caso de los más identificados con el negocio, cubriendo todas las fases de los locales desde su estabilización (barracas-pabellones-cinematógrafos). Ellos aprovecharon la experiencia de la feria para ir más veloces al incorporar el cinematógrafo a sus atracciones y su trayectoria anterior: conocían las plazas, la idiosincrasia de cada ciudad, su fiesta mayor y, lo que es más importante, a sus autoridades, y disponían de los recursos necesarios para hacer giras largas rentabilizando con buenos ingresos la inversión en sus aparatos. Entre los inconvenientes de esta clase de pioneros estaba su escasa formación técnica. A diferencia de los fotógrafos, la fueron adquiriendo sobre la marcha, cosa que fue causa de no pocos desastres en las proyecciones o que los rodajes, para quienes los abordaron, fuesen muy tardíos y muy escasos. Los representantes más genuinos de este tipo de barraqueros fueron los Jimeno, los de primera hora en este mundo y en este año, pero hubo otros que, desde finales de 1897 y, sobre todo a partir de 1898, se hicieron indispensables en el mundo de la feria en España. Veamos una muestra.

Ya que empezamos por los Jimeno, citemos también al madrileño Estanislao Bravo, que era empleado suyo cuando descubrieron el cinemató-

213. *El Imparcial*, Madrid, 24-I-1897.

grafo en Madrid y, en 1897, montó su propia barraca frente al museo del Prado. A partir de entonces inicia una larga vida dedicada a la exhibición en ferias de toda España (más tarde en Francia antes de retornar nuevamente a su país), que le llevará a una temprana sociedad con otro pionero, Enrique Farrús, con el que ya exhibe el cinematógrafo en Barcelona, en una barraca de El Paralelo en diciembre de 1897.[214]

Era Enrique Farrús un feriante ilerdense que había explotado toda clase de espectáculos, desde la magia a la mujer-cañón, y al que, aún en enero de 1897, se le puede localizar en Valencia al frente de una barraca de "perros y monos sabios". Farrús acaba por ser uno de los barraqueros de mayor recorrido por todas las ferias de España, con una instalación que, tras experiencias varias en distintos locales, muta en el muy célebre Cinematógrafo Farrusini, una floreciente empresa de varias barracas que llevaba en gira simultáneamente por todo el país, repartiendo responsabilidades con su esposa, la italiana Carmen Pisano, con la referencia constante de El Paralelo barcelonés. Acabó estabilizándose en un local de Zaragoza hasta su retirada del negocio en torno a 1911.[215]

En diciembre de 1897 se inicia en el negocio de los cinematógrafos de feria el valenciano Antonio Sanchís, que no había tenido experiencia anterior como ambulante. Comenzó por su ciudad, con un Cinematógrafo Lumière, pero desde ese momento y a lo largo de 1898, inicia una vida de giras por toda España. Al principio utilizó el nombre de Wargraph, usado durante los primeros años por varios pioneros, entre ellos los Jimeno. Desde 1902 ya su pabellón es el Royal Cosmograph (lo de Royal es por una visita de Alfonso XIII en San Sebastián), a partir de 1907 diversifica su negocio, haciendo circular varias barracas, según fechas, en una especie de trashumancia cinematográfica por todas las ferias[216] y haciéndose empresario de algunos teatros estables como el ovetense Celso.[217]

214. Le Grimh https://www.grimh.org/index.php?option=com_content&view=article&layout=edit&id=6672&Itemid=679&lang=es [consultado en 3-II-2023].

215. SUÁREZ, Luisa: "El cinema i la constitució d'un public popular Barcelona. El cas del Paral.lel", tesis doctoral, Universitat de Girona, 2011, pp. 194-196; GONZÁLEZ, Palmira: "En el 90 Aniversari de l'arribada del Cinema. Més sobre els inicis del Cinema a Barcelona (1896-1900)", en *Cinematògraf*, vol. 3, 1985-86, especialmente pp. 245-246.

216. El rastro de Sanchís puede seguirse en estudios locales de los cuatro puntos cardinales, por ejemplo: FOLGAR DE LA CALLE, José María:

Quedan otros pioneros de importancia, adquirida sobre todo a partir de 1898, como el Granadino Antonio de la Rosa, famoso por su implantación en las provincias andaluzas, sobre todo en Sevilla, aunque también se sabe que recorrió Cuenca, Murcia, Albacete, Cartagena, Cáceres, Badajoz o Guadalajara.[218] Además de otros que, en un momento o lugar, compartieron negocio o feria (Juan Minuesa, Raimundo Mas, Vicente Alafuente, Julián Marín o Marino García entre muchos otros), pero centraremos nuestro análisis, para concluir con los pioneros, en dos portugueses que, como ocurrió en el primer año, llegaron a España en 1897 para cubrir mucho territorio y dejar algunas de las primeras filmaciones del cinematógrafo en la Península Ibérica, nos referimos a Cesar Marques y Alexandre Pais de Azevedo.

El espectáculo cinematográfico en Galicia (1896-1920), Universidad de Santiago de Compostela, Santiago de Compostela, 1987; pp. 60, 62 y 259; ZUNZUNEGUI, Santos: *El cine en el País Vasco*, Diputación Foral de Vizcaya, Bilbao, 1985, p. 42; MARTÍN ARIAS, Luis y SAINZ GUERRA, Pedro: *El cinematógrafo (1896-1919)*, Caja de Ahorros Popular, Valladolid 1986; p. 15; GRAU, Mariano: "Historia del cine en Segovia (desde sus comienzos hasta la implantación del sonoro)" en *Estudios Segovianos*, Segovia, 1982, T. XIV, p. 8; MUÑOZ ZIELINSKI, Manuel: *Inicios del espectáculo cinematográfico en la región murciana (1896-1907)*, Academia de Alfonso X el Sabio, Murcia, 1985, p. 101; LAHOZ, Nacho: "La industria cinematográfica valenciana en la etapa muda", en *Archivos*, nº 6, 1990, p. 44; GARÓFANO, Rafael: *El cinematógrafo en Cádiz. Una sociología de la imagen (1896-1930)*, Fundación Municipal de Cultura, Cádiz, 1986, pp. 48 y 60 y MARTÍNEZ, Josefina: *Los primeros veinticinco años de cine en Madrid. 1896-1920,* Filmoteca Española, Madrid 1992, p. 48.

217. Hay un seguimiento especial, incluyendo cartografía de los lugares en los que se había localizado a Sanchís por toda España, en la obra de Juan Carlos DE LA MADRID: *Cinematógrafo y varietés en Asturias...*, pp. 51-56, 69-71, 144 y 277. Especialmente para el seguimiento cartográfico: pp. 362-364.

218. Además de informaciones en varias publicaciones, puede encontrarse un estudio monográfico sobre este pionero en BARRIENTOS, Mónica: *Antonio de la Rosa, empresario pionero del cinematógrafo en Sevilla (1902-1907)*, Padilla Libros Editores & Libreros, 2003. El mismo trabajo ha sido publicado en *Frame: revista de cine de la Biblioteca de la Facultad de Comunicación*, nº 2, 2007, pp. 280-323.

Fig.8: Alexandre Pais de Azevedo hacia 1900. Recorrió la España del primer cinematógrafo junto a Augusto Cesar Marques (reproducción de A.Videira Santos: *Para a História do Cinema em Portugal*, p. 266).

El actor Alexandre Pais de Azevedo junto a Augusto Cesar Marques y Jose María Marques, constituyeron en abril de 1897 una sociedad para explotar el cinematógrafo Lumière que, casi con toda seguridad, les había vendido Jean Busseret, muy conocido en este relato. Con aquel aparato iniciaron, ese mismo mes, una gira por España, iniciada en Galicia, región donde ya habían estado en marzo para rodar la primera película impresionada en tierras gallegas: *Botadura al agua del acorazado Cardenal Cisneros* (sucedió en Ferrol el 19 de marzo). Sabían que, salvo en La Coruña, donde el cinematógrafo fue presentado por el abogado asturiano Prado en septiembre de 1896, el invento no se conocía en tierras gallegas y decidieron ir a explotar una novedad que imaginaron rentable.[219] Al mes siguiente ini-

219. Si se confirma la referencia de Le Grimh habría una sesión anterior (en agosto de 1896) en el Casino de Redondela.

ciaron su gira con una presentación, el 18 de abril, en Pontevedra. Luego Vigo, Tuy, La Coruña, Betanzos, Ferrol y Lugo. Más tarde pasaron a Asturias, concretamente a Gijón; era ya el mes julio. Allí, además de las exhibiciones habituales, rodaron y proyectaron las primeras películas impresionadas en el Principado: *Vista de un rompeolas tomada desde el cerro de Santa Catalina* y *Vista del Campo Valdés tomada a la salida de Misa de la iglesia de San Pedro.*[220]

Como acabamos de ver, Marques y Azevedo habían recorrido Galicia con el espectáculo sin que nos conste que hubiesen proyectado película alguna de su propia autoría. Tal cosa se explica, tal vez, por la competencia que esto supondría, especialmente en La Coruña, para José Sellier, que no estaría interesado en facilitar el revelado de sus películas a posibles rivales en el negocio.[221] Cosa que sí sucedió en Gijón, donde el fotógrafo Antonio Quiroga, al frente de la Sociedad Electro-Fotográfica, les facilitó la tarea.[222] Posible es, asimismo, que allí revelaran todas las películas de su temporada gallega, lo que es seguro es que la del Cardenal Cisneros no se proyectó hasta que llegaron a Cáceres, más de un año después de su rodaje.

Desde Gijón, donde permanecieron dos meses, emprendieron camino al sur, hacia Castilla, donde, en septiembre, trabajaban ya en Toledo y Talavera de la Reina, para recalar en octubre en Fregenal de la Sierra, Badajoz y, ya en noviembre, en Béjar, en la sierra salmantina, de donde pasa-

220. Todos los detalles de estas primeras sesiones pueden encontrarse en MADRID, Juan Carlos De la: *Cinematógrafo y varietés...,* pp. 43-45 y "El cinematógrafo en Asturias (1896-1905)", Memoria de Diploma, Universidad de Valladolid, 1990.
221. FOLGAR, José María: "Los primeros años del espectáculo cinematográfico en Galicia (1896-1914)", en MADRID, Juan Carlos De la (coord.): *Primeros tiempos del cinematógrafo en España,* Trea-Universidad de Oviedo, Gijón, 1997 (2ª edc.) pp. 88-92; FOLGAR, José María y LETAMENDI, Jon: "Portugueses en Galicia na presentación do 'cinématographe", en *Imaxes para un* centenario. *O cine en Galicia,* Xunta de Galicia, Santiago de Compostela, 1997, pp, 15-16 y CASTRO, José Luis: "A chegada do cine a Galicia e as primitivas fórmulas de exhibición (1896-1908)", en CASTRO, José Luis (coord.): *Historia do Cine en Galicia,* A Coruña, Vía láctea, 1996, p. 38.
222. El propio Quiroga aparecía retratado en la película de la *Salida de Misa.* Véase MADRID, Juan Carlos De la: *8.000 películas de cine primitivo. Asturias, 1896-1915,* INCUNA-CICCES, Gijón, 2009, pp. 108-111.

rían, en diciembre, a Salamanca capital. Allí siguieron incrementando el número de vista locales rodadas en España con una nueva cinta: *Las lavanderas en el río Tormes.*[223] Se dirigieron entonces a pasar el fin de año a Peñaranda de Bracamonte, para volver, con el nuevo año, a Salamanca, donde rodarían tres nuevas cintas: *El paso de los escuadrones de caballería, La Salida de Misa en Santo Domingo, El paseo de la Plaza Mayor* y *El mercado de la Plaza de la Verdura*. Su siguiente etapa los llevó a Zamora, a finales de enero de 1898, ciudad en la que firmaron contrato con el propietario del Teatro Principal, lo que les obligaba a rodar nuevas películas: *Salida de la estación del ferrocarril, Despejo de la cuadrilla de Dominguín, Los escuadrones de Almansa en marcha* (puede que perteneciese a la etapa salmantina) y *Moraleja del vino, Semana Santa*. Son todas las que van incorporando a su repertorio y que se podrán ver en sus próximas escalas: Don Benito, en abril, y en localidad pacense de Llerena. Allí cierran, en agosto, esta larga y fructífera temporada, después de haber consumido kilómetros de vía férrea y metros de celuloide, aprovechando los recientes progresos de la línea Badajoz-Ciudad Real y que la localidad estaba bien comunicada en la línea ferroviaria Badajoz-Córdoba.[224]

223. Parece ser que la intención de los empresarios era rodar otra película en la Plaza Mayor de Salamanca, pero la avalancha de público concentrado en torno a la novedad de la cámara, les hizo desistir de su intención. Véase FRUTOS, Francisco Javier y PÉREZ MILLÁN, Juan Antonio: "Los primeros pasos del cine en Castilla León", en *Artigrama. Revista del Departamento de Historia del Arte*, Universidad de Zaragoza, 2001, nº 16, p. 182.

224. Pueden verse referencias varias a esta gira en ALCINA, Francisco: "Orígenes y desarrollo del cinematógrafo en Zamora: de la primera proyección al ocaso del franquismo (1897-1975)", Tesis doctoral, Universidad Complutense de Madrid, 2018, pp. 100-107; PULIDO, Catalina: "Apuntes para la historia del cine en Extremadura", *en Artigrama...,* p. 169 y GONZÁLEZ, Ana: "La exhibición cinematográfica en Badajoz (1914-1929)", Tesis doctoral, Universidad Complutense, Madrid, 2016.

Fig.9: Localidades documentadas en la gira de Marques y Azevedo entre abril de 1897 y agosto de 1898, por orden de paso: Pontevedra, Vigo, Tuy, La Coruña, Betanzos, Ferrol, Lugo, Gijón, Toledo, Talavera de la Reina, Fregenal de la Sierra, Béjar, Salamanca, Peñaranda de Bracamonte, Salamanca, Zamora, Don Benito y Llerena.

Fuente: Todas las mencionadas, además de Francisco de Asís Cambó y Batlle: *Elementos para el estudio del problema ferroviario en España*, Ministerio de Fomento, Madrid, 1918. Elaboración propia.

Los dos exhibidores se complementaban, pues mientras que Marques actuaba como operador, Azevedo era actor, improvisador y rapsoda, y había integrado el cinematógrafo en su espectáculo. Tal vez por eso, frente a la sobriedad de las presentaciones tipo Lumière, en las suyas, por ejemplo la de Gijón, se complementaba con la venta de reproducciones de cuadros famosos[225] y, en Gijón y en Salamanca, por celebridades de barraca como *El Hombre sin estómago*,[226] o, en Zamora, Cáceres y Llerena, por la Compañía Hispano Imperial Japonesa Mr. Aragrev y Mr. Sadakichi.

El nombre de la atracción cambió, ya en septiembre de 1898, pasando de Cinematógrafo Lumière a Biograph y, aunque no cambiaron de aparato, si de formato porque, muy posiblemente, en ese punto se disolvió la sociedad. La vida posterior de Azevedo es muy conocida, pues llegó a ser un afamado actor, en Portugal y en Brasil, sobre todo de teatro, e incluso participó en algunas películas de cine en los años treinta. Marques siguió llevando cinematógrafos por la Península Ibérica al menos hasta 1907.[227] Esta galopada de 1897 y 98 nos ilustra sobre la importancia de los portugueses en el nacimiento del cine en España, además, a pesar de no ser feriantes puros, sirve para mostrar los modos y las leguas recorridas por las temporadas de aquellos primeros ambulantes que, desde el principio, unieron cinematógrafo y varietés. Más información aporta, sobre una gira unos años más tarde, el pionero Antonio de Padua Tramullas que, tras aprender los rudimentos del oficio con los Napoleón en Barcelona, se lanzó a los caminos con un aparato de cruz de Malta marca Mesters. Él mismo lo contó:

> "Era ésta el arma poderosa de entonces. Con ella y un stock de veinte películas emprendí mi peregrinaje hacia Bilbao, Santan-

225. Era vieja costumbre heredada de los panoramas. En este caso se podía comprar una copia de una "Concepción" de Murillo (2 x 1,05 metros) por 300 pesetas. *El Noroeste*, Gijón, 10-VIII-1897.
226. Eso sí, todo ello vestido de un ropaje científico, con una sesión "para hombres solos" a la que estaban invitados médicos para conocer el fenómeno antes que el público en general y consiguiendo así páginas de publicidad gratuita en las que se destacaba el notable fenómeno "digno de verse por las personas amantes de la ciencia (...) este hombre antidisfágico ó deglutidor como pudiéramos llamarle mejor que sin estómago, se tragó un reloj de bolsillo con gran facilidad y después de silbar lo devolvió por regurgitación". Alexandre Azevedo, a punto de irse ya de Gijón, decidió participar en la función a beneficio de los actores de la compañía Martín que actuaban en el Teatro-Circo de los Campos Elíseos. DR. A. RODRÍGUEZ: "Colaboración científica. Explicación de un fenómeno", en *El Litoral de Asturias. Diario Imparcial de información, industria y comercio*, Gijón, 13-VIII-1897. También *El Litoral de Asturias*, Gijón, 23 y 24-VIII-1897. *El Noroeste*, Gijón, 26-IX-1897 y MADRID, Juan Carlos De la: *8.000 películas...*, p. 110.
227. LETAMENDI, Jon y SEGUIN, Jean-Claude: Alexandre Azevedo y César Marques: ¿Quiénes fueron los "competidores" de Sellier en mayo de 1897", en *José Sellier en A Coruña...*, pp.121-128.

> der, San Sebastián, Vitoria, Asturias y Galicia. Y buscando el teatro donde le había, o en caso contrario, locales apropiados, se montaba la cabina, hallándome las más de las veces con mi peor enemigo, la falta de fluido eléctrico. Hice de todo: de empresario y otras veces de su representante, de operador e incluso de explicador en muchos casos...; y, por si esto fuera poco, como se trabajaba con un solo objetivo, las distancias focales eran un nuevo tormento en cada nueva instalación".[228]

De todo esto no ha quedado sino el rastro. El que hemos reconstruido hasta aquí gracias al interés de la investigación de los últimos años y el más tangible que se encuentra en un corpus de películas, flaco y maltratado, pero que, habida cuenta de los azares a los que ha sobrevivido de forma heroica, tiene más importancia de la que se le ha dado habitualmente. No posee una dimensión artística, por eso su valor documental crece y a él hemos de prestar atención.

Hablamos de, aproximadamente, un centenar de películas rodadas en aquellos dos primeros años, de las que hoy restan las de la colección Lumière, completa, y las supervivientes en los fondos de Paul y Gaumont.[229] A pesar de su escasa entidad aparente se rodaron con dificultad. Incluso con el aparato Lumière, el más fiable y de más sencillo manejo para estos menesteres, no era tan sencillo para el rodaje; había que tener cierta pericia para el encuadre (de ahí la ventaja de los fotógrafos), pues carecía de visor. Los objetivos, de buena profundidad de campo, sin embargo dejaban pasar poca luz, por lo que precisaban de suficiente luz solar para no impresionar imágenes oscuras o movidas. Eso teniendo en cuenta que no se podía desperdiciar material de aquellas cargas de película de unos 17 metros que, a 16 fotogramas por segundo, daban para un minuto de rodaje, más o menos. El cambio de chasis (aún no era compacto) resultaba una maniobra

228. TRAMULLAS, Antonio de P.: "Mis andanzas por España. En el cine mudo y en el cine parlante hace veinticinco años", en *Arte y cinematografía*, nº 400, 1935, pp. 122-124. Tramullas trabajaba en la casa Chalaux Hermanos, instalada en la Puerta del Ángel, de Barcelona, a la que le fue encargada la instalación eléctrica del Lumière de los Napoleón y así empezó su relación con el cine.

229. Estamos de acuerdo con la estimación de Seguin y Letamendi en "La llegada del cinematógrafo a España (1896-1897): Metodología y esbozo"..., pp.13-26.

delicada que no se podía hacer de cualquier manera, pues la película virgen no podía exponerse a la luz y eso obligaba a ocultarse en un lugar oscuro del que volver para seguir rodando.[230]

La mayoría de esas cintas son, ya se sabe, vistas generales, protodocumentales; colecciones de fotografías animadas, además de por el movimiento, por el interés que despertaba entre el público local ver los lugares conocidos y a las personas que también lo eran. Es en esa clave como hay que entender una aportación netamente española: las salidas de misa, de las que ya hemos dado ejemplos aquí. Sobre esto mucho se ha hablado intentando reflejar en este subgénero castizo el atraso de una España cuyas imágenes salían de misa, mientras que, al otro lado de los Pirineos, salían de fábricas. Es esta una explicación ventajista.[231] que cede ante otra más simple: la misa era el acontecimiento social más importante de la semana en las localidades de provincias. Cuanto más pequeñas mayor importancia, aquellas en las que una parte importante de la población recibía las noticias por el sermón dominical. Pero era también la ocasión para ver a los vecinos endomingados, a las chicas en edad de merecer que los chicos asediaban, pues tenían muy pocas ocasiones de acercamiento, más allá del día de la fiesta mayor. Esas salidas ofrecían a los empresarios de los cinematógrafos la posibilidad, muy comercial, de inmortalizar a la mayor cantidad de gente posible, la más principal además. Como dice la prensa gijonesa en la salida de misa rodada allí por Marques y Azevedo: "se ven, entre otras muchísimas personas conocidas, á los señores".[232]

230. Para los detalles de funcionamiento del aparato Lumière véase RITTAUT-HUTINET, Jacques: *Le cinéma des origines. Les frères Lumière et ses opérateurs*, Champ Vallon, St. Juste-la-Pendue, 1985, p. 49.
231. Es una explicación, ya utilizada por Fernando VIZCAÍNO CASAS en su *Historia y anécdota del cine español*, Adrá, Madrid, 1976, pero que se ha vuelto demasiado longeva. No hay más que ver lo que dice Nicolás GRIJALBA en "Breve historia del cine social español": "De entrada, el cine español no parece un espacio preocupado por lo social durante sus primeros años de vida. Mientras que los hermanos Lumière convertían en protagonistas a los trabajadores de su fábrica de la ciudad de Lyon, en *Salida de los obreros de la fábrica* (1895), el español Eduardo Jimeno, dos años después, proyectaba *Salida de la misa de doce de la Iglesia del Pilar de Zaragoza*. Una comparación caprichosa pero inevitablemente simbólica." en *The Conversation*, 18-X-2022 [visitado el 5-II-2023].
232. *El Noroeste*, Gijón, 12-IX-1897.

De este panorama general se escapan los casos de Madrid y Valencia. El primero, por la capitalidad y las circunstancias de la primicia, ampliamente glosadas hasta aquí, que desarrollaron una especie de género madrileño entre las vistas más primitivas del cinematógrafo en España que, además de las cintas Lumière, incluyó otras aportaciones verdaderamente originales, como las del Mouvógrafo de Joseph Eugène Beaugrand. Esas cintas llevaban ya un cierto apunte de reportaje, sobre todo las de la *Corrida de toros del 18 de octubre* y el *Asalto de sable por los discípulos del Sr. Carbonell.* Además tuvo la audacia primeriza de combinar las proyecciones con sonido más o menos sincronizado. Por lo que respecta a Valencia, pese a la confusión de las noticias hasta ahora conocidas, hay que dar valor a la labor de los operadores extranjeros, como Eugène Lix (o Six) y sus películas, y otras de asunto folklórico o costumbrista como la *Comparsa de los enanos en Valencia, Ejecución de una paella* o la reconstrucción, bajo diversos títulos, de la muerte de Maceo, una actualidad de primera hora muy valorable por el éxito que tendrá el género de las actualidad reconstruidas en los años siguientes.

Completan el repaso otras filmaciones de pioneros ya conocidos como Salinas y De Lucas que, en junio de 1897, ya presentaban *Plaza Vieja de Vitoria* y, dos meses más tarde hacía lo propio José María Obregón en Bilbao, con *Gigantes y cabezudos* y *Puente del Arenal de Bilbao.* También hay que descartar otras cintas que, ahora parece demostrado, nunca existieron, como el famoso trayecto fantasma de la anónima *La Llegada de un tren de Teruel a Segorbe,* rodada supuestamente en octubre de 1896, que hasta hace muy poco fue saltando de libro en libro para asentarse como cierta en las historias del cine español.[233] Hoy sabemos que tal cosa no pudo suceder porque el ferrocarril no llegó a Segorbe hasta 1898, pero la unión con la ciudad de Teruel se demoró nada menos que hasta 1901.[234]

233. Julio PÉREZ PERUCHA sitúa la proyección de esta película en Valencia el 23 de octubre de 1896 y su rodaje varios días antes, "posiblemente por Charles Kall", en "La narración de un aciago destino", *Historia del cine español,* Cátedra, Madrid, 1995, pág. 25. Jean-Claude SEGUIN publicó en su momento que "presentada en Valencia el 11 de septiembre de 1896, es, sin lugar a dudas, la primera película realizada por un español", en *Historia del cine español,* Acento, Madrid, 1995, p. 8.

234. GARCÍA RAYA, Joaquín: "Cronología del ferrocarril español de vía ancha", en *Actas del IV Congreso de historia ferroviaria,* Fundación de los ferrocarriles españoles, 2006. Hay autores que, aún conociendo este

Se ha recorrido hasta aquí la sumaria producción de estos primeros meses. La de los primeros años no será precisamente muy numerosa. Sabemos que fue Alexandre Promio quien, a principios de junio de 1896, rodó las primeras imágenes en movimiento en la Península Ibérica, pero resta por saber quién fue el primer español en hacer lo mismo. No es que sea éste un dato muy importante para esta historia, algo ya se ha dicho sobre el particular. Tampoco aquí se reparten medallas en carrera alguna, pero, durante años, personas y lugares han pugnado por colgarse ese trofeo que, en los primeros tiempos del cine no existía. Nadie asignaba la nacionalidad de las vistas a su operador, sino al lugar donde fueran rodadas. Eran tiempos en los que las innovaciones circulaban y se copiaban con la misma libertad y a la misma velocidad que corrían los aparatos cinematográficos. Esos días pasaron pronto y, desde hace décadas, se empezó a buscar la primera película española. La primera rodada por un español. Camino lleno de trampas y recodos.

Durante años esa distinción recayó en Eduardo Jimeno y su *Salida de misa de doce del Pilar de Zaragoza*, rodada, según las fuentes clásicas, el 12 de octubre de 1896. La investigación más reciente, coincidiendo con el centenario de esa fecha, demostró imposible esa afirmación pues, en este libro ya lo sabemos, en esa fecha los Jimeno no tenían su aparato Lumière. Demostrado el error se quiso ir más allá desatando un conflicto historiográfico-político. Algunos investigadores trataron de demostrar que ese dato era producto de un montaje; una conspiración del aparato del régimen franquista, para elevar a los altares a una primera producción española, hecha por un español, precisamente en el día de la fiesta nacional saliendo de una iglesia. No era posible mayor casticismo nacional-católico. La del avieso montaje era una historia demasiado buena para dejar que la realidad la estropeara. Pero la realidad suele ser prosaica y poco conspiradora. Se demostró que esa fecha era errónea, cierto, pero simplemente porque quienes hicieron esa primera historia se basaron no en las fuentes primarias sino en la imprecisa memoria de Eduardo Jimeno Correas, que pasó sus recuerdos a papel en un diario en el que no es este el único dato impreciso. La polémica fue imparable, pero, disipada la humareda de esa controversia

dato, no renuncian a la fecha y el estreno de la película suponiendo que se habría rodado en escenarios simulados. Es el caso de MARTÍN, Rafael: "Cine en Segorbe", en *Boletín del Instituto de Cultura Alto Palancia*, nº 1, Julio de 1995, pp. 135-138.

muchas veces mediática e interesada, quedó la verdad: esa película no fue la primera porque fue rodada en octubre de 1899.[235]

Había que buscar más. Sin salir de Zaragoza otra película opositaba a ocupar ese lugar: *Desfile del regimiento de Castillejos*, presentada en Zaragoza por Francisco Iranzo el 16 de marzo de 1897 y rodada el día 11, siendo la primera cinta impresionada en la capital de Aragón. Pero parece que Iranzo fue sólo el exhibidor de una cinta rodada, tal vez, por un operador extranjero, muy posiblemente quien le vendiera el aparato con la propia película, ya que no está claro que Iranzo, del que no se conocen más rodajes, tuviera un aparato capaz de proyectar.[236] Los ojos se volvieron entonces al Oeste, concretamente a La Coruña y al ya conocido Joseph Sellier, de nacimiento francés y arraigo coruñés. Él fue el autor de *Fábrica de Gas*, *Plaza de Mina* y *Orzán, oleaje*, presentadas el 2 de junio de 1897 y que, hasta ahora, pasan por ser las primeras películas rodadas en España por

235. Seguir los detalles de la polémica consumiría varias páginas de este trabajo. Al lector dejamos las referencias más vistosas en: LETAMENDI, Jon: *Aportaciones a los orígenes del cine español*, Royal Books, 1996; LETAMENDI, Jon y SEGUIN, Jean-Claude: *La cuna fantasma del cine español. Salida de misa de doce del Pilar de Zaragoza: la crónica de una mentira fraguada y mantenida desde la historiografía al servicio del poder*, CIMS, Barcelona 1998, y, de los mismos autores: "Los orígenes del cine español", en *Cuadernos de la Academia*, nº 1, octubre de 1997, "Salida de misa de doce del Pilar de Zaragoza. La fraudulenta creación de un mito franquista" en *Cuadernos de la Academia*, nº 5, 1999 (ejemplar dedicado a: Los límites de la frontera: la coproducción en el cine español. VII Congreso de la Asociación Española de Historiadores de Cine), pp. 397-419, y *Los orígenes del cine en Guipúzcoa y sus pioneros...*; MARTÍNEZ, Amparo: "Estado de la cuestión sobre el caso aragonés", en *Artigrama* nº 16, Universidad de Zaragoza 2001, especialmente pp. 86-88. Agustín SÁNCHEZ VIDAL ya había aportado la nueva datación en su obra *El siglo de la luz. Aproximación a una cartelera I. Del Kinetógrafo a Casablanca (1896-1946)*, CAI, Zaragoza, 1996.

236. Tenía un cromatógrafo Edisson, que, como siempre en estos tiempos, se equiparaba a "un perfecto cinematógrafo". En ningún caso se cita la palabra "Lumière", sistema aún inédito en la ciudad. Lo cual demuestra que podía filmarse —y, de hecho, se filmó— antes del 1 de mayo de 1897, en que se pusieron oficialmente a la venta las cámaras de los industriales lioneses. En SÁNCHEZ VIDAL, Agustín: "Panorámica sobre los orígenes del cine en Zaragoza", en *Artigrama...*, p. 91.

una persona radicada en este país.[237] No quiere decir que este dato sea inmutable, que no vaya a cambiar como cambiaron otros en estos últimos años, por ejemplo, la que hasta hace una década se consideraba la primera, del mismo autor: *El entierro del general Sánchez Bregua*. Sin embargo, el margen de maniobra es tan escaso y el dato de la primicia tan poco relevante para lo que aquí se cuenta, que es mejor dejarlo para los buscadores del lustre localista más que para los verdaderos historiadores.

Con esto podemos empezar a cerrar el relato de los años de la llegada del cinematógrafo. El final del siglo XIX supuso el intento de perpetuar la eterna novedad. Esto sólo era posible con una programación en constante cambio que permitía dar esa impresión de renovación continua. Es una época en la que se van reformando los aparatos, cosa que permite generalizar espectáculos distintos, incidiendo siempre en lo nuevo: los colores, la magia, "el mundo al revés", etc.

Las exhibiciones cinematográficas se afirmaron en toda España, especialmente en provincias y en lugares pequeños o alejados de los circuitos habituales, consolidando de forma regular las presencias del cinematógrafo, que acude tanto a locales estables como efímeros, con el mundo de la feria como referente imprescindible, sobre todo en los días festivos de las ciudades de cierto relieve. Precisamente en estos años los locales de feria, que van siendo cada vez más habituales, no logran desbancar totalmente a otro tipo de instalaciones, siendo común la presencia, en teatros o teatritos, de sesiones cinematográficas.

A partir de 1898 aumenta notablemente el parque de aparatos en circulación, lo que llevaba aparejada la pretensión de desmarcarse que adoptan muchos de estos exhibidores que se atribuyen, como garantía de calidad, la denominación Lumière intentando distinguirse de otros que posiblemente no tuvieran esa marca. El prestigio, al menos publicitario, del Lumière sobre sus competidores seguía intacto. Tanta cantidad provocó una

237. Que ahora se une a sus otros rodajes realizados entre 1897 y 1900, sumando los ya citados, una docena de títulos en total: *Carrera de bicicletas, Siesta interrumpida, San Jorge, salida de misa, Descarga de Carbón, Cantón grande, Matadero, Salida de operarios, Temporal en Riazor, Regreso de Cuba/Desembarco de los heridos de Cuba en nuestro puerto* y *La Bahía*. Como vemos en algunos títulos tempranos también en España se salía del tajo. Véase CASTRO, José Luis, FOLGAR, José María, NOGUERIA, Xosé y SEGUIN, Jean-Claude: "José Sellier Loup (Givors, 1850-A Coruña, 1922), fotógrafo y cineasta"...

suerte de selección natural de aquellos ingenios o prodigios sin la suficiente calidad para trascender a los primeros momentos de asombro, en estos años en los que la proliferación de aparatos y la rápida impresión y difusión de las cintas determinaron la trayectoria posterior. La ya mencionada incorporación de los fotógrafos al mundo del cinematógrafo elevó, por su propia formación, la exigencia de calidad. Por otra parte, muy pronto empiezan a instalarse en España empresas dedicadas a la distribución de material cinematográfico, con lo que resultó más fácil y más cómodo hacerse con material original de calidad, con independencia de la marca. Los tiempos de los viajes heroicos a París con gran esfuerzo y riesgo de timo, habían pasado. Cuando llegue el siglo XX serán sólo un recuerdo.

Los años de la llegada, que hemos retratado hasta aquí, mostraron al cinematógrafo como un invento hijo de su tiempo. La etapa finisecular, tan pródiga en maravillas, humanas o mecánicas, no cesaba de sorprender con el "más difícil todavía" de la ciencia mutada en espectáculo.

Fueron momentos, como reza el inicio de este epígrafe, de vapor, estación y chispa. El vapor del ferrocarril que, como se ha visto con detenimiento, marcó la velocidad y el rumbo de la extensión del invento e incluso de penetración y asentamiento posterior en algunas ciudades.[238] Pocos pioneros se apartaron de su trazado, según el mapa que aportamos, pero no fue el único vapor. También de las calderas de los buques salió energía para transportar cinematógrafos. Eran, además de a Baleares, las líneas que unían los puertos franceses y españoles, sobre todo Marsella con Barcelona y Valencia, las que traían a algunos pioneros que luego seguían ruta por ferrocarril. El mismo Alexandre Promio combinó estas posibilidades de transporte, ya que, si para el viaje de vuelta eligió el ferrocarril y el trayecto Irún-Burdeos, es muy probable que, para el viaje de ida, eligiera un trayecto mixto: en tren desde Lyon a Marsella, en barco desde Marsella a Barcelona y otra vez en tren de Barcelona a Madrid.[239] Precisamente los buques y la

238. Se ha estudiado, por ejemplo, como el tranvía facilitó el asentamiento de los espectáculos de imagen en movimiento en las calles sevillanas en la primera década del invento: BARRIENTOS, Mónica: "Cinematógrafo y ciudad: integración del nuevo espectáculo en el espacio urbano de la Sevilla de finales del siglo XIX y principios del XX. El factor tranvía", en *Actas V Congresso Internacional Cidades Criativas*, 2017, pp. 536-547.

239. Es la hipótesis que defienden Letamendi y Seguin, apoyándose en algunas pruebas, en *Los orígenes del cine en Cataluña...*, p. 441.

influencia del transporte marítimo, además de la importancia de la presencia de los portugueses en estos primeros años del cinematógrafo, han llevado a plantear algunas hipótesis sugerentes, como que el *hinterland* portugués, con centro en Lisboa, llegaría a toda la mitad oeste de España (norte y sur) con predominio de aparatos de importación marítima anglosajona, mientras que la conexión francesa ocuparía la otra mitad, con un *hinterland*, marcado por los puertos de Barcelona y Valencia y sus conexiones francesas, especialmente con los puertos de Marsella o Sète.[240] A pesar de lo atractivo de la hipótesis, no debemos de olvidar que Rousby viajó de Madrid a Lisboa en ferrocarril y que, por ejemplo Marques y Azevedo, utilizaron el mismo medio para batir buena parte de España al año siguiente, nunca lejos de la traza fronteriza.

Sea como fuere el vapor resultó indispensable para la llegada del cinematógrafo combinando medios de transporte en un espíritu moderno, con un cierto sesgo Phileas Fogg. La primera edición de *La vuelta al mundo en 80 días* es de 1873, con lo que, teniendo en cuenta la velocidad a la que se movían los acontecimientos históricos a finales del siglo XIX, aún era un libro reciente.[241]

En cuanto a la estación, fue de enorme relevancia. En primer lugar ligando con lo anterior, el rosario de estaciones de ferrocarril trazaron el rumbo de la llegada del cine y decidieron, en la mayoría de los casos, a donde ir y a donde no. Pero hay otra estación capaz de decidir muchas cosas, se trata de la estación del año. La forma de organizar los meses tuvo mucha influencia para un invento que llegó en primavera y que, en los años por venir, tendría el verano como destino preferente en los lugares donde las fechas de feria y fiesta mayor hacían llegar a unos aparatos que no estaban presentes el resto del año. Esto sucedía en lugares chicos, pero en los más grandes, también la estación condicionó el espectáculo y lo hizo

240. Es la teoría expuesta por Begoña SOTO en "Extrañezas posibles. A propósito de procedimientos y caminos de algunas de las primeras imágenes animadas entre España y Portugal", en *A propósito de Cuesta...*, pp. 85-92.

241. "Así pues, Phileas Fogg ganó su apuesta. Recorrió en ochenta días aquel viaje alrededor del mundo. Empleó para llevarlo a cabo todos los medios de transporte, paquebotes, ferrocarriles, coches, yates, barcos de carga, trineos y hasta un elefante." Más o menos así concluía *La vuelta al mundo en 80 días*. VERNE, Jules: *Le Tour du monde en quatre-vingts jours, Hetzel, París, 1873.*

desde el primer momento. No hay más que considerar que la primera temporada del Cinematógrafo en Madrid se suspendió el 24 de julio de 1896, cosa que ya había adelantado Jean Busseret en su solicitud de apertura al aclarar que "la exhibición en esta corte de sus fotografías animadas [quedaron] suspendidas el mes de julio por principiar la temporada excursionista en provincias".[242] Era, para eso también, una temporada de estación.

Fig.10: *Cinematógrafo nacional* Cuadro VII (*El Arte de Teatro,* Madrid nº 30, 15-VI-1907, p. 10).

En cuanto a la chispa, por supuesto la chispa eléctrica había llegado para condicionar no sólo las funciones del cinematógrafo, sino toda la vida. Así lo recogía en 1907 la revista cómico-lírica *Cinematógrafo nacional,* donde uno de sus personajes se llamaba, precisamente, "Chispa eléctrica". En la apoteosis de su número final se dirige un proyector al fondo de la es-

242. El texto queda recogido en la página ya citada de Le Grimh.

cena donde aparece el Dios Apolo y la palabra "progreso".[243] Esa chispa se impondría en muy pocos años. Así, cuando en 1924 por Real Decreto se intenta ordenar el panorama eléctrico, su exposición de motivos ya nos hace ver la importancia que los tiempos modernos y la electricidad habían cobrado en esos años, hasta transformarse en artículo de primera necesidad. También para eso el cinematógrafo había sido pionero:

> "Las necesidades de la vida moderna y las exigencias de la industria no permiten que la Administración se desentienda de los suministros de energía eléctrica agua y gas, indispensable para la existencia de los individuos y de las industrias, y cuyas deficiencias pueden originar conflictos de orden público y comprometer seriamente la vida de las Empresas industriales".[244]

Las ciudades empezaron a ser colocadas en dos categorías, decididas por la combinación de todos estos factores que determinaron la llegada del cinematógrafo, aún en fechas avanzadas. Las que estaban cerca del trazado ferroviario, tenían ferias importantes y un suministro suficiente y estable de energía eléctrica entraban en la primera categoría y recibían pronto o de forma asidua el nuevo invento. Un espectáculo que, en su nacimiento y primer crecimiento, utilizó como nutrientes primordiales el vapor, la estación y la chispa, vinculadas a prestigiosas adaptaciones literarias. Un caldo de cultivo propicio para un nuevo cambio que llegará con la segunda década del siglo.

243. Cinematógrafo nacional era obra de Perrín, Palacios y Giménez, estrenada en el teatro Apolo el 10 de mayo de 1907. Una imagen del Cuadro VII, el de la apoteosis, puede encontrarse en *El Arte de Teatro*, Madrid nº 30, 15-VI-1907, p. 10.

244. *Real decreto dictando normas sobre suministros de energía eléctrica, aguas y gas*, en *Gaceta de Madrid* nº 106, de 15 de abril de 1924, pp. 306-308.

4.

DESCANSO DOMINICAL
Y PRODUCCIÓN NACIONAL
(1900-1910)

Muy pronto se resolvió el dilema planteado por la llegada de la imagen en movimiento: Rousby o Lumière; espectáculo o ciencia; serrín de circo o tablas de teatro. Después de que el espectáculo le ganase la partida a la ciencia; después de que concluyese el Sistema Lumière y sus aparatos circulasen como muchos otros por el mundo, las atracciones se hicieron dueñas de la situación.

Tuvieron que hacerse sitio en años marcados por las dos primeras crisis de importancia del régimen restauracionista, que abrieron grietas en el cerrado sistema de partidos turnantes dando voz a otras fuerzas que agitaban el panorama. Ambas crisis tenían, como la primera industria del cine, su centro de gravedad en Barcelona y midieron los años del paso de las barracas a la primera estabilización de la exhibición en pabellones. La primera, en 1905 a partir de la victoria en las elecciones municipales, el 12 de noviembre, de la Lliga Regionalista y los republicanos frente a las fuerzas dinásticas. A ella siguió el asalto del ejército a las imprentas de la revista *¡Cu-Cut!*, vinculada a la Lliga, y del diario *La Veu de Catalunya.* Todo acabó, en marzo de 1906, con la aprobación de la Ley de Jurisdicciones, por la que la autoridad militar podía juzgar las críticas al ejército, la bandera o cualquier símbolo nacional. También en el nacimiento de Solidaritat Catalana, que abrió brecha entre los partidos del régimen al tiempo que prendía un sentimiento antimilitarista que, tres años más tarde, cuando el conflicto de Marruecos se hizo guerra abierta, acabó en la segunda crisis. Enfrentamientos y dura represión por la negativa a la movilización de reservistas en la Semana Trágica de Barcelona, entre el 26 de julio y el 2 de agosto de 1909.

Sucedidos que acontecían cuando el joven Alfonso XIII era nuevo en el trono, pues había llegado en 1902, recién cumplida su mayoría de edad. Todo su empeño y el gran fracaso de su reinado consistió en impulsar una reforma desde arriba, que defendiera al bloque de poder[245] de terratenientes, financieros e industriales, aliados con la vieja nobleza, de las acometidas populares que intentaban formar parte del juego político que liberales y conservadores se repartían con demasiadas intervenciones de la Corona. Más que árbitro el rey fue un actor más en momentos y asuntos trascendentales. Con todo ello la vida política y social española tendría muchas novedades y no pocas actualidades que el primer celuloide iba a impresionar y necesitaba encajar en el escaso tiempo del que las clases subalternas disponían para hacer cualquier otra cosa que no fuera ir y venir del tajo.

4.1. Ocio para vender.

Los circuitos de feria, las programaciones de cafés, barracones, pabellones, teatritos y, con el tiempo, cinematógrafos, fueron el destino de las primeras películas que corrieron por España. Allí el público pudo disfrutarlas cuando se camuflaron entre números y artistas conocidos, hasta ser adoptadas por la familia de las varietés. Pasaban estas cosas en el momento en que la modernidad se empezaba a abrir camino buscando nuevas formas de consumo, frente al modelo tradicional, prefordista, de consumo de élite que excluía a la mayoría en favor de los pudientes, elegantes y distinguidos.

Faltaban años para llegar al final de esa línea, pero era un proceso sin retorno. En España no se inició de verdad hasta el final de la Primera Guerra Mundial, no se consolidó hasta los años treinta y, tras el paréntesis fatal de la guerra civil, no se podrá hablar de una verdadera sociedad de consumo de masas hasta las décadas de 1960 y 1970. Todo muy largo y muy lento, pero con un origen en estos cambios de principios de siglo.[246] Son los mismos años en los que se empiezan a formar las industrias culturales, coin-

245. "Bloque de poder" es una categoría con la que Manuel TUÑÓN DE LARA analizó aquellos tiempos: *Historia y realidad del poder. El poder de las élites en el primer tercio de la España del siglo XX*, Edicusa, Madrid, 1967.

246. ALONSO, Luis Enrique y CONDE, Fernando: *Historia del consumo en España: una aproximación a sus orígenes y primer desarrollo*, Debate, Madrid, 1994, pp. 65-80. Para el proceso de formación de la sociedad de consumo puede verse, por ejemplo, OTERO, Luis Enrique, PALLOL, Rubén, GONZÁLEZ, Manuel y otros: *La sociedad urbana en España, 1900-1936*, Libros de la Catarata, Madrid, 2017.

cidiendo con las mutaciones de espectáculo, locales y clientela del cinematógrafo. Un período de neta identificación del Cine Primitivo con los espectáculos de varietés, hasta que, pasada la Gran Guerra, va abandonando sus viejas y libres hechuras por un lenguaje distinto, domesticado, camino de su definitiva institucionalización como forma de representación, codificando el producto para conseguir una aceptación social masiva que le permitiese perdurar, e instituyendo unas formas industriales que acabaron perteneciendo a Norteamérica y a la factoría de Hollywood.[247]

En el centro de este proceso estaba la lógica de la supervivencia de los nuevos espectáculos que trajo el siglo XX: mercantilizar el ocio. Es decir, según reza el diccionario, "convertir en mercantil algo que no lo es de suyo".[248] Tal era la dificultad para vender el tiempo de ocio, por escaso y por no ser, según esa definición, un objeto sometido hasta entonces a la lógica del mercado.[249] Pero eso fue cambiando y es lo que a nosotros nos interesa estudiar. Con qué resortes se empezó a vender el ocio, un nuevo negocio en el que se comercializaban todos aquellos espectáculos populares a los que el cine estuvo asociado durante años. Los que consiguieron abrirse camino, a principios del siglo XX, en el tiempo de ocio de la población española.

247. Utilizamos siempre la terminología de Noël BURCH, en su célebre trabajo *El tragaluz del infinito. Contribución a la genealogía del lenguaje cinematográfico*, Cátedra, Madrid, 1987. A pesar de las múltiples consideraciones sobre este término, "primitivo" sigue teniendo vigencia para nosotros, como exacta expresión de lo que queremos mostrar y que se ajusta perfectamente a la definición del diccionario de la Real Academia: "primero en su línea, o que no tiene ni toma origen de otra cosa" [consultado el 23-X-2023].
248. Voz "mercantilizar" en *Diccionario de la Lengua Española*, Real Academia Española, actualización a 2022 [*on line*].
249. En otros países los estudios sobre la mercantilización del ocio cuentan con una larga tradición y aportaciones de calidad. Véanse, por ejemplo, CORBIN, Alain: *L´avènement des loisirs, 1850-1960*, Flammarion, Paris, 1995; BAILEY, Peter: *Leisure and Class in Victorian England*, Routledge and Kegan Paul, London, 1978; CLARKE, John y CRITCHER, Chas: *The Devil makes Work: Leisure in Capitalism Britain.* London, 1985; WALTON, J.K. y WALWIN, J. (eds.): *Leisure in Britain, 1780-1939.* Manchester, Manchester University Press, 1983; ARIES, Philippe y DUBY, Georges, (dirs.): *Historia de la vida privada*, Taurus, Madrid 1989; MARRUS, Michael: *The Emergence of Leisure*, New York, 1976; LANDES, David: *L´Heure qu´il est. Les horloges, la mesure du temps et la formation du monde moderne*, Gallimard, Paris, 1987.

Y al hablar de ocio nos referimos al tiempo de libre elección, destinado a la satisfacción personal y no lastrado en modo alguno por obligaciones laborales, sociales o familiares. No es lo mismo que el tiempo libre. Si el tiempo libre es tiempo ajeno al trabajo, el de ocio es sólo una parcela de ese tiempo sin trabajo. Aquel que, estando libre del trabajo, también lo está de las obligaciones sociales (cívicas, familiares, religiosas) y de la atención a las necesidades fisiológicas y de sustento (la salud, comer o dormir, por ejemplo) y que se destina de forma voluntaria a la satisfacción personal.[250]

Vender ese tiempo sólo es posible en las sociedades industriales, más o menos desarrolladas, en las que las obligaciones laborales y sociales están separadas, ya que en las sociedades agrarias tradicionales el tiempo de trabajo es todo el tiempo, no existe diferencia entre obligación y satisfacción; fiesta y trabajo. Ese estado de cosas se alteró cuando el desarrollo industrial hizo crecer la disposición de tiempo y de capacidad de gasto para amplias capas de la población y la posibilidad de elección entre las ofertas del ocio mercantilizado con el progreso de las industrias culturales. Es decir, los años de la Restauración española.

Fueron esos años los que enfilaron la ruta hacia el denominado *estándar maduro* de ocio de masas, que relaciona el ocio y los ciclos de tiempo social.[251] Tenía que extenderse ese tiempo a grupos sociales amplios, sectores de capas medias y populares, para llegar a la mayoría de la sociedad. Estos grupos, la clientela natural de los productos ofrecidos en los mo-

250. Para el concepto de Ocio según Joffre DUMAZEDIER véase esa voz en D.L. SILLS: *Enciclopedia internacional de las ciencias sociales*, Madrid, 1975, vol 7. Entre los estudios españoles que más interesan a este trabajo destaca la aplicación del concepto de forma sectorial en A. L. GÓMEZ: *Aproximación histórica al estudio de la geografía del ocio. Guía introductoria*, Antorphos, Madrid 1988, y su plasmación en un modelo de historia social de un territorio concreto abordado por Jorge URÍA en *Una Historia social de Ocio. Asturias 1898-1914*, Publicaciones Unión, Madrid 1996.

251. Una sistematización de lo que se dice puede encontrarse en varias obras de Jorge URÍA, en especial: "El camino hacia el ocio de masas. Las industrias culturales en España antes de 1914", en RIBOT GARCÍA, Luis y DE ROSA, Luigi: *Trabajo y ocio en la época Moderna*, Actas, Madrid, 2001, pp. 139-150 y *La España Liberal (1868-1917). Cultura y vida cotidiana*, Síntesis, Madrid, 2008, pp. 94-102.

mentos de ocio, deberían tener suficiente tiempo y dinero para gastarlo en la mercantilización de ese ocio. Ya por último, suponiendo la existencia de tiempo y dinero, no debería faltar una oferta suficiente en bienes y servicios de ocio, que acabaría derivando en industrias de la cultura, capaces de mercadear con espectáculos como los que se organizaron en torno a la marca del cinematógrafo y varietés. En suma: espectáculos para vender y público con tiempo y dinero para compraren un mercado "de masas"; de espectáculos dirigidos a un público indiferenciado y lo más numeroso posible. Antes de la Primera Guerra Mundial este fue proceso lento y tortuoso.

Cuadro 3. Precios medios de los artículos de primera necesidad entre abril de 1909 y marzo de 1914

ARTÍCULO	CANTIDAD	PRECIO (pesetas)
Patatas	1 kilo	0,15
Pan	1 kilo	0,37
Vino	1 litro	0,37
Leche	1 litro	0,40
Arroz	1 kilo	0,58
Garbanzos	1 kilo	0,81
Azúcar	1 kilo	1,18
Huevos	1 docena	1,30
Aceite	1 litro	1,40
Bacalao	1 kilo	1,32
Carne de cordero	1 kilo	1,62
Carne de vaca	1 kilo	1,84

Fuente: Instituto de Reformas Sociales. Elaboración propia.[252]

252. Hemos utilizado *Coste de la vida del obrero. Estadísticas de los precios de los artículos de primera necesidad, en toda España de 1909 a 1915*, Establecimiento tipográfico de Felipe Peña Cruz, Madrid, 1916. El Instituto de Reformas Sociales elaboraba la estadística a partir de

La población asalariada, que necesariamente debería constituir una parte sustancial de ese público, necesitó de muchos años para poder optar a introducirse en ese "mercado". Precisaba disponer de dos recursos esenciales: tiempo y dinero. Para ellos era difícil asistir a espectáculo alguno. Sus jornadas eran agotadoras, nunca inferiores a las once horas de media diaria. Con variantes según oficios. Algunos dependientes del horario solar como la construcción; con ramas especialmente duras como la minería, algunos tipos de metalurgia, como el cinc (con jornadas de hasta 24 horas con otras tantas de descanso), niños en trabajos de pinches de cocina a 16 horas diarias, de *guajes* de mina en condiciones semejantes o especialmente largas como los dependientes de comercio y el trabajo de las mujeres en empleos como el servicio doméstico, el sector textil y la confección.[253] En general, las jornadas del sector terciario, por sus borrosos límites, eran más largas y más difíciles de calcular que las de los sectores manufactureros. A esto hay que unir los incumplimientos o abusos sobre los más débiles, entre los que se cuentan muchos trabajadores, todas las mujeres y los niños. Las vacaciones fueron desconocidas hasta los años treinta.

Aunque no siempre se pueden hacer cálculos fiables por la ausencia de estadísticas y las distintas modalidades de pago, según sectores y trabajos (a destajo, por semanas, meses o a jornal) la capacidad de gasto era escasísima. Para empezar existía una diferencia sustancial entre trabajadores agrícolas e industriales, campo y ciudad. En el campo los salarios variaban, además, con las épocas del año; no eran iguales en la siembra que en la siega o la recogida de la aceituna. Con todo, los salarios diarios en la primera década del siglo pudieron oscilar entre las 1,49 pesetas de 1904 y las 1,96 de 1910. Téngase también en cuenta que el máximo de jornales al año no pasaría de los 220. En el caso de la industria la variación era mucho mayor. Tomando el caso de Barcelona el arco de los sueldos de 1905 estaba entre los de las ocupaciones más cualificadas (hilador, por ejemplo) con el salario más alto, 5 pesetas, y la menos cualificada y mujer, una sirvienta que

un sondeo sobre el precio de los artículos esenciales realizado dos veces al año.

253. En 1908 se denunciaba que en la madrileña fábrica de dulces La Española, había niñas trabajando jornadas de 11 horas, por una peseta y que en la fabricas de Campdevanol (Gerona) una trabajadora realizó una jornada de 21 horas seguidas y otra de 32, en el mismo lugar en el que habían trabajado niñas de 8 y 9 años. Véase *El Socialista*, nº 1167, 17-VII-1908, p. 3.

ganaba 0,65 pesetas.[254] El jornal en 1915 se acercaría a 3,60, 4,20 y 2,90 pesetas en Barcelona, Madrid y Vizcaya respectivamente. Algunos cálculos bastante ajustados sitúan el jornal medio de un obrero, en los primeros años del siglo XX y para toda España, en las 2 pesetas diarias y la variación, en los salarios nominales, se movía en una estrecha horquilla entre los promedios de 1,7 y 2,2 pesetas, entre 1880 y 1910.[255]

Estos sueldos, para un peón por ejemplo, serían de pura subsistencia, llevándose su frugal alimentación al menos el 70% del sueldo y necesitando del trabajo de mujer e hijos para comprar pan, patatas y tocino. Alimentos básicos cuya adquisición, como puede verse en el cuadro 3, ya supondrían una parte importante de los ingresos. Esto es así porque en el consumo de las familias la alimentación ocupó en España el mayor porcentaje de gasto y, pese a que tendió a disminuir con la llegada de productos de consumo como máquinas de coser, fotográficas o bicicletas, no se alteró sustancialmente hasta la segunda mitad del siglo XX, lo que constituye una anomalía en la Europa más desarrollada. En 1900 ese porcentaje de gasto sería de un 65,7%, frente al 6,2% del vestido y calzado, un 10% en vivienda; un 11,2% en gastos de la casa y un 6,9% en gastos diversos.[256]

Si uno de estos trabajadores, echando mano del magro porcentaje de "gastos diversos", hubiera decidido acudir acompañado a la primera sesión del Cinematógrafo Lumière en Madrid, se habría gastado el jornal completo. Aún más, en las familias muy modestas, vivir bajo el mismo techo no garantizaba idéntico nivel de vida a todos los miembros. Es sabido que el hombre tenía preferencia en el acceso a ropa, calzado, comida y bebidas alcohólicas. El Instituto de Reformas Sociales calculó en un 22% del sueldo el gasto de los mineros de Vizcaya en bebidas alcohólicas en 1904. Se suponía que el obrero adulto merecía más porque trabajaba más y, cuando se trataba de repartir miseria, siempre había damnificados. A los hombres se reservaban los alimentos más caros y calóricos, como la carne y el vino y para las mujeres se reservaban legumbres y verduras, más baratas y menos

254. MALUQUER, Jordi y LLONCH, Montserrat: "Trabajo y relaciones laborales", en *Estadísticas históricas...*, Vol. III, pp. 1171-1125.
255. Son los cálculos de Álvaro SOTO: *El trabajo industrial en la España contemporánea (1874-1936)*, Antrophos, Barcelona, 1989 y URÍA, Jorge: *La España Liberal...*, pp. 259-260.
256. MALUQUER, Jordi: "Consumo y precios", en *Estadísticas históricas...*, vol. III, pp. 1252-1266.

nutritivas.[257] Sin embargo, con salarios tan bajos, el trabajo de la mujer, no siempre bien conocido y siempre poco valorado, e incluso el de los niños, era imprescindible para la subsistencia.

Después de comer –mal– vestirse con trapos viejos que pasaban de generación en generación, calentarse y guarecerse, poco tiempo y ningún dinero iban a disponer para un esparcimiento que no fuera ir a la taberna, lugar de importancia capital en la sociabilidad masculina, que los trabajadores generalmente se encontraban de camino a casa o al tajo.[258] Eso, que para los trabajadores modestos parece probado, llegaría a implicar a otros sectores de las siempre difusas clases medias, como el capitán de infantería madrileño que cita Marvaud, ya al filo de la segunda década del siglo. Sus gastos imprescindibles, con mujer y dos hijos, serían 292 pesetas mensuales, su sueldo 235.[259]

En tan sombrío panorama de escasez de tiempo y de dinero sólo fue posible algún tímido avance cuando, el 3 marzo de 1904, se promulgaba la *Ley de Descanso Dominical*, regulada por un *Reglamento* del 19 de abril del

257. Sobre la diferencia de gasto dentro de la familia puede verse: BORDERÍA, Cristina, PÉREZ-FUENTES, Pilar y SARASÚA, Carmen: "Desigualdad en el consumo familiar. Diferencias de género en la España contemporánea (1850-1930)", en *DT-AEHE*, nº 1411, www.aehe. Las cifras del gasto de los mineros vizcaínos en INSTITUTO DE REFORMAS SOCIALES: *Informe referente a las minas de Vizcaya*, Madrid, 1904, pp. 107, 108 y 118.
258. Información de primera mano sobre este asunto puede hallarse por extenso en COMISIÓN DE REFORMAS SOCIALES*: Información oral y escrita publicada de 1889 a 1893* (edición a cargo de Santiago Castillo) Ministerio de Trabajo y Seguridad Social, Madrid 1985. Datos como esos han sido manejados con resultados muy clarificadores por Manuel TUÑÓN DE LARA en *El Movimiento Obrero en la Historia de España*, Sarpe, Madrid 1985. José SIERRA: *El obrero soñado: ensayo sobre el paternalismo industrial (Asturias,1860-1917)*, Siglo XXI, Madrid, 1990. Las posibilidades de consumo, el presupuesto o el jornal medio de un peón se hacen a partir de cálculos de Esmeralda BALLESTEROS en "¡Vivir al límite! Diferencias entre el salario monetario y el presupuesto familiar, siglos XIX y XX", en *El trabajo a través de la historia* (volumen coordinado por Santiago Castillo), Asociación de Historia Social, Madrid 1996, pp. 359-366.
259. MARVAUD, Ángel: *La Cuestión social en España*, Ediciones de la revista de Trabajo, Madrid, 1975 [1ª edc. 1910], pp. 67-68.

año siguiente.[260] Su aplicación fue muy difícil. Para la patronal, acostumbrada a emplear la represión, la beneficencia o la caridad en los asuntos de la "cuestión social", no fue una buena noticia. En 1905 en la Junta del Instituto de Reformas Sociales, se informaba que los industriales de Gijón habían decidido abrir sus establecimientos los domingos sin satisfacer las posibles multas, en Reus, al año siguiente, se decía que la ley apenas se había cumplido nunca.[261] Lo cierto es que determinados sectores reivindicaron su excepción (panaderías, periódicos, tabernas, ferroviarios y hasta toreros) y la resistencia se mantuvo durante años.[262] Pero, a la postre, fue un cambio cualitativo, lento, largo e indispensable para liberar la mínima parte de tiempo que las capas populares pudieron dedicar, entre otros espectáculos, a todos los que se integraron en las varietés, con el cine como protagonista creciente.

Fue necesario, además, el muy ligero pero constante aumento de los salarios en esos primeros años del siglo por la presión obrera.[263] Aunque la

260. Para la ley véase *Gaceta de Madrid* de 4-III-1904 y *Reglamento para la aplicación de la ley de 1º de marzo de 1904 sobre el descanso en domingo, Gaceta de Madrid*, nº 235, Madrid, 22-VIII-1904, pp. 641-642. Comentarios sobre esta ley y su significado en LÓPEZ AHUMADA, José Eduardo: *Evolución normativa de los descansos laborales*, Ministerio de Trabajo y Asuntos Sociales, Madrid 2004 y NAVAS, Raúl: "La legislación laboral y las condiciones de trabajo a principios del siglo XX", en *Revista Crítica de Relaciones de Trabajo. Laborum*, nº 5, Murcia 2022, pp. 109-130.
261. Así lo denunciaban los socialistas en *El Socialista*, núm. 989, 17-II-1905, p. 2 y, núm. 1057, 8-VI-1906, p. 3.
262. El propio Instituto de Reformas Sociales lo reconocía al hacer balance en una publicación posterior: "Legislación sobre descanso dominical" en *Manual del Instituto de Reformas Sociales*, sobrinos de la suc. De M. Minuesa de los Ríos, Madrid, 1917.
263. Aunque las estadísticas son escasas y poco fiables en estos años, se han estudiado series muy significativas en Madrid, el puerto de Bilbao o la industria textil catalana. Véanse: GARRABOU, Ramón: "Salaris i ocupació a la Maquinista Terrestre i Marítima, 1872-1889", en *Recerques*, nº 12, 1982, pp. 177-196; GONZÁLEZ PORTILLA, Manuel: *La formación de la sociedad capitalista en el País Vasco, 1876-1913*, Haramburu, San Sebastián, 1981 y BORDERÍAS, Cristina: "Salarios de mujeres y hombres en la provincia de Barcelona, segunda mitad del siglo XIX", en *Actas del VIII Congreso de la Asociación Española de Historia Económica (AEHE)* Santiago de Compostela, septiembre 2005 [en línea].

jornada de 8 horas no llegaría hasta 1919 y las vacaciones pagadas hasta 1931, con lo dicho encontraremos servidos los dos ingredientes de una sociedad que comenzó a liberar tiempo, y dinero para que los más modestos pudieran salir de la pura subsistencia. Esta situación, lejos de acabar con el capitalismo, fortaleció el inicio de la sociedad de consumo, en los umbrales de la eclosión de la sociedad de masas. Una sociedad que fue desperezándose, muy lentamente y de forma muy diferente al resto de Europa. Con ese proceso ya lanzado llegó la paulatina incorporación a los nuevos espectáculos de sectores más pudientes, ello explica cómo, pese a la deficiente estructura industrial y al desigual parque de salas, un espectáculo denominado cinematógrafo y varietés comenzó a extenderse por España integrándose en la nómina de las industrias culturales del momento, donde los números y obritas de varietés o cuplés picantes, salpimentados por proyecciones de cinematógrafo, encontraron respaldo entusiasta en una concurrencia que disfrutaba con las críticas políticas o anticlericales, entonces de moda.[264]

4.2. El espectáculo de varietés.

En torno a 1900, por mucha crisis que atravesase el mundo del teatro y el resto, no había país en Europa que dispusiese de tantas salas, autores, compositores, actores y estrenos como España. Ninguno tenía centenares de teatros que ofrecieran entre cuatro y siete funciones diarias, es el momento en el que las varietés comenzaban a imponerse tras años de tanteo. Frente a los trabajos que consideran el teatro español, desde fin de siglo XIX, como una escena fallida y en crisis, se impone el estudio de esta otra escena, la del teatro comercial en todas sus variantes, por modestas que fueran, con importante apoyo de lo musical, como una plataforma heterogénea en la que se apoyó el despegue de una industria cultural del espectáculo.[265]

264. Una muy útil visión de conjunto sobre las industrias culturales en España en estos momentos la ofrece Jorge URÍA en "El camino hacia el ocio de masas..., pp. 139-179; o "Cultura popular y actividades recreativas: La Restauración", en Jorge URÍA (ed.) *La cultura popular en la España contemporánea. Doce estudios.* Biblioteca Nueva, Madrid, 2003, pp. 77-108.

Según el diccionario de la lengua española el de varietés es un espectáculo teatral ligero.[266] Ciertamente así era, ligero, pero en ningún caso un espectáculo simple. Al contrario, su espina dorsal estaba formada por unas funciones hechas de números cortos, muy variados y abundantes, pensados para no cansar al público. Cabían todo tipo de espectáculos, desde el teatro popular a los espectáculos circenses y de café cantante.[267] Era el momento, desde la llegada del siglo XX a la llegada de la Gran Guerra cuando, en el confuso panorama teatral español, mezcla de formas tradicionales y formas nuevas, todo se combina con todo.[268] Por esa razón allí pudo acomodarse también el primer cine, abriendo una categoría espectacular que el público avisado y frecuentador de entoldados, teatritos y barracas conoció, al menos durante dos décadas, como *cinematógrafo y varietés*.[269] Eso fue así en toda España salvo, con algunos matices, en Madrid y Barcelona, durante el tiempo que invirtió el "cinematógrafo" en transformarse en "cine"; [270] a la vez que se avanzaba un triple proceso cerrado tras la Gran

265. CLÚA, Isabel: "Culturas del espectáculo en el fin de siglo", en *Hecho Teatral: Revista de teoría y práctica del teatro hispánico*, nº 17, p. 6.
266. *Diccionario de la lengua española*, Real Academia Española de la Lengua, vigésima tercera edición, Madrid, 2014 [en línea].
267. Para una precisión sobre este concepto véase MADRID, Juan Carlos De la, voz "Varietés", en *Diccionario del cine Iberoamericano. España, Portugal y América*, Fundación Autor, SGAE, ICCMU, Madrid, 2012.
268. Así lo explica Serge SALAÜN: "Autopsia de una crisis proclamada", en *La escena española en la encrucijada (1890-1910)*, Fundamentos, Madrid, 2005, pp. 9-15.
269. Seguimos la teoría que hace años viene siendo desarrollada por Juan Carlos DE LA MADRID, fundamentalmente en tres obras: *Cinematógrafo y varietés en Asturias (1896-1915), Servicio de Publicaciones del Principado de Asturias*, Oviedo 1996; "Cine de complemento. El espectáculo de varietés en España hasta 1914", en *Cinema i teatre influències i contagis*, Museu del Cinema, Gerona, 2006, pp. 63-96 y *8.000 películas de cine primitivo*, CICEES-INCUNA, Gijón, 2009.
270. El paso del cinematógrafo al cine como metáfora de la conversión en espectáculo independiente es afortunada expresión de Agustín Sánchez Vidal en *El siglo de la luz...*, p. 111. También ha sido manejada, desde otro punto de vista, por Jesús GONZÁLEZ REQUENA en la segunda parte de su obra *Los espacios del cine*, edición en línea, gonzalezrequena.com, 2014 [consultada el 1-XI-2023].

Guerra: ese paso hacia el cine, es decir hacia un espectáculo independiente, iniciando su segregación de las varietés; el nítido avance en el proceso de mercantilización del ocio a través de las industrias culturales y, al fin, el cambio del cine de espectáculo popular a masivo e interclasista, a la vez que en Hollywood ya se producía según el modelo Clásico y el cine de los primeros años quedaba sellado por el tiempo, en unas formas que no se recuperarían jamás.

La estructura primordial de las varietés consistía en montar sus funciones a base del empaste de dos tipos fundamentales de números: vedettes y complementos. Los primeros, los más importantes, se correspondían con números musicales, generalmente femeninos, y los complementos, en el lenguaje tradicional del espectáculo, eran todo número no musical, generalmente masculino, que servía de contrapunto, y en ocasiones de relleno, a una actuación principal, casi siempre la de una estrella de la música.[271] Ése fue el primer destino del cine, ser un complemento de algo más antiguo, de más éxito, mejor conocido y, sobre todo, de carne y hueso. Por lo general, de más carne que hueso.

En las varietés la función se montaba a partir de los números musicales, deudores del más genuino teatro musical español: la zarzuela y sus derivados. Al finalizar el siglo XIX este espectáculo había renunciado a ser una alternativa a la ópera en busca de ampliar público a base de achicar espectáculo, hasta llegar al género chico propiamente dicho: el teatro por horas fuese o no musical, que floreció, en cantidad y calidad, entre 1890 y 1905.[272] Para eso había tenido la colaboración del sainete, que hundía sus raíces en los géneros menores del teatro español más antiguo, y que se avenía muy bien con estos nuevos géneros chicos al permitir interpolar núme-

271. Esta delimitación tradicional entre los principales números de los espectáculos de music-hall está contenida, por ejemplo, en HOTTIER, Hugues: *Vocabulaires du cirque et du music-hall*, Malonie SA, Editeur, Paris, 1981, pp. 15-19.
272. Frente a la polisemia y las confusiones sobre el término Mariano ZURITA lo deja claro, identificando género chico y teatro por horas, en *Historia del género chico*, Madrid, Prensa Popular, 1920, pp. 11-12: "nosotros consideramos género chico a toda obra teatral, con música o sin ella, en un acto, que se representa aisladamente, eso es, en funciones por horas". Para mayor precisión puede verse MONTIJANO, Juan José: "Historia del teatro olvidado: la revista (1864-2009)", Tesis doctoral, Universidad de Granada, 2009, pp. 60-65.

ros musicales y bailables. El género chico bebía así de muchas influencias anteriores y, a su vez, fue abrevadero para otros espectáculos, herederos suyos, que simplificaban sus exigencias haciendo más efectivo y también más procaz su lenguaje.[273] El cinematógrafo estuvo cerca de este teatro, siempre pegado a la actualidad, a las novedades y las manifestaciones verdaderamente populares y, sobre todo, a dos características que vincularon ambas manifestaciones con las industrias culturales: ser un producto estandarizado, sobre moldes prefijados en texto y música, y para un consumo inmediato.[274] Hasta 1900 al menos, once teatros madrileños programaban teatro por horas. En la temporada de 1902-3 se programaban distintas especialidades de género chico en la Zarzuela, Apolo, Eslava, Cómico, Novedades y Price, sólo en Lírico y el Price cultivan zarzuela grande. El teatro culto se ponía en El Español, La Comedia y la Zarzuela (que alternaba con teatro por horas). Según José Deleito, en la última década del XIX se estrenaron en Madrid más de mil quinientas zarzuelas por horas.[275]

273. ESPÍN TEMPLADO, María del Pilar: *El teatro por horas en Madrid (1870-1910)*, Servicio de Reprografía de la Editorial de la Universidad Complutense de Madrid, Madrid, 1988, pp. 694-706; VÁZQUEZ MONTALBÁN, Manuel: *100 años de canción y Music Hall*, Barcelona 1974, p. 33; CASARES, Emilio y ALONSO, Celsa: *La música española en el siglo XIX*, Universidad de Oviedo, Oviedo 1995, p. 90 y SÁNCHEZ VIDAL, Agustín: *Pero... ¡en qué país vivimos!...*, p. 48.
274. HARNEY, Lucy: "Controlling Resistance, Resisting Control: the génerochico and the Dynamics of Mass Entertainment in Late Nineteenth-Century Spain". Arizona Journal of Hispanic Cultural Studies, 10, 2006, pp. 151-167 y GARCÍA, Andrea: "Aproximación a los mecanismos socioproductivos determinantes para la vinculación del género chico con la industria cultural", en *La cultura popular en los procesos de transformación social. Actas del VI Congreso internacional de SELICUP*, Universidad de Oviedo, 2015, p. 48.
275. RUIZ DEL MORAL, Carmen: "Género chico y ocio en el Madrid de la Restauración", en *Alfoz*, nºs. 84 y 85, Madrid 1991, pp. 113-114. DELEITO y PIÑUELA, José: "Origen y apogeo del "género chico". en *Revista de Occidente*, Madrid, 1949, p. 82 y CORTIZO, María Encina: "Realismo e ilusionismo en la temporada teatral madrileña de 1902: María del Pilar de Giménez y *Trip to the moon* de Méliès", en VV.AA.: *Música, escena y cine (1896-1978): diálogos y sinergias en la España del siglo XX*, Universidad de Oviedo, 2021, p. 178.

Pero hemos de tener en cuenta la notable diferencia existente entre la realidad de las capitales españolas del espectáculo (Madrid y, según sus propias circunstancias, Barcelona) y el vasto terreno de provincias, que fue imperio de las diferentes formas de la zarzuela y en la que este cambio no fue sentido de la misma manera. Allí la zarzuela sola, en sus circuitos habituales, empezaba a declinar y, en teatros importantes, era casi imposible dar salida a una temporada de zarzuela "grande". Predominaban pequeñas compañías montadas en torno a una figura-empresario que les daba nombre (Aparicio, Llorens, Cornadó, Talavera, Morcillo, Nicuesa), siendo el resto ocasionales e intercambiables actores de subsistencia, sujetos a todos los tópicos de los cómicos de la legua, acompañados de unos precarios montajes y de la amenaza de la disolución en medio de ninguna parte. Éstos que, si bien ganaban públicos por abajo, no se atrevían a presentarse en los grandes teatros burgueses, sabedores de que jamás podrían estar a la altura de las expectativas de su exigente público.[276]

El género chico iba dando a luz a un nutrido grupo de sucesores y, con ellos, el teatro musical pasaba a ser un cuerpo diverso, muy difícil de abarcar: mil especialidades de zarzuela, opereta, revista, ínfimo, *music-hall*, café concierto, cabaret... nuevas fórmulas escénicas y nuevos productos culturales que, en palabras de Salaün, abrieron perspectivas de mercado y de consumo más masivas aún.[277] De todos sus puntos de contacto, el más seguro, y el que en parte determinó su evolución, fue el mayor o menor contenido de *sicalipsis* de las obras ofertadas. Así es como la exhibición de cuerpos femeninos o las procacidades, críticas o dobles sentidos, pueden utilizarse como factor de conexión entre estas especialidades, también incrustadas en muy pequeñas funciones de los cinematógrafos, que llegaron a conocerse como teatro *psicalíptico*.

276. SALAÜN, Serge, "Spectacles (tradition, modernité, industrialisation, commercialisation)", en *Temps de crise et années folles. Les années 20 en Espagne*, Presses de la Université Paris-Sorbonne, París 2002, p. 155 y MADRID, Juan Carlos De la, *Cinematógrafo y varietés en Asturias (1896-1915), Servicio de Publicaciones del Principado de Asturias*, Oviedo 1996, pp. 216-224.
277. SALAÜN, Serge: "Modernidad-vs.-modernismo. El teatro español en la encrucijada", en Javier Serrano Alonso et alii. (eds.), Literatura modernista y tiempo del 98, Universidade de Santiago de Compostela, 2000, p. 104.

Fig.11: Carmen Andrés en *La Corte de Faraón* (*Comedias y Comediantes,* Madrid 8-II-1910).

Desde principios de siglo y desde el teatro Eslava de Madrid se iba nutriendo el circuito de provincias con aventajadas muestras de este género. *San Juan de Luz, Confesión, La Sultana de Marruecos, El Terrible Pérez, El Trébol, Las Brivonas, Ruido de Campanas* y, por supuesto, *La Gatita Blanca* o *La Corte de Faraón,* que fueron objeto de las iras de los sectores tradicionales. Eran, por lo general, teatro por horas con un punto de vista burlonamente cínico o satírico y la música más ligera que las obras anteriores del género chico y, como sentencia Webber, "liberales en lo tocante a la moralidad, anticlericales, sexualmente directas, y tienen tramas de enredo con disfraces y cambio de roles teñidos de surrealismo".[278]

278. WEBBER, Christopher: "¿Fruta podrida? Nuevas perspectivas sobre la zarzuela ínfima en Madrid (1900-1912)", en *Música, escena y cine*

Al llegar a destino en provincias las representaciones de esas obras, generosas en carnes o en críticas a la Iglesia y las instituciones, despertaban encendidas campañas. Entre otros, el arzobispo de Santiago de Compostela dirigió en 1908 una protesta al alcalde de la misma ciudad, abominando de la indecente programación del cine Apolo. Al año siguiente era el obispo de Santander quien pedía a sus feligreses que no asistieran a ciertas representaciones de teatro y, por carta al primer ministro, "que se ponga coto al espantoso libertinaje teatral conocido con el nombre de sicalipsis". Ya por finalizar, el mismo empeño llegó a movilizar a grupos de damas respetables organizadas contra esta "ola verde" en lugares como Santander, Valladolid y Oviedo.[279] Estas ligas eran frecuentes en todos los puntos cardinales, no hay más que ver como se despachaba el crítico al comentar las funciones del teatro Moderno de Málaga:

> "Como en este teatro hay cada día un debut, voy á ser breve y sólo diré que *la Argentina,* la que partía los corazones, sigue trabajando, cobrando las 75 del ala en unión de las *Jaty Indras*, una pareja de holandesas que bailan la danza oriental, sin medias ni zapatos, y... *Luciendo todo lo que Dios les dió*... Las damas cultas y viejas solteronas de la localidad han ido en protesta ante el gobernador por tal desnudez en estos tiempos; pero la "danza" sigue *danzando* y... tan *frescas*. A esta fecha ya habrán debutado las célebres y verdaderas Argentinas".
>
> (*Respetable Público. Semanario ilustrado de espectáculos,* Madrid, 14-II-1909).

(1896-1978)..., p. 278. Para la importancia de Vicente Lleó, autor de *La Corte de Faraón*, en este género puede verse: MAGRANER, Salvador y BUENO, Francisco Carlos: "Vicente Lleó Balbastre y el género psicalíptico", en *Archivo de Arte Valenciano*, XCVII, 2016, pp. 349-363.

279. *Diario de Galicia*, Santiago de Compostela 6-III-1909, citado por FOLGAR DE LA CALLE, José María: *Aproximación a la historia del espectáculo cinematográfico en Galicia (1896-1920)*, Servicio de Publicaciones de la Universidad de Santiago de Compostela, 1987, pp. 132-134 y *El Carbayón*, Oviedo 12-XII-1908. No es casual esta referencia que se hace a *la ola verde* teniendo en cuenta que era una expresión tan usada entonces que llegó a servir de título del que posiblemente sea el más completo estudio sobre la literatura erótica en España, obra de Álvaro Rentana bajo su habitual seudónimo Carlos Fortuny.

Estaba muy lejos de ser controlada de indecencia de estos espectáculos, al contrario, la cosa iría a más en escarnio y maldecir. Emboscado en el género chico llegaba el cuplé para hacerse dueño de la situación. Sus orígenes remotos hay que buscarlos en la mayor permisividad de La Gloriosa a partir de 1868, e incluso antes, en las mismas bases del origen del teatro por horas en tiempos de Isabel II.[280] Bebió en todas las fuentes y, amagando con su galo nombre, destapó un espectáculo totalmente nacional, creado por mutación de todo lo anterior para protagonizar las varietés. El género chico había ido en vanguardia gastando el terreno. Sólo un cantante por sexo, ya no eran necesarios tenor, barítono, tiple y vicetiple, ni siquiera bajo y, en algunos casos, tampoco cantantes, sino actores con cierto oficio. Con ello se había dejado el camino expedito para que la actuación de la cantante alemana Augusta Berges, pulga de por medio, introdujera el cuplé en el Teatro Madrid (más tarde Barbieri) en 1893.[281]

El cuplé (y también el baile) era, ante todo, una mujer. Que cantaba y, al mismo tiempo, dejaba ver lo prohibido y dejaba imaginar lo inimaginable. Más cercana al público que un coro de vicetiples, pero más insinuante y capaz de levantar en armas a todo el patio de butacas. Era un buen negocio. Pero seguía siendo, pese a todas las campañas, el negocio de la sicalipsis que, con el cuplé, había encontrado el género ideal para perpe-

280. Así lo defiende Enrique MEJÍAS: "Las raíces isabelinas del teatro por horas y su primer repertorio: en torno a los orígenes del género chico", en *Cuadernos de Música Iberoamericana*, nº 30, 2017, pp. 87-109. Eso parece encajar con la búsqueda de los orígenes, cada vez más tempranos, llevada a cabo por varios autores, como Emilio Casares, que ya rastrea cuplés en la obra de 1859 *Entre mi mujer y el negro*, zarzuela-disparate original de Olona y Barbieri, estrenada en el Teatro de la Zarzuela el 14 de octubre de 1859. Javier Barreiro cita obras de Ricardo Puente como *El hongo y el miriñaque* (1859) que anticipan el origen del cuplé escénico a las tradicionales fechas de los Bufos de Arderíus y el estreno de *El joven Telémaco* (1866). CASARES, Emilio: "Cuplé [couplet] [cuplet]", *Diccionario de la zarzuela. España e Hispanoamérica*, Vol. I, ICCMU, Madrid, 2005, pp. 594-597 y BARREIRO, Javier: "Del cuplé escénico al cuplé discográfico" en *Miradas sobre el cuplé en España. Identidades, contextos, artistas y repertorios*, Ediciones del ICCMU, Madrid, 2019, pp. 53-55.
281. Una buena síntesis de este proceso es la que ofrece Javier BARREIRO en *Raquel Meller y su tiempo*, Gobierno de Aragón, Zaragoza 1992, pp. 16-23.

Fig.12: La Fornarina, una de las reinas del cuplé desde los tiempos del Ínfimo, supo reinar también cuando fue domesticado en las "variedades selectas" (*El Eco Artístico*, 5-XII-1909).

tuarse en el camino hacia la satisfacción de los ocios masivos. El más comercial. Era el eje de las varietés. Como señaló en su día Félix Méndez, resumiendo el transcurso de los acontecimientos:

> "del género grande fuimos paulatinamente al chico, rápidamente al ínfimo y vertiginosamente al infinitesimal, y como los extremos se tocan, como decía un amigo mío muy extremoso, henos aquí metidos en los cinematógrafos, donde es indudable que se tocan los extremos. Los cines comenzaron presentando cupletistas que alternaban con las películas; después, ensanchando el negocio, contrataron duetistas; más tarde, buscando horizontes más

> amplios, anunciaban tercetos; del diálogo hecho ad hoc, pasaron al entremés escrito exprofeso; del entremés, á las zarzuelas del género chico, y de éstas, á las del grande".[282]

Esta clasificación, muy ajustada a lo que fue *vox populi*, empezó utilizando el criterio de la duración, para acabar en el de la calidad artística y la moral. Y, aunque existió una densa tipología de cuplé (picante, psicalíptico, de actualidad, sentimental, andaluz, patriótico, catalán...),[283] es ya clásica la diferencia entre dos tipos de cuplé y, por lo tanto, dos tipos de cupletista y bailarina. Los retrató un personaje del mismo cuplé, Álvaro Retana, hace ya mucho tiempo, al diferenciar entre el género ínfimo y las "variedades selectas", según se tomen los acontecimientos sucedidos antes o después de 1911.[284] El cuplé de la primera década era propiedad de redondas mujeres con dotes para insinuar, para "decir" y para provocar, pero no necesariamente para cantar, que rozaban con sus letras lo permitido llegando siempre al escándalo, que era el mejor reclamo publicitario. Propie-

282. MÉNDEZ, Félix: "1908", en *Nuevo Mundo*, Madrid, 9-I-1908. Véase también JASSA, Ignacio y MEJÍAS, Enrique: "El género ínfimo: un arte de ser 'bribones'. Notas al programa de Las bribonas y La revoltosa", Madrid, Teatro de la Zarzuela, Madrid, 2007.
283. ENCABO, Enrique: "Introducción. Más allá del canon: Erotismo, deseo y frivolidad", en *Miradas sobre el cuplé en España...*, p. 13.
284. RETANA, Álvaro: *Historia del arte frívolo*, Tesoro, Madrid 1964, p. 24. Esa periodización, muy eficaz en su sencillez, ha sido seguida por autores posteriores aplicándola a universos genéricos o más concretos: véase SALAÜM, Serge: *El cuplé (1900-1936)*; URÍA Jorge: *Una historia social del ocio* y MADRID, Juan Carlos De la: *Cinematógrafo y varietés...*Sobre la vida de un personaje tan prolífico y novelesco como Retana se han escrito algunos trabajos como VILLENA, Luis Antonio de: *El ángel de la frivolidad y su máscara oscura: vida, literatura y tiempo de Álvaro Retana*, Pre-Textos, Valencia, 1999; BARREIRO, Javier: *Cruces de bohemia: Vidal y Planas, Noel, Retana, Gálvez, Dicenta y Barrantes*, Zaragoza, UnaLuna, 2001; COSTE, Grégory: *Erotisme et modernité dans l'œuvre narrative d'Álvaro Retana (1890-1970)*, Editions Publibook Université, 2012 y RUBIO, José: *El franquismo contra Álvaro Retana*, Renacimiento, Sevilla, 2024. También se ha puesto al día su vida y obra en un programa de televisión de la serie *Imprescindibles*, dirigido por Jesús GENERELO e Itziar GARZÓN: *Álvaro Retana. Salir del armario de la historia*, RTVE, primera emisión el 29-VI-2025.

dad también de traficantes de carne, hombres en su mayoría, pero también celestinas, aficionadas o profesionales, entre las que no hay que descartar siquiera a las propias madres de las aspirantes a cupletista, o las madames merodeadoras, a veces con oficios como florista, trapera o tabernera, ya que no era extraño que la transacción comenzase en los foyers de los teatros como los madrileños Eslava y Romea, donde las cupletistas "alternaban" sin recato con el público masculino. La mezcla de oficios, viejos y nuevos, se daba también en una Barcelona donde, en 1909, se dice que el número de prostitutas alcanzaba las 10.000.[285] Eran tan conocidos los tratos carnales que establecían algunas cupletistas de tercera con clientes o espectadores, que pasaron también a la parodia en obras teatrales como en los couplets para repetir de la comedia lírica, también de 1909, *Justicia baturra*, donde, jugando con el doble sentido, se dice:

> "Esta tarde en el pueblo,
> dos mozalbetes, seis palomas compraron
> pa unas divettes.
> Con las aves al cine
> se encaminaron
> y aquella misma noche
> se las tiraron".[286]

Para estas artistas segundonas, la de cupletista eran una salida profesional muy saneada y no infrecuente si hacemos caso a las parodias in-

285. NAVARRO, Laura: "Ángeles Caídos: Cupletismo y Prostitución en Barcelona (1880-1936)" tesis doctoral, Ohio State University, 2015, pp. 165-166. La íntima relación entre la prostitución y el mundo del espectáculo fue desarrollada por Serge SALAÜN en estudios clásicos como "Sexo y canción (Prostitución y espectáculos en los siglos XIX y XX)", en *El Bosque*, Zaragoza, nº 2, 1992, pp. 107-121 y "Apogeo y decadencia de la sicalipsis", en OíAZ-OIOCAHETZ, Myriam y ZAVALA, Iris (eds.): *Discurso erótico y discurso transgresor en la cultura peninsular*, siglos XI al XX, Tuero, Madrid, 1992, pp. 129-153.
286. *Justicia baturra: comedia lírica en tres cuadros, original y en prosa*, letra de León Navarro Serrano y Javier de Burgos, música de los maestros San Felipe y Vela, p. 50. Puede consultarse en el siguiente enlace Justicia baturra: comedia lírica en tres cuadros, original y en prosa: San Felipe, Francisco A. de: Free Download, Borrow, and Streaming: Internet Archive [última consulta 28-XII-2023].

sertas en obras teatrales diversas, de los mismos géneros que compartían público y locales con el cine. En el entremés *En Aras de la moral*, donde aparece una cupletista de nombre "la Bella Chumbito", una doncella quiere meterse a cupletista con el siguiente razonamiento: "Coupletista de varietés pa alternar con las cintas...Voz no tengo mucha, pero lo que es el sí lo doy con facilidad. ¡Sí!¡Ya lo creo que lo doy...¡ Me tira la carrera del arte! ¡Si me empujan, en dos meses hago la carrera!...[287] En S. M. El Couplet se dice que estas cupletistas son camareras, criadas, modistas o cocineras: "Pero hombre; si esta es la historia de todas las cupletistas de España. ¿Todas han sido cocineras? Casi todas. Todavía, cuando cantan, parece que están en la cocina fregando platos".[288] Por cerrar la caracterización de estas cupletistas baratas y sus habilidades "artísticas" en las parodias teatrales, baste citar que, en el cuadro sexto del pasatiempo *La poca vergüenza* (1909), un imaginario empresario de cines (que había sido carnicero) trata de reflotar su negocio contratando a una cupletista que lleva por nombre artístico en un muy explícito de "la Bella Frescales".[289]

Parodias al margen, no debió ser fácil la vida profesional de las cupletistas segundonas. Embutidas en sus trajes-uniforme, escotados, ceñi-

287. *En Aras de la moral. Entremés cómico-lírico*, de José Jackson Veyán, con música de Luis Romo. Estrenada en el Salón Madrid el 16-I-1914. Acto único, escena IV, p. 11. Puede consultarse en el siguiente enlace: chrome -extension://efaidnbmnnnibpcajpcglclefindmkaj/ https://upload.wikimedia.org/wikipedia/commons/2/21/En_aras_de_l a_moral__entrem%C3%A9s_c%C3%B3micol%C3%ADrico_%28lA_enarasdelamorale27227romo%29.pdf [última consulta 2-I-2024].
288. *S.M. El Couplet. Revista en un acto y cuatro cuadros.* Original de Rafael Calleja, cuadro quinto escena última, pág. 40. Puede consultarse en el siguiente enlace:S. M. el couplet : revista en un acto y cuatro cuadros: Calleja, Rafael, 1870-1938 : Free Download, Borrow, and Streaming: Internet Archive[última consulta 2-I-2024].
289. *La poca vergüenza: pasatiempo cómico-político-sicalíptico-cinematográfico de actualidad en un acto, dividido en seis cuadros, en prosa y verso, original del maestro Emilio Borrás, Cuadro sexto,* escena II, a partir de la p. 34. Puede consultarse en el siguiente enlace: La poca vergüenza: pasatiempo cómico-político-sicalíptico-cinematográfico de actualidad en un acto, dividido en seis cuadros, en prosa y verso: Borrás, Emilio: Free Download, Borrow, and Streaming: Internet Archive [última consulta 2-I-2024].

dos a las caderas y acampanados en toda la longitud de las piernas, aquellas guerrilleras de la tarima estaban muy lejos de las "artistas" a las que la segunda década del siglo, reservaba una muy distinta consideración social, poblando con sus trinos y sus muy artísticas presentaciones, las tablas de los teatros más afamados. Esta transición se puede rastrear no ya en el cuplé en general, si no en la valoración social de algunas cupletistas en particular como por ejemplo La Goya, Raquel Meller o La Fornarina y bailarinas como La Argentinita, Pilar Alonso o Pastora Imperio; primero novias de satán y más tarde artistas morales y virtuosas, que llegaron a ese estatus tras pactar con la burguesía, a la que debían su éxito y con la que olvidaban su pasado. Así, en un proceso idéntico al del cine, se conquistó a todos los públicos, incluso a los de orden, y triunfaron sin reservas en ambientes muy alejados de lo teatral, como las fiestas y romerías populares. Tal y como lo había hecho antes la zarzuela, de la que todo procedía, que lo mismo servía para celebrar el santo de un segador castellano como la boda de unos olivareros de Jaén al compás de las músicas de Barbieri, Bretón o Chapí.[290]

Hay que mirar con cautela algunos procesos marcando la distancia entre las grandes capitales y el resto de España. Por el territorio de cafés de segunda, teatritos de tercera o entoldados de cuarta, el cambio no llegó con tanta rapidez y es posible que, además de las conocidas estrellas que podemos rastrear en la segunda década del siglo XX, otros nombres casi desconocidos siguieran practicando, con más años y más arrobas encima, un cuplé a la vieja usanza, intentando sublevar al respetable con todo el picante que pudieran echar a sus presentaciones. Manteniendo su inevitable proximidad al mundo del hampa de baja estofa, el mismo mundo por el que

290. Javier BARREIRO en su libro *Cupletistas aragonesas*, Ibercaja, Zaragoza, 1994, se detiene en la vida de algunas muy significativas (Raquel Meller, Mercedes Serós, Preciosilla, Paquita Escribano, Elvira de Amaya y Ofelia de Aragón) consiguiendo plasmar muy bien ese cambio que se cita a través de las circunstancias de tan conocidas cupletistas. Para una visión general véase GUEREÑA, Jean- Louis: *La prostitución en la España Contemporánea*, Marcial Pons, Madrid, 2003; NÚÑEZ, Francisco: *Mujeres públicas. Historia de la prostitución en España*, Temas de Hoy, Madrid, 1995; también BRUQUETAS, Fernando: *Historia de los burdeles en España. De lupanares, puteríos reales y otras mancebías*, La Esfera de los libros, Madrid, 2006, p. 233. Para el caso de la zarzuela véase TEMES, José, Luis: *El siglo de la zarzuela*, Ediciones Siruela, Madrid, 2014, p. 139.

se arrastraron en su juventud grandes estrellas como la Bella Otero, Consuelo Vello, "Fonarina" o la Bella Chelito. En poder de macarras, chulos y proxenetas de segunda unidad que las obligaban a alternar con sus clientes, protectores o rufianes. Que incluso algunas pudieron salirse del circuito hampón de la trata de blancas por matrimonio o por dedicarse, con mejor o peor fortuna, al mundo del cuplé. Puede que este mundo no estuviera muy lejos de lo que conocieron modestas estrellas habituales de las candilejas de barracón como Lulú y Frou Frou o Lolita y Conchita, o la nutrida legión de "bellas" que pobló el barracón: Bella Alicia, Bella Brisson, Bella Clavelina, Bella Imperio, Bella Lulú, Bella Lusitana, Bella Mallorquinita, Bella Margarita, Bella Montalvito, Bella Mora, Bella Nardito, Bella Ofelia, Bella Selika, Bella Sultanita, Bella Trianita...

En 1909 en el Congreso de los Diputados se había suscitado un debate sobre la prostitución reglamentada y, sin llegar hasta el fondo, sí que tuvo su repercusión en algunas medidas posteriores.[291] El mismo año, el Ministerio de la Gobernación tomó cartas en el asunto regulando, entre otros, a los locales de cine y varietés, donde la relación entre prostitución y actividad artística era normal. Con las "Normas sobre los cafés cantantes" que pasaron luego a toda la legislación de Policía de Espectáculos. Se impedía, como se hizo con precisión en 1913: el trabajo a mujeres menores de 16 años, el contacto entre público y artistas, el hospedaje de artistas en los mismos locales destinados al espectáculo y la habilitación de reservados y otras estancias, pues hasta el mismo Canalejas, en una intervención en el Congreso defendió el cine frente a tabernas o cafés donde "existía el antiguo tablado con trastienda".[292] No parece que lograran gran cosa, pues en algunos locales de referencia siguieron existiendo; prolongándose muchos años después en sitios como El Molino de Barcelona y su famoso e indispensable ambigú.[293]

291. BRUQUETAS, Fernando: *Historia de los burdeles...*, p. 232.
292. *Reglamento de Policía de Espectáculos, de construcción, reforma y condiciones de los locales destinados á los mismos*, en *Gaceta de Madrid*, Madrid, nº 304, 31-X-1913, pp. 347-355 y DÍEZ, Emeterio: "El cine español en el Parlamento", en *Cuadernos Iberoamericanos*, nº 612, Madrid, 2001, p. 54.
293. El rastro de cupletistas segundonas puede seguirse en las series ofrecidas por DE LA MADRID Juan Carlos: *Cinematógrafo y varietés...*, pp. 232-244. Para una visión general de la relación entre cuplé y prostitución, SALAÜM, Serge: "Sexo y canción (prostitución y espectáculos

Hasta aquí el territorio de las vedettes. Pero había que llenar el espectáculo con algo más. El contrapunto, el relleno o los teloneros, normalmente números no musicales y normalmente masculinos, donde la habilidad o la fuerza tenían gran protagonismo y, si aparecían mujeres, eran algo así como el complemento del complemento. Piezas de muy largo recorrido anterior al cinematógrafo, combinadas hábilmente, o como la necesidad daba a entender, cuando éste aparecía.[294]

Los transformistas ampliaban el número de espectáculos por el mismo precio, con cambios incesantes en los que primaba la variedad, la velocidad y la cantidad de personajes incorporados. Leopoldo Fregoli, que había codificado la técnica de este espectáculo en la *macchietta* era su gran estrella mundial, desde su exitoso debut en la segunda función del Apolo, el 2 de febrero de 1895.[295] El romano era seguido por una tropa de barracón, todos aquellos "maquietistas" que se disputaban el título del Fregoli español, no pocas veces italianizando su nombre artístico (Serrano, Minuto, Donini, Gianelli, Graells, Fregolini, Yoveski...). Esta disciplina en España adquiría una variedad castiza con los imitadores de estrellas. No trataban ya de incorporar a una tropa de personajes sino de cambiar de sexo, suplantar a mujeres, sobre todo estrellas de cuplé. Artistas como Ernesto Foliers, Les Hartur, Rafael Arcos, Derkas, Luisito Carbonell, Mirko, Antonio Alonso o, sobre todo, Edmon de Bries (en la pila Asencio Marsal), queno se limitó a travestirse en La Chelito, La Goya o La Fornarina, sino que llegó a estrenar sus propios cuplés, como una cupletista más, con éxitos resonantes como "Las tardes del Ritz".

en los siglos XIX y XX)", en *El Bosque*, nº 2, Zaragoza, mayo-agosto 1992, pp. 107-121 y ENCABO, Enrique: "Cuerpos que cuentan: La Fornarina y la encarnación del deseo", en *Miradas sobre el cuplé en España. Identidades, contextos, artistas y repertorios*, ICCMU, Madrid, 2019, pp. 65-66. Datos sobre las cupletistas famosas en BARREIRO, Javier: "Las artistas de *varietés* y su mundo", en *Mujeres de la escena*, 1900-1943, S.G.A.E, Madrid 1996, pp. 43-52.

294. Pueden encontrarse todo tipo de referencias y detalles de los complementos de provincias en el ya citado libro de Juan Carlos De la Madrid: *Cinematógrafo y varietés...*, pp. 273-315.

295. No fue su primera función en España, ya había debutado, sin éxito, cerca de las ramblas barcelonesas en el Teatro Principal. ARCE, Julio: "Imitadores de estrellas: transformismo, travestismo de género en la escena de las variedades", en ENCABO, Enrique (ed.): *Miradas sobre el cuplé en España...*, pp. 98-100.

Ventrílocuos con autómatas (Sanz, Balder, Ariñano) o sin ellos, como Les Armoniques o D'Anselmi que imitaban voces y sonidos o Augusto Varés, que hacía lo mismo con toda clase de pájaros. También Magos y escamoteadores, un espectáculo muy antiguo representado, por ejemplo, en cafés durante todo el año, donde además de los convencionales magos "de cerca", prestímanos, manipuladores o prestidigitadores, no faltaban números más complejos, como los orientales, con aparatos de tortura y escamoteo, como Bragado, con "la mesa de los espíritus", o Giordano, que se atrevía con "la decapitación de un hombre vivo". Y también magos-científicos, con imitadores del reputado hipnotizador Onofroff, que fue a la magia lo que Fregoli al transformismo, como el Profesor Agustí, "el Onofroff español", o Mister Baylach y su sonánbula La Gran Mariscal, telépata y mentalista, capaz de adivinar el pensamiento en una "hora de misterios"[296] o, por concluir, casos tan sembrados de todo tipo de recursos como Calvetty que, además de ser "rey de la cartomancia", se presentaba junto a su perro Thim, emperador perruno que lo mismo jugaba al dominó que hacía una crítica taurina: "perro que lee, suma y hace la transmisión del pensamiento, finalizando sus maravillosos trabajos bailando un garrotín gitano".[297]

No faltaban géneros típicamente feriales, los muy antiguos fenómenos, como el Hombre museo, el Hombre sin estómago, enanos o gigantes, como el más famoso de todos ellos Fermín Arrudi, "El gigante Aragonés". Fermín, natural de Sallent de Gállego, en el Alto Aragón, ya había sido exhibido en la exposición Universal de París. Medía 2,18 metros y se pasó la vida exhibiendo su cuerpo por las ferias, en las que lo presentaba vestido de baturro y como famoso cazador de osos. Murió, a los 45 años y ya retirado en su pueblo, en 1913.[298] También muy feriales eran los hércules y lucha-

296. Durante una actuación en el teatro Ortiz de Murcia se le pidió a este "fenómeno científico" que adivinara el número de la lotería de Navidad de 1914, número que se agotó en Murcia en pocas horas... y que no tocó. Así lo cuenta Enrique ENCABO, lo ha explorado aplicándolo a las programaciones de un teatro murciano en "El teatro Ortiz de Murcia (1914-1929): Artistas y repertorios en un teatro de provincias. Los inicios", en *Hecho Teatral: Revista de teoría y práctica del teatro hispánico*, nº 17, p. 24

297. *El Eco Artístico*, Madrid, nº 141, 15-X-1913.

298. Un ejemplo de noticia sobre la presentación del Gigante puede verse en *El Imparcial*, Madrid 9-III-1892, para su necrológica, *El Heraldo*

Fig.13: El Gran Calvetty y su perro Thim, complemento singular en el que se mezclaba la magia, la doma, el humor y mucho más (*Eco Artístico*, Madrid, nº 141, 15-X-1913).

dores, con los típicos forzudos o los modernos profesores de artes marciales, como el célebre japonés Rakú, rey de El Paralelo, capaz de desafiar a los matones de cualquier localidad y derribarlos siempre.

Menudeaban los escapistas, imitadores del Gran Houdini, que se había inventado la disciplina y al que seguían en los teatros de provincias artistas como Twyford, Rey de los esposados, ofrecía 50 pesetas a cualquier persona del respetable que le pusiera los grillos sin que él pudiera librarse. Cosas parecidas vendía El Gran Donini.

A estos habría que unir los inclasificables, como los "excéntricos" y, por supuesto, todas las disciplinas del circo, que podían ser un complemento o crear espectáculo propio. Era de gran importancia pues el circo fue el único complemento de varietés capaz de generar su propio parque de salas, como también haría posteriormente el cine. Muchas ciudades de mediana importancia tenían un teatro-circo desde antiguo, en el que se podía acoger este tipo de espectáculos, de forma estable y a lo largo de todo el

militar, Madrid, 5-V-1913. Véase también Juan Carlos De la Madrid: "Coloso a la fuerza", *La Nueva España*, Oviedo, 4-VIII-2013.

año. Pero otros artistas se contrataban de forma individual en el circuito de varietés, en disciplinas varias. Acróbatas como la Troppe Wernoff, Nanakusa y Okinsan, Wester o Eldid; funánbulos como Joe Welling, Chiriformen, Los 2 Rodríguez, Los 4 Rodríguez o Los Serras; malabaristas como The Cronay's, The Seceltons o Williots y Cía, domadores de fieras como L'Orfa Wenoska, Feijoo, Enrique Díaz, Miss Terrent o los Ardath (que montaban nada menos que un número de cocodrilos amaestrados en los cinematógrafos).Y, por supuesto, payasos, explotando la más típica fórmula de las parejas de augusto y carablanca, como Two Aralauz, Cheret y Mariany Les Milwoke's o Daviso y Delmás entre muchos otros.

En fin, "esta legión de luchadores de la vida que se llaman artistas de varietés",[299] que se desparramaron por ferias y teatros de toda España compartiendo con el cine sus presentaciones hasta el inicio de la segunda década del siglo XX.

4.3. Cinematógrafo de complemento.

Las varietés dieron acomodo al cinematógrafo mientras buscaba otro lugar. Allí, durante años, el cine no fue protagonista; no fue vedette. Fue sólo espectáculo de relleno: complemento.[300] Ya no era novedad, ni tenía condiciones suficientes para convertirse en un espectáculo. Él solo no. Ni por duración ni por variedad de las películas. Hay que tener en cuenta que, en estos primeros años, las cintas se vendían, los ambulantes las explotaban proyectándolas una y otra vez, deteriorándose hasta el límite físico del visionado. La posibilidad de renovar los números y, por tanto, de atraer a públicos nuevos, era muy limitada. Por eso se integró en las varietés, en el único espectáculo que le podía dar acomodo. Firmó un pacto con la cultura popular a la que se sumaba como un advenedizo.[301] Fue uno más entre los complementos de toda laya que acabamos de ver. Los que se presentaban

299. CHIMENTI, Alfredo: "¡Unión!", en *Eco artístico*, Madrid, nº 120 15-III-1913, nº 120. Se trataba de un artículo de apoyo a la Unión Artística de Varietés, firmado por el que fuera su vicepresidente.
300. Este asunto está ampliamente desarrollado en MADRID, Juan Carlos De la: "Cine de complemento...", pp. 63-96.
301. A ese pacto se refiere hábilmente Agustín SÁNCHEZ VIDAL en *Pero... ¡en qué país vivimos!*, Espasa, Barcelona, 2024, p. 35.

en los teatros por horas madrileños y que transitaban por los circuitos de "provincias" componiendo un tipo de espectáculo muy distinto al de las grandes ciudades. Allí las compañías de la capital no siempre ofrecían el mismo repertorio, adaptando sus programas para ofrecerlos de otro modo, mostrando un contexto cultural diferenciado, híbrido y variado.[302]

En la capital o ciudades de importancia el cinematógrafo pronto se entendió con la zarzuela. Llegó en un momento complicado para el teatro musical español, donde la zarzuela y sus derivados mostraron su sorprendente ductilidad para mezclarse con el cine en una aleación duradera en la que, con el tiempo, zarzuelas de éxito pasaron al cinematógrafo y el cine pasó a la trama y la escenografía de un nutrido número de obras, sobre todo vía género chico. Ceballos precisa las que, según su criterio, fueron estrategias formales por las que el género chico se apropió del cinematógrafo: (1) la tematización de las primeras sesiones de cinematógrafo y de los espacios en los que transcurrían, (2) la simulación de proyecciones, (3) la inclusión de proyecciones auténticas, (4) la asimilación de temas y tramas propias del cine y (5) la adopción de personajes que la pantalla había hecho populares.[303] Hubo opiniones para todos los gustos, entre quienes, como Mariano de Cavia, asignaron al cinematógrafo el papel de enemigo del Chico: "Voilà l'ennemi, como dijo Gambetta, oh empresarios, autores y comediantes del teatro por horas"; o quienes, años después dijeron lo contrario, que el Chico acabaría con el cine, colonizándolo.[304] En ambas posturas se demuestra hasta qué punto estaban fundidos como espectáculo. Nunca

302. Enrique ENCABO lo ha explorado aplicándolo a las programaciones del teatro Ortiz en "El teatro Ortiz de Murcia (1914-1929)..., pp. 17-36.
303. CEBALLOS, Álvaro: "El cine en el género chico (1897-1936)" en *Hecho Teatral: Revista de teoría y práctica del teatro hispánico*, nº 17, p. 39. Analiza de 39 obras de género chico. Ramon SOBRINO ha localizado 326 obras de teatro lírico español –incluyendo algunas traducciones y adaptaciones de operetas extranjeras– en las que aparecen referencias al cine, en "El cinematógrafo en la zarzuela (1896-1931)" en VV.AA.: *Música, escena y cine...*, p.17.
304. "De fijo que Cervantes preferiría pasar el rato y solazarse a sus anchas en el Vidaograph y en el Bioscograph, amenos e instructivos, mágicos y sorprendentes, que en aquellos teatros donde hoy se convierte a las divinas Talía, Euterpe y Terpsícore, en mozas del partido y en Maritornes grotescas», en CÁVIA, Mariano de: "El enemigo del 'Género chico", *El Imparcial*, Madrid, 8-XII-1903, y "Crónica", *Alegría*, nº 24, 21-VIII-1907.

el cine fue competidor del Chico sino más bien un colaborador necesario desde el principio. En la segunda mitad de 1896, en Madrid, la imagen en movimiento se había exhibido en circos, locales de varietés y, desde luego, teatros como el Apolo, Romea o Zarzuela. Desde su misma llegada el cinematógrafo se subió a las tablas de la zarzuela para reivindicar su puesto como el más genuino complemento. En ese momento los espectáculos no eran comparables, ni en jerarquía ni en antigüedad, pero, en muy poco tiempo, el cine llegará a hacerse imprescindible en esas mismas secciones que el teatro por horas había organizado y en todo tipo de eventos, como la Kermesse del Asilo de Santa Cecilia donde, en junio de 1897, se montó un pabellón donde se podían disfrutar "por la sección dramática del Centro Instructivo del Obrero, las zarzuelitas más en boga del moderno repertorio, un cinematógrafo y un Tío-Vivo".[305]

En los barracones de varietés el cinematógrafo se hacía sitio en medio de una legión de números variopintos, piezas de muy largo recorrido, anterior al propio cine, mezcladas con mucho cuidado, o juntas para salir del paso, cuando éste aparecía. Intercambiables números sin nexo temático, sino yuxtapuestos en el espectáculo.[306] Ese primer cine empastaba muy bien. Algunos de sus asuntos eran varietés filmadas, en otros el estilo y las formas se parecían demasiado a las de esos espectáculos. Eran imágenes muy diferentes al cine que vendría después: un espacio semejante al teatro popular de pantalla-embocadura, incluso buscando un tamaño semejante al de la escena, con las figuras enteras. La variación de la escala era una convención que los espectadores no podían aceptar, sería algo así como si se mutilase a los actores.[307] Imágenes planas, sin perspectiva. No había profundidad. Con sus modelos en los cromos, las historietas o el teatro de

305. "La Kermesse. En el asilo de Santa Cristina", *El Día*, Madrid, 30-VI-1897.

306. La misma lógica que había seguido, por ejemplo, el vodevil norteamericano. Véase STAIGER, Janet: "El modo de producción de Hollywood hasta 1930", en VV.AA.: *El cine clásico de Hollywood. Estilo cinematográfico y modo de producción hasta 1960*, Paidós, Barcelona, 1997, p. 126.

307. Aunque es cierto que hay ejemplos del uso del primer plano, como estudia Susana PALÉS: "La introducción del primer plano en el cine de los orígenes. Los primeros intentos de una fragmentación espacial en la escena cinematográfica. En *Revista Sonda. Investigación en Artes y Letras*, nº 8, 2019, pp. 23 a 34.

sombras. Uso de telones de fondo pintados, que limitaban el espacio de movimiento de los actores y los condenaban a movimientos horizontales, con desplazamientos laterales, como los de las calles del teatro. Iluminación vertical, uniforme, sin crear luces y sombras ni, por lo tanto, volumen y perspectiva. Planos autárquicos, no se favorecía la continuidad entre planos y, por lo tanto, el *raccord*. Además, los intertítulos y el "explica" rompían constantemente la posibilidad de esa continuidad. La imagen no estaba centrada. No había puntos de atención, lo que pasaba en un extremo del encuadre, podía ser tan importante como lo que sucedía en el centro. Frente al espacio habitable clásico, hecho para que el espectador se creyera una historia, aquí tenía una posición exterior, no se consideraba atrapado en la película. Asistía a una representación, no se metía en ella.[308] Es más, en las primeras barracas, se sentía atraído, tanto por lo que se proyectaba en la pantalla, como por el aparato que lo hacía posible, metido aún entre los espectadores.

Este panorama nos da el marco de referencia del nuevo espectáculo para todo tipo de películas. Buscar entre ellas las filmadas en España en estos primeros años es una tarea que tiene su complicación. Para empezar no deja de ser una producción modestísima de la que se ha conservado mucho menos, 956 obras en total (sólo 108 largometrajes) entre 1896 y 1930. Dominan en enorme proporción las obras de no ficción o documental (de los 847 cortometrajes sólo 108 son de ficción), etiqueta que, en los primeros años, significaba algo muy distinto a la actualidad.[309]

Hablamos de un período muy extenso que es necesario segmentar para conseguir un conocimiento más ajustado de aquel cine. Para el cambio de siglo, entre 1898 y 1901, Palmira González calculó hace tiempo una producción de unas 125 películas.[310] Como todos los cómputos de estos mo-

308. Todas aquellas características que hace años Noël Burch, en su ya citado *Tragaluz del infinito...*, había asignado al Modo de Representación Primitivo frente al Institucional. Las mismas que Jesús González Requena asumió para caracterizar al cine primitivo, discutiendo, no obstante, la denominación de "modo de representación". En *Los espacios del cine...*
309. UZQUIANO, Araceli: "Inventario-catálogo de películas de cortometraje del cine mudo español 1896-1930. Memoria final de proyecto", Instituto del Patrimonio Cultural de España, 2018, p. 35.
310. GONZÁLEZ, Palmira: "Los orígenes del cine en España", en *Apuntes sobre las relaciones entre el cine y la historia (el caso español),* Junta de Castilla y León, Salamanca, 2004, p. 31.

mentos siempre estarán sujetos a revisión conforme avancen las investigaciones, pero son un indicador valioso, del que se pueden sacar conclusiones. Partamos de una visión general, la que nos da el cuadro adjunto.

CUADRO 4. PELÍCULAS REALIZADAS EN ESPAÑA (1898-1901).

GÉNERO	NÚMERO DE PELÍCULAS	% DEL TOTAL
Vistas	27	21,6%
Temas taurinos	25	20%
Musicales (fragmentos de ópera o zarzuela)	18	14,4%
Acontecimientos	16	12,8%
Danzas y fiestas populares	15	12%
Desfiles populares y guerra	13	10,4%
Varias	11	8,8%
TOTAL	125	100%

Fuente: Palmira González: "Los orígenes del cine en España", en *Apuntes sobre las relaciones entre el cine y la historia (el caso español),* Junta de Castilla y León, Salamanca, 2004, p. 31.

Encontramos aquí muchas películas taurinas, la quinta parte, siempre imán para el rodaje de las casas extranjeras y un argumento de éxito en las programaciones de provincias, incluso las más norteñas, donde las cintas de toros fueron creciendo conforme se extendía la afición o las plazas llegaban a los lugares que pretendían ser playa de moda apoyándose en el espectáculo taurino. Algunas productoras llegaban a rodar corridas enteras para extraer de ellas fragmentos, siempre muy extensos, que introducían en los circuitos de exhibición. Las casas extranjeras como Pathé o Cines, llegaron a enviar corresponsales a España sólo para impresionar cintas taurinas. En los años siguientes no perdieron presencia, pues acabaron integrándose en los primeros noticiarios, siempre atentos a las novedades y gestas de figuras y ferias destacadas. Y esto fue así durante muchos años, como acredita el ejemplo de la Casa Cuesta, que llegó a facturar 19 películas taurinas de sus 52 films hoy conocidos, refugio en los malos tiempos por su capacidad para atraer público y exportar un acervo cultural y turístico de interés.[311] Por supuesto seguían siendo importantes las vistas "del natural", al modo más primitivo, con una demanda de muchos ojos aún deseosos de conocer otras tierras a las que jamás podrían viajar y de actualidades diversas, combinando así los dos poderes casi mágicos del cinematógrafo: el de viajar a cualquier lugar y el de reproducir la realidad con total fidelidad. Eran los panoramas de los Lumière, *films de plein air* de Pathé y Gaumont y las *travelogues* de las casas anglosajonas. En cuanto a las musicales, en su haber tenemos que colocar los variados intentos por sincronizar sonido, de formas diversas como, por ejemplo, los del fotógrafo e inventor malagueño Ángel Sáenz Corona, que proyectó con el aparato por él patentado, el Fonocromoscop, cinematógrafo en color con sonido sincronizado, numerosos fragmentos de zarzuelas y alguno de ópera en los madrileños Salón de Actualidades y Teatro Japonés. Las zarzuelas, como ya se ha dicho, habían dejado rastro temprano en el cine, en sus argumentos y en sus partituras.[312] Siempre interesantes las de asunto militar, paradas o acciones bélicas, con

311. Sirva el ejemplo de Asturias, en el que Gijón aspiraba a ser destino turístico finisecular con plaza de reciente construcción y un Cinematógrafo Lumière que se instaló en 1899 llegó a ofrecer, entre sus diez vistas de cada sesión, ocho relacionadas con el espectáculo taurino. Véase Juan Carlos DE LA MADRID: *Cinematógrafo y varietés...,* p. 181 y GÓMEZ DE MESA, Luis: "La fiesta taurina y el cine", en *Antrophos,* nº 58, 1986, pp. 26-27. Para la Casa Cuesta y lo taurino pueden verse dos obras del Antonia DEL REY: "Introducción" en REY, Antonia del: *Cine, imaginario y Turismo. Estrategias de seducción,* Tirant Lo Blanc, Valencia, 2007, pp. 9-31 y "La casa Cuesta, los toros y el humor cinematográfico", en *A propósito de Cuesta...,* pp. 313-326.

312. Sáenz era un polifacético inventor y negociante, licenciado en ciencias físico-químicas, con incursiones en la fotografía y la pintura a través de la carte-de-visite, y otras patentes, además de la ya citada. Véase Le Grimh: https://www.grimh.org/index.php?option=com_content&view=article&id=10036:1896-1906-figures-saenz-corona-angel&catid=62&Itemid=679&lang=es [consultado en 10-VI-2023] y Josefína MARTÍNEZ: *Los primeros veinticinco años...* pp. 75 y 141. Ya el 30 de julio de 1897 se había estrenado la zarzuela de Federico Chueca, con libreto de Ruesga y Prieto, titulada *Fotografías animadas,* en la que el cinematógrafo estaba presente. En BERRIATÚA, Luciano: "Los primeros años del cine en las zarzuelas", en *A propósito de Cuesta...,* p. 151.

especial concentración en 1898, año en el que el sistema Wargraph, de procedencia norteamericana, se popularizó, con sesiones sobre la guerra de Cuba y luego como barraca en toda España.[313] En el año del Desastre también se han documentado rodajes de este tipo de asuntos que pasaron al catálogo Lumière.[314]

En definitiva, lo que aquí puede constatarse es la resaca de los primeros años de la imagen en movimiento. La producción es un asunto de casas extranjeras de la que dependen en absoluto la toma de vistas y hasta su comercialización, pues no existía una tecnología española capaz de romper esa dependencia. En esos años eran los inventores los que adquirían los derechos de sus patentes y, además, realizaban la producción. Si esta es una primera conclusión, la segunda no queda lejos: la temática de las cintas que acabamos de reseñar es repetitiva y poco original, por supuesto las películas de ficción son casos raros, como *Dispute espagnole*, rodada en Cataluña por Gaumont, una de las primeras películas de ficción producidas en España, como la enésima repetición de las cintas de peleas, casi un género entre las primeras imágenes en movimiento. En el resto de provincias españolas la situación fue peor aún. Hay pocas cosas diferentes al retrato de personas, lugares y acontecimientos conocidos.[315] A ellas podemos añadir las películas que, tomadas por casas francesas y norteamericanas, trataron de retratar "lo español", en danzas populares, sobre todo femeninas y "gitanas".[316]

313. De este asunto nos han llegado títulos como *Carga de la caballería española a la norteamericana en Santiago de Cuba, Muerte de Maceo por la columna de Cirujeda, Guerra de Filipinas, Desembarque de las tropas llegadas de Cuba, Llegada de repatriados, Llegada del Almirante Cervera a Madrid, Desembarco de heridos de Cuba en nuestro puerto* (La Coruña).

314. Son títulos como los rodados en Barcelona, probablemente a finales de 1897: *Régiment d'artillerie sortant de la messe, Hussards: Défilé en tenue d'exercice, Défilé d'un régimen d'infanterie, Artillerie de montagne avec mulets, Hussards: Défilé para quatre, Hussards: Défilé au trot* y *Caballerie espagnole*, en LETAMENDI, Jon y SEGUIN, Jean-Claude: *Los orígenes del cine en Cataluña...*, pp. 469-475.

315. Conclusiones semejantes, sacadas del caso Catalán, llevan a toda España Letamendi y Seguin en *Los orígenes del cine en Cataluña...*, pp. 508-511.

316. Cristina CRUCES Analiza dieciséis escenas de baile en trece películas, desde la llegada de la imagen en movimiento hasta 1910 en su tra-

El cine fue trazando un lento discurrir hasta ser otra cosa. Se nutrió desde muy temprano de la temática y la música de los espectáculos teatrales, y el género chico se sirvió del cine para crear argumentos y personajes. Cuanto más se integraban sus productos en el mundo de las varietés, más se consolidaba ese lento cambio, que en toda España fue irregular, avanzando sobre todo en los núcleos urbanos. Es aquí donde se produce el despuntar de dos ciudades sobre el resto: Barcelona y Valencia.

En la capital catalana las cosas empezaron a fluir en cuanto a la producción de películas, pero no por el interés de banqueros o políticos. Ni los poderes fácticos ni la mayoría de los intelectuales estuvieron a favor de respaldar el nuevo medio al que, por lo tanto, no se le encontraba expectativa económica ni virtud artística. Fueron los pioneros, con todas sus limitaciones, económicas y técnicas, los que llevaron adelante una producción tan primeriza como ellos. Eso sí, se vieron secundados por un público, aún de clases subalternas en la mayoría de los casos, concentrado en un temprano parque de salas entre las que no faltaban en esas primeras fechas, y eso es parte de la originalidad barcelonesa, las que proyectaban exclusivamente cine (al menos una docena antes de 1901).[317]

Entre estos primeros cineastas es necesario citar a uno de talla mundial, Segundo de Chomón, al que se le han documentado reportajes en Barcelona desde el año 1901. También a Antonio de Padua Tramullas, quien, como ya se ha dicho, aprendió el oficio de operador en el local de los Napoleón y, a partir de ahí, se convirtió en un trotamundos del cinematógrafo por media España, trabajando para Macaya y Marro, Fuster y Alicart y Coyné, como inicio de una larga carrera. Además a Juan Martí, fotógrafo y empresario de cine (Motographe y Cinematógrafo Martí) al que se le han

bajo: "Bailes boleros y flamencos en los primeros cortometrajes mudos. Narrativas y arquetipos sobre 'lo español' en los albores del siglo XX", en *Revista de dialectología y tradiciones populares*, vol. LXXI, nº 2, 2016, pp. 441-465.

317. Para el tan interesante como peculiar caso de las salas destinadas exclusivamente al cine véase GONZÁLEZ, Palmira: "La Llegada del cine a Barcelona y las primeras salas de proyección (1896-1900)", en *D'Art*, nº 21, Universitat de Barcelona, 1995, pp. 37-45. Allí se cartografían, sobre el plano de Barcelona, estas primeras salas. Luisa SUÁREZ: las cartografía con su distribución anual en: "El cinema y la constitució d'un públic popular a Barcelona. El cas del Paral.lel", tesis doctoral, Universitat de Girona, 2011, pp. 275-279.

Fig.14: Fructuoso Gelabert en *Arte y Cinematografía*, Barcelona, nº especial 1916.

atribuido rodajes como *Fiestas en Barcelona* o *La Llegada al puerto Barcelona del correo Baleares* y, por supuesto, a Fructuoso Gelabert quien, con un aparato construido por él mismo, facturó tres películas, a partir de agosto de 1899 (durante mucho tiempo la fecha se había adelantado a 1897). Se trata de dos “salidas” al uso de los tiempos: *Salida de los trabajadores de la España Industrial* y *Salida del público de la iglesia parroquial de Sans* y *Riña en un café*. No son novedad, pero la última tiene el valor de ser una de las muy raras películas de ficción de aquellos tiempos.[318]

318. La precisión cronológica de los rodajes de Gelabert puede encontrarse en LETAMENDI, Jon y SEGUIN, Jean-Claude: *Los orígenes...*, pp. 476-508. Datos sobre Juan Martí en Le Grimh: https://www.grimh.org/index.php?option=com_content&view=article&id=10779:1896-1906-persona-marti-juan&catid=62&Itemid=679&lang=es [consultado en 10-VI-2023].

En el caso de Valencia, con ser ciudad importante era aún una ciudad con menor empuje industrial que Barcelona y un tanto alejada de las posibilidades de aquella en cuanto a la naciente industria cinematográfica, pero destaca un pionero de importancia, Ángel García Cardona, propietario del cinematógrafo Ángel, primer operador valenciano y realizador de dos decenas de películas de tema local entre 1899 y 1904, que proyectaba en su cine o vendía a los ambulantes, hasta que acaba contratándose como operador de la Casa Cuesta, de la que hablaremos muy pronto.

En la mayoría del territorio español esa producción cinematográfica, aún complemento de las varietés por más que los títulos crecieran en número o empeño, tenía como destino los barracones, sobre todo en las ferias de fiesta mayor. El lugar donde se funden por vez primera el cinematógrafo y los espectáculos anteriores, de precine o de varietés. Todos ellos en un territorio esencialmente urbano llevado a pueblos o villas de provincias como la ciudad efímera que es la propia feria, siempre recuerdo, por minúscula que fuera, de las grandes ferias europeas.[319] Una mezcla de cultura popular y espectáculo institucionalizado en distintas proporciones, sin perder nunca ese grado de oposición a la autoridad, de autonomía desde la subversión, un mundo aparte en lugares como el sevillano recinto ferial del Prado de San Sebastián, o incrustado muchas veces en los propios ensanches burgueses o sus zonas de esparcimiento, como la Gran Vía y el Campo Volatín de Bilbao, el Paseo de San Francisco de Badajoz, el Paseo de la Independencia de Zaragoza, la Plaza de la Escandalera en Oviedo, el Campo Grande Vallisoletano, la Alameda Primera de Santander o los coruñeses jardines de Méndez Núñez. Molestando a una burguesía que veía como, en su propia ciudad, una mini ciudad, sucia y anárquica, se levantaba en cada festejo, regida por leyes propias, no pocas veces en un recinto acotado, con sus propios horarios e iluminación. Véase, por ejemplo, como protestaban ante el ayuntamiento los vecinos de las granadinas calles de Carrera y Acera del Darro, ante la instalación de una barraca del Cinematógrafo 1900 en el Embovedado de la Carrera:

> "Este barracón, por su fealdad impropia del ornato que merece una población como Granada; por las molestias que tiene que ocasionar a todos los vecinos del barrio de la Virgen que tienen

319. BRAUDEL, Fernand: *Civilisation matérielle, économie et capitalisme, t. 2: Les Jeux de L'echange*, éd. Armand Colin, 1975, p. 64.

comunicación con la calle Puente de Castañeda; por el escándalo que tiene que proporcionar a los más próximos vecinos y por la vista que quita a las casas contiguas cuyo derecho tienen, y no se les puede privar de él, debe desaparecer del sitio donde está instalándose. No queremos recordar recientes disposiciones emanadas en virtud de quejas de los vecinos de la plaza de Bailén que prohíben terminantemente este orden de instalaciones porque suponemos que V.I. dispondrá que desaparezca tan inmunda Barraca".[320]

En la feria se montaban espectáculos que aprovecharon el dominio de la técnica, el vértigo de los juegos tradicionales, la conquista de la naturaleza, el gusto por lo morboso y lo cómico, el tiro al blanco (o al gallo), las rifas, los estafadores de poca monta y los descuideros de toda la vida, además de los fenómenos más excéntricos...Todo ello reunido en un ambiente revuelto, entre ruido, rifas, vendedores, charlatanes, voceadores, sirenas de los más variados reclamos, gangosos órganos de cinematógrafo y humos de churrería. Allí donde la evasión primaria, el viaje sin viajar, se hizo realidad resumiendo en el espacio el espíritu del cinematógrafo y las varietés.[321]

Un espacio poblado por barracas para ingenios del vértigo, tabernas de ocasión, "tiendas del aire", capaces de vender todo tipo de artículos, desde crece pelo a "Diamantes Americanos",[322] y, desde luego, barracas de

320. Autorización para la instalación de un cinematógrafo en el Embovedado durante la navidad, Año 1901", Archivo Municipal de Granada, legajo nº 2.019, p. 3. Citado por ARIAS, Salvador: *Granada: el cine y su arquitectura,* Universidad de Granada, 2009, p. 220.

321. Esa noción del viaje en la feria la trata Juan Eduardo CIRLOT en su obra *Ferias y Atracciones*, Libertarias/Prodhufi, Madrid 1992 (1ª edc. 1950), pp. 7-11. El papel de la feria tradicional a base de espectáculos acrobáticos puede seguirse en TORREBADELLA-FLIX, Xavier: "Del espectáculo acrobático a los primeros gimnasios modernos: una historia de las primeras compañías ginmástico-acrobáticas en la primera mitad del siglo XIX en España", en *Aloma*, nº 32 (2), 2013, pp. 67-84. Sobre el remoto papel del charlatán es útil la consulta de LAGUNA, Antonio: "Comunicación popular y espectáculos públicos: la trascendencia del charlatán", en *Comunicación y espectáculo. Actas del XV Congreso de la Asociación de Historiadores de la Comunicación*, Universidade do Porto, 2018, pp. 60-75. Para el resto véase Juan Carlos De la Madrid: *Cinematógrafo y varietés...,* pp. 334-337.

espectáculos. Esa construcción que, sin responder a una tipología concreta, es la arquitectura cinematográfica del momento. Una arquitectura efímera, que preside su naturaleza ligera, de fácil transporte y rápido montaje a base de tablones y sencillas cerchas.[323] Un retrato tipo de uno de esos barracones, los de mayores dimensiones de la feria, con fachadas entre 8 y 12 metros, y una profundidad que oscila entre los 25 y 30,[324] sería, más o menos, como sigue:[325]

En su fachada estaría el reclamo más eficaz para atraer al público, birlándolo a la competencia que tenía a muy pocos metros. Exhibía la decoración más espectacular, diseños orientales o morunos y, sobre todo el órgano. El orquestrón u órgano *Limonaire* (Limonaire Frères tenía sucursal en Barcelona para surtir de estos aparatos a toda España) que proyectaba su llamada por todo el recinto de la feria. Su funcionamiento era como el de una pianola: un rollo de cartón perforado que hacía pasar el aire del fuelle a los tubos, para interpretar fragmentos populares de zarzuelas, óperas, revistas, marchas militares o música de baile.[326] Hay un ciento de alusiones a

322. Esta barraca recorrió un circuito paralelo al de la imagen en movimiento en 1896, pues había sido el último ocupante del local que arrendaron los delegados Lumière a su llegada a Madrid (los bajos del hotel de Rusia) y luego se localiza, al menos, en la feria gijonesa de agosto. Archivo Municipal de Gijón, *Expedientes*, 1986, nº 46; y FERNÁNDEZ CUENCA, Carlos: "Promio, Jimeno y los primeros pasos del cine", en *Cuadernos de la Filmoteca Nacional*, nº 1, Madrid, 1959, p. 10.

323. FERNÁNDEZ FERNÁNDEZ, Xosé: "Una arquitectura desaparecida: quioscos de refrescos y tinglados de feria de los jardines de Méndez Nuñez de La Coruña", en *Boletín Académico*, Escola Técnica Superior de Arquitectura Da Coruña, La Coruña, 1989, pp. 47-48.

324. Véase MUÑOZ ZIELINSKI: *Op., Cit.*, pp. 199-200. En otras peticiones también recogidas en los apéndices de ese libro se repiten, para empresarios muy diferentes, dimensiones parecidas en sus barracas, incluso una petición alude a "12 metros de fachada o ancho por un largo convencional" (p. 202). Otros casos de toda España, con dimensiones semejantes, pueden encontrarse en todos los estudios hechos en diversos territorios, pueden verse recopilaciones, por ejemplo, en MADRID, Juan Carlos De la: *Cinematógrafo y varietés...*, p. 348.

325. Seguimos la reconstrucción aportada hace ya tiempo por Juan Carlos De la Madrid: *Cinematógrafo y varietés...*, pp. 343-350.

326. Una explicación más prolija puede verse en ARCE, Julio: "El barracón cinematográfico el pianista y su 'estuche de distracciones", en *Música, ciudades, redes, creación musical e interacción social. Actas*

Fig.15: Fachada tipo de una barraca de feria, sacada de un folleto publicitario de un ambulante. Aquí se puede ver a la perfección la disposición de las entradas, en torno al orquestrón (Archivo Municipal de Gijón).

estos órganos, a su ruido infernal, todo platillos y trompetería a base de sonoras polkas o de lo más parecido a piezas de música popular. Una horrísona lucha publicitaria que mantenía con sus iguales en la feria. En muchos casos las descripciones que nos han llegado son coincidentes con las imágenes de muchos lugares de España:

> "Se alcanzaba primero un atrio de tarima cerrado por un órgano mecánico que pasaba unas bandas perforadas de linóleo, tras una especie de disforme aparador de maderas talladas. Qué profusión ornamental de gran aparato, coloreada de celestiales rosas y oros. Figuritas de caballeros y damas Luis XV danzaban al son de la música y picaban de vez en vez en unas campanitas de argentería. Todo puro rococó vienés".[327]

del Congreso de la Sociedad Ibérica de Etnomusicología, SIBE, 2008, pp. 5-6.

327. Son los recuerdos del poeta Rafael Laffon sobre la barraca que De la Rosa montaba en Sevilla, rescatados por Mónica BARRIENTOS en "Itinerario hacia la estabilidad en el cinematógrafo en Sevilla, una propuesta". En SAÍZ, J.R. (coord.): *La exhibición cinematográfica...*, p. 29. En 1905 la prensa publica las dimensiones del órgano de un cinematógrafo que ameniza las noches madrileñas: 10 m de largo por 6 de alto "y se compone de cuatrocientos cincuenta instrumentos". "Los Jardines del parque", en *Nuevo Mundo*, Madrid, 3-VIII-1905, p.16.

Fig.16: Órgano en la entrada del coruñés pabellón Lino
(tarjetas postales Librería de Lino Palacio).

Frente a lo llamativo de este exterior, el interior era la sobriedad. Dos accesos en la fachada daban paso a un espacio jerarquizado: *preferencia*, para entradas de silla; o *general* para las entradas de la parte posterior de bancos corridos. Todo el público permanecía convenientemente alejado de la pantalla por un espacio en el que se instalaba el acompañamiento musical; indispensable en el cine y más nutrido para el resto de las *varietés*. No había comodidades, ni recuerdo a instalaciones teatrales. El piso era plano y el material de construcción madera, salvo el techo, que se cubría con tela oscura, lona embreada o empapada en resina. Ligera para el montaje, pero una pesadilla en los días de lluvia, donde la acústica se veía muy perjudicada, además de ser un factor de riesgo enorme para los incendios que menudearon estos primeros años. Curiosamente podemos conocer una aproximación a la distribución interior de una de estas barracas por la acotación del libreto del *¡¡Al cine!! Caricatura madrileña en un acto dividido en dos cuadros*. Con libreto y música de Ramón López Montenegro, que, en su página 7, dispone con toda precisión la distribución de la escena para pasar por una barraca de cinematógrafo.[328]

ACTO ÚNICO

DECORACIÓN

Escena dividida.—La sección de la derecha representa el interior de una barraca cinematógrafo. Servicio de bombillas eléctricas.—La sección de la izquierda es el vestíbulo del pabellón. Estará iluminado con uno ó dos focos eléctricos y, convenientemente dispuestos, se verán negros carteles anunciadores con letra blanca del programa del «Cine».—El entarimado del vestíbulo se eleva algunos centímetros sobre el nivel del escenario.

A=Pequeño escenario con servicio completo.
X=Cortina
B=Tablado: prolongación del pequeño escenario.
C=Piano con su banqueta ó silla
D=Bancos de la Entrada general.
E=Filas de sillas, que constituyen los asientos de Preferencia.

669949

Fig.17: Distribución interior de una barraca de cinematógrafo tal y como los disponía la página 7 del libreto de *¡¡Al cine!! Caricatura madrileña en un acto dividido en dos cuadros.*

328. La obra fue estrenada en el gran teatro de Madrid el 22-III-1907. Puede encontrarse el libreto en este enlace:https://goo.su/hbszjy [consultado el 5-X-2023].

Muñoz Zielinski ha calculado el aforo de los barracones en sesenta espectadores de *preferencia* y ochenta en *general*, dato que puede servir de referencia y que, acomodado en las anteriores medidas, se repite en otros lugares de España: unas ciento cincuenta personas (unas sesenta en preferencia y noventa en general), sabiendo siempre que se excedía el aforo cuando era necesario y también que hubo barracones de más aforo como el que se vendía en Madrid, en octubre de 1907, con "techo lona 24 metros largo por 12 ancho — 19 bancos desmontables para entrada general—. Preferencia capaz para 200 sillas".[329] Lo descrito hasta ahora puede encontrarse en un texto de la prensa gaditana. Allí, en fecha tan temprana como diciembre de 1898, Antonio Sanchís, no encontrando ningún local disponible para instalar su Wargraph, decide construir un barracón nuevo:

> "(...) Tiene amplitud bastante y están cómodamente instaladas las sillas sobre el pavimento de madera, haciéndolo así más confortable y menos expuesto para los espectadores a los efectos de la humedad. Las paredes están tapizadas por telas rojas y el techo con lienzo negro impermeable a la acción de la lluvia. La galería central, de menos precio, tiene entrada independiente y suficiente espacio. En la puerta de entrada hay dos hermosas lámparas de arco voltáico. Y ésta y la instalación de lamparillas eléctricas interiores están hechas por la Fábrica de la Cooperativa (...)".[330]

Así se pobló España de barracas con un formato semejante y un empeño económico difícil de calcular, aunque si nos guiamos por las pérdidas de las barracas del incendio de Oviedo, el 21 de septiembre de 1906, nos podemos aproximar mucho, pues quedaron totalmente destrozadas y sus dueños debieron hacer frente a un quebranto de entre 14.000 y 20.000

329. MUÑOZ ZIELINSKI, MANUEL: *op., cit*, pág. 125; MADRID, Juan Carlos De la: *Cinematógrafo y varietés....*, pág. 348 y *Artístico-Cinematográfico*, Madrid 1-X-1907
file:///C:/Users/Usuario/Downloads/hem_artisticocinematografico_19071001%20(1).pdf[visto 3-X-2022].
330. *Diario de Cádiz*, Cádiz, 10-XII-1898, citado por GARÓFANO, Rafael: *El cinematógrafo en Cádiz. Una sociología de la imagen*, Fundación Municipal de Cultura, Cádiz, 1986, p. 61.

duros.[331] Eran unas instalaciones llevadas por ambulantes conocidos en todos los lugares como Antonio de la Rosa, Antonio Mayor, Antonio Sanchís, Coyné, Enrique Farrús, Hermanos Pradera, Onrey, Rocamora o Vaccari, entre muchos otros. Con ingenios mil de nombres como: Cinematógrafo de Actualidades, Cinematógrafo Edison, Cinematógrafo Farrusini, Cinematógrafo Gaumont, Cinematógrafo Gilago, Cinematógrafo La Rosa, Cinematógrafo Lumière, Cinematógrafo Mágico, Cinematógrafo Martín, Cinematógrafo Mayor, Cinematógrafo Parlante Coyné, Cinematógrafo Pathé, Cinematógrafo Sanchís, Cinematógrafo Videograf, Gran cine Real Rocamora, Metropolitan Cinematour, Palacio Gaumont, Palacio de La luz, Royal Cosmograph, Salón Luminoso, Salón Modernista, Viograph Urban, Wargraph...[332]

Con las barracas batiendo el mapa el cine fue, muy despacio, convirtiéndose en otra cosa, con un conjunto de procesos que llegan aproximadamente hasta 1907. Son intentos de consolidación empresarial marcados por los contactos con casas extranjeras y la aparición de los primeros proyectos empresariales que tomaban en serio al cine como un sector productivo nacional. Podemos avanzar hacia los años siguientes partiendo de 1902 como inicio de un nuevo período, año simbólico, además de por el ascenso al trono de Alfonso XIII, por el inicio de la productora barcelonesa Sociedad Comercial Macaya-Marro, primera editora de films, y la

331. El resultado dejó al descubierto el carácter modesto de todos los empresarios de las barracas que, debiendo hacer frente a unas cuantiosas pérdidas: 14.000 duros Mayor, 20.000 Pathé y Vidaograph, sin estar asegurados, no tienen más remedio que solicitar la exención de los arbitrios municipales, e incluso en el caso de una barraca de figuras de cera, una limosna a través de una suscripción abierta en la prensa. En DE LA MADRID, Juan Carlos: *Cinematógrafo y varietés...*, pp. 127-129.

332. Aún se conserva en Madrid (cuando esto se escribe en un almacén del Circo Price) una barraca muy semejante en diseño, montaje y contenido. Se trata del teatro de autómatas de Gonzalo Cañas, una obra artesanal y mecánica, construida por el feriante valenciano Antonio Pla en la década de 1940. Consta de diez dioramas o cajas de escenarios interioresde unos 80 x 60 cm, con escenas costumbristas y un escenario exterior, muy semejante a los orquestrones de los cinematógrafos, con grandes figuras de Carmen Miranda rodeada de cuatro negros bailones. Puede encontrarse una descripción en *Madridiario*, Madrid, 22-X-2023.

diversificación de actividades, en la misma ciudad condal, de la empresa Diorama.[333] Se iba acercando el momento, antes de 1905, en que dos condiciones llegan a coincidir para reforzar el crecimiento de la modesta industria del momento: el desarrollo de la ley de Descanso Dominical, resorte sobre el que, poco a poco, creció la exhibición, y los primeros intentos de organizar aquella modesta producción con criterios empresariales, para dar respuesta a una demanda en crecimiento. Es decir, la transición desde la nada, o la casi nada, hasta los primeros atisbos de estructura empresarial con las primeras salas estables y una producción local que intentaba dar satisfacción a la petición de novedades del público.

1. Don Segundo Chomon — 2. Don Luis Macaya †
3. — Don Alberto Marro

Fig.18: Chomón, Macaya y Marro, en *Arte y Cinematografía*, Barcelona, especial, 1926.

333. GUBERN, Román: "Los difíciles inicios", en De la Madrid, Juan Carlos, *Primeros tiempos...*, p. 13 y *Arte y Cinematografía*, Barcelona, nº especial 1926.

Pequeñas empresas, apoyadas en otros negocios afines, poco más que tiendas, empezaron a cuajar al compás de la consolidación de un cinematógrafo que, sin desprenderse de las varietés, comenzaba a crecer en duración, posibilidades y penetración en los gustos populares. En Barcelona el Cinematógrafo Martí daba el paso al frente hasta poner su pie en el terreno de la producción, desde febrero de 1902. Demostraba tener recursos, humanos y materiales, para abordar al menos las actualidades cercanas, con títulos como *Rally Paper, Segundo Rally Paper, Picnic o Gira campestre en 'breacks'a Santo Cugat del Vallès* o, ya en la primavera de ese año, *Embarque de la peregrinación vasca en su viaje a Tierra Santa y bendición de la misma por el Excmo. e Ilmo. Señor Cardenal Casañas*. La producción, por lo que ahora se sabe, no pasó del año siguiente y la empresa duraría poco más. El conocido Cinematógrafo Napoleón, con programación internacional a la última, era también plataforma para la exhibición de cintas de operadores catalanes y otros del resto de España como el Vallisoletano Pradera, autor de *El entierro de la princesa de Asturias*, ofrecida a finales de 1904. Por supuesto no dejaba de ofrecer sus propias producciones, desde finales de 1904 y 1905, como *Procesión del quincuagésimo aniversario de la Inmaculada Concepción, Vistas panorámicas del parque Güell, La Cúspide del Tibidabo en el día del Eclipse* o *Eclipse de sol desde el Tibidabo*. Citamos por último a Diorama (primero Diorama Animado y, desde octubre de 1903, Gran Cinematógrafo del Diorama) inaugurado en septiembre de 1902 por Narciso Bordas, que contrató a Fructuoso Gelabert como técnico a principios de 1903, a la vez que seguía adelante su ya larga labor de realizador de documentales y, desde 1905, producciones de Diorama. Son películas, entre 1902 y 1905, como *Procesión de las hijas de María de la parroquia de Sants, Visita del Rey Alfonso XIII, Carrera de bicicletas en el parque de la Ciudadela, Kikos, El puerto de Barcelona, Vista de la escuadra inglesa en Barcelona*. Estrena también su famosa película de argumento cómico, *Los guapos de la vaquería del parque*, en junio de 1905 y, en el año siguiente, otras de corte similar como *Monasterio de Piedra* y alguna cinta tan destacada como *Cerveza gratis*.[334]

334. Para las certezas, y también las dudas, sobre la filmografía de Gelabert, es muy útil la consulta de la voz a él dedicada en Le Grimh por Jean-Claude Seguín y Jon Letamendi: https://www.grimh.org/index.php?option=com_content&view=article&layout=edit&id=3055&Itemid=679&lang=es.

Fig.19: Publicidad de los muchos servicios de la empresa Diorama.
Arte y Cinematografía, 25-IX-1910.

Hemos de volver a Chomón, del que poco se sabe antes de su instalación en Barcelona en 1901 como iluminador[335] de películas, para trazar, engarzando datos de su trayectoria, los acontecimientos de aquellos años en Cataluña. A finales de 1902 ya se le cita en la prensa como "reputado iluminador de películas" y empieza su relación con la casa Pathé (con la que también se relacionarían Alberto Marro y Luís Macaya), coloreando películas como *Alí Babá*, que copia y comercializa por su cuenta. Desde septiembre de 1903 ya organiza en el cinematógrafo Napoleón "Las maravillas de Lumière-Chomón", probablemente películas Pathé iluminadas por Chomón. A partir de 1904 y hasta 1906 (el 10 de febrero fallece Luís Macaya), opera la sociedad Macaya y Marro, que se hará cargo del coloreado de películas

335. Se llamaba "iluminar" al proceso de colorear a mano las películas.

Fig.20: Interior de la Sala Mercè, inaugurada en 1904 con diseño de Gaudí (labarcelonadeantes.com)

y en la que Chomón tendrá un papel muy activo, para entonces ya había realizado su primera película documentada con seguridad hasta el momento, *Tonito y Pif-Paf, Clowns del Tívoli*, en noviembre de 1904. El mismo año que aparece la primera cinta de la Macaya y Marro: la notable *El heredero de la casa Pruna*.[336] La segunda ficción de la casa, *Se da de comer*, es de julio de 1905, entre medias produjeron documentales de la serie *Vistas de actualidad*, en las que Chomón participó como operador, siendo la primera *Gran Comitiva matinal de coches y automóviles en el Parque Güell*. Será también en 1905 cuando Chomón facture su film *Los héroes del sitio de Zaragoza*. El 29 de octubre de 1904 había participado también en otra iniciativa de gran interés, la inauguración de Sala Mercè, decorada por Antonio Gaudí y con importante participación del dramaturgo Adrià Gual,

336. Para un análisis de esta cinta, en el contexto del primer cine cómico español véase DEL REY REGUILLO, Antonia: "Sobre *remakes* ejemplares y charlotadas *avant la lettre* en el cine primitivo español" en *Secuencias: Revista de historia del cine*, nº 29, 2009, pp. 32-48.

promotor de las "películas habladas", en las que participó Chomón, además de los actores del "teatro íntimo".[337] Son películas a las que los actores ponen voz, no está claro si como personajes o como explicadores, y Chomón actúa de operador. Casi todas pertenecen a los catálogos Pathè, Lumière o Gaumont, con la excepción de alguna producida directamente para la sala como *Nit de Reys*.

A partir de 1906 los trabajos de Chomón ya lo llevan lejos de España. En mayo de 1906 está en París para trabajar con la casa Pathè. Sin embargo su primer gran rodaje lo realiza en Madrid, formando parte del equipo que se desplaza para cubrir la boda de Alfonso XIII y que producirá *Fêtes en l'honneur de S.M. Alphonse XIII à l'occassion de son mariage*. Allí se mantiene hasta 1910, cuando regresa a Barcelona para producir films para Pathé que tenía la intención de aumentar su colección de vistas de ciudades españolas con el fin de difundir mundialmente las bellezas del primer turismo en cintas como *Burgos* (1911), *L'Antique Tolède* y *Gérone, la Venisse espagnole* (ambas de 1912). Precisamente en 1912 ya se irá a Italia para trabajar en las películas de Italia Film.[338]

337. Pueden encontrarse datos sobre esta sala en la obra de MINGUET, Joan M.: La "Sala Mercè", el primer cinematógrafo de la burguesía barcelonesa. (Con unas precisiones sobre la primera etapa de Segundo de Chomón en Barcelona)", *Actas del V Congreso de la A.E.H.C.,* A Coruña, C.G.A.I., 1995, pp. 63-71.

338. Aunque buena parte de la trayectoria de Chomón sigue siendo enigma o se cuestionan algunas de las informaciones más viejas, las aportaciones más novedosas y recientes han venido de la mano de Jean-Claude SEGUIN, se trata de "*Segundo de Chomón: les incertitudes du début de sa carrière*", en Réjane Hamus-Vallée, Jacques Malthête y Stéphanie Salmon (dir.): *Les mille et un visages de Segundo de Chomón. Truqueur, coloriste, cinématographiste... et pionnier du cinématographe*, Presses universitaires du Septentrion, Villeneuve d'Ascq, 2019 y la voz "Segundo de Chomón" en Le Grimh:
https://www.grimh.org/index.php?option=com_content&view=article&layout=edit&id=1584&Itemid=679&lang=es [consultada en 2-XI-2023]. De todas formas hay otra bibliografía muy diversa sobre este autor: FERNÁNDEZ CUENCA, Carlos: *Segundo de Chomón, maestro de la fantasía y de la técnica*, Editora Nacional, Madrid, 1972; CEBOLLADA, Pascual: *Segundo de Chomón*, Instituto de Estudios Turolenses, Teruel, 1986; THARRATS, GABRIEL: *Los 500 films de Segundo de Chomón*. Universidad de Zaragoza, Zaragoza, 1988; SÁNCHEZ VIDAL, Agustín: *El cine de Chomón*, Caja de Ahorros de la Inmaculada, Zaragoza, 1992; MIN-

En Valencia estaba el otro centro de producción, cuyo nacimiento se produjo cuando un fotógrafo de prestigio con laboratorio de revelado de películas, Ángel García Cardona, se unió a los hermanos Cuesta (Antonio y Luis). "Hijos de Blas Cuesta" habían sido introductores del fonógrafo en Valencia, vendedores de aparatos e impresores de sus propios cilindros. Con firma de droguería y farmacia, llegados al cine desde el suministro de material fonográfico con vertiente en el negocio fotográfico en el "Salón Cuesta".[339] De allí salió una aventura empresarial de la que resultará Films H.B. Cuesta (o "Cuesta Valencia") que fue capaz de producir algunas películas de cine popular para poner a Valencia en el estrecho mapa de los primeros tiempos.[340] La Casa Cuesta cubrió el decenio mediante entre 1905 y 1915 con una producción documentada hoy de 52 películas, sólo 17 de ficción, siendo la mayoría de tema taurino (19) y alcance local (13 reportajes sobre Valencia). Ahí estaba la verdadera fortaleza, y también la debilidad del proyecto; tenía un *hinterland* limitado, que la demanda más próxima

GUET, JOAN: *Segundo de Chomón, más allá del cine de atracciones*, Filmoteca de la Generalitat de Catalunya, Barcelona, 1999; MINGUET, JOAN: *Segundo de Chomón: el cine de la fascinación*, Institut Català de les Indústries Culturals. Barcelona, 2010 y CUENCA, Luis Alberto de: "Carlos Fernández Cuenca y Segundo de Chomón", *Turia. Revista Cultural*, nº 140, Valencia, 2021, pp. 252-254.

339. Entonces los farmacéuticos tenían mucha relación con el mundo de la fotografía. Fueron las farmacias y droguerías un tipo de establecimiento donde, desde hacía tiempo, era normal que se vendiesen productos fotográficos, cámaras incluidas, que se ejerciese la representación de casas diversas o se operase de intermediarios para el revelado. Eso había sido así desde los primeros tiempos de la fotografía en España. Hablamos de mediados del siglo XIX. Entonces el infante don Sebastián llegó a ser miembro de la Société Française de Photographie y estuvo acompañado en la aventura del boticario Juan de Álava. LÓPEZ MONDEJAR, Publio: *150 años de fotografía en España*, Lunwerg editores, Barcelona, 1999, págs. 74 y 75. Y SÁNCHEZ VIGIL, Juan Miguel: *La fotografía en España, otra vuelta de tuerca*, Ediciones Trea, Gijón, 2013, p. 69.

340. En el centenario de la Casa Cuesta se editó un volumen, varias veces citado en este trabajo, del que tomamos los datos esenciales: *A propósito de Cuesta...* en especial, para estos primeros momentos, los aportados por el trabajo de Juan Ignacio LAHOZ: "Films H. B. Cuesta" y la construcción de un cine popular. Una revisión historiográfica", pp. 297-312 del mencionado volumen.

aseguraba y mantenía la exhibición, y también el encargo de las salas locales (Cinematógrafo de la Paz, Cine Moderno y Salón Novedades). Desde su primera película, *Batalla de flores*, en junio de 1905, ese tipo de reportajes (*Visita regia de S. M. el rey D. Alfonso XIII á Valencia* o *La entrada del Rey en Valencia*, del mismo año) marcaron un tipo de producción, muy local, pero respaldada por esa gran cantidad de material taurino que les garantizó la posibilidad de facturar cintas a la carta, con material de archivo, y grandes posibilidades de venta, exportación y, por supuesto, facturación. Con esos ingresos produjeron otro tipo de cintas, ya de argumento, que podían tener venta, además de en el imprescindible mercado ambulante, en la animada plaza de Barcelona, donde Cuesta tenía representación en la persona de Juan M. Codina.[341]

Entre las muchas virtudes y las novedades que introdujo Cuesta destaca sobremanera la producción de *El ciego de la Aldea*, filmada y dirigida por Cardona. Esta obra de 1906 transita por la frontera entre las convenciones del cine primitivo y algunas estimulantes novedades que la hacen muy singular. Una película de asunto, entre las muy pocas producidas entonces en España, con referencias al melodrama y aportaciones de la narración popular, como las aleluyas de ciego, pero también con rasgos modernos que le procuraron una cierta vida y un periplo incluso internacional (se ha conservado una copia francesa).[342]

Los de Cuesta eran productos típicos de un cine casi heroico, apoyado en reporteros, documentalistas y exhibidores, que no pocas veces compartían e intercambiaban sus papeles. Con cintas de cierto éxito y no más inversión que la de la cámara, película virgen y un primitivo laboratorio de revelado, con las que se obtenían capitalitos suficientes, por alquiler y alguna exportación, como para seguir reproduciendo el negocio.[343]

En esa industria casera, en la que las tres ramas se integraban de forma natural, hacer una película implicaba luego rentabilizarla distribu-

341. Los datos esenciales sobre esta casa y sus producciones pueden encontrarse en la varias veces citada obra *A Propósito de Cuesta...*, en especial LAHOZ, Juan Ignacio: "Films H.B. Cuesta y la construcción de un cine popular. Una revisión historiográfica", pp. 297-312.
342. Es ya clásico el análisis de este film realizado por Julio PÉREZ PERUCHA: "El ciego de la aldea", en *Antología crítica...*, pp. 21-24.
343. Un retrato, ya añejo de Julio PÉREZ PERUCHA: "La larga marcha", en LLINÁS, Francisco: *Directores de fotografía del cine español*, Filmoteca española, Madrid, 1989, p. 26.

Fig.21: Fotograma de *El Ciego de la aldea*, 1906 (IVAC).

Fig.22: La Casa Cuesta siguió, hasta el final, explotando el sencillo negocio de Toros y fiestas (*Arte y Cinematografía*, Nº 95, Barcelona, 31-X-1914).

yéndola en los circuitos preexistentes que, para algunos pioneros, también eran su propio negocio de pabellón o barraca itinerante, como atestiguan producciones de nombres como Pradera o Coyné, quienes, por los mismos años, batían más o menos los mismos cazaderos y con la misma impedimenta.[344]

Los vallisoletanos Hermanos Pradera (Julio o Manuel), partieron del barracón (Pabellón Pradera o Gran cinematógrafo Pradera) desde el Campo Grande de Valladolid, pero, a partir de él, supieron pasar a los pabellones más estables o incluso a alquilar teatros en diversas provincias del norte de España (Santander, Bilbao y Oviedo, entre otras).[345] Con su itinerancia y sus negocios, desde 1904 fueron sembrando los lugares por donde pasaban de multitud de películas pioneras facturadas por uno y otro. Algunas de cierto éxito, como por ejemplo la ya aludida *Entierro de la Princesa de Asturias,* distribuida por la casa inglesa Urban, y luego todo un rosario de cintas que cartografían sus andanzas en celuloide. En Valladolid (*Salida de los obreros del ferrocarril del Norte a la hora de comer, Ejercicios de preparación para el concurso hípico, realizados en el hipódromo de Valladolid por el distinguido oficial de Farnesio Sr. Riaño)*; León (*Salida de misa de doce de la Catedral*); Santander (*La salida de la misa de doce de la Iglesia de Santa Lucía, Paseo por la Alameda Segunda a la salida de la plaza de toros, Salida del parque a un incendio por los bomberos municipales, Asalto a una casa por los mismos, Revista de los cuerpos de bomberos municipales y voluntarios en el Boulevard*); Vizcaya (*Vista del puerto de Portugalete*); en 1905 en Galicia (*La salida de la iglesia de los Jesuitas, Panorama desde el Cantón, Obelisco y estatua de Carballo, Embarque de la tuna compostelana en Coruña, Cabalgata alegórica de las últimas fiestas de La Coruña, Sesión de patines en La Coruña*); en 1906 en Zamora (*Jura de Bandera de los reclutas incorporados en el Regimiento de Toledo, Batallón Infantil, Vistas de Zamora*) y Segovia (*Los alumnos de la Academia de Artillería camino de baterías al paso por Azoguejo, La cacería en Riofrío*).[346]

344. DE LA MADRID, Juan Carlos: *8.000 películas...,* pp. 101-103.

345. Datos sobre la familia Pradera en: MARTÍN ARIAS, Luis y SAÍNZ GUERRA, Pedro, *El cinematógrafo (1896-1919),* Caja de Ahorros Popular, Valladolid, 1986.

346.GONZÁLEZ, Palmira*: Los orígenes del cine en España...,* pp. 40-41; GONZÁLEZ, Fernando: "Primeras filmaciones en Castilla y León", en SAIZ, J.R. (coord.): *Los primeros rodajes cinematográficos en España,* Consejería de Cultura de Cantabria, Santander, 2005, pp. 103-110; SAIZ,

Producciones parecidas ocuparon a pioneros semejantes en otros territorios españoles. De la fotografía al cine pasó Ignacio Coyné en Zaragoza que, por los años que ahora nos interesan, había realizado ya *La fiesta de la flor* (1904) y, en 1905, una serie de calles y plazas de Zaragoza para su local estable entre las que podemos identificar vistas como *Coso y paseo de Santa Engracia*; *Desde el Coso a la calle Cerdán; Plaza de la Magdalena y Torrero y la Ribera, Gigantes y Cabezudos, Corrida de la Beneficencia en Zaragoza, con Quinito y Montes* y *La primera batalla de flores celebrada en Zaragoza.* Coyné estaba asociado con Manuel Reverter y empleaba como operador a Antonio de Padua Tramullas con el que, a partir de 1906, amplió su espectáculo por toda España con el "Cine Parlante Coyné". No era otra cosa que

Fig.23: Publicidad del Cine Parlante Coyné (*Boletín Artístico Cinematográfico* nº 8, 1907).

J.R.: "Los primeros rodajes en Cantabria", en *Los primeros rodajes cinematográficos...*, pp. 71-84; ALCINA, Francisco: "Orígenes y desarrollo del cinematógrafo en Zamora: de la primera proyección al ocaso del franquismo" (1896-1975), Tesis doctoral, Universidad Complutense de Madrid, Madrid, 2019, pp. 115-119 y DE PABLOS, Clemente: *Luces de otro tiempo. La exhibición cinematográfica en la provincia de Segovia*, Universidad de Valladolid, Valladolid, 2015, pp. 43-50.

la explotación de los derechos de la ya veterano "Cronophone Gaumont", que sincronizaba un gramófono tras la pantalla de proyección. La película no podía exceder de noventa metros, que era la duración de una cinta de gramófono, normalmente se proyectaban dos películas al final de una sesión de cine convencional. Un negocio que, con diversos formatos y avatares, se mantuvo hasta 1910 (dos años después moría su propietario).[347]

Hasta 1908 en toda España se rodaron cientos de metros de vistas locales a la vieja usanza, así quedaron inmortalizadas, en películas varias, las provincias andaluzas, con la Semana Santa y el Corpus sevillano o los carnavales de Cádiz, las tropas africanas o los Sanfermines. Siempre rodajes al paso, de locales ambulantes o cineastas aislados. Sin embargo hubo también intentos, en formatos empresariales diversos y con mayor o menor empeño, de otros cineastas nacionales que fueron regando con celuloide local la península ibérica. Tal fue el caso de Josep Truyol, fotógrafo mallorquín que, además de dedicarse a la distribución como representante de la casa J. Gurman de Barcelona, en 1903 ya había inaugurado, en Palma de Mallorca, un local con vocación de estabilidad, el Cinematógrafo Truyol, que se mantuvo hasta 1910. Era una sala de estimable capacidad (600 localidades) donde Truyol proyectaba vistas fijas y en movimiento. En ambos casos pasó obras suyas. A pesar de que su producción pudo ser extensa bajo el sello Cinta Balear, un revés económico le llevó a quemar una gran parte. Se conocen con seguridad cintas tardías, de la serie *Excursiones por Mallorca* con obras como *De Palma al puerto de Sóller* (1913) y *Panorama de Palma y sus contornos desde el castillo de Bellver*. Perfil semejante es el de José María Marín, un cartagenero afincado en 1907 en Alicante y responsable de un intento de productora, en asociación con el fotógrafo Vaillard, que facturó diversas cintas, agrupadas en el nombre de *Actualidades Alicantinas*, con títulos como *Salida de gente de Misa de doce de la iglesia de San Nicolás*, *Carnaval en la Explanada de España*, *Gigantes y cabezudos en Alicante*,

347. ROMERO, Alfredo, SANCHEZ MILLÁN, Alberto y TARTÓN, Carmelo: *Los Coyné. 100 años de fotografía*, Diputación de Zaragoza, Zaragoza, 1988; SÁNCHEZ VIDAL, Agustín: "Panorámica sobre los orígenes del cine en Zaragoza", en *Artigrama*, nº 16, Zaragoza, 2001, pp. 94-96, MARQUESÁN, Ana: "Patrimonio cinematográfico aragonés destruido y disperso", en *Artigrama*, nº 20, Zaragoza, 2005, pp. 177-179 y TRAMULLAS, Antonio P.: "El cine mudo y el cine parlante de hace veinticinco años. Mis andanzas por España", en *Arte y Cinematografía*, nº 400 (especial bodas de plata), 1935.

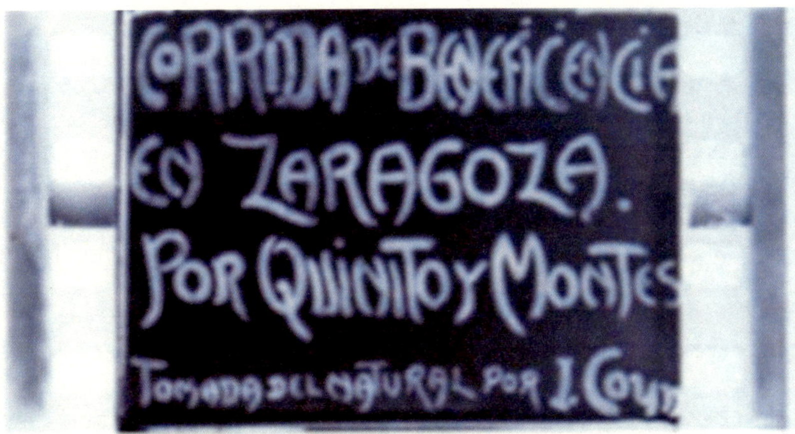

Fig.24:*Corrida de la Beneficencia en Zaragoza, con Quinito y Montes* (Projectem el passat, Filmoteca de Catalunya, 2019).

todas de 1907. En 1903 ya había filmado vistas murcianas como *Lorca: fuente de San Cristóbal* y *Totana: paisaje de Santa Eulalia*. En Asturias encontramos algunos pioneros, vinculados a la fotografía y la burguesía gijonesa. Hablamos de Arturo Truan, Laureano Vinck o Javier Sánchez Manteola. Este último trabajaba con el Salón Luminoso en lo más parecido a una empresa de producción aprovechando la posibilidad de un revelado rápido para las actualidades. Rodaba las inevitables vistas locales, pero en 1905 facturó dos cintas especiales: *La ascensión del globo 'Alcotán'* y *Por robar fruta*. Esta última intentaba ofrecer una sencilla trama argumental con personajes incorporados por "personas conocidas", enredados en un asunto cómico. Fue un operativo semejante al establecido por Antonio De Diego, en el tiempo que estuvo al frente del Salón Olimpia, donde rodó varias películas, desde sus inicios en Santander en 1906 (*Jura de reclutas* y *Salida del Olimpia*) hasta numerosas películas bilbaínas como *La sociedad Atlética en el campo de Lamiaco, Entrada y salidas de los toros en Bilbao*, en 1905, *Jura de los nuevos reclutas de Garellano*, en 1906 o *Sociedad del tenis* en 1907.[348]

348. AGUILÓ, Catalina: "La cinematografía en Mallorca (1897/1915)", en DE LA MADRID, Juan Carlos: *Primeros tiempos...,* especialmente pp. 251-256; NARVÁEZ, Daniel y CERÓN, Juan Francisco: "Inicios del cine-

4.4. Pabellones y secciones.

Desde 1906 todo empezó a ser distinto, lo hemos podido comprobar en las páginas anteriores, con esa fecha ya desbordada. Nuevas productoras y nuevas producciones, dentro de la modestia de las imágenes en movimiento de la España de entonces, lo hicieron posible. La novedad había pasado y se necesitaba ofrecer algo más, para lo que se necesitó de una especialización del personal y los equipos. El hombre-orquesta no era solución. En la discreta industria española, las no menos discretas empresas empezaron a plasmar sus preocupaciones temáticas en algo semejante a los primeros géneros, con los que organizar algo parecido a sus primeros catálogos (melodrama, zarzuela, histórico, cómico, drama). Los medios de producción empezaron a cambiar, a ser más ricos, y las películas más largas (de 20 a 200 metros). Además, algunas figuras del teatro comenzaron a probar que era eso de actuar frente a una cámara de cine.[349] Si tuviéramos que decantarnos por alguno de los sectores de este primer cine antes del final de la primera década del siglo XX, sin duda no sería la producción la encargada de marcar diferencias. Son la distribución y la exhibición las locomotoras a las que irán enganchados todos los cambios en territorio español.

Las casas extranjeras ya fijaban sucursales en Barcelona rompiendo una dependencia tecnológica arrastrada desde los inicios de la llegada de los primeros cinematógrafos. Las productoras, dueñas hasta entonces de todos los sectores del negocio, no podían atender a la distribución ante el evidente aumento de la demanda, se necesitó de un intermediario específico para ello. Se dice que la primera distribuidora de cinematógrafos y películas instalada en España, concretamente en Madrid, fue El Graphos, de Antonio G. Escobar en 1900, que, además de vender material impresionaba películas con un cliente tan destacado como Alfonso XIII.[350] Pero lo

matógrafo en Valencia y Murcia", en *Artigrama...,* especialmente pp. 142-153; DE LA MADRID, Juan Carlos: *8.000 películas...*, pp. 104-124; ANSOLA, Txomin: "Esbozo del primer cineasta vasco: Antonio de Diego", en J.R. SAIZ (coord.): *Primeros rodajes...* , pp. 136-148.

349. Estudios clásicos han marcado ya esta frontera. Por ejemplo, PÉREZ PERUCHA: "La narración de un aciago destino", en VV.AA.: *Historia del cine español*, Cátedra, Madrid, 1995, p. 28 y GUBERN, Román: "Los difíciles inicios", en De la Madrid (coord.): *Primeros tiempos...*, pp. 21-22.

350. Disponía de su propia revista, *Graphos ilustrado* y se mantuvo en activo hasta 1910. LÓPEZ, Laura: "Los oficios cinematográficos en Es-

cierto es que, antes de constituirse las distribuidoras propiamente dichas, el negocio de la distribución funcionaba a través de los representantes que operaban en nombre de una u otra casa. Así lo hacía Abadal, representante de Pathé, Verdaguer o Eclair y, ya en 1905, J. Alfonso, agente importador de la casa M.P. Sales Agency Lid., de Londres, aunque los nombres más conocidos son los de José Gurgui, Biosca, Macaya, Marro y Vila, incluso el propio Escobar como representante, tal vez, de Gaumont. Genuinos intermediarios que, actuando en exclusiva como representantes de las productoras, vendían las películas a los exhibidores.[351] Gurgui fue un pionero que, venido del mundo de la exhibición, ya en 1900 abrió despacho en Barcelona para distribuir películas. Entre 1905 y 1907 llegaron Gaumont y la ya mencionada Pathé, que hacía tiempo tenían representante local, fugazmente, la turinesa Itala Films en 1909 y Méliès por medio de Baltasar Abadal.[352] El interés de las casas extranjeras demostraba que en España comenzaba a existir un mercado sólido para sus productos. Además el alquiler, como enseguida veremos, y el aumento del metraje de las películas, fortalecieron el papel de los distribuidores. El mencionado Gurgui ya distribuía en 1910 programas de Nordisk Film, de Copenhague, de L'Ambrosio Film de Turín y Films d'Art de París, además de material de la Goldwyn y First National. El parque de salas crecía y, sobre todo, comenzaba la estabilización.[353] En 1911 aparecía por vez primera el epígrafe de los "vende-

paña (1895-1936)", tesis doctoral, Universidad Nacional de Educación a Distancia, 2015, pp. 204-207. Véase también BLOT-WELLENS, Camile: "El amigo del alma y Escobar, Madrid 1905 (Película rescatada por la Filmoteca Española)", en *A propósito de Cuesta...*, pp. 166-168.

351. FERNÁNDEZ, Ana: "Génesis y comportamiento comercial de la distribución cinematográfica en las primeras décadas del siglo XX en Cataluña. Un ejemplo José Gurgui Pujol", en *A propósito de Cuesta...*, pág. 389. Luis MACAYA, publicó en 1905: *Cinematógrafos Pathé Frères, aparatos & accesorios*, dejando constancia de los productos que distribuía y su manejo. Puede verse una copia en file:///C:/Users/Usuario/Downloads/1033046262.pdf.pdf

352. GONZÁLEZ, Palmira: *Els anys daurats del cinema clàssic a Barcelona (1906-1923)*, Institut del Teatre de la Diputació de Barcelona, 1987, pág. 102 y RIBAS: Iolanda: "El papel de la distribución en Cataluña durante la Primera Guerra Mundial", en *A propósito de Cuesta...*, p. 408.

353. FERNÁNDEZ, Ana: "Génesis y comportamiento...", pp. 393-394 y LETAMENDI, Jon y SEGUÍN, Jean-Claude: *Los orígenes del cine en Cataluña...*, p. 559.

dores y alquiladores de películas cinematográficas" en el baremo de impuestos de Contribución Industrial.[354]

Lo mismo podemos decir de los laboratorios. Hasta aquí ya se ha visto como, desde la llegada de la imagen en movimiento, algunos pioneros de la fotografía repartidos por toda la geografía del país, adaptaron sus aparatos y métodos de trabajo a las nuevas exigencias. Hablamos de Eduardo Jimeno, José Sellier, Arturo Truan, Antonio de Padua Tramullas, Fructuoso Gelabert o Ángel García Cardona. Las primeras noticias de establecimientos mínimamente adaptados a las nuevas demandas son de 1900. Se trata de los ingenieros González Ricart y Cia., en Barcelona y el laboratorio de Gómez y Moreno, en la madrileña Cava Baja, capaz de ofrecer "sesiones a domicilio, impresión y revelado de películas y placas. Especialidad en las de cinematógrafo".[355] Pero es a partir de 1906 cuando se implantan los primeros laboratorios que pueden llevar tal nombre, con infraestructura suficiente para revelado y tirada de copias, de producción propia o por encargo. Este sector se vio favorecido por la estandarización de formatos decidida en 1909, en el Congreso Internacional de Editores de Films de París. Allí se estableció como película estándar el film fabricado por Eastman: 35 mm de ancho, cuatro perforaciones de forma rectangular a cada lado y 16 fotogramas por pie. Fue una decisión revolucionaria para igualar la industria en todo el mundo, con un formato uniforme y fiable para la producción, distribución y exhibición de películas, un resorte esencial para que el cine llegara a dar el salto posterior como medio de masas.[356]

Como consecuencia de lo anterior, entre 1906 y 1910 se instaló en Barcelona la primera generación de laboratorios: Films Barcelona, dirigido por Gelabert, que sustituyó en 1906 a Diorama y acabará siendo los laboratorios de José María Bosch;[357] los Hispano-Films de Alberto Marro (1906),

354. VALLÉS, Antonio: "Aproximación a la prehistoria de la política cinematográfica española", en *Archivos de la Filmoteca*, nº 6, Valencia, 1990, p. 6.
355. Citado por LÓPEZ, Laura: "Los oficios cinematográficos...", p. 251.
356. Hasta ese momento la película virgen se vendía sin perforaciones y eran las empresas o incluso los operadores los encargados de realizarla, con la consabida imperfección, no pocas veces responsable de la tan temida trepidación de las imágenes. FULLERTON, John y SöDERBERGH-WIDDING, Astrid: *Moving images: from Edison to the webcam*, John Libbey &Co Ltd., Sydney, 2000, p. 160.
357. El Diorama de Salvador Alarma venía de la exhibición de imáge-

los del fotógrafo Narcís Cuyás y el distribuidor Andreu Cabot, que acabaron convertidos en Iris films en 1910. Todo esto unido a las ya mencionadas casas europeas, con laboratorios propios donde, además de revelar y tirar copias de sus películas españolas, se formaron técnicos nacionales que nutrirían la segunda generación de laboratorios. En ellos se ofrecían los servicios de venta y perforado de cinta virgen (en España no se fabricó película cinematográfica hasta finales de los años cuarenta); procesado y edición de negativos, coloreado de copias (que, a partir de 1906 deja de ser manual en todos los laboratorios salvo en el de Chomón), tiraje de títulos, subtítulos o marcas, con los sistemas de rótulos con letras movibles y filmados por reflexión hasta 1910 y, ya por último, el tiraje de copias para proyección, principal y más lucrativa actividad de los laboratorios.[358]

Otro cambio sería definitivo a partir de 1907, cuando se despertó el olfato empresarial de Charles Pathé para idear una fórmula comercial que daría la vuelta al negocio y al espectáculo cinematográfico: el alquiler. Un procedimiento que se impuso en poco tiempo a la venta directa de las películas al exhibidor, con tanto éxito que, con diversos formatos y variaciones, sigue existiendo hoy. Barcelona era entonces el centro de venta y distribución de material cinematográfico para toda España.[359] Desde 1909, el mismo año de la adopción del estándar de 35 mm, el alquiler se había generalizado y, al año siguiente, los representantes catalanes dividían el territorio español en regiones para administrar las exclusivas de representación. Comercializar en exclusiva una película suponía comprar por cuatro años los derechos de distribución y exhibición de una copia y distribuirla luego en las plazas cuya jerarquía de exhibición situaba primero a Madrid y Barcelona,

nes precinematográficas, luego incorporó el cinematógrafo para acabar vendiendo películas, aparatos, rodajes e incorporando laboratorio, habiendo sido Diorama, según *Arte y Cinematografía*, "la primera empresa en España que fabricó todo el material concerniente a la cinematografía". *Arte y Cinematografía*, Barcelona, nº especial 1926 y RIAMBAU, Esteve y TORREIRO, Casimiro: *Productores en el cine español. Estado, dependencias y mercado*, Cátedra / Filmoteca Española, MADRID, 2008, p. 331.

358. Todo lo concerniente a los laboratorios puede consultarse en el trabajo de CARDONA, Rosa: "Laboratorios cinematográficos en Barcelona entre 1906 y 1920. Fuentes de investigación y características generales, en *A propósito de Cuesta...*, pp. 171-186.

359. LETAMENDI, Jon y SEGUÍN, Jean-Claude: *Los orígenes del cine en Cataluña...*, p. 561.

las más caras, y luego Valencia, Bilbao, Zaragoza y Málaga. Los calendarios de los estrenos los fijaba esta categoría de las plazas, establecida en función del número de habitantes. La importancia de las películas se establecía después del estreno y no antes. Cuando se acreditaba su rendimiento comercial se convertían o no en exclusivas. Aunque no siempre se respetaba esa exclusividad, lo que era fuente de numerosos conflictos.[360]

Es un momento crucial para el devenir posterior de los acontecimientos. Hasta entonces el productor y el exhibidor establecían contacto directo, o a través de un representante, y el último compraba una película que luego explotaba hasta el límite para incluso revenderla finalmente. Las sesiones cambiaban en función de la posibilidad que tenían los propietarios de acceder al circuito de distribución, por lo que sucedía, no pocas veces sobre todo en provincias, que las sesiones tenían que suspenderse en tanto no llegasen las novedades. Cualquier temporada, en producción y desembolso, suponía contar con un número suficiente de películas para cubrir la oferta (tal vez medio centenar) pues los primeros programas, ante la escasa duración de las cintas, consumían ocho o diez películas por función. Era preciso conocer muy bien un oficio aún en pañales para impedir el desabastecimiento teniendo en cuenta la dependencia de los medios de transporte y comunicación (ferrocarril para el desplazamiento de los empresarios al cierre de negocios y paquete postal para envío de las películas); manejar el telégrafo para agilizar las gestiones, disponer de dinero en metálico para los pagos; gestionar la convivencia durante un tiempo de los viejos y nuevos formatos tras la estandarización, y practicar la reventa o realquiler de las películas compradas, una vez explotadas.[361]

Pero, entre 1907 y 1909, con la estandarización del formato y la generalización del alquiler, entre las principales productoras de películas se desató un proceso que cambió por completo la situación haciendo nacer la distribución cinematográfica. El productor dejó definitivamente de ser distribuidor, las programaciones dejaron de ser repetitivas y las distribuidoras proliferaron en España: Diorama (Barcelona 1906); Joan Fuster (Barcelona, Madrid, 1907); Cinematografía Verdaguer (Barcelona, 1909); Trust Film (Barcelona, Madrid, 1910) o Cabot y Piñot o José Gurgui (Barcelona, 1910).[362]

360. FERNÁNDEZ, Ana: "Génesis y comportamiento comercial...", pp. 389-390.
361. GARCÍA, Emilio Carlos: *El cine español entre 1896 y 1939. Historia, industria, filmografía y documentos*, Ariel, Barcelona 2002, p. 144.

Cuadro 5. Principales distribuidoras y material distribuido (1905-1909).

AÑO	DISTRIBUIDORA	MATERIAL DISTRIBUIDO
1905	J. Alfonso	M.P. Sales Agency Lid.
1906	Diorama	
1907	Hispano-Films	Urban, Eclipse, Radios, Raleigh &Robert
1907	José Verdaguer y Mota	Éclair
1908	J. Llatjós Prunes	Gaumont, Mundial Film, Radium y Hubsch y Cía.
1908	José Martínez	Ideal Moving Pictures C. Ince
1908	Casa Alagón	Material de varias productoras italianas, danesas, alemanas y británicas.
1909	Casa Blas y Cortés	
1909	Cinematográfica Verdaguer S.A.	
1909	Itala Films	Su propio material
1909	Casa Choimet	Luna y otras

Fuente: Emilio Carlos García: *El cine español entre 1896 y 1939. Historia, industria, filmografía y documentos.*

Crecían las delegaciones barcelonesas de las casas extranjeras: Itala Films de Turín, antes de 1910, poco después Cines de Roma y en 1911 Cox&Cox de Nueva York. Fue la antesala del crecimiento de empresas españolas como Hispano-Films y Films Barcelona y, en los años siguientes, incluso desbordando la Primera Guerra Mundial, de la expansión de firmas como Joan Ver-

362. ALONSO, Luis: "De arañas y moscas. La formación del sistema cine y los principios de la distribución cinematográfica en España", en *Archivos de la Fimoteca*, nº 66, 2010, p. 131 y MONTES, Samuel: "Saturnino Ulargui y la distribución cinematográfica en el contexto de la II República española", tesis doctoral, Universidad de Salamanca, 2017, pp. 25-26.

daguer, José Gurgui, Casanovas y Arderíus o Casanovas y Malet, que inundaron de películas de todo el mundo el mercado español contribuyendo a dinamizarlo y fortalecerlo como se puede ver en el cuadro adjunto. En provincias se pasaba también de la fase de los representantes o delegados a la distribución propiamente dicha, como llegó a hacer, en Gijón, la empresa del Salón Doré, con depósito de películas para Asturias, Galicia y León.[363]

Tantos cambios en tan poco tiempo acabaron por plasmarse en los locales de exhibición. El reinado de la feria empezaba a declinar, aunque convivió durante años con locales estables. El cinematógrafo y varietés se había asentado definitivamente, el público era más numeroso y demandaba ver películas todo el año. Los locales tradicionales le hacían sitio, incluso algunos teatros medianos, como había sido desde el principio. Pero allí el cine y varietés estaba de invitado, sus representaciones deberían dejar su lugar cuando llegase una compañía teatral. Esos teatros no garantizaban la continuidad anual del nuevo espectáculo. Se inició la búsqueda de un tipo de edificio específico, con todos los trámites de una construcción normal (arquitecto, proyecto, etc.), válido para toda clase de ciudades: los pabellones.

Eran un cruce entre el barracón de feria y el teatro. Del primero tomaban el mismo espectáculo, las mismas formas y el mismo público, del segundo quisieron tomar una mayor elegancia, mayores posibilidades en sus instalaciones y, algunos, una oferta similar. Pero seguían siendo una gran barraca, incluso desde el punto de vista legal muchos no pasaron de ser arquitectura efímera. Aún faltaba tiempo para lograr esa tipología específica que concediera la definitiva emancipación arquitectónica al cinematógrafo y varietés.[364]

Ya se daba en las grandes ciudades, por ejemplo en Madrid, en 1907, había 23 locales de este tipo que reproducían la distribución espacial en la ciudad desde los orígenes del cine: en pleno centro y en pequeñas áreas del borde urbano pero muy pobladas y bien comunicadas, por lo que ofrecían ventajas para mantener una afluencia continuada a las salas. En Barcelona, decía una crónica de 1910 que, "de cinematógrafos con ó sin atracciones y con ó sin embuchado de piececitas en un acto, no hablemos.

363. GONZÁLEZ, Palmira: *Els anys daurats...*, pp. 101-104, 167-171 y 542-546 y *El Noroeste*, Gijón, 24-IX-1914.
364. Para esta nueva tipología de edificación puede verse DE LA MADRID, Juan Carlos: *Cinematógrafo y varietés...*, pp. 350-355.

¿Quién puede contarlos?".[365] En los barrios altos y obreros de Bilbao reinaban el Pabellón Vega y el Salón Vizcaya, capaz para mil espectadores que iban a ver cupletistas y varietés y veían películas en los descansos.[366] En una horquilla que va, desde 1903 a 1909, en todos los lugares de España las barracas, que siguieron existiendo, empezaron a convivir con estos pabellones. Viajando por la geografía, en una muestra de lugares y fechas distintas, podemos comprobar cómo se estabilizó la proyección anual en pabellones: Palma de Mallorca (1903), Valladolid (1904), Zaragoza, Valencia, Bilbao, Vitoria (1905), Sevilla, Gijón, Ferrol, Bermeo, Santander, La Coruña, Reus (1906), Oviedo, Las Palmas (1908), Vigo, Segovia, Cartagena, Portugalete (1907), Granada (1908); Avilés, Baracaldo (1909).[367] El resumen de la situación puede encontrarse en el siguiente texto, del año 1907, que comenta la razón de la apertura, en la capital, del Salón Madrid:

365. GARCÍA FERRERO, Alejandro: "Las salas de cine en Madrid. De los primeros cinematógrafos a la demanda por «salvar» los cines históricos de la ciudad", en *Estudios Geográficos*, Vol. LXXVII, 280, enero-junio 2016, pp. 115-153; CRESPO, María Mercedes: "Estudio geográfico de la distribución espacial de las salas de cine madrileñas", *Geographica*, 16, 1974, pp. 73-131 y ROGER: "Crónicas catalanas" en *Nuevo Mundo*, Madrid, 22-XII-1910.
366. MONTERO, Manuel y RODRÍGUEZ-MARÍN, Nuria: "Consumo, ocio y prácticas sociales en la España urbana: Madrid-Bilbao. 1900-1936", en: OTERO, Luis Enrique y PALLOL, Rubén: *La ciudad moderna...*, p. 145.
367. PABLO, Santiago de: "Los orígenes del cine en el País Vasco y Navarra (1895-1910): un estado de la cuestión", en *Artigrama...*, pp.115-116; DE LA MADRID, Juan Carlos: *Cinematógrafo y varietés...*, pp. 350-354; SAIZ VIADERO, José Ramón: *Una historia del cine en Cantabria*, Ayuntamiento de Santander, Santander, 1999, p. 63; MARTÍN ARIAS, Luis y SAINZ GUERRA, Pedro: *op. cit.* p. 10; FOLGAR José María: *El espectáculo cinematográfico en Galicia...*, pp. 49-50; LAVILLA, Ana Cristina: "La implantación de la arquitectura de los cines en España: de los pabellones a los palacios cinematográficos", en *Apuntes*, nº 31, 2018, pp. 38-53. https://urlc.net/Or46; LAHOZ, Ignacio: "La introducción del cinematógrafo en Valencia, en *Historia del cine valenciano*, Prensa valenciana, Valencia 1991, pp. 7-25; MUÑOZ ZIELINSKI, Manuel: *op. cit.*, pp. 109-110, AGUILÓ, Catalina: "La cinematografía en Mallorca (1897-1915)", en DE LA MADRID, Juan Carlos (coord.): *Primeros tiempos...*, p. 245; SÁNCHEZ VIDAL, Agustín: *Los Jimeno y los orígenes del cine en Zaragoza*, Ayuntamiento de Zaragoza, 1994, pág. 203; CABRERA, Gregorio José: "Primeros tiempos del cinematógrafo en Canarias", en

"Toda persona 'que dispone de un pequeño capital', o se dedica 'a prestarlo con interés' o levanta una barraca donde exhibir su correspondiente 'Choque de trenes' y sus indispensables números de varietés. Y tanta prisa se dan los propietarios a inaugurar sus locales, que el 'Salón Madrid' se ha abierto al público sin estar aún terminado".[368]

DE LA MADRID, Juan Carlos (coord.): *Primeros tiempos...*, p. 310; COLÓN, Carlos: Los comienzos del cinematógrafo en Sevilla, Ayuntamiento de Sevilla, 1981, pág. 38; BARRIENTOS, Mónica: "Primeros pasos hacia el asentamiento del cinematógrafo en Sevilla", en *Apuntes de cine: homenaje a Rafael Utrera*, Delta Publicaciones, Madrid, 2016, pp. 1-14; ARIAS, Salvador: *Granada: el cine y su arquitectura...*, p. 321; ARNAVAT, Albert y MIRÓ, Neus: "L'arribada del cinema a Reus", en *Revista del Centre de Lectura,* Reus, VI-1995, pp. 7-8.
368. SIUL: "Estrenos de la semana. En la calle de Cedaceros: El 'Salón Madrid", *¡Alegría!,* año I, n.º 11, 22-V-1907, p. 11.

Figs.25.a y 25.b: Dos ejemplos de Pabellón que conservan en su aspecto mucho de barraca. Se trata del coliseo del Noviciado en Madrid y el Pabellón Iris en Avilés (*El Arte del Teatro*, 15-VIII-1907 y foto Fran).

Los cambios fueron notables, y no sólo en la exhibición anual sino también en aspectos tan sensibles como la seguridad. En la feria los peligros no se habían podido controlar totalmente y los incendios fueron habituales. La preocupación por la seguridad fue constante y no era exagerada. Desde principios de siglo la exhibición en barracas había ido dejando una gruesa estela de incendios con distintas consecuencias. Por ejemplo en Santander (1900), Badajoz y Madrid (1903), Huesca (1904); Oviedo (1906), Valladolid, Granada (1907), Gijón y otra vez en Madrid en 1908, Barcelona en 1910.[369] Desde el siniestro fundacional del Bazar de la Charité la alarma y la

369. SAÍZ, J. R.:"De las barracas ambulantes a los cinematógrafos estables" En SAÍZ, J.R. (coord.): *La exhibición cinematográfica...*,pág. 80; SÁNCHEZ, Francisco M. y PULIDO, Catalina: "Cine mudo en Extremadura 1897-1914", en DE LA MADRID, Juan Carlos (coord.): *Primeros*

sospecha perseguía a los cinematógrafos, sumarias arquitecturas donde si había cabina de proyección, no siempre estaba aislada por chapa u otro material incombustible, con lo que cualquier fuego acababa propagándose a través de lonas embreadas, telas y tablas que ardían como antorchas a velocidades de vértigo. A eso hay que sumar la falta de legislación específica para los nuevos peligros de un espectáculo que también era nuevo. Por ejemplo la laxitud con la que las autoridades locales huían de la obligación de costear un servicio de bomberos en las ferias asignando tal obligación a los dueños de las barracas. Tal cosa cambió a partir de 1905, cuando la empresa del teatro Arriaga de Bilbao sentó jurisprudencia demostrando que "dicho servicio es de carácter público, debe atenderse por el Ayuntamiento y no puede imponerse su pago a la Empresa". A partir de ahí una catarata de Reales Órdenes y sentencias muy diversas obligó a los ayuntamientos a costear el servicio de bomberos como de interés general.[370]

Esta situación fue cambiando a la par que la propia arquitectura del cinematógrafo. A partir de 1908 las mutaciones fueron muy evidentes. Llegaron con la generalización de los pabellones y, con ellos, nuevos proyectos visados por los ayuntamientos y con inexcusables exigencias de seguridad. La primera novedad de interés iba dentro de un Real Decreto cuyo único objeto era evitar incendios. Sus medidas traducen dos preocupaciones bá-

tiempos..., p. 267; *El Liberal*, Madrid, 18-VIII-1903; LASAOSA, Ramón: "Las primeras exhibiciones cinematográficas en Huesca", en *La exhibición cinematográfica...,* p. 57; *Nuevo Mundo*, Madrid, 3-VIII-1905; DE LA MADRID, Juan Carlos: Cinematógrafo y varietés, pp. 127-129; FRUTOS, Francisco Javier y PÉREZ, Juan Antonio: "Los primeros pasos del cine en Castilla León", en *Artigrama...*, p. 185, ARIAS, Salvador: *Granada: el cine y su arquitectura...,* p. 152 y ALONSO, Luis: "Callejeando. El incendio de un cine", en *Nuevo Mundo*, Madrid 9-I-1908, p. 22.

370. Real Orden, 24-IV-1905, Sentencias de 12-X-1909 y 8-XI-1915 y *Gaceta de Madrid*, 21-III-1910, p. 42 y 28-III-1916, p. 86. Hubo ayuntamientos, como el de Zaragoza, que aplicaron una normativa propia, desde fecha tan temprana como el 27 de agosto de 1897, para regular todas las condiciones de instalación de las barracas de cinematógrafo. MARTÍNEZ, Amparo: *Los cines en Zaragoza, 1896-1936*, Ayuntamiento de Zaragoza, 1996, pp. 42-43. Más detalles sobre la legislación en LIUÍS I FALCÓ, Josep: "Evolució de la legislació sobre sales cinematogràfiques: la prevenció d'incendis (1896-1935)" en *Cinematògraf*, segona època, nº 2 [Actes de les II Jornades sobre Recerques Cinematogràfiques]. Barcelona: Societat Catalana de Comunicació, 1995, pp. 307-318, https://urlc.net/Or8O [Consultado: 9/02/2023].

Fig.26: Incendio de las barracas de Oviedo *ABC*, 24-IX-1906 (Hemeroteca *ABC*).

sicas: profundizar en las normas sobre seguridad en teatros, estancadas desde la legislación del siglo XIX[371] y asumir, doce años después de su llegada, la especificidad del cinematógrafo como espectáculo en cuanto al peligro de sus medios técnicos. Para ellos se legisló de una forma igualmente técnica con exigencias básicas: construcción sólida y con materiales incombustibles, planta única, separación de edificios colindantes y puertas suficientes, bocas de riego y extintores, cabina de proyecciones aislada, en el lado contrario al de la entrada y salida de espectadores, y totalmente sellada por materiales igualmente incombustibles, alumbrado supletorio, etc.[372] Cuando, en 1911, se editó en España el manual de Biggs *El cinema-*

371. Real Decreto del 27 de octubre de 1885 *para la construcción y reparación de edificios destinados a espectáculos públicos*, en *Gaceta de Madrid*, Madrid, 28-X-1885.
372. Real Decreto de 15-II-1908 de *Medidas encaminadas a evitar los incendios que se producen en pabellones provisionales y en los edificios destinados a exhibiciones cinematográficas*, en *Gaceta de Madrid*, Madrid,

tógrafo y sus accesorios, recogía un resumen de esas exigencias técnicas dispuestas por el Real Decreto.[373]

Las tablas y las telas iban siendo residuales en estas construcciones, lo mismo que los órganos de feria, si exceptuamos algunos ilustres supervivientes, cada vez se veían menos a la entrada de los nuevos pabellones. La importancia del espectáculo iba pareja al crecimiento de las normas que lo regulaban, así, en 1907, el Ministerio de Hacienda equiparaba al cinematógrafo, en cuanto a modelo de negocio, con los espectáculos teatrales (líricos, declamados y coreografiados) con otra Real Orden, en este caso para regularizar las sesiones cinematográficas e incluirlas dentro de las leyes tributarias, de tal modo que ambos espectáculos tenían que pagar la misma cantidad de impuestos por representación, con independencia de su duración. Por ese camino se empezaba a reconocer el estatuto masivo que aspiraba a alcanzar, no se le ocultaba al legislador la progresión del espectáculo "considerando que, según los datos del expediente, los llamados cinematógrafos, que comenzaron á explotarse como industrias en ambulancia, similares á los panoramas y figuras de cera, han llegado á adquirir en estos últimos tiempos, por lo menos en Madrid, una importancia grande, incompatible con la aplicación de la exigua cuota que satisfacen".[374] La *Estadística Administrativa de la Contribución Industrial y de Comercio*, indicador válido aunque de cifras recortadas por la ocultación fiscal, recoge un crecimiento notable en 1908 de las salas que cotizan en toda España (de todas clases, también cinematógrafos) hasta llegar a 1.974 cotizantes. El espectáculo seguía creciendo. Ese mismo año el Convenio Internacional de

17-II-1908. En una inspección de seguridad al Pabellón Lux Edén de Granada, ya en 1912, este decía tener una cabina con las siguientes características: "construida de ladrillo y mezcla, forrada en su interior de chapa y hierro, poseía una mesa de este metal, un refrescador de películas en caja de cine, cajas Maller, donde se encontraba la película y que se obturaban herméticamente en el caso de producirse inflamación, quedando completamente aislada y cerrada. Poseía asimismo tubos Begman, en su instalación eléctrica, con fusibles en cada lámpara, regadera de presión, chimenea de aspiración". *El Defensor*, Granda, 11-XII-1912, citado por ARIAS, Salvador: *Granada: el cine y su arquitectura...*, 2009, p. 327.

373. BIGGS, W.: *El cinematógrafo y sus accesorios. Manual práctico de cinematografía*, Araluce Editor, Barcelona, 1911.

374. Real Orden de 27-IV-1907, en *Gaceta de Madrid*, Madrid, nº 130, 10-V-1907, pp. 551-552.

Propiedad Intelectual, en su artículo 14, incluía una reforma para proteger al productor y al autor de la base literaria o artística de las obras cinematográficas.[375] También entonces se separaba claramente el oficio de operador de cámara y el operador de cabina; el proyeccionista, un oficio desempeñado en condiciones durísimas hasta bien entrada la segunda década del siglo, cuando su habitáculo será objeto de una cada vez mayor precisión legislativa y su cometido de un mayor aprecio profesional como consta en el siguiente texto:

> "(...) Yo no creo que haya derecho a exigir para los operadores las condiciones de un ingeniero electricista, quizás ni la de un mecánico titular de dichas clase, pero sí un hombre experimentado, capacitado, probado de que conoce el aparato, su mecanismo, la cabina y su organización, las películas y modo de tratarlas y conservarlas y no distraerle por nada ni por nadie de su cometido. Su responsabilidad es inmensa, y por tanto hay que exigirle mucho en el cumplimiento de su misión, pero hay que darle categoría y hay que pagarle como merece, no como al mozo que barre, sino como al que puede dar prestigio y recabar con su labor y su pericia, con su cuidado y con su celo, la bondad del espectáculo".

El mismo articulista decía que si se revisaran todos los cines de Barcelona, en no más de ocho se encontrarían proyeccionistas verdaderamente cualificados, en el resto más bien unos indocumentados que sólo sabían montar cintas y renovar carbones y que no se podía esperar otra cosa por los sueldos de veinte o veinticinco pesetas a la semana que se pagaban en 1914.[376]

Los pabellones eran ya la nueva casa de un espectáculo que iba cobrando mayor importancia cada día. De arquitectura ecléctica o moder-

375. *Gaceta de Madrid*, Madrid, nº 130, 10-V-1907, p. 1. Véase también: GARCÍA, Andrea: "Reciprocidad cultural, modernidad y sinergias entre el cine y el género chico durante el cambio de siglo", en *El cinematógrafo en la zarzuela...*, p. 145; VALLÉS, Antonio: "Aproximación a la prehistoria de la política cinematográfica española", en *Archivos de la Filmoteca*, nº 6, Valencia, 1990, p. 6 y URÍA, Jorge: *La España liberal...*, pp. 367-371.
376. EL HADJ: "Los operadores de cinematógrafo", en *Arte y Cinematografía*, nº 98, Barcelona, 15-XII-1914, pp. 12-13.

Fig.27: Interior del Coliseo Imperial de Madrid, (Nuevo Mundo 17-I-1907)

nista, el recuerdo a la barraca quedó en la fachada de muchos de ellos e incluso pasó a construcciones de cinematógrafos posteriores, siempre presididas por el arco elíptico que guardaba la entrada principal. Este tipo de solución se encontraba, por ejemplo, en el Teatro Circo de los Campos Elíseos (1902) y Salón Olimpia de Bilbao (1905), los cinematógrafos Bohemia (1910) y Excelsior (1911) de Barcelona, Pabellón Iris de Avilés (1909), Salón Moderno de Salamanca (1909), Cine Moderno de Málaga (1913), Cine Royalty de Madrid (1914), el primer Pabellón Narbón de Santander (1916) y las decoraciones interiores de los Cinematógrafo Diorama (1902) y Belio-Graph (1904) de Barcelona o Cine Picarol de Badalona (1911).[377]

377. SÁNCHEZ, Jesús Ángel: "Las salas de cine en España: evolución histórica, arquitectura y situación actual", en *Patrimonio cultural de España*, nº 10, Madrid, 2015, pp. 99-100.

Eran construcciones como el Coliseo del Noviciado en Madrid, del que conocemos por extenso todas sus características por un generoso artículo de *El Arte del Teatro*. Se trataba de una empresa de Juan Murillas y Emilio Barraquero en la que habían invertido 15.000 duros, para ejecutar un proyecto del arquitecto José Carnicero, inaugurado en junio de 1907. No se separaba excesivamente de las barracas más grandes, pues tenía unas dimensiones de 12x20 metros y aforo de 600 personas, aún con seis palcos frente al escenario, además de camerinos.[378] Tenía modernos inodoros, servicios contra incendios (que no le salvaron de perecer en llamas cinco años después) y 22 empleados uniformados. Todo a cambio de unas entradas a 20 y 40 céntimos, a pesar de los muchos gastos que la revista se entretiene en detallar y nos dan idea de la situación empresarial de estas instalaciones en aquel momento y la importancia que, también para gastos e impuestos, iban alcanzando:

> "De Contribución, entre el impuesto de Timbre y el Industrial, paga el coliseo de 30 á 40 pesetas diarias, á la Sociedad de Autores por las piezas que toca el quinteto durante el mes, 30 pesetas; sin contar los derechos de Timbre por fijación de carteles. Si á esto añadimos el sueldo de los "números" de varietés que actúan representa una cantidad que oscila entre las 50 y 80 pesetas diarias (...)".[379]

Con los pabellones, el estándar de 35 mm., la mayor longitud de las películas, el alquiler y el progreso de la distribución, el universo del cinematógrafo fue otro. La competencia entre las empresas se tornó feroz. El parque de salas gigante y los precios más bajos. El negocio se resintió. Las películas, que habían estado a punto de hacerse dueñas de todo el mercado, aún eran incapaces de ofrecer las novedades que el público demandaba. No hacía mucho que no eran más largas que un cuplé (sin *bises*),

378. Sólo por comparar con una barraca, la que instaló el conocido ambulante Antonio De la Rosa en Sevilla en el verano de 1902, El Gran Cronofotograf Mágico, tenía un aforo de 600 plazas y era definida por la prensa como "una espaciosa barraca con pretensiones de sala de espectáculos". En BARRIENTOS, Mónica: "Antonio de la Rosa, empresario pionero del cinematógrafo en Sevilla (1902-1907) *Cuadernos Eihceroa*, nº 2, Sevilla, 2003, pá. 29.
379. "El coliseo del Noviciado", en *El Arte del Teatro*, 15-VIII-1907, p. 6.

difícilmente podrían presentarse solas. Hasta que llega la segunda década del siglo, los espectáculos musicales y la sicalipsis en cualquier formato seguían siendo indispensables. Eran cine también.

El cine propiamente dicho crecía pero, aún a la altura de 1907, seguía siendo complemento. Así lo retrataba para el caso madrileño, otra vez, *El Arte del Teatro*[380] que, tras repasar los establecimientos de la capital, concluía que el cinematógrafo era "un aliciente muy agradable, un complemento de función, un fin de fiesta, pero no un espectáculo completo. Prueba que así lo reconocen implícitamente, no sólo el público, sino hasta los mismos que lo explotan, el hecho de haber buscado siempre algo más, de índole muy distinta, para completar la sección". La película seguía unida a un repertorio de artistas, habituales en la mezcla con las imágenes, entre los que entonces se mencionaban: la pareja Hurí-Portela, Valladares y su compañía, Conchita Vergara y Pepita Cañete, Gregorio Cruzada, Casilda Vela y Estefanía Burillo, Manolita Préndez, Candelaria Medina, los Hermanos Campos, Conchita París, Conchita Ledesma, Carmen Díaz y Enrique Sánchez, S'chely Frères, Pastora Imperio, la compañía del teatro Fantástico y Les Yer-Ar. La situación era tan clara en la Corte que "verdaderos Cinematógrafos sin compañía cómico-lírica no hay más que dos y esos tienen que ayudarse con números de Music-Hall".[381] Seguía siendo un espectáculo de cinematógrafo y varietés. Mucho más en provincias, pero también en Barcelona, donde creció su sociedad desde 1906 y, al año siguiente era raro el local del Paralelo que no ofrecía cine y varietés, como el teatro Gayarre, inaugurado ese año, que programaba a diario, o el Teatro Arnau que se resistía pero, en el verano de la temporada de 1909, también hizo lo propio.[382] Madrid no era distinto, si nos guiamos por el elocuente texto que, precisamente en 1907, introduce el quincenal *Artístico-Cinematográfico* como conclusión de una especie de editorial:

> "En suma: que el cinematógrafo y las *varietés* han de vivir unidos, los dos han luchado briosamente para conquistar un puesto;

380. "El Teatro y el "Cine", en *El Arte del Teatro*, 15-VIII-1907, pp. 3-19.
381. ANDRENIO: "El teatro de la vida. Los ex-cines", en *Nuevo Mundo*, Madrid, 17-XII-1908, p. 1.
382. SUÁREZ, Luisa: "El cinema y la constitució d'un públic popular a Barcelona. El cas del Paral.lel", tesis doctoral, Universitat de Girona, 2011, pp. 259, 454-455.

unidas sus fuerzas no perderán un palmo de terreno mientras la afición del público vaya en ese sentido. Como compañeros no deben luchar aisladamente. Sólo así conseguirán prolongar su vida. Porque digan lo que quieran los pesimistas, el cinematógrafo y las *varietés* tienen aún algunos años de vida sin necesitar la fingida protección que el género chico parece dispensarle".[383]

Era necesario darle una estructura coherente, atractiva y comercial. Organizarlo resultó más simple de lo que pudiera parecer. Aprovechó su herencia más directa, la del teatro por horas del género chico y la articulación en "secciones". En cada sección se representaba una obra en un acto y no más larga de una hora. El Chico y sus secciones eran un principio de industrialización del espectáculo y de proletarización de sus actores y cantantes. Todos los teatros por horas ofrecían cuatro funciones, excepto el Cómico, en el que incluso podían ser cinco. Ese teatro, junto al Eslava y Apolo, eran los más noctámbulos, ofertando la última sección, la muy célebre "cuarta de Apolo", a las doce de la noche.[384]

A estas secciones se adaptaron, en primer lugar, las clásicas colecciones de vistas en desorden donde, todavía un año después de la llegada del artefacto a nuestro país y pese al rápido engorde de la colección de los lioneses, se pueden identificar sin dificultad sus títulos con las cintas recogidas en el primer catálogo Lumière.[385] Son estas películas que se agrupaban por "secciones", organizándose unas proyecciones que habrían de durar una media hora aproximadamente, distribuidas a veces de dos en dos, generalmente con diez vistas cada una. Aunque, como ya se ha dicho, el

383. *Artístico-Cinematográfico*, Madrid, 1-X-1907. Puede consultarse en file:///C:/Users/Usuario/Downloads/hem_artisticocinematografico_19071001%20(1).pdf [visto 3-X-2022].
384. ESPÍN TEMPLADO, María del Pilar, *op. cit.*, pág. 63 y GARCÍA, Andrea: "Aproximación a los mecanismos..." y CORTIZO, María Encina: "Realismo e ilusionismo en la temporada teatral madrileña de 1902: María del Pilar de Giménez y *Trip to the moon* de Méliès", en *El Cinematógrafo en la zarzuela...*. p. 179.
385. Las que aparecen en esta relación pueden ser identificadas con los números: 7, 8, 99, 109, 138-135 (el carnaval de Niza se componía de ocho vistas diferentes) y 265. Véase RITTAUD-HUTINET, Jacques: *Auguste et Louis Lumiére. Les 1.000 premiers films*, Philippe Sers editeur, París, 1990, pp. 149, 157, 158 y 162.

tiempo de proyección efectiva era de unos diez minutos por sección.[386] Tal estructura se avenía muy bien a las exigencias de un espectáculo más complejo de cine y varietés que, durante años, se organizó en secciones en las que primaba la estructura que Hottier asigna al tradicional espectáculo de *music-hall*:[387]

> Primera parte: artistas de complemento, tercera vedette, segunda vedette. Entreacto.
> Segunda Parte: vedette del programa.

Los entreactos, si eran entre películas, se llamaron descansos y en ellos, desde el principio, se incrustaron números de varietés.[388] Estos descansos miden cuál es el espectáculo que está de complemento, por ejemplo, en los primeros tiempos del cinematógrafo, cuando sus vistas no podían completar una parte, eran éstas las que se ofrecían como descansos en el Apolo.[389] Esa forma de hacer era común a todo el espectáculo y en todos los lugares. Artistas legendarios, como Fregoli, que había incorporado el cinematógrafo a sus números desde 1898 (el Fregoligraph) nos ofrece en la organización de sus funciones, un resumen de la organización de todas las varietés: en la primera parte actuaba un velocipedista, dos canzonetistas y tres acróbatas, reservándose la segunda para él.[390] Si nos fijamos, al azar, en una pequeña muestra de programaciones y años diversos podremos ver una estructuración similar en toda España. En julio de 1899 en el teatro López de Ayala de Badajoz, la "Compañía Internacional rusa, china y japo-

386. Se hace alusión a esa organización y a esa duración, por ejemplo, en *El Noroeste*, Gijón, 20-VII-1899 y 2-VIII-1899. También *El Carbayón*, Oviedo, 1-X-1899.
387. HOTTIER, Hugues, *op. cit.*, pp. 17-18.
388. Desde fecha tan temprana como enero de 1899, los autores y compositores se reunieron en el Casino Music-Hall madrileño para ver la manera de introducir cuplés en español en el cinematógrafo. BARREIRO, Javier: "Del cuplé escénico al cuplé discográfico"..., p. 57. El autor cita también *La Época*, Madrid, 5-I-1899.
389. MALLADA, Jonathan: "El 'cinematógrafo kalb': hacia la modernidad en el teatro Apolo de Madrid (1896)", en *Música, escena y cine...*, pp. 170-171.
390. ARCE, Julio: "Imitadores de estrellas: transformismo, travestismo de género en la escena de las variedades", en ENCABO, Enrique (ed.): *Miradas sobre el cuplé en España...*, p. 98.

nesa" de Mister Hermann se presenta junto a un Wargraph; en 1906 el Teatro Circo de Murcia incluye el siguiente programa: "Cinematógrafo del teatro, coplets (*sic*) de Nieves Gil; Cinematógrafo de los hermanos García; bailes de Amalia Molina y la zarzuela "Chateau Margaux"; en 1907 en Sevilla, el Salón Imperial ofrecía matinées infantiles los fines de semana compuestas por una sinfonía, cinco cuadros cinematográficos, un número de varietés, otros cinco cuadros cinematográficos y un número de baile, en otras funciones el espectáculo incluía música de un sexteto, seis cuadros cinematográficos y números de prestidigitación; en 1908 el vallisoletano cinematógrafo Pradera ofrecía un espectáculo compuesto por cine y la Trouppe Bohemia, bailarinas y perros amaestrados y Los Pipos, excéntricos musicales, y, por fin, en fecha tan lejana como febrero de 1912, en el teatro-cine Petit-Palais de Baracaldo las películas salpicaban la actuación de la cupletistas Bella Celeste y de las bailarinas Las Bilbaínas, eran tres secciones, dos sencillas con películas y vedette y la última doble con todas las películas de las secciones anteriores (ocho) y las dos vedettes.[391]

Cuando la oferta cinematográfica creció y se organizó desde el punto de vista industrial, este tipo de presentaciones fue más sencillo aún. Así la casa Pathé organizaba desde 1905 su catálogo en doce series temáticas: "Scènes de plein air", "Scènes comiques","Scènes à trucs", "Sports et acrobaties", "Scènes historiques", "Scènes grivoises d'un caràcter piquant","Danse et ballets", "Scènes dramatiques et réalistes", "Féeries et contes", "Scènes religieuses et bibliques", "Scènes ciné-phonogrhapiques" y "Scènes diverses". Tal organización le permitía comercializar sus películas por bloques, en programas semanales montados con un poco de todo (humor, drama, actualidades, fantasía), con lo que se daba mayor libertad al exhibidor para componer programaciones de varietés como las descritas, con las que casaban a la perfección.[392]

391. PULIDO, Catalina: *Inicios del cine en Badajoz (1896-1900),* Junta de Extremadura, Badajoz, 1997, p. 69; *El Noroeste*, Gijón, 21-VIII-1901; MUÑOZ ZIELINSKI, Manuel: *Inicios del Espectáculo cinematográfico en la región murciana*, Academia Alfonso X el Sabio, Murcia 1985, p. 99; BARRIENTOS, Mónica: "Antonio de la Rosa, empresario pionero del cinematógrafo en Sevilla (1902-1907)..., p. 29; MARTÍN ARIAS, Luis y SAINZ GUERRA, Pedro: *El cinematógrafo (1896-1919)...*, p. 13 y ANSOLA, Txomin: *Del taller a la fábrica de sueños. El cine en una ciudad industrial: Baracaldo (1904-1937)*, Universidad del País Vasco, Bilbao 2002, p. 125. Citados en DE LA MADRID, Juan Carlos: *8.000 películas...*

Cine-Teatro Petit Palais

BARACALDO

HOY SÁBADO 22 DE JUNIO DE 1912

2 IMPORTANTISIMOS DEBUTS, 2

El de los notables duetistas cómicos LES VAL-TER

y el de la hermosa y sugestiva cancionetista y bailarina

Bella Antoñita

alternando con un escogido y variado programa cinematográfico

ORDEN DEL PROGRAMA

A las 8 — Sección sencilla

4 preciosas películas, 4

y debut de los notables duetistas LES VAL-TER

A las 9 — Sección sencilla

4 bonitas películas, 4

y debut de la notable coupletista Bella Antoñita

A las 10 — Sección doble

6 HERMOSAS PELÍCULAS, 6 y 2 NÚMEROS DE VARIETÉS, 2

Precios los de costumbre

Mañana domingo secciones desde las 3 alternando los dos notables números con un precioso programa cinematográfico que se anunciará en el cartel del edificio.

Fig.28: Programa del Petit Palais de Baracaldo para 1912 (de libro de Txomin Ansola: *Del taller a la fábrica de sueños...*).

392. Véase THARRATS, Juan Gabriel: *Los 500 films de Segundo de Chomón*, Prensas Universitarias de Zaragoza, Zaragoza 1988, p. 82.

En un tipo de organización como éste había evidentes conexiones sociológicas y temáticas con el género chico o el teatro por horas: asequible a todos los bolsillos, con posibilidad de elegir en la oferta horaria la "sección" compatible con el horario laboral; con personajes y situaciones reconocibles que le son contados además de forma próxima usando la música cercana al cuplé o al mundo de la canción popular, con tipos regionales protocolizados al gusto de la Restauración, que llevaban hasta el final las imágenes más tópicas de las diferentes regiones españolas con un madrileñismo de sainete presidiéndolo todo.[393]

Con esto se certifica más el carácter híbrido del cine y varietés: heredó la tradición española, incorporó espectáculos y terminología a la moda europea y finalmente organizó todo, tradición teatral y nuevos aportes, en un espectáculo en el que el cine, dependiendo de los años y del fuste de los programas, ocupará el puesto en la primera parte, como complemento y con vocación de ascender al papel de alguna de las vedettes, hasta llegar a la principal.

El equilibrio entre el cine y las varietés se mantuvo así a lo largo de toda la primera década del siglo y convivieron muchos años más, pero la relación fue invirtiéndose: cuando no se podía contratar compañía de varietés el cine era el principal o único espectáculo. Cuando el cine empezó a tener autonomía y las películas fueron tan largas que difícilmente admitían mezcla, el cine se presentó solo o con alguna actuación segundona. Poco a poco las compañías de varietés empezaban a quebrarse, reservándose sólo para plazas muy principales. Artistas en solitario empezaron a ser el verdadero complemento del cine, aunque se tratara de cupletistas.[394]

En la fórmula del espectáculo pudo haber variación. Los ingredientes se alteraron según los lugares y los tiempos. Así en Madrid durante la primera década del siglo, la de la crisis del género chico, el cine se infiltró en las salas de teatro por horas, aprovechando, como acabamos de ver, su estructura de horarios y precios. La fusión era tan evidente que en la prensa de la época había también la versión contraria, "es el género chico es que le está dando la puntilla al cine, como se la dio al género ínfimo", los cines

393. CASARES, Emilio: "Teatro musical: zarzuela, tonadilla, ópera, revista...", en *Historia de los espectáculos en España*, Castalia, Madrid 1999, pp. 164-165.
394. DE LA MADRID, Juan Carlos: *8.000 películas...*, p. 43 y, del mismo autor, "Cine de complemento...", pp. 78-81.

"se están convirtiendo en teatros de zarzuelas por horas, donde se representa lo más lucido del repertorio".[395] No estaba muy claro si había teatros con cine o cines con teatro, porque el género de cine y varietés todo lo inundaba. En Madrid la penetración fue rápida a partir del teatro por horas, un género chico que los madrileños convirtieron en tradicional, "castizo", y en el que tuvieron entrada todos los espectáculos que se adaptaron a su formato, por supuesto el cinematógrafo fue muy pronto asimilado dentro de la fórmula con pequeños matices. En el resto de España el espectáculo de cine y varietés incluía toda clase de espectáculos, en Madrid había una cierta diferencia, muy madrileña, entre cine y varietés y cine y género chico.[396] El caso barcelonés es distinto. En la ciudad condal había un cierto músculo industrial encargado de suministrar productos "kilómetro cero" a un gigante entramado de salas de exhibición. Por proximidad y relaciones empresariales el modelo francés iba cuajando y permitiendo que el cine fuese más independiente, con salas y espectáculo propio. También seguía existiendo una oferta híbrida, de cinematógrafo y varietés, semejante a la del resto del país.[397]

395. "Crónica", en *Alegría*, 21-VIII-1907, p. 4.
396. El género chico era fuerte en teatros con arraigo como El Eslava, la Zarzuela y el Cómico y otros menos significados como el Teatro Barbieri, el Salón Madrileño, el Palacio de Proyecciones y el Teatro Fantástico. Las varietés primaban, con el cine, en el Coliseo Imperial, el Teatro Romea, el Salón de La Latina, el Petit Palais, el Enna Victoria y el Salón Madrid. Así lo describe, LÓPEZ, Fernando: *Madrid, figuras y sombras. De los teatros de títeres a los salones de cine*, Editorial Complutense, Madrid, 1999, pp. 220-221. Profundiza en este argumento RIVAS, Víctor: "La construcción cultural del cine: anomalías, resistencias y desvíos en Madrid en torno a 1913", Tesis doctoral, Universidad Rey Juan Carlos, Madrid, 2017, pp. 92-97. Esta obra ha sido adaptada a formato libresco en *La sábana de los sueños. Una historia cultural del cine en Madrid (1906-1920)*, Shangrila, Santander, 2018. Es interesante ver esta relación entre el cine y las obras líricas seguida en trabajos sobre el conjunto de obras líricas relacionadas con el cine, véase SÁNCHEZ SALAS, Daniel: "Su majestad el cine. El teatro por horas y su recreación del cine de los orígenes", en *Cinema i teatre: influències i contagis...*, pp. 181-190 y la ya citada de Ramón SOBRINO "El cinematógrafo en la zarzuela" (1896-1931).
397. GONZÁLEZ, Palmira: "El espectáculo y la industria del cine en España de 1905 a 1914. Asentamiento social definitivo del espectáculo cinematográfico y tentativas de búsqueda en la producción autóctona",

Las películas ya habían empezado a cambiar con el siglo XX, a mayor duración la atención publicitaria fue otra. La prensa ya destacaba, en notas individuales, sus características técnicas. Si era "en colores" o de larga duración, medida en minutos, en cuadros o en metros. Inmediatamente el salto hacia los argumentos vino de la mano de la fantasía y de lo cómico, comenzaron a conocerse las películas Méliés y su Star Films, es el momento triunfal de la cinematografía francesa y del cine de atracciones[398] que copa programaciones por doquier.[399] En España *Le voyage dans la lune* sorprende allí donde se programa, incluida la capital, donde fue estrenada con su título inglés, *Tripo to the moon*, programada en el circo Price, el 18 de enero de 1903, pero no como complemento de varietés sino de zarzuela grande y con su propia partitura.[400] En otros casos la cinta acompañó sesiones única o mayoritariamente de cinematógrafo (Cinematógrafo Clavé, Napoleón y Colón en Barcelona, Videograph en Madrid).[401] Precisamente su duración y el incorporar partitura propia fue objeto de plantes y protestas de músicos y empleados de salas diversas. En todo caso fue un éxito, que puede ser rastreado a partir de 1902, "el año Méliès en España", donde las películas del mago se pasaron en ciudades de los cuatro puntos cardinales,[402] con gran despliegue publicitario, con sus propios programas explicativos, la alusión a Verne y, siempre muy destacado, el nombre del exhibidor.[403]

en *A propósito de Cuesta...*, p. 110 y MINGUET, Joan Miguel: *Paisaje [s] del cine mudo en España*, Ediciones de la Filmoteca, Valencia, 2008, pá. 23.

398. GAUDREAULT, André: "Del 'cine primitivo' a la 'cinematografía-atracción", en *Secuencias*, nº 26, 2007, pp. 10-28.

399. Mónica BARRIENTOS identifica, entre las 871 referencias de cintas animadas rastreadas en Sevilla entre 1896 y 1906, 115 de la Star Films, en "De Sevilla a la luna. Vistas animadas de la Star-Films en el cinematógrafo sevillano (1896-1906)", en *Revista Comunicación*, nº 11, 2013, pp. 1-23.

400. CORTIZO, María Encina: "Realismo e ilusionismo....", pp. 173-208.

401. SOTO, Begoña: "Méliès en España, a partir de lo conservado y estudiado" en *Secuencias*, nº 40, 2014, p. 88.

402. Begoña SOTO rastreó títulos del mago francés en: Albacete, Barcelona, Bilbao, Cádiz, Córdoba, Guadalajara, Huesca, Jerez de la Frontera, León, Madrid, Oviedo, Santander, Sevilla y Toledo, en "Méliès en España...", pp. 84-86.

403. Un temprano pase en Oviedo, en la barraca del Royal Cosmograph de Sanchís, es publicitado como la primera ciudad de España en recibir el estreno, del que los comentarios de prensa son de lo más explícito:

Si hubo una "era Méliès", a ella le sucedió una "era Pathé", el momento en que los trucos, escamoteos y saltos de manivela iban dejando paso a una oferta más variada. Muy pronto el predomino de lo francés, en todas las programaciones españolas, fue total. Gaumont se consolida como competencia de Pathé, ambas con delegaciones en España desplegando sus emblemas de margaritas y gallos. Un mercado expansivo en el que los franceses controlaban el espectáculo en el viejo continente. Después del cine galo, otras cinematografías primerizas se hicieron sitio en la producción internacional. Todo fue distinto a partir del *Film d'Art* y la oleada de *cinéma de qualité* que comportó. Este movimiento tomaba nombre de la sociedad francesa constituida por los hermanos Lafitte. Era el intento por huir de la feria, grandes argumentos literarios y conocidos actores de teatro podían traer públicos de un más alto poder adquisitivo. La búsqueda de la rentabilidad industrial nuevamente, reflejada en sus películas desde el indispensable *Asesinato del duque de Guisa*. El final de esta forma de hacer películas demostró sin embargo la movilidad que, pasado 1908, había ido adquiriendo ya el panorama mundial. Las cintas se estaban alargando en duración y complicando en asunto. Con películas de toda guisa, pero mucho más largas hasta llegar a verdaderas superproducciones que, por metraje y por precio, empezaban a ser otra cosa. A complicar la mezcla del espectáculo de cine y varietés y a insinuar, varios años antes de producirse, la posibilidad de independencia del celuloide. Tal fue el caso de *La vida de Jesucristo* (*La vie et la passion de Jesus Christ*), un proyecto en dos fases y dos años (18 cuadros en 1902 y 14 en 1903) que se vendían a 1.200 francos la copia en blanco y negro y 2.100 la copia en color.[404]

Los tiempos iban por ahí. *Viaje a la luna* fue una especie de antecedente remoto de las *feature act*; las cabezas de cartel en la tradición teatral. El término que en el mundo cinematográfico anglosajón quedó fijado como *feature* y que se consolidará a partir de 1908, con las cintas de más de un

"Algunos de los cuadros causan gran hilaridad, como el del *Choque del proyectil con la luna,* viéndose que de uno de los ojos de ésta mana gran cantidad de sangre, al mismo tiempo que gesticula grotescamente (...) no daremos de ella más detalles para no quitar la primera agradable impresión". En Juan Carlos DE LA MADRID: *Cinematógrafo y varietés...,* pp. 164-166 y *El Carbayón*, Oviedo, 27-X-1902.

404. GARCÍA, Emilio Carlos: *El cine español entre 1896 y 1939. Historia, industria, filmografía y documentos*, Ariel, Barcelona 2002, p. 142.

rollo de longitud y más de quince minutos de duración.[405] Era el mundo de las *features*, generalmente vinculadas a prestigiosas adaptaciones literarias. Un caldo de cultivo propicio para un nuevo cambio que llegará con la segunda década del siglo.

405. QUINN, Michael: "Distribution, the Transient Audience, and the Transition to the Feature Film", en *Cinema Journal*, nº 40, 2001, p. 37.

5.

HACIA UNA INDUSTRIA CULTURAL EN EL FIN DE LA ESPAÑA LIBERAL (1910-1917)

Desde el fuera de campo dos pasos, el segundo casi una zancada, lanzan al anarquista Pardiñas, pistola en mano en teatral maniobra, contra un distraído José Canalejas. Dos tiros, y el político cae muerto. Es parte de *Asesinato y entierro de D. José Canalejas* (1912). El que luego fuera actor legendario, Pepe Isbert, debutaba así en el cine incorporando al asesino y Rafael Arcos, padre, a la víctima y presidente del gobierno de España.[406] Aquella reconstrucción significaba algo más que una secuencia. Era el paso a un tiempo distinto en la situación política y social de España y el inicio de los cambios en las industrias del cine en nuestro país.

Fue también el principio del fin de la Restauración. Cierto es que la monarquía de Alfonso XIII sobrevivió, entre avatares diversos, casi dos décadas más, pero el sistema político de la Restauración que le había dado abrigo estaba herido de muerte. La Semana Trágica y sus consecuencias, en el interior y el exterior de España, habían persuadido al rey de entregar al poder a los liberales de Canalejas, distanciándose de Maura. Canalejas fue el hombre de Estado que, enarbolando el "nuevo liberalismo", intentó preservar el sistema político de la Restauración abordando los problemas más importantes de la cuestión social (supresión de los impuestos a los productos de consumo o Servicio Militar universal), nacionalismo periférico, relaciones Iglesia-Estado o política exterior, con el cada vez más espinoso conflicto marroquí. Su muerte violenta abrió un período de inestabilidad y de

406. Es una película de 7 minutos de duración con guion y dirección de Enrique Blanco y Adelardo Fernández Arias, para Iberia Cines, con Enrique Blanco como productor ejecutivo y él mismo, además de Eduardo Arroyo como camarógrafos. Puede verse una ficha técnica en https://short-url.uk/zG7 [consultada el 2-I-2024]. Pepe Isbert cita también a José Gaspar como operador en ISBERT, Pepe: *Mi vida artística Memorias. Su teatro, su cine, su época*. Nausicaä, Murcia, 2009.

fraccionamiento de los partidos que habían sostenido el sistema. Un tiempo de descomposición, iniciado a la altura del comienzo de la Primera Guerra Mundial, y concluido en la profunda crisis de 1917. Para entonces, el entramado que venía prestando sus servicios desde 1885, ya no existía como tal.[407]

Fig.29: Fotograma de *Asesinato y entierro de D. José Canalejas* (1912), de Enrique Blanco y Adelardo Fernández Arias (Filmoteca Española).

El disparo de Pardiñas, el de celuloide, se daba también en el crítico momento de paso a la segunda década del siglo XX, cuando los cambios en el cine se aceleraron. Durante los años que ahora estudiamos se produjo la mutación del espectáculo de cinematógrafo y varietés dentro de las industrias culturales, que fueron cerrando el proceso de mercantilización del ocio.

407. Hay acuerdo entre los historiadores en situar en esas fechas la crisis de la Restauración con un final definitivo (monarquía aparte) que puede oscilar entre 1914 o 1917. Véanse: SUÁREZ CORTINA, Manuel: *La España Liberal (1868-1917). Política y sociedad*, Editorial Síntesis, Madrid, 2006 y MORENO, Javier: "La Restauración: 1874-1914", en ÁLVAREZ JUNCO, José y SHUBERT, Adrian (eds.): *Nueva historia...*, pp. 101-127.

La independencia del cine como espectáculo, aunque lenta, se veía posible. Para lograrlo pasó de ser un espectáculo popular a un espectáculo masivo. Es decir, de ser simplemente un espectáculo afín a las clases humildes, a otro en que sus códigos, su lenguaje y sus mensajes, comienzan a ser interesantes para la burguesía. La misma que en España no tenía en cuenta el cine como destino de sus inversiones productivas, empezaba a acudir a los nuevos locales donde se proyectaban películas más largas y morales, como parte de sus diarias distracciones. Su estructura industrial también había cambiado, con una promoción publicitaria respaldada en toda clase de publicaciones, también las primeras especializadas, donde se daban a conocer las vidas fantásticas de las nuevas estrellas de las sombras que competían, en glamour y elegancia, con las de las candilejas cupleteras. La fusión de públicos se hizo desde arriba, pero sin subir los precios a los de abajo. El viejo afán de lograr un público masivo, a la vez modesto y pudiente, estaba a la vuelta de la esquina.

Estos cambios en producción, locales, lenguaje, promoción y hasta público se sintieron en todo el mundo. Cambios imparables espoleados por un acontecimiento mundial: la Primera Guerra planetaria, que sirvió de catalizador de todo el proceso con el desplazamiento simultáneo de la industria europea en favor de la norteamericana. El Modo de Representación Institucional, a un paso del Cine Clásico de Hollywood, vivía entonces su período de incubación, entre 1909 y 1917. En esos años el cine primitivo convivió con su sucesor, que acabará siendo también su verdugo, por el doble proceso de elaborar un nuevo lenguaje que favoreció su inclusión en un sistema plenamente capitalista, capaz de racionalizar la producción y crear economías de escala. No fue una evolución. No era un cine mejor, sólo era distinto, pero resultó más rentable y acabó triunfando. En España las cosas llegaron, a su propia velocidad y con sus peculiaridades, pero sin vuelta atrás. En un contexto en el que, el crecimiento de las ciudades que podían sustentar con públicos numerosos el crecimiento de unos espectáculos que pasaban de lo artesanal a las industrias culturales. En la frontera entre el mundo tradicional y el nuevo patrón de masas que, al principio, compartieron públicos hasta que se impusieron las nuevas modalidades.[408] Veamos pues, a partir de los soportes básicos de toda industria cultural, como sucedieron.

408. BAKER, Edward y CASTRO, Demetrio: Presentación. Espectáculos en la España contemporánea: de lo artesanal a la cultura de masas, en *Ayer*, nº 72, 2008, p. 18.

5.1. Arquitecturas.

Enganchado a los acontecimientos de toda Europa, el espectáculo de cine y varietés fue encontrando sus propios locales en esta segunda década del siglo. En Francia, entonces la medida de todas las cosas, la proyección ambulante y de estabilización precaria se había sustituido por los "palacios de cine", que pronto tuvieron patrocinio comercial de casas como Gaumont, Pathé o Eclair, al tiempo que el espectáculo adquiría ya una legitimidad social y cultural.[409] No era el caso, aún, de España, pero los cambios fueron notables. En las ciudades más importantes el fenómeno llegó veloz. En Madrid puede decirse que nació el primer local para cine y varietés cuando un cinematógrafo, sito en Alcalá nº 4, fue ampliado construyendo un pequeño escenario. Era el Salón Actualidades. Un nombre que haría fortuna en toda la geografía española. Más tarde vinieron otros como el Salón Japonés, el Salón Rouge, el Salón Bleu y, el más lujoso, Salón Regio, hasta llegar a una verdadera "catedral" de las varietés como Eldorado barcelonés.[410] La capital catalana disponía, a la altura de 1911, de una variada panoplia de locales de espectáculos comparable al de cualquier capital europea de importancia con 139 cines (cifra sólo superada, en todo el mundo, por Nueva York y París)[411] y 145 cafés concierto. Las salas estables ocupaban el centro de la ciudad en un triángulo que, desde el puerto, ascendía por la Rambla y el El Paralelo hasta las plazas de Cataluña y España (algo parecido a lo que sucedía en Madrid con las calles cercanas a la Puerta del Sol). Probablemente El Paralelo fuera, desde 1905, la zona europea de mayor concentración de ocios con nueve teatros y doce music halls y café cantantes en dos kilómetros, y una miríada de cabarets y barracones de cualquier especie.[412]

409. ABEL, Richard: "Del esplendor a la miseria del cine francés, 1908-1918", en Genaro TALENS y Santos Zunzunegui (coords.): *Historia general del cine*, Vol. III, Cátedra, 1998, p. 18.
410. MARTÍNEZ OLMEDILLA, Augusto: *Arriba el telón*, Madrid, 1961, pág. 287 y BARREIRO, Javier: "Las artistas de *varietés* y su mundo", en *Mujeres de la escena*, 1900-1943, S.G.A.E, Madrid 1996, pp. 23-24, 45-46.
411. ESPINET, Francesc y TRESSERRAS, Joan Manuel*: La gènesi de la societat de masses a Catalunya (1888-1939)*, Universitat Autònoma de Barcelona, Bellaterra, 1999, p. 60.
412. SALAÜN, Serge: "El Paralelo barcelonés (1894-1936)", *ALEC*, vol. 21, nº 3, 1996, pp. 329-349 y "La sociabilidad en el teatro (1890-1915)",

Fig.30: Calle Marqués del Duero, El Paralelo, una de las zonas europeas de mayor concentración de locales para espectáculo (tarjetas postales).

El cine y varietés había recorrido todos los espacios posibles, adaptándose a lo existente, desde los teatros tradicionales a nuevos teatros y teatros-circo, aprovechando también edificios polivalentes, no pensados para el nuevo espectáculo. Transitó además por no pocos entoldados, plazas, cafés y hasta playas y descampados, y se asentó en todos los solares de las ferias, espectáculos de verano, pabellones convencionales y en otros que surgieron por evolución de las barracas, como por ejemplo los cines nacidos en las cercanías de las instalaciones industriales, como las cuencas mineras asturianas e incluso en colonias obreras, como el caso del Cine Ideal, edificado en 1912 en Vallejo de Orbó, en plena montaña palentina, por la Sociedad Carbonera española.[413]

en *Historia social*, nº 41, 2001, pp. 136-137. Más datos sobre el Paralelo en BADENAS I RICO, Miquel: *El Paral.lel, nacimiento, esplendor y declive de la popular y bullanguera avenida de Barcelona*, Amarantos, Barcelona 1993. Véase también DE LA MADRID, Juan Carlos: "Cine de complemento...", p. 75 y SUÁREZ, Luisa: "El cinema y la constitució d'un públic..., p. 338.

Los teatros aún no eran su solar. No estaban pensados para el espectáculo de cine y varietés, cuando lo programaban era por necesidad, como atracción segundona o por ser el único local posible en un lugar donde no había otro. En los teatros más copetudos la buena sociedad provinciana rechazaba su entrada, y no se le ocurría acudir a ver este espectáculo en otros locales de menores seguridades físicas ni morales. Pasado 1910 todo se iba a acelerar. La presión del cinematógrafo y varietés para ser industria haría buscar una tipología propia y estable para sus locales, superadas las barracas, pabellones e incluso los muy numerosos teatros-circo.[414] Había precedente. Además del teatro y su tupida red de edificios por toda España, otro espectáculo venerable servía de modelo para la industrialización. Uno verdaderamente nacional y castizo. Hablamos de las corridas de toros y sus coliseos, una muy temprana industria de ocio española con sus normas, mercado, espacios y hasta ídolos unificados en un ámbito nacional,[415] además de una gran aceptación como argumento para películas de cine que, como ya se ha visto aquí, tenían buenos rendimientos comerciales.[416] Éste fue el camino. En pocos años, después de la generalización del alquiler de

413. ROMÁN, Wifredo: "El primer cine de Palencia", en https://urlc.net/Orak y FERNÁNDEZ, María Fernanda: *Arquitectura y cine en el concejo de Mieres. Estudio histórico-artístico de los cinematógrafos de la villa y concejo de Mieres*, Real Instituto de Estudios Asturianos, Oviedo, 2000. Un detallado análisis de todas estas tipologías y lugares en DE LA MADRID, Juan Carlos: *Cinematógrafo y varietés...*, pp. 317-354.

414. Sin ser una tipología específica para cine y varietés este tipo de locales tiene gran interés por su versatilidad y su crecido número de salas en toda España. Tenemos noticias de su existencia, por fuentes diversas, en ciudades de diferente porte como: Albacete, Alcoy, Algar, Avilés, Ayamonte, Barcelona, Bilbao, Cartagena, Castro Urdiales, Cuevas de Vera, Denia, Elche, Gijón, Las Palmas, Madrid, Murcia, Orihuela, Palma de Mallorca, Puente Genil o Zaragoza.

415. Sobre este asunto véase SHUBERT, Adrian: *A las cinco de la tarde. Una historia social del toreo*, Madrid, Turner, 2002.

416. Puede encontrarse un análisis, sobre las plazas de toros y el resto de espacios para un ocio mercantilizado, en URÍA, Jorge: "Lugares para el ocio. Espacio público y espacios recreativos en la Restauración española", en *Historia Social*, nº 41, U.N.E.D., Valencia 2001, pp. 89-111. Para el caso específico de los antecedentes teatrales y su influencia en las nuevas salas de cine y varietés véase THATCHER GIES: *El teatro en la España del siglo XIX*, en Cambridge University Press, 1996. Para una pa-

películas, el desarrollo del cinematógrafo imponía una normalización dependiente de un mercado internacional.

Se estaba buscando una tipología propia de edificio cuando los acontecimientos relacionados con la seguridad de las salas actuaron como catalizadores acelerando notablemente el proceso. 1912 fue un año definitivo con varios accidentes, dos pavorosos. El 7 de abril quedaba destruido el teatro Noviciado madrileño, al saltar una chispa de una película en proyección; el 27 de mayo, en Villarreal (Alicante) un viejo almacén frutero pertrechado de urgencia para cinematógrafo, el Cine La Luz, se incendiaba en plena sesión. En tres minutos se propagaron las llamas en un local que no tenían más vía de evacuación que una puerta junto a la cabina de proyección. 69 muertos. La conmoción general fue enorme. En toda España durante varios días la prensa, en primeras páginas, no se ocupó de otra cosa. Cuando bajó la marea informativa, las autoridades ordenaron toda clase de inspecciones en una especie de "ola de seguridad" que se llevó por delante a muchos locales. La cosa no acabó ahí. Antes de concluir el año, el 24 de noviembre, en el bilbaíno Teatro-Circo del Ensanche, una falsa alarma provocó la muerte a 44 personas, 38 de ellas niños, pisoteados intentando salir en desbandada sin encontrar vías suficientes para ganar la calle. Y eso que el local había sido inspeccionado después del incendio de Villarreal.[417]

Dos catástrofes de esa magnitud, sólo separadas por algunos meses, demostraron que seguía existiendo peligro. Las cosas se tomaron en serio. La legislación anterior, referente a espectáculos teatrales y a los primeros cinematográficos,[418] fue de inmediato superada. Las nuevas medidas acabaron confluyendo en el tantas veces citado *Reglamento de Espectáculos, de*

norámica del teatro a principios del siglo XX la de César OLIVA: *Teatro español del siglo XX*, Síntesis, Madrid 2002, especialmente pp. 13-42 y HUERTA, JAVIER (director): *Historia del teatro español*, vol II: *Del siglo XVIII a la época actual*, Gredos, Madrid, 2003.

417. Todos los detalles sobre los siniestros en DÍAZ, Ángel: "Diseño arquitectónico y protección en caso de incendio: desarrollo normativo español en materia de evacuación en los siglos XIX y XX", tesis doctoral, Universidad Politécnica de Madrid, 2015, pp. 130-137.

418. Se trataba de la Real Orden de 13 de mayo de 1882, el Reglamento de 27 de octubre de 1885, la Real Orden de 23 de abril de 1902, la que establecía el Reglamento de Policía de Espectáculos de 2 de agosto de 1886 y el Real Decreto de 15 de febrero de 1908 que regulaba los cinematógrafos.

construcción, reforma y condiciones de los locales destinados a los mismos de 19 de octubre de 1913, que organizó las Juntas Provinciales de Espectáculos.[419] Volvieron las inspecciones y cierres. Los locales debieron sujetarse a la normativa, aplicada con severidad, aunque, a pesar de tanto control, aún siguieron existiendo, en pueblos pequeños o barrios periféricos, proyecciones cinematográficas en cafés, sin medida alguna de seguridad, hasta bien entrados los años veinte.[420] Otros adelantos llegaban de forma simultánea a toda España, como ocurrió en el caso de la película de seguridad, supuestamente ininflamable, que Pathé comenzó a distribuir en su publicidad a partir de la cinta *El teléfono acusador*, y con la que, como recogía la prensa, estaba "garantida la vida de los espectadores, que no es poca ventaja". En ese río revuelto de llamas, la mayor ganancia la sacó otro "invento": el simpar extintor BIOSCA que se vendía aludiendo en su publicidad a la catástrofe de Villarreal.[421]

Se tomaron estrictas medidas sobre las condiciones mínimas exigidas para estas salas. Normas sobre aforo, volumen mínimo del local a partir de tres metros cúbicos por espectador, puertas con apertura en dirección a la salida, anchura de pasillos no inferior a 1,5 metros, escaleras de evacuación, número mínimo de puertas de evacuación y de distancia entre butacas, disposiciones de los servicios contra incendios, precauciones sobre iluminación eléctrica... Ya se estaba reconociendo, aunque fuese para lo malo, que el cinematógrafo empezaba a ser un espectáculo masivo, no era menester seguir permitiendo toda clase de instalaciones y locales pertre-

419. Formaban la Junta: el gobernador civil, como presidente, que designaría vicepresidente y secretario y, como vocales, un diputado provincial, un arquitecto municipal, un ingeniero mecánico-químico-electricista, el inspector provincial de sanidad, un individuo de la Comisión de Monumentos u organismo equivalente y un destacado miembro de la cultura local. Las Juntas de Espectáculos estuvieron en vigor hasta que una Real Orden de 18-XII-1924, las disolvió en todas las provincias salvo en Madrid. En *Gaceta de Madrid*, Madrid, nº 356, 21-XII-1924, p. 1.332.

420. No se prohibieron oficialmente hasta la Real Orden Circular de 26-II-1922, en *Gaceta de Madrid*, Madrid, nº 61, 2-II-1922, p. 928.

421. En fechas similares llega la publicidad Pathé a varios lugares del país, preocupados en los mismos momentos por estos problemas de seguridad. Por ejemplo, a partir de agosto en Vigo; véase FOLGAR DE LA CALLE, José María: *El espectáculo cinematográfico en Galicia...*, pp. 117-118 y MADRID, Juan Carlos De la: *Cinematógrafo y varietés...*, p.138.

Fig.31: Incendio del Coliseo de Noviciado (*Nuevo Mundo*, 11-IV-1912) y publicidad de la Casa Matafuegos Biosca, la pionera empresa barcelonesa fundada en 1888 por Domingo Biosca y Galcerán, que montó un pequeño imperio, entre otras cosas, vendiendo equipos a los cinematógrafos.

chados de cualquier modo para proyectar a desprecio de la seguridad y la salud de los espectadores. Entre 1912 y 1914 las viejas salas fueron remozadas. Algunos de los nuevos cinematógrafos hicieron constar en su publicidad que habían sido edificados conforme a las exigencias de las nuevas normas sobre espectáculos. Era la certificación de que, al abrir la puerta, nacía con ella una nueva tipología de local; una instalación propia para un espectáculo independiente.[422]

Este proceso no estuvo al margen de lo que pasaba en el mundo del cine. En todo el mundo. Cuando, en 1913, el gran empresario de los espectáculos Samuel L. Rothapfel inauguró en Nueva York el Regent Theatre, abrió la época de los grandes cines.[423] Salas pensadas para competir con los espectáculos teatrales burgueses de mayor arraigo, elegancia y condición. En España aún era pronto para llegar a ese lugar, se necesitaba una arquitectura que hiciera la transición del cine y varietés al cine institucional que, como lenguaje y como espectáculo independiente, aún no había llegado. Estos años de transición fueron también años de búsqueda.

Arrancando del teatro a la italiana, los cinematógrafos estables fueron un nuevo prototipo de arquitectura para espectáculos. Aún no habían llegado a ser "cines", de la misma manera que el cinematógrafo seguía siendo un espectáculo mixto, y no era aún "cine", sólo proyección de celuloide que no renunciaba a los números de carne y hueso o a la música. La tipología de estos nuevos edificios partía de los pabellones, que dieron entonces el estirón, justo cuando lo daba el espectáculo, y anticiparán, a menor escala, las hechuras y los cimientos de los edificios que, desde los años veinte, se convertirían en los verdaderos palacios de proyecciones. Por eso seguimos llamándolos cinematógrafos, no cines. Todo estaba allí, tenían pretensiones de teatro. Su modelo consistió en achicar lo grandioso para parecerse a él. Por tanto, partiendo del teatro tradicional, se llegó a su deconstrucción reduciendo espacios, ampliando localidades y focalizando la visión hacia la pantalla.

422. Hay varios estudios locales que permiten hacer generalizaciones para los edificios de toda España. Los ya citados de Juan Carlos DE LA MADRID: *Cinematógrafo y varietés...* y *8.000 películas de cine primitivo...* y el de CENTENO, Juan Carlos: *Los teatros y cines de Vitoria. Arquitecturas para el espectáculo*, Ayuntamiento de Vitoria-Gasteiz, Vitoria, 1999.
423. RAMIREZ, Juan Antonio: *La arquitectura en el cine*, Herman Blume, Madrid, 1986, p. 20.

Del teatro tradicional permaneció el escenario (aunque no en todos los casos), porque seguía siendo necesario para los números de varietés. Así puede verse en los planos del gijonés Salón Doré. Casi al unísono, para la misma finalidad y con el mismo nombre, nacía, por ejemplo en Zaragoza, otro "Salón Doré", nombre, por lo demás, de enorme fortuna en todo el país desde la inauguración del Salón Doré madrileño, en diciembre de 1912. Si el de Gijón se inauguró en junio, el zaragozano lo hizo en octubre de 1914. La única diferencia de concepción entre ellos era que el Doré aragonés excluía toda infraestructura de varietés y, dentro de su aforo de unas mil personas, aún conservaba una disposición teatral en catorce palcos. Renovó la arquitectura de los cinematógrafos de Zaragoza, en competencia directa con el Alhambra y el Ena Victoria y, con su estructura en dos pisos y su rica decoración, se convirtió en modelo estético y tipológico de los cines zaragozanos.[424] Otros salones de ese mismo año optaron por una de las dos soluciones (con o sin recursos para varietés), como el Nuevo Palacio de Bellas Artes de San Sebastián, que poseía infraestructura para actuaciones, o el Petit Palais Alkázar de Málaga o el Pabellón Narbón de Santander, preparados sólo para proyecciones. Lo mismo sucedía en Madrid donde, en mayo de 1912, se inauguraba el Cinema X, sólo para proyección en secciones continuas salvo los domingos; que convivía, por ejemplo, con otro Petit Palais, donde seguían programándose cine y varietés, como en el donostiarra Salón Miramar (1913), que disponía de "un escenario que sirve para funciones de teatro o varietés se halla al fondo, aislada de la sala de espectadores por una pared incombustible y por dos cortinas: una metálica y otra de agua",[425] igual que el Cine Regio de Granada (1914) o los nuevos cines de la provincia de Vizcaya, el Salón Principal de Baracaldo (1915) y el Salón Ideal de Portugalete, en fecha tan avanzada como 1919.[426]

424. MARTÍNEZ Amparo: *Los cines en Zaragoza... pág. 105* y VIANA, José: "Zaragoza", en *Arte y Cinematografía*, nº 94, Barcelona, 15-X-1914, pp. 24-25.
425. SADA, Javier María: Cinematógrafos donostiarras, Filmoteca Vasca, San Sebastián, 1991, p. 84.
426. MARTÍNEZ Amparo: *Los cines en Zaragoza...,*págs. 105 y 247 a 253; SADA, Javier: *Cinematógrafos donostiarras*, Filmoteca vasca, San Sebastián 1991, pp. 93-99; LARA, María Pepa: *Historia de los cines Malagueños (desde sus orígenes hasta 1946)*, Diputación Provincial de Málaga, 1988, pp. 85-93; SAIZ, José Ramón: *Una historia del cine en Cantabria*, Ayuntamiento de Santander, Santander, 1999, p. 65; Clemente BARRENA aporta los sueltos de prensa que dejan constancia de

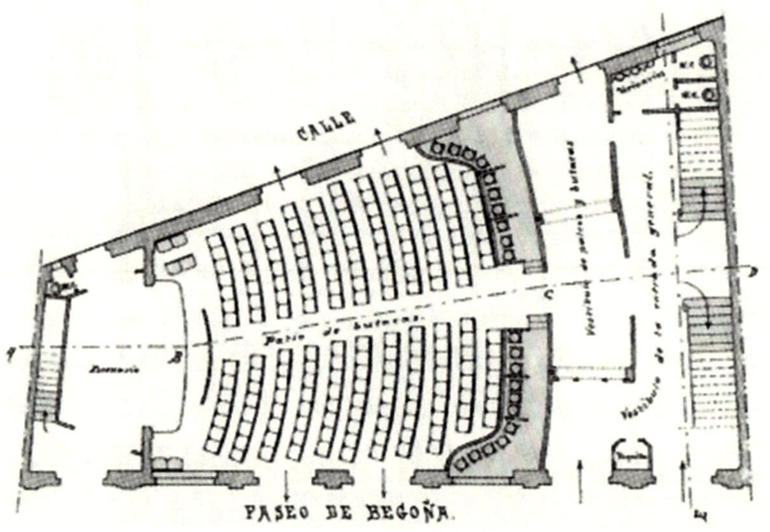

Fig.32: Alzado y planta baja del Salón Doré, obra del arquitecto Miguel García de la Cruz (Archivo Municipal de Gijón).

las programaciones de los locales madrileños: "Varia documental", en *El cinematógrafo en Madrid, 1896-1960*, Ayuntamiento de Madrid, 1986, p. 47; ARIAS, Salvador: *Granada: el cine y su arquitectura...*, p. 164 y ANSOLA, Txomin: "Notas sobre la llegada, expansión y consolidación del espectáculo cinematográfico en Vizcaya (1896-1915), en *La exhibición cinematográfica en España...*, p.161.

El escenario y resto de la estructura reproducía, con mayor o menor empeño, las formas de un teatro. El único elemento verdaderamente nuevo, impuesto por el espectáculo, era la cabina de proyección, que podía condicionar el diseño de la sala, para la que, cuando se podía, se optaba por un trazado rectangular. La cabina pasó a ser la reserva de lo específicamente cinematográfico. Esta arquitectura a medida para el nuevo espectáculo solucionaba algunos de los problemas que la integración de las proyecciones cinematográficas habían planteado en los teatros tradicionales, por ejemplo donde instalar la pantalla, ya que el escenario no era la mejor opción con los primeros proyectores de escasa potencia y luminosidad, o dónde colocar el propio proyector, que, o no era propiedad del teatro y, sin duda, no tenía instalación fija. No era infrecuente que estuviera situado a la vista del público, en el centro del pasillo principal. Una parte más del espectáculo como en las primeras barracas. Más por necesidad que por atracción, ya que estos teatros no tenían cabina de proyección.[427]

Frente a las múltiples opciones del teatro, se intentaba reducir al máximo la tipología de las localidades, reduciéndolas a dos, que daban respuesta a la vieja dicotomía de *general* y *preferencia*, en un amplio patio de butacas y su reproducción en altura, en el anfiteatro, que con los años fue creciendo cada vez más a partir de las nuevas técnicas constructivas que implicaban el uso del hormigón. En los planos del edificio gijonés puede verse esa consolidación definitiva del modelo superpuesto en alzado para la distribución del público, de manera que el patio de butacas dispondría de mayor comodidad, con mayor espacio entre asientos. Era una forma de solucionar el problema de las diferentes categorías de localidades, reinterpretando una fórmula del teatro burgués, aunque adaptada a la concepción focal de la sala. Como en las viviendas de entonces, a mayor altura menor importancia social y, en este caso concreto, menor precio de la entrada.

Se buscaba también un mejor aprovechamiento del solar, por ganar aforo y por eliminar espacios de sociabilidad, inútiles ahora con entreactos cortos o inexistentes. A pesar de esa economía de espacios, los cinematógrafos más elegantes, los situados en el centro de las poblaciones, no renunciaron a esos lugares de servicio de recuerdo teatral: vestíbulos o salitas

427. Begoña SOTO, ha estudiado estos problemas de integración de las proyecciones a partir de los teatros andaluces en "Lo nuevo y lo viejo. El cinematógrafo y la resistencia al cambio de los teatros tradicionales", en *Cinema i teatre...*, pp. 51-61.

de fumar, aseos espaciosos, calefacción y ventilación suficientes. El mismo edificio era el principal anuncio de un espectáculo que aspiraba, antes que nada, a ser respetable y atractivo para la población pudiente. Ese buen tono lo ofrecían salas como el Cine Alhambra de Zaragoza (1911); Ideal Cine (1911) y Salón Fregoli (1912) de Barcelona o el Teatro Cervantes (1911) y Cine Doré de Madrid (1912).[428] Así, por ejemplo, el Alhambra zaragozano disponía de vestíbulo, salas de espera o ambigú, en el que se ofrecía café o chocolate; del Doré madrileño la prensa destacó especialmente su elegancia, su planteamiento moderno, sin renunciar al recuerdo de la arquitectura teatral en catorce palcos y un anfiteatro, con suficiente inclinación como para que las "señoras pueden permanecer cómodamente con sombrero, sin molestar a los espectadores".[429]

En definitiva, una deconstrucción teatral empezando por los conceptos fundacionales del "estar" en el teatro, el célebre "ver y ser visto". Eso cambió con el nuevo espectáculo ya que una parte (cada vez más todo) transcurría en la oscuridad, eso dirigió definitivamente la mirada del espectador hacia el escenario-pantalla que, como ya hemos visto, no siempre se había colocado en ese lugar en los teatros tradicionales. Era el principio del fin de los palcos, incompatibles con esa disposición, y el nacimiento de una verdadera tipología arquitectónica, de lo que ya podemos llamar "cinematógrafos", creada para unas nuevas necesidades. Sin palcos, con una ornamentación pensada para no estorbar la visión, con patio de butacas y un anfiteatro que, en ocasiones, por su mejor visión, servía también de preferencia. A esto se unían los requisitos en cuanto a construcción, higiene y seguridad establecidos por la nueva legislación. Todo ello envuelto en esa nueva tipología arquitectónica no sujeta a estilos anteriores, que alcanzará pleno desarrollo, teórico y práctico, en los grandes cines de los años veinte. Según la revista *Nuevo Mundo*[430], en 1907 ya había en España unos quince mil locales donde se proyectaba cine, en 1913, en Ma-

428. SÁNCHEZ, Jesús Ángel: "Las salas de cine en España:...", p.100.
429. *El País*, Madrid, 17-XII-1912, citado por MARTINÉZ, Josefina: *Los primeros veinticinco años de cine...*, p. 132. Nótese, en la cita textual, la diferencia entre "señoras" y "espectadores" y MARTÍNEZ, Amparo: *Los cines en Zaragoza, 1836-1936*, Ayuntamiento de Zaragoza, 1997, p. 101.
430. Citada por SÁNCHEZ VIDAL, Agustín, en *Pero... ¡en qué país vivimos!...*, p. 48.

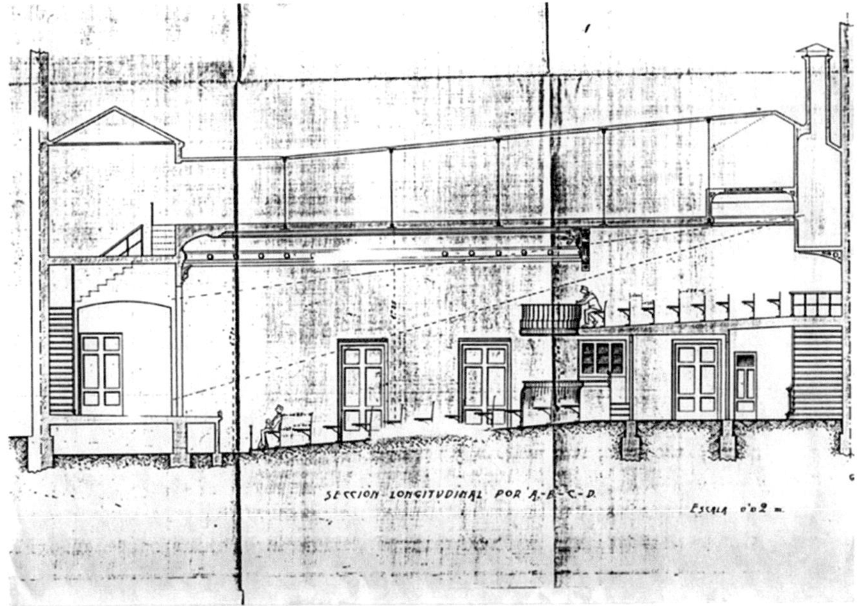

Fig. 33: Sección de alzado del Salón Doré. Resolvía en altura la diferencia de clase y precios de los públicos (Archivo Municipal de Gijón).

drid sólo el Apolo y el Cómico funcionaban como teatros propiamente dichos, en el resto la actividad principal eran las proyecciones de cine.

5.2. Producto.

Con la segunda década del siglo el espectáculo de cine y varietés demostró sus pretensiones masivas, las de dirigirse a un público amplio. El cine y el resto de las varietés se encontraron en los mismos años y con los mismos propósitos: hacer un espectáculo más decente. No sólo representar o cantar sino contar historias que no molestaran a ningún rasero moral. El cine comenzaba a independizarse con películas largas y narrativas, producidas por una industria moderna que, con las grandes productoras, trabajaba para un mercado masivo. Se trataba de hacer un producto nuevo, industrial, que se pudiera vender en sus propios locales con una adecuada promoción.

Fue un proceso sin vuelta atrás. Pero el espectáculo nacía con pecado original. Tenía un pasado. Lograr el salto a lo masivo sólo fue posible pasando antes por una depuración en la que se impusiera la uniformidad, siempre a base de gustos intermedios y programaciones inocuas para la moral y las buenas costumbres, que no debería molestar (sobre todo a las clases dirigentes) más de lo debido. Sin embargo había grupos dispuestos a molestarse. En España con más ahínco.

1. El control de los contenidos.

Ser un espectáculo afín a todos comportaba demasiados riesgos para algunos. No es necesario extenderse más sobre las evidencias del peligro físico, ése de morir quemado en una de sus instalaciones o sufrir alguna de las horribles secuelas que, para la vista, pregonaban los enemigos del espectáculo. Y no eran pocas. Y aún el catálogo de amenazas se amplió al ritmo que crecía la aceptación de la imagen en movimiento y su empaste dentro de las varietés. Lo ampliaron los mismos enemigos de las varietés que, a la perniciosa acción de la psicalipsis, accesorios y derivados, habían de unir una novedad que trajeron las proyecciones: era indispensable la oscuridad. En lo oscuro, pronto se supo, habitaba el diablo.

La cosa tenía más profundidad de lo que parece. La lógica de los espectáculos burgueses, el "ver y ser visto", era imposible en la oscuridad, con lo que los devotos de tales espectáculos, defensores a ultranza del teatro, se consideraban excluidos de éste. La burguesía tuvo justificación para apoyar su actitud cuando las inofensivas vistas de lugares, personas y saltimbanquis varios, fueron sustituidas por otras cosas. La variedad temática despertó las protestas de la sociedad provinciana en toda España, más o menos diez años después de la llegada del cinematógrafo.[431] Así, a partir de 1904 o 1905, empezaron a llegar las protestas de las damas y caballeros de la mejor sociedad territorial, escandalizados por las que no dudaron en calificar como cintas "pornográficas"[432] y que mostraban empresarios tan co-

431. Es el plazo en el que se empiezan a detectar las noticias sobre de la peligrosidad moral del cinematógrafo, pueden verse en diversos estudios regionales clásicos como como ejemplo el del País Vasco donde Santos ZUNZUNEGUI coloca el límite inferior de tales preocupaciones en 1905; *El cine en el País Vasco*, p. 62; o el de Asturias de Juan Carlos DE LA MADRID, coincidente en fechas: *Cinematógrafo y varietés....*

nocidos como Sanchís o Pradera quienes, para su descargo, siempre decían que llevaban dos o tres años proyectando esas cintas por toda España y nadie había protestado. Cierto es que las tragaderas de esta gente de orden serían muy estrechas, pero también que algunas cintas serían verdaderamente "peligrosas". Sólo así puede justificarse la que proyectó el Salón Pradera, por entonces instalado en Oviedo, cuando, en el otoño de 1905, ofreció unos pases a puerta cerrada y "á peseta". Un precio cuatro veces superior al habitual entonces.[433] Esa sociedad "bien" tendría prolongación en sus denuestos contra el cinematógrafo usando como brazo armado a dos grupos que le eran afines: la iglesia católica y algunos prestigiosos intelectuales.

Dolores de cabeza asaltaban a los sectores más duros de la Iglesia cuando veían como, con la llegada del siglo XX, la modernización de la sociedad, el crecimiento de las ciudades y la densidad de población asalariada en los lugares de industrialización más intensa, hicieron aflorar nuevas prácticas de ocio en sustitución de los antiguos anclajes ideológicos tradicionales. La influencia de la Iglesia retrocedió claramente hasta la Primera Guerra Mundial. Lo mismo que descendía el cumplimiento pascual aumentaban las actividades culturales en los Centros Obreros o Casas del Pueblo y se santificaban nuevas fiestas, como las que se organizaban en las romerías y las barracas de cine y varietés.[434] Durante toda la primera década del siglo los signos de cambio se habían venido manifestando en la laicización de las costumbres. A ello se unían algunas medidas gubernamentales que tensaban la situación. En 1913 aquello volvió a empeorar por la llamada "Ley del candado", promovida por Canalejas, para impedir el establecimiento de nuevas

432. El padre Barbéns deja claro el ámbito de actuación de la pornografía: "se presenta descaradamente al público desde las postales, diarios y revistas ilustrados; desde las novelas, desde la película, el escenario y la calle. Nadie que tenga una pequeña dosis de sentido moral y de discreción artística dirá que semejantes elementos contribuyan a la regeneración artística, moral y cultural de un pueblo. En cambio, sería sumamente fácil presentar una estadística horrorosa de degenerados, víctimas de semejantes publicaciones y exhibiciones pornográficas". En DE BARBÉNS, Francisco: *La moral en la calle, en el cinematógrafo y en el teatro. Un estudio pedagógico-social*, Luis Gili, Barcelona, 1914, p. 235.
433. *El Carbayón*, Oviedo, 26-X-1905.
434. Un retrato ejemplar de este proceso puede encontrarse en URÍA, Jorge: *Una historia social del ocio...*

comunidades religiosas en España o cuando el Consejo de Ministros del 5 de marzo planteó suprimir la enseñanza del catecismo en las escuelas públicas, o se restableció la Real Orden de 1906 para que no se exigiera, al contraer matrimonio civil, declaración alguna relativa a la religión que profesaran los contrayentes.[435] La presencia del laicismo era tal que, al año siguiente, la Real Academia Española incorporó a su diccionario esa voz: "laicismo".[436] La Iglesia no estaba dispuesta a renunciar a sus privilegios constitucionales, comenzando por la confesionalidad del Estado, pero se tentaba la ropa, buscando un equilibrio necesario con el poder civil, que era su pagador.[437]

Pasó al ataque para combatir el laicismo, a los partidos liberales y a las nuevas organizaciones obreras, y hacerlo con vigor, entrando en su mismo terreno, influyendo dentro de la sociedad, con el Catolicismo Social, y también en la política y en la opinión pública a través de una prensa propia.[438] Del empuje de la iniciativa en los primeros años del siglo da idea que, al llegar a 1916, empezara a celebrarse, el 29 de junio, el "Día de la Prensa Católica". Las colectas parroquiales de ese día se dirigían "al Tesoro Nacional de la Buena Prensa" (ya entonces la Iglesia disponía de una extensa cadena de prensa de Editorial Católica, encabezada por el diario *El Debate*, aparecido en 1910).[439]

435. *Gaceta de Madrid*, Madrid, nº 240, de 28-VIII-1906, pp. 830-831.
436. Lo hizo en su acepción de "doctrina que defiende la independencia del hombre o de la sociedad de toda influencia, eclesiástica o religiosa", en MORENO, Esteban: "Una polémica olvidada: el debate político en torno al 'Edicto de Milán' en España durante el año 1913", en *Revista de historiografía*, nº 32, 2019, p. 161.
437. Para una visión general de la época y este proceso: SUÁREZ CORTINA, Manuel (ed.): *Secularización y laicismo en la España contemporánea. III Encuentro de Historia de la Restauración*, 1ª ed., Santander, 2001.
438. GUTIÉRREZ LLORCA, Rosa Ana: "¡A las urnas, en defensa de la Fe! La movilización política católica en la España de comienzos del siglo XX", en *Pasado y Memoria. Revista de Historia Contemporánea*, nº 7, 2008, pp. 243-244.
439. "Es una jornada destinada a fomentar la Prensa católica: divulgando la necesidad que tiene la Iglesia de periódicos y revistas educadores y de apostolado para el cumplimiento de su mandato divino; insistiendo sobre la obligación de ayudar a la Iglesia en esta necesidad, y solicitando de todos su oración y su cooperación económica para estos fines." En Junta Nacional de Prensa Católica: *Prensa Católica*, Madrid, 1954, p. 25.

Así, entre protestas y escándalos de tono menor, se llegó a ese límite de la segunda década del siglo, tan importante para lo que aquí se cuenta. El espectáculo de cinematógrafo y varietés había crecido mucho. Se barruntaba que crecería mucho más. Empezaba a asomar el debate sobre la dimensión estética o artística del cine, aplazado para dilucidar antes estas cuestiones morales de los muchos peligros del cinematógrafo. Fue el momento en que las instituciones decidieron purificarlo, abriendo, al mismo tiempo, la puerta para que pasase a la nómina de los futuros espectáculos de masas, cosa que interesaba a una industria cinematográfica en crecimiento en todo el mundo. No fue un sendero de rosas, pues los enemigos se habían reforzado. Llegaban incluso a los debates del Congreso donde, el 24 de mayo de 1911, el senador conservador Sanz y Escartín, en nombre de la Liga Antipornográfica tachaba al cine de inmoral "por el vocabulario que emplean algunos explicadores y por la mayoría de sus imágenes". En la contestación, el propio presidente del gobierno, Canalejas, rechazó sus argumentos y dijo, entre otras cosas, que "si los niños ven películas impropias es porque sus padres los llevan a verlas. La laxitud de la vida familiar es la causante de que no tenga eficacia la enseñanza".[440]

Un debate candente al que la Iglesia había llegado primero. Roma fijó postura con un decreto del Cardenal Respighi, el 15 de julio de 1909, en el que se prohibía a sacerdotes y religiosos regulares asistir a las representaciones cinematográficas. Era la voluntad del Papa Pío X.[441] Y utilizó, entre otras cosas, la fortaleza de su prensa para pasar al ataque. En España se distinguieron en esa labor propagandística publicaciones como el semanario *Lectura Dominical*, redactado con el patrocinio del Apostolado de la Prensa y la Compañía de Jesús. Por lo que se refiere a los espectáculos, se encargaba de repasar la cartelera y señalar a los católicos, y público en general, en cuáles de ellos su integridad moral podría estar en peligro. Combatía con denuedo a cupletistas, políticos liberales y modas extranjerizantes. Y, donde todo esto confluía era, precisamente, en las barracas y

440. DÍEZ, Emeterio: "El cine español en el Parlamento", en *Cuadernos Iberoamericanos*, nº 612, Madrid, 2001, p. 54.
441. "(...) Nel nome quindi del Santo Padre, con l'autorità da lui per questo scopo concessaci, mentre ricordiamo al clero l'obbligo di non frequentare i pubblici teatri, vietiamo in particolare agli ecclesiatici dell'uno e dell'altro clero, di assistere agli spettacoli che svolgono nei pubblici cinematografi di Roma, senza alcuna eccezione", en BERNARDINI, Aldo: *Cinema muto italiano, Laterza*, Roma 1981, T. II, pp. 202-203.

pabellones de cine, lugares en los que la articulación del espectáculo, con cine y números varios de vedettes o complementos, suponía un peligro mayor, pues entendían los redactores de la revista que, si una familia acudía al cine tentada por una película sin reparo moral alguno, caía en la trampa de este espectáculo mestizo, en el que, en la misma función, vería las carnes femeninas y las groserías de todo sexo, pues sólo un pueblo degradado podría admitir espectáculos como el de varietés: "¡Ay de las razas que se dejan minar por ese enemigo! Su fin no se hará esperar. Lo afirma la razón. La historia lo demuestra".[442]

El cinematógrafo y varietés, estaba manejado por la masonería para diluir la moral católica y hacer naufragar a la sociedad española. Este convencimiento amparaba maniobras de alto empeño. Desde Cataluña Ramón Rucabado, seglar pero devoto del catolicismo más integrista, había empezado sus acciones de hostigamiento contra el cine en fecha tan temprana como 1908, publicando en un periódico estratégico de la burguesía catalana, *La Veu de Catalunya*, "Hemofilia. (El perill del cinematogràf)".[443] Pero será el ya mencionado padre De Barbéns quien repase en su famoso tratado (*La moral en la calle, en el cinematógrafo y en el teatro. Un estudio pedagógico-social*) todos los peligros del cinematógrafo. Es, en 1914, uno de los libros fundacionales de las campañas contra el cinematógrafo en todo el mundo. La literatura posterior, que no fue poca, tomó sus argumentos, pues él los desarrolló en todos los campos posibles. Inventarió todos los peligros, físicos y morales, por los graves trastornos que producía en las facultades humanas (para la vista, la imaginación, la inteligencia, la autosugestión, las emociones, las pasiones, la nerviosidad, la infancia, la pubertad y para todas las edades). Establecía que, además de las prevenciones morales, el cine "retarda y atrofia la inteligencia", y falsifica las conciencias individual y social, llegando a una primera conclusión definitiva, no muy lejana a la del gobierno:

442. CABALLERO, P.: "Crónica teatral", en *La Lectura Dominical*, 23-I-1909, citado por ROSALES, Francisco José: "La lucha contra la amoralidad en la sociedad española: La Lectura Dominical frente a los espectáculos de variedades (1900-1920)", en *OGIGIA*, nº 21, 2017, p. 72.

443. Joan M. MINGUET desde su tesis doctoral, ("El pensament cinemàtografic à Catalunya, 1896-1936. Intel.lectuals y corrents culturals enfront del cinema", Universidad de Barcelona, 1995) se ha ocupado en varias publicaciones de estas personas y estos asuntos que ha resumido en su obra *Paisaje[s] del cine mudo en España...*, especialmente pp. 27-38.

"1ª Los padres de familia jamás deben tolerar que sus hijos, sean pequeños o grandes, sean varones o hembras, asistan a cinematógrafos irreligiosos, inmorales y de mal gusto. Todo el mal que podían prevenir o evitar y no lo han hecho por negligencia, debilidad o por mala fe, les será imputado ante la conciencia y ante el tribunal de Dios. Es a ellos a quienes incumbe la dirección de sus hijos y su formación física, mental y moral".[444]

Fig.34: Cubierta de la obra de Francisco de Barbéns.

444. DE BARBÉNS, Francisco: *La moral en la calle, en el cinematógrafo...*, p. 223.

A pesar de la contundencia de los argumentos expuestos y de su tozuda resistencia a lo largo del tiempo, incluso en estas conclusiones se atacaba sólo a los "irreligiosos, inmorales y de mal gusto", por lo que se puede entender que no todo el espectáculo era así. Quedaba margen de maniobra, por el que la Iglesia se coló para influir en las exhibiciones cinematográficas, sobre todo en las comunidades medianas y pequeñas. Detrás de las grandes campañas y las grandes declaraciones *urbi et orbi*, estaba el día a día de la vida en las ciudades de provincias. Allí la convivencia y la conveniencia se abrían camino. La Iglesia empezó por asegurar el no siempre cumplido cierre de los cinematógrafos en Semana Santa, al que, como otros espectáculos, estaban legalmente obligados desde 1886.[445] La respuesta de las empresas había sido programar en esas fechas cintas religiosas (cuando las hubo), con lo que, sin cumplir la ley, no enojaban a la Iglesia. Antes al contrario, todas las versiones de la vida o Pasión de Cristo, y hubo por lo menos seis de importancia hasta 1913,[446] fueron éxito seguro en las taquillas. Entonces la Historia Sagrada era bien conocida, con lo que los espectadores, incluso los analfabetos, no necesitaban esfuerzos ni explicaciones adicionales para comprender y seguir los argumentos.[447] De esta manera la Iglesia fue acercándose al cinematógrafo, uniéndose a él, ya que vencerlo parecía muy difícil, y convirtiéndose, en los años siguientes, en promotora del espectáculo a base de cines benéficos, de mutualidades, del catecismo o de círculos obreros católicos, que se desparramaron por toda España en locales de la Iglesia, custodiando programaciones y recaudaciones, actuando en consonancia con destacados miembros del Catolicismo Social que ya habían visto las posibilidades adoctrinadoras del cinematógrafo más allá del

445. *Reglamento de policía de espectáculos*, 2-VIII-1886, Capítulo Primero, artículo 8º, en *Gaceta de Madrid*, 5-VIII-1885, p. 369.
446. Las producciones firmadas por Lumière, Pathé entre 1902 y 1904, Warwick en 1905, Gaumont en 1906 y de nuevo Pathé entre 1911 y 1913. Véase GUBERN, Román: *La imagen pornográfica y otras perversiones ópticas*, Akal, Barcelona 1989, pp. 33-34.
447. Según las teorías de Burch, estas películas facilitaron un cambio narrativo en el cine primitivo, por cuanto la densidad del argumento hacía que las elipsis fueran imprescindibles, pero éstas, desconocidas en otras películas de la época sujetas al viejo principio narrativo del film-plano, eran bien asumidas por un público que conocía lo esencial de la trama y podía sustituir sin gran esfuerzo lo que se hurtase a la imagen. BURCH, Noël: "Passion, poursuite: la linéarisation", en *Communications*, nº 38, 1983, p. 32.

mero entretenimiento. No se olvide que el propio De Barbéns, después de señalar todos los peligros del cinematógrafo, advertía de sus bondades: "conste que podría utilizarse como elemento de edificación y de enseñanza".[448]

No sólo la Iglesia Católica intervino, los intelectuales también tuvieron papel en esta cruzada anticinematográfica que tanto arreció con el cambio de década. El cinematógrafo no era producto de las instituciones culturales tradicionales, había medrado en la feria, también entre las atracciones y la farándula, y necesitó de un par de décadas para que, sus cambios técnicos y narrativos, y la masiva aceptación popular llamasen la atención de los intelectuales. Flota un nombre que nos sirve de enlace entre iglesia y cultura: Ramón Rucabado. Así es, Ruacabado tenía conexión directa y apoyo de Eugenio D'Ors, filósofo y periodista vinculado a la Lliga Regionalista de Prat de la Riba (en 1911 éste lo nombró secretario general del Instituto de Estudios Catalanes) desde donde vertebró las ideas básicas del Noucentismo, un movimiento que, además de las especificaciones culturales catalanas, defendía la tradición católica y los dictados de la Iglesia.[449] Así hemos unido a Iglesia e intelectuales en un territorio, Barcelona, donde la lucha contra el cinematógrafo fue especialmente enconada. Era así por la propia fortaleza del cinematógrafo en la ciudad condal donde, como ya se ha visto, residían las principales productoras y distribuidoras de la raquítica industria española y un parque gigante de salas donde la presentación del espectáculo era más versátil. Eso era tener el enemigo muy cerca, pues los planteamientos noucentistas defendían el clasicismo, enemigos por tanto de un medio nuevo dependiente de la infraestructura industrial, y el clasismo, que le llevaba a contraponer un espectáculo de obreros y clases subalternas con el esplendor de los espectáculos cultos de la burguesía catalana.[450] Únase a esto el asumido papel de la defensa de la ortodoxia ca-

448. BENAVIDES, Domingo: *El fracaso social del catolicismo español. Arboleya -Martínez 1870-1951*, Nova Terra, Barcelona, 1973, pp. 65-110 y 283-300 y DE BARBÉNS, Francisco: *La moral en la calle, en el cinematógrafo...*, p. 223.
449. Más información sobre Eugenio D'Ors y el Noucentisme en TORREGROSA, Marta: "Ors y Rovira, Eugenio d', en *DBE*, Real Academia de la Historia [consultado el 10-I-2024] y ORS, Carlos d': *El Noucentisme, presupuestos ideológicos, estéticos y artísticos*, Madrid, Cátedra, 2000.
450. Ramón Rucabado llegó a escribir sobre los locales de cinematógrafo, en febrero de 1911: "Generalmente son antros desprovistos de

tólica más tradicional y tendremos el retrato del enemigo, llámese cinematógrafo y varietés o sólo cinematógrafo. Así pueden comprenderse maniobras como la de la revista *Cataluña* que, en 1911, reunió en una encuesta en apoyo la causa anticinematográfica a distinguidos intelectuales: Eugenio D'Ors, Joan Maragall o Josep María López Picó, por ejemplo.[451]

Planteamientos semejantes, tal vez con otro sustento, afloraron en Madrid, que por entonces no era la capital del cinematógrafo, en periódicos como *El Heraldo, Nuevo Mundo, El Debate* o *La Tribuna*.[452] Los argumentos son los conocidos, por resumir, peligro físico y peligro moral, pero es cierto que menudearon artículos como el de Carlos Luis De Cuenca, uno de los pioneros en los comentarios periodísticos sobre el cine, en los que se dejaban a salvo las muchas posibilidades pedagógicas y de distracción, que tenía el espectáculo, siempre que se atasen en corto sus contenidos morales. En un temprano artículo de 1908 se dirigía a los empresarios de cinematógrafo, a quienes consideraba con capacidad para entender su mensaje, por ser "personas de carrera, de cultura, de posición elevada" para decirles: "limpien de inmoralidad sus películas, y pongan como atractivo para el público sano, ésta ó parecida advertencia en sus carteles: en obsequio á la moralidad pública, en esta sección no habrá barbaridades".[453]

Aunque no eran exclusivos del ámbito madrileño, pues su radio de influencia fue nacional, los escritores de la generación del 98 se mostraron, al principio, contrarios al cinematógrafo. Destaca la radicalidad de un Miguel de Unamuno, que se resistió a grabar su voz en magnetófono y no quería adaptaciones de sus obras al cine, pues si, etimológicamente, película significa "pellejo", "peliculear" una obra literaria no sería otra cosa que "despellejarla". Era una opinión generalizada (Maeztu escribía, en 1913, sobre "El problema del cine"), aunque hubo algunos que acabaron aceptando el espectáculo cinematográfico (Pío Baroja, Ramón del Vallé-Inclán o Azorín), pero es cierto que cerca ya de los años veinte.[454] Hubo sensibles excepcio-

la menor ornamentación estética (...); en ellos el espectáculo se da a oscuras, gente de las condiciones sociales más bajas se empuja y codea con otras más refinadas, en poco grata mezcolanza", citado por MINGUET, Joan M.: *op. cit.*, pp. 26-27.

451. Más información en MONTERDE, José Enrique: "Breve historia de la crítica y la prensa cinematográfica en España"..., pp. 49-50.

452. *Ibidem*, p. 49.

453. CUENCA, Carlos Luis de: "La Moral peliculera", en *La Ilustración Española y Americana*, Madrid, nº X, 15-III-1908, p. 160.

nes a esta norma como Vicente Blasco Ibáñez, que se embarcó en la producción y codirección, con el francés Max André, de una película adaptando su obra *Sangre y arena* (1916) o Luis Bello, su conferencia "La moral y el Cine", impartida en el madrileño teatro de la Comedia el 26 de noviembre de 1912, es, no sólo uno de los más tempranos acercamientos al séptimo arte de un literato español, sino un planteamiento que, entrando en cuestiones sociológicas, sortea la rotunda condena moral dando una oportunidad a las posibilidades del cine asociado a la educación.[455] Debe decirse, no obstante, que las generaciones del 98 y 1914, incluso el *Noucentisme* catalán, no se acercaron sino de forma superficial al cinematógrafo, más entusiasmo se encontrará en algunos miembros de la generación del 27.

En este clima de tutela de la moral y hasta de la estética, llegó el año 1912, pródigo en incendios cinematográficos y justificación para que las autoridades civiles intervinieran para proteger y tutelar los valores morales y políticos. En semejante tarea España fue a la vanguardia de Europa en la toma de medidas de control que, en la práctica, supusieron el nacimiento de la censura cinematográfica. El ministro de la Gobernación, Juan de la Cierva y Peñafiel, basó esa primera norma censora en el preámbulo de la

454. Rafael UTRERA ha estudiado este asunto en infinidad de publicaciones como: *Modernismo y 98 frente a cinematógrafo*, Publicaciones de la Universidad, Sevilla, 1981; "Escritores del 98: de la teoría cinéfoba a la práctica cinéfila", en MÍNGUEZ, Norberto, (coord.): *Literatura española y cine*, 2002, pp. 131-150; "Azorín, periodista cinematográfico", en *Cuadernos de Eihceroa*, nsº 13-14, Padilla Libros, 2011; "Entre el rechazo y la fascinación. Los escritores del 98 ante el cinematógrafo", en UTRERA, Rafael (ed.): *José Luis García Sánchez: plano detalle sobre su filmografía*, Padilla Libros Sevilla, pp. 71-95. Una puesta al día del estado de la cuestión, con un repertorio bibliográfico inmenso puede encontrase en MONTERDE, José Enrique: "Conclusiones a modo de introducción", en *Un nuevo Arte...*, pp. 28-33.

455. CORBALÁN, Rafael T.: *Blasco Ibáñez en los orígenes del cine*, Filmoteca de la Generalitat Valenciana y Festival de Cine de Huesca, Valencia. 1999; FOURRELL DE FRETTES, Cécile: "Vicente Blasco Ibáñez: la 'Odisea' de un escritor en el cine", en *Blasco Ibáñez y el cine: un escritor frente al mundo, Archivos de la Filmoteca. Revista de Estudios Históricos sobre la Imagen*, nº 74, 2018, pp. 13-22. MARTÍNEZ CACHERO: "Semblanza de Luis Bello (1872-1935), un noventayochista 'menor", en *Boletín de la Biblioteca de Menéndez Pelayo*, 2007, LXXXIII, p. 265 y DEL POZO, María del Mar y BRASTER, Jacques F.A.:*Cine y educación: las primeras experiencias en España (1898-1939)*, https://urlc.net/OsSe.

Real Orden que el Ministerio de la Gobernación promovió el 27 de noviembre, que dejaba clara la consideración de los cinematógrafos como espectáculos "donde se congrega numeroso público en la obscuridad respirando un aire viciado, y lo que es más lamentable, viendo á diario el vil reflejo de lo impúdico, de lo pasional ó de lo criminoso".[456]

Palabras mayores que justificaron una actuación como ésta que ratificaba aspectos sustantivos de anteriores disposiciones, como por ejemplo la total prohibición de sesiones privadas o la previsión de horarios y películas específicamente infantiles, y que, de hecho, establecía la censura previa al disponer que títulos y asuntos de las películas fuesen presentadas con antelación ante el Gobierno Civil o los Ayuntamientos correspondientes, donde podría ser solicitado incluso el concurso de una Comisión especial si fuera preciso. A partir de entonces el camino quedaba abierto en todas las provincias para tomar medidas mucho más contundentes y el Reglamento de Policía de Espectáculos, publicado en octubre del año siguiente, no hizo más que confirmarlo.[457]

456. Real Orden de 27-XI-1912, en *Gaceta de Madrid*, 28-XI-1912, pág. 551. Sobre estos asuntos pueden consultarse también POZO ARENAS, Santiago: *La industria del cine en España. Legislación y aspectos económicos (1896-1970)*. Publicacions i Edicions de la Universitat de Barcelona, Barcelona, 1984; GONZÁLEZ BALLESTEROS, Teodoro: *Aspectos jurídicos de la censura cinematográfica*, Madrid 1981; VALLÉS, Antonio: "Aproximación a la prehistoria de la política cinematográfica española", en *Archivos*, nº 6, 1990, pp. 6-13 y MARTÍNEZ BRETÓN, Juan Antonio: "El control cinematográfico en la evolución del mudo al sonoro", en *Actas del IV Congreso de la A.E.H.C.*, Madrid, Editorial Complutense, 1993, pp. 109-127.

457. "Reglamento de Policía de Espectáculos, de construcción, reforma y condiciones de los locales destinados á los mismos", Capítulo III, Real Orden de 31 de octubre de 1913, *Gaceta de Madrid*, 31-X-1913, pág. 348. Fue ratificado, ante los reiterados incumplimientos, por una Real Orden al año siguiente; en *Gaceta de Madrid* de 3-I-1914. Curiosamente tan "avanzado" reglamento en materia de espectáculos daba marcha atrás a reglamentos tan antiguos como el de 2-VIII-1886, mucho más "moderno", pues entendía que: "encaminado principalmente á tan importantísimo fin los preceptos de policía contenidos en el citado reglamento, resultan deficientes, y mucho más después de abolida la previa censura para todas las manifestaciones del pensamiento, y después de haberse establecido en nuestra legislación principios de progreso y adelanto contra los cuales están en abierta contradicción muchas de sus prescripciones". En *Gaceta de Madrid*, 5-VIII-1886, p. 217.

Las nuevas normas provocaron reformas y las reformas muchos gastos de adaptación de las salas. Ello repercutió en el precio de las entradas pero, sobre todo, en la respuesta de las empresas que se unieron para defenderse y tomar medidas. Exhibidores, representantes, concesionarios o importadores de películas se jugaban mucho en la nueva situación. El negocio ante todo. Ya se vio que, desde 1911, se había reconocido a los vendedores y alquiladores como sujetos de tributación a la Contribución Industrial, y decidieron defenderse, de precios e impuestos. Nació así, el 11 de mayo de 1911, el Sindicato de Empresas Cinematográficas, para acordar la subida de precios y fijar el límite de metraje por exhibición que quedó en un máximo de 3.000 metros (unas tres horas). El 21 de abril se constituyó también Unión Cinematográfica Española en Barcelona, en respuesta a la subida de un 5% de los impuestos a las salas con el objetivo de destinarlo a la Protección de la Infancia y Represión de la mendicidad, al que se sumaba un 10% por la supresión de los consumos, la contribución industrial y demás impuestos. Tres años más tarde se creaba la Asociación Madrileña de Empresarios de Cinematógrafo. Los objetivos siempre eran los mismos: conseguir la defensa en la unión, para impedir que la reglamentación en torno al espectáculo se llevase los beneficios en forma de impuestos. Entonces, calculaba *Arte y Cinematografía*, un cinematógrafo que tuviera unos ingresos brutos anuales de 75.000 pesetas, pagaba más contribución que "la Trasatlántica, que el Banco-Hispano Americano, que el Banco España del Río de la Plata y que cualquiera de las compañías del gas o de electricidad de España".[458] Por la misma razón nació, en 1915, la Mutua de Defensa Cinematográfica Española en Barcelona, para aglutinar a todos los representantes, alquiladores o directores de filiales con casa en España,[459] pero su intento de normalizar el mercado y establecer protocolos para la distribución fracasó, dando paso a otras sociedades regionales que se fueron organizando desde 1916: Sociedad de Alquiladores de Madrid, Unión de Representantes del Norte de España en Bilbao y otras en Sevilla, Málaga y Valencia. Esta estructura sirvió para organizar la distribución, parcelando España con centros neurálgicos que controlaban una zona de influencia próxima en función del control de las redes ferroviarias y telegráficas. La red co-

458. M.: "El conflicto de Madrid", en *Arte y cinematografía*, Barcelona, 31-VIII-1914, p. 4.
459. Así constaba en sus estatutos, reproducidos en ALÍ-KATE: "A eso íbamos", en *Arte y Cinematografía*, nº 110, Barcelona, 15-VI-1915, p. 10.

mercial establecida por Gaumont, sirvió de modelo al resto. Ésta y Pathé establecieron las mallas más tupidas hasta hacerse con todo el control de la distribución en España y Portugal por medio de delegados regionales.[460]

2.La estrategia de la narración.

Acabamos de describir los obstáculos y los aprendizajes que hubo de sortear y con los que debió convivir el espectáculo en el paso a un mundo nuevo. No olvidemos que estamos hablando de cuando estaba a punto de cerrar la oferta de un producto que llegaba de forma imparable y para no bajarse ya en la carrera por conquistar un público masivo. En esa carrera el espectáculo tenía numerosas ventajas, derivadas de la comunicación entre pantallas y escenarios. Era tan intensa que incluso llegó a bautizar otras formas de la cultura popular. Así, por ejemplo, cuando el 29 de abril de 1909 se estrenó en el madrileño Coliseo del Noviciado la revista escénica *T.B.O. Revista lírica en cuatro o cinco actos (a gusto de consumidor)*, su nombre acabó pasando una revista infantil, de papel, el *TBO*, que tiró su primer número en 1917.[461] Otra de sus ventajas primordiales fue su propia organización, que había heredado desde sus orígenes más remotos en el teatro por horas. Obras de rápido consumo que muy pronto necesitaban ser reemplazadas. En Madrid las de más éxito superaban el centenar de representaciones y luego pasaban a provincias y aún a América para seguir rentabilizando un mercado que ya empezaba a ser también masivo. Lógicamente ese fenómeno se aceleró con la llegada del cinematógrafo y las varietés.[462] En los cinematógrafos los números de éxito se repetían sin cesar. Cuando el alquiler multiplicó la presencia de cintas y, por lo tanto, el desembolso de los empresarios, crecieron sin medida las películas recibidas y las

460. LÓPEZ, Laura: "Los oficios cinematográficos...", pp. 376-377, 445-446, RIBAS: Iolanda: "El papel de la distribución en Cataluña durante la Primera Guerra Mundial", en *A propósito de Cuesta...*, p. 408-410.
461. SÁNCHEZ VIDAL, Agustín: *Pero...¡en qué país vivimos!...*, pp. 50-53.
462. No hablamos ya de los circuitos de barraca y teatros españoles, que empiezan a ser avizorados por la copiosa bibliografía de estudios regionales y locales sobre el cinematógrafo primitivo si no de su traslado americano casi idéntico en públicos, locales y artistas a la realidad peninsular y que puede ser seguido en el ya clásico y muy denso estudio de Osvaldo SOSA CORDERO: *Historia de las varietés en Buenos Aires*,

posibilidades de variar cada vez más la oferta nutriendo ese mercado que no cesaba de demandar alimento en forma de nuevos espectáculos.

La organización era muy sencilla: los mismos actores, decorados, músicos y vestuario. Con la misma inversión se multiplicaban los ingresos por el número de obras de una hora capaces de representar en un día.[463] En esa estela, el cuplé demostró desde su llegada un poder colosal de adaptación a la nueva situación. En Madrid, en Barcelona y en provincias. Se trataba, como hemos visto, de una sola artista y una sola canción. Los gastos del empresario se contenían. Si ya eran pocas las exigencias de las compañías "ínfimas", el cuplé lo redujo al mínimo en decorados y atrezo, no había inversiones difíciles de recuperar si se encontraban con un fracaso y había que suspender. Tal contingencia ya estaba prevista, desde finales del siglo XIX, en las zarzuelas de todo género, de ahí la costumbre de que los autores de libreto y música permanecieran en el anonimato hasta comprobar que el estreno había sido un éxito. En las varietés los fracasos eran atajados sin miramientos. Por ejemplo, en el Iris Park de Barcelona, el debut de Matilde León, en junio de 1912, fue también su última función ante el rechazo del público, actuó en la de la tarde y ya no repitió en la de la noche.[464]

El cuplé fue el nervio del espectáculo de cine y varietés, entre otras cosas por ser un espectáculo ideal para mezclar. Desde el inicio de las grabaciones había adaptado sus productos a unos protocolos que lo estandarizaban en canciones de unos tres minutos. Eso permitía controlar con relativa precisión la duración de las secciones, siendo mucho más sencillo para el empresario programar una función de cine y varietés, compensando canciones, proyecciones y complementos. A partir de 1909 los cuplés-canción, aquellos que eran escritos para una intérprete individual, desplaza-

1900-1925, Corregidor, 1978. Por su parte Alberto ELENA trazó una panorámica en toda Hispanoamérica destacando el mismo fenómeno de simbiosis entre el cine y otras formas de espectáculo popular que aquí estudiamos en "Cine y públicos en América latina. El período mudo", en *Otrocampo. Cine latino*, nº 4, 2001 (edc. digital) y "Cine para Macondo: tecnología, industria y espectáculo en Latinoamérica, 1896-1932", en *Archivos de la Filmoteca*, nº 28, 1998, pp. 22-39.

463. Una revisión de este fenómeno es la aportada por Carmen del Moral y Manuel García en *El Género Chico. Ocio y teatro en Madrid (1880-1910)*, Alianza Editorial, Madrid, 2004.

464. TEMES, José Luis: *El siglo de la zarzuela...*, p. 151 y *El Eco Artístico*, Madrid, nº 94, 25-VI-1912.

ban a los cuplés escritos para el teatro. Avanzaba así el cambio en el espectáculo de la mano de la industrialización que había supuesto la grabación y comercialización de discos, iniciada en España en 1899, pero que no había registrado voces de actrices hasta que lo hiciera Blanca del Carmen para el catálogo de discos Zonophone en 1904. La Fornarina, que grabó decenas de cuplés entre 1904 y 1914 es, junto a Carmen Conesa, la pionera de este cuplé-canción que, a partir de 1910 se impondrá en todos los escenarios, siendo el origen remoto de la "canción española".[465] Era, por la misma razón, más barato para el dueño de los locales y también para el espectador. Con ello se empezaban a dar pasos de gigante para la masificación de su acogida. Únase a todo este continente un contenido hecho de músicas pegadizas, fáciles de recordar, por supuesto sin renunciar a mórbidas exhibiciones aderezadas por letras de sonrojo, y el éxito era seguro.

Como se ve, la organización funcionaba como un reloj pero, vista la fortaleza de los enemigos del espectáculo, si quería prosperar debería contentar a los defensores de la moral y, para hacerse grande, para capturar al público más elegante, debió adecuarse a sus raseros morales e introducir la narración. Las cupletistas deberían dejar de ser novias de satán para convertirse en el heraldo de historias morales. Desde 1911, se ha dicho ya, empezaron a pulirse todas las aristas. El cine y hasta el más resistente cuplé, pasaron a ser parte de las "variedades selectas". Además de las clases populares, otros grupos, de mejor acomodo social, estaban dispuestos a participar de ese espectáculo siempre que se transformara a su imagen y semejanza. Y eso fue lo que sucedió.

Tres figuras del cuplé comenzaron a acercarse hacia la domesticación y, por lo tanto, la captación de públicos de orden. La Fornarina, muerta prematuramente en 1915 pero ya entonces aceptada como figura indiscutible (y decente), Raquel Meller y La Goya. Las tres renovaron el género, a pesar de los orígenes de las dos primeras en el cuplé procaz, y se dejaron influir e influyeron en figuras destacadas e intelectuales que facilitaron la transición hacia el aburguesamiento del espectáculo hasta hacer de los espectáculos montados en torno a la canción una auténtica cultura nacional.[466]

465. BARREIRO, Javier: "Del cuplé escénico al cuplé discográfico"..., pp. 60 y 63 y, del mismo autor: "La Fornariana y el origen de la canción en España", en *Asparkia*, nº 16, 2005, pp. 27-40.
466. Tal es el término empleado por SALAÜN, Serge: "Espectáculos (tradición, modernidad, industrialización, comercialización)" en SALAÜN,

Es ejemplar el caso de La Goya (Aurora Mañanós Jauffret), por iniciar el estilo de estas cupletistas de nueva generación; de "variedades selectas", pues debutó el 16 de junio de 1911 en el Trianon Palace madrileño, recibiendo la astronómica cifra de 100 pesetas diarias. Sueldo de estrella. Su perfil era muy distinto al de sus compañeras de la década anterior. Pertenecía a una familia acomodada, había estudiado Solfeo y Piano con las monjas del Sagrado Corazón de Madrid, y Canto con el barítono guipuzcoano Ignacio Tabuyo. No vendía ya las abundancias carnales que no tenía. El acompañamiento de sus actuaciones apoyaba la comprensión de las canciones. No podían ser, como antes, títulos sin principio ni fin, en los que el público pedía bises de las partes más pegadizas o más picantes hasta el infinito. Ese tipo de canción, alargada sin medida, reinventaba una historia, que no había quedado nunca demasiado clara, en cada representación. Ahora los cuplés pasaron a ser una historia representada. Con planteamiento, nudo y desenlace. Un cuplé como *El Relicario*, en el que el protagonista se muere, no da para más prórrogas. Son historias cerradas.[467] La asociación de cuplé y grabación acabaría teniendo mucha importancia en este propósito porque las cupletistas ajustaron la duración de sus cuplés al máximo posible de la grabación, cercenando la libertad del primer cuplé, sometido a la anarquía de los bises, de la historia abierta y de la participación del público.

Por *El Relicario* llegamos a Raquel Meller, aún con origen en el cuplé más escabroso de la primera década de siglo, en el que se desempeñó como *La Bella Raquel*, hasta que logró escalar al estrellato llegando a ser la vedette del Teatro Arnau barcelonés en 1911. Hablamos de cantantes con una técnica depurada; de clara dicción. Sus canciones se entendían. Las historias

Serge y SERRANO, Carlos: *Los felices años veinte. España, crisis y modernidad*, Marcial Pons, Madrid, 2006, p. 195.

467. Los cambios en las letras de los cuplés pueden seguirse en algunos repertorios y estudios como el de Serge SALAÜM: *El cuplé*, o el cancionero de MORETA-LARA, Miguel: *Más amor y más sufrir. Cancionero de cuplés*, Arguval, Madrid 2000. Un análisis de las letras de los cuplés de Álvaro Retana en BARREIRO, Javier: "Álvaro Retana en la erotografía del primer tercio de siglo. Un acercamiento a los textos del cuplé psicalíptico", en *El cortejo de Afrodita. Ensayos sobre literatura hispánica y erotismo, Analecta Malacitana*, Málaga, 1997, pp. 267-284. Para la biografía de La Goya puede verse BARREIRO, Javier: "Aurora Mañanós Jauffret" en *DBE*, Real Academia de la Historia [consultado el 14-I-2024].

que contaban eran seguidas. La narración empezaba a imponerse en un espectáculo que la desconocía hasta entonces. Por otro lado, ellas se acercaron al teatro, en el sentido más tradicional y burgués del espectáculo, por el atrezo, por los cambios de vestuario, que se adaptaban al asunto narrativo de cada canción, y por la actuación, que ya no consistía en insinuar e insinuarse sino que componía un personaje. Se dice de Raquel Meller que fue la primera en llorar en escena interpretando *Mala entraña* en el Trianon madrileño en 1916. Hacía dos años que había marcado su propia ruta como cantante y que sus presentaciones daban protagonismo a su expresividad gestual. Así lo hizo con uno de sus mayores éxitos, el ya mencionado *El Relicario*, apoyado por fúnebre iluminación y gestualidad. El progreso de los equipamientos escénicos ayudó notablemente a este tipo de desempeños que cambiaron por completo, en versatilidad y posibilidades, sobre todo con el foco eléctrico.[468] La llamada al público burgués, además que una necesidad para la masificación del espectáculo, era una evidencia que saltaba incluso a la publicidad:

> "Teatro Principal. —Cuando un número es bueno; Cuando un número es verdaderamente digno de pertenecer al arte, los grandes Salones están abiertos para él. Este Teatro-, excepto el Liceo, es el primero de Barcelona-, ha inaugurado la temporada de verano con cine y varietés. Al tratarse de un Coliseo verdaderamente aristócrata, habían de trabajar artistas verdaderamente notables, y debutaron los Hermanos Sevillanitos, que son los niños mimados de la aristocracia barcelonesa, los cuales tuvieron el mismo éxito que en el Doré y Poliorama, Salones de categoría en esta ciudad, que el artista que pasa por ellos y triunfa, eso puede decir: «yo

468. Era el momento en que se aplicaban a la tramoya de los teatros el bastidor y el practicable. BARREIRO, Javier: *Raquel Meller y su tiempo*, Diputación General de Aragón, Zaragoza, 1992, pp. 50-57; CALVO, María Dolores: *Raquel Meller. Una mujer, una artista*, Zaragoza, Diputación-Ayuntamiento de Tarazona, 2004; BARREIRO, Javier: Voces de Aragón, Zaragoza, Ibercaja, 2004; SALAÜN, Serge: *El cuplé*, pp. 106-124; RETANA, Alvaro: *Estrellas del cuplé*, Madrid 1964, pp. 114 y 122; LÓPEZ RUIZ, José: *Aquel Madrid del cuplé*, Avapiés, Madrid 1988, pp. 69-144 y CAMACHO, Miguel Ángel: "Una mirada al teatro español desde la luz (siglos XIX-XX): la palabra, el silencio", tesis doctoral, Universidad Complutense de Madrid, 2022, p. 77.

> soy artista.» La Sikora, con sus palomas amaestradas, y los The Bustos, con sus variados trabajos musicales, también gustaron á este público, y para todos hubo grandes aplausos". (*Eco Artístico*, Madrid, nº, 94, 25-VI-1912).

Lo mismo sucedía en la otra pata del espectáculo: el cine. Era evidente ya la búsqueda hacia la consolidación de un modelo de narración masivo, para públicos de corto bolso y para públicos de largas exigencias morales, en un mercado mundial. La convergencia entre los principales ingredientes de este espectáculo de cine y varietés es indudable. Había que contar historias. Narraciones de verdad con un trasfondo afín a la moral imperante, de larga duración, con las que, en la segunda década del siglo, se había de dar el salto definitivo del espectáculo a la industria cultural. Ya en 1911 Ricciotto Canudo proclamó significativamente la idea del cinema como "sexto arte", para reconocerlo como "séptimo arte", tras el añadido de la Danza, en 1920 y reafirmarlo en el "manifiesto de las Siete Artes", publicado en 1923.[469]

En la cartelera española se reflejaba el panorama de la producción mundial con un cine francés que seguía abriendo camino al resto de cinematografías en un panorama muy dinámico. En la cinematografía nórdica géneros como el drama se hacían cada vez más presentes. Otros se estabilizaron por su adaptación a nuevos tiempos, es el caso de los noticiarios y documentales, en los que acabó desembocando un variado repertorio de vistas "del natural", o la comedia y lo cómico, que arraigaron cada vez más con la aparición de los cómicos franceses o italianos que alcanzaban gran fama y comenzaban, junto con las grandes *divas*, a anunciar el estrellato antes del estrellato. Y, desde la técnica, esa valoración pasó al asunto. Avanzaban las nuevas cinematografías. La productora danesa *Nordisk*, fundada en 1906, se apoyaba en una moderna concepción del espectáculo, con una estrella indiscutible como Asta Nielsen y lanzamientos publicitarios con el

469. Aparecía en la segunda página de *La Gazette des septs arts* por el dirigida. Aunque ya en 1920 Alexander Plana decía que, con independencia del puesto que ocupara el cine "es la más comprensiva de todas las artes". Era la culminación de ese proceso iniciado justo en la segunda década del siglo. Véase MONTERDE, José Enrique y CASALS, Josep (coords.): *Un arte Nuevo. El pensamiento cinematográfico en España: de los orígenes a los años 60 (I),* Ediciones de la Filmoteca (CulturArts-IVAC), Valencia, 2023, p. 259.

sesgo de superproducciones como *La Catástrofe* o sobre todo *Atlantis*, producción estrella del cine nórdico realizada por August Blom en 1913.[470] Tales recursos fueron continuados por la productora sueca *Svenska*, la de directores como Víctor Sjöström o Mauritz Stiller.

Todo ello fue decantándose, con gran celeridad, en la segunda década del siglo. En España se acusaron tales movimientos: se multiplicó la oferta publicitaria y sus cauces y la emergencia de nuevas cinematografías nacionales comenzó a poner en cuestión la hegemonía francesa. Sus últimos éxitos, como *Nick Carter*, que inventó los seriales de detectives bajo la producción *Éclair* o, el más famoso aún, *Fantomas* de Gaumont no lograron invertir la tendencia, irreversible tras la Gran Guerra.

En las pantallas españolas nuevos productos salían a este cada vez más amplio mercado. Así las efímeras glorias de los fastos italianos consolidaron un género histórico imperial destinado al fracaso, precisamente por la concentración de su éxito inicial en tan corto espacio de tiempo: éxito sin precedentes y fracaso sin paliativos. Fue importante mientras duró, lo fue por el éxito de público en películas como *Los Últimos días de Pompeya* de Ernesto Pasquali, en 1912, y, sobre todo, *Quo vadis?,* de Enrico Guazzoni, que representaba la magnificencia del colosalismo en duración, lujo, extras e inversión, pero también la enorme repercusión que, durante varios años, tuvo en toda España, donde fue puesta y repuesta entre 1913 y 1915. Como es sabido este cine colosal dejó profundas huellas en producciones posteriores que llegan posiblemente al mismísimo Griffith.[471]

Desde el alquiler las películas ya no eran primitivas, ni en su asunto ni en su duración ni, por supuesto, en su estructura, que era ya, como la de los cuplés, puramente narrativa. Quedaban pocos años para que ya no fuesen europeas. Con la hegemonía, estética y comercial norteamericana llegó

470. Amplia información sobre *Atlantis*, incluida la transcripción del guion, puede encontrarse en HAUPTMANN, Gerard: "Atlantis", en *Schiave bianche allo specchio. Le origini del cinema in Scandinavia (1896-1918)*, Studio Tesi, Pordenone 1986, pp. 169-182.
471. Sobre *Quo Vadis?* véase PÉREZ, José María: "La génesis del gran cine histórico: Italia, 1910-1923", en *Nosferatu*, nº 4, 1990, pp. 4-20; *C'era il cinema. L'Italia al cinema tra Otto e Novecento* (Reggio Emilia 1896-1915), Panini, Regio Emilia, especialmente págs. 129 a 131 y CAPARRÓS LERA, José María: "¿Influencia de *Quo Vadis?* (1912), de Guazzoni, en *Judit of Bethulia* (1913), de Griffith?", en *d'Art,* núm. 13, Universitat de Barcelona, 1987, pp. 315-328.

también la del Modo de Representación Institucional que sirvió a los propósitos de un ocio mercantilizado de masas que busca un nuevo tipo de producto: el Cine Clásico de Hollywood. Una forma nueva de hacer películas, sin las servidumbres del Cine Primitivo, con resabios teatrales, eso sí, pero de otro tipo de teatro. Buscaban atrapar la atención del espectador, sumergiéndolo en una historia creíble, verosímil y tan cerrada como los cuplés de entonces; sin dobles finales ni posibilidad de dobles interpretaciones, sobre todo morales. Unas películas hechas con un nuevo manejo de los recursos técnicos, mucho más dinámicos y buscando crear una continuidad, una gran historia con la que el público pudiera identificarse.

Las películas primitivas se preocupaban por mostrar más que por narrar, con su cámara fija en plano general, el único esfuerzo narrativo consistía en mantener la acción dentro del encuadre. Su terreno eran las atracciones, llenas de trucos, escamoteos y saltos de manivela. Ahora, ayudado por los progresos técnicos (ópticos y mecánicos), el cine clásico había llegado con un montón de recursos para contar historias: el montaje, la distancia de la cámara y la aparición de la escala, los intertítulos, la profundidad, el raccord, la interpretación... todo al servicio de la narración, que se transmitía con una manipulación consciente de la atención del público. Su modelo ya no era el vodevil ni las varietés sino la novela del XIX o el teatro culto. Los del gusto burgués.[472] Aquellos que desarrolló apelando a unos principios básicos con los que se construirán, en adelante, las películas clásicas: modelo dramatúrgico basado en la unidad, la causalidad, el personaje central, el conflicto, la clausura y la verosimilitud; procedimientos de dirección supeditados a la máxima claridad e inteligibilidad de la historia y recepción por parte del espectador; borrado de los mecanismo de enunciación y la búsqueda de la identificación del espectador con aquello que se le narra. No se trataba ya de mostrar las habilidades de un mago, sino de contar una historia que el público se creyese.[473]

Por supuesto esas historias habían de ser moralizantes. Se trataba de no molestar. Y, de la misma manera que los nuevos cuplés y los nuevos

472. David BORDELL, Janet STAIGER y Kristin THOMPSON en *El cine clásico de Hollywood. Estilo cinematográfico y modo de producción hasta 1960*, Paidós, Barcelona, 1997, p. 191.
473. IGLESIAS, Pablo: *De las tablas al celuloide. Trasvases discursivos del teatro al Cine Primitivo y la Cine Clásico de Hollywood*, Fundamentos, Madrid, 2007, pp. 110-111.

cuerpos de las cupletistas no lo hacían ya, las nuevas películas dejarán de hacerlo. Hacía años de eso. En España, como ya había censura desde 1912,[474] con la presentación previa de programas y asuntos si algún detalle de los ya comentados se escapaba al propietario del espectáculo, de seguro que tal cosa no pasaría en ayuntamientos y gobiernos civiles. Además la Iglesia se había pasado, con armas y bagajes, al cinematógrafo, si era moral. Cosa que la misma Iglesia se encargaría de garantizar como señalaba, en 1915, el arzobispo de Tarragona, con la habilidad de volver a su favor los muchos peligros morales del cinematógrafo:

> "El cinematógrafo es uno de los medios con que más eficazmente se intenta destruir en la juventud la moral y la Fe; usémoslo nosotros para moralizar y fortalecer en las sanas creencias a los jóvenes. La afición a los cines hállase tan arraigada que en vano sería luchar contra ella; cada día que pase la verá crecer y extenderse. Si en nuestros Patronatos y Círculos no hay sesiones cinematográficas honestas, se irá a buscarlas en otra parte aunque la honestidad sea muy dudosa. Según están hoy las diversiones y pasatiempos, el conseguir que la edad más crítica se distraiga unas horas sin pecado, aunque en ellas nada en la ciencia ni en la virtud se adelante, ya será haber obtenido mucho. ANTOLIN, arzobispo de 'Tarragona".[475]

Desde principios de la década la independencia total del cine se vio inminente, pero sería un proceso demorado casi hasta los años veinte, cierto es que empezaba a notarse con claridad como flaqueaban los espectáculos del resto de las varietés. Incluso los artistas empezaban a debilitarse como colectivo que estaba necesitado de apoyos. Por eso se fundó la Unión Artística de Varietés, el 8 de diciembre de 1912, con delegados en toda España (en más de veinte localidades) y nada menos que con 115 socios fundadores, entre los que se contaban La Fornarina, La Goya, Raquel Meller, Luis Esteso, Foliers, Mis Nelly Nell, Amalia Molina, Llovet, Les Har-

474. Real Orden de 27 de noviembre de 1912 *con instrucciones para evitar las exhibiciones de películas cinematográficas y la influencia de ciertos espectáculos en los niños.* En *Gaceta*, 28-XI-1912.
475. ANTOLÍN, arzobispo de Tarragona, en *Arte y Cinematografía*, Barcelona, nº 101, 31-I-1915, extraordinario tras su número 100.

tur o Calvetty con su perro Thim, y 24 socios numerarios más. Pero sólo un año más tarde la Unión ya pedía ayuda para subsistir.[476]

Las cosas estaban cambiando en el mundo del espectáculo. Sin embargo la fortaleza del circuito era mucha, y muchos los años de funcionamiento, como atestigua esta muestra tan amplia, y nada exhaustiva, de 74 ciudades y 148 salas que programaban habitualmente cine y varietés en años tan críticos como 1912 y 1913. En Barcelona, por ejemplo, de las cincuenta salas que se declaraban cines en 1911, todavía una docena programaban cine y varietés.[477] Es, por tanto, una muestra modesta pues, los locales pequeños (entre 15 y 20 filas) que programaban varietés en España, al margen de los coliseos tradicionales, superarían los seis millares en esos años.[478]

Durante la Gran Guerra la escasez de películas hizo optar a algunos lugares donde sólo se proyectaba cine, por volver a alternar con las varietés.[479] Después de la guerra el cine lo conquistaría todo. Con una industria europea destrozada, las películas de "marca americana" explotaron en medio de un triunfo absoluto del gran espectáculo de masas y con cintas en las que el modelo de representación nada tenía que ver con los tiempos primitivos, que fueron un recuerdo cerrado definitivamente tras la contienda. A partir de 1917 el cine clásico de Hollywood ya tenía partida de nacimiento.[480]

476. Era una especie de mutua para ayudar a los artistas del género en momento difíciles y en la vejez. Estaba presidida por Juan José Canela. CHIMENTI, Alfredo: "¡Unión!", en *Eco Artístico*, Madrid, nº 120, 15-III-1913.
477. "Indicadores de 'Arte y Cinematografía", en *Arte y Cinematografía*, nº 31, Barcelona, 30-XII-1911.
478. Tal es el cálculo que despacha SALAÜN, Serge: "Espectáculos (tradición, modernidad, industrialización, comercialización)"..., p. 195.
479. Es una recomendación que se ofrecía cuando aún la escasez no era muy acuciante en Marío A.D.: "Consecuencias", en *Arte y Cinematografía*, nº 93, Barcelona, 30-IX-1914, p. 4.
480. Es la fecha que marcan David BORDELL, Janet STAIGER y Kristin THOMPSON en *El cine clásico de Hollywood.*

Cuadro 6 . Muestra de locales que participaban habitualmente en el circuito de varietés entre 1912 y 1913.

CIUDAD	LOCAL	CIUDAD	LOCAL
Madrid	Circo Parish Romea Trianon Palace Eden Concert Madrileño Salón Madrid Zarzuela Comedia Cómico Lara Apolo Gran Vía Princesa Salón Regio Petit Palais Benavente Cine Bello	**Barcelona**	Gran Salón Doré Alcázar Español Gran Edén Concert Cádiz Concert Buena Sombra Teatro Arnau Petit Moulin Rouge Teatro Gayarre Teatro Principal Iris Park Palais de Fleur Royal Concert Nueva Plaza de Toros Café Apolo Café Nuevo Trianón Cine Trilla Teatro Gayarre Las Maravillas
Alcira	Cine La Lonja	**Lugo**	Lugo-Salón
Albacete	Teatro Circo Salón Liceo	**Málaga**	Teatro Lara Salón Pascualini Salón Novedades
Alberique	Teatro Liceo	**Manacor**	Centro Variedades
Alcalá de Henares	Teatro Cervantes	**Mataró**	Royal Kursaal
Algeciras	Salón Paraíso Salón Eslava Salón Variedades Kursal	**Mazarrón**	Cine Zamora
Alagón	Teatro Cubano	**Medina de Rioseco**	Salón Ideal
Alicante	Salón Novedades	**Miranda de Ebro**	Teatro
Almería	Salón Victoria	**Melilla**	Salón Imperial

CIUDAD	LOCAL	CIUDAD	LOCAL
Avilés	Teatro-Circo Somines Pabellón Iris	**Murcia**	Salón Actualidades
Ayamonte	Teatro Circo Ibérico	**Nerva**	Teatro Reina Victoria
Badalona	Teatro Cervantes Teatro Picarols	**Novelda**	Teatro Jorge Juan
Baracaldo	Teatro Español Petit Palais	**Olot**	Cine Español
Barbastro	Teatro Principal	**Oviedo**	Teatro Sanchís (antiguo Celso) Cine del Parque (Pabellón Varietés) Gran Café de París
Bilbao	Salón Vizcaya Cine Bilbao Teatro Campos Elíseos	**Palafrugell**	Cine Barcelonés
Burgos	Salón Parisiana	**Palencia**	Teatro Principal
Cádiz	Teatro Principal Cine Escudero	**Palma de Mallorca**	Teatro Lírico
Calahorra	Teatro Díaz	**Puerto de Santa María**	Teatro Principal
Calatayud	Teatro Principal Coliseo Imperial	**Salamanca**	Recreo Salmantino
Cartagena	Pabellón El Brillante	**San Fernando (Cádiz)**	Cine La Rosa
Castellón de la Plana	Teatro Principal Salón La Paz Cine La Paz	**San Roque (Cádiz)**	Teatro Principal
Castro Urdiales	Teatro -Circo	**San Sebastián**	Teatro Victoria Eugenia Teatro Colón Teatro Principal
Córdoba	Gran cine Olimpia	**Santa Cruz de Tenerife**	Parque Recreativo
Cuevas de Vera	Teatro-Circo	**Santoña**	Gran Cine Vega
Eibar	Pabellón Alfonso XIII	**Salucar de Barrameda**	Teatro Principal

CIUDAD	LOCAL	CIUDAD	LOCAL
Gijón	Pabellón Modernista Teatro Jovellanos Teatro Dindurra Teatro-Circo de los Campos Elíseos	**Santander**	Salón Cortabitarte
Granada	Lux Edén Salón Fortuny Café de La Alameda Teatro Alhambra	**Sevilla**	Teatro Eslava Teatro del Centro Teatro San Fernando Salón-Teatro Recreo Salón Imperial Salón Lloréns Café-concierto Novedades
Gerona	Cine Gran Vía	**Tarragona**	Coliseo Mundial Cine Moderno Cine Varietés
Huelva	Teatro Mora Salón Sport La Marina	**Tarrasa**	Teatro Alegría
Játiva	Cine del León	**Toledo**	Coliseo Moderno
Jérez	Teatro Principal	**Torrevieja**	Teatro
La Carolina	Teatro	**Tortosa**	Teatro Principal
La Coruña	Pabellón Lino	**Toro**	Teatro Latorre
La Línea	Salón Pascualini	**Totana**	Cine Romero
La Unión	Teatro Principal	**Valencia**	Salón Novedades
León	Teatro	**Valladolid**	Teatro Zorrilla Salón Pradera
Linares	Teatro San Ildefonso Salón Regio	**Vigo**	Salón Pinacho Teatro Tamberlik Cervecería Montañesa

Fuente: *Eco artístico*, 1912 y 1913. Elaboración propia.

3. La producción española.

He aquí el panorama general. Puede aplicarse cabalmente a la mayor parte cine que se veía en España, pero ¿qué pasa con el cine español? Dígase antes que otra cosa que, de todo lo producido en esos años nos ha llegado aproximadamente un 10%, por eso lo que se predique del cine español será aproximado o provisional, sobre todo desde el punto de vista estético, pues ir más allá sería arriesgarnos a escribir una historia sin documentos, aunque es cierto que se pueden dejar claras al menos dos conclusiones esenciales.

La primera es su debilidad industrial. Como unidad de producción puede ser más ajustado hablar de cine hecho en España que de cine español, pues no existió, tampoco en esta segunda década del siglo, un proyecto de inversión consciente en busca de unos resultados sistemáticos para producir películas. Mientras que en todo el mundo las productoras crecían, se especializaban los sectores productivos y los oficios, además de separarse nítidamente las ramas del negocio (producción, distribución y exhibición), aquí se vivía en la precariedad. No era industria. Se da la paradoja de que los sectores que nutrieron las campañas contra el cine deberían haber sido sus promotores naturales. Muchos de ellos eran inversores en otras industrias. La paradoja crece en Barcelona, con la mayor concentración de producción cinematográfica y donde también florecían otras industrias de talla internacional. Ya se sabe que ésta no. Fue un intento voluntarista, con centros de producción escasos y dispersos, con redes de comercialización primitivas y deficientes, con una precaria amortización de sus productos y "con una irreversible demora en financiación, infraestructuras y experiencia respecto a las industrias cinematográficas vecinas".[481] En ningún caso una industria moderna ni siquiera un intento de construirla. Sus productos no pudieron competir jamás con los productos extranjeros en el mercado español. No eran atractivos para los exhibidores.

481.PÉREZ PERUCHA, Julio: "La narración de un aciago destino"..., p. 47. Es la idea que sostiene el autor en otras publicaciones similares: "España 1911-1922. Apogeo y decadencia de la producción barcelonesa" en Genaro TALENS y Santos Zunzunegui (coords.): *Historia general...*, Vol. III, pp. 183-185 y "La larga marcha"..., pp. 23-25. Otros autores que se han ocupado de este período llegan a conclusiones parecidas, como la de "la industria fílmica del quiero y no puedo" en REY REGUILLO, María Antonia del: "Los borrosos años diez. Crónica de un cine ignorado", Liceus, Servicios de Gestión y Comunicación, 2005, p. 28.

La segunda conclusión es la lentitud en el cambio de lenguaje. La debilidad industrial le impidió acercarse a los sectores más dinámicos de la industria cinematográfica, quedando aislado cuando se producía el cambio esencial hacia el lenguaje masivo. El cine hecho en España tomó como modelo el que le llegaba del exterior, pero no el cine que iba cambiando al modelo clásico sino el anterior, con sus resabios primitivos. Aún sin abandonar del todo el modelo de atracciones empezó a copiar el cine narrativo, pero no el cine norteamericano en el que se avanzaban las novedades posteriores, sino los ya anticuados melodramas italianos e intrigas francesas.[482] Finalmente no fue ni lo uno ni lo otro, sino un híbrido, producto de la copia parcial de ambos modelos de representación.[483] Tuvo obras notables, algunas verdaderamente modernas, pero no un sistema de producción en serie que permitiera abastecer al mercado de un número suficiente de ese tipo de obras. El hecho de que no desbancase de la cartelera española al cine foráneo es un indicio definitivo.

Fue Barcelona el centro de producción más importante. Allí trabajaban casas y personas de las que ya tenemos rastro en estas páginas, facturando la mayor parte del cine que por aquí se hacía. Se trataba de empresas modestas, muchas de ellas responsables de una sola película, otras de no más de cuatro, siempre en el alambre; en lo provisional, pero, aún así, siendo el centro de la industria española. Casas como Solà y Peña, Alhambra Films, Tibidabo Films, Catalonia Films, Argos Films, Condal Films, Segre Films, Emporium Films, Dessy Films, Regia Art Films Corp., Gnomo Films, Principal Films, Internacional Films, Narciso Films, Clador Films, Canigó Films, Boreal Films, Armando Films, Lotus Films o Royal Films. Tres de ellas han dejado un rastro mucho más ancho que el resto: Hispano Films, Barcinógrafo, y Studio Films.[484]

482. Utilizamos las palabras de MINGUET, Joan M.: "Certezas e incertidumbres: El final de los orígenes del cine español, 1914-1920", en *A propósito de Cuesta...,* p. 374.
483. Julio PÉREZ PERUCHA se refiere así a esta etapa: "un cinema de juguete con naufragados atisbos de calidad o incluso de genio ocasional –por lo que se conserva (afirmación cautelosa por tanto) Gual, algún Togores extraviado, siempre el ajustadamente popular Marro, chisporroteos deslumbrantes de García Cardona en Valencia o de Codina en Valencia, pero también en Barcelona, la potente comparecencia inicial de Thous-. Enseñanzas que, injusticias de la historia, utilizarían otros". En "Buscando el bálsamo de Fierabrás. Incertidumbres sobre el modo de representar en el cine español", en *A propósito de Cuesta...,* p. 489.

Desde al menos 1906 operaba, como productora y como laboratorio, Hispano-Films,[485] aunque su descripción de esos años en los anuarios de comercio figurase como "almacén de artículos para cinematógrafos" y no será hasta 1911 cuando cambie a "fabricación de películas".[486] Para entonces llevaba dos años instalada como productora con el nombre de Hispano-Films, gracias a los ingresos que le habían procurado por reportajes sobre la guerra del Rif. En un principio, con Alberto Marro como director artístico y Ricardo de Baños como operador,[487] había realizado títulos tan significativos como *Locura de amor* (1909), o sobre todo, *Don Juan Tenorio* (1908), buscando el éxito del público y el prestigio artístico con la adaptación de la obra más popular del teatro español.[488] Con tales recursos produjeron nuevas obras de ficción de cierto empeño y variado asunto como *Don Juan de Serrallonga* (1910), dramas como *Don Pedro El Cruel* (1911), *Carmen la hija del bandido* (1911) y *Amor andaluz* (1911), también hubo incursiones en el

484. Además de las aportaciones diversas de las que nos hemos servido para redactar este capítulo, sigue siendo una guía indispensable el libro de Palmira GONZÁLEZ: *Els anys daurats...*

485. Es el nombre usual, desde octubre de 1908, de la productora que se inició como Marro Soler y Compañía en 1907 que, en 1908 ya era Marro y Tarré y que, el 21 de julio 1911, será Hispano-Films Sociedad Anónima. GONZÁLEZ, Palmira y SEGUIN, Jean-Claude", en "La Hispano Films", en 1896-1906-productor HISPANO FILMS (grimh.org) [consultado 4-I-2024].

486. Citado por LÓPEZ, Laura: "Los oficios cinematográficos... en España", p. 269.

487. Ricardo de Baños había tenido una formación de tres años en casas europeas, principalmente Gaumont, para la que, entre 1904 y 1907, había filmado varias películas cantadas por "Mochuelo" para su Cronophon Gaumont. Luego regresó a Barcelona para desempeñar labores de operador. GONZÁLEZ, Palmira, SEGUIN, Jean-Claude y RODRÍGUEZ, María Dolores: "Ricardo Baños", en 1896-1906-figures BAÑOS Ricardo (grimh.org) [consultado 4-I-2024] y *Arte y Cinematografía*, Barcelona, nº especial, 1926.

488. Un análisis de *Locura de amor* puede encontrarse en DÁVILA, Miguel: "Las pasiones de Juana *la loca* en el cine español: desde la Historia y el teatro a las adaptaciones, readaptaciones y *remakes* compuestos", en *Trasvases entre la literatura y en cine*, I, 2019, pp. 107-108; para el Tenorio: SÁNCHEZ SALAS, Daniel: "Las adaptaciones de Don Juan Tenorio de Zorrilla en el cine mudo español", *Literatura y cine: perspectivas semióticas: Actas del I Simposio de la Asociación Galega de Semiótica,* 1997, pp. 119-126.

luego fértil terreno de la adaptación de zarzuela, y algún título cómico como *Doña Laura y sus pretendientes* (1912). Desde junio de 1913 Alberto Marro y Ricardo de Baños se hicieron con el control de la empresa, que pasó de sociedad anónima a sociedad colectiva. Reorganizaron la producción con obras como *Un drama en Aragón* o *Magda*, ambas de 1913 y, en 1914, deciden el abordaje de una obra de grandes exigencias de capital como *Sacrificio*, con el actor Jaime Borrás. Esta producción supuso un cambio definitivo en el devenir de la productora: rompió la sociedad, de la que se fue Ricardo Baños, para fundar con su hermano Ramón la Royal Films, dejando a la Hispano en una difícil situación financiera, que enfrentó Marro en solitario virando sus intereses hacia melodramas populares con sesgo aventurero. Rodó así, en 1914, *La tierra de los naranjos*, *La chavala* y *Diego Corrientes*, cinta que le sirvió para introducirse en el mundo de las "series de arte", copiando al cine francés e italiano. Siguiendo este formato produjo la "serie de oro del arte trágico", con los actores Jaime Borrás y Luisa Olivan y cuatro títulos en 1915: *Los muertos hablan*, *El león de la Sierra*, *La tragedia del destino* y *La deuda del pasado*.

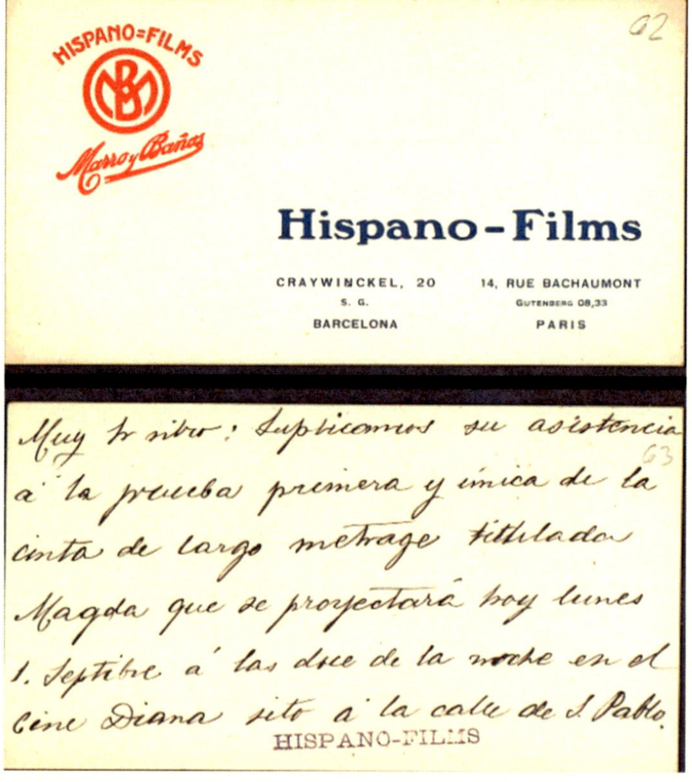

HISPANO=FILMS

MB

Marro y Baños

Hispano-Films

CRAYWINCKEL, 20
S. G.
BARCELONA

14, RUE BACHAUMONT
GUTENBERG 08,33
PARIS

Muy Sr mío: Suplicamos su asistencia á la prueba primera y única de la cinta de largo metraje titulada Magda que se proyectará hoy lunes 1. Septbre á las doce de la noche en el Cine Diana sito á la calle de S. Pablo.

HISPANO-FILMS

Fig.35: Tarjetón de Hispano-Films invitando al pase de *Magda*, probablemente de 1913 (Filmoteca de Catalunya).

El éxito de estas producciones, determinó que la Hispano-Films siguiese en el mundo del serial (donde ya se adentraban Barcinógrafo o Condal Films) con un ambicioso proyecto que se apoyaba en una niña, Alexia Ventura, con la que se rodaron, entre 1915 y 1916, *El beso de la muerte, Alexia hija del misterio, La echadora de cartas* y *Elva*. Metida de lleno en el terreno de los seriales produjo su obra más ambiciosa: *Los misterios de Barcelona*, que acercaba a España, en 1916, las fórmulas del cine internacional. Un gran éxito de ocho episodios que tuvo su continuación, al año siguiente, en otra serie de seis: *El testamento de Diego Rocafort*. Otros seriales siguieron a estos como *La secta de los misteriosos*[489] y *El manuscrito de una madre*, hasta llegar a *Los ladrones del gran mundo*, producción de buen empeño y cinco episodios protagonizada por una nueva estrella, Inma Ribini. El afortunado devenir de esas producciones, con buena salida internacional, mostraba una de las divisas de la casa, que desde siempre había tenido conexiones en el extranjero: tenía representante en Francia desde 1909, en 1912 la representaba en Inglaterra la European Film Agency, en Estados Unidos la Feature Film Sales Co. Ltd., y formaba parte, al menos desde marzo, de la Union des Nouvelles Marques Cinématographiques. Desde el paso a sociedad colectiva en 1913 reorganizó todas sus representaciones.[490] Esa proyección y las nuevas producciones le habían permitido recuperar la tesorería de la empresa.

489. Originariamente tenía 2.100 metros, equivalentes a 105 minutos, que se proyectaban en tres episodios diferentes y que se estrenaron en 1917 en los principales cines de Barcelona. El negativo original se perdió y la versión que se conserva se ha podido reconstruir a partir de una copia alemana estrenada en 1921 y remontada como un largometraje de 67 minutos. En *Jornades de Patrimoni audiovisual*, 2010, Filmoteca de Catalunya.

490. GONZÁLEZ, Palmira y SEGUIN, Jean-Claude", en "La Hispano Films".... La difusión internacional de *La secta de los misteriosos* queda demostrada al conservarse una refundición de sus tres episodios (*Los misteriosos, La leyenda mora* y *Los tesoros de la sultana*) en versión alemana. CARDONA, Rosa: "La recuperación de la versión para el mercado alemán de La secta de los misteriosos (Albert Marro, 1917)", en *Secuencias*, nº 26, 2007, pp. 66-80. Existe edición en DVD de las filmotecas española y catalana, además de un documental con realización de Antonio Urrutia en 2006.

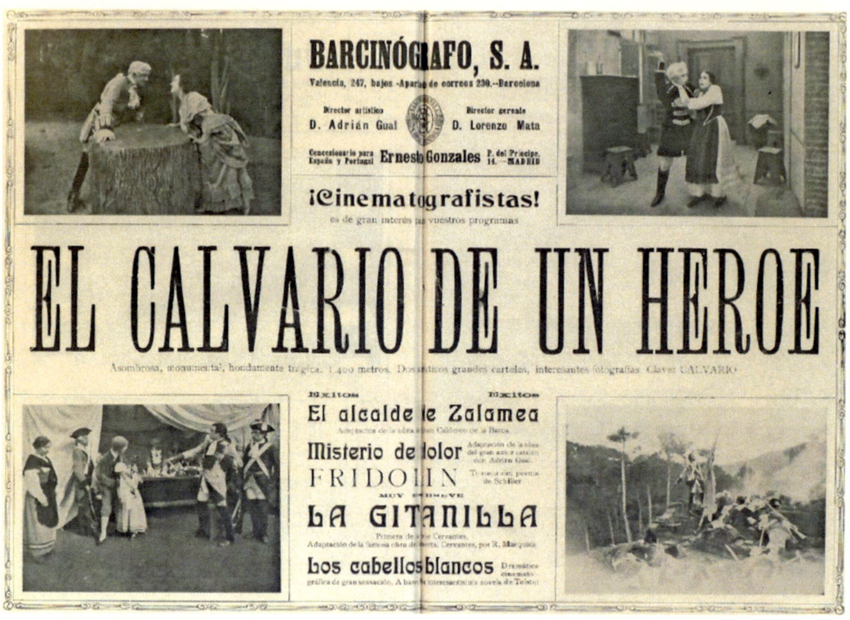

Fig.36: Fotogramas de *El Calvario de un héroe* y otras adaptaciones literarias en la publicidad de Barcinógrafo, en *Arte y Cinematografía*, 15-XII-1914.

En 1913 empezó su tarea la productora Barcinógrafo S.A., con un capital social de 250.000 pesetas para dedicarse "a toda clase de operaciones industriales y mercantiles relacionadas con el cinematógrafo", o cualquier otro invento que pudiera superarlo.[491] Entre sus inversores se encontraban Raimon y Lluis Duran-Ventosa, primer secretario de la Lliga Regionalista. La gerencia corría a cargo de Llorenç Mata y la dirección artística de su amigo Adrià Gual, poeta, pintor y escenógrafo, vinculado al mismo tiempo con las ideas de la Lliga y el teatro. La formación de Gual y la gala influencia del *film d´art* se reprodujeron en su labor para la productora, en la que, en 1914, realizó ocho cintas adaptando clásicos como *Fridolín*, de Schiller, *El Alcalde de Zalamea*, de Calderón, *La gitanilla* de Cervantes, *Los Cabellos blancos*, de Tolstói, o *El Calvario de un héroe*, de Valentín Gómez, además de *Miste-*

491. *Barcinógrafo, sociedad anónima. Estatutos*, tipolitografía M. Sivit, Barcelona, 1914, p. 7.

rio de dolor, drama del propio Gual. Eran trabajos estéticamente muy cuidados, con un equipo estable (fotografía de Joan Solà, decorados de Joan Morales y Alfred Montanals en el laboratorio), pero no acabaron de sintonizar con el público, por lo que en 1915 Gual dejó la productora para ser sustituido por el periodista y exagente de bolsa Magín Murià.[492] Éste aplicó sus conocimientos financieros para sanear la productora y buscó la taquilla con la semejanza al melodrama italiano y el apoyo de técnicos prestigiosos (operadores como Fructuoso Gelabert o Giovanni Doria) y con el concurso de grandes figuras de la escena. Logró el éxito en una serie de cinco películas protagonizadas por una ya reputada actriz, Margaritu Xirgu, en 1916: *El nocturno de Chopin* (de buen recorrido internacional), *El amor hace justicia, Alma torturada, La reina joven* y *El beso de la muerte*. Éxitos relativos, que cerraron la colaboración con la Xirgu en 1917.

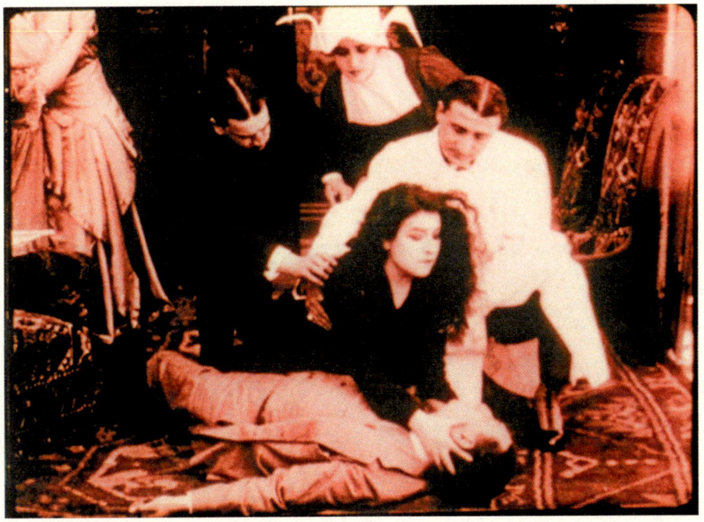

Fig.37: Fotograma de *El beso de la muerte* (IVAC).

492. Sobre Murià y la Barcinógrafo pueden consultarse: BARTRA, Eli y ESTEVE, Llorençs: "La I Guerra Mundial y el auge del Cine Catalán: un estudio de Barcinógrafo y de Magí Murià", *Film Historia*, Vol. IV, núm.2, 1994, pp. 187-196; ROMAGUERA, Joaquim: "Magí Murià, periodista i cineasta. Memories exiliat 1939/1948, *L'Arc de Bera*, Barcelona, 2002.

En 1915, al calor de los cambios de la guerra mundial, un grupo de técnicos formados en los laboratorios Pathé, con Joan Solà, operador, y Alfredo Fontanals, técnico de laboratorio, fundaban Studio Films S.A., incorporando a Domingo Ceret como director de escena. Vieron oportunidad de mercado y la empresa pasó de ser laboratorio a productora con estudios propios en la calle Sans, 106 y películas como la de aventuras *La emboscada trágica* (1915).[493] Desde el principio, con buena óptica empresarial, su objetivo estuvo en conseguir que sus productos pudieran devolver las inversiones. Por eso centró la producción en documentales y cintas cómicas. En este terreno se aprovechó la experiencia de Ceret como actor, para despachar una serie cómica, *Cuentos baturros*, en la que él mismo incorporaba el papel protagonista (el tío Isidro). Fue un gran éxito, tanto en España como en Hispanoamérica, hasta llegar a las diecisiete entregas entre 1915 y 1916.[494] Cintas de sencilla factura, rodadas en uno o dos días y con bajo presupuesto. El éxito de la propuesta les llevó a repetir al año siguiente con la *Serie excéntrica Cardo*, diez episodios en los que el actor Héctor Quintanilla, como Cardo, ingresaba tempranamente en la nómina de imitadores de Charlot. Sobre esa base de éxito diversificó su producción con dramas como *La duda*, comedias como *La pesca de los 45 millones* e incluso obras de aventuras como *La loca del monasterio* o policiacos como *Las joyas de la condesa*.

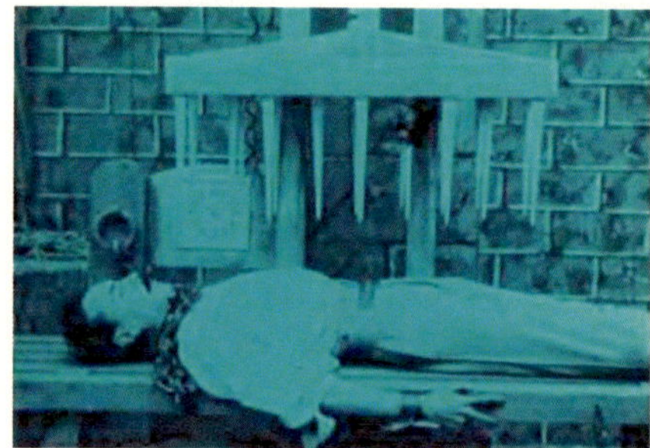

Fig.38: Fotogramas de *La Secta de los misteriosos* (Filmoteca de Catalunya).

493. *Arte y Cinematografía*, Barcelona, nº especial 1926.
494. Datos sobre Ceret en PORTER, Miquel: Història del cinema a Catalunya, Barcelona, Departament de Cultura de la Generalitat de Catalunya, 1992, pp. 101-139 y MUÑOZ, Javier: "Saret i Vila, Domènec. Domingo Ceret", en *DBE*, [consultado 15-I-2024].

Allí consolidó un equipo de actores, curtidos en el teatro de diverso empeño, como fue habitual en el cine catalán de aquella época, que empezaron a ser muy conocidos, especialmente Lola Paris, la más cercana al entonces aún lejano estrellato y otros como Alberto Martínez, Ernesto Treves, Baltasar Banquells, Julian de la Cantera, Trino Cruz o Carolina López. Sin llegar a ser estrellas, servían bien a la promoción de las obras. Mención aparte merecen las hermanas Jordi, Elena y Tina, muy conocidas estrellas de vodevil que, a través de su antiguo compañero Domènec Ceret, participaron en tres producciones de la Studio Films: *La Loca del Monasterio* (1916), *Regeneración* (1917) y *Humanidad* (1917).

Pero en 1917 las cosas se torcieron. El esfuerzo de la producción de los ocho episodios de *La herencia del diablo* no pudo ser compensado hasta su estreno un año después. Los años de la Gran Guerra pasaban factura. No era posible conseguir con facilidad celuloide virgen, las películas quedaban bloqueadas en las fronteras y los estrenos se demoraban de forma desesperante. Para salir a flote la productora buscó ingresos rápidos exportando cintas taurinas a Estados Unidos, pero no era una estrategia duradera, años antes ya daban señales de agotamiento, incluso para el público español.[495] En 1918 se imponía un giro de timón que, ya sin Ceret, abordó Joan María Codina, siguiendo el camino de la no ficción con el considerado primer noticiero de la cinematografía española, *Revista Studio* o *Revista Española*. Cincuenta entregas hasta 1920. Al tiempo que esto sucedía la casa inició una operación de refuerzo comercial con la creación de la distribuidora Monopol films y un nuevo envite en la ficción.[496]

495. Las circunstancias de la producción durante la guerra están descritas en el artículo de CAPARRÓS-LERA, José María y BARRACHINA, Carles: "El cine catalán durante la I Guerra Mundial", *Filmhistoria*, Vol. 4, nº 2, 1994, pp. 1-10. Sobre la saturación de cintas taurinas deja constancia el siguiente suelto publicado ya en octubre de 1914: "Cierto que aquí la Barcelona-Film hizo algo, muy poco; la Hispano-Film, que pudo llegar, equivocó el camino; Cuesta, de Valencia, si le saca usted de los cuernos, no hace cosa mayor; Chapado Film, cuernos; Zaragoza Film, ídem de cuernos, y, vengan cuernos, tantos, que es una cornamenta empachosa la que hay ya por esos mundos de Dios." RUIZ MARGARIT: "La producción nacional", en *Arte y Cinematografía*, nº 94, Barcelona, 15-IX-1914, p. 29.

496. GONZÁLEZ, Palmira: *Els anys daurats...*, pp. 330-335 y "Studio Films: la productora més comercial del cinema mut a Catalunya (1915-22)", en *Cinematògraf*, vol. 2, 1985, pp. 111-131.

Fig.39: Publicidad de *Las joyas de la condesa* en la publicación *Studio-Films S. A.*, IX-1916 (Filmoteca de Catalunya).

También en 1918 se estrenó una película de mucha importancia considerada desde hoy. Nos referimos a *Thais*, con un guion basado en l'òpera *Thaïs* de Jules Massenet, dirigida, producida y protagonizada por Elena Jordi (de nombre auténtico Montserrat Casals y Baqué). Una osadía para una mujer de entonces que sitúa a la Jordi, probablemente, como la primera española en dirigir una película cinematográfica. Luego llegaría Helena Cortesina, con una trayectoria similar, para dirigir (además de producir y protagonizar) *La Flor de España o la leyenda de un torero,* en 1923.[497] Elena Jordi, Viniendo del vodevil, recorría así un camino semejante al del propio cinematógrafo.[498]

497. PÉREZ, Luis: "Cortesina, Helena", en *Mujeres Artistas en España (MAE). Las artistas en la escena cultural española y su relación con Europa, 1803-1945*, Universidades de Zaragoza, Valencia, Sevilla y Complutense de Madrid, 2020, https://maes.unizar.es/helena-cortesina/ [consultado en 8-XII-2024].

El cine barcelonés, vanguardia de lo poco que se hacía en España, sirvió también para el intercambio con otras industrias y profesionales extranjeros. En primer lugar los italianos, que se habían instalado en Barcelona antes de la Gran Guerra para la distribución. Sólo empujados por la contienda se afincaron en España al abrigo de un país neutral, al que nunca se adaptarán del todo por la distancia entre su potente industria y la española.[499] Pese a todo, a ellos hay que asignar algunas iniciativas de importancia, como la creación, en 1913, de Film de Arte Español, filial de la italiana Cines, bajo la dirección de Augusto Turchi y Giovanni Doria. Una empresa fugaz (poco más de un año) en la que destacaron producciones ambiciosas, como una *Carmen*, y la vinculación posterior de Doria como director técnico a Segre Films, para la que, con Josep de Togores como director artístico y José María Maristany como director de fotografía, rodaría, en 1915, *Un solo corazón*, *El pollo Tejada* y *El Sello de Oro*.[500] Otra figura de la Cines, Mario Caserini, se protegió en Barcelona de las bombas, contratado por Excelsa films, vinculada al industrial e intermediario Raimundo Minguella. Con ella rodaron tres títulos estrenados en 1916: *¡Cómo aquel día!*, *Flor de otoño*, y *¿Quién me hará olvidar sin morir?*[501]

498. Más información sobre la película y la directora en: CUNILL, Josep: *Elena Jordi. Una reina Berguediana a la corte del Paral.lel*, Ajuntament de Cercs, 2º edc. 2021, especialmente pp. 143-166; ZECCHI, Barbara: *Desenfocadas: Cineastas españolas y discursos de género*. Icaria, Barcelona 2014 y RODRÍGUEZ, Anabel: "Pioneras del Cine Español", en *El Correo de Andalucía*, 31-VIII-2016.

499. A Barcelona durante este periodo llegan varios profesionales vinculados a la manufactura romana Cines: Augusto Turchi (distribuidor y productor), Goffredo Matteldi (actor), Giovanni B. Doria (operador, director y montador), Giuseppe Miraglia (distribuidor) o Berardo Munzi (distribuidor y productor). En SOTO, Begoña: "Las relaciones cinematográficas ítalo-españolas durante el cine mudo. La trayectoria profesional a modo de indicio, el caso de Raimundo Minguella (1876-1951)", en *Rassegna iberistica*, nº 118, 2022, pp. 253-265.

500. RUBIO, José Luis: "Observaciones a propósito de la etapa formativa en Barcelona de Josep María Maristany junto a Giovanni Doria (1913-1916)", en *A propósito de Cuesta...*, pp. 433-434. Segre Films se había constituido como sociedad de fabricación de películas, en 1914 con un capital de 500.000 pesetas, en *Arte y Cinematografía*, nº 95, Barcelona, 15-X-1914, p. 34.

501. Todos los detalles de empresa y empresarios en el interesante trabajo de Begoña SOTO: "Las relaciones cinematográfícas...", pp. 255-257.

En el contexto de esa cooperación internacional hay que colocar la maniobra del productor Jean Charles Drossner, fundador de la francesa Filmes Cinematographiques, para rodar un guion suyo con la casa barcelonesa Argos Films. Se trataba de *La Vida de Cristóbal Colón y su descubrimiento de América*, en 1916. La dirección corrió a cargo de Eduoard Renault y Emile Bourgeois y coincidieron como operadores Ramón Baños y José María Maristany.[502] Una producción que, con el fabuloso presupuesto de un millón de pesetas puesto por el gobierno español (los gastos incluían la construcción de las tres carabelas) no consiguió una factura semejante a las películas francesas e italianas a las que se quería parecer.[503]

Sabido es que, en comparación con la producción barcelonesa, la de Madrid tuvo una entidad testimonial. Eso no quiere decir que, con menos medios y recursos aún, no hubiera algunas iniciativas y algunas obras dignas de merecer reseña. Todo empezó con la propia década cuando el periodista Domingo Blanco[504] y su hijo Enrique Blanco Pallarés, ya conocido en este relato, pusieron en marcha Iberia Filmes. Un laboratorio cinematográfico que pronto comenzó a realizar pequeñas producciones sin riesgo,

502. Algunos autores, como Julio PERUCHA, dejan abierta la asignación de esta cinta a Émile Bourgoise, en "La narración de un aciago destino...", p. 79, también algunas instituciones como La Filmoteca de Catalunya en su ficha técnica sobre la película [https://repositori.filmoteca.cat/handle/11091/3204]. Otros autores la adjudican a Gérard Bourgeois (h. 1874-1944), director y guionista francés de origen suizo conocido por haber dirigido alguno de los episodios del serial de misterio Nick Winter (1911): BUENO, Alfredo: "Cristóbal Colón y el hallazgo de América vistos a través del cine", en Cuadernos americanos, nº 168, 2019, p. 93; WLASCHIN, Ken: *Silent mistery and detective movies. A comprehensive filmography*, McFarland & Company, Jefferson, 2009, p. 164.

503. Más información sobre el asunto en LUIS, Gustavo y PASÁN, María del Carmen: "Colón en el cine español. Tres miradas en el tiempo", en *Revista Latente: Revista de Historia y Estética del Audiovisual*, nº 3, 2005, pp. 73-90.

504. Periodista y gran aliado de José Nakens para desarrollar una amplia labor de difusión de sus ideas republicanas y anticlericales. Véase una amplia biografía de Domingo Blanco Misamigo en MENÉNDEZ, Carmen: "Semblanza de Domingo Blanco Misamigo (¿ - 1943)". En Biblioteca Virtual Miguel de Cervantes - Portal Editores y Editoriales Iberoamericanos (siglos XIX-XXI) - EDI-RED: https://short-url.uk/y0vX[consultado el 5-I-2024].

Fig.40: Fotograma de *La Vida de Cristóbal Colón y su descubrimiento de América*, 1916 (Filmoteca de Catalunya).

como las rentables vistas taurinas y otras de actualidades y sucesos como *Las inundaciones del barrio de Triana* y *La botadura del acorazado España* (ambas de 1912), además de peliculitas para los intermedios, las incrustaciones en algunas obras de los teatros o la presentación animada de los actores. El equipo, formado además por Manuel Novoa y Alberto Arroyo, con el concurso del operador José Gaspar, filmaba, revelaba y proyectaba con la suficiente rapidez como para que las actualidades no perdieran su razón de ser, con casos especiales como el ya conocido del asesinato de Canalejas. Pero su labor no fue más allá, volviendo a las tareas de laboratorio, al separarse Blanco de Gaspar y montar algunas productoras efímeras a partir de 1913.[505]

Prueba de la debilidad del cine madrileño es la aparición en este negocio del conde de Vilana, Fernando Casany, premiado con el título por su fi-

505. MARTÍNEZ, Josefina: *Los primeros veinticinco años...*, pp. 142-146.

delidad a Alfonso XII y a la Restauración.[506] Decimos negocio y decimos demasiado, pues no era esta la intención del conde al unirse con Francisco Oliver, representante de Pathé, para realizar la serie de tres cintas cómicas, copia del actor francés André Deed, llenas de coscorrones para el lucimiento del cómico teatral Martínez Palomo, de nombre artístico "Palomeque". El ejemplo cundió entre la nobleza juguetona y el marqués de Camarines promovió *Nick Marten contra Jim*, para solaz de sus desocupados iguales. Lo cierto es que en estos años hubo otras productoras fugaces (Nacional Films y Cervantes Films) de las que el mayor rastro nos ha quedado en Chapalo Films. Fundada en 1913 por Ángel Sáenz de Heredia, al que pronto se uniría José Gaspar para seguir una trayectoria semejante a Iberia (actualidades y toros) dejando noticia de dos películas de ficción: *Amigas siempre* y *La Cueva Vengadora*.

Por la ficción cómica se internó un joven y acomodado madrileño, Benito Perojo, que, con su hermano José realizó dos cortos protagonizados por "Fulano de tal", un personaje encarnado por él mismo con inspiración en el francés Max Linder.[507] Al año siguiente, 1915, fundaba Patria Films, que empezó con una maniobra similar: su personaje, ahora "Peladilla", era un calco, otro más, de Charlot (sus películas se anunciaban como si fueran de Charlot).[508] Con él rodó *Clarita y Peladilla en el football, Clarita y Peladilla van a los toros, Peladilla Cochero de punto, Donde las dan las toman* y *Estacazo y tente tieso*, antes de dejar la productora en manos de Julio Roesset.[509] El nuevo responsable inyectó capital, con el que se renovaron

506. Había sido senador vitalicio y diputado a cortes en diversos momentos. Véase Senado de España:https://short-url.uk/y0wb [consultado el 5-I-2024].

507. Así lo presentaba *Arte y cinematografía*: "Fulano de Tal. No he tenido ocasión aún de conocer a la misteriosa persona que se oculta en este pseudónimo. Pero sé, por quien me ofrece confianza, que se trata de persona distinguidísima. Su labor es altamente artística, pensada, graciosa y teatral, y de día en día, tengo entendido que se documenta de corno completo y exquisito, con la particularidad de que poco a poco va revelándose un *metteur en scéne*, de verdadero gusto y mérito", Barcelona, nº 103, 28-II-1915.

508. Así constaba en el programa de proyecciones del Gran Teatro y Cinema X: "Charlot (Peladilla) en Estacazo y tente tieso (de la "Patria Film producción madrileña)", en *La Época*, Madrid, 9-V-1916.

509. Sobre Benito Perojo es necesario consultar el estudio clásico de Román GUBERN: *Benito Perojo. Pionerismo y supervivencia*, Filmoteca Española, Madrid 1994.

instalaciones y se contrató a técnicos tan cualificados como el operador italiano Giovanni Doria. Se diversificó la producción con títulos como *Muñecos, Por la vida del rey, Margot* y *El beso fatal*, los tres en 1916, adaptando, al año siguiente, la zarzuela *La Verbena de la Paloma* y *De cuarenta para arriba*. Las cosas no iban bien, ni mejoraron pese al éxito de la adaptación de Arniches *La tía de Pancho*, en 1917. Ni siquiera mejoraron con la reestructuración de la empresa, convertida en sociedad anónima y con nuevos estudios, por lo que entró en los malos tiempos que concluyeron con el abandono de Roesset en 1919.[510]

De la escisión de Patria Films, surgió Soto Films, de corto recorrido, a la vez que otras productoras salían a la palestra, como fue el inicio de la carrera de Eusebio Fernández Ardavín en Producciones Ardavín (1917). Por las mismas fechas nacía Rafael Salvador Films, de los hermanos y empresarios teatrales Rafael y Manuel Salvador. Se dedicaron a una conocida forma de éxito, los rodajes taurinos. A favor del viento decidieron dar el salto a una producción de argumento, casi una superproducción para el empeño de la época. Hablamos de *La España trágica*, el traslado del folletín de Pedro de Répide, ya en 1918. De asunto taurino, por supuesto, y con exteriores en Andalucía y Marruecos, además de contar como operadores con José María Maristany, primero, y finalmente Frutuoso Gelabert. Fue un gran éxito y lo fue durante años, hasta el punto de que llegó a estrenarse, tiempo después, como *Tierra de sangre*.

Son fechas tardías las de este primer cine madrileño que contrastan con otras producciones conocidas como la de la Casa Cuesta en Valencia, de largo y exitoso recorrido durante la primera década del siglo. Sus últimos años, entre 1910 y 1915, van a ser de gran actividad, espoleada por el panorama general en el que los largometrajes extranjeros copaban la taquilla. No se podía competir, ni en medios ni en asunto, por lo que se refugió en la diferencia, en aquello que había hecho distintas a las películas de Cuesta, dándoles el favor popular. Así produjeron al menos 35 películas nuevas. Lo valenciano, lo andaluz, el folklore, el bandolerismo y la tauromaquia salieron nuevamente a pasear, al tiempo que Ángel García Cardona dejaba paso a Joan María Codina, representante de la casa y responsable de algunas películas para Diorama en 1912, como operador.[511] Casi la mitad de las cintas

510. MARTÍNEZ, Josefina: *Los primeros veinticinco años...*, pp. 150-160.
511. Todos los datos en LAHOZ, Juan Ignacio: "Films H.B. Cuesta...".

eran taurinas, manteniendo así sus fuentes de financiación más estables, aunque se había ido desde lo de siempre a cintas con otros ingredientes como en el caso de *Benitez quiere ser torero*, que introdujo la ficción taurina en el cine tratando el sacrosanto asunto desde la comicidad.[512] Otras películas de interés argumental son *Los siete niños de Écija o los bandidos de Sierra Morena* (1911-1912) y, sin dejar 1912, adaptaciones de obras literarias valencianas como *Amor de bestia* y *El tonto de la Huerta* y más toros (presentes hasta el final de su producción) en *La barrera nº 13*. Del año siguiente son los largometrajes *El lobo de la sierra, La lucha por la divisa* y *El Caín moderno*. El rastro de su último estreno es el del *Amor y odio* en 1914. Pese a los ingresos por las cintas taurinas, el esfuerzo de los largometrajes no fue compensado en una taquilla donde la competencia era insuperable. La situación financiera empeoraba y se encontró una salida financiera en la integración en Catalonia, una "Unión de Marcas Españolas" promovida por Codina junto a productoras catalanas. El experimento no cuajó, aunque en 1914 Cuesta estuvo implicada en la producción *Lucha contra el destino*, de Codina para Catalonia. *Las corridas de toros de la feria de julio de 1915*, son el último jalón que ha quedado de la casa valenciana.

Como se acaba de ver, si algo caracterizó a la industria encargada de elaborar el cine en España era su debilidad, de todo tipo, pero muy especialmente de medios de producción. De los tres sectores productivos, la exhibición, que obtenía sus ingresos más importantes por la exhibición de productos extranjeros, era la más saneada. La industria española estaba falta de una implantación sólida, sin ir más lejos en cuanto a instalaciones. Los estudios tenían grandes limitaciones. La galería que ingenió Gelabert a partir de un invernadero en 1908 sería algo así como la estructura fundacional de los estudios en España, más tarde se hicieron estructuras similares, como la ya aludida de la Hispano- Films para *Locura de amor* en 1909 o la que ingenió Segundo de Chomón en 1912 en la Gran vía barcelonesa y que acabó siendo adquirida por Argos Films. Es en fecha tan avanzada como 1916, cuando se puede hablar de una arquitectura con planteamientos y servicios semejantes a los de un estudio, cuando, otra vez Gelabert, construye unas instalaciones de respetable porte en Sants, además del construido por la Argos Films el mismo año para el ambicioso rodaje de *La vida*

512. Así lo exponen REY REGUILLO, Antonia del: "Sobre *remakes* ejemplares...", p. 43 y PÉREZ PERUCHA, Julio: "La singular trayectoria de 'Casa Cuesta. Valencia", en *Archivos de la Filmoteca*, Valencia, 1989, p. 50.

de Cristóbal Colon y su descubrimiento de América. Lo mismo podemos decir de los laboratorios, en crecimiento a partir de 1914 sobre todo en Barcelona, con instalaciones no pertrechadas sino diseñadas para su fin original. Son muchos, pero destacan los de Studio Films, Royal Films o los de José Bosch. Estas instalaciones, sobre todo los estudios, eran un arma de doble filo, o estaban mal equipados o, aquellos que se decidieron a montar infraestructuras modernas, se vieron metidos en un inversión incierta, que no se recuperaba con la venta de las películas, con lo que la productora salía perjudicada.[513] Era una evidencia que aventaron los italianos cuando colaboraron fugazmente con la industria barcelonesa. Ellos, acostumbrados a la potencia industrial de casas como Cines, Theatralia, Ambrosio y Gloria, se encontraron, como protestaba Caserini, con un país carente, precisamente, de estudios y laboratorios, donde sólo podían rodar exteriores con garantías (los interiores en Turín) y luego encontraban importantes dificultades para la distribución.[514]

El resultado fue una producción, documentada, de un centenar de cintas anuales, un setenta por ciento de no ficción. Buen indicador, aunque siempre sean cifras provisionales, como se ve en el cuadro, realizado a partir de las aportaciones de Palmira González y siempre antes de que la Primera Guerra Mundial cambiara sensiblemente el panorama.

Si nos internamos en los asuntos (quizá llamarlos géneros sería un exceso) vemos como la no ficción fue sustento económico de todo lo demás. Tal cosa fue evidente en España, donde a los temas convencionales había que sumar la gran importancia de lo taurino, pero no sólo por debilidad industrial. Al público le interesaba más que la ficción. Lo mismo en España que en otros países con cinematografías más potentes.[515]

Volvamos a la película de Canalejas, que nos sirvió de entrada al epígrafe anterior. Aunque tal vez nunca fue como hoy se conserva,[516] sirve de

513. DE DUEÑAS, Jesús y GOROSTIZA, Jorge (coords.): *Los estudios cinematográficos españoles*, Academia de las Artes y las Ciencias Cinematográficas de España, Madrid, 2001, pp. 18-19 y CARDONA, Rosa: "Laboratorios cinematográficos...", p. 176.
514. SOTO, Begoña: "Las relaciones...", pp. 261-262.
515. GONZÁLEZ, Palmira: "El espectáculo y la industria del cine en España de 1905 a 1914...", p. 114.
516. Posiblemente sea un montaje de los años cincuenta a partir de un negativo, entonces, a punto de desaparecer. Es lo que sostienen SÁNCHEZ SALAS, Daniel y SOTO, Begoña: "Como la vida mejor'. Prácticas de

Cuadro 7. Películas producidas por casas españolas entre 1910 y 1914.

ASUNTO	1910	1911	1912	1913	1914	TOTAL
Actualidades	32	34	43	36	33	178
Documentales	24	43	30	20	22	139
Aventuras	1	1	1	5	3	11
Comedias	5			2		7
Corto cómico	8		8	6	8	30
Drama	24	17	7	16	32	96
Drama histórico	4					4
Fantasía	8	8	2			18
Lírico/Musical	8	1	2	1	1	13
Otros	1		2	1	5	9
TOTAL	115	104	95	87	104	505

Fuente: Palmira González: "El espectáculo y la industria del cine en España de 1905 a 1914...", Elaboración propia.

bisagra a varios procesos de gran interés. Por una parte plantea las relaciones entre la ficción y la no ficción en el cine español, al pertenecer al género, muy frecuente ya en Europa, de las actualidades reconstruidas, en las que España fue protagonista desde su nacimiento.[517] Narra el suceso del 11 de noviembre de 1912, mezclando sus imágenes con imágenes reales y foto fija en una reconstrucción periodística. Por otra parte sirve para mostrar como en la industria cinematográfica española, siempre caracterizada por

no ficción en España entre 1896 y 1931", en TORREIRO, Casimiro y ALVARADO, Alejandro (eds.): *El documental en España. Historia, estética e identidad*, Cátedra-Festival de Málaga, Madrid, 2023, pp. 30-31.

517. Nos referimos a las películas rodadas por Stuart J. Blackton en su piscina, que pasaron por documentos reales del hundimiento de la flota española en Santiago de Cuba en 1898. Véase SAND, Shlomo: *El siglo XX en la pantalla*, Crítica, Barcelona, 2004, pág. 31. Lo mismo puede decirse de la reconstrucción del hundimiento de Maine, hecha por Georges Méliès y Charles Pathé, en PIZARROSO, Alejandro: "Guerra, Cine e Historia. La guerra de 1898 en el cine", en *Historia y Comunicación Social*, nº 3, 1998, pp. 147-148.

su dispersión, atomización y debilidad estructural; ayuna de ambición y de inversiones, las imágenes de no ficción contaban con un mercado (nacional e internacional) que amparó una industria un poco más robusta, dentro de la modestia general. Los ingresos de los documentales y las cintas taurinas sirvieron para sostener el resto de la producción. En el caso concreto de las noticias políticas, penetró en todos los estratos sociales, por alejados que estuvieran de la cosa pública, pues la prensa de masas, entonces en período de expansión, requería destreza lectora, y la prensa ilustrada una cartera con cierto desahogo, cosas que los más modestos, fieles espectadores de cine, no se podían permitir.[518] Este tipo de cine fue también una escuela de operadores todoterreno que, con frecuencia, aprendían el oficio como corresponsales de las grandes casas extranjeras (Pathé, Gaumont o Cines) para luego fundar o entrar en una productora española. No fue raro que compaginaran su labor con otras tareas del ramo en salas de exhibición o laboratorios. Con semejante semblanza encontramos profesionales de largo recorrido tales como Fructoso Gelabert o Enrique Blanco. También fue un centro de interés de todos los gobiernos de la Restauración por sus posibilidades propagandísticas y el buen rendimiento que daban películas como las de la guerra africana, donde, como sabemos, trabajaron desde 1911 Coyné, Tramullas y Ricardo de Baños.

Sin duda el hecho que marcará profundamente a la industria cinematográfica de estos años es la Primera Guerra Mundial y su repercusión en las pantallas y en las sociedades de los países en guerra. También de los neutrales como España. Especialmente para la no ficción. Fue un terreno que se venía abonando, desde 1907, por las noticias filmadas de la guerra de África. Años en los que las películas de la campaña de Melilla podían desbancar en las carteleras, incluso a películas de renombre. Ya se pedía actualidad. Pero con la Gran Guerra llegaba el momento de los noticiarios, que modernizaron las viejas actualidades con la factura de las casas más importantes: Éclair, Pathé y Gaumont. Era materia delicada porque en España, siempre neutral, a la altura de 1915 la opinión pública ya se había dividido entre aliadófilos (liberales, organizaciones de izquierdas, empresarios y profesionales) y germanófilos (el clero, el ejército, la nobleza y los conservadores)[519] y las proyecciones de los noticieros no pocas veces acaba-

518. MONTERO, Julio, PAZ, María Antonia y SÁNCHEZ, José: *La imagen pública de la monarquía. Alfonso XIII en la prensa escrita y cinematográfica*, Ariel, Barcelona, 2008, p. 154.

Fig.41: Ricardo Baños rodando la guerra del Rif desde el campo de batalla (*Nuevo Mundo* 30-IX-1909).

ban en disputas entre los espectadores, pese a la censura gubernamental sobre los materiales de propaganda de los contendientes, como medio para conservar la neutralidad.[520] En la densidad de las novedades y del conflicto se exploraron nuevas formas como la proyección comentada por conferenciante (cuando ya no se usaba en las plazas principales el explicador) en el

519. Hubo incluso un tercer grupo de regeneracionistas que, desde la admiración a la cultura alemana, propusieron una alternativa neutral a los intelectuales herederos del 98. Véase: FUERTES, Maximiliano: "Germanófilos y neutralistas: proyectos tradicionalistas y regeneracionistas para España (1914-1918)", en *Ayer*, nº 91, 2013, pp. 63-92.
520. Se pueden rastrear casos en todos los estudios locales, véanse, por ejemplo: GAROFANO, Rafael: *El cinematógrafo en Cádiz....*, p. 275; COLÓN, Carlos: *Los Comienzos del Cinematógrafo en Sevilla...*, pág. 48 o MADRID, Juan Carlos de la: *Primeros tiempos del cinematógrafo en España...*, pp. 177-178. Sobre la censura durante la guerra véase SÁNCHEZ SALAS, Daniel: "Vigilar y castigar. La censura en España de informaciones cinematográficas sobre la Primera Guerra Mundial (1914-1918)", en *L'Atalante: revista de estudios cinematográficos*, nº 21, 2016, pp. 105-120.

caso de películas como *Los nueve países en guerra*.[521] También las potencias intentaron influir desde los cinematógrafos españoles, persuadidos de la posición geoestratégica de la neutral España, introduciendo sus filmes de propaganda en el circuito de distribución hispano en paquetes de dos horas a precios irrisorios, con lo que, para el exhibidor todo era ganancia. Franceses y alemanes se adelantaron a los ingleses e italianos, usando todo tipo de intermediarios y, cuando fue necesario, hasta los submarinos del Káiser para que sus películas llegaran a nuestro país.[522]

Después de la guerra las cosas fueron distintas para el cine. No sólo por las dificultades de suministro de material virgen, por los bloqueos en la distribución y por la famosa oportunidad perdida del cine español para copar mercados, especialmente los hispanoamericanos, sino porque el cine, además de por los cambios en el lenguaje, subió un peldaño en sus cotas de credibilidad. Las noticias filmadas, por todo lo realizado durante el conflicto, tenían mayor crédito que la prensa, especialmente para aquellos que no tenían costumbre de leer. Eso lo aprovechó el cine de no ficción español, también el de propaganda. En los momentos críticos que la política española empezó a atravesar desde 1917, Alfonso XIII, un rey seguido por el cine desde el primer momento, fue protagonista en todas las cintas de carácter informativo.[523]

En este cine de no ficción hay que anotar, además, las primeras incursiones en asuntos muy específicos como el educativo o científico. Las nuevas corrientes educativas, que se despertaron en España a la vez que el

521. Se trata de una película, llevada por España por Lorenzo S. De Besa, desde su estreno, el 25 de enero de 1915 en el barcelonés Salón Cataluña. Se ha documentado su proyección, al menos en Zaragoza, Gijón y Almería. Daniel SÁNCHEZ SALAS, la ha estudiado en "Explicar la guerra. El acompañamiento oral en la exhibición de noticias sobre la Primera Guerra Mundial en España", en *La Gran Guerra 1914-1918. La primer guerra de Les Imatges*, Museu del Cinema, Girona, 2016, pp. 131-144.
522. ALBES, Jens: "La propaganda cinematográfica de los alemanes en España durante la Primera Guerra Mundial", en *Mélanges de la Casa de Velázquez*, nº 31, 1995, p. 82 y GARCÍA, Marta: "Filias y fobias en acción: propaganda británica en España durante la Primera y Segunda Guerra Mundial", tesis doctoral, Universidad de Las Palmas de Gran Canaria, 2021, pp. 199-204.
523. MONTERO, Julio, PAZ, María Antonia y SÁNCHEZ, José: *La imagen pública de la monarquía...*, pp. 234-237.

cinematógrafo, por ejemplo la ILE, lo avalaron como un posible instrumento pedagógico, un auxiliar para el desarrollo de la educación activa en terrenos como la observación, uniendo excursionismo y cinematógrafo.[524] Iniciativas de amplios sectores del mundo intelectual mostraron las enormes posibilidades que encerraba como medio para la educación en su triple vertiente: formativa, investigadora y divulgativa. Eso llevó a iniciativas como la creación en 1914 del Cine Educativo, en Barcelona, asociación de profesores que llevaba a cabo sus proyecciones en el Mundial Cine de Gracia[525], y, en 1918, a la formación, por parte del Ministerio de Instrucción, de una comisión encargada de estudiar la implantación del cinematógrafo en las escuelas nacionales.[526] Lo mismo sucedía con el cine científico, con experiencias pioneras desde principios de siglo.[527] En los años que ahora pisamos empezaron a ser frecuentes las filmaciones y proyecciones reservadas de operaciones quirúrgicas, que luego serán habituales con profesionales de prestigio como Barraquer, para quien Francisco Puigvert filmó en 1915 una operación de cataratas, además de otro tipo de material como el de la *Excursión*

524. Véase para estos asuntos: ALTED, Alicia: "El cine educativo en España (hasta 1936)", en *Historia social,* nº 76, 2013, págs. 91 a 106, ÁLVAREZ, Nuria*: "*Cine y educación en la España de las primeras décadas del siglo XX. Tres concepciones del cine educativo*", en Tarbiya: Revista de investigación e innovación educativa,* nº 31, 2002, pp. 39-66.
525. Era una idea de Leonor Serrano, inspectora de Instrucción Pública, secundada por varios profesores que formaban la comisión ejecutiva, a propuesta del también inspector Dimas Fernández. En *Arte y Cinematografía,* nº 94, Barcelona, 15-X-1914, p. 40.
526. Eso desembocó en una "Real orden disponiendo se ponga en conocimiento del Ministro de la Gobernación la conveniencia de que por dicho Ministerio se recomiende a las Diputaciones Provinciales y Ayuntamientos que tomen a su cargo el coste de producción de una o más películas de paisajes, tipos, costumbres, monumentos, obras hidráulicas y otros notables asuntos de sus respectivas provincias y poblaciones, como medio educativo de la niñez". En *Gaceta de Madrid,* Madrid, nº 213, 1-VIII-1918, p. 340.
527. Pioneros como el fisiólogo Joaquín León Carvallo y cintas, en fecha tan temprana como 1900, donde los Napoleón, dirigidos por el astrónomo Josep Comas, facturaban las *Vistas fijas y película del eclipse e instalaciones astronómicas del Observatorio Fabra en Barcelona.* En ROMAGUERA, Joaquim: "Los inicios del cine educativo y científico en el Estado Español hasta 1920. Una panorámica y algunas referencias", en *A Propósito de Cuesta...*, p. 428.

escolar con el Dr. Tomás Maestre al manicomio de Ciempozuelos (1915), que forma parte de un fondo, la "Colección Maestre", de las filmaciones médicas y científicas más antiguas en cuanto a su conservación. Con el tiempo este tipo de cintas se incorporaron a las actualidades o a lo que podríamos equiparar con el actual cine industrial, practicado con intensidad por algunos pioneros como Tramullas. Hablamos de cintas como *Fumigación de los olivos por medio del gas cianhídrico* (1914).[528]

Frente al volumen de la no ficción la modestia de la ficción es bien conocida y ha sido ya analizada al repasar las principales casas productoras. Empezaban las adaptaciones de obras y otros argumentos, que llegaron a provocar problemas como el pleito por defraudación de la propiedad intelectual que sufrió Fructuoso Gelabert al impresionar *Mala raza*, denunciado por la Sociedad de Autores por imitación del drama de Echegaray *De Mala raza*.[529]

Entre las obras de ficción destacaba en primer lugar la ficción cómica, fantástica o musical (esencialmente zarzuelas). Películas cortas en duración y empeño, pero ocupaban la segunda parte del total de la producción, sobrepasando el 40%. Nuevamente hemos de ver en ellas una sintonía y no una anomalía entre el cine hecho en España y el resto de cinematografías. Las películas cómicas tenían la misma aceptación a ambos lados de las fronteras. En el siguiente grupo, entre dramas y aventuras predominan claramente los primeros. La moda de lo francés o lo italiano tenía la culpa, y mucho más el intento por aburguesar el cine con los temas y las formas que le eran caras a la propia burguesía que, por estos años de la segunda década de siglo, era convocada a las salas por todos los medios. Hemos hablado ya de esta clase de películas. Mucho menos de las de aventuras, porque fueron más escasas de producción. Estaba también a la moda, sobre todo las series, podían facturarse al aire libre, sorteando la escasez de estudios y, por último, conectaban con temas populares. Muy populares. Pero eran obras de gran empeño que la industria radicada en España, como se ha visto ya, no se podía permitir, al menos no en cantidades significativas.

Por eso avanzábamos que no hubo un sector industrial español más allá de la exhibición. El esfuerzo perteneció, en su mayor parte, a iniciativas

528. SÁNCHEZ SALAS, Daniel y SOTO, Begoña: "Como la vida mejor...", p. 32.
529. ABEL, M.: "Fallo justo", en *Arte y Cinematografía*, nº 94, Barcelona, 15-X-1914, p. 34.

pequeñas que hundían sus raíces en el período primitivo. Nada de grandes industrias. Sobrevivieron, durante décadas, empresas formadas por hombres-orquesta que aún se pudieron ganar la vida casi hasta los años treinta. Tomemos el caso de Antonio de Padua Tramullas para encarnar el paso a la época que asentará los cimientos de las industrias culturales en el camino a la sociedad de masas.[530] Es un buen hilo conductor pues, como ya se ha dicho, el trabajo de este pionero, electricista de profesión, arrancó en el momento mismo en que el local de los Napoleón presentó el Cinematógrafo en Barcelona, luego recorrió todas las vertientes del negocio (electricista e instalador de cine, exhibidor ambulante, responsable de laboratorio, vendedor de material cinematográfico, operador y productor) hasta que, entre 1909 y 1910, muy viajero pero con su centro de gravedad en Aragón, fundó Sallumart Films, aunque su identificativo industrial más sólido siempre fue Casa Tramullas. Nacían entonces nuevas productoras (sin salir de Zaragoza Quintana y Compañía, propiedad de Manuel Reverter y Zaragoza Films). Tramullas produjo, hasta bien entrados los años veinte, una respetable cantidad de películas, de actualidades y documentales, toda clase de cine de encargo y cine científico.[531] Representa también la pervivencia de la industria en una capital de provincias, lejos de Barcelona. En España, a diferencia del resto del mundo, la concentración empresarial, aunque fuese tan modesta como la de este empresario, no se hizo para conquistar mercados, sino para sobrevivir. Por eso una sola persona fue capaz de abarcar todos los sectores: como exhibidor enriqueció las proyecciones de las salas para las que trabajó añadiendo desde música a comentarios en vivo, o refuerzos mercantiles como el servicio de bar; como distribuidor se abrió al circuito aficionado; como técnico de laboratorio trabajó dedicado al sector de la exhibición y, finalmente, en su más conocida vertiente, como produc-

530. Tramullas había sido estudiado sólo parcialmente hasta el trabajo de Luis Enrique PARÉS: "La actividad de Antonio de P. Tramullas como síntoma de la naciente industria cinematográfica española", Trabajo fin de Máster, Universidad Rey Juan Carlos, Madrid, 2012. De este estudio hemos tomado los datos principales.

531. PARÉS ha catalogado la filmografía de Tramullas de la siguiente manera: Asuntos políticos: 25 películas; Actualidades: 26 películas; Temas taurinos: 3 películas; Temas militares: 13 películas; Vistas de paisajes, ciudades y pueblos: 25 películas; Salidas de misa y tema religioso: 15 películas; Fiestas populares: 21 películas; Ciencia: 7 películas; Industria: 18 películas. *Ibidem*, pp. 47-48.

tor, se consagró al cine de no ficción, en una larga carrera entre 1910 y 1930, en la que rodó algunas de las primeras cintas de cine publicitario en España como, entre otras, *Fábrica de Conservas "El Negrito" de D. Francisco Moreno* (1912) *y Fábrica de galletas Patria* (1913).[532] Cuando, al inaugurarse el zaragozano Salón Doré, se fue del Alhambra, la prensa especializada realizaba este gran elogio, resumen también de gran parte de su carrera:

> "Este señor es, dentro de un cine, una verdadera joya; dispone con acierto, manda sin alardear, corrige sin ensañamiento, hace lo mismo de operador en la cabina que de reporter en la calle (en la campaña de África de 1909 fue uno de los que más se distinguieron); tiene, en fin, para todo el mundo una sonrisa y una frase de buen humor; es, para final, una bella persona, y como cinematografista, para regentar un salón posee cualidades inimitables".[533]

Ya decíamos que era un hilo conductor excelente para mostrar la debilidad de una industria doméstica que, lejos de Barcelona, podía sostenerse en empeños individuales como el del esforzado hombre-orquesta Tramullas. Una producción nacional que no había triunfado para un cine ya triunfador como espectáculo masivo, pilar de una nueva industria cultural que estallará en los años veinte.

5.3. Promoción.

Con el paso a la segunda década del siglo, el cinematógrafo y varietés se empezó a vender como el producto de una industria cultural. Para que fuera rentable precisó de un mercado homogéneo y el apoyo de las estrategias de promoción más apropiadas. Dos son los recursos principales: usar a los protagonistas de ese espectáculo cada vez más narrativo, que acceden al rango de "estrella", y los comentarios, publicitarios primero y críticos más tarde, que la prensa repartía por doquier. No se puede olvidar

532. SÁNCHEZ, María Begoña: "La publicidad y la imagen en movimiento: primeros pasos del cine publicitario en España", en *Pensar la Publicidad*, nº 1, 2010, p. 84.
533. VIANA, José: "Zaragoza", en *Arte y Cinematografía*, nº 94, Barcelona, 15-X-1914, p. 25.

que la prensa estaba, como el propio cine, en el proceso de convertirse en un medio de masas. Batiendo sobre estos dos resortes, el espectáculo alcanzó una altura definitiva.

Las compañías cinematográficas se lanzaron de manera organizada a la búsqueda y el control de los mercados. Competían entre sí y, de la competencia, surgieron las estrategias para hacerse con el favor del público. En los primeros años del cine los productores ocultaban a los actores temiendo que, un exceso de protagonismo, aumentase sus pretensiones económicas. Más conocimiento igual a más sueldo para el actor y menos beneficio para el productor. Pronto se dieron cuenta de que el proceso se podía invertir y que la notoriedad de los actores supondría un recurso de crecimiento industrial y no lo contrario. A actores más conocidos, más necesidad en el público por ver sus películas y, por tanto, mayor beneficio. Así lo señaló Edgar Morin, en un estudio ya clásico, equiparando las estrellas a otras instituciones del gran capitalismo aplicado a esta nueva industria cultural. Se trataba de ofrecer al espectador modelos reconocibles, que pudiera admirar por sus dotes interpretativas, por su belleza y su juventud, pero también con los que se pudiera identificar. Eran previsibles, no defraudaban. Sus personajes respondían siempre como se esperaba de ellos. Encarnaban arquetipos que permitieron su clasificación ampliando la tradición teatral: galán, villano, vampiresa... Antes de entrar al cine, el espectador sabía qué le podía ofrecer una película que los tuviera en sus créditos. Fueron una parte de un complejo engranaje industrial, destinado a la venta del producto, y que llevó años poner a punto.[534]

De esta norma general se escaparon las inevitables excepciones consecuencia de la adaptación de este proceso a las peculiaridades nacionales.[535] Eso es lo que nos interesa sobremanera para el caso español. Aquí, antes de la llegada del celuloide, existía un estrellato propio, que tuvo más tirón que el de celuloide, pero, no hay que olvidarlo, llegaron a ser estrellas del mismo espectáculo, el de cinematógrafo y varietés, y en las mismas funciones. Sus primeras estrellas fueron de carne y hueso.

534. MORIN, Edgar: *Las stars. Servidumbres y mitos*, DOPESA, Barcelona, 1972 (trad. Ricardo Mazo), p. 85 y GOMERY, Douglas: "La teoría del *star system*", en *Historia General del cine. Volumen II, EE.UU. (1908-1915)*, Cátedra, Madrid, 1998, p. 83.
535. SOILA, Tytti (ed.): *Stellar Encounters: Stardom in Popular European Cinema*, John Libbey, New Barnet, 2009, p. 9.

Las bailarinas y, sobre todo, las cupletistas más conocidas inauguraron el *star system*, antes de que el cine lo propagara a los cuatro vientos. Una aristocracia cupletera que muy pronto tuvo paso franco a salones elegantes, por su belleza, por su éxito y por habilidad para el ascenso social en contacto con intelectuales y toreros destacados. Tórtola Valencia llegó a Londres haciéndose pasar por sobrina de Goya e hija de un aristócrata, personalidad que siguió alimentando durante años. Carolina Otero, "La Bella Otero", muy gallega ella, se hacía pasar por andaluza racial en su triunfo parisino. La Fornarina pulió sus conocimientos y su cultura, siguiendo los consejos de su Pigmalión José Juan Cadenas, y fue la primera en entrar en el Ateneo de Madrid en 1911, su imagen acabó siendo la de una cupletista refinada, "europea". Para la Chelito escribió Edgar Neville en 1917 *La Vía Láctea.*[536] Raquel Meller tuvo una apasionada relación, hasta la boda, con el escritor Enrique Gómez Carrillo.

Esos romances y esas bodas de "variedades selectas" interesaban cada vez a mayor cantidad de público, sobre todo si unían a las emergentes estrellas de varietés con el viejo olimpo de la torería que, curiosamente, era una muestra moderna, casi de vanguardia, del ocio mercantilizado. Los toreros ya eran estrellas y, retratadas por el celuloide, alcanzaban a públicos que jamás habían ido a un coso de verdad. Mucho más fuera de España donde, como sabemos, las películas taurinas se convirtieron en un producto de alta demanda. La unión del torero y la cupletista fue el colmo del estrellato. Pastora Imperio y El Gallo, La Goya y Ricardo Torres, Adelita Lulú y Joselito, Paquita Escribano y Gitanillo de Ricla, La Cordobesita y Chicuelo...Las artistas eran ya un objeto de deseo del que no se privaban ni los reyes. Se dice que Alfonso XIII tuvo como primera amante a La Chelito, luego a otras como Julita Fons, llegando incluso a tener descendencia con la actriz Carmen Ruiz de Moragas. Desde donde se acababa el mundo llegó a Madrid el maharajá de Kapurthala, para asistir en 1906 a la boda de Alfonso XIII y sacar del arroyo varietero a Anita Delgado, bailarina del dúo Las Camelias, a la que hizo marahaní, inaugurando las bodas de cuento en papel cuché, un cuarto de siglo antes del nacimiento de Grace Kelly.[537]

536. Un Edgar Neville de 17 años escribió así su primera obra cuando Chelito actuaba en el Chantecler. La madre de la artista, la plenipotenciaria "Doña Antonia", dio el visto bueno a la operación y al estreno, previa cesión de los derechos por parte de Neville. FRANCO, Christian: *Edgar Neville...*, p. 40.

Fig.42: La princesa de Kapurtala (Retrato de Anita Delgado), Federico Beltrán, 1919 (Museo de Málaga).

537. Datos sobre Anita Delgado y su novelesca historia en VÁZQUEZ GEY, Elisa: *Anita Delgado marahaní de Kapurthala*, Planeta 1996; también una biografía novelada en MORO, Javier: *La pasión india*, Seix Barral, Barcelona, 2005. La leyenda ha seguido engordando gracias a la pluma de una nieta de Anita, Maha AKHTAR, en *La nieta de la maharaní*, Roca, Barcelona, 2009 y del rescate de las palabras de la propia protagonista: DELGADO, Anita: *Impresiones de mis viajes por las indias*, Ediciones del Viento, La Coruña, 2017.

Era tal la potencia de sus personajes, la popularidad de todas ellas que, como ocurriría luego con las estrellas de cine, fueron también arquetipos; personajes previsibles y encarnación de los diversos tipos de cuplé: la Fornarina, el cuplé más puro, la Chelito el cuplé psicalíptico, Pastora Imperio del cuplé andaluz y aflamencado, Tórtola Valencia el baile, la Goya el cuplé sentimental que con Raquel Meller llegó al cine en 1919.[538]

También exploraron las primeras técnicas publicitarias para propagar su propia imagen, desde tarjetas postales y fototipias a cajas de fósforos o botellas de anís. Las mismas caras que ilustraban portadas de revistas de gran tirada como *Mundo Gráfico Blanco y Negro* o *Nuevo Mundo*. En eso Carolina Otero fue precursora, usándolo como base para su éxito internacional, en el que, además de las técnicas de la naciente prensa de masas, usó las nuevas prácticas culturales que redefinían la feminidad del momento con el lujo o la moda.[539] Tampoco desdeñaron técnicas tan modernas como los escándalos de papel, convenientemente aireados e inventados hasta convertirlos en artefactos publicitarios. Fue así uno, supuestamente acaecido en Murcia, del que los periódicos locales reprodujeron íntegramente, como se esperaba, esta nota publicada en *ABC*:

> "(...) Telegrafían de Murcia que el domingo próximo será excomulgada leyéndose el correspondiente edicto episcopal en todas las parroquias, la bella coupletista La Fornarina.
> La excomunión se funda en que Consuelo Bello canta couplets atrevidos.
> La prensa clerical aconseja al pueblo que apedree á la Fornarina.
> La campaña resulta un enorme reclamo para la coupletista.
> En el teatro, elementos reaccionarios promueven grandes escándalos para interrumpir y suspender las funciones.
> La excitación de los clericales es tan grande que la autoridad se ha visto precisada á protegerla custodiando la casa de la bella *chanteuse* con fuerzas de la guardia civil.
> Témense desórdenes".[540]

538. ENCABO, Enrique: "Más allá del canon...", pp. 20-26.
539. CLÚA, Isabel: "Las joyas de la Otero: los inicios del glamour en la escena teatral del fin de siglo", en *Miradas sobre el cuplé en España...*, pp. 79-94. En las revistas de la época se informaba lo mismo de cine que de teatro y de toros.

No hubo tales desórdenes, pero, diez meses después de este "escándalo", Fornarina debutaba en París.

En España, como en todo el mundo, este universo teatral había servido de base para edificar el estrellato apoyado en los espectáculos más modestos, los que en Norteamérica hicieron que asomara el concepto de estrella tras el paso de las compañías "de repertorio" a las de "combinación". Sucedió así en el vodevil, donde sus estrellas, como las cupletistas, eran el símbolo del éxito y también del dinero.[541]

Después de 1911, cuando el consumo de estos productos empezaba a ser masivo y la sicalipsis casi un recuerdo, las cupletistas mejor dotadas para la canción llegaron al estrellato con la difusión de sus voces en el sonido grabado, sus canciones en pianolas o en partituras y su imagen en el cine.[542] Figuras como Raquel Meller cumplieron a la perfección el proceso. Fueron estrellas antes de que se codificara el estrellato del cine y también fueron las primeras estrellas de cine, con lo que se demuestra que, en lugares como España, la naciente industria supo dónde buscar arquetipos del olimpo ya existente. También por necesidad pues, como ya hemos dicho y repetiremos, aquí no hubo un repertorio propio de estrellas porque tampoco hubo un cine propio con el suficiente vigor para alimentarlo. Se fueron adoptando las estrellas que llegaban del exterior al hilo del crecimiento del espectáculo.

Las cupletistas fueron en vanguardia. Los espectadores españoles ya habían tenido tiempo de acostumbrarse a las estrellas de barracón cuando comenzaron a acostumbrarse a las primeras estrellas de celuloide. Al principio fueron europeas. Llegaron en el mismo orden que las películas, empezando por las estrellas francesas e italianas. Los cómicos primero. André Deed fue el precursor, con sus películas francesas de la Pathé o italianas de Cines. Entre 1906 y 1912 se convirtió en uno de los actores favoritos del pú-

540. *ABC*, Madrid, 2-XI-1906. El suelto corrió como la pólvora por toda España hasta el punto de que lo encontramos, el mismo que en la prensa madrileña, en *El Noroeste*, Gijón, 2-XI-1906. Véase Juan Carlos DE LA MADRID: *Cinematógrafo y varietés...*, p. 236.

541. DYER, Richard: *Las estrellas cinematográficas. Historia, ideología, estética*, Paidós, Barcelona 2001, pp. 25, 61 y 64 y MCDONALD, Paul: "Volver a conceptualizar el estrellato", capítulo complementario en el libro anterior, p. 220.

542. BARREIRO, Javier: "Las artistas de *varietés* y su mundo", en *Mujeres de la escena*, 1900-1943, S.G.A.E., Madrid 1996, pp. 45-46.

Fig.43: Raquel Meller en la primera de *El Cine*, 7-II-1914. Fue estrella de cinematógrafo y varietés y luego sólo de cine acomodándose al cambio del espectáculo.

blico español, que lo bautizó de mil y una formas, por sus apodos franceses (Gribouille, Boireau), italianos (Cretinetti) o españoles (Sánchez y Toribio).[543]

543. Para información sobre Deed puede consultarse, además de la bibliografía italiana, el artículo de Román GUBERN: "Boireau/Cretinetti, padre del cine cómico", en *Nosferatu*, nº 4, 1990, pp. 46-50.

Fig.44: Max Linder, de gira teatral por España, aprovechó para hacer este anuncio publicitario en Barcelona, en septiembre de 1912, demostrando que las verdaderas estrellas de aquel cine no eran españolas.

Llegaron tras él una miríada de imitadores: Fricot, Robinet, Polidor, Kri-Kri, Toto, Tontolini... Con Max Linder los cómicos pasaron a otro estadio de calidad. Elegante y no payaso, fue el verdadero antecedente de Charles Chaplin, hasta en la consideración de estrella. Había sido contratado en 1905 por Pathé por una cantidad de 20 francos y en 1909 ya cobraba 150.000 francos anuales.[544] Esas fueron las primeras estrellas que, con tal categoría,

544. MORIN, Edgar: *op., cit.*, p. 19.

llegaron a ser identificadas por el público, asignándole sus cualidades a toda la película, como si el actor fuera realmente un género. Había películas "del natural", "dramáticas"..., "de Sánchez", o "de Max".

A la vez que los cómicos, las grandes formas teatrales aportaban el prestigio de sus divos. Había sido así desde los tiempos del *film d'art*. En los cinematógrafos se rendía tributo a las grandes escuelas internacionales, desde la Comedia Francesa, el arte italiano e incluso de los teatros de San Petersburgo, usándolos como reclamo de prestigio publicitario. Tras el *film d'art*, las francesas, italianas o danesas (Sarah Bernhardt, Lyda Borelli o Asta Nielsen, por ejemplo) empezaban a ser sinónimo de calidad para el espectador y de negocio para el exhibidor. En Hollywood aún las tierras de labor ocupaban mayor extensión que los estudios de cine.[545] Era tiempo, al menos desde 1913, de películas como las colosales italianas cuyas estrellas femeninas tenían la misma importancia simbólica que el resto de la obra. Figuras histriónicas, propias de la estética del *fin de siècle*, que acabarían influyendo significativamente en el arquetipo de la vampiresa o *femme fatale*, consagrado por Theda Bara como una de las primeras embajadoras del *star system* norteamericano. Allí desembocó una imagen que, desde la segunda mitad del siglo XIX, estaba consolidada en la literatura y la pintura, pasando luego a la publicidad y al cine.[546] Los espectadores acudían a ver aquellas películas atraídos tanto por sus argumentos como por la fascinación ejercida por la gestualidad y el movimiento físico de actrices como Francesca Bertini, Pina Menichelli o Lyda Borelli.[547]

545. Una útil visión de estos años la aporta WANAMAKER, Marc: "Los Angeles Studios of the Teens", en *Sulla via di Hollywood*, 1911-1920, Edizioni Biblioteca dell'Imagine, Pordenone, 1988, pp. 390-406. Sobre el mismo asunto son clásicos los estudios de BROWNLOW, Kevin: *Hollywood The Pioneers*, Alfred Knopf, New York, 1979 y NORMAN, Barry: *The Story of Hollywood*, NAL Books, Chicago, 1987.
546. SÁNCHEZ-VERDEJO, Francisco Javier, BARRIENTOS-BÁEZ, Almudena y CALDEVILLA, David: "El mito de la femme fatale: El paso de la literatura al cine, o la subyugación irremediable del hombre", en *Unidos por la comunicación*: Libro de Actas del Congreso Internacional Latina de Comunicación Social 2020, p. 294 y LORDUY-OSÉS, Lucas:" Los arquetipos de la mujer en los orígenes del cine y su relación intermediática con sus imágenes en las artes plásticas", en *Arenal*: Revista de historia de las mujeres, nº 1, 2021, pp. 157-177.
547. CANICÉ, Marga: "Perspectivas, modelos y figuras del estudio del divismo en Italia", en *Comparative Cinema,* nº 10, 2017, p. 37 y DALLE,

A ello contribuía la generalización del uso del primer plano. Con él se rompía con una forma de hacer del cine primitivo, aquella que Charles Pathé consagrara como norma para sus directores: "en el cine hay que fotografiar al actor de manera que su pie toque el borde inferior de la pantalla y su cabeza el superior".[548] Los productores franceses habían reglamentado contra el uso del primer plano, que hacía perder tiempo de rodaje y cortaba la figura humana, cuando la escala de planos aún no estaba asumida. Eso les llevó a un considerable atraso, frente al norteamericano, a la hora de potenciar el estrellato.[549] Los productores ya se habían dado cuenta de que el público demandaba conocer a los actores, que cada vez recibían más "bautismos" espontáneos de los espectadores que, desconociendo su nombre, real o artístico, se inventaban uno que solía hacer fortuna. Ese interés hizo rentable su salida del anonimato. En 1910 se producía ya el primer lanzamiento estelar, se trataba de Florence Lawrence, "la chica Biograph". Todo este proceso alcanzó una aceleración máxima en Estados Unidos.[550] Cuando los estudios entendieron definitivamente que era más rentable, para su propia promoción, que las estrellas tuvieran un nombre que asociar a sus ya muy conocidas caras, el estrellato despegó. Ya no más "Chicas Biograph",[551] las estrellas eran la norma. Fue sustento de lo que más nos interesa aquí:

Angela: *Diva: Defiance and Passion in Early Italian Cinema*, University of Texas Press, 2008.

548. WALKER, Alexander: *El estrellato. El fenómeno de Hollywood*, Anagrama, Barcelona, 1974 (1ª edc. Londres 1970), p. 17.

549. GUBERN, Román: "La herencia del Star System", En *Archivos de la Filmoteca*, nº 18, octubre 1994. p. 17.

550. Una puesta al día de todo el proceso la ofrece Richard DECORDOVA en sus trabajos: *The emergence of the Star System in America*, Univeristy of Illinois Press, 1990 y "The emergence of the Star System in America", en Chistine GLEDHILL: *Stardom. Industry of Desire*, Routledge, Londres, 1991, pp. 17-30.

551. Es famoso el caso de Florence Lawrence, "la Chica Biograph", como paradigma de lanzamiento de estrella e inicio del *star system* en 1910 y, aunque lo segundo está claro, sobre lo primero ya hay más discusión, puesto que la propia Biograph era partidaria del anonimato de la estrella, creyendo que así la imagen de la productora se reforzaría más. Este caso es analizado por Tom GUNNING en "La estrella y el telescopio. Mr. Griffith, Florence Lawrence, Mary Pickford y la aparición de la estrella 1908-1912", en *Archivos de la Filmoteca*, nº 18, 1994, pp. 43-65.

la estandarización industrial que recortaba los riesgos y aumentaba los beneficios.[552]

Si antes a los productores no les interesaban actores conocidos que pudieran demandar crecidos honorarios, a los actores tampoco les interesaba una forma de entretenimiento menor, donde podían perder prestigio a cambio de no mucho dinero. Con el cambio de década los productores de las grandes casas europeas ya habían entendido que el nombre y apellido de un actor conocido sería un potente reclamo para la película en la que participase.[553] Ése fue el cambio esencial que en el cine americano se realizó atrayendo a las estrellas de vodevil y de teatro, primero las segundonas, luego las más importantes, y con ellas, el mecanismo de atracción de públicos que les había servido durante décadas a esas formas teatrales.[554]

Poco a poco, con el resto de la estructura industrial, se iba colando otra forma de hacer cine que, en pocos años, introducirá la narración clásica, el imparable cambio en el lenguaje cinematográfico hacia el final del cine primitivo y la llegada de las historias edificantes y también los rostros gigantes con el primer plano, básico para el definitivo reconocimiento de la estrella. El gusto burgués triunfaba a la vez que la industria norteamericana se disponía al asalto mundial con el mismo empuje que sus soldados emplearan sobre las trincheras de Europa. Primero los cómicos, luego las divas, más tarde las series y, por último, las rutilantes estrellas norteamericanas, llegaban a España con la publicidad y las críticas.

En España estas estrategias multinacionales calaban en cualquier lugar, incluso en los más chicos, hasta hacerse indispensable como aliciente de la vida provinciana, y, entre otras cosas, hacer que los actores y sus personajes se identificasen con el público. La estrella se lo ponía fácil ya que,

552. Es la teoría desarrollada por Edgar MORIN hace ya mucho tiempo en *Las Star. Servidumbres y mitos*, Dopesa, Barcelona 1972 y profundizada por estudios más recientes para el caso norteamericano como el de Richard DECORDOVA, *The emergente...*Una recopilación comentada de estudios más recientes en la ya mencionada en *Comparative Cinema*, nº 10, 2017.
553. BERNARDINI, Aldo: "Teatre i actors teatrals ens els orígens del cinema italià", en *Cienma i teatre influències...*, p. 128.
554. Una más de las conexiones entre el teatro y el cine, el Primitivo y el naciente Clásico, en Norteamérica. Véase IGLESIAS, Pablo: *De las tablas al celuloide. Travases discursivos del teatro al Cine Primitivo y al Cine Clásico de Hollywood*, Fundamentos, Madrid, 2007, pp. 180-185.

al ser un tipo siempre fiel a sí mismo, se sabía qué esperar de ella. Era un estereotipo reforzado con el desarrollo de los papeles protagonistas que permitieron entender, a espectadores acostumbrados a seguir cortas películas, la trama de los largometrajes.

A diferencia de las estrellas del cuplé, en España, ya se ha visto, no hubo músculo para desarrollar un estrellato propio. Se intentó, con el mismo vigor que se intentó tener una producción potente. Es el caso, por ejemplo, de las películas de Margarita Xirgu que, si aún no era leyenda, llevó su gran prestigio, y el de parte de los actores de su compañía, a la Barcinógrafo a partir 1915, después de haber hecho sus primeras armas en 1909 rodando el *Guzmán el Bueno* de Gelabert. La maniobra era de gran empeño. Magín Murià la contrató con un sueldo de estrella, 1.400 pesetas diarias, cuando los operadores cobraban 15. La única condición para rentabilizar la inversión fue que cada película se filmara en ocho días.[555] Las películas se sacaron adelante, pero el resultado, en cuanto a impacto de la estrella, no fue equivalente al de los actores foráneos.

Y se intentó también con otras maniobras más llamativas como la de la niña Alexia Ventura, destinada a diversificar la nómina de estrellas de aquellas primeras productoras. Fue una creación de la Hispano-Films para la que se escribieron películas a medida como *Alexia la niña del misterio* o *Elva*, además de desempeñar un importante papel en *La secta de los misteriosos*, pero tampoco cosechó un resultado comparable a lo que llegada del exterior.[556]

Más claros fueron los intentos de parecerse a las nuevas estrellas americanas, con Charlot como referencia obligada. Tras Max Linder, Chaplin había sido la primera gran estrella cómica y su carrera, que sólo empezaba, tendrá más longevidad que la de sus compañeros del *slapstick*, jubilados por el sonoro. Por eso Martín Luis Guzmán (la mitad de Fósforo) ya le dedicaba un muy elogioso artículo en la revista *España* en 1916: "Charlot héroe".[557] El caso de Chaplin, en España como en todo el mundo, fue el de un ascenso vertiginoso. En 1915 se estrenaban sus primeras películas,

555. BARTRA, Eli y ESTEVE, Llorençs: "La I Guerra Mundial y el auge del Cine Catalán...", p. 2.
556. CARDONA, Rosa: "La recuperación de la versión...", p. 69.
557. Más datos en ADELL, María: "Olimpo de celuloide. Los discursos acerca del estrellato en el pensamiento cinematográfico en España (1915-1964)", en *Visiones del cine...*, pp. 128-129.

Fig. 45: *Arte y Cinematografía*, nº 235, de 25-V-1916, promocionaba "Cardo as Charlot" de Studio Films.

sólo seis meses más tarde el país estaba preso de la "Charlotmanía". El 8 de mayo de 1916 el cómico Carmelo Tusquellas interpretaba el papel de Charlot en un espectáculo cómico-taurino en la plaza de Las Arenas de Barcelona, a partir de entonces ese tipo de espectáculo se convirtió en un clásico, con nombre propio, "charlotada", que pasó al diccionario de la Real Academia. Y allí sigue. En febrero de 1916, empezaba a editarse en Barcelona *Charlot. Semanario festivo*, bajo la dirección de Miguel Navarrete.[558] En ese caldo de cultivo hubo un precedente cuando la Casa Cuesta promocionó al personaje de Benítez, inspirado en Andrée Deed (*Benítez quiere ser torero*), pero los dobles de Chaplin fueron mucho más llamativos. Así pasó con la catalana Studio Films y su lanzamiento de la *Serie excéntrica Cardo*, con el actor argentino Héctor Quintanilla que se había hecho famoso imitando a Charlot en el circo Parish y ahora pasaba al cine, intentando lograr el título del "Charlot español".[559] La misma maniobra que, un año antes, aborda el joven Benito Perojo al "calcar" a Charlot para crear su "Peladilla", en los cinco cortos que realizó en 1915 para la Patria Films madrileña.[560] Es una demostración de que el naciente *star system* americano ya había penetrado en España, y era efectivo, hasta el punto de buscar, por imitación, una estrella nacional suplantando a una internacional. Prueba evidente de que el original tenía mucho más éxito que la copia.

Un ejemplo claro, y muy temprano, de lo que decimos es el "plebiscito" organizado entre los lectores de la Revista *El cine*, cuyos resultados se conocieron en el número del 8 de abril de 1916. Esa revista, que dedicaba su portada a la niña Alexia, ofrecía el escrutinio de su octavo concurso, en el que (aseguraba que entre 70.000 votos) los lectores elegían a Francesca Bertini, Gustavo Serena y Max Linder como actores predilectos y, como productora, a Caesar Films. Por si el resultado no fuera suficientemente explícito de la consideración de las estrellas españolas, en la clasificación de las actrices, la Bertini, en primer lugar, obtenía 21.063 votos, la primera española, Margarita Xirgu, en vigésimo octavo puesto, 149.[561]

En aquellos momentos la valoración de las estrellas tenía ya sus primeros textos de importancia empezando por el que Federico de Onís, con

558. Para la "charlotmanía" puede verse el análisis de FUENTES, Juan Francisco: *Bienvenido Mister Chaplin. La americanización del ocio y la cultura en la España de entreguerras*, Taurus, Barcelona, 2024, pp. 80-86.
559. La *Revista Arte y Cinematografía*, en su nº 235, de 25-V-1916, promocionaba, con pocas páginas de diferencia, el número teatral de Miss Perezoff y Su Charlot español y el Cardo as Charlot de Studio Films.
560. REY REGUILLO, Antonia del: "Sobre *remakes* ejemplares...", p. 49.
561. "El VIII concurso de 'El Cine'. Escrutinio general", en *El Cine*, 8-IV-1916, pp. 3-4. En el mismo número promocionaba postales de los actores internacionales más conocidos, con su foto "auténtica", al precio de 20 céntimos.

el seudónimo de "El Espectador", le dedicara en 1915, como no, a una estrella extranjera, en este caso la danesa Asta Nielsen. De Onís, defendía el valor artístico del cine ligado a su aprecio por la estrella, era, además, catedrático de literatura vinculado a la ILE, que, siendo en 1916 profesor visitante en la Universidad de Columbia, se convirtió en propagandista de los valores de la cultura española en Estados Unidos y de la imagen de Estados Unidos en España.[562]

Año V: Núm. 221

15 céntimos

EL CINE

REVISTA POPULAR ILUSTRADA

DIRECTOR-PROPIETARIO LUCAS ARGILÉS

8 de Abril 1916

15 céntimos

ALEXIA VENTURA

genial artista que interpretó el papel de protagonista en **Alexia** y desempeña el importante papel del *niño Ramón*, en la película

Barcelona y sus Misterios

Fig. 46: La niña Alexia Ventura, un intento de diversificar el star system nacional en la primera de *El Cine*, 8-IV-1916.

562. EL ESPECTADOR (Federico de Onís): "Asta Nielsen", en *España*, nº 1, 29-I-1915. Citado por ADELL, María: *op. cit.*, p. 122 y FUENTES, Juan Francisco: *Bienvenido...*, pp. 104-106.

Se producía la fusión de lo propio y lo ajeno en el espectáculo de cine y varietés. Todo el universo estelar, castizo o exótico, estaba cubierto dentro de unas historias de cine que, como los cuplés "selectos", tenían un principio y un final. Sus protagonistas eran conocidos y reconocidos y eran el mejor gancho, la mejor estrategia industrial, para vender el producto. Aunque había otras.

Y ya que hablamos de venta con un sesgo contemporáneo, tal proceso no era posible si no iba acompañado de un respaldo publicitario. En este terreno el cinematógrafo y la prensa fueron desarrollándose a la vez. Al principio los periódicos, en especial los de provincias, eran más bien órganos partidistas, sostén de una ideología o de un cacique, y no dependían del soporte publicitario. Raquíticos sueltos y dispersas gacetillas, atrincheradas entre ladrillos de textos en desorden fueron la única información a la que pudieron acceder en esas páginas los propietarios de barracas o dueños de pabellones. Provincianas reseñas que estaban compuestas a partir de una estructura fija, en la que sólo mutaban lugar y circunstancias. En los años siguientes, a la vez que cambiaba el cinematógrafo, la publicidad lo hacía también, hasta convertirse en referente de la sociedad de consumo, presentando nuevos hábitos y exponiendo a pública consideración nuevos productos. El espectáculo de cine y varietés estuvo entre ellos. En ese proceso la prensa generalista le dedicó otro tratamiento a las películas y apareció la prensa especializada.[563]

Hubo cabeceras antiguas que, sin ser revistas de cine, mostraron la temprana penetración social del nuevo espectáculo, aunque sólo fuera de forma nominal. Es el caso de la santanderina *El Cinematógrafo. Semanario ilustrado,* nada menos que de 1901. Pero son fechas demasiado tempranas para lo que ahora nos interesa, puesto que, como en el resto de procesos descritos en este capítulo, todo fue convergiendo a partir de la segunda década. A la vez que el alquiler aparecieron en España, en 1907, las primeras revistas específicamente cinematográficas, aunque vinculadas a la promoción de casas comerciales: el boletín quincenal *Artístico-Cinematográfico, Cinematógrafo* y *Cinematógrafo Ilustrado.*[564] Las películas empezaban a

563. BERMEJO, Jesús (coord.): *Publicidad y cambio social. Contribuciones históricas y perspectivas de futuro.* Sevilla, Comunicación Social, 2005 y EGUIZÁBAL MAZA, Raúl: *Historia de la publicidad,* Eresma & Celeste ediciones, Madrid 1998.

564. Se inicia en este año la edición de revistas en nuestro país en las que las *varietés* tienen el mismo peso que el cinematógrafo. LÓPEZ

mostrar cierta autonomía dentro de las varietés, las productoras las acompañan con comentarios, folletos, encartes, fototipias y se empezaba a dar un tratamiento distinto de los productos cinematográficos. Pero el verdadero nacimiento de la prensa especializada, entonces en cine, varietés, teatro y toros, hay que situarlo en septiembre 1910 con la aparición de la barcelonesa *Arte y cinematografía*. Correspondiendo al empuje del cine en Barcelona pronto surgen dos cabeceras más: *El Cine* y *El Mundo Cinematográfico*, de enero y junio de 1912 y *Vida Gráfica*, en julio de 1913, además de otras cabeceras fugaces. La debilidad de la producción madrileña se correspondía con su flaca nómina de revistas especializadas, de las que sólo podemos rescatar *Madrid Cinematográfico* en 1914 y *Cinema*, en fecha tan tardía como 1918, que acabó cambiando su cabecera a la de *Cinema Variedades*.[565]

Mientras esto sucedía en las capitales y las ciudades más importantes, en la prensa de provincias las informaciones cinematográficas fueron ganando cada vez más espacio y cambiando su tratamiento a la vez que el empeño y la duración de las películas cambiaba también. En los primeros años los comentarios se centraban en los aspectos más superficiales, sobre todo la duración. Tras el alquiler, cuando las películas crecieron en duración y prestigio, llegaron los episodios y las películas de largo metraje. En los comentarios, una película larga se acercaba a las grandes historias del teatro

YEPES, José: "Catálogo de revistas cinematográficas españolas (1907-1989)", en: *Revista General de Información y Documentación*, nº 2, 1992, pp. 121-182; GARCÍA FERNÁNDEZ, Emilio Carlos: "La prensa cinematográfica", en *Historia Universal del Cine*, Planeta, Madrid, 1982, tomo 4, pp. 516-517; DIEGO, Estrella de: "Buscando a Hollywood desesperadamente. Una aproximación a las revistas de cine madrileñas" y CASTRO, Guadalupe, "Revistas de cine", ambos artículos en *El cinematógrafo en Madrid 1896-1960*, Ayuntamiento de Madrid, Madrid, 1986, respectivamente pp. 155-159 y 169-172.

565. *Arte y Cinematografía* se editaba bajo la dirección de Josep Solà, Andrés Pérez y Joaquín Freixes, hasta alcanzar 412 números en 1936; Josep Solà fue también el impulsor de *Mundo Cinematográfico* hasta finales de los años veinte; *El Cine* fue dirigido durante once años por Lucas Argilés, para pasar, en 1923 hasta su desaparición en 1935, a la dirección de Fernando Barangó. La madrileña Cinema estaba dirigida por Juan Antonio Cabero. MONTERDE, José Enrique: "Breve historia de la crítica...", pp. 37-38.

o la literatura; los metros y los minutos eran canjeables por prestigio.[566] Entonces la publicidad se centraba en el argumento, del que nada se ahorraba, todo se contaba por extenso: planteamiento, nudo y desenlace. Desde los inicios de las escritura sobre el cine, el peso de lo narrativo fue esencial.[567] El cine, su publicidad y su información, se empezó a adueñar de algunos diarios de ciudades pequeñas en las que se convirtió en un espectáculo primordial y eje de sus distracciones. Tal vez, también para el mercado publicitario, empezaba a ser rentable.[568]

Nos encontramos, claro está, en el segundo decenio del siglo XX, al compás de los primeros pasos de una sociedad de consumo entre los sectores pudientes de los núcleos urbanos, el mercado publicitario en la prensa comenzó a adquirir una creciente relevancia. Aumentaron las páginas dedicadas a la publicidad, estabilizaron su ubicación en los periódicos, se incrementó el número de anunciantes y de productos publicitados. En la publicidad cinematográfica mejoró el tratamiento tipográfico, aunque la principal intención seguía siendo la de dar a conocer la cartelera, por lo que predominaba el texto y el juego con los tipos de imprenta.[569]

566. *Los tres Mosqueteros*, se vio en Gijón en diez partes, 5.000 metros, cinco horas y dos días de proyección con abono. *El Noroeste*, Gijón, 1-I-1914.
567. CHECA, Christian: "Montaje y escritura cinematográfica: una arqueología conceptual", en ADELL, María, PIÑOLL, Marta y POLO, Magda: *Visiones del cine. El pensamiento cinematográfico en España: de los orígenes a los años 60 (II)*, p. 92.
568. Un estudio monográfico de las informaciones de prensa en periódicos locales puede encontrarse en MADRID, Juan Carlos De la: *Prensa y sociedad...*, pp. 295-309. Para contrastar y comprobar coincidencias en programaciones y tratamiento, puede consultarse, por ejemplo, BETANCOR, Orlando: "La información cinematográfica en el diario "Gaceta de Tenerife" durante la Gran Guerra", en *Boletín Millares Carlo*, nº 31, 2015, pp. 101-119.
569. RODRÍGUEZ, Nuria: "Hábitos de consumo y publicidad en la España del primer tercio del siglo XX, 1900-1936", en *España entre repúblicas 1868-1939. Actas de las VII Jornadas de Castilla-La Mancha sobre Investigación en Archivos*, ANABAD, Guadalajara, 2007, vol. I, pp. 213-245, de la misma autora *La publicidad y el nacimiento de la sociedad de consumo. España, 1900-1936*, Catarata, Madrid, 2021, especialmente pp. 152-164.

A partir de 1912 los diarios comenzaron a mostrar otras alternativas a la publicidad por argumentos. Se centraban sólo en un motivo central, en la escena más emocionante o en la estrella, que, como sabemos, ya era conocida y "vendía". Empezaba a quedar claro que revelar el final no era buena estrategia de venta. Estamos ante un claro ejemplo del cambio en la concepción de unas películas pensadas para crear emoción en el espectador, y para ello el desenlace debía reservarse, dentro de un orden, lo más alejado posible del planteamiento, para dar paso a fenómenos que se empiezan a institucionalizar como "el salvamento en el último momento". Llegado 1913 esas estrategias eran lo habitual en las películas importantes, y no hubo otra más importante, durante años, que *Quo Vadis?* Esta producción de la casa Cines, dirigida por Enrico Guazzoni, no era ni la primera, ni la más notable película del colosalismo italiano, pero posiblemente sí llegó a ser la que disfrutó de un mejor lanzamiento.[570] Mucho antes de su estreno la prensa se hacía eco de las virtudes de la película, no sólo para los posibles espectadores, sino del negocio que pudiera reportarle a sus distribuidores y exhibidores. Arturo Serrano, empresario del Teatro Príncipe Alfonso de Madrid, se acreditaba como distribuidor de la película "el negocio de más grandiosos resultados".[571] El despliegue publicitario posterior, en

570. Sobre *Quo Vadis?* Véase BERNARDINI, Aldo: *Cinema mutto italinao. Arte, divismo e mercato*, 1910/1914, Laterza, Roma, 1982, especialmente pp. 146-154; DE LUCIS, Flavia, BERNARDINI, Aldo y FESTANTI, Maurizio: *C'era il cinema. L'Italia al cinema tra Otto e Novecento (Reggio Emilia 1896-1915)*, Panini, Regio Módena, 1983, especialmente pp. 129-131; PÉREZ, José María: "La génesis del gran cine histórico: Italia, 1910-1923", en *Nosferatu*, nº 4, 1990, pp. 4-20; CAPARRÓS LERA: José María, "¿Influencia de Quo Vadis? (1912), de Guazzoni, en Judit of Bethulia (1913), de Griffith?, en *d'art*, núm. 13, Universitat de Barcelona, 1987, pp. 315-328; BRUNETTA, Gian Piero: "La narración: del "colosal" al realismo, en *Historia General del cine*. Volumen III, Europa (1908-1918), Cátedra, Madrid, 1998, pp. 75-88 y CANO, Pedro: "La épica cristiana: una tradición cinematográfica", en *Revista de Estudios Latinos*, nº 4, 2004, pp. 199-220.

571. En otros lugares, como ocurrirá cuando se estrene en Galicia, la exclusividad de los derechos de exhibición llegan a estallar como un problema de orden público, véase FOLGAR DE LA CALLE, José María, *op., cit.*, pp. 185-186. En su estreno en el teatro López de Ayala de Badajoz las localidades de la sala, todas vendidas, hubieron de reforzarse con sillas, en *La Región Extremeña*, 18 de enero de 1914, citado por GONZÁLEZ, Ana: "La exhibición cinematográfica en Badajoz...", p. 97.

busca de los espectadores fue gigante. Cuando llegó la cinta el público ya sabía, gracias a los sueltos y reclamos con los que se inundó a los periódicos, que *Quo Vadis?* tenía más de todo lo imaginable: 3.000 personas, 24 leones, 6 actos, 56 cuadros y una inversión de tres millones de liras. Su argumento cautivó tanto a público como a comentaristas y con ella se inició un fenómeno desconocido hasta entonces, por lo menos desde el alquiler: la reposición de películas como si se tratara de nuevos estrenos.

Fig. 47: La prensa de provincias anunció, en todos los lugares, con un gran despliegue el estreno de *Quo vadis?* (*El Correo de Asturias*, Oviedo, 9-VI-1913).

Las primeras muestras del cine como objeto de reflexión literaria asoman, dispersas, entre 1906 y 1909.[572] A partir de 1910, ya habían empezado

572. Se trata de una glosa de Eugenio D'Ors, "El cinematófago", en *La Veu de Catalunya*, 3-IV-1906; un artículo de Julio Camba en *El Nuevo Mundo*, 25-VII-1907 y un texto de Emilia Pardo Bazán: "El cinematógrafo", en *La Ilustración Artística*, nº 1406, de 1908. Son los hitos que

a aparecer los primeros comentaristas estables en la prensa de provincias. Sería arriesgado asignarles la función de críticos. Son una mezcla entre cronistas de sociedad, reporteros y columnistas de opinión que, por su formación o por sus gustos, ocuparon un puesto en las redacciones, a veces como simples colaboradores, utilizando su formación y sus recursos relacionados con el mundo del teatro y la poesía, además de su pluma fácil, para adaptarlos a las nuevas exigencias del cinematógrafo. Poco a poco se hicieron hueco y lograron ser influyentes. Pero la aparición de la verdadera crítica no llegó hasta 1915. Coincide la fecha con la fundación por Ortega y Gasset del semanario *España*, el 29 de enero de 1915. Allí le propuso asumir la crítica cinematográfica al profesor y ensayista Federico de Onís, firmando bajo el seudónimo "El Espectador". Cuatro números después le relevó en esa misión "Fósforo", seudónimo compartido por el escritor y diplomático mexicano Alfonso Reyes y su compatriota, escritor y político, Martín Luis Guzmán. Sus escritos aparecieron entre octubre de 1915 y enero de 1916 y, entre junio y julio de 1916, Fósforo (ahora sólo Reyes) ejercería la crítica en *El Imparcial*. Comenzó así a abrirse camino la crítica cinematográfica en la prensa generalista de las grandes ciudades. En 1914 ya la incluía *El Noticiero Universal*, en enero de 1916 *El Diluvio* y, en abril de ese año *El Diario de Barcelona*.[573] Era una disciplina, aún en mantillas, en la que siempre se corría el riesgo de escribir bajo la influencia publicitaria pues, como decía *La Vida Gráfica* "a pesar de lo que diga nuestro estimado colega *El Cine*, se pueden tener anuncios y decir la verdad".[574] Su plena consolidación no llegaría hasta el final de la década o la llegada de los años veinte.

La aparición de la crítica fue otro exponente del mayor empeño y complejidad del espectáculo, pero conforme la dimensión industrial ganaba presencia, se emplearon otros medios y otros mensajes para que el público acudiera a las salas. La labor publicitaria no fue exclusiva de la prensa, se vio muy respaldada por otro tipo de materiales o por las formas que iba ad-

marca José Enrique MONTERDE en "Conclusiones a modo de introducción", en *Un nuevo Arte...*, p. 12.

573. MONTERDE, José Enrique: "Breve historia de la crítica...", pp. 38-40; UTRERA, Rafael: "Primera crítica cinematográfica española", en *Nickel Odeon*, nº 21, 2000, pp. 152-158. Para profundizar en los escritos de Federico de Onís y de Fósforo, puede verse RIVAS, Víctor: "La construcción cultural del cine...", pp. 239-268.

574. *Ibidem*, p. 38.

quiriendo el espectáculo mismo. Por ejemplo, los programas de mano comenzaron a tener gran circulación pasado 1910. Cualquier película importante disponía de ellos o incluso eran impresos en la ciudad de destino. El reparto cubría unos lugares o circuitos establecidos y podía ser en sí mismo motivo de reclamo.

Todo era susceptible de ser convertido en argumento publicitario para la promoción. Por ejemplo el acompañamiento musical. Los pianistas dominaron durante los primeros años, como siempre hasta el final de la primera década del siglo. Eran una costumbre que, de los teatros donde se amenizaban los entreactos de las largas obras del teatro romántico, pasó al género chico y de aquí a los cinematógrafos, donde desarrollaron una dura profesión con jornadas eternas y sin relevo.[575] Pocos años después las grandes producciones se enviaban directamente con su partitura para ser interpretada por el acompañamiento del local correspondiente. Eran capaces de seguir la partitura de la productora, cosa que será norma a partir de los años veinte, pero también de interpretar un repertorio codificado de piezas, previamente ensayadas, adaptándolas a las situaciones que se veían en el lienzo (misterio, amor, emoción...). Llego a ser normal, anunciar las piezas que se fuesen a interpretar, como apoyo a la publicidad.

Los recursos publicitarios, de apaños sobre la marcha, acabaron convertidos en estrategias coordinadas que alcanzaban mayor altura en películas determinadas donde la publicidad ya era campaña. Todo estaba preparado para la llegada del modelo clásico y con él, los apabullantes lanzamientos de la industria estadounidense.

5.4. Público.

Todo lo dicho en este capítulo converge aquí. Es conclusión y es resumen. Describiendo el público al que iba dirigido este espectáculo se describe también cómo, dónde y a quién se vendía un producto que daba el salto a la industria cultural siendo más extenso, narrativo y decente.

A principios del siglo XX Philip Hauser clasificaba públicos y teatros de Madrid de la siguiente manera:

575. TEMES, José Luis: *El siglo de la zarzuela...,* p. 145. Para las durísimas condiciones de los pianistas, puede verse GARCÍA, Emilio Carlos: *El cine español entre 1896 y 1936...,* pp. 188-190.

> "Comedia, Zarzuela, Princesa, Apolo, Lara, Eslava, Moderno, Circo de París, todos menos el teatro Real, son visitados por las distintas clases sociales (...) Los demás son pequeños y en su mayoría son frecuentados sólo por la clase obrera y son: Variedades, Romea, Martín, Eldorado y Barbieri (...)".[576]

Serge Salaün, citando a Paul Vasili, amplía y precisa el repertorio:

> "El Apolo, la 'catedral del género chico', siempre asimilado a un teatro popular, es un teatro de lujo: Hacienda lo clasifica en la segunda categoría, justo detrás del Teatro Real, del Español y del Teatro de la zarzuela; es uno de los primerísimos, después del Real, en instalar la electricidad y, luego, la calefacción. El Eslava es un teatro para 'señoritos parranderos y trasnochadores', 'lindísimo, elegante, cómodo'. El Lara es otro teatro 'fino', para 'familias burguesas' con un repertorio 'color de rosa'. El Martín, el Romea, pese a cierta fama de frívolos, son pequeños teatros elegantes, con cafés. En Barcelona, pasa lo mismo con las salas del Eixample, como el Tivoli o el Novetats".[577]

Son descripciones de una gran ciudad donde la oferta de espectáculos era diversas y gozaba de buena respuesta del público. Pero en España había muchos otros territorios; era un país de pueblos y de ciudades pequeñas. Hasta el fin de la Primera Guerra Mundial, la del cinematógrafo y varietés fue la historia de la búsqueda de un público más amplio. Las maniobras para abrir la horquilla de los que degustaban ese espectáculo. El cinematógrafo tenía que ser interclasista para ser negocio estable y rentable, era la lógica de los espectáculos de masas. Pero partió de un esquema de ocios separados en el que los más modestos eran su público natural. Habían estado excluidos del teatro convencional por su precio, por su nula disposición de tiempo libre y porque pertenecía a una cultura burguesa que no era la suya.[578]

576. HAUSER, Philip: *Madrid bajo el punto de vista médico-social...*, pp. 467-468.
577. SALAÜN, Serge: *Les Spectacles en Spagne (1875-1936),* Presses Sorbonne, París, 2011, en https://books.openedition.org/psn/1338 [consultado el 20-XII-2023].

Luego estaban los casos extremos en los que el teatro era reserva y hasta propiedad de la burguesía, que era capaz de pagar cantidades fabulosas por garantizarse un palco en el Liceo de Barcelona[579], pero también de pequeños grupos provincianos que monopolizaban el teatro más elegante de cada localidad para excluir a los menos pudientes, incluso dejando por escrito, en las condiciones de arrendamiento de los teatros, que no se pudiesen dedicar al espectáculo de cine y varietés. Cosa que sucedía, por citar tres teatros situados en los extremos del mapa de España, en el Romea de Murcia, el Teatro Municipal de Santa Cruz de Tenerife y en el Campoamor de Oviedo, más que locales de espectáculos, reducto exclusivo de las formas de una clase que relegaba al resto.[580]

El cinematógrafo podía llegar, por precio y condiciones, a unas clases medias siempre difíciles de describir y delimitar, pero buscaba consolidarse entre las clases de mayor poder adquisitivo, aquellas que se habían asombrado con el "modelo Lumière" de cientifismo y adelanto y luego habían huido, en defensa de su fama, de la baja ralea de las barracas. El desarrollo y muerte del cinematógrafo primitivo se realizaría consolidando una clientela netamente popular, es decir, de obreros y artesanos de las ciudades,

578. Un lúcido análisis de la situación y de los cambios con los espectáculos de varietés puede encontrarse en SALAÜM, Serge: "La sociabilidad en el teatro (1890-1915)", en *Historia Social*, nº 41, 2001, pp. 127-146. Sobre ese cambio a través del enfrentamiento del cine y el teatro a juicio de los intelectuales en PÉREZ BOWIE, José Antonio: *Realismo teatral y realismo cinematográfico. Las claves de un debate (España 1910-1936)*, Biblioteca Nueva, Madrid 2004, especialmente pp. 7-24.

579. En 1889 se vendía un palco bajo del Liceo en la astronómica cifra 130.00 pesetas. En PÉREZ-VILLANUEVA, Isabel: "Entretenimientos y diversiones", en *España, fin de siglo 1898*, La Caixa, Barcelona 1998, p. 175.

580. Por si no estuviera suficientemente claro, cuando llegaba la "ola verde" de la psicalipsis, el diario clerical *El Carbayón* (5-I-1909) escribía: "El grandioso Campoamor no debe ser denigrado con espectáculos de burdel; quienes deseen revolcarse en el cieno, busquen para campo de sus acciones el lupanar". Véase MADRID, Juan Carlos De la: *Cinematógrafo y varietés...*, p. 378; CABRERA, Gregorio José: "Primeros tiempos del cinematógrafo en Canarias (1896-1915)", y CERÓN, Juan Francisco: "El cinematógrafo en Murcia (1896-1914)", ambos en MADRID, Juan Carlos de la (coord.): *Primeros tiempos...*, pp. 186-188 y 308-309.

siempre en la lucha por conquistar tiempo de ocio y dinero para pagarlo, pero buscando gustar también a la clientela natural del otro teatro. Masificación para todos, pero con las reglas de los poderosos.[581] Del "teatro para pobres" al cinematógrafo para ricos (y para todos los demás).

El proceso de ampliación de públicos venía de lejos. El género chico precipitó la primera masificación a partir de la herencia de la zarzuela que, en su momento, fue la industria cultural más potente. Antes de su llegada, a mediados del siglo XIX, el teatro en general y el lírico en particular, resultaba inasequible a las entonces denominadas "clases jornaleras".[582] Fue también el primer espectáculo en romper la segmentación, de modo que no existiera un público unitario, sino públicos heterogéneos, distantes en el tiempo, la geografía, la economía y la sociología. El hábito de acudir regularmente a los teatros llegó así a formar parte de las costumbres urbanas más arraigadas, por lo que el público potencial del teatro era enorme en lugares como Madrid donde, como hemos visto, cada teatro tenía el suyo y la zarzuela los tenía todos. Allí el número de funciones, en la segunda década del siglo XX, era de unas mil al mes. Sin llegar a esas cifras, en otras ciudades importantes, sobre todo las receptoras de emigración, el número de funciones también fue considerable.[583] Ese interclasismo se venía buscando desde principios de siglo. Los teatros habían ganado al público más numeroso pero menos selecto en los espectáculos por horas, que lograron el favor de la crítica con algunas obras del género chico. Y fue así como, en un

581. Noël BURCH en su ya clásica obra *El Tragaluz del infinito...*. Para una visión general de la clientela del primer cine PALACIO, Manuel: "El público de los orígenes del cine", en *Historia General del cine. Volumen I, Orígenes del cine*, Cátedra, Madrid, 1998, pp. 219-240 y DE LA MADRID Juan Carlos: "Cinematógrafo Primitivo ¿teatro para pobres?", en MONTERDE, José Enrique: *LA IMAGEN NEGADA: Representaciones de la clase trabajadora en el cine*, Filmoteca Generalitat Valenciana-Festival Internacional de Cine de Gijón, Valencia, 1997, pp. 241-246.

582. Una entrada suponía, al menos, el 40% del jornal diario. CASTRO, Demetrio: "Tipos y aires. Imágenes de lo español en la zarzuela", en *Ayer*, nº 72, 2008, p. 71.

583. TEMES, *El siglo de la zarzuela...*, pp. 139-141 y 152, DOUGHERTY, Dru y VÍLCHES DE FRUTOS, María Francisca: *La escena madrileña entre 1918 y 1926*, Fundamentos, Madrid, 1990, p. 18 y OLIVA, César: "Teatro y sociedad en la España del siglo XX, en *Literatura y sociedad, el papel de la literatura en el siglo XX*, 2001, pp. 77-96.

espectáculo con posibilidad de elección, algunos altivos espectadores del madrileño Teatro Real se dejaban ver en la última sesión del Teatro Apolo. Las piezas por horas funcionaban entonces como una especie de sesión continua en la que todo el mundo podía elegir precio o momento.[584] Por eso a los géneros chicos, además de las clases altas, acudía la clase media que, en el teatro, esperaba codearse con la burguesía. Lo mismo que la burguesía alta imitaba a la aristocracia y la burguesía media a la alta burguesía. El género chico sirvió a los intereses de las clases dominantes y, desde el principio de la Restauración, fue un poderoso instrumento de cohesión social, nacional y patriótica, además de sordina de todo tipo de sacudidas sociales.[585] Era ya un género de masas donde los más modestos podían subirse a algunas "cazuelas" hasta por 15 céntimos, pero en 1905 ya costaba una inalcanzable peseta.[586]

En esos años el cine empezaba a ser una realidad, pero esa masificación y ese interclasismo no se mantuvieron en sus barracas de la misma forma. Había llegado a la vez que el movimiento obrero empezaba a estructurarse, con organizaciones socialistas y algunos grupos anarquistas de menor repercusión. En conjunto carecían de una influencia decisiva. Tras 1898 empezarían a multiplicarla a la vez que el cine ganaba también presencia y se convertía en un espectáculo posible y afín para estas clases, no así para la burguesía de tradición teatral. Fue entonces, a partir de 1905, cuando el descanso dominical, establecido obligatoriamente, supuso la posibilidad de acceder al ocio a quienes nunca antes pudieron soñarlo. La exclusiva burguesa comenzaba a tener los días contados. La sociabilidad de los trabajadores afloraba con prácticas como el baile dominical, muy a disgusto

584. ESPÍN TEMPLADO, María del Pilar: *Op. Cit.* págs. 180 a 195; RUIZ DEL MORAL, Carmen: *op. cit.* p. 114 y SALAÜN, Serge: "Spectacles (tradition, modernité, industrialisation, commercialisation)", en *Temps de crise et années folles. Les années 20 en Espagne*, Presses de la Université Paris-Sorbonne, París 2002, p. 156 y la obra colectiva *La construció del públic dels primers espectacles cinematogràfics*, Fundació Museu del Cinema, Gerona 2003.

585. SALAÜN, Serge: *Les Spectacles en Spagne...*

586. Es lo que opinan HARNEY, Lucy: "Controlling Resistance, Resisting Control: the género chico and the Dynamics of Mass Entertainment in Late Nineteenth-Century Spain", en *Arizona Journal of Hispanic Cultural Studies*, nº 10, 2006, pp. 151-167 y SALAÜN, Serge: *Les Spectacles en Spagne...*

de la burguesía, especialmente cuando se tocaban *agarraos*, y toda clase de espectáculos en competencia con la taberna. Especialmente el cinematógrafo y varietés. Incluso en las grandes ciudades donde, desde 1900 los sectores más "populares" de los teatros, los del gallinero y del segundo piso, abandonan los teatros convencionales y emigran en masa hacia el cine, el cabaret, el music-hall y las varietés.[587]

Las clases subalternas, al empezar a ser dueñas de su ocio, eligieron espectáculos al alcance de su bolsillo. Y aquí es donde el cinematógrafo no tuvo competencia entre los de su clase. Fue el espectáculo más barato; incluso se podía disfrutar de él gratuitamente en muchos cafés. Los precios se mantuvieron, durante más de veinte años, cercanos a las 0,50 pesetas de *preferencia* y las 0,25 de *general*. Eso era tan evidente que incluso llegaba a los textos teatrales. En la humorada lírica *La eterna revista* (1908), se dice que, por una perra gorda, le han dado "veinte películas, cuatro tangos, once cuplés y tres *caques-vales*". En el pasatiempo *La poca vergüenza* se especifica mucho más:

> "Los precios son baratísimos, sobre todo para las clases populares, que pueden meterse aquí por bien poco dinero: un soldado de caballería puede meterse con una criada por treinta céntimos, un estudiante que obsequie á su novia, aunque se escurra hasta la delantera, por ser un sitio más agradable, no tiene que gastarse más que dos reales; niños y militares que no sean de pecho, es decir, que no vengan con el ama, á mitad de precio; si el militar viene con el ama, la entrada para él es gratis... porque paga ella. Entrada general y de paseo, un perro gordo".[588]

587. Jorge URÍA en *Una historia social del ocio...*, analiza con amplitud este fenómeno y sus consecuencias para la sociabilidad de la época. También SALAÜN, Serge: *Les Spectacles en Spagne...*

588. ASENSIO, Ramón y CAPELLA, Jacinto (con música de Chapí y Giménez: *La eterna revista. Humorada lírica*, cuadro tercero (El sicalíptico) escena primera, pág. 21 del libreto que pude consultarse en La eterna revista - Ibero-Amerikanisches Institut (spk-berlin.de) y GRANÉS, Salvador y POLO, Ernesto con música de Emilio Borrás: *La poca vergüenza. Pasatiempo cómico-político-psicalítpico-cinematográfico*, Sociedad de autores, Madrid, 1909, pp. 11-12. Puede consultarse en https://shorturl.at/hPVY5 [en 15-I-2024]

Cuando estos precios variaron, por ejemplo en los años cercarnos a la Gran Guerra, siempre fue a la baja. Es lo que señalaba Alejandro Miquis, resumiendo lo dicho hasta aquí al sentenciar que "toda la historia de los triunfos del género chico, de las varietés y del cine contra sus respectivos enemigos, demuestra que el arma con que vencieron y por la que fueron vencidos, fué la baratura".[589] Un aliciente indispensable para los de menor poder adquisitivo que en absoluto podrían soñar con pagar las 4 o 5 pesetas de una entrada para el teatro culto.

La afinidad con este tipo de público no era sólo económica. El cinematógrafo y varietés, en la forma y en el fondo, era un espectáculo popular; un conglomerado de espectáculos y disciplinas en el que funcionaba la comunicación directa entre el público y el espectador y, en algunos casos, esa era la única responsable del éxito. Las películas, además de las intervenciones del "explica", soportaban multitud de comentarios añadidos por los espectadores, hasta el punto de que, en muchas ocasiones, era difícil hacer el silencio en la sala. La concurrencia coreaba, pateaba y llevaba el ritmo. Otra herencia de la zarzuela pasada por el género chico, en aquellos teatros donde se permitía fumar en el interior de la sala y durante la representación, después de tres o cuatro tandas de espectadores por día, la falta de renovación motivaba que las representaciones se dieran entre la "niebla". Sólo en noviembre de 1891, se modificó la Ley de Espectáculos Públicos, prohibiendo fumar en el interior de las salas, aunque se siguió permitiendo en los intermedios y en los pasillos. En los locales de cine y varietés esta costumbre pasó a mayores. Pese a toda legislación, se fumaba sin parar, las peleas no eran desconocidas y las armas blancas brillaban en manos de chulos, hampones de poca monta o carteristas.[590]

Esta atmósfera no debió entusiasmar precisamente al público burgués, que no estaba sometido a estrecheces en su vida diaria, que habitaba casas de altos techos o que no debía vender su fuerza de trabajo para so-

589. MIQUIS, Alejandro: "La baratura", en *Nuevo Mundo*, Madrid, 11-VIII-1916, p. 8. Alejandro Miquis (nombre del personaje galdosiano, protagonista de *El doctor Centeno*), es el seudónimo del intelectual y crítico teatral Atanasio González.

590. TEMES, *op., cit.*, p. 143 y MADRID, Juan Carlos De la: "Cine primitivo ¿teatro para pobres?...", pp. 243-244. Un ambiente que era muy semejante en cualquier lugar, fuese de provincias o fuese de Madrid, como retrata RIVAS, Víctor: *La construcción cultural del cine...*, pp. 120-121.

Fig. 48: Barraca del cine Lumière al lado del teatro Olympia en El Paralelo barcelonés, en 1902 (de *El Paral.lel, història d'un mite*, de Miquel Badenas).

brevivir. Pero sí que podía complacer mucho a otro público, nada exigente, que trabajaba en condiciones extremas, y que habitaba en cuarteles, ciudadelas o covachas sin aseo e higiene. Incluso a las mujeres, que vivían para trabajar a mitad de precio y luego se sacrificaban para sacar adelante a la familia. Ir al cine les permitió disfrutar de una sumaria sociabilidad, salir sin la tutela de los maridos, llevando a los hijos o haciéndose acompañar de otras mujeres.[591]

Por eso la separación de públicos volvió a reinar hasta la segunda década del siglo, en formatos que dependían de casos y lugares. Por ejemplo, en Barcelona la burguesía no dejó de asistir al cinematógrafo, ni siquiera la Iglesia catalana, tan combativa con el espectáculo, dejó de

591. Puede verse un estudio local sobre este asunto en ANSOLA, Txomin: "Femenino singular. La presencia de la mujer en el espectáculo cinematográfico de Bilbao durante los primeros tiempos (1896-1915)", en *Vasconia*, nº 35, 2006, pp. 239-252.

utilizarlo para sus fines pedagógicos. Eso sí, hubo una estricta separación de locales en función del público al que se dirigían, como correspondía a una ciudad con una organización del ocio tan clasista. Las salas cercanas a la Rambla, Plaza de Cataluña y Paseo de Gracia, acogieron a la clientela más selecta. En la zona portuaria se instalaron las primeras barracas, y El Paralelo fue el lugar donde el cinematógrafo y varietés acampó en su estado más puro y mestizo para ofrecerse a la clientela popular. En Madrid, sin embargo, la zona de la cultura "castiza" por antonomasia, de mayor concentración de comercios y teatros por horas, fue donde el cinematógrafo se mezcló con los espectáculos anteriores a él. Hablamos de los barrios de Inclusa, Rastro y Avapiés, la plaza de Tirso de Molina y las calles Toledo y Embajadores, donde el público acudía, con independencia de su condición, a disfrutar de variados espectáculos.

Los públicos podían acudir a locales distintos, pero también existió la modalidad de separación de públicos en los mismos locales, pero en funciones diferentes. Esta estructura de las sesiones era frecuente en provincias, por ejemplo en Santa Cruz de Tenerife, donde la primera función de los pabellones, más temprana y de menor precio, estaba pensada para una clase trabajadora y madrugadora, mientras que la de los estrenos, ya de noche, era frecuentada por la gente de mayor poder adquisitivo y horarios más relajados. Lo recoge igualmente *Arte y Cinematografía* para el caso zaragozano, donde "hay que distinguir, como en todas partes, dos clases de sesiones: la elegante, o sea la sección vermouth, y las comunes; las llamo así porque, aunque no son pocas las personas distinguidas que a las otras concurren, domina más el elemento volátil; aludiendo a los murciélagos y los búhos".[592]

592. Un amplio análisis del fenómeno barcelonés puede encontrarse en la tesis doctoral de SUÁREZ, Luisa: "El cinema i la constitució d'un public popular...". Esa segmentación espacial del público en Barcelona ya funcionaba en el teatro: en el Ensanche y en el Centro, dominaba un público burgués, catalán pero aficionado a la zarzuela y al sainete. En las barriadas populares y en los municipios obreros vecinos, surgen cantidad de salas alternativas, en catalán y catalanistas unas, y de oposición otras (republicanas, anarquistas, sociedades de socorro, etc.). Véase SALAÜN, Serge: *Les Spectacles en Spagne...*Para el caso madrileño RIVAS, Víctor: *op., cit.*, pp. 121-122. Para Santa Cruz de Tenerife CABRERA, Gregorio José: "Primeros tiempos del cinematógrafo...", pp. 313-314. La alusión a Zaragoza procede de *Arte y Cinematografía*, 30-IV-1914, citado por PALACIO, Manuel: "Los públicos cinematográficos...", pp. 52-53.

Justo antes de la Gran Guerra las cosas cambiaron, como ya hemos visto hasta aquí. Este era un espectáculo popular pero, sostenido como estaba en una clientela natural de muy corto poder adquisitivo, no era negocio. Y ya se trataba de lo contrario. El acercamiento a los de mejor bolsa. Se pusieron a tiro. La burguesía de provincias, por muy blindados que tuviese sus círculos sociales, no andaba sobrada de distracciones exclusivas y los inviernos eran muy largos. No le hizo ascos a ampliar sus gustos cuando el espectáculo se acercó a ellos, por el camino ya descrito de su "domesticación" social. Cuando empezaron a construirse los nuevos y estables cinematógrafos, las primeras arquitecturas pensadas para el cine, sus tipologías marcaban ya distancias sociales. La *cazuela* o *gallinero* tenía un protagonismo desconocido, superando en localidades al resto. Es decir, la mayoría del público seguía reclutándose entre modestos trabajadores y gente de menor cuantía social, pero los nuevos cines reservaban una zona noble, el patio, para acoger a otra clase de público.

Los contenidos del espectáculo también variaban, al filo de la Gran Guerra, un naciente Modo de Representación Institucional "aburguesaba" los argumentos de las películas a la vez que alargaba su metraje, haciendo ganar protagonismo sobre unas varietés que también eran otras; más morales, sin procacidades, dobles sentidos ni participación popular. Del mismo tiempo son las quejas, muchas de ellas atendidas, sobre el ambiente bullicioso y tabernario, pues, como decía Fósforo en 1915, "el perfecto espectador de cine pide oscuridad, ambiente, silencio, aislamiento y soledad; está trabajando, está colaborando al acto como el coro de la tragedia griega".[593] Es decir, la segunda década del siglo supuso un cambio de continente y contenido que preparó el espectáculo para ser tolerado por los gustos de las clases dominantes. Únase a esto el poderoso influjo de la Real Orden de 27 de noviembre de 1912. Todo un rosario de medidas, destinadas a proteger a la infancia, la moral pública y la exhibición de películas pornográficas, aunque fuesen en privado.[594]

593. FÓSFORO: "Frente a la pantalla, del espectador impertinente", en *España*, nº 48, 1915, p. 10.
594. Real Orden de 27-XI-1912, en *Gaceta de Madrid*, Madrid, nº 333, 28-XI-1912, pp. 551-552. Al año siguiente "habiendo quedado incumplida en la mayoría de las provincias" fue reforzada, en parecidos términos, por otra Real Orden de 31-XII-1913, en *Gaceta de Madrid*, Madrid, nº 3, 3-I-1914, pp. 41-42. Sobre estos asuntos pueden consultarse también POZO ARENAS: Santiago, *La industria del cine...*; GONZÁ-

Fue esa una maniobra apta para purificar los contenidos cara a la burguesía, pero también para limar las aristas de un espectáculo que podía ser peligroso también para el resto. Tanto las organizaciones vinculadas al Catolicismo Social como su contrario, las organizaciones socialistas, intentaron tutelar los ocios obreros a través del cinematógrafo. La Iglesia, después de un ciento de anatemas en la primera década del siglo, acabó convirtiéndose nada menos que en empresaria al montar cines para lograr sus propósitos pastorales y de apostolado. Los socialistas siguieron desconfiando durante mucho tiempo del cinematógrafo. Era otra postura elitista, no ya en lo social sino en lo intelectual. Podía ser un elemento alienante y perjudicial para la formación de los obreros. Eso era propio de su cultura, más cercana al libro, la lectura y la conferencia que a un medio nuevo como éste. El periódico *El Socialista*, en torno a 1915 y 1916, llenaba sus páginas de advertencias sobre los peligros del cine y de sucesos de cines incendiados. El peligro físico y el peligro moral otra vez.[595]

Todo estaba listo para la fusión de públicos. Y esa realidad se adornó con símbolos que no es menester despreciar porque, cuando el cinematógrafo entró definitivamente en los teatros más esquivos, aquellos que lo habían impedido en reglamentos y pliegos de condiciones, todo era distinto ya. Entre los que nos han servido como ejemplo al principio de este epígrafe cayó primero, no sin lucha, el ovetense Campoamor, en el simbólico año de 1915, luego el de Santa Cruz de Tenerife y, por último, el Romea murciano, ya en los años veinte.[596] Entonces se había cerrado el ciclo. El ci-

LEZ BALLESTEROS, Teodoro: *Aspectos jurídicos de la censura cinematográfica*, Madrid 1981 y VALLÉS, Antonio: "Aproximación a la prehistoria..."

595. Puede encontrarse una recopilación en MONTERO, Julio y PAZ, María Antonia: "Ir al cine en España en el primer tercio del siglo XX", en PELAZ, José-Vidal y RUEDA (eds.): *Ver cine. Los Públicos cinematográficos en el siglo XX*, Rialp, Madrid, 2002, p. 111.

596. Desde 1914 el hueco de programación que dejaba el Romea lo cubrió con éxito un teatro nuevo, el Ortiz, que no tenía empacho en programar cinematógrafo y varietés a todo pasto, en ENCABO, Enrique: "Teatro Ortiz de Murcia (1914-1929). Artistas y repertorios en un teatro de provincias. Los inicios", en *Hecho Teatral*, nº 17, 2017, pp. 17-35; CABRERA, Gregorio José: "Primeros tiempos...", y CERÓN, Juan Francisco: "El cinematógrafo en Murcia...", ambos en MADRID, Juan Carlos de la (coord.): *Primeros tiempos...*, pp. 186-188 y 308; para el caso del

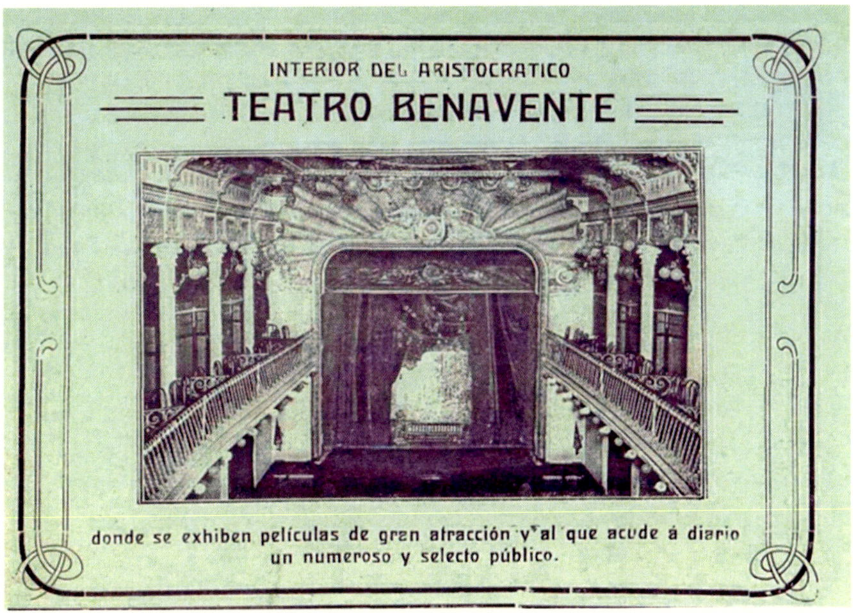

Fig.49: Publicidad del teatro Benavente. El cine aparece en el lugar del espectáculo burgués, adoptando sus cualidades en una llamada a los públicos "aristocráticos" (*Eco Artístico*, 25-XII-1912).

nematógrafo ya no era el "teatro para pobres", sino que buscaba un público de masas, indiferenciado e interclasista: trabajadores, por supuesto, también las difusas pero existentes clases medias y, parece indudable, una burguesía que controlaba y modificaba a su gusto el espectáculo hasta poder disfrutarlo sin "peligro". Los contenidos eran adecuados, estaban contados por estrellas decentes con las que cualquiera podía identificarse moralmente, se representaban en lugares dignos y seguros, la producción aumentó y la distribución por el alquiler se normalizó. Empezaba a construirse un mercado rentable, "para todos los públicos", en el sentido más literal del término. La fusión se había hecho, preferentemente, en el ámbito urbano. En unas ciudades en crecimiento donde, aunque clases sociales distintas mantuvieron lugares diferentes de residencia y hasta de trabajo, se junta-

Campoamor, DE LA MADRID, Juan Carlos, Cinematógrafo y varietés..., pp. 102-112.

ron en los locales de los nuevos espectáculos. Manifestaciones, a la vez, de la vida moderna y la incipiente sociedad de consumo donde empezaban a medrar las industrias culturales.[597]

Al concluir la Primera Guerra Mundial, cuatro años y doce millones de muertos después, todo era distinto. Habían caído monarquías y nacido nuevos estados y se habían propagado nuevas ideas y nuevas formas artísticas. En España se abría el período clave para asentar plenamente los patrones de ocio modernos en la estructura social, transformando la cultura popular a partir de la mercantilización del ocio y las industrias culturales, decisivas para el afianzamiento de modelos propios de la moderna sociedad de masas, como se verá en los años siguientes. El cine, aunque aún tendrá años de sociedad con las varietés, ya no era complemento. Todas las clases sociales sabían esto. Desde el principio, en cuanto a formas, comprensión y precio, estuvo al alcance de todos, pero no interesaba a todos de la misma forma. El cine primitivo iba siendo aislado por las nuevas ofertas. El espectáculo era de masas. Ya no era popular. Empezaba a ser vedette.

597. Para la ciudad como entorno de estos nuevos espectáculos véase OTERO, Luis Enrique y PALLOL, Rubén: *La ciudad moderna...*

6.

SOCIEDAD DE MASAS Y DICTADURA DE MASAS (1917-1931)

Con el fin de la Primera Guerra Mundial llegó algo más que la paz. La puerta a un período de cambio profundo que supuso la aceleración de la modernidad en busca de la sociedad de masas. En España esa "modernización autoritaria" de la que habló Eduardo Calleja fue pilotada por una dictadura que, hurgando en los valores patrios, sin embargo no puso obstáculo alguno al potente avance del cine norteamericano. Llegaba a la vez que los tiempos modernos hacían asomar un nuevo tipo de consumo "fordista", ese consumo masivo de productos que no triunfarán definitivamente hasta los años sesenta (coches, electrodomésticos...) frente al consumo suntuario de élites y productos de lujo (cosmética, salud) dominante hasta la Segunda República.[598] La fábrica de imágenes en movimiento más potente del mundo se hizo dueña de la situación dentro de España para pilotar ese cambio, controlando el producto y también el mercado. Rivalizando con el cine alemán y los otrora potentes francés e italiano. Adueñándose de mensaje y pantallas y llevando a todos los rincones del país su propio imaginario en los bolsillos de las estrellas de un Olimpo propio, antes habitado por toreros y cupletistas.

Poco sitio quedó para el cine español que, pese a enarbolar los valores más añejos, no logró interesar al capital para levantar un ingenio fabril capaz de competir con el inquilino de Hollywood. Nuestro cine empezaba a definirse en estos años, en medio de un gran debate, con una industria que se instaló en Madrid, al calor de los capitales de la burguesía industrial y la nueva aristocracia de las finanzas. La escasez de medios, artísticos y financieros, hizo que ese primer cine español buscase en los recursos propios (tradiciones, historia, monumentos) las armas con las que

598. ALONSO, Luis Enrique y CONDE, Fernando: *Historia del consumo en España...*, pp. 67-81.

enfrentarse al arrollador cine norteamericano. Tres centenares de películas dieron cuenta de la actividad de esa industria, de mayoritaria residencia madrileña, con honrosas excepciones en Cataluña, País Vasco, Galicia, Asturias, Baleares y Canarias.

Miguel Primo de Rivera, dictador duro y campechano, buscó denodadamente tutelar la nacionalización de las masas. Que todos los españoles compartieran una misma idea de España, el mismo relato glorioso en lo espiritual, a la vez que el país se modernizaba en lo material. Pero en la industria del cine lo moderno era lo más americano y lo antiguo lo más español.

6.1. Crisis total (1917-1923)

Pocas veces la palabra "crisis" adquiere una definición tan plena como en estos años: "cambio profundo y de consecuencias importantes en un proceso o una situación, o en la manera en que estos son apreciados", dice el diccionario.[599] Son esos cambios radicales que pueden derivar, como en las enfermedades, en agravamiento o en mejoría. No hablamos de "desastre", término que no se ajusta ni a estos tiempos ni siquiera a los de 1898. Menos evidente resulta la precisión de sus causas y maneras, sobre todo últimamente, cuando los historiadores revisan las versiones tradicionales para huir del fatalismo y de una interpretación de los hechos exclusivamente española; la de un país atrasado, gobernado por la corrupción que estaba abocado a una salida traumática.

Las cosas no fueron tan simples. Su explicación primera hay que buscarla más allá de nuestras fronteras. La Gran Guerra desató una crisis del liberalismo en toda Europa, cuatro años carcomida por la pólvora. El sonido de las bombas no llegó a España, pero sí un profundo conflicto político, económico y social, cuando el régimen liberal se vio acosado, desde la izquierda y desde la derecha.[600] España, en 1917, no era tan distinta de otras monarquías europeas de corte elitista y, después de la guerra, casi todas las re-

599. REAL ACADEMIA ESPAÑOLA: *Diccionario de la lengua española*, versión en línea [consultada el 20-I-2024].

600. Un panorama general de las consecuencias de la guerra en España puede encontrarse, por ejemplo, en: FUENTES, Maximiliano y GARCÍA, Carolina: "España y la Gran Guerra: un análisis historiográfico a la luz del centenario", en *Índice Histórico Español*, nº 128, 2015, pp. 97-103;

públicas nacidas en Europa sucumbieron al autoritarismo. La originalidad de España sólo llegaría en los años treinta, al recuperar la democracia.[601]

La otra clave es el proceso modernizador ya descrito en estas páginas y que se vio enfrentado a una contradicción esencial: mientras que se caminaba hacia lo nuevo, llegaron problemas antiguos que no tuvieron soluciones modernas cuando precisamente eso, la modernidad, estaba alumbrando todos los cambios. La crisis era una variante local de la crisis de modernidad causada por la irrupción de la sociedad de masas y precipitada por la Gran Guerra. Sin embargo, a los conflictos del siglo XIX se les aplicaron soluciones del mismo siglo. No valían para el siglo XX. Eso se vio claro en el avispero en que se convirtió España el año 1917.

En esa fecha una guerra mundial en curso se unió a una revolución soviética de sacudida planetaria, fueron el decorado de una representación compleja que, en España, contó con un extraño elenco. En primer lugar una huelga general revolucionaria en agosto, expresión de la protesta de una clase obrera esperanzada por los buenos augurios de la neutralidad bélica, pero con esas esperanzas rotas por una realidad en la que la vida seguía encareciéndose y lo más básico ya era demasiado costoso. En segundo lugar la amenaza regionalista, que se hizo presente como argamasa capaz de fraguar voluntades diversas en la Asamblea de Parlamentarios de Barcelona. Por último el descontento de los militares era, por causas muy distintas, el de toda la población, que quería verse libre de la eterna, sangrienta e inútil guerra de África. Por curioso que parezca, el catalizador de todas las protestas de la crisis de 1917 fue ese pilar del régimen y no sus oponentes: el ejército a través de las reivindicaciones que canalizaron las Juntas de Defensa. El resultado fue un proceso revolucionario único, pero con protagonistas que tenían intereses y tácticas diferentes: obreristas, republicanos y junteros militares. Su objetivo fue la instalación de un régimen republicano federal, con especial atención a Cataluña, que se convertiría en Estado asociado. Una anticipación, en algunas líneas maestras, de la Segunda Repú-

PARDO, Rosa: "España ante el conflicto bélico de 1914-1918: ¿una espléndida neutralidad?", en Salvador FORNER (ed.): *Coyuntura Internacional y Política Española*, Biblioteca Nueva, Madrid, 2010 y GONZÁLEZ CALLEJA, Eduardo y AUBERT, Paul: *Nidos de espía, España, Francia y la I Guerra Mundial*, Alianza, Madrid, 2014.

601. TOWNSON, Nigel: "El controvertido camino hacia la modernización: 1914-1936", en *Nueva historia de la España contemporánea...*, p. 128.

blica. El sindicato socialista (UGT) y el anarcosindicalista (CNT), consideraron que la situación estaba madura para emprender una revolución, con su necesario período de república burguesa, en su marcha hacia el socialismo. Pero republicanos y junteros tenían miedo a los sindicalistas, por lo que, cuando el gobierno conservador de Eduardo Dato, aceptó la principal demanda de los militares, en junio de 1917, se separaron del grupo. El final del movimiento estaba escrito antes de empezar.[602] El proceso revolucionario fracasó. Si su modelo era Rusia, aquí no se daban las mismas condiciones y los contendientes salieron al campo en justa desigual: astutos los gobernantes, de maniobras certeras para seguir prolongando la vida del sistema liberal, y contradictorios y casi aficionados los opositores. Sin embargo 1917 fue el principio de un prolongado, y hasta entonces desconocido, período de violencia social.[603]

Pasada la huelga la situación política del país era harto delicada. Las elecciones del 24 de febrero de 1918, ya sin encasillado, marcaron un gran avance de los socialistas, a la vez que, roto el frente revolucionario, vencían los partidos favorables a la monarquía constitucional, mostrando aún la fortaleza y la capacidad de resistencia del sistema de la Restauración. Mucho más allá de lo que habitualmente se ha escrito. Sin embargo los gabinetes se iban manteniendo a duras penas. Hasta 1923 se sucedieron trece gobiernos en seis años y cuatro elecciones generales con el único propósito de fabricar gobiernos estables. La conflictividad social y las huelgas iban en aumento y las injerencias del ejército en la política también. El "trienio bolchevique", que en toda España desató el número de huelgas hasta 1920, hizo sospechar al reformismo que la situación podía írsele de las manos y quedar en las de la clase obrera.[604] Además, pasados los años de la Gran Guerra, se fue con ellos la posibilidad de incorporar al sindicalismo al sistema, logrando así su democratización. La tentativa no encontró respaldo

602. Para la descripción del mismo véase *La crisis del régimen liberal en España. 1917-1923*, en *Ayer*, nº 63, 2006. También TOWSON, Nigel: *op.cit.*, pp. 132-134. Una nueva y reciente versión es la ofrecida por VILLA, Roberto: *1917. El Estado catalán y el soviet español*, Espasa, Madrid, 2022.

603. Así lo describe ROMERO, Francisco: "España no era Rusia'. La revolución española de 1917: anatomía de un fracaso", en *Hispania Nova. Revista de historia contemporánea*, nº 17, 2017, pp. 416-418.

604. Véase TUÑÓN DE LARA, Manuel: *Poder y sociedad en España, 1900-1931*, Madrid 1992 (1ª edc. en 1984), p. 63.

ni en la patronal ni en ciertos sectores del ejército.[605] Mientras tanto, cada año las organizaciones sindicales multiplicaban sus afiliados y su influencia. Más que una amenaza revolucionaria, supuso el enquistamiento de los problemas para los que no se encontraban soluciones. Se sumaban, además, viejos conflictos como la guerra de Marruecos y otros nuevos, como la gran epidemia de gripe de 1918, que complicaron el panorama. La posguerra mundial no fue amable. Arrastró una crisis económica que erosionó el nivel de vida de los campesinos, provocó el despido de no pocos trabajadores industriales a la vez que precios y salarios subían sin control. Seis mil empresas se fueron por el sumidero de la crisis, sin mercado (ni exterior ni interior) para vender sus productos.

La conflictividad social en lugares como Barcelona degeneró en graves alteraciones de orden público. Allí el nacionalismo español se postuló como la respuesta a las principales amenazas, puesto que la nación cultural era fuerte y salía al rescate de un Estado débil, que no acababa de imponerse en los peores momentos. Cataluña destapó los problemas, pero le siguió el País Vasco, con la caja llena tras la guerra. Allí el PNV, en forma de Comunión Nacionalista Vasca, ganaba en las urnas. Por vez primera las Cortes españolas debatían un proyecto de ley que contemplaba la existencia de regiones autónomas.[606] A esto se unía el descontento obrero que, en medio de un clima revolucionario que venteaba la pólvora de la revolución rusa, ya era un problema mayor. El escenario para enfrentar ambas batallas, nacionalistas y sindicalistas, se montó en Cataluña.

Haciendo balance, de haber y debe, el conflicto planetario benefició a la economía española que, sin sufrir las destrucciones de la guerra, aprovechó los beneficios de una necesaria sustitución de importaciones por productos nacionales para la demanda interior y una demanda exterior creciente en minería, siderurgia o construcción naval. La neutralidad fue especialmente benevolente tras el escudo de la propia neutralidad estadounidense, hasta el último año de la contienda. En esos tiempos nacía el

605. Véase BARRIO, Ángeles: "La oportunidad perdida: 1919, mito y realidad del poder sindical", en *Ayer. Revista de Historia Contemporánea*, nº 63, Madrid, 2006, pp. 153-184.
606. "Real decreto autorizando al Presidente del Consejo de Ministros para presentar a las Cortes un Proyecto de ley sobre organización autonomista municipal y regional", en *Gaceta de Madrid*, nº 22, 22-I-1919, pp. 242-255.

primer fabricante aeronáutico de España, Hispano Aviación,[607] y se lograba la primera balanza comercial positiva de la historia contemporánea.[608] Asturias, País Vasco o Cataluña, supieron beneficiarse de la coyuntura, otras regiones no tanto. Aquí empieza la parte mala. En realidad, sólo los especuladores pudieron aprovechar hasta el final los buenos tiempos de la Gran Guerra, tan buenos como fugaces. Entre ellos no se encontraron los industriales del cine que entraron, como todo lo demás, en un período de crisis muy llamativo.

No lo tuvieron fácil. Tampoco los países neutrales como España. Cercenadas las vías de distribución habitual, no encontraron suministro para sus pantallas ni otras vías de salida internacional para su producción. Desde 1915 los aliados bloquearon en sus fronteras las mercancías de los países neutrales, tanto en tierra como por mar. La producción italiana o francesa se mantenía al límite, sin la presencia de antaño. La moneda fluctuaba y las películas se encarecían. La exportación no era rentable, tampoco para las casas españolas, incluso si iba dirigida al enorme mercado hispanoamericano. A mediados de 1916 las películas francesas se quedaban en la frontera, dando preferencia al comercio de otros productos estratégicos para la contienda. En 1917 Francia, protegiendo su mercado, prohibió la importación, Italia, en suicida maniobra, la exportación de sus propias películas. El cine danés tampoco fue enemigo para el ágil bastón de Charlot. Se pensaba que sería una situación transitoria, pero fue la gatera por la que se coló el cine norteamericano para ocupar, desde entonces, los primeros puestos en las pantallas y en las preferencias de los espectadores europeos. De los españoles también.[609]

607. La actividad de la Hispano Aviación comenzó como taller aeronáutico de la emblemática empresa de la automoción Hispano Suiza. Desde entonces, sería conocida sucesivamente como Hispano Aircraft, La Hispano, SAF-15 y, ya en Sevilla, como Hispano Aviación, hasta que en 1971 fue absorbida por Construcciones Aeronáuticas S. A. (CASA), en CONTRERAS, Francisco: "La Hispano Aviación. Antecedente histórico del *cluster* aeronáutico del sur", en *Andalucía en la historia*, nº 56, abril-junio de 2017, pp. 76-79.
608. SUDRIÀ, Carles: "Los beneficios de España durante la Gran Guerra. Una aproximación a la balanza de pagos española", en *Revista de Historia Económica*, nº 2, 1990, pp. 363-393 y MONTERO, José Antonio: "España y los Estados Unidos frente a la I Guerra Mundial", en *Historia y Política*, nº 32, Madrid, julio-diciembre 2014, pp. 71-104.

Como en otros sectores económicos, para España aquella fue una oportunidad perdida, en especial para hacerse con el mercado del sur de América. De esa manera lo hacía constar el editorial de la más antigua de las revistas de cine en septiembre de 1920: "de España no sale ni un metro de película para ningún punto de la tierra. Sobre esto tenemos que se compra caro y se alquila a bajos vergonzosos precios". Y eso que, la misma fuente, decía que, en aquel último año, se habían constituido en España nueve casas del negocio cinematográfico, pero el negocio seguía estando en la distribución y en la exhibición de películas extranjeras, no en la producción de cintas nacionales.[610]

La producción española no despegó, por todo lo que se acaba de relatar y porque el cine barcelonés, locomotora del celuloide de aquella España como ya sabemos, se enganchaba a los tiempos de crisis social, económica y política de posguerra, con sus productoras más destacadas en apuros terminales, acusando la debilidad de sus medios de producción, profesionalidad del personal y organización para afrontar tan duro trance. Si en 1914 producían treinta y ocho títulos, era sólo seis en 1923: una película las productoras Canigó, Fructuoso Gelabert, Peninsular y Radio; y dos Lotos con Baltasar Abadal como realizador.[611]

La Hispano-Films, relativamente bien asentada en el mercado nacional y, como ya se ha visto, con formales resortes de distribución internacional, por sorpresa y en tragedia, acabó sus días en junio de 1918, cuando un incendio arrasó sus instalaciones. Aunque siguió con sus operaciones internacionales (se ha documentado actividad de la marca en Austria)[612], en 1921 desapareció definitivamente. Por lo que respecta a la Barcinógrafo S.A., después de su etapa de colaboración con Margarita Xirgu, sus ambiciosas metas fueron a estrellarse en 1918. No pudo prolongarse más allá la vida de la productora, exhausta tras un año intentado levantar una ambiciosísima serie de Magín Murià: *Vindicator*, diez capítulos al es-

609. SADOUL, Georges: *Histoire Générale du Cinéma: Le cinema devient un Art*, Paris, Editions Denoël, 1974, p. 33; RIBAS, Iolanda: "El papel de la distribución...", pp. 412-414.
610. "Nuestras cosas", en *Arte y cinematografía*, nº 234, Barcelona, IX-1920.
611. GONZÁLEZ, Palmira: *Els anys daurats...*, pp. 326-330.
612. Durante 1921 integra nuevas entidades como al Citograph–Hispano-Film Schenk and Co., en GONZÁLEZ, Palmira y SEGUIN, Jean-Claude", en "La Hispano Films...".

Fig.50: Publicidad de *Vindicator* de Magín Murià en *La vida Gráfica*, nºs 106 y 107, X y XII 1918 (Filmoteca de Catalunya).

tilo de la francesa *Judex*, de esos de catorce rollos. Studio Films S.A. que, con la creación de la distribuidora Monopol Films había dirigido sus energías a la ficción, volvió a los seriales en 1919, cuando la fórmula ya agotaba su vigencia. Primero según el modelo francés (*Codicia, El protegido de Satán* y *Mefisto*) y más tarde a la moda americana (*El botón de fuego* y *Las máscaras negras*). Fueron sus últimos pasos. En los años siguientes la situación empeoró, sobre todo por la fallida contratación del actor y director inglés Aurelio Sydney para participar en cinco películas. Su inesperada muerte sólo le permitió rodar *¡Mátame!* y *El León*, en 1920. Lo que se planteaba como revulsivo acabó siendo una dificultad añadida. Fue el destino de la casa. Al año siguiente dejaba de producir. Joan Solà, que había emigrado a Madrid para trabajar como operador, murió en 1922 mientras rodaba *El héroe de la legión*.[613] La crisis de la producción catalana se prolongó prácticamente hasta la llegada del cine sonoro.[614] Escribía el pionero Magín Murià que la cinematografía barcelonesa feneció porque, a consecuencia de la pobreza de inversiones en producción, "raramente una película nacional se tomara en consideración fuera de España y que, muchas de ellas, fueran objeto de chacota dentro de ella".[615]

Sucedía esto en años decisivos, cuando en España estaba naciendo una sociedad nueva, que precisaba de nuevos medios de información. Sería una sociedad de masas en la que el cine estaba llamado a jugar un papel destacado. La prensa, gran apoyo para la difusión cinematográfica, también. Entonces la prensa española empezó a recuperar el atraso, de al menos tres décadas, que la separaban de la europea. El proceso en que se había metido era el de toda la sociedad; el tránsito de una sociedad tradicional a una industrial de masas y que, salvo en Madrid y Barcelona, necesitó buena parte del siglo XX para llegar a su final. Los periódicos serían aliados fundamentales para la difusión y los cambios en el cine.[616] A finales de la década de los años diez y, desde luego, ya en los veinte las primeras cabeceras de Madrid y Barcelona y más tarde las de provincias, abandonaban la información cinematográfica sólo basada en los chismes o en publicidad para dar abrigo a la figura del crítico. Un redactor especializado. También eran especializadas las revistas que iban sumando efectivos a la nómina de las más veteranas con cabeceras como *Cinema* (1918-1936), *Cine Popular* (1921-1924) *Boletín de Información Cinematográfica* (1922-1926), *Popular Film* (1926-1937) *Fotogramas* (1926-1929) y *La Pantalla* (1927-1929). A ellas se unieron, en número no pequeño, revistas efímeras

613. GONZÁLEZ, Palmira: *Els anys daurats...,* pp. 330-335 y "Studio Films: la productora més comercial del cinema mut a Catalunya (1915-22*)"*, en *Cinematògraf*, vol. 2, 1985, pp. 111-131.
614. PERUCHA, Julio: "La narración de un aciago...", p. 56.
615. MURIÀ, Magín: "Carta abierta al señor J. Freixes Suarí, director de 'Arte y Cinematografía", en *Arte y Cinematografía*, Barcelona, nº especial 1926.
616. TIMOTEO, Jesús: "Los frustrados intentos de regeneración informativa", en TIMOTEO, Jesús y otros: *Historia de los medios de comunicación en España. Periodismo, imagen y publicidad (1900-1990)*, Madrid, 1989, especialmente pp. 83-85. Véanse, en la misma obra, las aportaciones de Joan Manuel TRESERRAS: "La sociedad de comunicación de masas en España", especialmente pág. 96 y Enric MARÍN: "Estabilización y novedades en la prensa diaria", pp. 104-108.

que se repartieron por toda España, además del espacio creciente que, con la década de los veinte, le reservaron al cine prestigiosas revistas culturales como veremos ya en los años veinte. Fueron tiempos en los que el celuloide encontró su mejor aliado en los papeles.[617]

Los mismos papeles en los que empezaban a penetrar, sin retorno, las nuevas formas de diversión de una civilización tan moderna como la norteamericana, con músicas, modas y nuevos adelantos para un público deseoso de disfrutarlos a este lado del Atlántico: frigoríficos, ascensores, ventiladores, fonógrafos, secadores de pelo, lavaplatos, garajes individuales y bares americanos de barra y taburetes, como el Pidoux de la Gran Vía, inaugurado en 1922, y donde, en 1928, Benito Perojo rodó *La condesa María*. De todo, pero, sobre todo, músicas nuevas (*jazz band, fox-trot*) y el irresistible cine de Hollywood, que fue la sensación en el paso a los años veinte.[618] Lo americano era una marca que se usaba no sólo para las películas, sino también para los cines, como el de La Latina en Madrid, inaugurado en enero de 1917, según planos de Pedro Muguruza "a estilo americano". Una americanización que era de las grandes ciudades, pero también llegó a ser de las ciudades de provincias. En 1922 un hostelero de Guadalajara publicitaba su local, poco más que un kiosco, como "bar americano", en 1929 la compañía Pullman ya ponía sus coches a la línea férra Sevilla-Jerez de la Frontera, y, antes que en Madrid, se bebía Coca-Cola en Valencia, Sevilla, Melilla, Murcia y las Palmas.[619]

Ese fue un tránsito fundamental, el otro tránsito que nos interesa es el de la industria cinematográfica en España que, agotada la primera propuesta barcelonesa cambió su asiento a Madrid. La explicación hay que buscarla en los problemas estructurales de una industria en la que los distribuidores ganaban dinero con la importación de películas extranjeras y los productores locales no disponían una red de distribución y exhibición

617. Para mayor precisión y más cantidad de información véase MONTERDE, José Enrique: "Breve historia de la crítica...", pp. 43-48.
618. FUENTES, Juan Francisco: *Bienvenido Míster Chaplin...*, pp. 113-129 y SÁNCHEZ VIDAL, Agustín: *Pero... ¡en qué país vivimos!...*, pp. 85-87. *La Esfera*, 30-IX-1922, p. 29, da cuenta de la inauguración del American Bar Pidoux en Gran Vía.
619. *La Tribuna*, Madrid, 18-I-1919 y *El Imparcial*, Madrid, 24-I-1919, citados por FUENTES, Juan Francisco: *Bienvenido Mister Chaplin...*, pp. 123, 222, 223 y 397.

Fig.51: Cine en Madrid. *Arte y Cinematografía*. Número especial, 1926.

para amortizar sus producciones. Ese salto lo explica de la siguiente manera Gómez Mesa desde Patria Films, cuya peripecia esencial ya conocemos:

> "La mayoría de las naciones poseen ya su cinematografía. España, ajena a ello, pierde tiempo y energía limitando su actuación cinematográfica a la construcción de suntuosos cines. Y mientras en Barcelona, se enciende, para apagarse enseguida, el fuego que inflama a los partidarios de la cinematografía nacional, en Ma-

> drid nadie piensa en la trascendentalísima cuestión. (...) El 12 de octubre (Fiesta de la Raza) de 1917 se estrena en el Teatro de la Zarzuela con inusitada solemnidad *La vida de Cristóbal Colón y su descubrimiento de América*. Luego se pasó en Palacio ante SS.MM. y AA. RR. Y alcanzó tan enorme éxito la producción filmada en Cataluña por elementos francoespañoles, que ¡oh portento!, días después se constituía en Madrid una manufactura peliculera: la Patria Films".[620]

Sin embargo el verdadero viaje de la producción a Madrid, llegaría pocos años después, previo paso por Santander que, entonces, era destino de un veraneo, tan aristocrático y acomodado como los promotores de Cantabria Cines. Esta productora, surgida en septiembre de 1917 en la capital cántabra, mecida por los baños de ola y con el concurso de cuarenta socios comandados por el empresario Manuel Herrera Oria, consiguió la colaboración del dramaturgo Jacinto Benavente para adaptar al cine *Los intereses creados*, con la inversión de 150.000 pesetas.[621] Rodada en 1918, en Madrid, con la compañía de Ricardo Puga se estrenó definitivamente el 7 de enero de 1919, también en Madrid. El resultado no gustó. Y sentenció a la productora. Luis R. Alonso presumía en la prensa, años después, de que "esta película, que costó más de 40.000 duros, fué adquirida por el que suscribe, en propiedad para todo el mundo, por la irrisoria cantidad de 1.500 pesetas".[622] Pese al intento de reflotar la sociedad ampliando capital entre sectores acomodados de la sociedad madrileña, incluso de la nobleza titulada y hasta el mismo Alfonso XIII, aprovechando su conocida querencia cinematográfica,[623] la compañía fracasó. Se autodisolvió, en el mismo año

620. GÓMEZ MESA, L.: "Ayer, hoy y mañana (Rápida ojeada al desarrollo del cine en la villa y corte)", en *Arte y Cinematografía*, Barcelona, nº especial 1926.
621. SAÍZ, J.R., "Cantabria", en CAPARROS, J. M.: *Cine español, una historia por autonomías*, Vol. I, P.Pu. Barcelona, 1996, pp. 132-133. No se conserva copia de la película.
622. ALONSO, Luis, R.: "La producción nacional", en *Heraldo de Madrid*, Madrid, 6-VII-1929, p. 11.
623. De esa afición del rey por el cine escribía Andrés DE LA MOTA, poniendo es su boca estas palabras: "Hombres y dinero hay en España, parece que decía, ¿por qué no entrar en el frente de batalla educativa por el cinematógrafo, como entraron nuestros filósofos y nuestros poetas,

REPERTORIO M. DE MIGUEL

(LA ARISTOCRACIA DEL FILM)

PRESENTARÁ la obra **escrita expresamente** para el cinematógrafo por el glorioso dramaturgo **JACINTO BENAVENTE** titulada

LA MADONA DE LAS ROSAS

Puesta en escena y dirigida por su ilustre autor

Interpretación magistral por los artistas Gelabert, Moragas, **Emilio Thuiller, Paco Fuentes** y otras de las principales figuras del teatro español

Fig.52: Publicidad de *La Madona de las Rosas*, de Jacinto Benavente, en su reestreno (*Arte y Cinematografía*, nº 280, VII-1924).

1919, entregando armas y bagajes y siendo el origen de Atlántida S.A. Cinematográfica Española, con un fabuloso capital social (al menos sobre el papel) de 4 millones de pesetas, tras el que se situaban aristócratas, finan-

nuestros hombres de ciencia y nuestros artistas? Nuestra tierra y nuestro cielo no tienen semejante; nuestra intelectualidad tiene su distinción en lo ardiente de su fantasía, reina y gobernadora de las artes bellas, y no hay razón para que vayamos rezagados en esta maravillosa manifestación del progresar del hombre." "Adelante", en *Arte y Cinematografía*, Barcelona, nº 101, 31-I-1915, extraordinario tras su número 100.

cieros y hasta el mismo rey, Alfonso XIII.[624] Sin alejarnos de 1919, ni de Benavente, hay que anotar el segundo intento del dramaturgo por llevar sus ideas al cine con una nueva empresa, Madrid Cines, que adaptó una sola obra, *La Madona de las Rosas*, lejos del beneplácito del público y, por tanto, de los favores de la taquilla, la película tuvo un recorrido corto aunque resurgió cinco años más tarde.

Mientras esto sucedía La Atlántida avanzaba con paso firme en Madrid eliminando la competencia al fusionarse con Patria Films, la pequeña productora que los Perojo habían constituido en 1915. En la fusión la Patria aportó su patrimonio y recursos que, además de películas, almacenes y oficinas, estaba constituido por una galería en construcción cercana a la Casa de Campo. Una de las primeras decisiones de la nueva empresa fue terminar esa galería y dotarla de equipamiento, como iluminación artificial, además de complementarla con camerinos y laboratorios. Así comenzó su camino de producción, no sin riesgo, al confiar al joven santanderino José Buchs, que había sido actor en *Los intereses creados*, el trabajo de dirección artística y la empresarial a Oscar Hornemann, antiguo gestor del teatro de la Zarzuela.

De esta época son cuatro largometrajes estrenados en 1921: *La inaccesible*, *Expiación*, *Cuidado con los ladrones* y *La venganza del marino*. Unas producciones de limitado empeño inversor (no llegó a 22.000 pesetas *La inaccesible*, la más costosa de todas).[625] Ese mismo año se abordó la producción de otras cuatro cintas: *La señorita inútil*, *Convencionalismo*, *Víctima del odio* y *La Verbena de la Paloma*. Esa verbena lo cambió todo, al convertirse en el primer gran éxito de la casa, y encaminó a la productora por el costumbrismo en busca de un cine popular. La adaptación por parte de Buchs de la obra de Ricardo de la Vega y Tomás Bretón, era género chico y zarzuela al fin, un título tan popular y con la carga simbólica largamente glosada en estas páginas. También abrió el camino para la adaptación de zarzuelas, senda hollada por todo el cine posterior, con la traslación a celu-

624. CÁNOVAS, Joaquín: "La Atlántida S.A.C.E. y otros estudios madrileños en los años veinte", en GRACÍA DE DUEÑAS, Jesús y GOROSTIZA, Jorge: *Los estudios cinematográficos...*, p. 26.

625. Josefina MARTÍNEZ, explica el mayor gasto de *La inaccesible* en su mayor metraje y en que, para la producción, se hubo de gastar en el alquiler de muebles de la casa Freddy's y en veinte botellas de champagne francés para la escena de un cabaret, en *Los primeros veinticinco...*, p. 180.

loide de tres obras que reflejaban las ya mencionadas, codificadas y sainetescas maneras del "ser" más tópico de las regiones españolas protocolizado para su exhibición y venta:[626] *La Doloretes* rodada en Valencia, *La reina mora*, rodada en Sevilla y *Carceleras*, rodada en Córdoba.

Fig.53: Fotograma de *Carceleras*, José Buchs, 1922. Se trata de un primer plano, reforzado por el ojo de gato, en el preciso instante en que Gabriel (José Romeu), jura en vano por el Cristo de los Remedios que no abandonará a Soleá (Elisa Ruiz Romero "Romerito"). (Junta de Andalucía, a partir de la restauración de 2024).

Esta última cinta profundizó el camino de la adaptación de zarzuelas (era obra de Ricardo Rodríguez Flores y el maestro Peydró en 1911) también sirve hoy para calibrar las habilidades artísticas de José Buchs, pues sus anteriores títulos no se conservan. En *Carceleras* el director, además de un

626. CASARES, Emilio: "Teatro musical: zarzuela, tonadilla, ópera, revista...", en *Historia de los espectáculos en España*, Castalia, Madrid 1999, pp. 164-165.

uso excesivo de signos de puntuación como el *ojo de gato*, mostró cierto dominio de las posibilidades más modernas del medio cinematográfico con novedades como el *flash back*. La historia, localizada en el campo y la capital cordobesa, presenta una trama de amoríos y crímenes pasionales en cinco partes. Allí, entre trajes cortos de faena, volantes, sombreros, caireles, botos y polainas, las facas y revólveres salen a relucir. Su eficacia cara al público fue mucha, combinando música y unas imágenes en las que el desenlace de la película se prepara en la cuarta parte usando tres *flash backs* entrelazados con un diálogo en el que todo se descubre.[627] Su estreno, en las vísperas navideñas de 1922 en los principales cines de la empresa Sagarra (Real Cinema y Príncipe Alfonso), fue un éxito arrollador que no se perdió ni el mismo Alfonso XIII.

Al llegar 1922 la quiebra del cine barcelonés era un hecho y el traspaso de la hegemonía a Madrid ya se había consumado. Sin embargo el modelo madrileño se parecería, para mal, a lo peor del cine catalán: poca capitalización, débiles estructuras industriales y una competencia desigual con un cine extranjero que, tras la breve interrupción de la Guerra Mundial, volvió reforzado para colonizar el campo español, con todas sus armas antiguas y otras nuevas, de fabricación americana. Justo el año anterior el editorial de *Arte y cinematografía* señalaba ése como el mayor los males del cine español: “una industria que no cuenta con el apoyo de los grandes capitales”. Pedía incluso una cuota de producción nacional fijada por ley.[628]

Esos males afectaban a todas las producciones. Si había diferencias entre las cinematografías madrileña y barcelonesa estaban en la organización profesional. Especialmente en los operadores de fotografía que, en

627. La película ha sido digitalizada, a finales de 2024, por la Filmoteca de Andalucía, partiendo de una copia de 35 mm., conservada en el Centro de Conservación y Recuperación (CCR) de la Filmoteca Española -obtenida a su vez del nitrato original desaparecido- y una copia de 16 mm. del fondo de la Filmoteca de Andalucía, que ha servido como material de contraste y referencia. En “La Filmoteca de Andalucía recupera la película ‘Carceleras’ (1922), de José Buchs, una de las primeras zarzuelas adaptadas del cine español”, Consejería de Cultura y Deporte, Junta de Andalucía, 27-X-2024 (https://urlc.net/Qd3G). Esa institución nos ha dado todo tipo de facilidades para acceder a la copia restaurada y poder realizar un visionado completo.
628. “De Cinematografía”, en *Arte y cinematografía*, nº 242, Barcelona, mayo de 1921.

Barcelona, con menos acuerdo, se dedicaban a entrar en el negocio previa constitución de empresas productoras, mientras que en Madrid, con amistoso y cuasi sindical reparto del trabajo, preferían montar laboratorios como pasarela, menos arriesgada, a la producción de películas o, en todo caso, al control de su papel en la industria.[629]

Por una u otra causa la marcha de las productoras era tortuosa y provocaba cambios constantes entre sus integrantes. La Atlántida no fue diferente, Buchs, además de Hornemann y Maristany, abandonaron el estudio tras el rodaje de *La Doloretes*, en 1923. Al año siguiente lo hizo Alfonso Andrés Pérez de la Mota, gerente entonces de Atlántida, además de representante de la Gran Empresa Sagarra, dimitió el 12 de junio de 1924, contrariado por los ajustes que llevaron a la empresa a trasladar sus oficinas al solar de los estudios, lejos del centro de Madrid y a despedir a parte del personal "incluso el tenedor de libros y el botones".[630] Ya no eran los tiempos más felices para la productora. Busch había emprendido una nueva aventura embarcándose, como el apoyo financiero de la familia Urquijo, en Film Española. Los banqueros habían arriesgado en la nueva empresa 500.000 pesetas desde febrero de 1923. Atlántida y Film Española fueron realmente las únicas empresas que consiguieron comprometer de verdad al capital financiero en aventuras de cine.

El panorama cinematográfico, antes barcelonés, ahora madrileño se resumía pues, en producciones baratas, con argumentos conocidos que explotaron las zarzuelas más populares que aportaban, en complicidad del público, lo que no se ponía en financiación. Facturar una película de mediano empeño entonces andaba entre las 12.000 y 25.000 pesetas y, aunque hubo superproducciones comparadas con este nivel inversor, también hubo otras cintas de gasto mucho más modesto que la media.[631] Hacer pe-

629. PERUCHA, Julio: "Elementos para una historia de la fotografía...", p. 32.
630. En *Arte y cinematografía*, nº 280, Barcelona, julio de 1924.
631. La distribución de los dineros sería, más o menos, como sigue: argumento 1.500, dirección 3.000, intérpretes 5.000, decorados y mobiliario 4.000, película y laboratorio 6.000, estudios 3.000, extras y transporte 1.500, imprevistos 500. En total, 24.000 pesetas. Son las cifras que calcula GARCÍA MAROTO, Eduardo: *Aventuras y desventuras del cine español*, Plaza y Janés, Barcelona, 1988, p. 49, Citado por REY, Antonia del: "Modos de Representación en el cine español de los años veinte...", p. 299.

lículas en España no era negocio. Cobrar entrada por ver las que hacían al otro lado del Atlántico, sí. Tal era el escenario en el que llegó al poder un dictador militar, de gustos periodísticos y peliculeros.

Alquiler de películas.

JUAN LLATIOS PRUNES
Atocha, 94, tel. 42-13 M.
Delegación en Centro de España de Empresas Reunidas, S. A.; selección Capitolio y otras importantes casas.

Cinematografía Verdaguer, S. A.
Sucursal de Madrid
Plaza del Progreso, 5.

L. GAUMONT
Alquiler de películas y venta de aparatos cinematográficos; Atocha, 90, teléfono 33-75 M.

ENRIQUE DE CASTRO
Alquiler de películas corrientes y para aparatos Baby.
Serrano, 29. Madrid.

RAFAEL SALVADOR
Manufactura de películas, ha editado, entre otras, «El puñao de rosas»; San Salvador, 6, Madrid.

SELECINE, S. A.
Subcentral de Madrid
Arenal, 27.

CASA A. IBAÑEZ
Compraventa y alquiler de películas; exclusiva de «La Dolores», «El caballero de la pesadilla» y otras. Peligros, 4; tel. 26-28 M., Madrid.

JUAN FUSTER
Belén, 3, teléfono 18-72 M.

C. C. HISPANOPORTUGUESA, S. A.
Central: 17, Espoz y Mina, Madrid. Tel. 54-58-M. Sucursales: Barcelona, Bilbao, Lisboa. Grandes exclusivas.
Venta y alquiler.

FORD FILM
Carrera de San Jerónimo, 34, duplicado.

REPERTORIO: M. DE MIGUEL
Alquiler y venta de películas.
Grandes exclusivas.
Madrid. San Bernardo, 24. Tel. 16-91.

ERNESTO GONZALEZ
Plaza del Progreso, número 2.

Aparatos cinematográficos.

Casa Jiménez. Toma-vistas y de proyección; Preciados, 58 y 60, tel. 22-50-M.

CINE PETERS
Máquina cinematográfica A. E. G.
Accesorios, carbones.
Alonso Cano, 33.

Manufacturas y laboratorios.

VICTORIA FILM
Manufactura cinematográfica
Fuencarral, 138, tel. 26-07 J.

Laboratorio cinematográfico C. A. E.
Lista, 24. Madrid.

MADRID-FILM
Impresión de películas. Laboratorios, aparatos y material cinematográfico. Carrera de San Francisco, 4. Tel. [illegible]-23-M.

Profesores de orquesta.

RAFAEL LOPEZ-CERQUERA
Director de orquesta de «Royalty»

Fig.54: Guía cinematográfica madrileña para 1924, en *La Acción*, 22-II-1924, reproducido por Laura López: "Los oficios cinematográficos en España (1895-1936)", p. 282.

6.2.Cirujano de hierro y ocio de celuloide (1923-1931)

A las dos de la madrugada del 12 de septiembre de 1923, Miguel Primo de Rivera había convocado, en la Capitanía General de Barcelona, a cuatro redactores de diarios de la ciudad condal. Les comunicó la declaración del estado de guerra y les entregó, para su publicación, el *Manifiesto al País y al Ejército*,[632] aquel que concluía diciendo: "este movimiento es de hombres: el que no sienta la masculinidad completamente caracterizada que espere en un rincón, sin perturbar los días buenos que para la patria preparamos. ESPAÑOLES: ¡VIVA ESPAÑA Y VIVA EL REY!".[633]

Reunió a la prensa antes que a las tropas para dar su golpe de Estado. Hasta ahí llegaba su preocupación por controlar a la opinión pública. Un golpe "moderno" en el que los medios eran muy necesarios para sus propósitos puesto que, como en el resto de las dictaduras coetáneas (Miklós Horthy en Hungría, Benito Mussolini en Italia y Józef Piłsudski en Polonia), la legitimidad tradicional de monarquía e Iglesia era insuficiente. Primo de Rivera construyó un nuevo régimen basado en la imagen de un caudillo dispuesto a sacrificarse con tal de regenerar a la patria acosada por males sin cuento.[634] Un estado de cosas para el que otros ya habían buscado solución. En esto están de acuerdo los estudiosos de ese período, la controversia reside en saber si esa solución ya se había iniciado antes del golpe, desde el interior con el gabinete de García Prieto, dando entrada a los reformistas, con lo que el pronunciamiento habría abortado toda posibilidad de democratizar el sistema, o no había nada que democratizar porque ya estaba muerto. La verdad está en una parte de ambas explicaciones: los políticos dinásticos intentaron reformas para salvar el sistema, entre otras, una tan llamativa como la introducción, por vez primera en el mundo, de la jornada laboral de ocho horas; pero por otra parte sus reformas ya habían topado con la oposición de Iglesia y ejército y así mal iban a prosperar.[635]

632. *ABC*, Madrid y *La Vanguardia*, Barcelona, 14-IX-1923.
633. *La Acción*, Madrid, 13-IX-1923.
634. QUIROGA, Alejandro: "Caudillo Nacional. Propaganda, culto al líder y masculinidades en la dictadura de Primo de Rivera", en *Revista catalana d'història*, nº 15, 2022, pp. 20-39 [en línea].
635. La interpretación de la dictadura como aborto de las reformas, ya clásica, la aportó Raymond CARR en su obra *España, 1808-1936*, Ariel, 1982, pág. 505 y ha sido recogida ofreciéndola como alternativa de interpretación por otros autores como Paul AUBERT: "Hacia la moderni-

Los años inmediatamente anteriores, esos que hemos caracterizado como de "crisis total", fueron el tiempo en el que el nacionalismo español concentró en sí la respuesta a las principales amenazas que había identificado. En primer lugar el separatismo catalán, sobre el que el nuevo régimen lanzó duras medidas de control desde el primer instante y, pese a la represión de los signos externos de la catalanidad, siguió teniendo el apoyo de la burguesía industrial del lugar. El control sobre Cataluña, tanto de catalanistas como de sindicalistas, la venía manteniendo en una especie de "virreinato militar" donde el poder militar actuaba con independencia del poder civil de los gobiernos dinásticos.[636] A partir de ahí perfeccionó el sistema, proyectándolo a toda España, hasta reunir a las fuerzas que sabiamente engarza José Castillejo trazando un panorama del inicio y hasta de las razones del final de la dictadura:

> "El dictador gozaba de la confianza del Rey y estaba apoyado por el Ejército, la Iglesia, la nobleza y el capitalismo. Fue bienvenido por una gran parte de la burguesía, que se acobardaba ante revueltas ruinosas, y logró, al menos, la actitud pasiva de los sindicatos de trabajadores, que se daban cuenta de su impopularidad y confiaban en que la dictadura, en última instancia, provocara una revolución. El único elemento que no pudo atraer fue 'un centenar de intelectuales estúpidos', como él solía decir para justificar el cierre del Ateneo, la ocupación militar de la universidad, la censura de prensa, la deportación de Unamuno y otras persecuciones similares".[637]

Sobre el movedizo suelo del nuevo régimen se desplegaron sus apoyos fundamentales empezando por la Unión Patriótica (UP), que, aunque

zación" en *Los felices años veinte. España, crisis y modernidad*, Marcial Pons, Madrid, 2006, p. 49. Por su parte Eduardo GONZÁLEZ CALLEJA, la niega rotundamente en su síntesis sobre el período *La España de Primo de Rivera. La modernización autoritaria 1923-1930*, Alianza, Madrid, 2005, p. 30. Nigel TOWNSON es partidario del punto medio en "El controvertido camino hacia la modernización: 1914-1936", en *Nueva historia de la España...*, pp. 140-141.

636. Es expresión de Albert BALCELLS en *Breve historia del nacionalismo catalán*, Alianza Editorial, Madrid, 2004, p. 124.

637. CASTILLEJO, José: *Democracias destronadas...*, p. 29.

pareciera un partido destinado a depurar la política "partidista y caciquil", no era tal cosa. Ni lo era como partido democrático ni logró serlo como partido único semejante al admirado régimen fascista italiano. Nunca logró ser la viga maestra que sostuviera al gobierno, merced a la confusión de sus principios, mezcla del más rancio antiliberalismo, el nacionalismo español, el anticomunismo y los valores de la ortodoxia católica pasados por los Círculos Católicos castellanos. Entre tantos valores quedaba poco espacio para el verdadero poso ideológico, más allá de las aportaciones de intelectuales como José María Pemán o José Pemartín.[638] Para certificar esta confusión, el 15 de abril de 1924, Miguel Primo de Rivera afirmaba que la U.P. trataba de constituir "un partido político pero que en el fondo es apolítico en el sentido corriente de la palabra" para "unir y organizar a todos los españoles de buena voluntad" en los principios de "Religión, Patria y Monarquía".[639] Si su objetivo primordial fue desalojar a los antiguos caciques de la Restauración, lejos de lograrlo, estos acabaron nutriendo los cuadros de la Unión Patriótica en toda España.

Otro de sus pretendidos apoyos, el Somatén Nacional, encargado de llevar presencia y orden civil a la calle, realmente nunca tuvo una base social suficiente, pues sus fuerzas estaban nutridas sólo por ciudadanos acomodados, que se dejaban ver en ocasiones excepcionales y fastos de gran porte. Fue la jerarquía católica, en los tiempos en que su influencia se extendía por la prensa y la sociedad con el cuajar el catolicismo social, la encargada de ser línea de imposta. Un apoyo mutuo desde el principio. Como el del rey. Por eso Alfonso XIII, sin acabar 1923, ante el Papá Pío XI se definía como "primer soldado de la religión". Tal era su noción del buen ciudadano, aquel que, siendo buen patriota, era también buen cristiano. Partidario de la represión de la blasfemia o la prohibición del carnaval.[640]

638. Textos fundamentales en esta labor de soporte ideológico son: PEMÁN, José María: *El hecho y la idea de la Unión Patriótica*, Junta de Propaganda Patriótica y Ciudadana, Madrid 1929 y PEMARTÍN, José: *Los valores históricos en la dictadura española*, Junta de Propaganda Patriótica y Ciudadana, Madrid, 1929. Ambas obras prologadas por el General Primo de Rivera.
639. Citado por GONZÁLEZ CALLEJA, Eduardo, *op., cit.*, p. 179. Los propios diplomáticos italianos resaltaban la pobreza de la dictadura de Primo de Rivera en su intento de parecerse al fascismo italiano, en AVILÉS, Javier: "Un pálido reflejo del fascismo: la dictadura de Primo de Rivera en los informes diplomáticos italianos", UNED, 2017 [en línea].

Así las cosas, uno de los mayores logros del régimen fue administrar sabiamente su relación con el mundo obrero. Las organizaciones socialistas no lo combatieron de inmediato. Era mucho el riesgo del choque frontal, como en 1917, por salvar algo en lo que no creían. Luego llegó la colaboración. Fue cuando el líder del potente sindicato minero socialista, Manuel Llaneza, se entrevistara en Madrid con el dictador el primero de octubre de 1923. PSOE y UGT, a cambio del respeto a las conquistas obreras y a sus propias organizaciones, mantuvieron su neutralidad, al menos hasta que vinieron mal dadas para el carbón a partir de 1927.[641] La política social de la dictadura era una especie de intento de "nacionalizar" a la UGT para transformarla en un órgano de colaboración de clases, su presidente, Largo Caballero, llegó a entrar en el Consejo de Estado en 1925.[642] Aunque las organizaciones socialistas no fueran perseguidas y sacaran enorme ventaja de su colaboración y participación en la Organización Nacional Corporativa, estando presentes vivieron en la ausencia de una vida vegetativa.[643] A la vez que esto sucedía el gobierno se afanaba en perseguir a los anarquistas, aplastar a los nacientes comunistas y proscribir a los dos partidos parlamentarios del turno dinástico. En el fondo, y en muchas formas, la dictadura, recogiendo las tendencias autoritarias nacidas tras 1898, tenía una ideología contrarrevolucionaria y nacionalista, rechazó el liberalismo parlamentario y se adhirió al catolicismo, la Monarquía, el Ejército y el Imperio, a la vez que se construía la figura del dictador como un líder carismático; el caudillo que llevaría a España hasta la regeneración nacional.[644]

En esas aguas nadaba el cine. Mientras en España se fraguaba una dictadura, en Estados Unidos empezaba ya la revolución del cine sonoro con las primeras pruebas de Lee De Forest, ingeniero responsable de la pa-

640. El famoso discurso de Alfonso XIII ha quedado recogido en el diario *ABC*, Madrid, 22-XI-1923. En estas implicaciones entre la Iglesia y el nuevo régimen, un especialista como Shlomo BEN-AMI ha visto el precedente del nacional-catolicismo franquista. Véase *La dictadura de Primo de Rivera, 1923-1930*, Planeta, Barcelona 1984, p. 75.
641. MORADIELLOS, Enrique: *El Sindicato de los Obreros Mineros de Asturias, 1910-1930*, Universidad de Oviedo, Oviedo, 1986, pp. 82-83.
642. GONZÁLEZ CALLEJA, Eduardo: *op., cit.*, p. 160.
643. TUÑÓN DE LARA, Manuel: *Poder y sociedad en España, 1900-1931*, Espasa Calpe, Madrid, 1992, p. 341.
644. TOWNSON, Nigel: "El controvertido camino hacia la modernización, 1914-1936", en *Nueva historia...*, p. 142 y QUIROGA, Alejandro: *Miguel Primo de Rivera...*, pp. 168-170.

Fig.55: Conchita Piquer en un fotograma del corto sonoro *From Far Sevilla*, Lee de Forest, 1923 (Archivo RTVE).

tente del Phonofilm que, el 15 de abril de 1923, cuatro años antes de *El cantor de jazz* de Aland Crosland, rodaba un cortometraje sonoro con la imagen y la voz de una niña de dieciséis años, Conchita Piquer, sorpresa en Broadway, convertida así en la protagonista de la primera película sonora en español.[645] Era una metáfora de los años veinte en España, donde el cine sería un espectáculo pujante arrastrado por el más avanzado cine extranjero, incluso para retratar lo español más castizo.

645. Esas imágenes fueron localizadas en la Biblioteca del Congreso de Estados Unidos para la documentación del programa sobre Concha Piquer, dirigido por Jorge M. Reverte, de la serie *Imprescindibles* de RTVE: https://urlc.net/NMGx [consultado el 25-X-2024]. Se trataba del corto de 11 minutos y cuatro canciones, *From Far Sevilla*, rodado en el teatro Rívoli de Nueva York. Conchita Piquer, ya conocida en Broadway, lo protagonizaba interpretando piezas del repertorio ibérico de la época. Está realizado en Phonofilm, el sistema creado De Forest que integraba el sonido la misma película en la que se encuentra en la imagen sincronizando ambas. Más información en https://urlc.net/NMHJ [consultado el 25-X-2024].

1. Cine para hacer patria.

Alfredo Serrano, crítico de *El Día gráfico,* tuvo el privilegio de abrir el fuego con el primer libro sobre la producción de cine en España: *Las Películas Españolas. Estudio Crítico-analítico del desarrollo de la producción cinematográfica en España. Su pasado su presente y su porvenir.*[646] Era 1925, año en el que la dictadura mostraría su ambición de no ser flor de un día, sino apoyarse en tierra firme para institucionalizarse, pasando del directorio militar al civil. El nacionalismo, como veremos más adelante, sería un cimiento esencial para lograr ese edificio. Viene esto muy al caso, en tiempo, pero también en forma y fondo, pues en el libro de Serrano se mostraban las virtudes patrióticas del cine español a partir de la contradicción primera del empeño de su producción: su modestia no se correspondía con la grandeza nacional. Para evitar tal descompensación avanzaba varias medidas que estarán a la orden del día entre las propuestas barajadas por los sectores de la industria del cine la segunda mitad de los años veinte: la utilidad del cine para hacer patria, siempre y cuando se combatiera la perniciosa y torcida imagen de la España que retrataba el cine extranjero; el proteccionismo estatal con alguna clase de cuota de proyección y la organización y concentración de la industria nacional.[647]

El cine y la imagen de España era la primera cuestión. La llave de muchas otras pues decidió una parte importante de los contenidos de la producción durante los años veinte. Estamos entrando en el terreno, efervescente entonces, de las patrias y las naciones, o más bien su idea y su representación, como construcción artificial. Desde que empezaron a tener armazón teórico en el siglo XIX hubo que inventarlas. Darles cuerpo para que sus habitantes se identificaran con ellas. Construir el "artefacto" na-

646. SERRANO, Alfredo: *Las Películas Españolas. Estudio Crítico-analítico del desarrollo de la producción cinematográfica en España. Su pasado su presente y su porvenir*, Barcelona, 1925. Junto a éste habría que considerar otros títulos como VERA Vicente: *La fotografía y el cinematógrafo*, Calpe, Madrid, 1923, GONZÁLEZ, L.: *Manual de cinematografía (como arte, industria, espectáculo, profesión)*, Colón, Madrid, 1929; MICÓN, Sabino: *Cómo se hacen las películas (Teorías sobre la impresión)*, Compañía Iberoamericana de Publicaciones, Madrid, 1929 o el ya más tardío de ALVAR, J. M.: [Manuel Fernández Álvarez] *Técnica cinematográfica moderna*, J.M. Yagües, Madrid, 1932.

647. SERRANO, Alfredo: *Las Películas Españolas. Estudio Crítico-analítico...*, especialmente pp. 96-114.

cional que ha explicado Benedict Anderson con su idea de la comunidad política imaginada, dotada luego de Estado para ser convertida en patria.[648] En España esos imaginarios tan útiles para el Estado pasaron por un prolongado proceso de formación que se aceleró, como el nacionalismo político y la modernidad, a la vez que explotaban los medios de masas. Para el régimen primorriverista la nacionalización de las masas fue una tarea principal. Conseguir que el Estado enarbolase una idea de nación y dispusiera de las narraciones adecuadas para ser entendidas y asumidas por la población. El propio dictador, con su conocida querencia por los medios de comunicación, estaba convencido de que el cine era el vehículo adecuado para proyectar su idea de España, de lo que el país debería ser. Lo venía proponiendo desde la Gran Guerra, momento en que, pensaba, para la propagación del "ideal de la Patria", no sólo había que ir a los cuarteles, sino a las escuelas y a los barrios obreros, utilizando medios de propaganda modernos como el cine.[649] En efecto, el cine, como vehículo genuino de la cultura de masas, fue fundamental en la cultura popular nacionalizada que se desplegó en España en las primeras décadas del siglo XX, como resorte para compartir los mismos referentes culturales partiendo de espectáculos como los toros o el género chico. Lo fue por los mensajes que lanzó, incorporando discursos de otras manifestaciones de la cultura popular y elaborando relatos nuevos sobre la nación española. También lo fue por su capacidad de congregar a gran cantidad de público en salas que contribuyeron a reproducir y difundir la idea de España como comunidad imaginada.[650]

Sus potencias masivas despegaron en estos años veinte, como ocurrió con el fútbol y otros recursos de la sociedad de masas. Con una ventaja sobre el resto de las políticas nacionalizadoras de Primo de Rivera, mientras que éstas funcionaron por la amenaza del sable, los espectáculos masivos se habían nacionalizado por la lógica del mercado, los cambios de la socie-

648. ANDERSON, Benedict: *Comunidades imaginadas. Reflexiones sobre el origen y la difusión de nacionalismo*, Fondo de Cultura Económica, México, 1993.
649. QUIROGA, Alejandro: *Miguel Primo de Rivera. Dictadura, populismo y nación,* Crítica, Barcelona, 2022, p. 199.
650. Un repaso a las teorías sobre cultura de masas y nacionalización en el cine español del primer tercio de siglo en GARCÍA CARRIÓN, Marta: "Lugares de entretenimiento, espacios para la nación: cine, cultura de masas y nacionalización en España (1900-1936)", en *Ayer*, nº 90, 2013, pp. 11-137.

dad y la consolidación de las industrias culturales.[651] De tres formas, al menos, el cine se convirtió en eco del discurso nacionalista: buscando un paradigma de película española por antonomasia y, como consecuencia, reaccionando a la imagen de España que mostraban las películas extranjeras en la tópica e infamante "españolada" y, por último, monopolizando los hitos de la cultura y la historia española como argumentos para el cine nacional, nunca para el extranjero. Como declaraba la Atlántida S.A.C.E. en su intenciones primeras: "la Compañía se inspirará en el genio tradicional de nuestra raza, para coadyuvar, con la reproducción de las excelencias varias de su arte, a la elevación espiritual de nuestro pueblo, y a su vez procurará estrechar las relaciones de fraternidad con la América Española, y difundir las civilizadoras en el Norte de África".[652] Las películas españolas deberían de ser películas nacionales por encima de todo. Las extranjeras no podían.

En semejante tarea el turismo tendría también un papel no pequeño, pues en España históricamente se ha utilizado esta industria para implantar, fortalecer y hacer económicamente viable cierto concepto de identidad nacional.[653] Pero hablando de cine, además de papel tuvo una alianza, por las mismas fechas. Eran, cine y turismo, dos industrias culturales nacidas de la modernidad de forma casi sincrónica. El turismo tuvo su origen en el viejo veraneo de los más poderosos y llegó antes. A mediados del siglo XIX ya era una práctica extendida en España, con esa denominación, como adjetivo,[654] pero tardó en alcanzar significado pleno y hasta prestigio sustantivo. Eran esos tiempos románticos de viajeros que tanto material aportaron luego a las primeras películas extranjeras ávidas de retratar lo español,

651. Sobre el caso del fútbol y su progreso masivo, en paralelo al cine, durante los años veinte: MADRID, Juan Carlos de la: *Una patria posible. Fútbol y nacionalismo en España*, Trea, Gijón, 2013 y QUIROGA, Alejandro: *Goles y banderas: fútbol e identidades nacionales en España*, Marcial Pons, Madrid, 2014.
652. CÁNOVAS, Joaquín: "Identidad nacional y cine español: el género chico en el cine mudo español", en *Quintana*, nº 10, 2011, p. 76.
653. AFINOGUÉNOVA, Eugenia: "El discurso del turismo y la configuración de una identidad nacional para España, en REY REGUILLO, Antonia (ed.): *Cine imaginario y turismo. Estrategias de seducción*, Tirant lo Blanc, Valencia, 2007, p. 38.
654. BOYER, Marc: "El turismo en Europa, de la Edad Moderna al siglo XX", en *Turismo y nueva sociedad, Historia Contemporánea*, nº 25, Universidad del País Vasco, 2002, p. 14.

como había hecho, desde 1898 Karl Baedecker con su *Guía de España y Portugal*, primero en alemán y luego en inglés, mostrando el camino de la imagen canónica extendida a partir de entonces.[655] El cine acababa de llegar a España y pronto recuperó la diferencia de la llegada más temprana del turismo ofreciendo, entre sus primeras imágenes, un largo repertorio de vistas del mundo que simulaban el viaje inmóvil para quienes no podrían viajar jamás. No hay más que recordar el éxito de espectáculos tipo *Hale tour* o *Metropolitan cinematour*, para darse cuenta de cómo "el viaje sin viajar" estuvo siempre en la esencia del cinematógrafo desde los tiempos más primitivos, en los que algunos pioneros ilustres, como el propio Segundo de Chomón, según ya hemos visto, se ocuparon de las bellezas turísticas hispanas.[656] Lo hacían esas iniciativas privadas pues, hasta la Primera Guerra Mundial, el encuentro de cine y turismo fue lento. El turismo, aún veraneo, era sólo para ricos, y el cine luchaba por no ser sólo para pobres.

En la segunda década del siglo, cuando el veraneo aristocrático venteaba ya su paso al turismo masivo y el cine estaba muy cerca de ser también un medio de masas, la sincronía entre ambos fenómenos empezó a lograrse. Entonces se consolidaban ya las primeras estructuras oficiales de promoción turística en España, iniciadas en 1905, que aprovecharon sabiamente el poder del cine para beneficio mutuo cuando coincidían sus intereses. Y, aunque los géneros preferidos por las autoridades seguían siendo las vistas y actualidades, no despreciaban su capacidad de influencia en películas de argumento cuando esto era posible. Así puede verse en la película de Vicente Blasco Ibáñez y Max André *Sangre y Arena*, en 1916.[657] Sus localizaciones se identificaban con muchos de los lugares en los que se ejercía la promoción turística oficial que, en ese momento, llevaba la Comisaría

655. LARRINAGA, Carlos: "El impacto económico del turismo receptivo en España en el siglo XX (1900 a 1975)", en *Jornadas de Historia Económica del Turismo El Mediterráneo: mucho más que sol y playa (1900 a 2010)*, edición en línea sin paginación.
656. REY REGUILLO, Antonia del: "Segundo de Chomón, un guía turístico de cine", en: *Fotocinema, Revista Científica de Cine y Fotografía*, nº 7, 2013, pp. 5-22.
657. Existe una copia de la película, restaurada por la Filmoteca de la Generalitat Valenciana en 1998, a partir de un fragmento en español depositado en la institución, completado con la versión resumida en checo que contenía un nitrato encontrado en el Nárovni Filmový Archiv de Praga.

Regia.[658] Blasco se adelantó a su tiempo en varios aspectos esenciales, por ejemplo en valorar la importancia y la proximidad del salto hacia la cultura de masas, en la que el cine y el turismo iban de la mano y se podían beneficiar mutuamente, también en el paso de la valoración del cine de mero entretenimiento a arte, en la creación de un modelo de película para la promoción de determinadas ciudades (en su caso Sevilla, Granada y Madrid) y, por último, en el combate contra la visión estereotipada de lo típicamente español fuera de nuestras fronteras. Quiso evitar las estampas facilonas tomando el control total de la película: codirección, guion y producción.[659] Así logró plasmar el pintoresquismo sin astracanadas, contribuyó a codificar personajes y episodios dramáticos que se repetirán en el cine posterior y, sobre todo, fomentó el turismo virtual mostrando escenarios muy reconocibles.[660] Esa imagen de un país fotogénico, misterioso y tradicional, iba destinada al público francés, y Blasco pretendió alejarla de la visión romántica, tópica y plana, de "la espagnolade", ésa que se realizaba por metonimia y en la que una Sevilla ideal, de un cartón piedra que nunca existió, pasaba a ser toda Andalucía, primero, y luego España entera. Una imagen ultrapirenaica y filoafricana, ya entonces sólidamente implantada, al menos desde el siglo XVIII, por la herencia de la literatura, la pintura y la fotografía, que cuajó en la centuria siguiente en la Francia de Napoleón

658. Para descubrir esas intersecciones es muy útil la consulta del trabajo de PUCHE, María del Carmen y FERNÁNDEZ, Alfonso: "Turistas en la España de la Comisaría Regia de Turismo: Blasco Ibáñez y la primera adaptación de Sangre y arena (1916)", *Bulletin of Spanish Studies*, nº 9, 2019, pp. 1461-1498.
659. Sobre esta película puede verse REY, Antonia del: "El estimable logro de un diletante. Sangre y arena (Vicente Blasco Ibáñez y Max André, 1916)", en *Archivos de la Filmoteca*, nº 74, 2018, pp. 23-36. En todo lo referente a cine y turismo es de importancia el trabajo llevado a cabo, en diferentes formatos o productos, por el proyecto *Los espacios del cine español de ficción como factor de promoción turística del patrimonio geográfico y cultural autóctonos*. Sobre el contexto de la imagen de la españolada: CLAVER, José María: *Luces y rejas. Estereotipos andaluces en el cine costumbrista español (1896-1939)*, Fundación Pública Andaluza Centro de Estudios Andaluces / Junta de Andalucía, Sevilla, 2016.
660. *Ibidem*, p. 35.
661. La "sinécdoque andaluza" según Rafael UTRERA y Juan Fabián DELGADO: *Cine en Andalucía*, Argantonio, Sevilla, 1980 pp. 14-22, para la

III y la emperatriz española, granadina nada menos, Eugenia de Montijo.[661] Un país lejano y atrasado, latifundio de machos y monaguillos, lleno de toreros, bandidos, muy morenas mujeres fatales y patios andaluces con un tipismo que vendía entradas para la sala oscura. Justo lo que estaba de moda en Francia en las dos primeras décadas del siglo XX.

Y fue un éxito de una dimensión desconocida hasta entonces. Con epicentro en París llegó a España sorteando cualquier obstáculo como la llamada de Lectura Dominical al boicot de la juventud católica, "a ese hombre que tanto daño ha hecho a España" empleando términos como éstos:

> "Se exhibirá por los países europeos, y dentro de un mes vendrán por aquí los que explotan esa deplorable muestra de desaprensión de un mal español para que España goce viéndose en caricatura con un pretexto seudo-artístico y francamente y reprobablemente industrial... ¡Y esta sería la ocasión de un buen alarde de juventud, que se congregase en los cines exclusivamente a silbar a Blasco —que se exhibe al comienzo de la película— y a su desaprensiva españolada!".[662]

Nada resultó. Los exhibidores provinciales ofrecían cantidades fabulosas al propietario de los derechos de exhibición, Rafael Salvador, que hizo noventa copias y vendió la exclusiva, sólo para Andalucía y norte de Marruecos, a José Bernal en unas fabulosas 50.000 pesetas.[663]

Pero la industria extranjera era mucho más poderosa que la española y, lo que era más peligroso, sus películas más vistas por los espectadores españoles que las producciones españolas. En Francia, sin ir más lejos, seguían construyendo las imágenes de un país hecho de bandoleros de po-

existencia del mito en Francia antes de Eugenia de Montijo: GUBERN, Román: *El cine sonoro de la II República*, Lumen, Barcelona, 1977, pp. 124-127.

662. Es artículo de P. Caballero en La lectura dominical. Revista semanal ilustrada, órgano del apostolado de la prensa, Madrid 13-I-1917, p. 25.

663. LAGUNA, Antonio, MARTÍNEZ, Francesc-Andreu: "Jaque al rey, juego de héroe: Vicente Blasco Ibáñez desde París, entre la heroificación y la República", en *Historia y comunicación social*, Ediciones Complutense, 2019, p. 453. http://dx.doi.org/10.5209/hics.72276 [consultado 18-XI-2024]

Fig.56: Dos fotogramas de *Sangre y Arena* (Vicente Blasco Ibáñez y Max André, en 1916), novios en la reja y Doña Elvira y sus amigas presenciando la corrida de toros. Tópicos españoles sin españolada (Filmoteca de la Generalitat Valenciana).

bladas patillas y manolas con aceros en la liga. Lo hacían incluso aquellos que sintieron admiración por España. Para este asunto resulta muy singular conocer la incursión, en los años inmediatamente anteriores a la llegada de Primo de Rivera, de la artista y directora Jeanne Roques (la "Musidora" de los seriales franceses *Les Vampires* y *Judex*, dirigidos por Louis Feuillade). Siguiendo la estela de Alice Guy-Blaché, la primera directora que impresionó vistas de España,[664] Musidora realizó *Sol y sombra* (con Jacques Lasseyne en 1922) y *La Tierra de los Toros* (1923) que, unas veces cerca y otras más lejos de los postulados de la Comisaría Regia, plasmaron esa imagen de país imprevisto y romántico. Como otras películas anteriores a la dictadura: *El cofrecillo de Toledo* y *Los novios de Sevilla* (ambas de Louis Feuillade en 1914), *La fiesta española* (1919, German Dulac), *Chinchinette et compagnie* (1921, Henri Desfontaines), *El dorado* (1921, Marcel L'Herbier). Muchas de esas películas se movieron en la ambivalencia de los tópicos de la antigua "espagnolade" y su más moderna capacidad de promoción de lugares turísticos para públicos urbanos.[655]

La administración de Primo de Rivera fue la primera en tratar al turismo con un horizonte moderno. Entendió su papel en la economía, pero también que, para formar una verdadera industria del forastero, había que dotarla de una sólida osamenta administrativa y abordar el fenómeno de una manera global. Una promoción sencilla no era suficiente. Usar la historia o el arte como producto, tampoco. Había que hacer varios productos parciales elaborados a partir del recurso principal: una visión patriótica de España, muñida desde dentro, pero también había que proyectarla mejorando carreteras, establecimientos hoteleros y promocionando eventos de largo alcance a partir de una organización moderna.

664. Se trata de *Espagne* o *Vues d'Espagne*, 1905. Son 11 minutos de vistas turísticas en las que la directora aparece retratada en el mirador de San Nicolás de Granada. Cinémathèque Française: https://urlc.net/NMKu

665. Para este asunto puede verse PUCHE, María del Carmen: "El díptico turístico de 'Musidora' (1922-1924). Propaganda cinematográfica en el marco de la Comisaría Regia", en *Estudios Turísticos*, nº 220, 2020, pp. 195-220. La selección de películas pertenece al análisis de la misma autora en su tesis doctoral: "Imagen e identidad territorial. El cine como instrumento de análisis del turismo en Andalucía (1905-1975)", Universidad de Sevilla, 2019, pp. 262-266.

El plan se fue cumpliendo en sus elementos esenciales. Se diseñó un itinerario seguro y cómodo para el turismo por carretera, en cuyas primeras propuestas ya se incluía un esbozo de lo que luego serían los paradores nacionales y los albergues de carretera: el Circuito de Firmes Especiales.[666] Se mejoró la infraestructura hotelera con el objetivo de llegar en condiciones de recibir visitantes a la celebración en 1929 de la Exposición Iberoamericana de Sevilla y de la Exposición Internacional de Barcelona. Se creó, en 1928, del Patronato Nacional de Turismo (PNT)[667], que sustituyera, como timonel de los destinos oficiales, a la envejecida e infradotada Comisaría Regia del Turismo y Cultura Artística, que funcionaba desde 1911 subida al carisma del famoso pionero Benigno Vega Inclán y Flaquer, Marqués de la Vega-Inclán. Un gestor eficaz, con toda la confianza del rey, pero con muchos años y muchas ideas ancladas en el siglo XIX.[668] Como por ejemplo la

666. Real Decreto Ley de 9-II-1926, por el que se crea el Circuito Nacional de Firmes Especiales, en *Gaceta de Madrid*, nº 41, 10-II-1926, pp. 723-725.
667. A duras penas el PNT sobrevivió a la dictadura. Fue reformado en julio de 1930 y durante la República fue liquidado en abril de 1931 y restablecido en diciembre de dicho año. A partir de ese momento el presupuesto del PNT pasó a depender del de Presidencia del Gobierno. La extinción definitiva del PNT llegaría durante la Guerra Civil. *Gaceta de Madrid*, Madrid, nº 187, 6-VII-1930, p. 170; 12-V-1931, nº 132, p. 671, 24-IV-1931, nº 114, p. 296; PELLEJERO, Carmelo: "La actuación del Estado en materia turística durante la dictadura de Primo de Rivera", en *Revista de Historia Económica*, Año XX, 2002, nº 1, pp. 149-158; "Antecedentes históricos del turismo en España: de la Comisión Nacional al Ministerio de Información y Turismo. 1900- 1950", en *Historia de la economía del Turismo en España*, Cívitas, Madrid, 1999, pp. 26-36; SECALL, Esteve y FUENTES, Rafael: *Economía, historia e instituciones del turismo en España*, Pirámide, Madrid, 2000 pp. 23-27.
668. Con la Comisión Nacional de Turismo, en 1905, España se convirtió en uno de los primeros países en crear estructuras administrativas para la promoción turística. En 1911 fue sustituida por la Comisaría Regia, que se ocupó, durante casi dos décadas, en afirmar los pilares de la nueva industria la creación de museos (Casa del Greco y Casa de Cervantes), la rehabilitación de cascos históricos (Barrio de Santa Cruz de Sevilla), la declaración de los primeros Parques Nacionales (Montaña de Covadonga) o el diseño de alojamientos rurales para los turistas automovilistas (Red Nacional de Paradores de Turismo). Una visión general de su dimensión para unir la idea del turismo y nación se en-

de España como museo al aire libre que el PNT trató de sustituir por la de un pueblo moderno abierto a las novedades, como correspondía a los tiempos de la "dictablanda" primorriverista, con un mayor protagonismo del Estado, de la maquinaria estatal, que de la nación.[669] Aunque tal vez no fuera su deseo primero, con el proceso de nacionalización de masas, la dictadura acabó por convertir el turismo en una cuestión de Estado.[670]

Con la dictadura se volvió a transitar por el camino de las recomendaciones de Alfredo Serrano. Esos eran los puntales sobre los que se edificaría una cinematografía que, si no podía alcanzar en lujos de producción a la norteamericana, en arte y calidad sería capaz de sobrepasarla, si seguía la orientación adecuada. Lo resumía una campaña de la revista *Popular Film* en las navidades de 1927. Tras una encuesta a personajes del cine, llegaba a unas conclusiones que se repetirían una y otra vez. Se necesitaba "arte, dinero, voluntad y españolismo noble y puro". Todo ello para que el gobierno fundase un "film nacional" que "al recorrer el mundo con sus producciones, sea el más brillante heraldo de las grandezas de nuestra patria".[671] Al año siguiente era la Unión Artística Cinematográfica Española la que pedía a los poderes públicos que interviniesen en los rodajes de productoras extranjeras para preservar la imagen del país. Nada de visiones de pandereta, guerra a las "españoladas" foráneas. España, sus autoridades, tenían la obligación de fomentar un arte patrio, un cine nacional que trabajara por extender, con pedagogía y verdad, el alma y la cultura de una España franca y exacta. Combatir el fuego con el fuego. No se trataba de oponerse al imaginario tradicional, andaluz y taurino, sino a la forma ridícula de plasmarlo desde el extranjero. Había que representarlo a partir de una idea nacional capaz de comercializar un costumbrismo regional tan co-

cuentra en los libros de Ana MORENO, a partir de su tesis doctoral: "Turismo y nación. La difusión de la identidad nacional a través de los símbolos turísticos. España 1908-1929", Universidad Complutense, Madrid, 2004.

669. MORENO GARRIDO, Ana:. *Una historia del turismo en España (1880-1936)*, Marcial Pons, Madrid, 2022, pp. 239-247.

670. REY REGUILLO, Antonia del: "Políticas turísticas y cine: Restauración, dictadura de Primo de Rivera y Segunda República", en REY REGUILLO, Antonia de (ed.): *La huella del turismo en un siglo de cine español*, Síntesis, Madrid, 2024, 2ª edc., p. 129.

671. "Nuestra encuesta", en *Popular Film*, Barcelona, nº 73, 23-XII-1927, pp. 11 y 16.

dificado como el del viejo género chico, útil para vender al turista y también para una nacionalización masiva de los indígenas, para cohesionar a España en una idea con la que el cine español debería de estar comprometido, con un costumbrismo oficial y uniforme frente al viejo romanticismo extranjero. Películas españolas en las que el pintoresquismo andaluz fuera lo genuinamente español, pero sin españoladas.[672] Cármenes de España y no las de Mérimée.

Era una maniobra antigua. Un año antes de llegar la dictadura ya el rótulo inicial de *Carceleras* (José Buchs, 1922) advertía de las intenciones de la casa Atlántida "de presentar una obra genuinamente española, sin falseamientos de tipos y costumbres y para que el mundo entero pueda conocer, no la España de pandereta, que sólo han visto hasta ahora, si no su verdadero ambiente y las fuertes pasiones de su raza".[673]

Las imágenes en movimiento siguieron reflejando esta trayectoria. Aún en tiempos de la Comisaría Regia, cuando la dictadura no había cumplido su primer aniversario, se tomaron medidas sobre el cine. Lo mismo cuando se propagase la imagen del país al exterior. Tenía que ser una imagen conveniente, por supuesto. Para ello se empezó a ser selectivo con los rodajes. Se puso filtro a la participación oficial en obras que no estuvieran a la altura de la imagen de España, exigiendo antes de franquear la entrada a los monumentos nacionales, dos copias del argumento y epígrafes o leyendas de los cuadros. Así lo dispuso una Real Orden "que tase su colaboración en todo aquello que estime depresivo para el buen nombre de la Nación y de su verdadera idiosincrasia".[674] Como más adelante se verá, la producción nacional creció en los años centrales de la década, y las tramas de ficción de películas importantes, sin apartarse del sistema de valores impuesto por la dictadura, se pusieron al servicio del fondo paisajístico y monumental de lugares estratégicos para el turismo hispano, actualizando la vieja estrategia de Blasco Ibáñez, además de reforzar las cintas de ambiente regionalista, que no trasladasen la imagen de una España sólo andaluza sino de un costumbrismo "real". Hablamos de cintas que se produjeron hasta el

672. PUCHE, María del Carmen: "Imagen e identidad territorial...", pp. 227-229.
673. Hemos tenido acceso a la copia restaurada por la Filmoteca de Andalucía, por la gentileza de esa institución.
674. Los Monumentos nacionales y el cine", Real Orden de 28-VII-1924, en *Gaceta*, Madrid 7-VIII-1924.

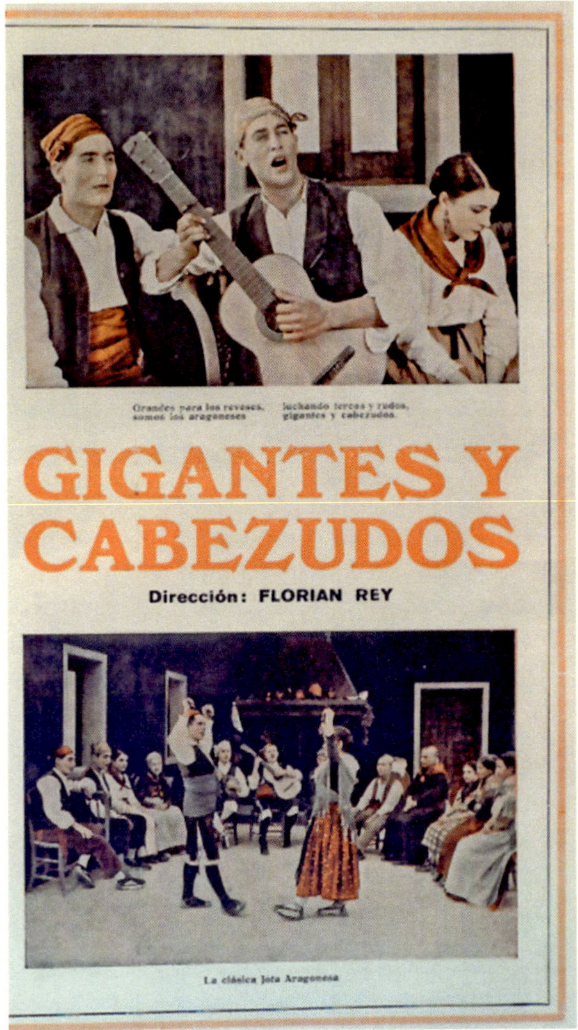

Fig.57: Publicidad de *Gigantes y Cabezudos*, Florián Rey, 1926 (*Arte y Cinematografía*, nº 311, III-1927).

final de la década como *Currito de la Cruz* (Alejandro Pérez Lugín, 1925); *Flor de Espino* (Jaime Ferrer, 1925); *Nit d'albaes* (Maximiliano Thous, 1925) *El secreto de la Pedriza* (Francisco Aguiló, 1926); *Gigantes y cabezudos* (Florián Rey, 1926); *Moros y Cristianos* (Maximiliano Thous, 1926) *Carmiña, flor de Galicia* (Rino Lupo, 1926); *Estudiantes y modistillas* (Juan Antonio Cabero, 1927); *¡Viva Madrid, que es mi pueblo!* (Fernando Delgado, 1928) o *Zalacaín el aventurero* (Francisco Camacho, 1929).[675]

Con la llegada del PNT el cine intentó alejarse del flamenquismo más tópico, incluso el oficial, para buscar una imagen que diera satisfacción a españoles y turistas y que fuera útil como promoción audiovisual. Fabricar un imaginario español más moderno con vistas a la Exposición Iberoamericana de 1929, cosa de la que se habló en el Primer Congreso Español de Cinematografía del año anterior. He aquí la diferencia entre la "espagnolade" y la "españolada", entre una imagen trasnochada y tópica elaborada por extranjeros y la síntesis del folklore y las tradiciones populares, recuperadas o (re)inventadas, y propagadas por los nuevos medios masivos de difusión como la radio y el cine. Un fenómeno denostado por algunos pero aplaudido por influyentes intelectuales como García Lorca, por su poder de expresión de la genuina cultura popular.

Coincidieron esos momentos con la entrada en vigor de la orden que permitía pasar películas informativas sin censura previa, lo que estimuló las actualidades y la no ficción, un verdadero impulso para las producciones y los formatos documentales. El mismo PNT se unió con España Film, para producir películas, especialmente en Andalucía. Esa veta fue explotada también por José y Antonio Calvache, que montaron la productora Turismo Internacional, para reflejar la realidad de España en los fastos de 1929, con las bendiciones del mismísimo Primo de Rivera en *España ante el mundo*. Maniobra semejante a la abordada por Rodríguez Blanco y Pou en *La nueva España* o la de la productora Información Cinematográfica Española (ICE) que, con su operador Leopoldo Alonso, filmó varias cintas sobre las exposiciones de 1929 como la serie *Estampas españolas*.[676]

Esos años de finales de la década vieron, además, el despertar de los temas históricos, tan llenos de gloria para la causa nacionalizadora como poco explotados por el cine (si se exceptúan algunos dramas primerizos de la Hispano Films). Se adaptaron acontecimientos y biografías. Son obras como *Una extraña aventura de Luis Candelas* (1926) y *El conde Maravillas*

675. Varios de esos títulos han sido analizados por Antonia DEL REY REGUILLO: "Celuloide hecho folleto turístico en el primer cine español", en REY REGUILLO (ed.): *Cine imaginario y turismo...*, pp. 84-94.
676. SÁNCHEZ SALAS, Daniel y SOTO, Begoña: "Como la vida, mejor...", pp. 36-37.

(1927), ambas de José Buchs, que se había asociado con su cuñado en la productora Ediciones Forn-Buchs; *Escenas de la vida de Santa Teresa de Jesús* (Arturo y Francisco Beringola, 1926) o *El héroe de Cascorro* (Emilio Bautista, 1929). Hubo predilección por el imaginario de la Guerra de la Independencia que, desde la época liberal, había sido la encarnación de la patria, una encarnación bélica y popular, de defensa contra un enemigo pérfido y extranjero, además. Se reflejó en obras como *El dos de mayo* (José Buchs, 1927), *Agustina de Aragón* y *Goya que vuelve* (Modesto Alonso, 1929) o *El Empecinado* (José Buchs, 1930). En todo caso un vehículo eficaz, durante toda la década, para que viajara la comunidad imaginada nacionalizando a las masas.[677]

Producto de este empeño surgirá un variado repertorio de obras. Por ejemplo los documentales, como el mediometraje de 55 minutos *La Sierra de Aracena,* rodada en 1928 bajo la dirección de Carlos Emilio Nazarí (que en 1927 había dirigido la vanguardista *Historia de un taxi*) y estrenada al año siguiente cuando, pese al momento crepuscular de la dictadura, pretendía ser el inicio de una serie que retratara a una Andalucía terrateniente y aristocrática,[678] con suficientes fotogramas, además, para el homenaje a los soldados españoles combatientes en Marruecos.[679] El comentario de *La Pantalla* identifica las hechuras de la película con los objetivos del régimen:

677. Son muy útiles las precisiones que, sobre este asunto, escribe Vicente J. BENET: *El cine español...*, pp. 97-101. Para más detalles de las películas biográficas: ÚRBEZ, Pablo: "El cine biográfico español (1900-1939): causas de su producción y labor de la prensa cinematográfica", en *Revista Internacional de Historia de la Comunicación*, nº 18, Universidad de Sevilla, especialmente pp. 165-169, en línea.

678. Era un director chileno llamado en realidad Carlos Emilio Sanz Quesado. El resultado de su encuentro en Sevilla con Javier Sánchez-Dalp y Marañón, hijo de los marqueses de Aracena, fue la fundación de *Dalp-Nazarí*, para producir películas documentales dedicadas a fomentar el turismo en Andalucía. "La ausencia de tono crítico sobre la realidad observada no impide considerara *La Sierra de Aracena* como un documento antropológico representativo de una clase social y de un peculiar momento de nuestra Historia y de nuestro Cine." La película fue restaurada por la Filmoteca de Andalucía y presentada en marzo de 1998. A ese momento pertenecen los comentarios entrecomillados. UTRERA, Rafael: "La Sierra de Aracena. Pre-histórico cine andaluz", recogido en https://urlc.net/NMXA [consultado en 5-IX-2024].

679. La producción y aceptación del cine bélico en estos años en España no es comparable con la que tuvieron las películas sobre la Pri-

> "marca un rumbo acertadísimo y necesario en la cinematografía española: descubrir a propios y extraños la belleza inagotable de nuestros paisajes y las costumbres añejas, conservadas a través de muchas generaciones, que forman el alma inmortal de España".[680]

Y es que, pese a la confusa y serpenteante relación de la dictadura con el cine nacional, la no ficción siempre tuvo un lugar para las películas propagandísticas, incluso con promoción oficial: *España en Marruecos* (serie promovida por el Estado Mayor del Ejército en 1925), *La paz en Marruecos* (Ministerio de la Guerra, 1927), *Las colonias españolas del África Occidental* (Dirección General de Marruecos y Colonias del África Occidental, 1930.)[681]

Seguir con la línea oficial nos lleva a ocuparnos de las denominadas "zarzuelas nacionalistas", verdadera respuesta a las españoladas extranjeras, aprovechando, como ya se ha descrito en otro lugar, que la zarzuela filmada era un género netamente nacional que podía sostener tímidamente la competencia con el cine extranjero, sobre todo norteamericano, y que disfrutaba de las preferencias del público más modesto. La baratura de su producción también era de interés, aprovechando escenas de fiestas reales o vestuario y atrezzo de teatro.[682] El auge de los regionalismos, la exhibición de paisajes patrios y argumentos conocidos y de éxito, previamente censurados por las autoridades, eran parte de esa fórmula del éxito de títulos como *Curro Vargas* (1923), *Rosario la Cortijera* (1923), *Mancha que limpia* (1924), *La medalla del toreo* (1924), *Diego Corrientes* (1924) o *La hija del corregidor* (1925); todas de José Buchs, u otros filmes con idénticos propósitos como *Malvaloca* (Benito Perojo, 1926) y *La hermana San Sulpicio* (Florián Rey, 1927), que se unían a obras como la mencionada *Currito de la*

mera Guerra Mundial en otros países europeos, si exceptuamos *Alma rifeña* de José Buchs, el resto no tuvo una repercusión notable. Y esta es una película de 1922, anterior a la llegada de la dictadura, por tanto. Véase GARCÍA CARRIÓN, Marta: *Por un cine patrio...*, pp. 194-195.

680. "Una película sevillana", en *La Pantalla*, nº 80, Madrid, 18-VIII-1929.

681. SÁNCHEZ SALAS, Daniel y SOTO, Begoña: "Como la vida, mejor...", p. 35.

682. PUCHE, María del Carmen: "Imagen e identidad territorial..." p. 358.

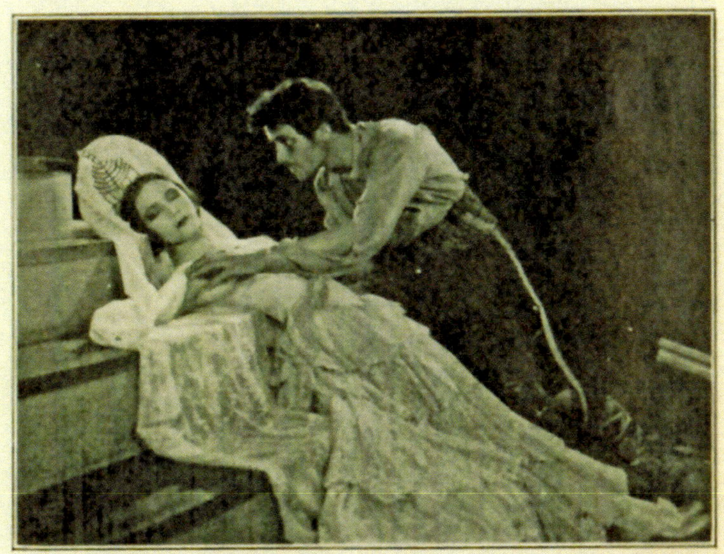

LOS AMORES DE CARMEN

(Loves of Carmen)

Producción Fox—Dirigida por Raoul Walsch

No se trata de la ópera Carmen. No es la historia de Prosper Merrimée. Es un extracto al que se trató de sazonar y que simplemente se ha vulgarizado. El director extrajo mucho del drama y lo sustituyó por morcillas. La interpretación de la gitana hecha por Dolores del Río es vivida y resplandeciente, pero muy llena de los amaneramientos peculiares de las películas. Victor McLaglen no está del todo mal, aunque nos pareció ver al mismo marino de "El Precio de la Gloria" disfrazado de español, durante toda la representación de la obra. Con un poco de mejor gusto se hubiese podido hacer una película mucho mejor. El director Raoul Walsh sacrificó el fuego y el drama del argumento de Carmen, sustituyéndolo por comicidades, que muchas veces aparecen como bromas algo pesadas, y muy pasadas de color y sabor. En resumen es una triste parodia, muy alegre y viva, pero no lo que se espera de un argumento de tanto valor y tan conocido como el de Carmen.

Fig.58: Crítica de crítica de *Loves of Carmen* Raoul Wlash, 1927, donde puede apreciarse la reacción hispana al intento de retratar, desde el extranjero, los mitos nacionales (*Films. La revista del cinema*, XI-1927).

Cruz en su afán de contrarrestar a las películas internacionales que caían directamente en el lado de la españolada más romántica, ya fuesen norteamericanas o francesas: *Les opprimés*, H. Roussel (1922); *Blood and Sand*, Fred Niblo (1922); *Masters of Men*, D. Smith (1923), *Rosita*, E. Lubitsch (1923); *Don Juan*, Alan Crosland (1926); *Carmen*, Jacques Feyder (1926) o *Loves of Carmen*, Raoul Walsh (1927). Marcaron una inercia que continuó incluso en el período republicano, tanto la reacción hispana, como la persistencia extranjera en el retrato de los mitos gastados, hasta llegar a las coproducciones con Alemania durante la guerra civil[683], e incluso a las películas de la posguerra de un director tan cercano al Régimen como Florián Rey que, al defenderlas, volvía a mostrar como en la época de Primo de Rivera se defendía la esencia de lo español frente a la españolada: "Españolada es la España que un extranjero recoge y representa sin conocerla, sin haberla vivido, sin amarla como la conocemos, la vivimos y la amamos nosotros".[684]

Lo turístico había llegado al fin al cine con todas sus consecuencias. Asentado por la coincidencia de las exposiciones Internacional de Barcelona e Iberoamericana de Sevilla, en 1929, estratégicas para el régimen. Y no sólo para ser fondo a tramas sencillas, ese año será el del nacimiento del verdadero concepto de cine turístico español[685] cuyas bases había puesto el Congreso Nacional de Cinematografía del año anterior.

El Congreso se convirtió también en el foro para plasmar los discursos nacionalistas. Su oportunidad quedaba demostrada por las cifras que aportaban distintas entidades (Unión Artística Cinematográfica Española, Unión General Cinematográfica Española, Mutua de Defensa Cinematográfica Española) según las cuales, en 1927, habían entrado en España dos millones de metros de "películas largas, cómicas y naturales". Unas dos mil películas extranjeras. Eso beneficiaba a la industria extranjera, no a la nacional, de ahí la oportunidad del Congreso, edificado por el semanario *La Pantalla* en tres pilares: lograr la independencia de la industria nacional frente a la hegemonía de la extranjera, impulsar la vertiente artística del cine y, sobre todo, responder a una razón suprema: el "deber inexcusable del patriotismo".[686]

Tan altas miras quedaron patentes en algunas de sus resoluciones que, en teoría, alumbrarían futuras medidas de protección de la industria española dentro de sus veintidós puntos: como la del acercamiento de

683. *Ibidem*, pp. 377-400.
684. Son palabras de Florián Rey, escritas para la revista falangista *Vértice* en 1944 y reproducidas por SÁNCHEZ VIDAL, Agustín: *El cine de Florián Rey*, Caja de Ahorros de la Inmaculada, Zaragoza, 1991, p. 362.
685. AFINOGUÉNOVA, Eugenia: "Turismo y movilidad", en REY REGUILLO, Antonia de (ed.): *La huella del turismo en un siglo de cine español...*, p. 28.
686. "La oportunidad del congreso", en *La Pantalla*, Madrid, nº 39, 23-IX-1928.

Resoluciones adoptadas por el Primer Congreso Español de Cinematografía, elevadas a la aprobación del Gobierno de S. M.

1.ª Aproximación material y espiritual de todas las regiones españolas por el mutuo conocimiento cinematográfico.

2.ª Verdadera confraternidad ibero o hispano-americana, que podrá obtenerse viéndonos unos a otros en la pantalla como en un espejo.

3.ª Prácticas de la agricultura y primeros rudimentos de enseñanza con el "Cine ambulante".

4.ª La educación ciudadana según fórmula de Mussolini, a través de su fundación L. U. C. E., bajo los auspicios de la Sociedad de las Naciones.

5.ª Nuevo régimen de censura con normas de unidad y un Tribunal de apelación para las películas rechazadas.

6.ª Registro oficial de títulos de películas a base del establecido por la "Mutua de Defensa Cinematográfica Española".

7.ª Creación de una Cámara Arbitral Cinematográfica Hispano-Americana.

8.ª Reglamentación de la profesión de operador proyeccionista.

9.ª Homenaje a la Aviación española y al gran inventor del auto-giro, D. Juan de la Cierva, como agradecimiento de la técnica cinematográfica.

10. Prohibición de que los niños asistan a los cines donde se exhiban películas *no aptas para menores.*

11. Constitución en todos los pueblos de Cinematecas Municipales como la propuesta en San Sebastián por la maestra doña Presentación Ortega de Ustarroz.

12. Premio para las películas educativas.

13. Exención de derechos de Aduanas y franquicia postal para las películas científicas, pedagógicas e instructivas.

14. Publicación de un "Noticiario Cinematográfico" netamente español, dirigido por la Oficina permanente del Congreso.

15. Conveniencia de que el Estado obligue a un porcentaje de película española en los "Noticiarios" editados por extranjeros y exhibidos en España.

16. Proyecto de ley de Protección a la Industria cinematográfica nacional.

17. Apoyo únicamente para aquellas películas que puedan hacer honor a España.

18. Obligación legal y moral de programar películas nuestras.

19. Creación de premios en metálico y honoríficos a las mejores películas nacionales.

20. Definición de cuáles películas pueden y deben considerarse españolas.

21. Formación en el Ministerio de Trabajo de una Cinemateca Nacional.

22. Constitución de una Cámara Sindical de la Producción Cinematográfica Española.

Fig.59: Resoluciones adoptadas por el Primer Congreso Español de Cinematografía, en *La Pantalla*, 11-XI-1928, nº 45, p. 760 (Filmoteca de Catalunya).

todas las regiones españolas y de una fraternidad hispano-americana, la publicación de un noticiario cinematográfico "netamente español" o la obligación de incluir un porcentaje de película española en los noticiarios extranjeros. Estas y otras conclusiones no se sustanciaron en unas consecuencias tangibles, pero sí fueron el principio de otras iniciativas en busca de un cine nacional.

Como ya se ha dicho, *La Pantalla*, dirigida por Luis Montiel Balanzat, dio el impulso definitivo a ese congreso del que podemos discutir su repercusión verdadera, pero es cierto que todo lo que se viene exponiendo hasta aquí se puso negro sobre blanco abrochando, en forma de peticiones, las carencias y las aspiraciones de la siempre débil industria española, en busca de protección oficial: el film documental como medio de "verse" los pueblos unos a otros; establecer en España la "Sede Cinematográfica" para mayor facilidad de la distribución y rotulación del material entre todos los pueblos ibéricos; fundación de un Conservatorio de artistas cinematográficos y de una Cátedra oficial de operadores y técnicos de laboratorio; la película educativa usada en escuelas y facultades "como comentario gráfico de las explicaciones orales del maestro"; "¿cabe sustituir el actual sistema de la censura?"; creación de una "Filmateca o Cinemateca de la Raza".[687] Tales peticiones fueron ampliadas luego por las veintidós resoluciones adoptadas en el congreso, que pueden verse en la ilustración adjunta y que, además de lo comentado, incidían en cómo representar los valores de una verdadera nación llamada España[688]:

En esos mismos años, además, esa teoría sobre el cine español buscaba llenarse de razones morales de superioridad sobre la producción norteamericana apelando a su liderazgo natural sobre las naciones de la América hispana. Eran momentos de discusión del término "Latinoamérica", boicoteado por quienes pensaban que se trataba de una maniobra, espe-

687. "De interés nacional. Una idea de "La Pantalla". Primer Congreso Español de cinematografía", en *La Pantalla*, Madrid, nº 11, 9-III-1928, p. 165.

688. Para profundizar en este asunto puede consultarse, además de los trabajos ya referidos: SÁNCHEZ, Pablo: "Luz y movimiento. Cultura cinematográfica y nacionalismo en la España de los años veinte", en *Siglo: actas del V Congreso Internacional de Historia de Nuestro Tiempo*, coord. por Carlos Navajas Zubeldia y Diego Iturriaga Barco, 2016, pp. 167-182.

cialmente francesa, para eliminar a España, su herencia y su presencia, de América. Esa discusión, iniciada en los tiempos de la Gran Guerra, alcanzó su cénit en 1927 cuando, al ser convocado en Madrid el Congreso de la Prensa Latina, los diarios que se oponían al gobierno de Primo de Rivera, *El Sol* y *El Liberal*, vetaron la información sobre el evento.[689]

Sin embargo el hispanoamericanismo era una divisa del Régimen. Durante esos años cogió vuelo el significado de "raza" para designar a la comunidad hispana, con España como centro y matriarca. Entre los principios del régimen estaba que, para ser un buen ciudadano había que adorar al líder, formar parte del Somatén y participar en las ceremonias patrióticas, entre las que descollaba un 12 de octubre de sesgo muy americano y también muy castrense, por la presencia del ejército en los actos a raíz de la guerra de Marruecos. Los delegados gubernativos tendrían que organizar "conferencias patrióticas", en las que se exaltaban las virtudes de la "raza hispana". Un recurso más de la nacionalización de las masas, para el que el cine fue fundamental. Era un medio para recuperar la tutoría de España sobre América del Sur, desalojando a la industria de los que, en los medios cinematográficos españoles, siempre fueron denominados "yanquis". Tales planteamientos, que habían servido de fuste en la fundación de la productora madrileña Atlántida S.A.C.E., fueron también argumento central para el Congreso Español de Cinematografía de 1928 y para el Congreso Hispanoamericano de Cinematografía, que la dictadura encargó al abogado y cineasta Fernando Viola para unir a las industrias de cine de los países hispaonoamericanos, bajo la hegemonía de España, contra el peligro que suponía la penetración del cine norteamericano. También colaboró en el proyecto Ernesto Giménez Caballero, "Gecé", crítico de cine e intelectual próximo a las ideas del fascismo italiano que, por las mismas fechas como se verá, alumbraba el Cineclub Español de Madrid.[690] El congreso empezó

689. El editorial de *El Sol* de 4-III-1927, titulado "Algo más que palabras", decía cosas como: "Esta elusión del origen hispano de los pueblos americanos no es inocente. Al amparo de esa vaga comunidad de raza, de ese "latinismo", algunas naciones realizan la difusión de su cultura y su comercio en América. Cuando Francia e Italia necesitan recurrir al parentesco para su propaganda americana, tienen que remontarse al Lacio, pero sin descender de tan gloriosa cumbre para no tropezarse con España y Portugal".
690. Sobre Giménez Caballero y sus ideas en estos terrenos pueden verse: ÁLVAREZ, Gonzalo: "Ernesto Giménez Caballero: unidad nacio-

a montarse el mismo 1928, pero no llegó a celebrarse hasta 1931, cuando en España se estaba asentando la República, que no atendió a las conclusiones del congreso ni a la Confederación Iberoamericana de Cinematografía, creada a raíz del encuentro, pero de vida fantasma. Entonces el mundo del cine era otro, con más argumentos aún a favor de la raza y la hispanidad, pues esas ideas se reforzaron con la llegada del sonido. El idioma era una oportunidad de afirmar esa superioridad cultural. De negocio también.[691]

2. Producción capital.

Gerardo Roquer, el protagonista de *La Casa de la Troya*, "libre, sólo y rico", abandonaba, justo al principio de esa película, la vida de señorito madrileño calavera, gastizo, juerguista y frecuentador de vicetiples de la cuarta de Apolo, para irse al exilio. A estudiar y hollar el suelo húmedo de las losas brillantes de Santiago de Compostela. Su viaje en tren expreso recorría la España de valores eternos que aquel cine quería retratar, pero en el sentido inverso a la marcha de la industria.

Lo de llevar la patria al cine era un debate que atravesó todo el período. Más difícil fue saber cómo hacerlo, con unas posibilidades de producción tan limitadas como las que entonces tenía el aún naciente y mayoritariamente madrileño cine español. En la capital las dos empresas más importantes, a pesar de sus buenos inicios, acabaron fracasando antes de la llegada del sonoro. A pesar del desembarco, en 1924, de un joven y brillante empresario, Ignacio Bauer (fundador de Papelera Española) y de la dirección artística de Florián Rey al año siguiente, la Atlántida no pudo enderezar el rumbo y acabó por sucumbir en 1929. Film Española, tuvo más breve horizonte aún, la creación de Buchs, después de realizar ocho películas entre 1923 y 1924, liquidó en 1926, harta de arrastrar sus números

nal y política de masas en un intelectual fascista", en *Historia y Política*, Madrid, 2010, págs. 265 a 291 y NAVAS, Alina: "Cine, Vanguardia y fascismo en torno a la *Gaceta Literaria*" en *Hispania Nova. Revista de historia contemporánea*, nº 1, 2022, pp. 97-118.

691. CALLEJA, Eduardo: *La España de Primo de Rivera...*, pp. 200-206, GARCÍA CARRIÓN, Marta: *Por un cine patrio...*, pp. 139-148 y HOLGUÍN, Sandie: "The conquest of Tradition: Culture and Politics in Spain during the Second Republic, 1931-1936" tesis doctoral, Universidad de California Los Ángeles, 1994, pp. 193-206.

Fig.60: Estudios y oficinas de Film Española S.A. (foto Vendel para *Arte y Cinematografía*, especial 1926).

rojos. Los estudios Madrid Films, en activo desde 1921 y los nuevos Omniun Cine, creados en 1927, acapararían desde entonces casi todos los rodajes en la capital.[692]

Había acuerdo en que faltaban capitales y recursos técnicos. Ambos argumentos eran finalmente el mismo: como en España no se invertía en cine, el cine español, sobrado de historia, de argumentos valiosos y de belleza, no alcanzaba la capacidad técnica para facturar las películas que tanto merecía. No podía haber un cine nacional si no había una industria nacional. Y, en materia de industria, el régimen de Primo de Rivera se distinguía por un intervencionismo nacionalista no exento de medidas proteccionistas. Parte del mundo del cine venía pidiendo ese tipo de medidas desde los primeros tiempos de la dictadura. Fue así como, en 1923, el gobierno aprobó aranceles para la importación de películas extranjeras. Era cuestión vieja.

692. PÉREZ PERUCHA, Julio: "La narración de un aciago destino...", pp. 95-97 y CÁNOVAS, Joaquín: "La Atlántida S.A.C.E...", pp. 35-42.

Los demandaba, desde 1915, la Cámara Española de Cinematografía y la Mutua de Defensa Cinematográfica. Pero no toda la industria pensaba igual. El cine extranjero, sobre todo el norteamericano, era fuente de negocio para las distribuidoras y los exhibidores, con lo que estos, a través de la Unión General Cinematográfica Española (UGCE), se posicionaron en contra de las medidas proteccionistas sobre la importación y exhibición de películas extranjeras. Lo dijeron en 1928, cuando fueron interpelados por la Unión Artística Cinematográfica Española (UACE). Fue un debate abierto a lo largo de toda la década, junto con la necesidad de la creación de una productora estatal. Una de las conclusiones, ya aludidas, en el Congreso Nacional de Cinematografía que trajo como consecuencia la creación, por Real Orden de 26 de febrero de 1929, de una comisión informativa por parte del ministerio de Economía Nacional, en la que se recogieran parte de las aspiraciones de los productores: cuota de pantalla de cinco títulos por cada cien extranjeros y de distribución de una de "total nacionalidad española", por cada veinticinco. Fue, en suma, una preocupación de la industria y del gobierno que, entre decretos frustrados, no dejó de estar presente, mientras la dictadura perdía vigor, hasta la llegada del sonoro.[693]

Esa tensión industrial, con el proteccionismo y el nacionalismo de fondo, se reflejó en una película de 31 minutos, *Mieres del Camino* (Juan Díaz Quesada, 1927), donde las demandas del cine eran las mismas que se piden en la cinta para la minería, perdido Eldorado de la Gran Guerra, para protegerse de las importaciones de carbón inglés. Todo ello dentro de un ambiente costumbrista y regionalista asturiano, justo en 1926, cuando el fin de una huelga minera inglesa repercutió en la reducción de exportaciones. Para entonces la política de proteccionismo y consumo obligatorio de carbón nacional estaba asentándose y normalizándose. Ese nacionalismo carbonero afloraba con evidencia en sus intertítulos, cuyos textos muy bien podrían aplicarse al nacionalismo reclamado para la industria del cine: "mientras los españoles no digamos todos a una: por España y sólo por España, seremos pobres, siendo muy ricos".[694]

693. VALLÉS COPEIRO, Antonio: *Historia de la política de fomento del cine español*, Ediciones Filmoteca, Valencia, 1992, págs. 34 a 36 y GARCÍA CARRIÓN, Marta: *Por un cine patrio...*, pp. 148-165.
694. Para el estreno de la película en Madrid véase "Una película cubana. Su estreno en Madrid", *El Sol*, Madrid, 15-I-1928. Para el resto de contenidos hemos seguido dos trabajos de Juan Carlos DE LA MADRID: "Imágenes en movimiento de los mineros asturianos", en *Sociología del*

Fig.61: Fotograma de *Mieres del Camino* (Fondos de la antigua Filmoteca Asturiana).

Más allá del pesimismo o del complejo de inferioridad, es lo cierto que el cine español se mantuvo al tanto de los cambios y las novedades en lenguaje y narración que, desde Hollywood y otros centros de producción europeos, hicieron cambiar el discurso de los años veinte. La debilidad de la industria española ponía matices a su forma de incorporar esas novedades universales, que convivieron con otras más sencillas y más baratas de asumir, halladas en las tradiciones nacionales del espectáculo, sus cambios y adaptaciones como consecuencia del proceso de modernización. Un proceso que, sobre todo para los centros urbanos, ya se ha descrito en este libro arrastrando espectáculos populares, desde la zarzuela al universo de las varietés y también formas literarias y escénicas autóctonas. De tal forma que, para calibrar y avanzar en el conocimiento del cine de los años veinte tenemos que mezclar, en el estrecho matraz de la industria española, estas

Trabajo, nº 42, Siglo XXI Editores, Madrid, 2001, pp. 65-94 y "Mina imagen" en *Asturias y la mina*, Trea Gijón, 2000, pp. 280-289.

dos variables: las tradiciones de espectáculo y narración puramente nacional y las transformaciones del estilo cinematográfico internacional.[695]

Dentro de la primera variable la gran abundancia de adaptaciones de obras narrativas españolas dio personalidad al cine de esa década que transcurre entre el éxito de *La verbena de la Paloma* de José Buchs en 1921 y las últimas producciones mudas de la industria española con *La aldea maldita* de Florián Rey como hito final en 1930. Entre medias unos trescientos títulos de ficción y una cantidad indeterminada de títulos de no ficción. Se distribuyen a lo largo de la década haciendo cumbre en 1926, con sesenta y tres películas, para ir descendiendo luego hasta las trece películas producidas en 1930. Pocas películas para muchas casas productoras, pues su número ronda las ciento cincuenta. La cifra es engañosa, enmascarada por el minifundio de la industria española, pues sólo cinco de esas productoras fueron capaces de sacar adelante más de seis películas, entre ellas está el músculo de la producción madrileña: Atlántida S.A.C.E., con diecisiete, Film Española S. A., ocho; Ediciones Forn-Buchs, siete; Producciones Hornemann cuatro y otras cinco más en coproducción y Rafael Salvador Films, seis, la primera con la marca Apolo Films. Nueve empresas produjeron cuatro películas: Goya Films, Julio César, Producciones Ardavín y Feliciano Vitores, de Madrid; Asociación Cinematográfica Valenciana, Film Artística Valenciana y Producción Artística Española (P.A.C.E.) de Valencia e Hispania Film y Estudios Azkona del País Vasco. Del resto de productoras nueve empresas realizaron tres películas, veinticuatro sólo dos y, el resto, más de una centena, una única cinta.[696]

Un número tan crecido de empresas favorecía su dispersión por todo el territorio, con Madrid como núcleo principal, seguido, a gran distancia, por Barcelona o Valencia, cuatro hubo en Asturias (tres en Gijón y una en Oviedo), tres en Andalucía (Sevilla, Granada y Cádiz); dos en Canarias (Las Palmas y Santa Cruz de Tenerife); dos en Palma de Mallorca y una en Vigo. Lejos de estos territorios también se produjeron películas en Teruel y Mur-

695. Vicente BENET lo teoriza perfectamente en *El cine español...*, pp. 65-77.

696. Siempre las cifras están en revisión y han sido matizadas por estudios parciales varios, pero parten del corpus identificado por el trabajo de Palmira GONZÁLEZ y Joaquín CÁNOVAS: *Catálogo del cine español. Películas de ficción, 1921-1930*, Filmoteca Española, Madrid, 1993.

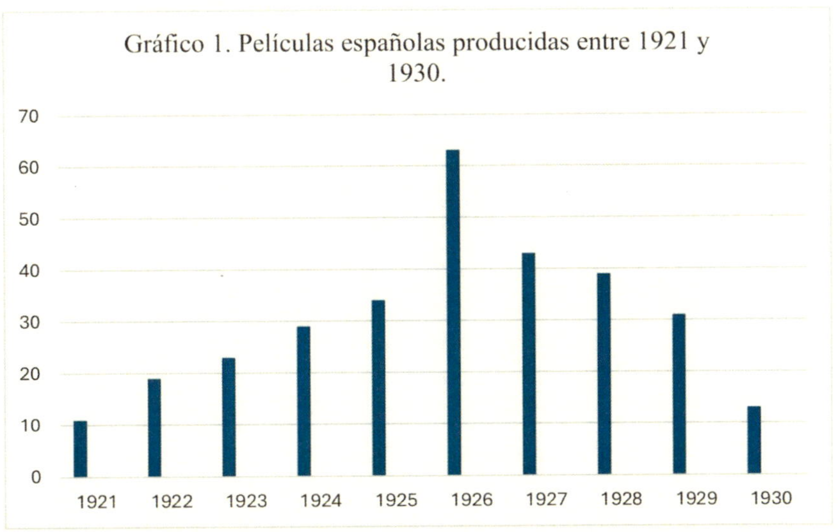

Fuente: GONZÁLEZ, Palmira y CÁNOVAS, Joaquín: *Catálogo del cine español. Películas de ficción, 1921-1930*. Elaboración propia.

cia, sin que podamos identificar empresa, y también fuera de España con capital español de las firmas Albatros, Cinegraphic, Donatien y Musidora en París; de AEG y UFA en Berlín y de Phoebus Films en Munich. Claramente se ve que tal dispersión responde a la modestia de las firmas, la mayoría nacidas para morir tras hacer una película. Sólo el 10% logró producir más de tres.[697] Esa multiplicación territorial, pese a ser muestra de debilidad más que de lo contrario, tenía algo que complacía al régimen, siempre buscando fortalercer el nacionalismo español, aunque fuese a base de fomentar los regionalismos periféricos, muy blandos y muy españoles también.

Si echamos un vistazo geográfico a esa producción, nos encontramos que, empezando por Barcelona, los tiempos habían cambiado. Tras la Gran Guerra todas las taras del meritorio cine barcelonés se sumaron a la rudeza

697. Sobre el análisis de estos datos, a partir de la estadística anterior, se detiene REY REGUILLO, Antonia: "Modos de representación en el cine español de los años veinte. Cuatro ejemplos significativos", tesis doctoral, Universitat de València, 1998, pp. 300-303.

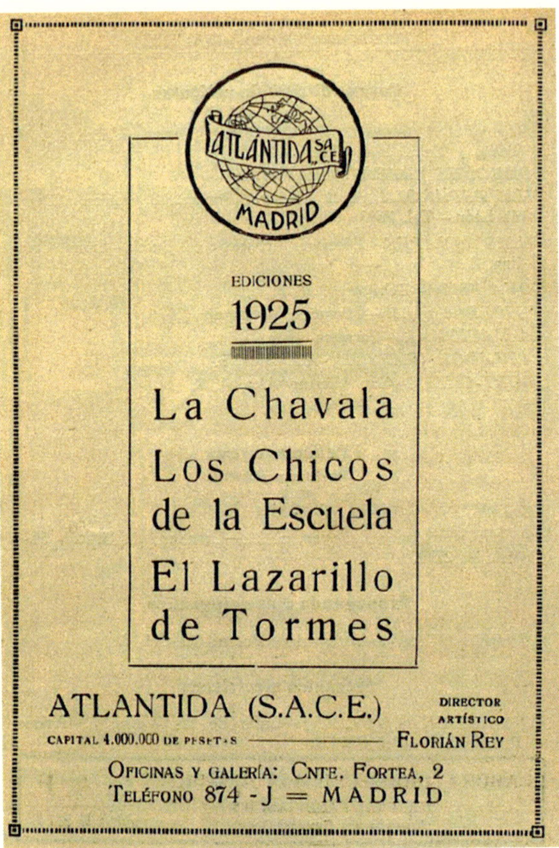

Fig.62: Publicidad de la productora Atlántida S.A.C.E. (Anuario *La cinematografía en España 1925*).

de los tiempos de crisis y pistolerismo anterior a la llegada del dictador y conspiraron para acabar con la producción: la situación económica adversa, la debilidad de las empresas productoras, las difíciles condiciones del mercado, la despreocupación de los políticos o la incomprensión de los intelectuales. El proyecto nacionalista no encontró tierra fértil en medio de la dictadura, ni en lo cultural ni en lo político, como demuestra el final de la Mancumunitat de Catalunya en 1925. La depauperada producción de los años veinte se puede repasar en títulos como *El padre Juanico* (1923), la única producción de Canigó films, adaptando una obra de Ángel Guimerá, como fue el caso de *La hija del mar* (José María Maristany, 1928), una de las dos películas que realizaron los empleados de la distribuidora Verdaguer (la otra fue *Una apuesta original* de José Amich en 1928); también los distribuidores Febrer y Blay produjeron con Sonofilms *L'home del sac* en 1926, adaptando la obra de Clovis Eimerich, siendo, tal vez, la única muestra de cine infantil de esos años. Al año siguiente José Amich, "Amichatis", volvía a la actividad recreando la canción popular *Baixant de la Font del gat*. Por su parte la casa Gaumont, intentó afianzar su presencia en el mercado español produciendo desde Barcelona, con su representante Francisco Gargallo como factótum. A esa actividad responden la comedia de costumbres catalanas *La tía Ramona* (Nick Winter, 1927) y el melodrama *La última cita* (Gargallo, Nick Winter, 1928). El período se cierra con obras como la comedia lírica, a partir de un texto de Santiago Rusiñol, *La alegría que pasa* (Sabino Antonio Micón, 1930).[698]

Valencia, que había sido segundo centro de producción en los tiempos primitivos, mantuvo el pulso con un renacer en los años veinte por la fortaleza del mercado local. Son sus inicios los de Film Artística Nacional, laboratorio montado por Juan Andreu quien, en 1924, realizó en compañía del cómico Pepín Fernández *La barraqueta del nano* y *Cipriano comendador*, dos éxitos que estimularon a sus promotores a fundar Film Artística Valenciana, con la que, en 1925, rodó *La trapera* y *La mà del mico*. Los nuevos títulos no triunfaron y mostraron el camino de la retirada a su promotor que, en 1926, aún rodaría *Nobleza de corazones*, *Gratitud*, *El místico* y *El idiota*. Eran los mismos años de fugaces productoras que sobrevivían, como la Film Artística, en función del éxito de sus películas. Con ese talante se constituyeron Fer-Vall-Duch, proyecto del citado Pepín Fernández, el operador Tomás Duch y José María Vallterra. Produjeron cuatro películas en cuatro años de actividad: *Min y Max* (1924-25), *Los niños del hospicio* y *Justicia divina* (1926) y *Por fin se casa Zamora* (1927). De una sola película fueron las productoras Club Cinema, impulsada por Enrico Santos, que rodó *Los mártires del arroyo* (1924) y Levante Film, de Ramón Orrico (socio de la productora anterior), que produjo la no estrenada *El monje de Portacoeli* (1924-25). También de una sola obra fue la carrera de Hipólito Negre, que

698. Para las condiciones generales del inicio de la crisis véase: GONZÁLEZ, Palmira: *Els anys daurats...*, pp. 353-378. Un repaso a la producción de este período puede encontrarse en LAHOZ, Ignacio: "La construcción de un cine nacional..., pp. 31-41.

realizó guion, dirección e interpretación para *Castigo de Dios* (1925). De mayor importancia fue la labor del político e intelectual Maximiliano Thous, entronca además con las ideas regionalistas más avanzadas pues, pese a ser asturiano de nacimiento, fue defensor del federalismo a través del Estat Valencià. En el cine se distinguió como promotor de Producciones Artísticas Cinematográficas Españolas (P.A.C.E.), con la que facturó cinco películas, todas adaptaciones de zarzuelas, entre las que se cuentan *La Dolores* (1923), *Nit d'albaes* (1925), y *Moros y cristianos* (1926), su proyecto más querido y su fracaso más sonado, que se llevó por delante a la P.A.C.E., ya que no se pudo estrenar y no fue redescubierta hasta 1989. Por los mismos años recalaban en el cine valenciano los italianos Mario Roncoroni, director, y Giussepe Sesia, operador, quienes, desde su colaboración en la exitosa *Les barraques* (1925), desplegaron su labor en ese territorio trabajando para firmas y promotores diversos en películas como *Muñecas, La Virgen del mar* y *Rosa de Levante*, todas en 1926, y *Rocío D'Albaicín*, para Levantina Film al año siguiente. Roncoroni acabaría su periplo valenciano dirigiendo en 1928 *Voluntad*, protagonizada, escrita y producida por Agustín Caballero.[699]

En el País Vasco hay que esperar hasta 1923 para ver la primera película de ficción, *Un drama en Bilbao* (Alejandro Olavarría), fruto de la constitución en la capital vizcaína de la primera productora vasca, que no era otra que Hispania Film, realmente una academia que, como otras que veremos más adelante, despachaba producciones caseras y poco profesionales, aun así produjo otras tres películas entre las que destaca *Edurne modista bilbaína* (Gil de Espinar, 1924), primer largometraje vasco. Cuatro años después llegó el segundo, obra del esfuerzo económico de los hermanos Mauro y Víctor Azcona. Se trataba de adaptar al cine la novela *Mirentxu* de Pierre Lhande, que llegó a las pantallas, con gran éxito por cierto, como *El mayorzago de Basterreche*. Una historia que conectaba perfectamente con los decimonónicos, conservadores y cerrados ideales en los que se había basado el nacionalismo de Sabino Arana. Otras obras como *Lolita la huérfana* (Aureliano González, 1924), *Martinchu Perrugorría en día de romería* (Alejandro Olavarría, 1925), *El milagro de San Antonio* (Kardec, 1925), cierran este corto catálogo, en el que sorprenden, por su singularidad, los cortos de cine familiar del arquitecto bilbaíno Ricardo Bastida. Títulos como

699. REY REGUILLO, Antonia del: "La pasión obstinada del primer cine Valenciano" en *Archivos de la filmoteca*, nº 33, pp. 84-92.

Las albarcas de José Mari, El doctor Patatoff o María Victoria, una aldeanita muy buena y muy bonita.[700]

En Galicia la producción también fue escasa. Entresacamos los documentales de la productora viguesa Galicia Cinegráfica, de José Gil, la obra del fotógrafo coruñés Augusto Portela *La Ciudad de Cristal* (1926) y los documentales bélicos de la serie *España en África*, producidos por el conocido empresario de exhibición Isaac Fraga. A estas cintas podemos unir la no nata *La tragedia de Xirobio* (José Signo, 1930), único intento de ficción, y la obra de la productora viguesa Celta Film y el empresario madrileño Ernesto González, adaptando la zarzuela *Maruxa* (1923), con realización de Henri Vorins y actuación de Florián Rey. Un drama rural, con intertítulos en gallego, cuyo pintoresquismo a la madrileña le pareció un tanto postizo a la crítica local.[701] Galicia también fue el lugar para la aparición de una de las novedades técnicas más sorprendentes de esos años. Se trata de *Pontevedra, cuna de Colón* (Enrique Barreiro, 1927).[702] Este corto documental, ade-

700. MACÍAS, Joseba: "Cine vaso ¿un debate cerrado?", en *Zer*, nº 28, 2010, pp. 35-36; REY REGUILLO, Antonia del: "Modos de representación...", pp. 293-295 y ZUNZUNEGUI, Santos:"Elementos para una geografía de la visión: el cine mudo en el País Vasco", en *Archivos de la Filmoteca* n° 6, Valencia, pp. 26-33.

701. FOLGAR, José María: "O cine silencioso en Galicia ata aparición do sonoro", en CABO, Xosé Lluis, Castro, José Luis y FOLGAR, José María: *Historia do cine en Galicia*, Vía Láctea Editorial, A Coruña, 1996, pp. 82-83; "Maruxa" en *Catálogo del cine español...*, p. 98.

702. Juan Enrique Barreiro Vázquez (1899-1944) nacido en Valladolid y gallego de adopción, fue fotógrafo como su padre, Ramón Barreiro Barcala, y su hermano Ramón. Su temprano interés por el perfeccionamiento de los sistemas fotográficos, en especial el color, acabó llevándolo a la impresión y reproducción de imagen en movimiento. Su legado está en poder del Centro Galego de Artes Da Imaxe/Filmoteca de Galicia, que depositó los nitratos para su conservación en la Filmoteca Española, donde fueron restaurados. Sobre Barreiro y esta película en concreto pueden consultarse: LÓPEZ, Carlos Aurelio: *Enrique Barreiro. Cineasta e Inventor*, A nosa Terra, Vigo, 2001; NOGUEIRA, Xosé: "Barreiro, Enrique", en José Luis Cabo y Miguel Anxo Fernández (coords.): *Diccionario do cine en Galicia 1896-2008*, Foro Galego do Audiovisual, Santiago de Compostela, 2008 y MATEO, Javier: "La primera Galicia cinematográfica en color: un estudio de la película Pontevedra Cuna de Colón (1927) y de su recuperación", *MHJournal*, Vol. 12 (2), 2021, pp. 515-537, en línea [consultado el 4-XII-2024].

Fig.63: Fotograma de *Pontevedra, cuna de Colón*, (Enrique Barreiro, 1927) primera película española rodada en color. Del documental de Javier Rellán sobre el proceso de restauración en la Filmoteca Española (Ministerio de Cultura, https://www.youtube.com/watch?v=Yn1t3OfRoDU).

más de plantear una investigación para demostrar el origen pontevedrés de Cristóbal Colón, con un guion del propio Barreiro a partir del libro *España, patria de Colón* de Prudencio Otero, pasa por ser la primera película con escenas en color del cine español. Fue facturada en el sistema Cinecromo, patentado por el propio Barreiro en 1925[703] y reestrenada en 2020 tras un intenso proceso de restauración de la Filmoteca Española.[704] Es una

703. Patente de Invención 93343, 14/04/1925. "Perfeccionamiento en la cinematografía a colores naturales". Ministerio de Industria, Comercio y Turismo. Oficina de Patentes y Marcas, reproducida en EJIDO, Marián y RELLÁN, Javier: "Pontevedra, cuna de Colón (Enrique Barreiro, 1927)", en *#DoréEnCasa*, hoja de sala, Filmoteca Española, Madrid, 2020, pág. 10. La misma hoja contiene estudios relevantes sobre película y autor de Xosé Nogueira y Carlos A. López.

muestra de como los mitos más sagrados de la comunidad imaginada española pueden contribuir a la causa nacionalizadora recorriendo el territorio regional.

En Asturias operaron las productoras Azeta Film en Gijón y Asturias Films (sociedad formada los fotógrafos Julio Peinado y Modesto Montoto) y Bill Roy Comedias Films en Oviedo. Allí el cine siguió muy ligado al desarrollo del turismo y a la importante conexión americana como mercado. El negocio de la nostalgia. En *Paisajes de Asturias*, rodada en 1922, el cine empezaba a verse como promoción industrial pues su intención última era servir de apoyo a la ya muy famosa sidra *El Gaitero*, de la casa Valle, Ballina y Fernández de Villaviciosa, que encargó otra cinta al año siguiente para su exhibición en Cuba y Méjico. Por su parte *Traslado y entierro de los restos mortales de Pedro Menéndez de Avilés*, facturada por Vilaseca y Ledesma en 1924, dejaba constancia de los actos que tuvieron lugar en Avilés, entre el 7 y el 10 de agosto de 1924, con los miembros de las delegaciones española y norteamericana, juntas para honrar los restos del Adelantado de La Florida y la mira puesta en una explotación en Cuba. Al año siguiente Romualdo Alvargonzález promovió la película *Asturias*, editada por la gijonesa Feria de Muestras, también con destino a la difusión americana. Se rodaron varias películas turísticas de semejante catadura, al más puro estilo pionero de "postales en movimiento", como *Villaviciosa en Fiestas*, cinta local sobre los festejos en honor de la virgen del Portal, que se pasaba acompañando, en 1927, la proyección de *Bajo las nieblas de Asturias* en el teatro Alonso.

Este último título nos coloca sobre la pista de las tres películas de ficción rodadas en tierras astures: *Cuento de lobos* (Romualdo Alvargonzález para Azeta Film, 1925), *Bajo las nieblas de Asturias* (Manuel Noriega para Asturias Films, 1926) y *Mieres del Camino* (Juan Díaz Quesada, 1927) y algunas otras de corte documental o cómico. La única conservada, *Mieres del camino*, es un caso especial, ya comentado, pero las otras suponen esa unión de modernidad, por ser promovidas por empresas que buscaban el fomento de la imagen de Asturias y su proyección americana (Mantequerías Arias y Romualdo Alvargonzález), con el recurso a la imagen del "para-

704. El documental, de 22 minutos de duración, tiene dos versiones, 1927 y 1930. De su laborioso y artesanal proceso de restauración en la Filmoteca Española da cuenta el documental de Javier Rellán (restaurador del film junto a Marián del Ejido), Ministerio de Cultura, https://goo.su/GrLYwC7.

Fig.64: Publicidad de *Cuento de lobos*, de la productora gijonesa Azeta Film (*Arte y cinematografía*, especial, 1926).

íso" de siempre. En todo caso supusieron una rara concentración de cintas de argumento, completa con otras fuera de norma como *Ya t'oyí* (Víctor Suárez Arango, 1928).[705] Patria chica para reforzar a la otra patria.

705. Todos los detalles para la producción asturiana de estos tiempos en MADRID, Juan Carlos De la: "Apuntes para un concepto de patrimonio audiovisual...", p. 74 y MADRID, Juan Carlos De la: "Adiós al paraíso.

En tierras castellano-leonesas operaba el cineasta, aviador y fotógrafo Leopoldo Alonso. Su primera película, *Un vuelo sobre los Picos de Europa*, de 1924, incluye, probablemente, las primeras tomas aéreas capturadas sobre esa cordillera. Al año siguiente, Alonso colaboró con Fernando Delgado, en calidad de operador, en *Currito de la Cruz* y *Ruta gloriosa*. Este segundo título partiría, de hecho, de un argumento del propio Alonso, que volcó en el guion toda su experiencia como aviador para narrar el rescate de combatientes en Marruecos mediante un hidroavión.

Las colaboraciones de Leopoldo Alonso con Fernando Delgado se prolongarían el resto de la década, aunque el aviador desarrollaría en paralelo una intensa trayectoria como documentalista con películas como el corto *Llegada del Plus Ultra a Canarias* (1926), proyectado como complemento en la reposición de la exitosa *Ruta gloriosa*, o el largometraje *Salamanca*, inicio de la serie *Estampas españolas*, por encargo del Patronato Nacional de Turismo, y primera producción de la empresa Información Cinematográfica Española (ICE), fundada por Alonso en sociedad con el Duque de Estremera, Iván de Bustos y Ruiz de Arana, y con el operador Agustín Macasoli.

Salamanca pasa por ser el primer documental sobre la ciudad del Tormes y su provincia. Pero es además un ejemplo pionero de sonorización a posteriori. El documental original, con 40 minutos de duración y estrenado en 1929, fue recortado hasta los 8 minutos para proceder a su sonorización en París, viendo la luz en Madrid, en el Real Cinema, el 31 de marzo de 1930.[706]

Aunque los años veinte son aún una etapa anterior al turismo masivo, la imagen turística y su promoción también están presentes en el cine realizado en las Islas Baleares, donde operaban, en Palma de Mallorca, Balear Film y Edición Film. *Flor de Espino* (Jaime Ferrer, 1925) fue dirigida por un dentista aficionado al cine, que también hizo de guionista a partir de un argumento del poeta José Tous y Maroto. Su argumento, de clásico e interclasista amor imposible, acaba sirviendo de pretexto para mostrar los parajes idílicos que la isla guardaba para los turistas. Más escabroso era el

Los inicios del turismo y el cine en Asturias", en REY-REGUILLO, Antonia del (ed.): *Viajes de cine. El relato del turismo en el cine hispánico*, Tirant, Valencia, 2017 pp. 34-41.

706. FRANCIA, Ignacio: *Leopoldo Alonso (1877-1949) y la aventura de la imagen*, Junta de Castilla y León, Salamanca, 2024, pp. 21-140.

argumento de *El secreto de la Pedriza* (Francisco Aguiló para Balear Film, 1926): el contrabando. Estaba tomado de la novela de los hermanos Juan y Alonso Vázquez Humasqué, redactores también de guion e intertítulos. A pesar del argumento la película acaba sirviendo para la plasmación de los paisajes de la Sierra de Tramontana, mucho más en una versión de 1927, donde se añadió una coda en forma de documental de trece minutos con vistas turísticas de la isla.[707]

El cine canario de aquellos años tiene su referencia en el cubano José González Rivero, fundador, junto con su socio Romualdo García de Paredes, de Rivero Films en Santa Cruz de Tenerife. Ambos socios codirigieron *El ladrón de los guantes blancos* (1926). Un policiaco, a la americana, en dos jornadas y trece partes que, tal vez, fuese de un empeño superior a las posibilidades de productora y equipo artístico, pero tiene el valor de ser el primer largometraje realizado por canarios. Al año siguiente la productora Gran Canaria Films S. A., fundada por Francisco González en Las Palmas, acometía el rodaje de *La hija del mestre* (Francisco González y Carlos Luis Monzón, 1927). Tenía un argumento mucho más convencional, a base de los habituales amores imposibles en un entorno marinero isleño.[708] Estas películas no fueron suficiente argumento como para consolidar un cine en las islas que, en adelante, impondrían la imagen turística sobre cualquier otra consideración económica o cultural.[709]

707. BROTONS, Magdalena: "La imagen de las Islas Baleares en el cine anterior a 1936", en *Rassegna iberistica*, Vol. 43, nº 113, Giugno 2020, especialmente pp. 129-138. De *Flor de Espino* la Fundación sa Nostra editó un DVD en 2007, el nitrato original está depositado en la Filmoteca de Catalunya.
708. Una visión general del cine canario de esos años puede obtenerse consultando: MARTÍN, Fernando y FERNÁNDEZ, Benito: *Ciudadano Rivero. La Rivero Film y el cine mudo en Canarias*, Ayuntamiento de San Cristóbal de La Laguna, San Cristóbal de La Laguna, 1997. El nitrato de *El Ladrón de los guantes blancos* está depositado en la Filmoteca Española, para ver la película puede consultarse Memoria Digital de Canarias, Universidad de Las Palmas de Gran Canaria: [consultado en 5-XII-2024]. *La hija del mestre* puede consultarse en la misma fuente y en una copia de gran calidad: https://goo.su/Dt9BRjU [consultado en 5-XII-2024].
709. Son palabras de Gregorio J. CABRERA: "Canarias: la frustración del proyecto cinematográfico (1921-1930)", en *Cuadernos de la Academia*, nº 2, 1998, p. 94.

Fig.65: Fotograma de *La hija del Mestre*, Francisco González y Carlos Luis Monzón, 1927 (Memoria Digital de Canarias).

De toda esta producción, la mayoría de las obras, 230, fueron largometrajes adaptados y se rodaron en la más pujante industria madrileña. Tan generoso número de adaptaciones se ha esgrimido en algunas ocasiones como la causa de la modestia de la producción española, a la que se privó de argumentos originales escritos directamente para el cine. Sin embargo, las cinematografías a la vanguardia industrial y productiva esos años, norteamericana y alemana, tuvieron semejante tendencia a la adaptación y parecidos porcentajes de obras adaptadas.

129 largometrajes (el 56,5% del total) son adaptaciones a partir de textos escénicos, narrativos, poéticos o provenientes de canciones. El 21,5% lo son de novelas en formato estándar y obras teatrales (todas las adaptaciones son obras españolas), donde hay que destacar casi la misma cantidad de obras musicales, 34, como no musicales, 36. Paradoja en un arte mudo, que tiene explicación si atendemos a la forma en que se exhibieron esas películas: con música en directo y proyección en la pantalla de partituras y

letras de los cantables más populares.[710] Añádase a eso que se trataba de zarzuelas muy populares, sobremanera en una ciudad como Madrid que centralizaba la producción en esos años, y encontraremos, además de explicación, la descripción de un ambiente popular y participativo, que prolongaba los tiempos del cinematógrafo y varietés, generosamente descritos hasta aquí, al menos en formas y ambiente popular.

Entonces el cine español se acercaba bastante al modelo europeo, más deudor del espectáculo teatral y sus formatos corales que de las narraciones literarias y novelescas que están en el origen del cine clásico de Hollywood. De hecho, la cantera de guionistas y rotulistas de esos años está en la prensa y en los escritores de comedias y zarzuelas. Entre los autores cuyas obras se estaban adaptando sólo un tercio colaboró en la adaptación, pero sin llegar, ni de lejos, a la categoría de guionista, a no ser en casos especiales, y particularmente exitosos, como Alejandro Pérez Lugín que deja su huella y su oficio en uno de los primeros intertítulos de *La Casa de la Troya*, donde se lee: "Versión cinematográfica, escenificada, dirigida y titulada por el autor". En los primeros años veinte algunos intelectuales aún se resistían a darle una consideración artística al cine y argumentos originales a sus películas. Sucedía, en parte, porque en toda la década el guion era poco más que una pauta o una escaleta, pero no un texto elaborado con su formato y convenciones y, si no se puede hablar de guion, tampoco es posible hacerlo de guionistas.[711] Por la mayor abundancia de cine extranjero, la profesión que más se acercaba a ésta era la de adaptador o traductor de títulos. Estos titulistas, epigrafistas o adaptadores suplían finalmente la fun-

710. Es la cifra y la clasificación aportadas por Daniel SÁNCHEZ SALAS: *Historias de luz y papel. El cine español de los años veinte a través de su adaptación de narrativa literaria española*, Filmoteca Regional Francisco Rabal, Murcia, 2007, pp. 19, 46-50 y 60.

711. RIAMBAU, Esteve y TORREIRO, Casimiro: *Guionistas en el cine español. Quimeras, picarescas y pluriempleo*, Cátedra/Filmoteca Española, Madrid, 1998, pp. 23-24 y 93-122. Daniel Sánchez Salas (*Historias de luz...*, p. 277) hace recuento de los autores adaptados para el cine que ejercieron como guionistas. Sólo dos de veintisiete vivos (de cuarenta adaptados) fueron guionistas puros, ya que otros ocho ejercieron el oficio, pero sólo sobre sus propias adaptaciones. A saber: Alfonso Benavides, Agustín Caballero, Antonio García Guzmán, Guillermo Hernández Mir, Juan López Núñez, Alejandro Pérez Lugín, Pedro de Répide y Alberto Risco.

ción del guionista, dándole a la película una línea argumental. Era un cometido delicado pues los espectadores se quejaban de lo farragoso de los títulos de las películas españolas, frente a la brevedad y la capacidad de síntesis de las extranjeras. Cuando sobresalía el trabajo de uno de estos titulistas recibía grandes elogios, como es el caso de uno de los pocos cuyo nombre ha trascendido: Albino Herrero Miguel. Conforme avanzó la década, la principal fuente de argumentos, la adaptación cinematográfica hecha normalmente por el director, fue cediendo el sitio a los propios escritores de la obra adaptada.[712]

Fig. 66. Fotograma de *José* (Manuel Noriega, 1925). Adaptación de la obra homónima del novelista Armando Palacio Valdés, uno de los más populares en cuanto a adaptaciones al cine se refiere (reproducción de *La Nueva España*).

Las adaptaciones de zarzuelas fueron hegemónicas al menos hasta 1925. Entonces el panorama empezó a cambiar. En ese año en el que *La Casa de la Troya* (Pérez Lugín y Noriega) mostró un nuevo camino de gran éxito. A partir de entonces, sin abandonar las adaptaciones zarzueleras y de teatro en general, la novela fue ganando enteros y su aceptación como argumento de películas se reafirmó con cintas como *El negro que tenía el alma blanca*, gran éxito de Benito Perojo a caballo entre 1926 y 1927. Novelas y novelistas pasaron a formar parte del entorno cinematográfico, difundidos por periódicos y revistas que se ocuparon del aún discutido arte

712. LÓPEZ, Laura: "Los oficios...", pp. 303-308.

de celuloide.[713] Hubo jerarquías, desde el reinado de Cervantes, a la popularidad y la actualidad de Pérez Lugín, Alberto Insúa o Armando Palacio Valdés. Junto a ellos no faltaron casos especiales de escritores metidos de lleno en la nueva industria como el ya mencionado Vicente Blasco Ibáñez. El valenciano, novelista de éxito, fue un prolífico creador de argumentos para varias cinematografías, por ejemplo la norteamericana, y cubrió un amplio espectro de ocupaciones cinematográficas como guionista (adaptando incluso dos de sus propias novelas), productor de dos películas y hasta director de una.[714] No menos interesante fue la posición de Jacinto Benavente, al que ya nos hemos referido por su influencia en el arraigo del cine en Madrid. No se apartó de esta nueva forma de expresión que le complacía, con sus ideas de llevar a la pantalla los resortes dramáticos del teatro y superando las polémicas sobre las adaptaciones escribiendo directamente para el cine. Así creó la productora Films Benavente S. L., en 1924, para la que creó guiones originales, *Para toda la vida* y *Más allá de la muerte*, dirigidos por Benito Perojo, que lo había alentado en la empresa. En el lanzamiento de la primera de esas películas por parte de la casa Icas Benavente se prestó a una campaña que, ponderando *Para toda la vida* como producto de un guion original escrito para el cine, minusvaloraba *La Madona de las Rosas*, del mismo Benavente, como película "antigua".[715] No acabó ahí su dedicación a la producción cinematográfica pues participó, ya en 1932, en la creación de la CEA, siendo presidente de honor de su primera directiva.[716]

Poco a poco crecía el censo de profesionales implicados en el cine, pero como esto de la producción seguía teniendo un corto horizonte, fueron esos profesionales, por pura supervivencia, los que se convirtieron en

713. *Ibidem*, pp. 226-228.
714. BAS, Manuel y Ventura, Rafael: *Blasco Ibáñez, cineasta*, Diputació de València, Valencia 1998 y CORBALÁN, Rafael: *Blasco Ibáñez en los orígenes del cine*, Festival de Cine de Huesca, Huesca 1999.
715. CASASÚS, I.: "Don Jacinto Benavente y la cinematografía", en *Arte y Cinematografía*, nº 280, VII-1924.
716. REY, Antonia del: "Modos de representación en el cine español de los años veinte. Cuatro ejemplos significativos", tesis doctoral, Universitat de València, Valencia, 1998 p. 287 y RODRÍGUEZ TRANCHE, Rafael: "(1934-1969) CEA: Los intereses creados", en *Cuadernos de la Academia*, nº 10 (Ejemplar dedicado a: Los estudios cinematográficos españoles/coord. por Jesús García de Dueñas, Jorge Gorostiza), 2001, pp. 135-150.

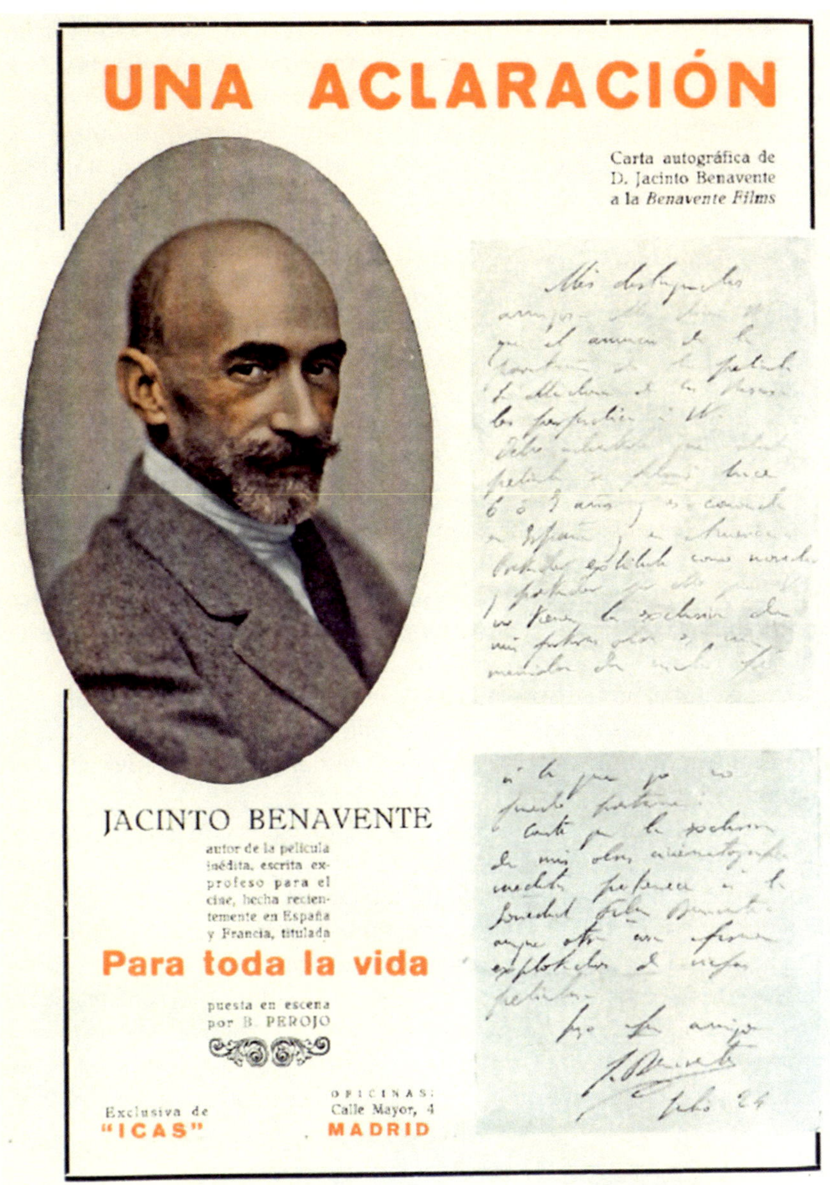

Fig.67: Anuncio con texto autógrafo de Jacinto Benavente, con su opinión sobre *La Madona de las Rosas*, *Arte y Cinematografía*, nº 280, VII-1924.

el elemento más dinámico de la producción. Hemos hablado de guionistas y, aunque a veces se trataba del mismo profesional, ahora hablamos de directores. Buscaron dar salida a sus proyectos consiguiendo fuentes de financiación, picando a la puerta de profesionales liberales o productoras.[717] En todos los proyectos se incorporaban en la fase de preproducción y, entre sus funciones, estaba esa de buscar financiación. Siempre el capital. También estaban las otras, claro, las propias de un realizador que, hasta avanzados los años veinte y por influencia teatral, aún se llamaba director artístico, para diferenciarlo del director técnico, más parecido al operador o al actual director de fotografía. Se dieron casos de asociaciones de éxito como Florián Rey como director artístico y Luis R. Alonso, como director técnico, juntos en *La Revoltosa* (1924) y contratados luego en pareja por la Atlántida. Aunque, en la mayoría de las ocasiones, los directores eran verdaderos artesanos, cuando no destajistas, que se implicaban en tareas mil, desde localizar exteriores, operar con la cámara, montar la película o ayudar a venderla. Además de buscar financiación, como ya se ha dicho. Conocían perfectamente el negocio pues, los de la primera generación, habían sido operadores o fotógrafos (Ricardo de Baños, Cuyás, Castells, Solà Mestres, Gelabert, Abadal, Gaspar o Luis R. Alonso) y muchos de los de la segunda generación procedían del campo de la actuación (Florián Rey, Benito Perojo, Fernando Delgado, José Buchs, Ricardo Puga, Ramón Caralt o Helena Cortesina). Sólo muy cerca de los años treinta la necesidad de liberarlos de algunas tareas, ante la complejidad que iban alcanzando las producciones, llevó a la aparición de un ayudante de dirección que normalmente simultaneaba esa tarea con otras.[718]

Podemos ver una aproximación a los recursos con los que contaba nuestra cinematografía en el cuadro 8, teniendo en cuenta que son números por exceso, pues han salido de los apéndices del catálogo del cine español para los años veinte. Allí se recogen todas las citas y los créditos de todos aquellos que, de alguna forma, han participado en las películas censadas. Por tanto esos números comprenden individuos o empresas, profesionales y no profesionales, españoles y extranjeros y algunos que se repiten en cometidos distintos y otros que, sin dedicarse ni antes ni después al cine, "pasaban por allí". No es nómina crecida, pero la realidad era aún más escuálida de la que sugieren estas cifras.

717. PÉREZ PERUCHA, Julio: "La narración de un aciago destino...", p. 98.
718. LÓPEZ, Laura: "Los oficios...", pp. 315-320.

Fig.68: Anuncio de Royal Films y Ricardo de Baños cámara en mano (*Arte y Cinematografía*, especial 1926).

En definitiva, un cine desarmado de estructura industrial, escaso de pertrechos para enfrentarse a la batalla de la muy engrasada máquina capitalista que, sobre todo desde Hollywood, en taylorista maniobra, optimizaba su producción e inundaba con sus productos las pantallas españolas encantando al respetable. Ante tal amenaza la respuesta, mil veces repetida, podemos volver a encontrarla en las palabras de Luis R. Alonso, director y operador, que llevan nuestro relato al principio de este epígrafe, para identificar la causa de todos los males del cine español de la época:

> "Después de este estreno, un poco de calma [se refiere al estreno arrollador de *¡Viva Madrid, que es mi pueblo!*]. Algunos la atribuyen a que el capital espera la solución del listado al problema de la protección a la industria. Otros tratan de justificar esta crisis, queriendo demostrar la mala calidad del género realizado. Yo, por el contrario, creo que lo que ahora ocurre es lo que necesariamente tiene que ocurrir para que surja esa gran industria, ya que, como todos sabéis, estamos en el país donde hay un sol maravilloso, donde nuestros paisajes y nuestros monumentos son la admiración de propios y extraños, donde nuestra historia y nuestra literatura asombran al mundo entero. Claro que sólo nos falta el pequeño detalle... el capital".[719]

CUADRO 8. RECURSOS HUMANOS Y MATERIALES DE LA INDUSTRIA DEL CINE EN ESPAÑA (1921-1930).

PROFESIONAL/RECURSO	CANTIDAD
Directores	155
Fotógrafos	100
Actores	1.453
Decoradores	49
Argumentistas	193
Guionistas	134
Rotulistas	32
Laboratorios	31
Estudios	30
Distribuidoras	173
Productores/productoras (empresas)	417

Fuente: GONZÁLEZ, Palmira y CÁNOVAS, Joaquín: *Catálogo del cine español. Películas de ficción, 1921-1930.* Elaboración propia.

719. ALONSO, Luis, R.: "La producción nacional", en *Heraldo de Madrid*, Madrid, 6-VII-1929, p. 11.

3. Distribución con mando a distancia.

Cada vez que se cambiaba el cartel de un cine, fuese en la Gran Vía o en una villa de provincias, el propietario del local empezaba a comprender que el negocio, para ser próspero, dependía de algunas decisiones y estructuras que se le escapaban. A él y a la industria española. Con el crecimiento en espectadores, en salas y en facturación, el negocio del cine era más negocio y sus decisiones se tomaban en lugares cada vez más lejanos. Toda industria moderna necesita de un consumidor final, el cliente al que hay que llevar el producto y, por en ese camino, si la maquinaria no está bien engrasada, se van los cuartos del beneficio que se pretende lograr. He aquí una de las claves del fracaso de la industria cinematográfica española en los años veinte. El sector de la distribución, unido como está al de la exhibición, progresó lo mismo que la construcción de salas, pero las empresas españolas no trazaron los planos de ese crecimiento. Pese a la retórica nacionalista y patriótica de la industria y del régimen, las películas extranjeras, singularmente las norteamericanas, coparon el negocio y decidieron sus condiciones y sus circuitos. Otra expresión más del fenómeno de la modernización que implicaba también "americanización" como ya hemos visto.

España era muy buena plaza y las *majors* se repartieron su clientela usando una estrategia comercial doble. Por un lado aprovecharon la antigüedad y debilidad del sector, adicto a la competencia desleal y a las malas prácticas que enfrentaban a distribuidores y alquiladores. Eran mañas viejas como "la reventada" (estreno de una película cuya exclusiva poseía otro exhibidor), "el pase" (el uso de la misma película por varios exhibidores abonando sólo un alquiler) o el "refrito" (cambiar títulos a películas antiguas haciéndolas pasar por estrenos).[720] Venía de unos años caracterizados por la segmentación y la atomización empresarial que no supieron ponerse al día en los cambios internacionales del cine y su mercado, con lo que no pudieron oponer resistencia a la potencia de la institucionalización del cine, sólo ofrecieron un sector desintegrado en un país que, después de la Primera Guerra Mundial, se vio invadido de material extranjero. Por eso las casas americanas, que hasta los años veinte habían utilizado como intermediarios a distribuidores locales, arrasaron la plaza y, esa es la segunda parte de la

720. MONTES, Samuel: "Saturnino Ulargui y la distribución cinematográfica...", pp. 25-26 y GARCÍA, Emilio Carlos: *El cine español entre 1896 y 1939...*, pp. 148-149.

estrategia, supieron utilizar un recurso aplastante.[721] Sus películas de más éxito se ofrecían en lotes cerrados, junto a otras que necesariamente había que alquilar, inundando las pantallas con el mismo producto aunque en diferentes calidades. Las empresas se encontraban a merced de las grandes productoras "que cada día exigen condiciones más fuertes para el alquiler de sus películas, y además hacen imposible, por decirlo así, toda selección, pues para contratar una o dos películas buenas, es preciso contratar al mismo tiempo todas las malas que hayan salido de sus estudios".[722]

Con esos lotes el cine de Hollywood copaba las carteleras españolas, hurtando el sitio a las tan valoradas "producciones nacionales", a la vez que empequeñecía esa ya de por sí menguada industria nacional justo cuando empezaba la fase definitiva de la expansión internacional del cine como negocio, a partir de 1921, cuando se integraba en redes económicas de distribución mundial. Con tal mecanismo se establecía diferencia, además, entre la programación de las grandes ciudades y de las de provincias. En las capitales importantes un exhibidor podía administrar el lote, dejando en sus salas más importantes las películas de mayor calidad y derivando las menores a cines de barrio o reestreno. En una pequeña ciudad, sin embargo, había que programar todas las películas en las mismas pantallas, repartiéndose los días a base de dar menos tiempo a los grandes éxitos y teniendo que cambiar el cartel con mayor frecuencia, una rotación de títulos que volvía a redundar en beneficios para el negocio de la exhibición.

La mayoría de películas españolas eran distribuidas por casas independientes que no tenían más remedio que mover cine europeo, también español, ante su dificultad de acceder a los éxitos norteamericanos. Las películas españolas de éxito, que las hubo como ya se ha comentado, engordaban la cuenta de resultados del distribuidor o del exhibidor, que había comprado la película directamente al productor, pero no suponían un ingreso equivalente para ese productor que, con tan corto beneficio, no podía destinar más dinero a nuevos ni más ambiciosos proyectos. Era un negocio pequeño de una industria muy pequeña. La crisis del cine español, una evidencia para todos los observadores coetáneos, parecía resolverse con más

721. ALONSO, Luis: "De arañas y moscas....", p. 135.
722. Archivo de la Filmoteca Nacional, *Correspondencia de la Empresa Sagarra S.A.*, R.U./11/01//01-40, 6 de marzo de 1931, citado en MIGUEL, Santiago de: "Madrid. Los retos de la modernidad: trasformación urbana y cambio social (1861-1931)", tesis doctoral, Universidad Complutense, Madrid, 2015, p. 769.

estudios para producir y más pantallas para exhibir, a juicio de esos mismos observadores, cuando en realidad dependía del control de la distribución de productos que no tenía. La industria estaba controlada por el comercio. Control que, en España, ya tenían los norteamericanos al inicio de los años veinte.[723]

La idea consistía en poner en práctica en España el sistema de las filiales que tan buenos servicios había rendido en Hispanoamérica: controlar el mercado sin intermediarios locales, con lo que, además de aumentar el control, aumentaban también las ganancias. Las compañías norteamericanas se desplegaron con buen tino y mucha rapidez partiendo de Barcelona, donde estaba la Cámara Americana de Comercio y eran más sencillas las comunicaciones con París. El enlace con la capital francesa resultaba indispensable, pues allí tenían residencia las centrales europeas de todas las compañías norteamericanas. Estas filiales, dirigidas en su expansión por el Departamento de Comercio norteamericano, encontraron firme apoyo en la embajada y consulados del Tío Sam, por evidentes intereses económicos y también geopolíticos. Siguieron el territorio ibérico muy de cerca (España y Portugal, juntas, suponían el 2% de la venta de cine norteamericano en el extranjero) haciendo todo tipo de informes sobre los gustos del público o los intereses y capacidades de la industria local. Es más, si una de las divisas económicas de la dictadura primorriverista fue el proteccionismo,[724] hasta el punto de haber limitado la expansión evidente de la economía en esos años, en el cine la dependencia del material norteamericano desde principios de los años veinte era tal, especialmente en el sector de la exhibición, que, hasta el Congreso Español de Cinematografía de 1928, el proteccionismo en España no fue una preocupación para Hollywood y aún entonces, y hasta los gobiernos radical-cedistas de la Segunda República, los intentos proteccionistas fueron bloqueados con discreta intervención norteamericana. Eso da idea de la raquítica dimensión de la industria del cine español. No era capaz de decidir ni en su propia casa.

723. *Ibidem*, p. 143.

724. Lo señalan estudios clásicos como GARCÍA DELGADO, José Luis: "Economía", *en Los comienzos del siglo XX*, vol. XXXVII de la *Historia de España Menéndez Pidal*, Espasa, Madrid, 1984, pág. 74; COMÍN, Francisco: *Hacienda y economía en la España contemporánea (1800-1936)*, Instituto de Estudios fiscales, Madrid, 1988, Vol. II, pág. 1039 y GONZÁLEZ CALLEJA, Eduardo: *La España de primo de Rivera...*, pp. 255-258.

La colonización fue veloz. En 1922 ya se había instalado Hispano American-Universal Films Española S. A., filial de Universal Pictures Corporation, en 1924 lo hacía la Hispano Fox Films S.A., filial de 20th Century Fox Corporation, en 1927 Paramount Films Española S.A, filial de Paramount Pictures Inc., en 1928 Metro Goldwyn Mayer Ibérica, filial de Loew's International Corporation (Metro).[725] A partir de los años treinta el resto. Fox, Universal y Metro, de las primeras en llegar, controlaban en 1926 el 90% de las películas norteamericanas en circulación por España. Las distribuidoras españolas, que no tenían acceso a las películas norteamericanas, se repartían miseria.[726]

Las principales distribuidoras se situaron en Barcelona (48), Madrid (34), Valencia (12), Sevilla (4), Córdoba (2) Granada (2) Murcia (1) y Castellón (1), desde donde drenaban material al resto de puestos regionales. Como sucedió con la producción, el centro de gravedad pasó de Barcelona a Madrid, aunque más lentamente que en el caso anterior. La mejora de las comunicaciones, donde jugaba a favor de la capital ser equidistante de todas las costas, y el aumento de tirada de la prensa con unas cabeceras que llegaban a todas las provincias, la situaban en un lugar estratégico para llegar con prontitud a todo el territorio. Madrid, hasta en la distribución cinematográfica, aprovechó sus cualidades geográficas y administrativas de capital.

En tal panorama prosperaban las casas que tenían sucursales en casi todas las plazas, con firmas reconocibles como Cinematográficas Verdaguer o Julio César y otras que iniciaron su periplo a finales de los años veinte como Príncipe Films, Renacimiento Films, Notario y Núñez, Exclusivas Orozco o Exclusivas Diana. También se repetían nombres de empresarios muy conocidos en la profesión: Manuel Carreras, Juan Verdaguer, José Gurgui, Cabot y Puig, Jaime Costa, Enrique Huguet, Ernesto González, Rafael Salvador, José Campúa (hijo), Domingo Herrero, Alfonso y Rafael Márquez, José Guilló o Joan Fuster. Emilio Carlos García, trabajando con fuentes diversas, censa el número de casas de compra-venta y alquiler de películas en

725. "Casas de compra-venta y alquiler de películas", en *Guía de la Industria y el Comercio Cinematográfico en España e Industrias relacionadas con el mismo, Arte y Cinematografía*, Barcelona, 1925, pp. 9-11.
726. LEÓN, Pablo: "El cine norteamericano y la España franquista, 1939-1960: relaciones internacionales, comercio y propaganda", memoria para optar al grado de doctor, Universidad Complutense, Madrid, 2009, pp. 37-45.

Fig.69: Julio César, una de las distribuidoras con mayor implantación en España (*Guía de la Industria y el Comercio Cinematográfico en España e Industrias relacionadas con el mismo*, especial de *Arte y cinematografía*, Barcelona, 1929, p. 106).

ciento setenta y nueve en 1925 y doscientas cuarenta en 1930.[727] Las de más solera, por lo general con implicaciones en la producción de películas, tenían prestigio sobrado en los medios:

727. GARCÍA, Emilio Carlos: *El cine español entre 1896 y 1939...*, p. 154.

> "Entre las casas actuales procedentes de aquella época podemos citar las casas Verdaguer y Vilaseca y Ledesma, los cuales unidos forman la actual Cinaes. La figura de D. Juan Verdaguer es demasiado grande y prestigiosa para trazarla con nuestra tosca pluma. A él debe la cinematografía en España gran parte de sus triunfos".[728]

Los recursos de la distribución pronto respondieron a los intereses de las *majors* de Norteamérica, que no obstante contaron en sus plantillas con distribuidores locales, conocedores del terreno. Sin embargo, aquellas distribuidoras españolas que habían disfrutado de permisos de distribución en exclusiva, sobre todo las interesadas también en producción, como CIFESA con las películas Columbia, o Seleccine con las de la Paramount, acabaron por perderlas a manos de las propias compañías norteamericanas. Fue una posición duradera que se perpetuó con su penetración en los órganos de la patronal del cine como la Cámara Española de Cinematografía (heredera de la Mutua de Defensa Cinematográfica). El poder de decisión dentro de la institución dependía del peso económico de cada compañía y las norteamericanas utilizaron la institución como altavoz de sus propios intereses frente al resto del sector y de los poderes públicos, sacando siempre ventaja de ello. Los impuestos con que el Estado gravaba al sector afectaban más a las distribuidoras pequeñas, paradójicamente las que recaudaban menos. Una situación que se mantuvo hasta finales de la década de los veinte, cuando la llegada del sonoro forzó la reorganización con fusiones empresariales, siempre a favor de los intereses norteamericanos.

Los años veinte fueron, por tanto, el escenario en el que el proceso modernizador llevó al cine norteamericano, copando el sector de la distribución, a copar también las pantallas y los imaginarios de los españoles. El paso al sonido no hizo variar sustancialmente la situación, sólo puso más películas en circulación y fragmentó más aún el ya crecido número de empresas alquiladoras, pero el sometimiento a los intereses de Hollywood siguió siendo el mismo. Cuando los exhibidores protestaron por el dominio de esos contratos de las compañías norteamericanas, éstas no tuvieron embarazo alguno en alquilar por su cuenta las salas necesarias para estrenar su material. Siempre ganaba la casa.[729]

728. "Ligero resumen de las casas alquiladoras de películas", *Heraldo de Madrid*, 6-VII-1929, p. 14.
729. GARCÍA, Emilio Carlos: *El cine español...*, pp. 150-157.

Fig.70: Portada del nº 262 de *Arte y Cinematografía* (julio de 1923), donde se muestra el temprano músculo de las productoras y de la distribución norteamericana en España, días antes de la llegada de la dictadura de Primo de Rivera (Filmoteca de Catalunya).

4. La masificación del espectáculo cinematográfico.

Cuando, el 20 de octubre de 1923, los primeros espectadores atravesaron el umbral del Monumental Cinema se dieron perfecta cuenta de que aquello era otra cosa. Se encontraron con 3.600 butacas de haya, salidas del taller de carpintería de Francisco Garriga, el mismo que había amueblado los reformados Alfonso e Infanta Isabel. En las paredes la policromía de los Amador Serrano, padre e hijo, especialistas en pinturas decorativas de fachada y también de unos interiores en los que cada dependencia era de un color distinto, contraponiéndose las tonalidades de los salones en la retina del espectador; muros iluminados por la luz artificial de las lámparas Titán fabricadas por la casa de R. Eguren, Ingeniero y tamizados por los reflejos y transparencias de las vidrieras de la casa Maumejean Hermano, referencia nacional en esos trabajos; suelos decorados por el solador artístico José Antonio Valcárcel, que decoró escaleras, columnas y pilastras; damascos, tisús y cretonas para embocadura de cortinajes, palcos y puertas de entrada, suministrados por la casa Rodríguez Hermanos y confeccionados por Eduardo Ruiz, tapicero de la empresa Sagarra. Entre Rodríguez y Ruiz habían decorado los teatros Odeón, Rey Alfonso, Reina Victoria, Príncipe Alfonso y Real Cinema y, por concluir, vieron también pavimentos, mosaicos hidráulicos, revestimientos, azulejos, baldosas y rodapiés de las casa González Hermano, Luis Vinardell y Butsems y Compañía. Todo ello dentro del airoso y moderno edificio diseñado por Teodoro Anasagasti, un arquitecto que no dejaba pasar la oportunidad de construir estas nuevas salas de espectáculos donde podía volar, sin prejuicios, su creatividad. Un edificio que, cuando tomó velocidad de crucero, proyectaba sombras, en las mejores condiciones conocidas entonces, para 8.000 personas cada día.[730]

Ya eran otros tiempos. Ni siquiera ese cine colosal era el primero de los grandes cines, que lo había sido el Real Cinema, también de Anasagasti, inaugurado el 15 de mayo de 1920, en presencia de los Reyes y en la plaza de Isabel II. El primer cinematógrafo monumental de España, comparable entonces a los mejores y mayores de Estados Unidos,[731] como se encargaba de destacar la prensa, poco tiempo después de su inauguración: 2.500 bu-

730. Datos extraídos de ANASAGASTI, Teodoro de: "El edificio", en *La construcción moderna. Revista quincenal de Arquitectura, Ingeniería e Higiene Urbana*, Madrid, nº 21, 15-XI-1923, pp. 341-355.
731. TELLERÍA, Alberto: *Informe (provisional) Real Cinema*, Madrid Ciudadanía y Patrimonio, Madrid, 11-I-2020, p. 3.

Fig.71: Colas ante la fachada del Monumental Cinema, proyecto del Teodoro Anasagasti en 1923 (*La construcción moderna*, nº 21, p. 327).

tacas en platea, 850 sillones en anfiteatro y 48 palcos. Se debía al esfuerzo de la empresa Gran Empresa Sagarra S.A., uno de los colosos de entonces en el negocio cinematográfico (se había constituido en 1920 con cinco millones de pesetas de capital social), que había invertido más de dos millones de pesetas, cifra jamás destinada en España para un edificio de tal magnificencia en el que los mármoles, bronces y damascos llevaban al espectador de sorpresa en sorpresa:

> "Porque se trata no de un local de espectáculos, más o menos capaz o elegante, sino de un verdadero palacio cinematográfico; de un edificio regio, espléndido, lleno de comodidades, sin rival no sólo en España, sino en las naciones más adelantadas del extranjero".[732]

Comenzaba en España el tiempo de los grandes cines y del gran espectáculo. El mundo del cine, es decir todo aquello que rodea a las películas y que es indispensable para que puedan tener vida y recorrido comercial (exhibición, promoción y grandes aforos) despegó con el consumo moderno que, en los países punteros, especialmente Estados Unidos, se desarrolló en el período de entreguerras, en medio de una terciarización de la economía que llevaba ese nuevo consumo hasta los trabajadores, al compás del aumento de la productividad, la reducción de horarios laborales y el crecimiento del tiempo de ocio. Se crearon nuevas necesidades que las industrias culturales, norteamericanas sobre todo, estaban en posición de atender. Y el público acudió a esa llamada.

El espectáculo se masificó por la culminación de la llegada del público interclasista en un proceso que venimos describiendo desde antes de la Gran Guerra. La mejora de los locales y la "civilización moral" del espectáculo atrajo a los de arriba; la ya lejana implantación del descanso dominical y la muy reciente jornada de ocho horas, junto al crecimiento de los salarios, empezaron a dar sus frutos en el reparto del tiempo de ocio que alcanzó a los trabajadores. También para ellos la asistencia a espectáculos fue un gasto contemplado en las necesidades semanales de la familia. El precio de una entrada de cine ya era asequible. Cuando llegaron las primeras imágenes, la peseta que se cobraba por asistir a una función "tipo Lumière" era una cifra fabulosa, pero se llegó a los años treinta, incluso a la guerra civil, con unos precios que no diferían mucho de esas cantidades, cuando ya una peseta era el estipendio que un obrero industrial podría recibir por una hora de trabajo. Desde luego, durante la dictadura los salarios reales experimentaron sólo un aumento moderado (2% durante del Direc-

732. "El 'Real Cinema' de Madrid", en *Mundo Gráfico*, Madrid 2-VI-1920.

torio Civil y 1,5% durante el Directorio Militar), pues el gobierno eligió aliviar la situación de los trabajadores no con salarios más altos sino con más empleo y más servicios sociales. La horquilla de salarios se movía entre las 25 pesetas diarias que, en el mejor de los casos, podría cobrar un litógrafo o las 4 de un obrero agrícola o un peón albañil. Aún para los peor remunerados, el precio de una entrada de cine, cada vez más una costumbre semanal, era asequible, sobre todo si se compara con los precios de las subsistencias básicas, que se mantuvieron altas durante toda la dictadura: un litro de leche 0,50 pesetas, un kilo de sardinas 0,90 pesetas, un litro de gasolina 0,70 pesetas.[733] Nunca como entonces fue tan cierta la alternativa de "cine o sardina".[734]

Para los trabajadores, con ese precio posible, los nuevos cines de los años veinte tenían otros atractivos añadidos, pues seguían siendo entornos más amables que la mayoría de sus viviendas. Decían las publicaciones especializadas en 1922 que "en términos generales podemos afirmar que la inmensa mayoría de nuestros obreros habitan casas antihigiénicas, incómodas y faltas de todo atractivo. Pero comparadas estas viviendas con las que ocupan los obreros mineros, se advierte notable diferencia en favor de aquéllos". Se remataba el retrato de ese panorama habitacional con una inacabable lista de enfermedades (tuberculosis, difteria, viruela, sarampión, escarlatina y tifus) que aún diezmaban a los moradores de esas viviendas obreras, hasta una mortalidad del 24 por mil, cuando en Inglaterra era del 15, en Alemania del 17, en Francia del 18 y en Italia del 19.[735] Frente a ese panorama desolador los nuevos cines eran locales para soñar con una vida distinta. Hasta el principio de los años treinta los precios de las entradas se mantuvieron estables con subidas moderadas, a pesar del lujo de algunos edificios. Cierto es que los precios no era homogéneos pues dependían de multitud de factores: categoría de la sala y el municipio donde se enclavase, de la localidad adquirida, del horario y día de la semana de la función, y del programa exhibido.[736] Pero, a pesar de todo ello y de la diferencia de los es-

733. GONZÁLEZ CALLEJA, Eduardo: *La España de Primo de Rivera...*, pp. 266-267.
734. Tomamos el juego de palabras del famoso libro de Guillermo CABRERA INFANTE: *Cine o sardina*, Alfaguara, Madrid, 1998.
735. GONZÁLEZ, José: *Higiene del obrero minero*, Establecimiento tipográfico Editorial Ibérica, Madrid, 1922, pp. 4 y 7.
736. Emeterio DÍEZ repasa estos factores con detenimiento en: "El precio del cine en España (1931-2000)" en *Boletín de la Academia*, nº 69;

pectaculares cines madrileños y los numerosos cines barceloneses con el resto, se llegó a 1930 con un precio medio, para cines de barrio o reestreno, de 0,72 y 0,50 pesetas la butaca, ya fuera de patio o anfiteatro. Lógicamente esos precios estaban muy lejos de los que se cobraban en los principales cines de la Gran Vía, siendo el Capitol el más caro, con butacas que llegaban a las tres pesetas, precios de teatro que doblaban a los de otros cines. Pero la oferta era mucha y fue cada vez más, hasta el punto de que, sin salir de Madrid y entrados ya los años treinta, viajando a las zonas más populares del Sur del casco histórico, el Ensanche o el Extrarradio, cines como el Toledo (calle de Toledo y 930 localidades), el Olimpia (plaza de Lavapiés, 1.100 localidades) o La Latina (plaza de La Cebada, 1.148 localidades) no llegaban ni a las dos pesetas en los días festivos, bajando de la peseta en los laborables. Y había ofertas aún más baratas en cines más alejados del centro como el Cine Delicias (entre 0,50 y 1,25 pesetas), Cine La Flor en la calle Alberto Aguilera (0,60 y 1,50) y el Cinema Europa de Cuatro Caminos, con un generoso a aforo de 2.400 localidades a 0,75 pesetas la butaca en días laborables.[737]

Lejos de las grandes ciudades esa situación de taquilla tendía a la diversidad de precios, tanta como de salas, y a la baratura. Lo pregonaba la publicidad del Savoy de La Coruña que, jugando ya en los años treinta con la situación política, se marcaba el siguiente tanto en sus precios de oferta interclasista:

> "Poniendo precios especiales, para que todos, por modesta que sea su posición, puedan conocer y apreciar por si mismos lo que es el "Savoy", cine de lujo, pero a la vez democrático, con arreglo a la época en que vivimos, por lo cual la empresa se propone que la sala sea punto de reunión de todos, sin que puedan faltar las encantadoras y simpáticas modistillas".[738]

Siendo La Coruña una capital, sus precios aún no eran los más bajos. Ejemplo del módico precio en una capital de provincias y de lo poco que

VV.AA.: "El precio de una entrada de cine en España: 1930-2012", p. 67, eprints.ucm.es [consultado el 5-II-2023].

737. MIGUEL, Santiago de: "Madrid. Los retos de la modernidad: trasformación urbana y cambio social (1861-1931)"..., p. 771.

738. SORALUCE, José Ramón: "A Coruña arquitectura desaparecida los espacios del ocio", en *A Coruña arquitectura desaparecida*, La Coruña, 2004, p. 14.

subió a lo largo de los años, lo podemos encontrar en el malagueño Cine Plus Ultra, cuyo aforo se repartía entre 400 butacas de patio; 190 en anfiteatro y 250 en general en bancos corridos. En 1927 sus precios eran, para butacas, 0,60 y 0,50 pesetas y general 0,20; en 1930: butacas 1 y 0,70 pesetas y general 0,50.[739] Es decir, que tres décadas después de haber llegado el cine, aún se podía asistir a una función de general pagando un precio semejante al de una de las primeras y decimonónicas barracas de feria.

Las rebajas en los territorios rurales llegaban a cuantías verdaderamente populares. Incluso a la gratuidad. Tal parece en la oferta del bar Palacios, en la localidad granadina de Baza, que en 1923 proyectaba películas "para su elevada clientela", todos los días salvo los martes, de 21:00 a 23:00 horas. Lo más atractivo de la oferta consistía en la argucia de que los parroquianos no pagaban entrada por la proyección, se limitaban a pagar más cara la primera consumición; a 45 céntimos ("a base de café, té, tercio de cerveza, vermut, coñac Domeq Tres cepas o anís"). La segunda consumición era a precio normal. Los fines de semana se aplicaba una fórmula parecida a los niños, a 30 céntimos, "con derecho a tomar un bollo de aceite con una onza de chocolate de almendra, naranja de la Reina, o 100 gramos de pasas de Málaga (a elegir) o un paquetito con diez caramelos rellenos de frutas variadas".[740]

Un punto medio entre estas ofertas podemos encontrarlo en las cifras del Salón Ideal de Portugalete, una población vizcaína del área de influencia del Gran Bilbao cuyo censo, al final de los años veinte, llegó a los 10.000 habitantes. Urbana, por tanto, y cercana a una gran urbe. Contamos, como puede verse en el cuadro adjunto, con una serie larga, capaz de retratar toda la década. Las cifras de asistencia y recaudación del Salón Cine Ideal, de menos de mil espectadores de aforo en la que, pese a las categorías y diferentes precios de las localidades (adultos, infantil, butaca, silla o anfiteatro), relacionando espectadores y recaudación podemos encontrarnos con que la entrada media, en toda la década de los veinte, fue de unas 0,50 pesetas.

739. GARCÍA LARA, María Pepa: *Historia de los cines malagueños...*, pp. 109-113.
740. VENTAJAS, Fernando: "Arquitectura y espacios para el espectáculo: hacia una historia de las salas cinematográficas en las comarcas de Guadix, Baza y Huéscar (primera parte 1896-1959)", *Boletín del Centro de Estudios Pedro Suárez*, nº 20, 2007, p. 192.

Cuadro 9. Espectadores y recaudación del Salón Cine Ideal de Portugalete, Vizcaya (1919-1929).

AÑO	ESPECTADORES	RECAUDACIÓN (PESETAS)
1919	4.352	1.428,45
1920	106.152	43.891,82
1921	115.430	59.968,10
1922	102.120	49.775,75
1923	128.004	59.623,65
1924	121.413	59.123,40
1925	129.912	57.666,47
1926	126.983	68.254,95
1927	126.827	64.842,65
1928	134.659	65.478,20
1929	107.635	54.475,20
TOTAL	**1.203.487**	**584.528,64**

Fuente: Txomin Ansola: "El Salón Ideal, exponente de la consolidación del espectáculo cinematográfico en Portugalete durante la década de los veinte".

Los precios fueron así una de las llaves para dar entrada a la masificación del negocio. Un negocio capaz de modernizar a la sociedad a través de tres procesos de largo alcance: la uniformización de los gustos con el abandono de culturas localistas, la imposición de modelos de comportamiento que sembraron en las clases medias españolas la aspiración de vivir como la burguesía norteamericana y el reemplazo de la asistencia a manifestaciones y algaradas políticas por la asistencia a los cines (también a los estadios). Curiosamente el ocio masivo contribuyó a la democratización de la sociedad en plena dictadura.[741] Un sector, el del entretenimiento, cada vez más mercantilizado, con multitud de empresas de radio, fútbol teatro, bailes, deportes, pero, sobre todo, cine. Sus imágenes mezclaban bien con casi

741. Una tesis que puede encontrarse sobradamente desarrollada en BÁEZ Y PÉREZ DE TUDELA, JOSÉ María: *Fútbol, cine y democracia: ocio de masas en Madrid, 1923-1936,* Alianza Editorial, Madrid, 2012.

todas esas nuevas manifestaciones, especialmente con las más pujantes, como el deporte, que siguió una trayectoria paralela. La modernidad galopaba veloz a lomos del cine y deporte, que ya estaba alcanzando el estatuto masivo y, desde el progreso de la jornada de ocho horas, iba haciendo su camino interclasista, desde los aristócratas y las clases medias hasta llegar incluso a los trabajadores con prácticas bien vistas hasta por los socialistas.[742] Las revistas de cine prestaban sitio en sus páginas a la información deportiva. En primer lugar *El Cine* y, desde enero de 1924, *Arte y Cinematografía*, que justificaba la asociación por la importancia que tenían los deportes en la preparación de los artistas cinematográficos. Al año siguiente se anunciaba como acontecimiento la película del combate de Paulino Uzcudum contra Phil Scott en la plaza de toros de Vistalegre en Bilbao. El boxeo había sido un deporte comercializado masivamente en poco tiempo, aunque el primero en esa carrera ya era el fútbol, que ese mismo año difundía la película del partido entre las selecciones de España e Italia, también del campeonato de España entre el Barcelona y el Arenas, exclusiva de Gaumont, y se anunciaba la comercialización, por parte de la Española de Barcelona, de las películas de todas las carreras de automóviles, motos y sidecars celebradas en 1923 con motivo de la inauguración del autódromo nacional.[743]

742. Para una descripción del proceso pueden consultarse trabajos como PUJADAS MARTÍ, Xavier y SANTACANA, Carles: "La mercantilización del ocio deportivo en España. El caso del fútbol 1900-1928", en *Historia Social*, nº 47, 2001, pp. 147-167; OTERO, Luis Enrique: "Ocio y deporte en el nacimiento de la sociedad de masas. La socialización del deporte como espectáculo en la España del primer tercio del siglo XX", en *Cuadernos de historia contemporánea*, nº 25, 2003, pp. 169-198 y SIMÓN, Juan Antonio: "La marea del deporte: fútbol y modernización en los orígenes de la sociedad de masas en España, 1900-1936", Tesis doctoral leída en la Universidad Carlos III de Madrid, 2011.

743. La película de Uzcudum había sido producida y le pertenecía al diario deportivo Excelsior. Uzcudum fue el mejor púgil español de la historia en los pesos pesados, con gran proyección exterior, hasta el punto de haber llegado a ser tres veces campeón de Europa y pelear en Estados Unidos con míticos boxeadores del momento por grandes bolsas. Véase MARQUIEGUI, Emilio y GONZÁLEZ, Julio: "UZCUDUM, Paulino", en *DBE*, Real Academia de la historia en línea [consultado el 28-VII-2024] https://goo.su/CyGKEUc, además *Arte y Cinematografía*, Barcelona, nºs 276, III-1924; 296, X-1925 y 272, XI-1923.

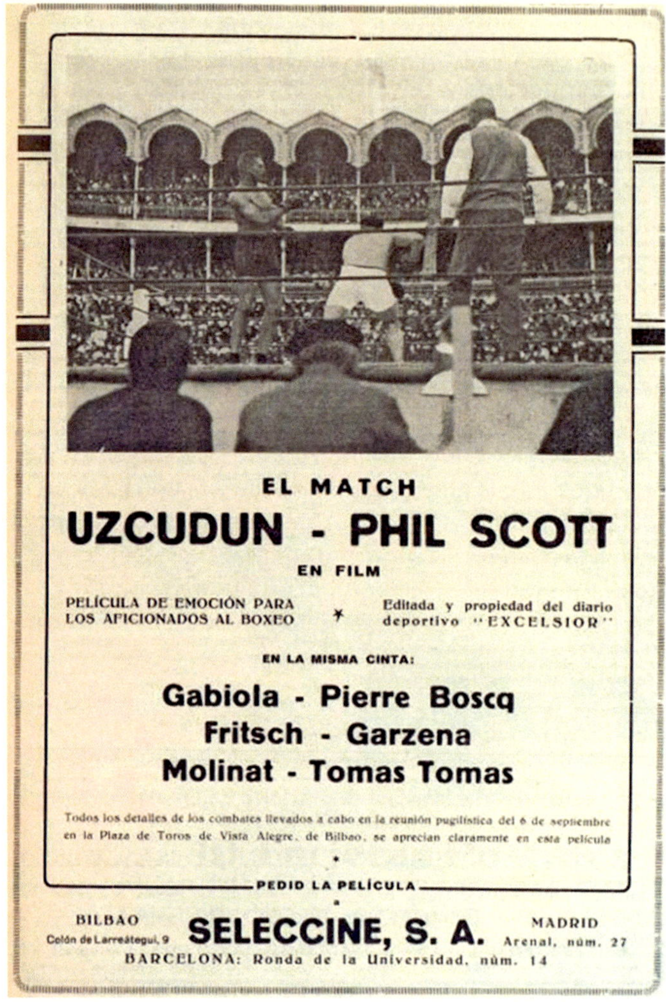

Fig.72: Anuncio del combate entre Uzcudum y Scott en *Arte y Cinematografía*, n º 296 X-1925.

A lo largo de la década las proyecciones de películas cinematográficas se consolidaron como el espectáculo hegemónico de ocio en España, en cuanto a espectáculos masivos se refiere. El proceso de definitiva masificación implicó, además de esa captura de público interclasista, la transformación del espectáculo de cine y varietés en otra cosa en la que el cine ya no era complemento sino vedette. Cuando las películas tenían longitud suficiente, se bastaban solas como espectáculo, en otros casos el complemento no eran ellas. El cine, sólo las imágenes, fue el espectáculo que voló en los años veinte por encima del resto.

Ya no era, ni quería ser, un espectáculo "de chiquillos y criadas". Los precios asequibles pusieron fácil la entrada de los modestos, pero los diarios que leían la burguesía y la clase media, dejaban cada vez más espacios a la publicidad y más secciones fijas a los comentarios de las películas y algunos como el conservador *El Debate*, no precisamente favorable al cine como espectáculo, pregonaban su derrota en la misma llegada de la dictadura de Primo de Rivera. A partir de entonces todo fue crecer, al ritmo de la nueva organización de la producción y el trabajo, que no era el de la vieja sociedad agrícola, sino el de las modernas formas de producción, de los descansos una vez a la semana, con la necesidad de nuevas formas de entretenimiento para organizar ese descanso:

> "El cine ya tiene *días de moda, estrenos de gala*, y no un público exclusivamente popular, sino elegante, escogido, de clase media para arriba. Es también el teatro de las señoras y de los niños, y, aunque no tan económico como lo fue al principio, todavía resuelve el problema de la distracción y del solaz a los padres con numerosa prole, al estudiante, al empleado, a las familias de posición modesta y a los novios que salen custodiados por la mamá o por la *miss*".[744]

La gran industria sabía esto y disponía de otros resortes para ganar más dinero asegurándose de que esos procesos iban a más. Que se capturaba cada vez más público de todas las clases sociales. Fue así como el *star system*, que ya vimos despuntar durante la Gran Guerra, llegó adonde quería. La gente normal, culminando un proceso iniciado una década antes, se identificaba con las estrellas del cine o del fútbol (además de los ya conocidos toreros). Antes de llegar los años treinta las estrellas del cine copaban

744. MONTERO, Julio y PAZ, María Antonia: "Ir al cine en España en el primer tercio del siglo XIX", en *Ver cine...*, pp. 135-136. El texto procede del artículo de C. Vargas: "El teatro mudo", *El Debate*, 13-IX-1923, citado por los autores.

los primeros puestos en las preferencias colectivas de la población, junto a los del teatro y del deporte. Una tropa muy heterogénea en la que lo mismo desfilaban Charlot, Tom Mix o Rodolfo Valentino, que Raquel Meller, Loreto Prado, Enrique Chicote, Pichichi y Zamora. Gentes que, sin una preparación especial, pudieron ascender a lo más alto de la cúspide social. Los principales referentes que difundían las películas, modelando los comportamientos mucho más allá de los valores tradicionales. Nuevos rostros, nuevos atuendos y, sobre todo, nuevas formas de obrar que llevaban enganchados nuevos productos de consumo desparramándose, desde las pantallas, por los patios de butacas de toda España. Las estrellas eran modelos de éxito que había que seguir en todo, especialmente en aquello que supusiera gasto de dinero.

Fig.73:Portada de *Cinelandia&Films*, I-1930 (memoriademadrid.es).

En España Chaplin era el rey en estos años. Lo sabemos desde la época de la "charlotmanía", las "charlotadas" taurinas, en plena guerra mundial, y los tiempos de sus muchos imitadores, más o menos afortunados, y llegará hasta los años treinta, cuando fue inspiración de poemas, libros, relatos y hasta una ópera, *Charlot*, en 1933, con libreto de Ramón Gómez de la Serna y música de Salvador Bacarisse.[745] Llevaba mucha ventaja a los demás como gran estrella del cine burlesco y, sobre todo, con su comunión con el público, el otro ingrediente esencial para la existencia del estrellato:

> "Un estrella no es más que un actor cuya habilidad sobrepasa la de la mayoría y que como consecuencia, sólo tiene 'papeles de estrella', papeles que resaltan del resto del reparto. De esta manera se formó la estrella, lógicamente ayudada por igual por la industria y el público. Con el tiempo la estrella adquirió 'carácter".[746]

Todo lo que tocaba se convertía en famoso y tenía crédito. Ya fuese una película, un artículo de consumo derivado de ella, o un solo nombre. En diciembre de 1922 se estrenó en España su película *El chico* (*The Kid*), en Barcelona, Bilbao y Madrid, con un retraso de casi dos años con respecto a su estreno norteamericano, complicada la distribución por tratarse del primer largometraje de Chaplin. El éxito comercial de la película fue fulminante. Casi mes y medio en cartel en Madrid en el Royalty, luego en el Maravillas. Tanto éxito de la película, pero también del actor infantil, Jackie Coogan, llevó al productor a repetir la fórmula de éxito con ese niño tan taquillero en títulos de 1923, como *Circus days* y *Daddy*, que fueron adaptados al castellano como *Chiquilín, artista de circo* y *La orfandad de Chiquilín*. Ese nombre, "Chiquilín", era el bautismo español de la *star* Jackie Coogan, imitado en España por otro niño, de parecido físico indudable, que había salido de una academia cinematográfica a los cuatro años: Alfredo Hurtado Franco, más conocido por "Pitusín".[747] Y fue también la marca con que los

745. Fuentes, Juan Francisco: *Bienvenido, Míster Chaplin...*, p. 81.
746. ZIELNIK, F: "La estrella de cine", en *Arte y cinematografía*, nº 328, VIII-1928, p. 11.
747. "Pitusín filmó una gavilla de películas en los años veinte y aún reapareció, con el sonoro, como galán joven y su nombre auténtico. MARSHALL, Edie: "Del 'Pitusín' del ayer al Alfredo Hurtado de Hoy" (I y II), en *Cinema*. Hemos manejado una colección de porfolios, que no tie-

Fig.74a: Cartel de Galletas Chiquilín de Emili Ferrer de 1935
(Museo de Bellas Artes de Bilbao).

hermanos Artiach comercializaron, a partir de 1928, uno de sus productos más populares, que aún subsiste con esa marca y esa imagen, más o menos reestilizada. La gorra, la ropa amplia y ligeramente raída, o los parches en los pantalones, fueron algunos de los elementos que compartieron el personaje interpretado por Coogan, y los niños de los envases, anuncios pu-

nen pie de imprenta y están sin foliar, tan sólo aparece el año de edición, en este caso 1934.

Fig.74b: Afiche de *Chiquilín no tiene enmienda*
(Cartelesdecine.wordpress.com)

blicitarios y carteles de las galletas Chiquilín. Que una estrella de cine se convirtiera en imagen de un producto de consumo masivo o cotidiano mostraba la situación a la que ya se había llegado.[748]

Los actores norteamericanos mandaban con sus arquetipos, ya fuesen otros cómicos (Buster Keaton o Harold Lloyd), el gran amante (Rodolfo

748. FERRER y Espel, Emili: "Chiquilín/Artiach", litografía en color sobre papel. Colección on line y Banco de imágenes, Museo de Bellas Artes de Bilbao, https://goo.su/JMyRhX [consultado el 4-I-2024].

Valentino), el aventurero (Douglas Fairbanks) o la novia, de América o de cualquier lugar (Mary Pickford). Los espectadores tenían curiosidad por todo lo referente a los personajes y también a las personas. Por sus amores y desamores, sus costumbres, sus casas... Y la prensa, especialmente la gráfica, encantada con el negocio, le daba esa información en artículos, reportajes y hasta consultorios. Un mundo paralelo en el que se confundían sueños y realidad, lleno de exageraciones, informaciones dudosas y mucha salsa rosa, que los espectadores españoles, como los de medio mundo, consumían con avidez y hasta con glotonería.

Frente a ellos, un flaco *star system* español procuraba abrirse camino, mermado por la debilidad productora de nuestro cine, que no tenía potencia para imponerse, aunque empezaba a recorrer la fases que el cine norteamericano ya había transitado años antes, por ejemplo la del bautismo espontáneo, preparando una trayectoria que se aceleraría en los años treinta. Lo más semejante al bautismo de las grandes estrellas se daba en las películas españolas de verdadero éxito, por supuesto las basadas en adaptaciones literarias. Llegaba a calar entre el público la identificación de un actor con su personaje. Las revistas nombraban en los pies de foto a persona y personaje, por ejemplo a los de *La Casa de la Troya*: Carmen Viance era Carmiña para sus seguidores; Pedro Elviro era "Pitouto", Antonio Varela era "Varillas" en *Rosario La Cortijera* (José Buchs, 1923) y José Montenegro "El Tío chupitos" en *Carceleras* (José Buchs, 1922). Tan importante era este fenómeno que estos actores adoptaron por nombre artístico el de sus personajes.

Dentro de la debilidad del estrellato hispano, las estrellas femeninas eran más débiles aún. Hubo casos pioneros, como Lola Paris (Matilde Rosa Paris i Bern) y Elena Jordi, con las que la Studio Films ya buscó la creación de las primeras *stars* en sus cintas de aventuras,[749] pero en los años veinte las figuras más destacadas fueron Carmen Viance, Helena Cortesina, Imperio Argentina, célebre entonces por *La hermana San Sulpicio*, y *La Romerito*, las más importantes estrellas del cine español que intentaron autopromocionarse publicitando tanto sus papeles como sus vidas.[750] Pero

749. PORTER, Miquel: "El cinema català primitiu", en *L'Avenç*, nº 11, Barcelona, 1978, pp. 20-27.
750. SÁNCHEZ SALAS, Daniel: *Historias de luz y papel...*, pág. 264 y CORDERO, Helena: "El cuerpo de las estrellas de cine nacionales en la España de los años veinte", en *Quiroga*, nº 22 octubre, 2023 pp. 41-50.

Fig. 75: Lola Paris y Tina Jordi, en la portada de *Arte y Cinematografía* (nº 171, 31-XII-1917) en uno de los primeros acercamientos a la promoción del estrellato de las actrices españolas.

era una tarea harto compleja. Ni siquiera en Hollywood el papel de la mujer era equiparable al de los actores masculinos, más allá de las estrellas indiscutibles. Un personaje tan consagrado como Buster Keaton recordaba en sus memorias que el reparto para sus comedias de dos rollos era tan simple como que "sólo había tres protagonistas –el malo, yo y la chica- que nunca era importante. Estaba allí para que el malo y yo tuviéramos algo por lo que luchar (...) La primera actriz tenía que ser bastante guapa y ayudaba algo si tenía alguna habilidad interpretativa".[751]

Fig.76: Raquel Meller portada de *La Reclam Cine* en su papel de Violetas Imperiales 3-II-1924.

En otra liga jugaba Raquel Meller, salida del "arroyo" de las varietés, cuando éstas, a la estela de La Goya, ya estaban dignificadas como "variedades selectas". Debutó en la gran pantalla en 1919 con *Los Arlequines de seda y oro* de Ricardo de Baños.[752] A partir de aquí su carrera fue un meteoro que despegó en el cine francés, con películas de gran éxito que reforzaron sus valores icónicos como *Rosa de Flandes* (Roussel, 1922) o *Violetas*

751. KEATON, Buster y SAMUELS, Charles: *Slapstick. Las memorias de Buster Keaton*, Plot Ediciones, Madrid, 1982, p. 111.
752. Para la biografía de Raquel Meller nada mejor que consultar la obra de Javier BARREIRO: *Raquel Meller y su tiempo,* gobierno de Aragón, Zaragoza, 1992 o la nutrida información de su página web: https://javierbarreiro.wordpress.com/.

imperiales (Roussel, 1923). En España fue tratada como una gran estrella, capaz de protagonizar campañas publicitarias con una imagen de nueva mujer urbana, con aire moderno y pelo corto, que pasaba largas temporadas en París, Londres o Nueva York, admirada por el cine francés y norteamericano, pero, a pesar de todo, católica y muy española, como atestiguaba su habitual atuendo con mantilla. Una nueva Carmen, racial y verdadera, pero hija de su tiempo. La mejor embajadora de España en el extranjero. La España moderna y la España eterna, juntas en la construcción de una verdadera *star*, que fue reconocida en ambas facetas por el Estado cuando, en julio de 1930, Alfonso XIII le concedió la encomienda de Alfonso XII.[753]

Fuesen estrellas nacionales o extranjeras, su capacidad de influencia en la audiencia era máxima. Muy destacada la de las féminas entre las espectadoras. Corrían todo tipo de artículos y manuales que describían los atributos (belleza, talento, fotogenia, sex-appeal, suerte, "personalidad") para convertirse en estrella. Capaces de penetrar en todos los estratos sociales y llegar, como indicaba en 1926 en *Arte y cinematografía* un tal Lord Nobody: "no es tan solo entre las clases 'bien' donde el cine ejerce su poderoso influjo. No se substraen de él otras de más baja esfera. Basta, por ejemplo, que se presente Alice Terry con un lazo en la cintura o una peineta ladeada, para que al día siguiente cualquier menegilda se nos aparezca con ello". Como concluía Fernando de Ossorio, en un artículo de 1933,[754] el cine norteamericano había impuesto un modelo de belleza femenino a través de sus 'flappers', sus 'mujeres fatales' y sus 'ingenuas', que todas las espectadoras querían imitar, y que fue cantera para la venta de todo tipo de complementos, productos cosméticos y otros de compleja filiación.[755]

El interés desmedido por el cine, por ser estrella de cine, acabó alumbrando un curioso fenómeno, en parte económico, en parte industrial y, en su mayor parte sociológico, que contribuyó a incrementar la penuria del

753. Para los asuntos de la construcción de Raquel Meller como estrella véase: GARCÍA CARRIÓN, Marta: "Peliculera y española. Raquel Meller como icono nacional en los felices años veinte", en *Ayer*, nº 106, 2017, pp. 159-181.
754. OSSORIO, Fernando de: "¿Va a imponer el cine yanqui un nuevo tipo femenino?", *Popular Films*, nº 350, 27-IV-1933, p. 16.
755. ROMERO, Marta: "El ojo inverso: una mirada hacia el público cinematográfico", en ADELL, María, PIÑOLL, Marta y POLO, Magda: *Visiones del cine. El pensamiento cinematográfico en España: de los orígenes a los años 60 (II)*, pp. 143, 179 y 185.

Fig.77: Como pueden tenerse los labios besables, publicidad de *Cinelandia &Films*, 1930.

cine español. Nos referimos a las academias, a medio camino entre el amateurismo, la producción y la estafa, que florecieron en muchas capitales de España, aprovechando la necesidad de conocimientos de sus aficionados-alumnos, deseosos de convertirse en directores y, sobre todo, actores, para solucionar su vida como sus adoradas *stars* de la pantalla y las revistas. Funcionaban a base de la crédula y buena voluntad de sus alumnos, a los que se les exigía una aportación económica para financiar una película que, en teoría, se estrenaría al final del curso. Lo normal era que la película no se estrenara jamás y que el director de la academia desapareciera con el capital de la teórica producción. Algunas llegaron a poner en pie producciones muy modestas, que abonaron el campo de la película única. Hemos visto ya el ejemplo de la bilbaína Hispania Films. María Antonia del Rey ha analizado el caso de las valencianas como Estudio Santos, de Enrico Santos, que no acabó ninguna película; Mediterráneo Film, de Orrico Vidal, que inició, y no acabó, *La extraña* y Estudio Film Chiquilín, de Louis Courdecq, que dejó igualmente inacabada *El tintorerito*. Los alumnos que, pese a todo, quisieron seguir adelante, crearon academias colectivas. Sus frutos fueron malas películas, jamás estrenadas, y el descrédito de una profesión que aportaba una razón más para el alejamiento del capital industrial.[756] Daños colaterales del arrollador torrente del *star system* que, también para lo malo, mostraba su capacidad para cumplir su misión comercial masificadora.

El triunfo completo para la masificación llegó cuando los intelectuales españoles, décadas reticentes al cine y sus bondades, se rindieron entregando el sable y la bandera de sus prejuicios. En 1930, César M. Arconada publicaba su libro *Vida de Greta Garbo*, la publicidad decía "una biografía de vuestra estrella predilecta".[757] Era una biografía ficticia, pero mostraba el interés del público, y también de los intelectuales, por el estrellato. El mismo Arconada publicaría, un año después, *Tres cómicos de cine*, dedicado a tres estrellas cómicas (Charlot, Harold Lloyd y Clara Bow). Fue la culminación de un largo proceso.[758]

En el mismo año en que Primo de Rivera se hacía con el control de España, Ramón Gómez de la Serna publicaba *Cinelandia*, novela con la que el autor posaba su pluma en Hollywood.[759] Mostraba la importante penetración y capacidad de influencia del cine norteamericano en el mercado español, más allá de las pantallas, hasta llegar a la vida cotidiana de los aficionados. La pasión por Hollywood se justificaba en un contexto en el que el cine estaba a punto de convertirse en el espectáculo predilecto de los jóvenes. Saltó desde el gran público a las élites intelectuales.[760]

Ya se veía el principio de un cambio de tendencia en la valoración

756. REY, Maria Antonia del: "Modos de representación en el cine español de los años veinte...", pp. 295-299 y "La pasión obstinada del primer cine valenciano", p. 85.
757. RODRÍGUEZ, Nuria: *La publicidad y el nacimiento de la sociedad de consumo...*, pp. 155-156.
758.ARCONADA, César M: *Vida de Greta Garbo*, Ulises, Madrid, 1929 y *Tres cómicos de cine. Biografías de sombras*, Reeditado por Renacimiento en 2007.
759. GOMEZ DE LA SERNA, Ramón: *Cinelandia*, Sempere, Valencia, 1923.
760. Una encuesta del diario madrileño *El Sol*, ya certificaba esta predilección del cine entre los más jóvenes en octubre de 1929. Véase FUENTES, Juan Francisco: *Bienvenido Míster Chaplin...*, pp. 155-158.

del cine por parte de los creadores de cultura, que iba con los tiempos y que no haría más que acelerarse a lo largo de la década de los veinte. Las generaciones del 98 y 14, siempre a prudente distancia del celuloide pese a elogios parciales, contrastaron con el entusiasmo de la generación del 27, que, en palabras de Juan Francisco Fuentes, "vislumbró en la civilización yanqui y en su cultura de masas –cine, jazz, rascacielos, culto al cuerpo, bares americanos...—una filosofía de vida y un universo sensorial rebosante de posibilidades estéticas", con tres factores muy presentes en el cine de Hollywood y en todo el cine: sentido liberador del cuerpo humano, maquinismo y velocidad.[761] Ese cambio generacional se unía al vigor de la modernidad que, pese a las taras de la dictadura, había dejado de ser un problema para convertirse en una realidad, aunque fuera precaria.[762] La publicación de libros sobre cine es un buen termómetro de lo dicho, ya en 1924 y en una provincia periférica como Málaga, veía la luz *Frente al lienzo*, de José Román,[763] lo que da idea de la existencia de una masa crítica de público ávido de consumir esta literatura especializada, que se traducía y se publicaba en cantidad no pequeña, como sucedió al año siguiente con la obra del ya citado Alfredo Serrano, *Las Películas Españolas..,*[764] Un fenómeno que se aceleró en el decenio 1925-1936 con la elaboración de un verdadero pensamiento cinematográfico. Los intelectuales eran capaces de tomar en serio al nuevo medio en publicaciones como *La Gaceta Literaria* (1927-1932), que funcionó como órgano del Cineclub Español, fundado por Ernesto Giménez Caballero en 1928, que llegó a alcanzar las cifra de 500 socios y proyectar 80 películas, con el planteamiento de mostrar un cine no

761. *Ibidem*, pp. 187 y 193.
762. BENET, Vicente: *El cine español...*, p. 61.
763. ROMÁN, José: *Frente al lienzo*, ed La Regional, Málaga 1924.
764. Entonces ya se traducían y se escribían libros de una relativa importancia como VERA, Vicente: *La fotografía y el cinematógrafo*, Calpe, Madrid, 1923, GONZÁLEZ, Luis: *Manual de cinematografía (como arte, industria, espectáculo, profesión)*, Colón, Madrid, 1929 o MICÓN, Sabino: *Cómo se hacen las películas (Teorías sobre la impresión)*, Compañía Iberoamericana de Publicaciones, Madrid, 1929. Acabaron preparando la aparición de otros como el de ALVAR, J. M.: [en realidad Manuel Fernández Álvarez] *Técnica cinematográfica moderna*, J.M. Yagües, Madrid, 1932, "celebrado por la crítica como ocasión de contribuir a impulsar un inminente lanzamiento de la producción cinematográfica nacional".

Fig.78: Frontal de la cubierta de *Cinelandia* de Ramón Gómez de la Serna. La novela mostraba la atención de los intelectuales a un cine que empezaba a tener reconocimiento por su parte.

convencional, arriesgado y no comercial.[765] Pretensiones que irradió muy rápidamente a otras ciudades españolas y que quedaban declaradas con firmeza desde su tercera sesión, cuando ya programaba en algunos de los más modernos cines de la Gran Vía:

"Gracias a esto, el Cineclub de Madrid —ahora irradiado hacia Bil-

765. En la obra de Román GUBERN *Proyector de luna. La generación del 27 y el cine*, Anagrama, Barcelona, 2006, puede encontrarse un análisis de toda la programación cinematográfica de la Residencia de Estudiantes (1927-1928) y del Cineclub Español (1928-1931).

bao, Oviedo, Vitoria, etc.— ha adquirido desde el primer momento un carácter propio: de extensión, de cultura, de literatura, de totalidad. Labor de positiva vanguardia y no de falsa vanguardia. De positiva —y no falsa— modernidad. ¿Qué Cineclub europeo lleva a sus sesiones a las primeras figuras literarias del país? ¿Qué Cineclub europeo cuida que sus programas tengan una extensión cultural cinematográfica? No lo decimos como ostentación. Pero es justo reconocer que nuestro Cineclub tiene, sobre otros, mayor seriedad, mayor amplitud, mayor transcendencia".[766]

Ese hilo es el más fiable para llegar a la plena legitimación cultural del cine en España, iniciada antes de la aceptación de los miembros de la Generación del 27, con los acercamientos de los intelectuales de la flaca pero existente "vanguardia" española. Esa vanguardia hispana, mucho antes de verse plasmada en obras dispersas como *Historia de un duro* de Sabino A. Micón en 1928, *El sexto sentido* de Nemesio M. Sobrevila, o, por supuesto, *Un perro andaluz* de Buñuel, en 1929, ya había inaugurado la década con una reflexión sobre el cine en el *Manifiesto Vertical Ultraísta* de Guillermo de Torre, en 1920. Los vanguardistas españoles, incapaces de crear un corpus robusto de películas, sin embargo prestaron mucha atención al cine, en sus actividades y en su actitud receptiva y de valoración como un verdadero arte. Sin las dudas ni los reparos de la lenta aceptación del período anterior y mucho más cercana a su valoración como fenómeno cultural y pilar en el que basar un programa de modernidad.[767] El propio Giménez Caballero hablaba del poder de convocatoria del cine y la vanguardia, en torno a imá-

766. AR.: "El cineclub de Madrid. Tercera sesión", en *La Gaceta Literaria*, nº 53, Madrid, 1-III-1929. La misma *Gaceta*, en números posteriores, informa de peticiones para organizar el cineclub, además, en Gijón, Barcelona, Valladolid, Palencia, Segovia, Valencia, Sevilla, Málaga, Logroño y San Sebastián. Se ha estudiado el caso de Bilbao, que empezó a proyectar el 14 de febrero de 1929, con una couta de inscripción de 8 pesetas el primer mes y 3,35 el resto, salvo de julio a septiembre. En ANSOLA, Txomin: "El cineclub de Bilbao. Primera experiencia cineclubística en la villa", en *Bidebarrieta*: Revista de humanidades y ciencias sociales de Bilbao, nº 6, 2000, p. 213.
767. MINGUET, Joan M.: *Paisaje[s]...*, pp. 67-84 y MONTERDE, José Enrique: "Breve historia de la crítica"..., pp. 52-54. Un inventario de la producción de vanguardia en GUBERN, Román: *Proyector de luna...*

genes rodadas por él, para reunir a las generaciones literarias:

> "Tras fundar el Cine-Club, el primero de España, realicé mi *Esencia de verbena*, que sigue aún proyectándose (en doce imágenes) con actores como Ramón Gómez de la Serna, que hacía de pimpam-pum y de torero. También un "Noticiario" en el que incluía imágenes como las de un famoso almuerzo en la calle Canarias 41 (hoy 45) sede de La Gaceta Literaria y de nuestra imprenta, y en el que congregué a las tres generaciones del 98, del 15 y del 27, para filmarlas luego en mi azotea (...)".[768]

Este acercamiento de la gente de la cultura puede resumirse en la aguda visión de Fernando Vela, uniendo arte y modernidad: "probablemente hace siglos que los hombres no han sentido esta sensación de exacta contemporaneidad -de compañerismo juvenil- con un arte".[769] Hemos de tener en cuenta la visión de Vela, durante años olvidado, pero que fue alma de la *Revista de Occidente* junto a su gran amigo Ortega y Gasset, y, entre su dilatada labor periodística y ensayística, se encuentra un importante libro sobre cine de 1927: *Desde la ribera oscura (para una estética del cine).*[770]

La valoración de las élites del pensamiento fue pareja a la masiva aceptación popular del cine. En eso tuvo mucho que ver el crecimiento del espacio que le dedicaron los papeles. La prensa generalista ya reservaba secciones fijas en todas las cabeceras de los diarios de gran tirada, nacionales o de provincias. *El Heraldo de Madrid*, habida cuenta del crecimiento de los ingresos publicitarios por espacios de cine, ya antes de los años veinte se aseguraba los anunciantes del sector distribuyendo gratuitamente su página cinematográfica semanal entre productoras, distribuidoras y exhibidores. Otros periódicos que habían considerado al cine como un espectáculo menor, también le dedicaban sección propia dando explica-

768. GIMÉNEZ CABALLERO, Ernesto: *Memorias de un dictador*, Editorial Planeta, Barcelona, 1979, p. 60.
769. Referencias varias de lo escrito en este párrafo pueden encontrarse en MONTERDE, José Enrique y CASALS, Josep: *Un arte Nuevo. El pensamiento cinematográfico en España: de los orígenes a los años 60 (I)*, pp. 7, 33, 167 y 171. En la misma obra, pero en el capítulo de LUQUE, Alberto: "El pensamiento cinematográfico español", pp. 291 y 302.
770.Puede encontrarse una reproducción en *Trama y fondo: revista de cultura*, nº 11, 2001.

ciones a sus lectores. Lo hacía así *El Sol*, que no se ocupaba de los toros, justificando ante la audiencia su generoso despliegue para el cine, o *El Debate*, que el 24 de enero de 1929 llegó a escribir que no podía renunciar a la información cinematográfica pues "el teatro, el foot-ball, los toros, tienen su público; el cinema tiene por público el mundo".[771] Tan ecuménica confesión justificaba que en todas estas cabeceras hubiera algún redactor especializado que, adoptando la terminología de las artes viejas, ya era denominado "crítico", y ejercía como tal. No faltaron nombres de prestigio como Sabino A. Micón, en *El Imparcial* o Rafael Marquina y Juan Antonio Cabero en *El Heraldo de Madrid.* A la altura de 1925 "empiezan a ser severos, y las empresas de distribución y exhibición tienen cierto pánico a sus opiniones".[772] Ya no eran meras transcripciones de los argumentos. El *star system* imperaba y era eficaz. La información de las películas y de sus actores interesaba. La crítica también. Por eso las revistas especializadas alcanzaron entonces su máximo desarrollo y sus mayores tiradas. Le venían bien a la industria y eran apoyadas, con grandes atenciones y un sinfín de material gráfico y literario, por los departamentos de publicidad de los grandes estudios.

Cabeceras viejas siguieron su labor, como la muy destacada *Arte y Cinematografía* o *El Cine* y *El Mundo Cinematográfico.* Otras efímeras asomaron, sobre todo en Madrid y en Barcelona como se puede ver en el cuadro adjunto. La mayoría estaba lejos de los 15.000 ejemplares que tiraba *El Mundo Cinematográfico* en 1920 y mucho más cerca de los 500 de la madrileña *Cinema y Variedades*, dirigida por Juan Antonio Cabero.[773] Entre las más influyentes destaca, a pesar de su corta vida, *La Pantalla*, editada en Madrid bajo la dirección del dibujante Antonio Barbero. Su preocupación por la industria nacional la llevó a patrocinar, desde el 16 de octubre de 1928, el I Congreso Español de Cinematografía y Exposición de Arte Cine-

771. SEOANE, María Cruz y SÁIZ, María Dolores: *Historia del periodismo en España. 3 El siglo XX: 1896-1936*, Alianza Editorial, Madrid, 1998, pág. 381 y MONTERO, Julio y PAZ, María Antonia: "Ir al cine en España en el primer tercio del siglo XX", en PELAZ, José-Vidal y RUEDA, José Carlos (eds.): *Ver cine...*, p. 116.
772. FALQUINA, Ángel: *El cine español en premios, 1941-1972*, Editorial Madrid, Madrid, 1974, p. 12 citado por MONTERDE, José Enrique: "Breve historia de la crítica"..., p. 41.
773. SEOANE, María Cruz y SÁIZ, María Dolores: *Historia del periodismo...*, p. 311.

matográfico e industrias que tienen relación con el séptimo arte, en un momento clave de "transformación que se está operando en el séptimo arte, el cual no tardará en convertirse en el más puro, instructivo y recreativo de cuantos existen".[774] También es destacable la trayectoria de la barcelonesa *Popular Film*, al frente de la que estuvo Mateo Santos, una figura clave de la crítica española anterior a la guerra. Con mayor o menor calidad en fondo y forma, este tipo de revistas supo ocupar el sitio que el cine de consumo ya tenía en la sociedad. Así lo destacaba la revista madrileña *Fotogramas* en su declaración de intenciones, recopilando todos los centros de interés de una revista de cine dirigida al gran público, en 1928:

> "Leyendo FOTOGRAMAS, estará usted al corriente del movimiento cinematográfico mundial, conocerá la crítica de películas más imparcial e independiente, los más notables escritores, dedicados al arte mudo, el argumento de las producciones más famosas y poseerá las fotografías de todos los artistas consagrados por el público".[775]

No se agotaba en estas páginas el "cine para leer". El interés del espectáculo hizo aparecer colecciones de "novelas cinematográficas", es decir argumentos de películas que se editaban en forma de folletín dentro de algunas revistas, o en formato de libro de bolsillo en colecciones varias como *Tras la pantalla. Galería de artistas cinematográficos* (1920-1922); *La novela popular cinematográfica* (1922-1926); *La novela semanal cinematográfica* (1922-1933); *Biblioteca films* (1924-1936); *Obras maestras del cine* (1924-1925), *La novela film* (1924-1927); *La película selecta* (1925) o *La novela íntima cinematográfica* (1925).[776] Heredaban las hechuras de las

774. Son parte de los discursos inaugurales del presidente de la Asociación de la Prensa, señor España, y del organizador del Congreso y de la Exposición; señor Montiel, recogidas por *El Heraldo de Madrid*, Madrid, 16-X-1928.
775. *Fotogramas. Revista mensual cinematográfica*, Madrid, mayo 1928, p. 1.
776. DÍEZ PUERTAS, Emeterio: *La novela cinematográfica*, Servicio de Publicaciones de la Universidad de Navarra, Pamplona, 2002 y BARRERA, Patricia: "Cine y novela cinematográfica en la revista Blanco y Negro (1928), Trabajo Fin de Máster, Universidad Complutense, Madrid, 2011, pp. 27-62.

CUADRO 10. ALGUNAS REVISTAS CINEMATOGRÁFICAS EDITADAS EN ESPAÑA EN LOS AÑOS VEINTE.

CABECERA	CIUDAD	AÑOS DE EDICIÓN	CABECERA	CIUDAD	AÑOS DE EDICIÓN
L'Escena Muda	Barcelona	1920	*Cinema*	Madrid	1918-1926
Tras la pantalla	Barcelona	1920-1922	*Fotogramas*	Madrid	1926-1929
Cine-Revista	Barcelona	1921-1931	*La Pantalla*	Madrid	1926-1927
Boletín de Información Cinematográfica	Barcelona	1922-1926	*Película Nacional*	Madrid	1926
Películas	Barcelona	1923-1925	*España Cinematográfica*	Madrid	1927
Cinema	Barcelona	1924-1929	*Películas*	Madrid	1927-1929
El Film	Barcelona	1925	*Proyección*	Madrid	1928
La Película selecta	Barcelona	1925	*Fotos*	Madrid	1928
Popular Film	Barcelona	1926-1937	*Patria Films*	Madrid	1929
Pantallas y Escenarios	Barcelona	1927-1930	*La Reclam*	Valencia	1921-1926
Cartelera Gráfica	Barcelona	1928	*Vida Artística*	Valencia	1926
Universal Cinema	Barcelona	1928	*Select-Film*	Valencia	1927-1928
Arte Mudo	Barcelona	1928	*Vida Cinematográfica*	Valencia	1928
El Mundo de la Pantalla	Barcelona	1928-1929	*Escenarios*	Valencia	1926-1966

FUENTE: López Yepes, Alfonso: *Catálogo de revistas cinematográficas españolas (1907-1989)*; Seoane, María Cruz y Sáiz, María Dolores: *Historia del periodismo en España. 3 El siglo XX: 1896-1936*; Monterde, José Enrique y Nieto, Jorge: *La prensa cinematográfica en España*; Hemeroteca de Madrid: *Revistas de cine. Catálogo*; fondos de la Filmoteca de Catalunya y Filmoteca Española. Elaboración propia.

informaciones cinematográficas de la década anterior, donde reproducir el argumento por extenso era prácticamente toda la información. Aunque en la década de los años veinte esto ya había cambiado, dar publicidad a los argumentos aún era un medio aceptado de informar sobre cine y de atrapar

Fig.79: Número de mayo de 1928 de la revista madrileña *Fotogramas. Revista mensual cinematográfica* (Filmoteca de Catalunya).

el interés del lector-espectador. Eran, además, un medio original porque invertían la relación habitual del cine y la literatura al convertir la película en relato y no a la inversa.

Las revistas culturales le dieron sección fija, como las "Actualidades cinematográficas" de *Blanco y Negro*, una sección, dentro de la de espectáculos, que se inscribía en otra denominada "El lienzo de plata", aunque, con los años, las informaciones sobre cine podían colarse en cualquier sección de la revista. Estas Actualidades, fijas desde 1927, son muestra de la capacidad de influencia del cinematógrafo en otras revistas ilustradas madrileñas que batieron el territorio del flamante arte*: Nuevo Mundo, Mundo Gráfico, La Esfera* o *La Estampa*. También hicieron lo propio cabeceras barcelonesas como *L'Amic de les Arts* o *Mirador*. El lugar para una visión más cultural que alcanzó su cenit en las aportaciones de Fernando Vela o Francisco Ayala en la *Revista de Occidente* (1923-1936), de Ortega y Gasset y el quincenal *La Gaceta Literaria* (1927-1932), dirigida por Ernesto Giménez Caballero. Un nuevo territorio donde el cine tendría su espacio reservado y una especialización profesional que se hizo oficial con la creación de la Asociación de Periodistas Cinematográficos de Madrid, presidida por Sabino A. Micón en 1928, en cuya directiva se mezclaban periodistas de medios generalistas y de revistas especializadas, y que nacía con la previsión de formar una federación nacional.[777]

Sobre la consolidación del cinematógrafo en crítica y revistas pueden ser buen exponente las primeras mujeres que, en los años veinte, empezaron a escribir acerca del asunto, por ejemplo la periodista, luego pionera en la gerencia de cines, Carmen Prada, que escribió en revistas especializadas y en multitud de cabeceras de prensa generalista, entre 1918 y 1921. También la escritora madrileña Carlota O'Neill que combinó, desde 1923, su creación literaria con sus colaboraciones en el semanario *Arte y Cinematografía*; Mari Luz Morales, que escribió en *La Vanguardia Española*, con el galdosiano seudónimo de Felipe Centeno, entre 1923 (año en el que el diario empezaba a escribir sobre esta industria) y 1933 o, por finalizar, la poeta Concha Méndez Cuesta, desde su primer escrito "El Cinema en España", publicado en *La Gaceta Literaria*, en noviembre de 1928.

Desde los gustos más modestos a las plumas más refinadas, la masificación del cine no tenía vuelta atrás. La construcción daría buena cuenta de ello a lo largo de la década.

5. Más cines, por favor.

Público, intelectuales, producción y miles de espectadores demostraban el triunfo del cine como espectáculo masivo en los años veinte, pero, además de lo expuesto hasta aquí, la masificación se consolidó al compás

777. Integraban su directiva: Presidente, Sabino Micón de *El Imparcial*; Vicepresidente, Arturo Pérez camarero, de *La libertad*; Secretario, Antonio Gascón, de *La Pantalla*; Tesorero-contador, Mauricio Torre, de *El Cine*, de Barcelona; Vocal primero, Ricardo Mendaro, de *A B C*; vocal segundo, Luis Gómez Mesa, de *Popular Film*, de Barcelona y Vocal tercero, José María Cruz, de *Fotogramas*. En *La Libertad*, Madrid, 8-VIII-1928.

del crecimiento del parque de salas, en una estructura mantenida hasta casi los años sesenta. La sala cinematográfica era un lugar donde el espectador acudía a disfrutar de las historias que ya conocía por otros formatos.

Entre esas ficciones conocidas las del teatro musical español tenían un éxito singular, lo venían teniendo desde los primeros tiempos del cinematógrafo. Cuando se adaptaba una zarzuela, si la acción excedía el minutaje de la película, ésta se iniciaba en un momento de la trama tras un prólogo, a veces extenso, que resumía los acontecimientos anteriores.[778] Unas proyecciones en las que, como ya se ha dicho, el espectador llevaba el ritmo, intervenía y participaba, cantando sones conocidos cuyas letras o partituras, además de interpretarse en directo, aparecían proyectadas. La música, a partir de arreglos y variaciones de temas de las zarzuelas, se iba encajando en cada momento a demanda de la acción. Por eso el género chico musical gozó de una vida extra durante los años veinte. Con la llegada del sonoro esa paradoja que enunciamos en su momento, sin dejar de serlo, se volvió a la inversa. La pantalla sonora, dejó mudo al espectador que necesitará toda su atención, y todo su silencio, para seguir una narración, que habla y canta sola.[779]

Sobre la polivalencia de salas y usos de los nuevos cines, puede dar idea este comentario que sobre el nuevo cine Europa, publica la prensa. Era algo así como un edificio capaz de hacer autosuficiente al barrio madrileño de Cuatro Caminos:

> "Sus propietarios, que son los mismos que los del popular Barflor, de la Puerta del Sol, y en nombre de ellos D. Francisco Vega, se han entregado en cuerpo y alma al arquitecto, facultándole para que realizara la gran obra sin apremios económicos, con el fin de dotar a la populosa barriada de los Cuatro Caminos de un cinematógrafo-bar-restaurante y parque de diversiones con arreglo a la categoría que necesita, cosa muy necesaria e imprescindible, de la que nadie había preocupado para que aquel público cuente, sin salir de su barrio, de un espectáculo de lujo y popular al propio tiempo".[780]

778. BERRIATÚA, Luciano: "Zarzas. El género chico en el cine mudo", *Cuadernos de la Academia*, nos. 11-12, 2002, p. 216.
779. Una teoría desarrollada por Daniel SÁNCHEZ SALAS: *Historias de luz y papel...*, pp. 49 y 56.
780. "Una visita al nuevo cine Europa", en *Heraldo de Madrid*, Madrid, 6-VII-1929, p. 12.

El crecimiento de la construcción de salas fue imparable, ayudado por los muchos teatros que dejaron de serlo para pasarse al negocio de las proyecciones y de salas de diferente condición en las que también se hacían proyecciones, desde casinos provincianos a plazas de toros. Los datos para sostener estas afirmaciones proceden de fuentes hemerográficas por la inexistencia de estadísticas oficiales en la época, son cifras distintas, procedentes de distintas fuentes, pero una misma tendencia clara.

La secuencia recogida por Joaquín Cánovas habla de un censo que pasó de 356 salas en 1920 a 1.497 en 1925, para finalizar en 2.866 en 1930. Emilio Carlos García rescata sus cifras del *Almanaque de "El Cine"* y las sitúa en 1.818 en 1925 y 2.192 en 1927. En aquellos años, concretamente en 1928, Nemesio Sobrevila matizaba los números distinguiendo las salas de proyección diaria, con dos o tres sesiones por día, 286, de las de proyección alterna, 1.917.[781]

Por nuestra parte hemos elaborado unas cifras suficientemente expresivas, y que confirman la tendencia de las anteriores, a partir del vaciado de la *Guía de la Industria y del Comercio Cinematográfico en España e Industrias relacionadas con el mismo*, para 1925 y 1929.[782] Ambos cuadros son muy completos porque aportan los datos por provincias y podemos ver el despliegue de salas en cada una de ellas. En el cuadro adjunto, acompañado por su representación en el gráfico, podemos encontrar las conclusiones. Pasamos de 1.840 salas en 1925 a 2.866 en 1929, un crecimiento del 65,1%. 1.026 nuevas salas en cuatro años. Para que el dato sea más preciso hemos respetado los grupos que aportaba la propia guía, uniendo las

781. CÁNOVAS, Joaquín: "Consideraciones generales sobre la industria cinematográfica madrileña en los años veinte" en *Archivos de la Filmoteca*, Filmoteca de la Generalitat Valenciana, Valencia, 1990, pág. 18; GARCÍA, Emilio Carlos: *El cine español entre 1896 y 1939...*, p. 224 y SOBREVILA, Nemesio: "Un tema importantísimo del Congreso. La protección del Estado a la industria cinematográfica nacional", en *La Pantalla*, Madrid, 14-X-1928, p. 669, citado por LAHOZ, Ignacio: "La construcción de un cine nacional: fracaso industrial y éxito popular entre 1921 y 1930", en LICEUS.COM [en línea], p. 7.

782. Para completar estas informaciones y estos números es de gran ayuda la consulta de SÁNCHEZ, Jesús, Ángel: *Inventario y selección de salas cinematográficas para elaboración de Plan Nacional de Patrimonio del siglo XX. Informe final*, Instituto del Patrimonio Cultural de España, Julio, 2021. Contiene todo tipo de datos y referencias bibliográficas y documentales.

provincias en regiones según la distribución de las películas, que determinaba realmente la magnitud del negocio y lo que los espectadores iban a ver. Según esto, el crecimiento es espectacular (un 127,4%) en el Sur (Andalucía, África y Canarias) y Levante y muy significativo en Asturias, Galicia, resto del Norte, el centro y Extremadura. Sólo Cataluña, Aragón y Baleares, que en 1925 tenían ya el mayor número de salas, tienen un crecimiento más moderado aunque importante (casi un 30%).

Cuadro 11. Salas de cine en España, 1925

REGIÓN CINEMATOGRÁFICA	PROVINCIA	NÚMERO DE SALAS
Cataluña, Aragón y Baleares.	Barcelona	305
	Gerona	95
	Lérida	92
	Tarragona	102
	Zaragoza	42
	Huesca	29
	Teruel	2
	Palma de Mallorca	66
	Mahón	21
	Ibiza	2
Total región		**756**
Centro y Extremadura	Madrid	62
	Ávila	9
	Ciudad Real	39
	Cuenca	11
	Guadalajara	8
	León	20
	Palencia	19
	Salamanca	9
	Segovia	6
	Soria	4
	Toledo	25
	Valladolid	16
	Zamora	14
	Cáceres	15
	Badajoz	33
Total región		**290**
Norte	Vizcaya	36
	Santander	25
	Guipúzcoa	29
	Logroño	19
	Burgos	8
	Álava	9
	Navarra	24
Total región		**150**

REGIÓN CINEMATOGRÁFICA	PROVINCIA	NÚMERO DE SALAS
Galicia	La Coruña	39
	Lugo	15
	Orense	11
	Pontevedra	25
Total región		**90**
Asturias	Oviedo	62
Total región		**62**
Levante	Valencia	137
	Castellón de la Plana	27
	Alicante	52
	Murcia	52
	Albacete	31
Total región		**299**
Andalucía, África y Canarias	Málaga	20
	Sevilla	29
	Córdoba	29
	Granada	22
	Jaén	24
	Cádiz	23
	Gibraltar	3
	Huelva	9
	Almería	9
	Alcazarquivir	1
	Ceuta	1
	Larache	1
	Melilla	4
	Tánger	2
	Tetuán	2
	Islas Canarias	14
Total región		**193**
TOTAL ESPAÑA		**1.840**

Fuente: *Guía de la Industria y del Comercio Cinematográfico en España e Industrias relacionadas con el mismo, 1925*. Elaboración propia.

CUADRO 12. SALAS DE CINE EN ESPAÑA, 1929

REGIÓN DE DISTRIBUCIÓN	PROVINCIA	NÚMERO DE SALAS
Cataluña, Aragón y Baleares.	Barcelona	370
	Gerona	97
	Lérida	126
	Tarragona	154
	Zaragoza	61
	Huesca	42
	Teruel	15
	Palma de Mallorca	90
	Menorca	17
	Ibiza	2
Total región		**974**
Centro y Extremadura	Madrid	81
	Ávila	14
	Ciudad Real	54
	Cuenca	18
	Guadalajara	15
	León	30
	Palencia	21
	Salamanca	15
	Segovia	9
	Soria	7
	Toledo	51
	Valladolid	20
	Zamora	14
	Cáceres	43
	Badajoz	50
Total región		**442**
Norte	Vizcaya	45
	Santander	35
	Guipúzcoa	34
	Logroño	29
	Burgos	17
	Álava	11
	Navarra	42
Total región		**213**

REGIÓN DE DISTRIBUCIÓN	PROVINCIA	NÚMERO DE SALAS
Galicia	La Coruña	63
	Lugo	24
	Orense	15
	Pontevedra	38
Total región		**140**
Asturias	Oviedo	101
Total región		**101**
Levante	Valencia	262
	Castellón de la Plana	54
	Alicante	104
	Murcia	86
	Albacete	51
Total región		**557**
Andalucía, África y Canarias	Málaga	35
	Sevilla	74
	Córdoba	66
	Granada	37
	Jaén	67
	Cádiz	53
	Huelva	29
	Almería	26
	Marruecos, Ceuta y Melilla	23
	Islas Canarias	29
Total región		**439**
TOTAL ESPAÑA		**2.866**

Fuente: *Guía de la Industria y del Comercio Cinematográfico en España e Industrias relacionadas con el mismo, 1929.* Elaboración propia.

CUADRO 13. SALAS DE CINE EN ESPAÑA, 1925/1929

REGIÓN DE DISTRIBUCIÓN	SALAS EN 1925	SALAS EN 1929	% DE CRECIMIENTO
Andalucía, África y Canarias	193	439	127,4%
Levante	299	557	86,2%
Asturias	62	101	62,9%
Galicia	90	140	55,5%
Centro y Extremadura	290	442	52,4%
Norte	150	213	42%
Cataluña, Aragón y Baleares.	756	974	29,5%
% CRECIMIENTO MEDIO	1.840	2.866	35% (1.026 nuevas salas)

Fuente: *Guía de la Industria y del Comercio Cinematográfico en España e Industrias relacionadas con el mismo, 1929*. Elaboración propia.

Nos interesa conocer el censo de salas con la mayor precisión posible, aunque lo que se estaba planteando entonces no era, desde luego, un asunto de cantidad, sino sobre todo de calidad. Las salas cambiaban en posibilidades, servicios y tipología para acoger a todas las clases sociales. Cambiaba también la oferta de ocio, ampliando sus horas hasta coincidir con los horarios de trabajo, llegada ya la década de los años treinta y los cines de sesión continua. Cada vez era más evidente el distanciamiento con el calendario eclesiástico, de ferias y romerías tradicionales, al que se había adaptado el cine de los orígenes.

El contenedor de la masificación de públicos, como venimos viendo desde finales de la primera década del siglo, debió servir para que vinieran los más modestos, pero también para que los acomodados se encontrasen a gusto con el lujo y los servicios que tanto las nuevas salas como los teatros reconvertidos podían ofrecer. Será un espacio para acoger a las difusas clases medias y profesionales liberales que, con las posibilidades de la modernización, comenzaban a definirse mejor y a crecer. Eran espacios para que el lujo que aparecía en la pantalla, traído por las producciones de Hollywood que copaban lo mejor de sus fechas, se desbordara, inundando patios, vestíbulos y foyeres. Era, como nunca antes había sido en España, el desarrollo paralelo de la arquitectura de los cines y la arquitectura en el cine. Lo que Juan Antonio Ramírez, en su nunca bastante citado estudio, describía al fijar la intención de los constructores de cine: "se trata de emocionar al espectador haciéndole olvidar su realidad cotidiana, de llevarle a un mundo de ensueño y maravilla". Lo que más tarde Garci llamó "una vida de repuesto".[783] Lo que, en un panegírico de la empresa madrileña Sagarra S.A., deja claro *Arte y cinematografía*:

> "Porque todo ello es edificante, y es evidente la prueba: Tomados en plena decadencia Royalty y Príncipe Alfonso, Sagarra los transforma y hace de ellos salas dignas de la mejor sociedad madrileña, cobra a buen precio las entradas, pero se dignifica el espectáculo con las mejores producciones del mundo. Levanta el Real Cinema, le sigue el Monumental y ya nadie piensa en pequeñas cosas. Se compara la barraca de la Plaza del Progreso con la grandiosidad del Real Cinema, y Madrid se da cuenta de la mágica transformación del Cine".[784]

Hemos vuelto a Madrid. A los aledaños de la Gran Vía, donde el proceso de concentración de edificios y servicios relacionados con la imagen en movimiento y los sonidos sincronizados, el nuevo comercio y la nueva publicidad, la convirtieron en una microciudad de neón, un espacio para el consumo cultural. Aunque el proyecto de la calle era decimonónico tomó vuelo a partir de 1910 y, en la década siguiente, su segundo tramo rompió, como rompían los tiempos, con el elitismo burgués del siglo XIX que recordaba el primer tramo. Frente a casinos y sociedades exclusivas se imponían edificios de usos interclasistas, comercios, edificios de oficinas, y por supuesto los nuevos cines, completa expresión de modernidad y cosmopolitismo.[785]

783. RAMÍREZ, Juan Antonio: *La arquitectura en el cine. Hollywood la Edad de Oro*, Alianza Editorial, Madrid, 1993, p. 22. La frase de Garci se convirtió finalmente en el título del libro sobre su trayectoria: MORET, Andrés: *Una vida de repuesto. El cine de José Luis Garci*, Hatari Books, Madrid, 2022.

784. HOID, Martiliano: "El Cinematógrafo en Madrid" en *Arte y Cinematografía*, Barcelona, nº especial 1926.

785. Para todo el proceso de edificación y dotación terciaria de la Gran Vía: MIGUEL, Santiago de: "Madrid, los retos de la modernidad: transformación urbana y cambio social, (1860-1931)...", especialmente pp. 717-794.

> "En varias cosas es ya Madrid una Metrópoli. Pero en ninguna como en el cine. Pues a la elegancia, amplitud y comodidad de sus salas, se une la universalidad de las películas".[786]

Así fue. Si se buscan en el mundo de entonces zonas especializadas para el consumo cultural masivo, no hay más remedio que citar a la Gran Vía madrileña entre las más significadas (Broadway, Times Square, Clichy, Piccadilly...). El espacio madrileño fue formándose en un tiempo breve, partiendo de la construcción del Palacio de la Música, inaugurado en Pi y Margall, el 18, en noviembre de 1926. Sala polivalente que abrió el baile; el resto de edificios llegaron prestos: al mes siguiente el cine Callao, también en 1928 el Cine Avenida, en 1929 el llamativo Palacio de la Prensa y en 1930, ya en el tercer tramo de la Gran Vía (Eduardo Dato, nº 10) el Rialto. Más salas importantes llegaron ya en tiempos republicanos. En menos de ocho años, en un espacio reducido se concentraban siete salas de lujo, con un aforo total superior a las 12.000 butacas.[787] También para esto Madrid tomó el relevo de Barcelona, siendo la Gran Vía la sucesora natural de El Paralelo en cuanto a su portentosa capacidad de acumular modernos salones de espectáculos por metro cuadro. En este caso, nada de teatro o varietés. En la Gran Vía se trataba de cines modernos. Los más modernos.

Las empresas exhibidoras crecieron a la misma velocidad que la construcción. En Madrid Sagarra disponía de seis salas, la Empresa del Callao cinco, siete la Empresa Avenida y cuatro la Empresa Palacio de la Música; tres salas en Zaragoza tenían la empresa Quintana y Compañía; a Deportes y Espectáculos el pertenecían cinco salas en San Sebastián y otras en Bilbao, Zaragoza y Madrid. En Barcelona centro y lugares limítrofes, en 1925 la empresa Ideal disponía del mayor número de salas, ocho, seguida de Films J. Tobella, con tres y Piqueras y Gurgi con dos. En 1927, además de Ideal, Fregoli y Vilaseca y Ledesma S. A. tenían cuatro salas cada una, Kursaal, Diana, Triunfo y Films J. Tobello, completan esta muestra, con tres salas cada una.[788]

Así empezaron a poblar las ciudades estas arquitecturas que se mimetizaban con las hechuras urbanas. Se construían en lugares buscados a

786. INSÚA, Alberto: "El panorama cinematográfico", en *Heraldo de Madrid*, Madrid, 6-VII-1929, p. 5.
787. BAKER, Edward: "La Cinelandia de la Gran Vía madrileña, 1926-1936", en *Ayer*, nº 72, 2008, pp. 160-161.
788. GARCÍA, Emilio Carlos: *Cine español entre 1896 y 1939...*, pp. 220-222.

propósito como las esquinas que, además de permitir soluciones formales ventajosas para el edificio, aprovechaban su colocación en nodos de comunicaciones plenamente comerciales, para su finalidad primordial de atrapar públicos. Las economías de escala y las sinergias eran aprovechadas para colocar las nuevas salas en edificios polivalentes (residenciales, comerciales o de oficinas), como el ya mencionado Palacio de la Música, o en calles donde ya había otros cines y todos se beneficiaban de la afluencia de espectadores. Negocio llamaba a negocio. En los barrios, dotados de menos servicios, el cine podía ser una referencia o formar parte de un edificio multiusos.

Fig.80: Cine y plaza del Callao (Tarjetas postales. Biblioteca digital Memoria de Madrid).

Con la veloz construcción de los cines se fueron cerrando unas nuevas tipologías en las que se repetían algunos elementos constantes y de gran utilidad. Debemos una parte importante de su sistematización al ya mencionado arquitecto Teodoro Anasagasti, que si no fue el mayor constructor de cines, sí se preocupó por teorizar sus formas y modos constructivos, como había hecho con otro tipo de edificios en formatos diversos, sobre todo en las páginas de la revista *La Construcción Moderna*.[789] Fue baluarte de la introducción de la arquitectura del Movimiento Moderno y supo resolver las nuevas necesidades de los cines buscando una solución formal sencilla, con un nuevo tipo capaz de adaptarse a cualquier solar. De hecho, tras la inauguración del Monumental Cinema, una encendida loa a su trabajo en el diario *El Sol* lo definía como "arquitecto y teorizante".[790]

Si seguimos los dictados de Anasagasti y las formas de los nuevos cines nos encontramos que se definen por su alejamiento formal del teatro. Su espectáculo era otro en el que, para empezar, las salas de proyección eran lo más importante. Los teatros perdían un 80% de su espacio en salas de representación social (foyeres, vestíbulos, saloncitos de fumar y otros). Eso no quiere decir que no hubiese salas auxiliares como bares o ambigús, pero se trataba de espacios tan modernos como el cine y medidos para ajustarse a su cometido sin robar más metros de los necesarios al edificio que sería "un salón con exiguas dependencias accesorias".[791] La sala de proyección se aprovechaba al máximo y se ajustaba a la morfología del solar, aunque fuese esquinero o irregular, con lo que ya no eran indispensables las formas circulares o elípticas. Por ejemplo Anasagasti era partidario de las plantas trapezoidales, con el lado menor hacia el escenario y ensanchándose poco a poco hacia la fachada. Luis Gutiérrez Soto, otro de los arquitectos destacados en arquitectura cinematográfica, ofreció una muestra de creatividad en la adaptación en diagonal de la planta del cine Barceló a un solar en esquina, que fue señalada por Ernst Neufert en su obra *El arte de proyectar en arquitectura* como ejemplo de aprovechamiento del espacio en la planta de un cine.[792]

789. Nos referimos a los artículos ya citados de Teodoro de ANASAGASTI: "El cine moderno" (1919) y "El edificio" y "Características del cine", en *La construcción moderna...*, nº 25, 1919 y nº 21, 15-XI-1923.
790. LAVILLA, A., MARTÍN C., POZO J. M.: "Contexto arquitectónico y desarrollo tecnológico del Cine Monumental de Teodoro Anasagasti", en *Informes de la construcción*, nº 546, abril-junio 2017. ALCÁNTARA, Francisco: "Anasagasti constructor y teorizante. El Monumental cinema y "La enseñanza de la arquitectura", en *El Sol*, Madrid, 25-X-1923. *La enseñanza de la arquitectura* es el título del libro escrito por el arquitecto en 1923, que hemos consultado en su reedición facsímil del Instituto Juan de Herrera, Escuela Técnica Superior de Arquitectura, Madrid, 1995. Para una visión panorámica de la obra de este arquitecto: VV. AA.: *Anasagasti. Obra Completa.* Exposición organizada por el Ministerio de Fomento, 2 de diciembre de 2003-26 de enero de 2004, Ministerio de Fomento, Madrid, 2004.
791. ANASAGASTI, Teodoro de: "Características del cine, en *La construcción moderna...*, p. 336.

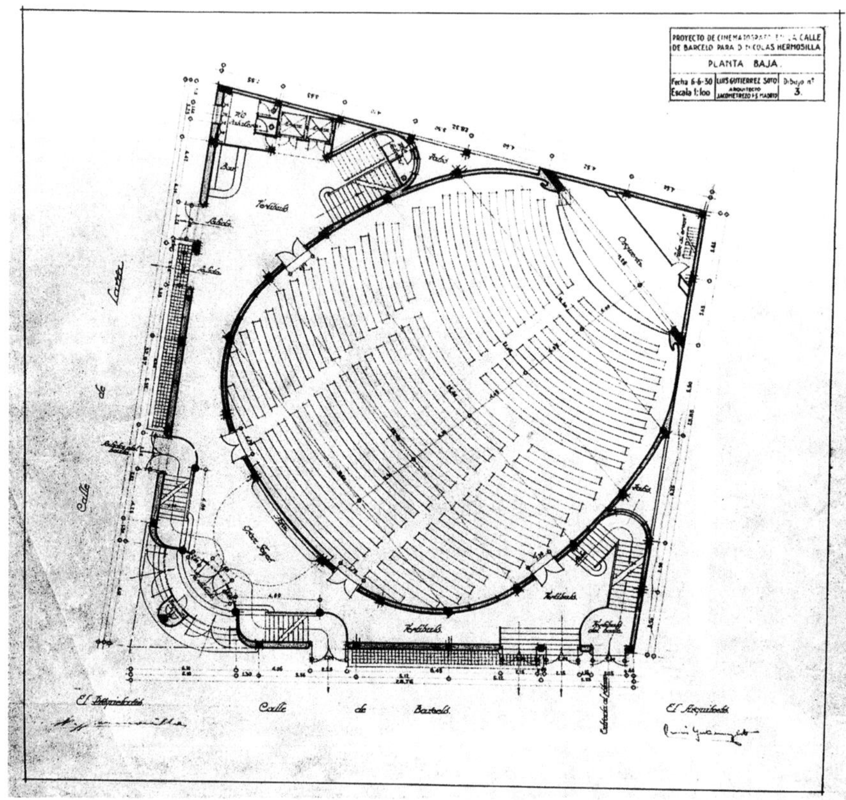

Fig. 81: Planta del cine Barceló (1930) de Luis Gutiérrez Soto (Fundación COAM).

Los cines crecían en altura con nuevos anfiteatros buscando más cabida y distintos puntos de vista para las localidades, mientras se iban perdiendo las localidades laterales y la gran variedad de precios y situaciones de las entradas teatrales. Eso era posible gracias al empleo de nuevos materiales, resistentes y livianos, como el cemento armado, introducido en España por pioneros como Eugenio Ribera, ya a finales del siglo XIX[793] y usados

792. "Cine Barceló", en *Arquitectura de Madrid,* Fundación COAM y Docomomoibérico.com [consultados el 29-XII-2024].
793. La teoría y las obras tempranas de este ingeniero con el nuevo material pueden encontrarse en RIBERA, José Eugenio: *Hormigón y ce-*

por los arquitectos de los cines, no sólo por cuestiones estructurales, sino también por la nueva estética de la modernidad: "el cemento armado tiene una belleza suya, belleza científica que hay que respetar, y no negarla, aunque a muchos les parezca horripilante".[794] La sala principal, muy lujosa, con un cierto recuerdo al teatro en su decoración, se adaptaba a las nuevas necesidades del espectáculo: una acústica distinta a la teatral que se haría preocupación indispensable en los años siguientes, buena visibilidad focalizada hacia la pantalla, instalaciones auxiliares (contra incendios, renovación de aire, calefacción...). Estructura y estética se conjugaban en las fachadas, donde no era necesario abrir vanos puesto que el interior no necesitaba iluminación natural sino lo contrario. Ello permitió que esas fachadas se convirtieran en gigantescos soportes publicitarios.

Fig. 82: Interior del Cinema Monumental (*La Construcción Moderna*, nº 21, p. 331).

mento armado. Mi sistema y mis obras, Imprenta de Ricardo Rojas, Madrid, 1902.

794. ANASAGASTI, Teodoro de: "Características del cine", en *La construcción moderna...*, p. 345.

Con lo esencial de esta nueva tipología se fueron construyendo todo tipo de edificios con distintas variaciones estilísticas hasta cerrar el programa arquitectónico de la Gran Vía con el edificio Carrión y el cine Capitol, ya en época republicana. El arquitecto Secundino Zuazo diseñó el Palacio de la Música en 1926, en el intento de modernizar la arquitectura nacional a partir del barroco andaluz. Fue un edificio muy llamativo que influyó en el Cine Avenida (Miquel de la Quadra, 1928) y Cine Tívoli (Paul Linder y Rafael Ripollés, 1929), pero en Madrid los dos arquitectos más influyentes fueron Anasagasti, el más teórico y el que más contribuyó a fijar una tipología universal de los nuevos edificios, y Luis Gutiérrez Soto, el más práctico, pues construyó 23 cines, reformó otros seis y diseñó cuatro más no construidos.[795]

Y si esto pasaba en Madrid, en el resto de España la renovación de las salas era un hecho, apoyado por las cifras que hemos visto en los cuadros anteriores y en la consolidación de importantes empresas. En Barcelona, donde los cines superaban la treintena durante la década de los veinte, se construyeron toda clase de salas como el Odeón y Splendid Cinema (1921), Kursaal y Cinerama (1922), Padró (1922), Pathé Palace, Alianza, Gran Cinema Colón, Cine Nuevo y Princesa (1923), Miria (1924), Capitol, Emporium, América y Salón Cinema París (1926).[796] Pero si buscamos un porte semejante a los palacios de la Gran Vía madrileña hemos de fijarnos en el Cine Coliseum, inaugurado el 10 de octubre de 1923 en otra Gran Vía, la de les Corts Catalanes, con proyecto de Francisco de Paula Nebot y una inversión de cuatro millones y medio de pesetas. A pesar de ser un edificio entre medianeras, su fachada monumental, con un gran arco como hornacina gi-

795. Para estos asuntos y estos edificios véase LAVILLA, Ana Cristina: "La implantación de la arquitectura de los cines en España: de los pabellones a los palacios cinematográficos", en *Apuntes*, nº 31, pp. 38-53.
796. Para detalles sobre estas salas y otras por toda Cataluña, pueden consultarse: Acadèmia del Cinema Català: *Cinemes centenaris de Catalunya*, 2020; COLÁS, Joan: "Lista: todos los cines centenarios de Cataluña que aún proyectan películas", *Crónica*, 6-VIII-2023; FRÁIZ, Jesús: *La Barcelona de antes*,https://urlc.net/O6F3 [consultado el 30-XII-2024], donde pueden encontrarse fichas y localizaciones de las salas, MEJÍA, Joffre: "Els primers anys del cinema a Barcelona: una aproximació a l'evolució de l'exhibició i la seva funció social (1896-1923)", T.F.G., Universitat de Barcelona, 2022 y MUNSÓ CABÚS, Joan: *Els cinemes de Barcelona*, Proa-Ajuntament de Barcelona, 1995.

Fig.83: Fachada del Cine Coliseum de Barcelona, proyectado por Francisco de Paula Nebot, 1923 (Arxiu historic del COAC).

gante flanqueada por dos torres de sección cuadrada, lo dotaban de un aspecto escenográfico y espectacular. Todo facturado en un estilo ecléctico cercano al movimiento Beaux-Arts francés e inspirado en el teatro de la Ópera de París. Decía la publicidad que era el mejor cine de Europa, con orquesta para 28 profesores y mesitas de té en los palcos. Su empresario, Josep Solà, le propuso a Vidal Gomis, representante en Barcelona de la firma Bilbao Seleccine, S. A., encargarse de la programación desde enero de 1924. Así el Coliseum se reservó los estrenos de los films Paramount, cuya exclusiva para España tenía Seleccine.[797]

Echando un vistazo a una muestra de lugares diversos y distantes de la geografía española podemos encontrarnos algunas capitales de provincia, como Bilbao, donde se construyeron el Cinema Bilbao (1923), Cinema Pax (1924), Teatro Buenos Aires (1925) e Ideal Cinema (1926), ampliando la oferta de lo que ya era un espectáculo de masas. En Logroño el Salón Beti-Jai Cinematógrafo (1921), Cinema social (1925), y el Olympia (1929). En Zaragoza en 1928 se reabría el Cinema Alhambra, que preludiaba la apertura de las grandes salas de los años treinta. En Oviedo el Popular Cinema (1922), Salón-Cine Toreno (1923) y el Cine Principado (1928), promovido por la empresa Julio César, S. A. En La Coruña con el final de la década llegaron las aperturas del Ideal Cinema (1929) y la conversión en cine del Teatro Rosalía (1930), el mismo año en el que nacían los cines Cuatro Caminos y España. En 1931 se instalaba el cine Savoy, con vanguardista y lujoso diseño Art Decó obra de Antonio Tenreiro y Paregrín Estellés. En Granada, cómo no, en la Gran Vía, se edificó en fecha tan temprana como 1920 el Coliseo Olimpia, una sala de 1.500 localidades obra de Matías Fernández que tomaba el lujo de los palacios cinematográficos norteamericanos, en proporciones y decoración, y algún recuerdo de la arquitectura y las formas teatrales. En Málaga abría paso el Cine Goya (1923) a las siguientes salas: Cinema España, Plus Ultra (1927), Cine Las Delicias (1929) y Cine Rialto (1930). En el Jaén de 1927 Justino Flórez edificaba, en estilo racionalista, el Cine Darymelia y en Sevilla, el 18 de octubre de 1925, abría sus puertas, con gran pompa y presencia de miembros de la familia real española, la primera sala concebida, desde el principio, como cinematógrafo: Pathé Cinema. Por finalizar, en Santa Cruz de Tenerife se abrían los cines Avenida, Victoria, Toscal y Plaza de toros (1928).[798]

797.AQUITECTURA CATALANA:
"Cinema Coliseum", https://urlc.net/O6Fa; *Inventari del Patrimoni Arquitectònic de Catalunya (IPAC)*; LASA I CASAMITJANA, Joan Francesc de: "El Coliseum, com a símbol de tota una època". *Cinematògraf*, nº 2, pp. 245-57,https://urlc.net/QziR [consultado el 30-XII-2024].

798. ANSOLA, Txomin: "El espectáculo cinematográfico en Bilbao durante la Guerra civil (1936-1937)", en *Bidebarrieta* nº 19, p. 394, 2008; SÁNCHEZ, Bernardo: *100 años luz. El tiempo del cinematógrafo en La Rioja*, Cultural Rioja, Logroño, 1995 p. 49; MARTÍNEZ HERRANZ, Am-

En otras ciudades importantes, no capitales de provincia, el movimiento fue semejante. En San Sebastián, además de los teatros que hacían proyecciones cinematográficas, abrían el Teatro Trueba, una sala para 2.000 localidades, en 1923, y el Cine Petit Casino en 1925. En Alicante, entre 1923 y 1925, se reformaron o construyeron los edificios de mayor capacidad: Cine Monumental, Ideal Cinema, Cine Capitol o Central Cinema. En Gijón, Antonio Méndez Laserna reabría el Teatro Robledo en 1922 y se abría el Gijón Cinema en 1926. En entornos periféricos, como muchas poblaciones de la isla de Tenerife, se abrieron nuevas salas, generalmente de modestas proporciones como el Teatro Cine (Arafo, 1921), Teatro Cine (los Silos, 1923), Cine Escobonal (Güímar, 1925), Cine Royal (Icod de los vinos, 1925), Teatro Tophan (Puerto de la Cruz, 1925), Cine parque Victoria (la Laguna, 1928), Teatro Cine Unión Tejina (La Laguna, 1928), Teatro Los Ángeles (Güímar, 1929). Las poblaciones del espacio industrial de la ría de Bilbao también vieron crecer las salas en estos años, con once nuevos cinematógrafos en torno a la década de los veinte. Hablamos de salas como el Coliseo Erandio (1920), Gran Cinema Las Arenas y Salón Cervantes (Getxo, 1922 y 1923), Gran Cinema Algorta y Casa Social (Getxo, 1928), Cinema Santurce (1928) y Gran Cinema de Sestao (1929), que se sumaban al Cine Ideal de Portugalete, una sala de unas mil localidades abierta justo cuando la década comenzaba, en 1919. Algo parecido sucedía en las localidades mineras asturianas, como el concejo de Mieres, donde abrieron el Ideal Cinema y Salón Blanquita (1922), Cine Ablaña (1923), Cinema Vegadotos y Cine-Teatro y bar Argentino (1926).[799]

paro: *Los cines de Zaragoza...*, pp. 155-163; LUIS J.: "Breve historia del cine en Oviedo y el retorno de las salas al centro urbano", en *Postigo abierto*, 23-IV-2024 [consultado 30-IV-2024]; SORALUCE, José Ramón: "A Coruña arquitectura desaparecida..., p. 14; ARIAS, Salvador Mateo: "Granada: el cine y su arquitectura", Universidad de Granada, Granada, 2009, pp. 155-157 y 372-389; GARCÍA LARA, María Pepa: *Historia de los cines malagueños...*, pp. 95-126; RUEDA, Luis: "Los espacios del cine en Jaen (1898-1966)", en *Boletín de Arte*, nº 37, Universidad de Málaga, 2016, p.194; COLÓN, Carlos: *Los comienzos del cinematógrafo en Sevilla...*, p. 80; RUÍZ, Álvaro: *El Templo oscuro. La arquitectura del cine en Tenerife...*, pp. 186-189.

799. SADA, Javier María: *Cinematógrafos donostiarras...*, pp. 131-146; GARCÍA, Héctor Jesús: "Cine Ideal de Alicante. Análisis tipológico y contextual", TFM, Universidad Politécnica de Cartagena, 2016, p. 58; SUÁREZ, Rafael: *Cines, teatros y salones de variedades en Gijón*

Fig. 84: Cinema Ideal Alicante en los años veinte (tarjeta Postal L. Roisin).

En ciudades donde la oferta cinematográfica había sido más modesta el cine se asentó por vez primera de forma estable con arquitecturas diseñadas *ad hoc*, aunque fuese en salones con tan pocas pretensiones como el Salón Royalty de Badajoz. Pero también en entornos rurales, donde el cine se proyectaba en bares, colmados o viejos teatros, en los años veinte empezaban a edificarse arquitecturas exprofeso o llegaba, por vez primera, el cine. Tal es el caso del Valle del Jerte en Cáceres donde, en 1925, en la localidad de Cabezuela, se instaló el primer cinematógrafo que puede llevar

(1896-2018), Ayuntamiento de Gijón, 2019, pp. 58-66; ANSOLA, Txomin: "El Salón cine Ideal, exponente de la consolidación del espectáculo cinematográfico en Portugalete durante la década de los veinte", en *Ikusgaiak*, nº 4, 2000, pp. 41-58; RUIZ, Ariadna: *Los cines en Sestao y sus programas de mano*, Diputación Foral de Bizkaia, Bilbao, 2018, pp. 28-33; FERNÁNDEZ, María Fernanda: *Arquitectura y cine en el concejo de Mieres...*, pp. 113-162; RUÍZ, Álvaro: *El Templo oscuro. La arquitectura del cine en Tenerife...*, pp. 186-189.

tal nombre, al compás de la consolidación de la exhibición profesional en localidades y comarcas de mayor población como Navalmoral de la Mata, Brozas o Plasencia.[800]

En grandes cines, palacios de las estrellas, o en cabañas de pueblo, las nuevas arquitecturas llevaban por doquier un espectáculo masivo que se había adueñado del tiempo de ocio y del entusiasmo de los españoles.

800. GONZÁLEZ, Ana: "La exhibición cinematográfica en Badajoz (1914-1929)", tesis doctoral, Universidad Complutense, Madrid, 2016, especialmente pp. 203-209; GARCÍA-MANSO, Angélica: "Los cinematógrafos del valle del Jerte (Cáceres): arquitecturas del ocio entre el río y las laderas", *Vegueta. Anuario de la Facultad de Geografía e Historia*, nº 24, 2024, p. 1271.

7.

SONIDO EN LOS CINES
Y RUIDO EN LAS CALLES

El dieciséis de marzo de 1930, desplomado en un sillón del hotel Pont Royal de París, entre papeles a medio leer y a medio escribir, yacía muerto Miguel Primo de Rivera. El cirujano de hierro que había venido para salvar a España del separatismo, del sindicalismo y de la guerra de Marruecos. Se fue al otro mundo pensando que lo había logrado, por eso, ni él ni sus colaboradores más directos entendieron la meteórica caída de un régimen de apariencia exitosa, conducido por un líder campechano y popular, que, ya en el exilio, se dejó vencer por la melancolía y la diabetes. Dictadura y dictador tuvieron un final casi simultáneo.

Este desenlace súbito tenía sus razones y derivaba de los conflictos con los que había lidiado aquella dictadura nacida de la improvisación, la falta de ideología y las contradicciones varias. Era contradictorio ser una dictadura militar con rey que, si fue un adelanto de cosas que pasarían luego en el resto de Europa, entonces era una novedad. Contradicción era también que en vez de anular al movimiento obrero, intentase encauzarlo con el colaboracionismo socialista a través de la U.G.T., que vio en ese lance la oportunidad de sacudirse la competencia del anarquismo. No menos contradictorio resultaba estar pilotado por un dictador (así gustaba llamarse Primo) muy popular incluso para sus debilidades más mundanas. Al que le precedía su fama de mujeriego, borrachín, juerguista y ludópata, derivada de su frecuente presencia en mancebías y lupanares varios, y que tenía entre sus amigos de mayor confianza a conocidas prostitutas como "La Caoba". "Un barbero con faja de general", como lo retratara Blasco Ibañez.[801] A pesar de ello no contó con un respaldo social suficiente. No lo encontró

801. Citado por VILLALOBOS, Cristóbal: "Cossío en París: Unamuno y Blasco Ibáñez en el exilio primorriverista", *Zenda* libros, https://acortar.link/7WEVyT [consultado, 12-I-2025].

en sus naturales banderines de enganche de la Unión Patriótica y el Somatén pues, en vez de ser herramientas de movilización social, se convirtieron en nido de oportunistas o aprovechados y en retiro de representantes de la "vieja" política que no se privaron de participar en escándalos sonados. Tampoco escapaba de la contradicción la doble moral; una de día que perseguía hasta la blasfemia y el piropo "vulgar" y dejaba de noche carta blanca para los asuntos próximos al placer, a los que tan aficionado era el dictador. Postura que nada gustó a la Iglesia, necesaria como aliado natural. Y, para rematar los contrasentidos, el Ejército, dividido antes, siguió dividido durante, entre los africanistas, a cuyas filas pertenecía Primo de Rivera, y los liberales y republicanos, acantonados en la trinchera contraria.[802]

Las contradicciones derivaron en conflictos que hicieron quebrar todos los pilares en los que se afirmaba el proyecto del régimen. Para empezar el Ejército se cuarteó cuando Primo intentó imponer la escala abierta de ascensos que perjudicaba a cuerpos muy especializados como los artilleros que, tras la suspensión de todos sus oficiales y disolución del arma en septiembre de 1926, llevaron su protesta directamente al rey, recabando apoyos entre otras armas. Tanto es así que la *Sanjuanada* de junio de 1926, abrió la puerta que unió al Ejército con otras fuerzas conspirativas de la oposición. El sistema educativo era otro recurso fundamental de nacionalización, utilizados profesores y maestros como agentes de adoctrinamiento nacionalista,[803] pero acabó derivando en la represión y en la prohibición de libros y ganando para la oposición a intelectuales independientes que, desde 1924, habían sido hostiles al régimen cuando expedientó a varios catedráticos (Jiménez de Asúa, Fernando de los Ríos, García del Real), críticos con el destierro a Fuerteventura de Miguel de Unamuno. Algunos tan destacados como el mencionado Vicente Blasco Ibáñez, adalid del republicanismo desde principios de siglo, quien, desde su exilio Francés en 1925 había recrudecido su guerra abierta contra la dictadura y contra el rey con tres fo-

802. Puede encontrarse un buen resumen de todas estas contradicciones en ALÍA, Francisco y NUEDA, Alba: "Principales contradicciones del dictador y de la dictadura de Primo de Rivera (1923-1930)", en DÍAZ, Ramón V. y PÉREZ, Juan Sisinio (coords.): *La aventura de la modernidad. Los años veinte en España*, Catarata, Madrid, 2022, pp. 34-47.
803. Un buen análisis en QUIROGA, Alejandro: *Miguel Primo de Rivera...*, pp. 211-231. Para todos los detalles el estudio clásico de GARCÍA QUEIPO DE LLANO, Genoveva: *Los intelectuales y la dictadura de Primo de Rivera,* Madrid, Alianza, 1988.

lletos de enorme difusión internacional: Una nación secuestrada, *Lo que será la República española* y *Por España contra el rey*, además de la revista titulada *España con honra*.[804] También los estudiantes cobraron relevancia, quizás por vez primera, como factor político y acabaron insertándose, con cierta notoriedad, en las filas de la oposición.[805] Por último la iglesia católica, apoyo natural de primera hora, acabó contrariado cuando el vigor del catolicismo social y sus sindicatos quedó eclipsado con los privilegios otorgados por el régimen a la U.G.T. La modernización del país y algunas decisiones de la dictadura sobre la moral, fueron vistas como un alejamiento de la doctrina, que también fue alejando a la Iglesia del régimen.[806]

Las contradicciones ya eran conflictos, los conflictos trajeron problemas y, al fin, todo derivó en conspiraciones que no parecían posibles cuando, a finales de 1925, en la cima de la popularidad de Miguel Primo de Rivera tras el desembarco de Alhucemas, el paso de directorio militar a civil indicaba que el régimen iba, o quería ir, para largo. Pero no pasó de 1930 cuando, siendo 27 de enero, don Miguel, sin apoyos ni resuello, presentó su dimisión a un monarca que, lo mismo que en la llegada del dictador, llevaba tiempo maniobrando para su salida.

Si gran parte del alimento de la dictadura le había llegado del sur africano, el breve tiempo del general Dámaso Berenguer que asumió el poder el 30 de enero, se consumió en el norte, entre San Sebastián y Jaca. En la primera ciudad se fraguó el Pacto de San Sebastián que unió a todas las fuerzas republicanas el 17 de agosto, y en la segunda la sublevación de los capitanes Fermín Galán y Ángel García Hernández el 12 de diciembre del mismo año. Hicieron tremolar por vez primera la tricolor y lo pagaron con la vida. Fueron los tiempos del "Error Berenguer". Frase acuñada como titular de *El Sol*, en un famosísimo artículo con el que José Ortega y Gasset se asomaba a la primera del diario de Urgoiti con intención de analizar a la dictadura y, a la vez, pasar a la Historia. Un análisis que partía de la situa-

804. LAGUNA, Antonio, MARTÍNEZ, Francesc-Andreu: "Jaque al rey, juego de héroe..., pp. 456-458.
805. Así lo sostiene GONZÁLEZ MARTÍNEZ, Carmen: "La Dictadura de Primo de Rivera: una propuesta de análisis", en *Anales de Historia Contemporánea*, nº 16, Murcia, 2000, p. 405. Véase también: GONZÁLEZ CALLEJA, Eduardo: *El Máuser y el sufragio. Orden público, subversión y violencia en la crisis de la Restauración (1917-1931)*, CSIC, 1999, p. 433.
806. GÓMEZ NAVARRO, José Luis: *El régimen de Primo de Rivera*, Madrid, Ediciones Cátedra, Madrid, 1991, p. 453.

ción de una España siete años en absoluta anormalidad, con una dictadura de un poder omnímodo y sin límites, que operó sin ley ni responsabilidad en el orden público y privado. Después de caer la dictadura, la monarquía quiso perpetuarse con una especie de "aquí no ha pasado nada". Esta ficción fue el gobierno Berenguer. Y Berenguer, el general amnistiado encargado de representar esa ficción. Sobre ese planteamiento lanzaba Ortega su párrafo final, coronado con un latinajo, sentencia para el régimen monárquico con la profundidad del submarino Peral:

> "Este es el error Berenguer, de que la historia hablará.
> Y como es irremediablemente un error, somos nosotros, y no el Régimen mismo; nosotros, gente de la calle, de tres al cuarto y nada revolucionarios, quienes tenemos que decir a nuestros conciudadanos. ¡Españoles, vuestro Estado no existe! ¡Reconstruidlo!
> *Delenda est Monarchia*".[807]

Tal vez el final de la dictadura estaba escrito en una última y gran contradicción: quiso crear un nuevo español y, gracias a todo tipo de adelantos como la masificación del cine, creo un español más moderno para el que la dictadura era un sistema de gobierno muy antiguo.

Mientras todo sucedía, sobre todo en los tiempos del directorio civil, la modernización que, para bien y para su propio mal, había pilotado la monarquía se reflejaba en el cambio técnico más importante que iba a experimentar el espectáculo cinematográfico con la llegada del sonoro. Eran los tiempos del sonido. Unión Radio, que emitía en pruebas desde 1924, fue la primera cadena española y el mismísimo dictador que calificaba a la radio de "maravillosa invención", fue uno de los primeros políticos en utilizarla como medio de propaganda. Su querencia por la prensa se traspasó a una gran afición por los micrófonos.[808] Su caída y la llegada del cine sonoro, fueron cubriendo etapas en los mismos años, pues a principios de 1927 Lee de Forest presentó el cine sonoro en Madrid Unión Radio, luego Barcelona y más tarde en el cine Callao y en junio de 1929, fue la presentación de *El Cantor de Jazz*, otra vez en el cine Callao. Entre ambos eventos, en abril de

807. ORTEGA Y GASSET, José: "El error Berenguer", en *El Sol*, Madrid, 15-XI-1930.
808. ALÍA, Francisco y NUEDA, Alba: "Principales contradicciones del dictador...", p. 41.

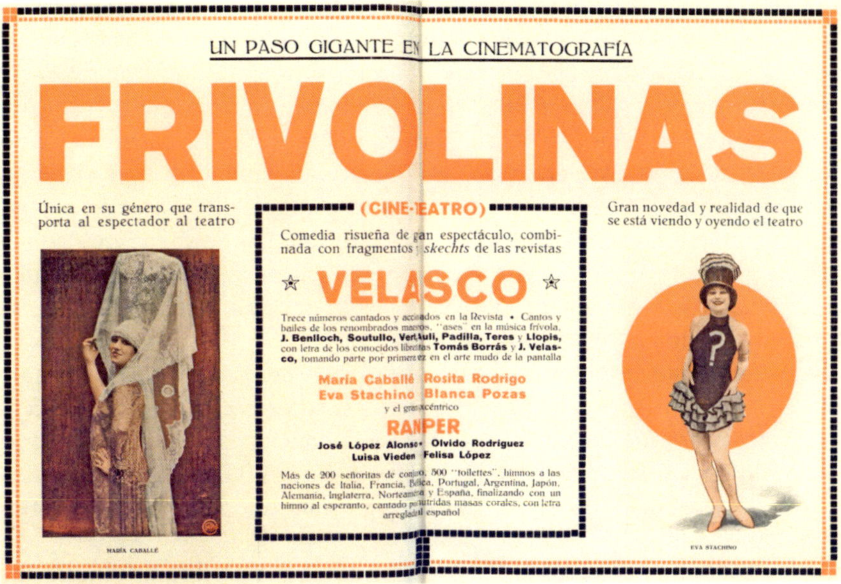

Fig.85: Publicidad de *Frivolinas* en *Arte y Cinematografía*, nº 309, I-1927.

1927 *Frivolinas* se estrenaba en los cine Argüelles y Doré de Madrid. Una cinta con guion, producción y dirección del empresario barcelonés Arturo Carballo Alemany.[809]

Una débil trama servía para enhebrar atrevidos números de revista, que cantan al amor libre y elogian a la morfina o el opio; *sktechs* cómicos y la presencia de Ramper, Ramón Álvarez Escudero, gloria de las varietés de entonces. Todo ello cuadra a la perfección con la ya aludida doble moral de la dictadura y le venía como anillo al dedo a los tiempos.[810] Fue algo así como el puente entre el cine mudo y el sonoro. La despedida de uno y la bienvenida del otro, hecha apoteosis final de un espectáculo de varietés

809. La película fue restaurada por la Filmoteca Española en el año 2000 a partir de materiales de la propia institución, de la Filmoteca de Cataluña, de Zaragoza y del Centro de Documentación de RTVE. Todos los detalles en BERRIATÚA, Luciano: "Frivolinas, la reconstrucción de un musical 'mudo", en *Archivos*, nº 34, 2000, pp. 123-151.
810. SÁNCHEZ VIDAL, Agustín: *Pero... ¡en qué país...*, pp. 57-60.

agitado, no revuelto, pero mezclado en la pantalla haciendo aflorar toda la herencia de los géneros teatrales menores con los que el cine había convivido desde hacía años. Era una película rodada muda, ya que la técnica no permitía otra cosa, pero realmente se había concebido como un espectáculo sonoro, mixto, mezcla del cine que se proyectaba y el teatro que se escuchaba, con una orquesta y varias tiples que interpretaban cantables y coros. Se buscaba que el espectador tuviese la impresión de asistir a una representación teatral. "Cine-teatro" como rezaba la publicidad que se adjunta en la figura, pero también el anticipo de una década que iba a cambiar la sociedad española y el propio espectáculo del cine, donde el sonido se hizo imprescindible.

Pero el advenimiento del cine sonoro no se produjo de un día para otro, y mucho menos en España. Las dificultades técnicas y económicas asociadas a la producción, distribución y exhibición de películas sonoras se amplificaban en el caso español debido a la confluencia de una industria anémica y una doble crisis, política y económica, lo que dilataría varios años el proceso.

La adaptación al sonido fue lenta, pero la radio estimulaba (el 14 de noviembre de 1924 empezaba a emitir EAJ-1 Radio Barcelona). Ayudó la predisposición del público que, con un índice de analfabetismo del 52,23%, agradecía no tener que leer los intertítulos de las películas mudas. Un huracán de patentes y empresas extranjeras se lanzaron sobre las salas españolas. El público demandaba cine sonoro, quería catar el ingenio que estaba revolucionando la "Meca del Cine", aunque la puesta de largo se haría de rogar hasta bien entrado el año del "crack".

Estaba llamado a ser el acontecimiento del verano en la capital de España. En los primeros días de junio de 1929, todos los diarios de Madrid anunciaban el advenimiento, con año y medio de retraso, del cine sonoro a la ciudad. La terraza del Callao habría de acoger la primera proyección del abanderado del "cine parlante": *El cantor de jazz* (*The Jazz Singer*, Alan Crosland, 1927). Y todo, gracias a un ingenio español: el sistema Melodion, "de fabricación nacional".[811] Así, el día de San Antonio de 1929, Al Jolson se veía por fin en las pantallas españolas.

811. En vísperas del estreno, se publicaron notas similares en buena parte de los diarios madrileños, anunciando todas ellas la presentación del ingenio y alertando a los espectadores interesados del previsible lleno con la coletilla "Reserve sus billetes con anticipación". Sirva, como muestra, la reseña publicada el mismo día del estreno, 13 de junio de

Pero los madrileños no escucharon su mítica interpretación de *Mammy:* pese a que las crónicas enlatadas y seguramente abonadas por los dueños del Callao hablaban, al día siguiente, del "verdadero acontecimiento" y del no menos "verdadero entusiasmo" con el que el público que abarrotaba el establecimiento acogió el estreno,[812] pasadas unas horas, mitigado ya el fervor y cubiertos los compromisos publicitarios, emergía la verdadera naturaleza de aquella proyección, un sucedáneo a medio camino entre la chapuza y el fiasco, como dejaba claro el crítico de *El Sol*, resguardado bajo el pseudónimo de "Focus", en una crónica publicada el 15 de junio:

> "El anuncio de que 'El cantor de jazz' sería proyectado como 'film' sonoro llevó al Callao un público naturalmente curioso por conocer la nueva maravilla cinematográfica. Pero los espectadores sufrieron una viva decepción al encontrarse con que la máquina parlante que acompañaba a la cinta era un modesto fonógrafo que pretendía mediante un acoplamiento de discos sincronizar los ruidos y las canciones de la obra, sin lograr lo primero ni producirse las últimas. En una palabra: perjudicar de este medio las grandes excelencias de la películas, la cual hubiera discurrido con mayor beneplácito del público sin el citado acompañamiento cinematográfico. Y ya de hacerlo así, haber usado, cuando menos, discos con auténticas canciones de Al Jolson, y anunciar el 'film' sin pretensiones estridentes".[813]

Los cines tardarían aún un tiempo en poder actualizar sus instalaciones para acoger el cine sonoro. En septiembre, el Coliseum barcelonés

1929, en la tercera de *El Sol*: "Como ya se ha dicho, la Empresa del Callao ha instalado dos equipos de aparatos 'Melodion', de fabricación nacional, que viene a resolver con las máximas perfecciones el doble problema del 'cine' parlante y sonoro, que apasiona y triunfa en el mundo entero".

812. ANÓNIMO: "Gacetillas", *El Sol*, Madrid, 14-VI-1929, p.3; ANÓNIMO, "Terraza del Callao", *La Nación*, Madrid, 14-VI-1929, p.7; ANÓNIMO: "Terraza del Callao", *La Voz*, Madrid, 14-VI-1929, p.7. La nota es idéntica en todos los diarios consultados.

813. FOCUS: "Estrenos. 'El cantor de jazz'", *El Sol*, Madrid, 15-VI-1929, p. 2.

ensayó un intento, más serio, de importar el ingenio. En la apertura de la temporada, el 19 de septiembre, la sala presentó *La canción de París* (*Innocents of Paris*, Richard Wallace, 1929), el musical de la Paramount que lanzó al estrellato a Maurice Chevalier.[814] "Un éxito inenarrable. Un éxito sin precedentes constituyó el estreno del verdadero film sonoro en COLISEUM", rezaba en las semanas siguientes la publicidad del cine, que animaba a los espectadores a ver y oír "esta maravilla del siglo", en sesión continua de 4 a 8 y "sin aumento de precio": 2,50 pesetas en sesión de tarde y 3 en la de noche.[815]

El estreno, de nuevo, venía con asterisco. Lo que veían los animosos espectadores del Coliseum no era una proyección plenamente sonora, sino que se trataba de un espectáculo híbrido, que incluía como aperitivo una selección de cortos en proyección totalmente sonora para después, como plato principal, poner la película de Chevalier limitando las partes sonorizadas a las canciones y con la orquesta de la sala rellenando, en directo, los huecos.[816] En realidad, la proyección formaba parte de una estrategia conjunta de la Paramount, propietaria además del Coliseum barcelonés, y de la Western Electric para lograr el dominio de los aparatos sonoros de esta segunda compañía en el mercado español.[817] Una estrategia que iba acompañada de una potente campaña publicitaria en la que se alertaba a los exhibidores del "error" que podría suponer instalar en sus salas "un aparato

814. GUBERN, Román: *El cine sonoro de la II República*, Editorial Lumen, Barcelona, 1977, p.15. Gubern precisa que sólo se sonorizan las canciones, el resto de diálogos se proyectaban mudos.
815. *La Vanguardia*, Barcelona, 20-IX-1929, p.15. En la misma página, una sucinta reseña del estreno, firmada por F.C., señalaba el "público numeroso y selecto a un tiempo" que congregó el estreno convertido en un "triunfo de la nueva modalidad" sonora y, "sobre todo", un triunfo de la nueva estrella emergente, "Mauricio Chevalier".
816. CERDÁN, Josetxo: "Silencios y ruidos en torno a la llegada del sonoro a España", *Archivos de la Filmoteca* nº 27, Institut Valencià de Cinematografía Ricardo Muñoz Suay, Valencia, 1997, p. 79. El autor incide en que se trató de una sesión "híbrida", no muy diferente a las que se habían ensayado en los meses precedentes en otras salas barcelonesas, como el Rialto o el París.
817. *Ibidem.* Cerdán señala cómo, antes de acabar el año, la Western Electric tenía ocho equipos a pleno funcionamiento y otros cuatro ya contratados, localizados todos ellos en las principales plazas del país: Madrid, Barcelona, Bilbao, Valencia y Sevilla.

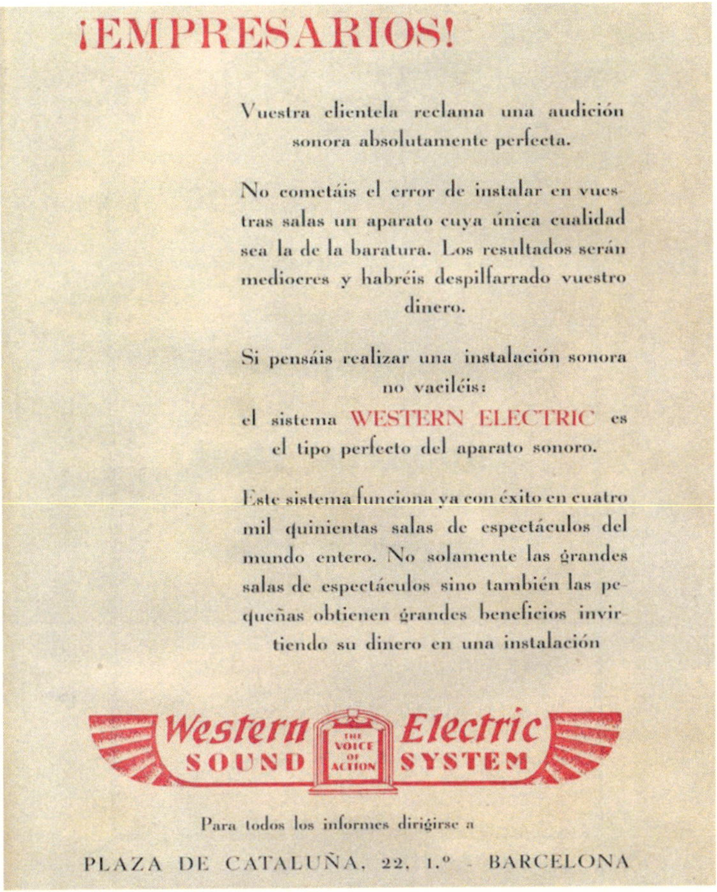

¡EMPRESARIOS!

Vuestra clientela reclama una audición sonora absolutamente perfecta.

No cometáis el error de instalar en vuestras salas un aparato cuya única cualidad sea la de la baratura. Los resultados serán mediocres y habréis despilfarrado vuestro dinero.

Si pensáis realizar una instalación sonora no vaciléis:
el sistema WESTERN ELECTRIC es el tipo perfecto del aparato sonoro.

Este sistema funciona ya con éxito en cuatro mil quinientas salas de espectáculos del mundo entero. No solamente las grandes salas de espectáculos sino también las pequeñas obtienen grandes beneficios invirtiendo su dinero en una instalación

Western Electric
SOUND SYSTEM
THE VOICE OF ACTION

Para todos los informes dirigirse a

PLAZA DE CATALUÑA, 22, 1.° - BARCELONA

Fig.86: Publicidad de Western Electric en *Arte y Cinematografía* nº344, Barcelona, XII-1929, p. 34.

cuya única cualidad sea la de la baratura". "Los resultados serán mediocres y habréis despilfarrado vuestro dinero", concluía la advertencia,[818] acaso una alusión al pujante sistema de Tobis Klang-Film, el gran rival de Western Electric en la lucha por la hegemonía en el mercado no sólo español, tam-

818. *Arte y Cinematografía* nº 344, Barcelona, XII-1929, p. 34. El anuncio, a página completa, estaba encabezado por una exclamación que dejaba a las claras el destinatario del mensaje: "¡EMPRESARIOS!".

Fig.87: Publicidad de RA-MO-PHONE en *Arte y Cinematografía* nº345, Barcelona, I-1930, p. 16.

bién europeo, y sin duda una referencia a sistemas como el RA-MO-PHONE, cuyo nombre de inspiración ramoniana aludía a la casa neoyorquina Radio Motion-Pictures y su Movietone, y que prometía, por esas mismas fechas, una instalación en apenas "tres o cuatro días" y "sin interrumpir sus sesiones ordinarias".[819]

Más allá de la naturaleza de la proyección que presenció el público del Coliseum aquel 19 de septiembre de 1929, la eficacia de la campaña promocional de las dos compañías norteamericanas asentó la idea de que

819. *Arte y Cinematografía* nº 344, Barcelona, XII-1929, p. 13. Un segundo anuncio, introducido en el número 345 de la revista (p. 22) aseguraba que el RA-MO-PHONE era capaz de integrar proyecciones a disco, con el Vitaphone, y a banda, gracias al Movietone. "Se instalan en tres o cuatro mañanas y se garantiza una perfecta reproducción y larga vida. Su manejo es sencillísimo y no necesita una vigilancia continua", alegaba el anuncio.

El premio Ateneo para el primer film sonoro presentado en España

El vicepresidente del Ateneo haciendo entrega al Sr. Messeri, director gerente de la Paramount en España, del premio que le ha concedido la docta Casa por haber sido la primera empresa que ha presentado en nuestro país un film sonoro.
(Foto Contreras y Vilaseca.)

Fig.88: Entrega del premio Ateneo al primer film sonoro presentado en España, en *Estampa*, nº 100, 10-XII-1929.

la película suponía el desembarco definitivo del sonoro en España, al menos en el ámbito de la exhibición: apenas unos meses después, en diciembre de 1929, el Ateneo de Madrid entregó al director gerente de la Paramount en España el premio Ateneo por "haber sido la primera empresa que ha presentado en nuestro país un film sonoro".[820]

820. La entrega del galardón fue publicitada en la revista *Estampa*, en su número 100, del 10-XII-1929 (p. 35), con una fotografía del acto. De manera inesperada, la revista *Arte y Cinematografía*, en su número de noviembre de ese año, aporta información adicional sobre el premio: "El miércoles 4 de diciembre, y precedido de gran solemnidad, tuvo lugar en el salón de actos del Ateneo de Madrid el acto de entrega del premio concedido por esta corporación, con motivo del Primer Congreso Español de Cinematografía, al primer film sonoro o parlante editado o proyectado en España y que, como saben nuestros lectores, no

Tras año y medio de zozobra y desconcierto, los exhibidores comenzaban a asumir que había llegado el tiempo de renovarse o morir. "Todos los salones que no se preparen a equiparse con aparatos sonoros se están preparando a desaparecer", alertaba Apolo M. Ferry en el *Anuario del Cinematografista* para 1930.[821] Pero pocas salas podían acceder a ese tipo de ingenios en un escenario de crisis económica agravada por la recesión en las inversiones. De hecho, a finales de 1930 se estima que menos de una veintena de las más de 3.000 salas del país tenían instalados sistemas sonoros, en un momento en que, en Estados Unidos, el 40% de los cines ya habían realizado la transición.[822]

Una revisión de la hemeroteca permite situar que, para diciembre de 1930, los cines Callao, Rialto y San Miguel, en la capital, ya proyectaban con regularidad noticiarios y películas sonoras, mientras que otras salas paliaban la ausencia del ingenio con música en directo y programas "totalmente hablados en español" que, en ausencia de alusión explícita al sonoro, parecen indicar la participación de "explicadores". En Barcelona, la situa-

había sido posible otorgar hasta la fecha por no haberse proyectado aún ninguna película de esta clase, siendo la primera la que nos dió hace poco la Paramount, titulada *La canción de París*, maravillosamente interpretada por Mauricio Chevalier". La cita está extraída de ANÓNIMO: "El Ateneo de Madrid, el cine sonoro y la Paramount Films, S.A.", *Arte y Cinematografía* nº343, Barcelona, XI-1929, p. 42. No se han localizado más alusiones al congreso, aunque la nota publicada por la revista incluye un agradecimiento al esfuerzo de J. Vidal Gomis, impulsor del congreso, en atención a los "tan malos ratos" que pasó durante las sesiones, lo que parece indicativo de una organización un tanto caótica. El que la reseña saliese publicada en el número de noviembre de la revista, de hecho, en una de sus últimas páginas, parece indicar una inclusión de última hora cara a una publicación demorada hasta los primeros días de diciembre.

821. FERRY, Apolo M.: "Anuario del Cinematografista para 1930", en *Proyección*, Madrid, 1929, pp. 82-91 [Citado en GÓMEZ BERMÚDEZ DE CASTRO, Ramiro: "La transformación del cine mudo al sonoro en España (1929-1931). Los costes económicos", en *Actas del IV Congreso de la AEHC,* Editorial Complutense, Madrid, 1993, p. 99).

822. Cfr. GÓMEZ BERMÚDEZ DE CASTRO, Ramiro: "La transformación del cine mudo al sonoro en España (1929-1931). Los costes económicos"..., pp. 100-101. El autor cifra en cinco el número de salas con sistemas sonoros, aunque no detalla los cines que tienen el sistema, más allá de que tres se localizaban en Madrid y dos en Barcelona.

ción es más compleja, entre otras cosas por la apertura de nuevas salas, como el Avenida, en el otoño de 1930. Un vistazo a la cartelera del diario *La Vanguardia* del 12 de diciembre de 1930 (p. 20) permite comprobar que al menos una docena de salas anunciaban programas sonoros en sus respectivas carteleras: Tívoli, Fémina, Kursaal, Capitol, Salón Cataluña, Coliseum, Monumental, París, Iris Park, Gran Teatro Condal, Pathé Palace-Excelsior y el citado Avenida. De todos ellos, media docena anunciaban el uso del "Aparato Western Electric" en sus instalaciones, mientras que otro, el Kursaal, contaba con el de Tobis Klangfilm. El porcentaje de cines con sistemas sonoros, en todo caso, era muy reducido, y limitado exclusivamente a las grandes ciudades. Y es que las circunstancias que estaban precipitando el fin de la "dictablanda" impedían también a los cines modernizarse ante la inevitable llegada del sonoro. Era la tormenta perfecta.

También es cierto que, para esas fechas, se avistaba en el horizonte el segundo aniversario del estreno de *El cantor de jazz* en Nueva York, el 6 de octubre de 1927. Había indicios sobrados de que el negocio iba a cambiar para siempre, pero también mucho miedo, dudas, resistencias e intereses cruzados. A lo largo de 1928 y aún en los primeros meses de 1929, las noticias que llegaron de Estados Unidos tampoco ayudaban a aclarar el panorama para un sector que no sabía a qué aferrarse. Desde la misma "Meca del Cine", el diplomático, escritor y futuro cineasta Edgar Neville, que en la época frecuentaba la compañía de Charles Chaplin, remitió una crónica publicada por el diario *ABC* en la que, ya en febrero de 1929, ponía en cuestión el futuro del cine sonoro:

> "Marion Davies estaba haciendo una película, enteramente dialogada, en M.G.M.; esta semana se decidió suprimir el diálogo, cuando la película estaba a punto de estar concluida.
> Chaplin sincronizará su *film* con música, y a veces ruidos, y puede que con una corta parodia en un discurso, a cargo de otro actor, estando él decidido a no hablar.
> Douglas, en su nuevo *film, El hombre de la máscara de hierro* [*sic*], dirá un prólogo y una introducción a la segunda parte; el resto será un buen *film* mudo.
> Todos recogen velas; Jannings ya no se volverá, por ahora, a Alemania, como se decía; en todas las casas se han empezado con el año nuevo películas silenciosas, además de las habladas...; al público le interesó la novedad, primero; luego, las canciones de Jolson; de lo demás se va cansando poco a poco, y cuando, en una

película hablada, viene un momento de silencio, descansa satisfecho: ve y siente su propia sugestión".[823]

La gran ironía es que será precisamente la introducción del sonoro la que propiciará la llegada de Edgar Neville y otros autores coetáneos al mundo del cine, bajo contrato de las *Majors* norteamericanas. Sucedió que la confluencia de la crisis económica y la incertidumbre ante el gran cambio no sólo dejó en fuera de juego a los exhibidores, también a unos productores atrapados entre la falta de herramientas tecnológicas para desarrollar películas sonoras y el desconocimiento generalizado respecto a la técnica adecuada para "hacer" un producto que, para más inri, duplicaba tanto los costes de producción como el número de semanas necesarias para su rodaje.[824] Circunstancias que derivaron en un desplome absoluto de la producción española entre 1930 y 1932, año en el que la creación de los nuevos estudios "sonoros" y una cierta recuperación económica, con la peseta consiguiendo la estabilidad tras al menos tres años de zozobra, permitirían un resurgimiento de la producción cinematográfica nacional.[825]

Entre tanto, la industria española apenas se mantenía con respiración asistida. El primer intento de rodar una película sonora en España se sitúa en 1929 cuando Florián Rey filmó *Fútbol, amor y toros,* con un auténtico "Califa del toreo", como era Guerrita, en el reparto, haciendo nada menos que de cantaor flamenco. La sonorización del filme vendría dada por un sistema de sincronización creado ese mismo año por el guipuzcoano Ricardo María de Urgoiti: el Filmófono. Emprendedor de raza, Urgoiti era hijo de Nicolás María de Urgoiti, prominente empresario que había revolucionado la industria de fabricación de papel al fundar La Papelera Española, dejando además huella en el campo periodístico y del libro impulsando los diarios liberales *El Sol* y *La Voz,* ambos asentados en Madrid, además de la editorial Calpe. Ricardo Urgoiti, en cambio, se sintió atraído por el mundo de las ondas y en 1923 se había desplazado a la sede neoyorquina de la Ge-

823. NEVILLE, Edgar: "Desde Hollywood. 'Cine' parlante", *ABC,* Madrid, 6-II-1929, pp. 11-13.
824. GÓMEZ BERMÚDEZ DE CASTRO, Ramiro: "La transformación del cine mudo al sonoro en España (1929-1931). Los costes económicos"..., p. 107. Gómez Bermúdez de Castro estima en 60.000 pesetas el coste medio de una película muda en la España de 1929, que se elevaría hasta las 120.000 pesetas en el caso de las primeras películas sonoras.
825. *Ibídem,* p. 100.

neral Electric para estudiar radiotelefonista. Una formación que le serviría para diseñar y patentar, ya en 1927, sus sistema de sonorización de películas, el citado Filmófono.[826] El emprendedor guipuzcoano definía así el ingenio, ya con el estreno de *Fútbol, amor y toros* en el horizonte, en las páginas de *Popular Film*:

> "Mi 'Filmófono' —nos ha dicho el propio señor Urgoiti— no es sino un conjunto de dispositivos mecánicos y eléctricos, que permiten realizar con facilidad y precisión, el acompañamiento continuo de música a la película.
> Esencialmente consta de dos platos. En cada uno de ellos, ciertos dispositivos mecánicos permiten hacer sonar cada disco en el lugar que precisamente se requiere para acompañar la escena correspondiente, y en el momento en que la escena aparece en la pantalla. Otros dispositivos eléctricos permiten la transición de la música de uno a otro disco —bien bruscamente o paulatinamente— mediante una superposición de planos sonoros, semejante a los planos visuales, que tanto se emplea en la actual técnica cinernatográfica".[827]

826. El ingenio de Urgoiti servirá de puerta de entrada del emprendedor vasco en el mundo del cine, ejerciendo en los años siguientes como exhibidor, distribuidor y finalmente productor, siempre operando con la marca Filmófono. Para un acercamiento a su biografía y su labor en estos años, véase CELA, María: "La empresa cinematográfica Filmófono (1929-1936)", *Documentación de las Ciencias de la Información* nº 18, Ediciones Complutense, Madrid, 1995, pp. 59-86; FERNÁNDEZ COLORADO, Luis: "Buñuel, Urgoiti y Filmófono", *Archivos de la Filmoteca* nº 34, Institut Valencià de Cinematografía Ricardo Muñoz Suay, Valencia, 2000, pp. 27-39; y GUBERN, Román y HAMMOND, Paul: *Los años rojos de Luis Buñuel*, Cátedra, Madrid, 2009, pp. 207-221, además de la biografía que le dedican Luis FERNÁNDEZ COLORADO y Josetxo CERDÁN: *Ricardo Urgoiti. Los trabajos y los días*, Filmoteca Española, Madrid, 2007.
827. Declaraciones de Ricardo Urgoiti recogidas en PIQUERAS, Juan: "El 'Filmófono' de Ricardo Urgoiti", *Popular Film* nº167, 10-X-1929, Barcelona, p. 12. Conviene reseñar que el autor del artículo, Juan Piqueras, acabaría asociado con Urgoiti, como figura clave de la rama de distribución de Filmófono.

La película de Florián Rey ganaría, por apenas una cabeza, la carrera por convertirse en el primer filme sonoro español: se estrenó en el teatro de la Zarzuela el 7 de enero de 1930, apenas cuatro días antes de la presentación de *El misterio de la Puerta del Sol*. Los periódicos se hicieron eco del logro de *Fútbol, amor y toros*, remarcando su definitiva españolidad, como reivindicaban, un par de días después del estreno, diferentes diarios, en una nota sin duda remitida por la productora: "Primer 'film' sonoro español: los artistas son españoles, la música, española, y, por último, el aparato sonoro filmófono [*sic*] es un invento portentoso de un ingeniero español".[828]

Fútbol, amor y toros, decíamos, ganó la carrera por ser la primera película sonora dialogada en español que llegaba a las pantallas. No sólo eso: debido a la peculiaridad de su sistema de sonido, el Phonofilm patentado por Lee De Forest, *El misterio de la Puerta del Sol* ni siquiera se vio en la capital al no haber ningún cine con un sistema de sonido compatible, siendo "desterrada" a provincias: el cine Coliseo Castilla, de Burgos, acogió su estreno el 11 de enero de 1930. Dirigida por Francisco Elías y producida por Feliciano Vitores, la película tuvo distribución limitada y nulo éxito más allá de la buena acogida, eso sí, que le dispensó el público burgalés.[829] Pero

828. ANÓNIMO: "Gacetillas", *El Imparcial*, Madrid, 9-I-1930, p. 7. La nota continúa señalando el éxito de la película: "Todo ello podéis comprobarlo por la crítica de la Prensa y por los espectadores que han llenado la sala del teatro de la Zarzuela en las cuatro representaciones que se han dado de 'Fútbol, amor y toros'. Las localidades se agotan a diario. Se despacha a contaduría". La alusión al éxito del filme no debía ser exageración, toda vez que pocos días después se ampliaban las proyecciones, de dos a tres diarias. Se han localizado otras notas similares, el mismo día, en *El Liberal* (p. 6), *El Sol* (p. 6) y *La Voz* (p. 7), mientras que *El Heraldo de Madrid* (p. 6) incluía un faldón a cinco columnas anunciando la película como "El primer film sonoro español" e informando que "agota las localidades todos los días". Sobre la recepción de este filme, se puede consultar el artículo de BRAVO MAYOR, Luis Javier: "'Fútbol, amor y toros', la primera película sonora española de la historia", en *Cuadernos de Fútbol,* nº 83, Centro de Investigaciones de Historia y Estadística del Fútbol Español (CIHEFE), 2017. Edición online: https://www.cuadernosdefutbol.com/2017/01/futbol-amor-y-toros-la-primera-pelicula-sonora-espanola-de-la-historia/ [última consulta 13-IV-2025].

829. SÁNCHEZ OLIVEIRA, Enrique: *Aproximación histórica al cineasta Francisco Elías Riquelme (1890-1977)*, Universidad de Sevilla, Sevilla,

El primer film sonoro español

FUTBOL, AMOR Y TOROS

agota las localidades todos los días en el

TEATRO DE LA ZARZUELA **(Se despacha en Contaduría)**

Fig.89. Anuncio de *Fútbol, amor y toros* en *Heraldo de Madrid* nº13.713, Madrid, 9-I-1930, p. 6.

a diferencia del filme de Florián Rey ha logrado sobrevivir hasta nuestros días, gracias a una copia custodiada por la familia del productor y adquirida por Filmoteca Española en 1994.[830]

Como otros frutos de aquella época de cambio y confusión, *El misterio de la Puerta del Sol* es una película mestiza: muda en su esencia, integrando rótulos y otros recursos propios del silente, pero con abundantes secuencias sonoras, la mayoría de hecho. A partir de un argumento muy básico, el interés de dos amigos, linotipistas de un diario, por acudir a un casting para hacer fortuna en el cine, la película es una sucesión de escenas deslavazadas que sirven al cineasta para integrar vistas de la Puerta del Sol, números de varietés, diálogos cómicos, canciones y hasta tomas aéreas de Madrid y Barcelona. No se trata tanto de hacer una película como de ven-

2003, pp. 57-68. Evidentemente, la procedencia burgalesa de Vitores determinó el estreno del filme en la capital de su provincia, una vez descartados los grandes cines de Madrid y Barcelona. La elección del Phonofilm, que tanto lastró la distribución de la película, se explica porque Feliciano Vitores había comprado a De Forest los derechos para España de su patente, en lo que marcó el inicio de una breve trayectoria como productor que el fracaso de *El misterio de la Puerta del Sol* cerró abruptamente.

830. AMOR, Medardo: "*El misterio de la Puerta del Sol*, una recuperación finalizada", *Archivos de la Filmoteca* nº 22, Institut Valencià de Cinematografía Ricardo Muñoz Suay, Valencia, 1996, pp. 55-57. El autor aporta información relevante, de primera mano, sobre el proceso de recuperación de la película, que tras la muerte de Vitores, en 1934, había quedado bajo custodia de sus herederos. Fue la hija del productor, María Luisa Vitores, la que daría a conocer la existencia de la copia del filme y la que finalmente, ante la necesidad de tratar un cáncer que terminó con su vida poco después, acordó la venta del filme y de otros materiales producidos por su padre en diciembre de 1994.

Fig.90: Fotograma de *El misterio de la puerta del Sol* (Archivo RTVE)

der las bondades del nuevo ingenio. Tanto es así que el sonido llega a ser abrumador en secuencias como las filmadas en los talleres de *El Heraldo de Madrid,* con la rotativa a pleno rendimiento, en las calles de la capital, en pleno atasco de tráfico, o en las tomas aéreas en las que el ruido del motor satura la banda sonora haciendo difícil comprender a los actores.

El caso de *El misterio de la Puerta del Sol,* constata que ninguna de las patas del sector cinematográfico estaba preparada para asumir el cambio: no había estructura para producir filmes plenamente sonoros, tampoco pantallas suficientes para proyectarlos, y sin productor que colocar ni escaparates adecuados, la distribución se tornaba inútil, máxime en un momento de indefinición de los estándares tecnológicos, lo que añadía una dosis de complejidad al problema.

Con el sector totalmente bloqueado y una producción que, en los siguientes dos años, apenas arrojaría menos de una decena de títulos incluyendo esos dos filmes pioneros, sonorizaciones de filmes mudos como *La aldea maldita* (Floríán Rey, 1930) o *La alegría que pasa* (Sabino A. Micón,

1930), y alguna experiencia pionera de coproducción para aprovechar los estudios sonoros de otros países, como fue el caso de *La canción del día/Spanish Eyes* (1930), producida por Saturnino Ulargui y dirigida por George Berthold Samuelson, que fue rodada en los estudios londinenses de Elstree. Y en 1931, el año en que el país abrazó la Segunda República, de las 46 películas dialogadas en español que llegaron a las pantallas madrileñas, sólo tres habían sido producidas en España: *Fermín Galán*, dirigida por Fernando Roldán, y dos dramas históricos dirigidos por el hiperactivo José Buchs: *Prim* y *Doña Isabel de Solís, reina de Granada.*[831]

Esas otras 43 películas dialogadas en español que se estrenaron en la capital habían sido producidas fuera del país, especialmente en Hollywood, enmarcadas en la primera apuesta de las *Majors* para mantener su hegemonía en el cine mundial: la política de las "dobles versiones". Básicamente, la implantación del sonoro planteaba a la pujante industria norteamericana el problema de cómo vender sus productos fuera de Estados Unidos. En el período silente era fácil: se traducían los intertítulos y pista. Pero con el sonoro había un grave problema. Los primeros intentos de doblaje fueron un completo fracaso, y de hecho la industria aún tardaría unos años en encontrar una solución viable: ésta no llegaría hasta que sea posible descomponer la banda sonora entre sonidos, música y voces, de tal manera que resulte fácil sustituir los diálogos.[832] En cuanto al subtitulado, no era tampoco viable: en un momento en el que la alfabetización de la población era reducida (recordemos que, como se señaló anteriormente, el índice de analfabetismo superaba el 50% en la época, y en Hispanoamérica las cifras eran, cuando menos, similares), los subtítulos eran un escollo.

La solución que pergeñaron los estudios fueron las dobles versiones (que en realidad tendían a ser triples o cuádruples). El sistema era sencillo: a la vez que se filmaba una película en inglés se rodaban otras versiones idiomáticas, dialogadas en otras lenguas y con intérpretes foráneos, para

831. GUBERN, Román: "El cine sonoro (1930-1939)", en GUBERN, Román, MONTERDE, José Enrique, PÉREZ PERUCHA, Julio, RIAMBAU, Esteve y TORREIRO, Casimiro: *Historia del Cine Español,* sexta edición ampliada, Cátedra, Madrid, 2009, pp. 125-127.
832. JARVINEN, Lisa: *The Rise of Spanish-languaje Filmmaking. Out from Hollywood's Shadow, 1929-1939,* Nueva Brunswick: Rutgers University Press, 2012, pp. 109-111. Según apunta la autora, será a finales de 1930 cuando ya se desarrollen las soluciones técnicas que permitirán hacer un doblaje sincronizado de las películas.

destinarlas a esos mercados idiomáticos. Pensándolo en perspectiva, el sistema estaba condenado al fracaso por una cuestión simple, pero que atentaba contra un pilar básico del modelo de Hollywood: el *Star System*. El sistema de estrellas, los astros de la pantalla que ejercían de reclamo para el público.

El ejemplo perfecto de la contradicción intrínseca de las fallas del sistema se puede apreciar en la que está considerada, por muchos estudiosos, como la mejor película entre todas las dobles versiones estrenadas en esos años: la adaptación al español que el neoyorquino George Melford hizo del *Drácula* de Tod Browning en 1931. Tomando más riesgos de los habituales en esas producciones, Melford aprovechó que el set quedaba libre por las noches para ensayar encuadres y soluciones alternativas a las planteadas por Browning. Esa libertad resulta refrescante y la película, es cierto, se distingue de otras dobles versiones por su inédita distancia respecto al original, pero en cambio el filme se ve lastrado por un reparto muy inferior al original. El caso paradigmático es el del cordobés Carlos Villarías, un conde Drácula anodino, carente del carisma que derrochaba el húngaro Bela Lugosi en la versión de Browning.

Fig.91: Carlos Villarías, como Drácula, y el mexicano Eduardo Arozamena, que interpretaba a Van Helsing, en la versión española de *Drácula* dirigida por George Melford.

La versión de Melford adolecía de otro problema que le restaba verismo a la propuesta cara al público hispanoparlante: una macedonia de acentos resultado de integrar, en un mismo reparto, a intérpretes españoles, mexicanos y argentinos. Y es que, al reclamo de las "dobles versiones", Hollywood se había convertido en un nuevo El Dorado para intérpretes de todos los países hispanoparlantes, pero también para cineastas y escritores españoles que, con la producción nacional reducida a cero, se decidieron a recuperar esa tradición tan castiza de "hacer las Américas".

Había una vía alternativa. La Paramount optó por montar una suerte de sucursal en Francia, en concreto en la pequeña localidad de Joinville-le-Pont, a las afueras de París. En aquel "EuroHollywood" que aglutinó profesionales llegados de todo el mundo, se realizaron entre 1930 y 1933 unas 300 películas, entre ellas una veintena dialogadas en español. La producción se ordenaba bajo una estricta lógica industrial, estrechamente supervisada desde la central de Los Ángeles y midiendo al máximo salarios y tiempos de rodaje. Sólo en días de filmación, la estimación era que en Joinville se ahorraba un tercio de los gastos invertidos en el filme original.

La singularidad de Joinville es que en aquel estudio francés no sólo se adaptaban filmes norteamericanos. Sin ir más lejos, la primera película de largo metraje dialogada en español y rodada en Joinville fue *Un hombre de suerte*, adaptación de una película francesa rodada asimismo en el estudio europeo de la Paramount: *Un trou dans le mur*. La dirección de la versión española corrió a cargo de un cineasta que había atesorado ya un cierto prestigio en el cinema nacional, como era Benito Perojo, mientras que Pedro Muñoz Seca se encargó de la adaptación. Al frente del reparto, Roberto Rey y María Luz Callejo.[833]

El incesante ritmo de producción de Joinville y el énfasis por acortar los plazos de rodaje para ahorrar costes resultaba, por lo general, en producciones claramente inferiores a las originales en inglés, en una suerte de versiones de serie B y sin el reclamo de las estrellas americanas.[834] Pese a todo, no fueron pocos los que optaron por Joinville como puerta de entrada a Hollywood. Florián Rey e Imperio Argentina encabezaron la colonia espa-

833. JARVINEN, Lisa: *The Rise of Spanish-languaje Filmmaking..*, pp. 45-47.
834. HEININK, Juan B. y DICKSON, Robert G.: *Cita en Hollywood: Las películas norteamericanas habladas en español*, Mensajero, Bilbao, 1991, pp. 22-23.

ñola en París, con el cineasta ejerciendo como supervisor de diálogos y escena, y la actriz protagonizando los filmes. *Su noche de bodas* (Louis Mercanton, 1931) y *Lo mejor es reír* (E. W. Emo, 1931) marcaron el inicio de la fórmula, que tomó vuelo con *El cliente seductor* (Richard Blumenthal, 1931), con Maurice Chevalier dando la réplica a Imperio Argentina, y con *Melodía de arrabal* (Louis Gasnier, 1933), en la que la porteña compartía escena con Carlos Gardel.[835] Por Joinville pasaron también los actores José Isbert, Rosita Díaz Gimeno, Tony D'Algy y Ernesto, Vilches, que tras rodar *Cascarrabias* (Cyril Gardner, 1930) cruzó el charco para firmar con la Metro. Pero además, en aquellos estudios franceses se formaron decenas de técnicos españoles anónimos que aprendieron a trabajar en producciones sonoras. Una experiencia que traerían consigo cuando, finiquitada la aventura de las dobles versiones, sean reubicados por las propias *Majors* para hacer, ya desde España, el doblaje de sus propias producciones.[836]

Pese a la cercanía de Joinville, Hollywood cotizaba más alto en las preferencias de los cineastas, escritores e intérpretes que trataron de hacer fortuna en el cine durante la época de las "dobles versiones". Uno de los muchos escritores que cruzaron el charco, de hecho uno de los primeros, fue el ya citado Edgar Neville, cuya peripecia en California resulta paradigmática. Amigo personal, como se había apuntado, de pesos pesados de ese Hollywood mudo que estaba siendo atropellado por la historia, caso de Douglas Fairbanks y Charles Chaplin, fue otra relación la que abriría a Neville las puertas nada menos que de la Metro-Goldwyn-Mayer: su *affaire* extramatrimonial con la actriz Constance Bennett. A través de la diva, Neville había logrado contactar con Irving Thalberg, que le reclamó de regreso a Los Ángeles para ingresar en el Spanish Department de la casa del león.[837]

A su llegada a Hollywood, los primeros días de julio de 1930, Neville firmó un jugoso contrato que le garantizaba unos ingresos de 200 dólares semanales.[838] Ese mes, cada dólar se cambiaba por 8,54 pesetas, una can-

835. GARCÍA DE DUEÑAS, Jesús: *¡Nos vamos a Hollywood!*, Nickel Odeon dos, Madrid, 1993, pp. 258-260.
836. LÓPEZ MARTÍN, Laura: "Los oficios cinematográficos en España (1895-1936)", tesis doctoral, Universidad Nacional de Educación a Distancia, pp. 492-493.
837. FRANCO TORRE, Christian: *Edgar Neville. Duende y misterio de un cineasta español*, Shangrila Textos Aparte, Santander, 2015, pp. 73-84.
838. *Ídem.*

tidad muy próxima a las 9 pesetas que ganaba, de jornal máximo, un conductor del Metropolitano.[839] Un ujier del Ministerio de Justicia cobraba, aún en 1931, 514,58 pesetas al mes, mientras que un Coronel de la Guardia Civil alcanzaba un sueldo de 1.166,66 pesetas.[840] En una semana, Neville, recién llegado a California, cobraba el equivalente a 1.708 pesetas de la época.

Aunque en el marco de la industria de Hollywood fuese una retribución modesta, el sueldo del madrileño era alto incluso para los estándares norteamericanos de la época. Con la Gran Depresión cogiendo velocidad y la tasa de desempleo creciendo, ya por entonces, por encima del 10%, el sueldo de Neville se situaba muy por encima de lo que percibían los operarios de cualquier industria manufacturera, situándose en unos términos análogos a lo que podía estar cobrando un copiloto de transporte aéreo.[841] Pero además, a los seis meses de contrato, Neville fue renovado con un jugoso incremento de sueldo, hasta alcanzar los 250 dólares a la semana.[842]

Acaso en la renovación de Neville fue determinante su participación en la versión española de *The Big House*, de George W. Hill. Retitulada como *El presidio* y dirigida por Ward Wing, la película contaba con un reparto en el que Juan de Landa, José Crespo y el chileno Tito Davison sustituían a los originales Wallace Beery, Chester Morris y Robert Montgomery. A diferencia de la adaptación de *Drácula* firmada por George Melford, *El presidio* mantiene grosso modo los encuadres de la versión norteamericana. El cometido de Neville se centró en la adaptación de los diálogos y la supervisión

839. Anuario Estadístico de España 1930, Presidencia del Consejo de Ministros, Dirección General del Instituto Geográfico, Catastral y de Estadística, Madrid, 1932, p. 256. [versión online: https://www.ine.es/inebaseweb/pdfDispacher.do?td=44523].
840. RICO SÁNCHEZ, Alberto: "Retribuciones en la Guardia Civil: 1931-1936", *Ayer* nº 71, 2008, pp. 269-270.
841. *Handbook of labor statistics*, U.S. Department of Labor, Bureau of Labor Statistics, Washington, 1936, pp. 873-878.
842. Edgar Neville Legal File from MGM, Warner Bros. Corporate Archive, MGM Legal Collection, s/n. Tal y como figura en el contrato de Neville, la productora podía renovar hasta en tres ocasiones el vínculo, siempre con una subida de sueldo de 50 dólares a la semana. En el caso de Neville, la MGM canceló el vínculo al cabo de un año, compensando al madrileño con un finiquito equivalente a ocho semanas de sueldo: 2.000 dólares. En total, en un año percibió 13.700 dólares de la productora norteamericana.

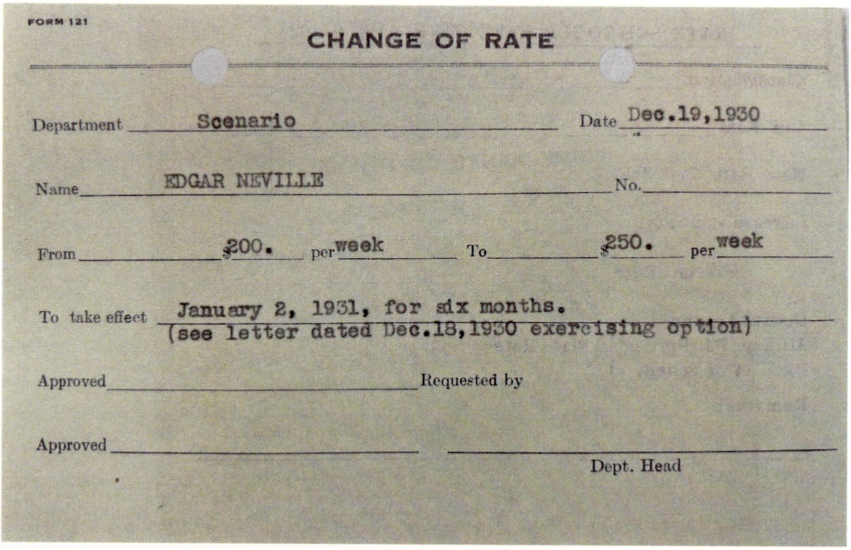

FORM 121

CHANGE OF RATE

Department Scenario Date Dec.19,1930

Name EDGAR NEVILLE No.

From $200. per week To $250. per week

To take effect January 2, 1931, for six months.
(see letter dated Dec.18,1930 exercising option)

Approved Requested by

Approved

Dept. Head

Fig.92: Carta de pago de la MGM a Edgar Neville, confirmando su incremento salarial (Warner Bros. Corportate Archive, MGM Legal Collection).

escénica de un rodaje que se completó en Culver City entre agosto y noviembre de aquel año.[843]

El Hollywood de las "dobles versiones" era la tierra prometida para escritores, intérpretes y cineastas, por lo que no es de extrañar que nume-

843. HEININK, Juan B. y DICKSON, Robert G.: *Cita en Hollywood...,* pp. 130-132; y FRANCO TORRE, Christian: *Edgar Neville...,* pp. 79-82. Neville reconocería, de manera expresa, su intención por ceñirse al máximo posible al material original: "La versión inglesa, interpretada por Wallace Beery, me admiró. Desde el momento que me encargaron trasladarla al español, el film inglés me sirvió de guía en todos los momentos. Yo quise reflejarle con exactitud, porque realmente mi labor no pasaba de ser una simple traducción, y así hice copiar a los actores, especialmente a Juan de Landa, todos los gestos y movimientos de Wallace Beery. Para ello instalé en el set una mesa sincrónica, donde antes de rodar cada escena el actor veía y estudiaba la realizada por Beery". La cita de Neville está extraída de HERNÁNDEZ GIRBAL, Florentino: *Los que pasaron por Hollywood,* Verdoux, Madrid,1992, p. 78. Conviene precisar que la película también tuvo una tercera versión, dialogada en francés.

rosos profesionales españoles, presas de una nueva "fiebre del oro", pusiesen rumbo a California. Neville recordaría, años después, cómo en el mismo barco que le llevaba a Estados Unidos viajaba una joven Conchita Montenegro, punta de lanza de una colonia de actores en la que también destacaban José Nieto, María Fernanda Ladrón de Guevara y el citado Juan de Landa, que tras el éxito de *El presidio* hizo fortuna como doble "español" de Wallace Beery.[844] Por su parte, el madrileño instó, ya asentado en Hollywood, a varios de sus amigos a unirse a él. Así, escritores como José López Rubio, Eduardo Ugarte, Antonio de Lara Gavilán "Tono" y Enrique Jardiel Poncela pusieron rumbo a la "meca del cine". A ellos se sumaría, ya en enero de 1931, Gregorio Martínez Sierra, "reclutado" por su prestigio para ejercer de "árbitro" entre las diferentes facciones idiomáticas que trataban de imponerse en un conflictivo Spanish Department de la Metro.[845]

El dramaturgo, en todo caso, no se quedaría precisamente de brazos cruzados. Tras el final abrupto de su etapa en la Metro, que a mediados de 1931 comenzó a liquidar los contratos de su Spanish Department, Martínez Sierra entró en la Fox, que afrontaba un cambio crucial en su estrategia para el mercado hispano parlante: en lugar de hacer dobles versiones, la Fox se disponía a producir directamente películas dialogadas en español. Y la primera iba a ser, precisamente, una adaptación de una obra de Martínez Sierra: la comedia *Mamá.*

El guion corrió a cargo de otro escritor recién liquidado en la Metro, como era José López Rubio, mientras que Martínez Sierra se arrogaría el papel de supervisor escénico, mientras que su amante, Catalina Bárcena, habría de encabezar un reparto que incluía además intérpretes como Rafael Rivelles, José Nieto, Julio Peña, Félix de Pomés o Rafael Calvo. A la dirección, otro español recién llegado a Hollywood tras pasar por Joinville: Benito Perojo.

Mamá se rodó en los estudios de la Fox en julio de 1931. Perojo, apurado por un supervisor cinematográfico impuesto por la compañía, Bert E. Sebell, completó el rodaje en apenas 16 jornadas. La película llegó ese otoño a los cines, en noviembre a los norteamericanos y, ya a mediados de

844. Landa cubrió a Beery también en *En cada puerto un amor* (versión española de *Way for a Sailor*) y *La fruta amarga* (*Min and Bill*), ambas de 1931.
845. Declaraciones de Edgar Neville a HERNÁNDEZ GIRBAL, Florentino: *Los que pasaron por Hollywood,* pp. 77-78.

diciembre, a los españoles. La acogida, en ambos casos, fue entusiasta. De hecho, su éxito fue tal que convenció a la Fox de alargar su apuesta por las producciones en español varios años más, hasta 1935.[846]

Pese a ser uno de los principales artífices de ese éxito, aunque fuese poco reconocido en las reseñas de la época (más proclives a promocionar a la dupla Martínez Sierra-Bárcena), Benito Perojo retornó a España tras el rodaje, indignado por las injerencias de los supervisores del estudio.[847] El mismo camino tomaron la mayor parte de los profesionales que habían acudido a Hollywood a la llamada del sonoro, ante el abrupto final de un sistema que siempre tuvo fecha de caducidad. En cuanto el doblaje se perfeccionó, se acabaron las dobles versiones. En Hollywood, la mayor parte de ellos bajo contrato de la Fox, apenas quedaron un puñado de actores y escritores que, como los últimos de Filipinas, alargaban la resistencia española en una plaza ya perdida. El más prolífico fue José López Rubio, que se mantuvo en California hasta 1935 firmando una veintena de guiones en esos años.[848]

Pero si hubo un éxito singular fue el de Enrique Jardiel Poncela. En 1934, en un paréntesis entre dos contratos con la Fox, el dramaturgo estrenó en Madrid la comedia *Angelina o el honor de un brigadier*. De vuelta a Hollywood, y ante el interés de los ejecutivos de la productora por filmar una adaptación de la comedia, Jardiel logró una cuota inédita, aunque pautada, de poder en el plano de la producción, amparado por el ejecutivo John Stone. Así, aunque el estudio impuso al director, un hombre de la casa como era Louis King, y encorsetó la producción con técnicos de confianza, Jardiel pudo realizar la adaptación, seleccionar el reparto, elegir los decorados y meter mano a la dirección artística. Aún más: el dramaturgo logró convencer al estudio de la conveniencia de rodar la película en verso, haciéndoles ver que el depurado humorismo del original teatral partía, precisamente, de esa cualidad de los diálogos.[849]

846. GUBERN, Román: *Benito Perojo. Pionerismo y supervivencia*, Filmoteca Española/Ministerio de Cultura, Madrid, 1994, pp. 197-207.
847. *Ídem.*
848. ARVINEN, Lisa: *The Rise of Spanish-languaje Filmmaking...*, pp. 102-138.
849. JARVINEN; Lisa: *The Rise of Spanish-languaje Filmmaking...*, pp. 135-137. Posiblemente, aunque no está documentado, el estudio no hubiese dado tal libertad a Jardiel de no haber realizado antes sus célebres *Celuloides rancios*, seis cortometrajes mudos que el dramaturgo

Hilarante parodia de los dramas teatrales decimonónicos, *Angelina o el honor de un brigadier* es un producto ciertamente inusual dentro de la producción asociada al sistema, por entonces ya en franca decadencia, de las dobles versiones. No se trata ya de una adaptación con aroma a "serie B" ni un remedo de una película norteamericana: *Angelina o el honor de un brigadier* remarca su insólita personalidad ya desde el mismo arranque, cuando los distintos personales se presentan al espectador, como cuadros vivientes y en verso, rompiendo así la clausura del cine clásico.[850]

Pese a este inesperado y estimulante fruto, la experiencia de Jardiel con los estudios norteamericanos seguía la dinámica de otros escritores y cineastas españoles contratados por las *Majors*, y el fin de su colaboración vino determinado, asimismo, por la consolidación del doblaje como mecanismo preferente de distribución del cine *yankee* en el extranjero. Pero hubo un español que se salió del camino marcado, y que desembarcó, por aquellas mismas fechas, en Hollywood, valiéndose de otras vías: Luis Buñuel. El cineasta aragonés llegó a California en el otoño de 1930, con un contrato de la Metro-Goldwyn-Mayer, a razón de 250 dólares a la semana, para integrarse en el "French Department" de la empresa, a fin de conocer, de primera mano, las técnicas de producción de la compañía.[851]

El hecho de que Buñuel llegase por la vía francesa no resulta extraño, toda vez que era en ese país, y en ese idioma, dónde había velado sus primeras y controvertidas armas como cineasta. En 1929, Buñuel había reali-

reformuló sobre una base humorística, incluyendo una banda sonora con comentarios jocosos. Jardiel había completado este proyecto en apenas 23 días, durante una provechosa estancia en París. Sobre la gestación y la producción de la película, véase BENET, Vicente J.: "Jardiel en los dominios del reptil perforado. La adaptación cinematográfica de *Angelina o el honor de un brigadier*", *Archivos de la Filmoteca* nº 40, Institut Valencià de Cinematografía Ricardo Muñoz Suay, Valencia, 2002, pp. 45-55.

850. Este recurso de presentación, hay que decirlo, suponía una adaptación del propio mecanismo de introducción que Jardiel incluía en la obra de teatro, donde los personajes se presentaban de esta misma forma.

851. GUBERN, Román y HAMMOND, Paul: *Los años rojos de Luis Buñuel*, p. 72. Los autores apuntan que Buñuel embarcó en Le Havre el 28 de octubre de 1930, y que coincidió en el buque que le llevaba a Nueva York, el *Leviatán*, con el escritor Antonio de Lara Gavilán, "Tono", que había sido contratado por la Metro por recomendación de Edgar Neville.

zado y estrenado el cortometraje *Un chien andalou* (*Un perro andaluz*), obra cumbre del cine surrealista (y en definitiva de todo el movimiento) realizada a partir de un guion escrito a cuatro manos con un viejo amigo de sus tiempos en la Residencia de Estudiantes de Madrid: Salvador Dalí. Visceral, provocadora e hipnótica, la película funcionaba no a base de un argumento, sino que iba encadenando imágenes de naturaleza onírica con alusiones directas a la pulsión sexual y críticas a la burguesía y el clero. Desde el mismo arranque del corto, cuando un hombre rasga el ojo de una joven de la misma forma en la que una nube cruza por delante de la luna llena, hasta su último y goyesco plano, con una pareja enterrada en la arena tras unos pocos meses de convivencia, *Un perro andaluz* condensaba todo lo que el movimiento surrealista aspiraba a extraer del cinematógrafo, desbordando otras propuestas más domesticadas como podía ser *La concha y el reverendo* (*La coquille et le clergyman*, Germaine Dulac, 1928).

Tras su estreno parisino, en junio de 1929, Buñuel y Dalí fueron inmediatamente integrados en el grupo surrealista por iniciativa del propio André Breton.[852] Pero el encanto, al menos en el caso del aragonés, duró poco. Tras el éxito del cortometraje. Buñuel se aprestó a rodar un largometraje, igualmente surrealista, merced a la financiación de los vizcondes de Noailles: *L'Âge d'Or* (*La edad de oro*). En la película, básicamente, Buñuel doblaba la apuesta de *Un perro andaluz*, encadenando una sucesión de escenas en las que confronta la irrefrenable necesidad de satisfacer el deseo sexual con las sucesivas trabas que diferentes estamentos (el clero, el gobierno, la jerarquía social, la propia sociedad al fin y al cabo) erigen para domeñar la naturaleza salvaje del individuo.

Preñada de imágenes aún más provocadoras y violentas que su cortometraje previo, *L'Àge d'Or* se estrenó en medio de un monumental escándalo, incluyendo un violento ataque orquestado por la extrema derecha a una de las proyecciones programadas en el cine parisino Studio 28, que derivó en su retirada de las salas. La proyección de la película estuvo prohibida en Francia durante medio siglo, algo que también sucedería en los Estados Unidos, aunque para cuando se estrenó en París, el 28 de noviembre de 1930, Buñuel ya estaba instalado en Hollywood, y disfrutando de las bondades de su contrato con la Metro.[853]

852. SÁNCHEZ VIDAL, Agustín: *Luis Buñuel*, Cátedra, Madrid: 2004, p. 134.

Durante su estancia en California, que se prolongó apenas cuatro meses, Buñuel no hizo nada realmente sustancioso. Visitó algunos sets de rodaje, conoció a Charles Chaplin y Sergei Eisenstein, y disfrutó de infinidad de fiestas con la nutrida colonia española, especialmente con Neville, Ugarte y López Rubio. En el seno del "French Department", apenas había noticias suyas, más que en las contadas ocasiones en las que coincidía con otros empleados el día de retirar la nómina. Era "el hombre invisible" para los franceses.[854] Finalmente, en marzo de 1931 presentó su dimisión, según él mismo relataba, tras rechazar un encargo directo de Irving Thalberg para supervisar un diálogo en español de Lily Damita. "Puede decirle al señor Thalberg que no voy a escuchar a las putas", le soltó Buñuel al guionista Thomas Kilkpatrick, a quien el todopoderoso Thalberg había enviado con el encargo.[855] El surrealismo llevó a Buñuel a Hollywood, y surrealista fue también su retorno a Europa.

Para cuando el aragonés eterno tildaba a Lily Damita con tan poco edificante calificativo, lo cierto es que la Metro ya estaba retirando sus naves. Thalberg cerró el "Spanish Department", todos los departamentos foráneos de hecho, esa misma primavera, liquidando los contratos de alrededor de sesenta empleados que sumaban todos ellos. Paramount reformuló Joinville poco después, para redefinirlo como un centro de desarrollo de doblajes, aunque seguiría produciendo películas de Carlos Gardel, dialogadas en español, hasta la muerte del cantante. Universal y la United Artists, con apuestas más modestas, simplemente refinaron sus estrategias centrándose en producir algunas películas en otros idiomas, como también hizo la Warner, que de hecho se había adelantado a todos ellos: su experiencia con las dobles versiones se limitó a cuatro filmes. Fue todo lo que necesitaron para ver que aquella aventura no iba a ninguna parte. Sólo la Fox insistió con el modelo, hasta que en 1935 su delicada situación económica determinó su fusión con la Twentieth Century Pictures, cuyo director de producción, cargo que ostentaría también en la nueva empresa fusionada,

853. GUBERN, Román y HAMMOND, Paul: *Los años rojos de Luis Buñuel*, pp. 58-64.
854. *Ibidem*, p.81.
855. BUÑUEL, Luis: *Mi último suspiro*, Debolsillo, Barcelona, 2004, p. 154. [1ª ed.: *Mon dernier soupir*, Éditions Robert Lafont, Paris, 1982].
856. JARVINEN, Lisa: *The Rise of Spanish-languaje Filmmaking*... pp. 102-138.

no dudó en cerrar el "Spanish Department" para centrar sus esfuerzos en la producción nacional.[856] Al final, entre 1930 y 1936 se estrenaron 123 películas procedentes de estudios norteamericanos y dialogadas en español. De ellas, casi dos terceras partes, en concreto 78, vieron la luz los dos primeros años de experiencia, en la etapa dorada de las "dobles versiones". Sólo dieciséis fueron dirigidas o codirigidas por españoles.[857]

La aventura americana no duró mucho, pero la experiencia sí que resultó fructífera para muchos de aquellos pioneros del sonoro, que retornaron a España con un importante bagaje, profesional y técnico, que les permitió integrarse con ventaja en la nueva industria que estaba emergiendo. Con la proclamación, el 14 de abril de 1931, de la Segunda República, el país comenzó a recuperar a una cierta estabilidad, al menos productiva y económica.

Cara a los exhibidores, la situación había mejorado considerablemente gracias a la negociación y firma, entre junio de 1930, de los "Acuerdos de París", que propició el intercambio libre de licencias y, a partir de ahí, establecer un estándar comercial para la proyección del cine sonoro.[858] Entre esta regulación tecnológica y la mejoría de la situación económica, con la recuperación a partir de 1932 de la estabilidad de la peseta, se vencen los dos factores que habían frenado la sonorización de las salas de cine en los años precedentes: la falta de crédito y la ausencia de confianza. La renovación del parque de salas coge velocidad y, si a finales de 1930 apenas se podían localizar entre cinco y una quincena de salas sonorizadas en el

856. JARVINEN, Lisa: *The Rise of Spanish-languaje Filmmaking...* pp. 102-138.
857. GUBERN, Román: *El cine sonoro de la II República. 1929-1936*, Lumen, Barcelona, 1977, p. 41.
858. CERDÁN, Josetxo: "Silencios y ruidos en torno a la llegada del sonoro a España", p. 81, y BONIFAZ, Rosario, *Surgimiento de la industria cinematográfica y el papel del estado en México (1895-1940)*, Porrúa, México, 2010, p. 144. Vidal Bonifaz precisa la naturaleza de los acuerdos: "luego de una etapa de feroz competencia, las tres empresas más poderosas (RCA, Western Electric y Tobis) firman en junio de 1930 los 'Acuerdos de París', que establecen el libre intercambio de licencias y patentes, además de la proyección de películas por cualquier aparato de exhibición, sin importar el sistema de registro adaptado, hecho que facilitaría las tareas experimentales y la comercialización de sistemas inventados al margen de la vorágine competitiva o monopolista".

país, en poco más de cinco años se revertirá la situación hasta tal punto que 1.568 de las 3.337 salas censadas en 1936 tendrán sistemas sonoros: nada menos que el 47%.[859]

En paralelo, en los primeros años de la Segunda República se fundan nuevas productoras y estudios, ya con estructuras apropiadas para rodar cine sonoro, que permitirán nutrir esas salas con producciones adecuadas a las necesidades del sector y, por qué no decirlo, al gusto del público. Primero fueron los estudios Orphea Films de Barcelona, fundados en 1932, a los que siguieron en Madrid los CEA (Cinematografía Española Americana), ECESA (Estudios Cinema Español S.A.) y Ballesteros, además productoras como CIFESA (Compañía Industrial Film Española, S.A.), fundada en Valencia en 1932 por el industrial Manuel Casanova, y Filmófono, impulsada por Ricardo Urgoiti como extensión de su negocio de distribución y exhibición en asociación con Luis Buñuel, que ejercería de jefe de producción en la sombra.[860]

La industria del cine sonoro comenzaba a tomar forma en España, nutriéndose, como decíamos, del talento que había hecho la "mili" en las *Majors* americanas, con cineastas que marcarían el paso en los años siguientes como Benito Perojo o Florián Rey, además de promesas como Edgar Neville, quien retornó a España en otoño de 1931, y nada más aterrizar se embarcó en la producción de su primer filme como director: una sátira sonora construida sobre las falsas pruebas que tenían que superar unas jóvenes aspirantes a actriz, y que tenía un título cuanto menos expresivo: *¡Yo quiero que me lleven a Hollywood!*[861] Por fin el sonido había llegado a los cines, y con él los españoles podían al menos, durante un buen rato, aislarse del ruido que, en aquellos tumultuosos treinta, comenzaba a anegar las calles de España.

La segunda República ya había llegado. Nos hemos asomado por encima de su hombro para avistar los acontecimientos indispensables con que cerrar nuestro relato, yendo más allá de su límite cronológico, pues la llegada de la República no supuso un cambio inmediato en el consumo ni en la producción de cine en España. Fue la aparición del sonoro la que clausuró

859. GÓMEZ BERMÚDEZ DE CASTRO, Ramiro: "La transformación del cine mudo al sonoro en España (1929-1931). Los costes económicos"..., pp. 100-102.
860. GUBERN, Román: *El cine sonoro de la II República,* pp. 58-87.
861. FRANCO TORRE, Christian: *Edgar Neville...,* pp. 88-92.

de verdad un periodo que se había iniciado con el inicio de la imagen en movimiento.

Tal ha sido nuestro camino en este libro. Ir desde la llegada de la imagen a la llegada del sonido. De la Restauración a la República, de la dictadura a la democracia. Un viaje recorrido por los habitantes de una nación atrasada, pero no tanto como se ha dicho, que, subidos al tren de la modernización (y al otro), vieron como el cine, adoptado primero por las varietés, se hacía mayor hasta lograr su independencia. Se fue de la casa de las cupletistas y los forzudos hasta ocupar suntuosos palacios de la imagen en los que se veía sólo cine. Y se llegó a escuchar. Cine extranjero, sobre todo. También cine español de artesanía y bricolaje, trufado con más de una estrella doméstica. Imágenes de cualquier lugar que se convirtieron en sustento de los primeros ocios masivos, alimentados también por el deporte, el turismo, los periódicos o las industrias culturales del espectáculo. Entre ellas destacó una capaz de vender un producto que, desde siempre, se llamó cine y muy pronto iban a llamar arte.

8.

FUENTES Y BIBLIOGRAFÍA

1. **PUBLICACIONES PERIÓDICAS (colecciones de prensa histórica).**

ABC, Madrid.

¡Alegría!, Madrid.

Arte y Cinematografía, Barcelona.

Artístico-Cinematográfico, Madrid.

Diario de Avilés, Avilés.

Diario de Cádiz, Cádiz.

El Arte del Teatro, Madrid.

El Carbayón, Oviedo.

El Heraldo de Baleares, Palma de Mallorca.

El Heraldo de Madrid, Madrid.

El Imparcial, Madrid.

El Liberal, Madrid.

El Litoral de Asturias, Gijón.

El Noroeste, Gijón.

El Noticiero Universal, Barcelona.

El Socialista, Madrid.

El Sol, Madrid.

España, Madrid.

Fotogramas. Revista mensual cinematográfica, Madrid.

Gaceta de Madrid, Madrid.

La Acción, Madrid.

La Construcción Moderna, Madrid.

La Correspondencia de España, Madrid.

La Época, Madrid.

La Iberia, Madrid.

La Ilustración Artística, Madrid.

La Justicia, Madrid.

La Lectura Dominical, Madrid.

La Nación, Madrid.

La Pantalla, Madrid.

La Provincia, Huelva.

La Publicidad, Granada.

La Publicidad, Madrid.

La Región Extremeña, Badajoz.

La Rioja, Logroño.

La Vanguardia, Barcelona.

La Veu de Catalunya, Barcelona.

La Voz de Avilés, Avilés.

Las Provincias, Valencia.

Nuevo Mundo, Madrid.

Popular Film, Barcelona.

Proyección, Madrid.

2. **BIBLIOGRAFÍA**.

ABEL, M.: "Fallo justo", en *Arte y Cinematografía*, nº 94, Barcelona, 15-X-1914.

ABEL, Richard: "Del esplendor a la miseria del cine francés, 1908-1918", en Genaro TALENS y Santos ZUNZUNEGUI (coords.): *Historia general del cine*, vol. III, Cátedra, 1998.

ADELL, María: "Olimpo de celuloide. Los discursos acerca del estrellato en el pensamiento cinematográfico en España (1915-1964)", en PIÑOL, Marta, ADELL, María y POLO, Magda (coords.): *Visiones del cine. El pensamiento cinematográfico en España: de los orígenes a los años 60 (II)*, Dir. Adj. Audiovisuales y Cinematografía, Valencia, 2023.

AFIGUÉNOVA, Eugenia: "El discurso del turismo y la configuración de una identidad nacional para España", en REY, Antonia del (ed.*): Cine,* *imaginario y turismo. Estrategias de seducción*, Tirant lo Blanch, Valencia, 2007, pp. 33-63.

AFINOGUÉNOVA, Eugenia: "Turismo y movilidad", en REY, Antonia del (ed.): La huella del turismo en un siglo de cine español (1896-2015), Síntesis, Madrid, 2024, pp. 19-26.

AGUADO, Ana y RAMOS, Dolores: *La Modernización de España (1917-1939). Cultura y vida cotidiana*, Síntesis, Madrid 2002.

AJENJO BULLÓN, Xavier y SUÁREZ CORTINA, Manuel (eds.): *Santander fin de siglo*, Caja Cantabria, Universidad de Santander y Ayuntamiento de Santander, Santander 1998.

AKHTAR, Maha: *La nieta de la maharaní*, Roca, Barcelona, 2009.

ALAS, Leopoldo: *La Regenta*, Biblioteca Clásica Castalia, Madrid, 2001.

ALBES, Jens: "La propaganda cinematográfica de los alemanes en España durante la Primera Guerra Mundial", en *Mélanges de la Casa de Velázquez*, nº 31,1995.

ALCÁNTARA, Francisco: "Anasagasti constructor y teorizante. El Monumental cinema y "La enseñanza de la arquitectura", en *El Sol*, Madrid, 25-X-1923.

ALCINA, Francisco: "Orígenes y desarrollo del cinematógrafo en Zamora: de la primera proyección al ocaso del franquismo (1897-1975)", Tesis doctoral, Universidad Complutense de Madrid, 2018.

ALÍA, Francisco y NUEDA, Alba: "Principales contradicciones del dictador y de la dictadura de Primo de Rivera (1923-1930)", en DÍAZ, Ramón V. y PÉREZ, Juan Sisinio (coords*.): La aventura de la modernidad. Los años veinte en España*, Catarata, Madrid, 2022.

ALÍ-KATE: "A eso íbamos", en *Arte y Cinematografía*, nº 110, Barcelona, 15-VI-1915.

ALLEN, Robert C. y GOMERY, Douglas: *Teoría y práctica de la historia del cine*, Paidós, Barcelona, 1985.

ALONSO, Luis Enrique y CONDE, Fernando: *Historia del consumo en España: una aproximación a sus orígenes y primer desarrollo*, Debate, Madrid, 1994 .

ALONSO, Luis, R.: "La producción nacional", en *Heraldo de Madrid*, Madrid, 6-VII-1929.

ALONSO, Luis: "Callejeando. El incendio de un cine", en *Nuevo Mundo*, Madrid 9-I-1908.

ALONSO, Luis: "De arañas y moscas. La formación del sistema cine y los principios de la distribución cinematográfica en España", en *Archivos de la Fimoteca*, nº 66, págs.130 a 145, 2010.

ALONSO, Luis: "Quimeras, engaños y pendencias. El problema de España y la cuestión de los cines nacionales en 1900", en LAHOZ, J.I. (Coord.): *A propósito de Cuesta. Escritos sobre los comienzos del cine español 1986-1920,* Valencia, Ediciones de la Filmoteca, 2010, pp. 279-299.

ALTED, Alicia: "El cine educativo en España (hasta 1936)", en *Historia social,* nº 76, 2013.

ALVAR, J. M.: [en realidad Manuel Fernández Álvarez] *Técnica cinematográfica moderna,* J.M. Yagües, Madrid, 1932.

ÁLVAREZ JUNCO, José: "¿Modernidad o Atraso? Sociedad y cultura política", en JULIÁ, SANTOS (coord.): *Debates en torno al 98: Estado, Sociedad y Política,* Comunidad de Madrid, 1998.

ÁLVAREZ JUNCO, José: *Dioses útiles. Naciones y nacionalismos,* Galaxia Gutemberg, 2016.

ÁLVAREZ JUNCO, José: *Mater dolorosa. La idea de España en el siglo XIX,* Madrid, Taurus, 2001.

ÁLVAREZ LÁZARO, Pedro (dir.): *Cien años de educación en España. En torno a la creación del Ministerio de Instrucción Pública y Bellas Artes,* Madrid, MEC, 2001.

ÁLVAREZ, Gonzalo: "Ernesto Giménez Caballero: unidad nacional y política de masas en un intelectual fascista", en *Historia y Política,* Madrid, 2010.

ÁLVAREZ, Nuria: "Cine y educación en la España de las primeras décadas del siglo XX. Tres concepciones del cine educativo", en *Tarbiya: Revista de investigación e innovación educativa,* nº 31, 2002.

AMO, Alfonso Del: "Bases industriales de la conservación cinematográfica" en *Archivos de la Filmoteca,* nº 10, Valencia, 1991.

AMOR, Medardo: "El misterio de la Puerta del Sol, una recuperación finalizada", *Archivos de la Filmoteca,* nº22, Valencia, 1996.

AMORCIDA, Pedro, SPAGNOLETTI, Giovanni y VIDAL, Nuria: *Cinema in Spagna oggi. Nuovi autori, nuove tendenze,* Lindau, 2002.

ANASAGASTI, Teodoro de: "El cine moderno", en *La construcción moderna. Revista quincenal de Arquitectura, Ingeniería e Higiene Urbana,* nº 17, 1919.

ANASAGASTI, Teodoro de: "El edificio" y "Características del cine", en *La construcción moderna. Revista quincenal de Arquitectura, Ingeniería e Higiene Urbana,* nº 25,1923.

ANDERSON, Benedict: *Comunidades imaginadas. Reflexiones sobre el origen y la difusión de nacionalismo,* Fondo de Cultura Económica, México, 1993.

ANDRENIO: "El teatro de la vida. Los ex-cines", en *Nuevo Mundo*, Madrid, 17-XII-1908.

ANÓNIMO: "El Ateneo de Madrid, el cine sonoro y la Paramount Films, S.A.", *Arte y Cinematografía*, nº343, Barcelona, XI-1929.

ANÓNIMO: "Gacetillas", *El Imparcial*, Madrid, 9-I-1930

ANÓNIMO: "Gacetillas", *El Sol*, Madrid, 14-VI-1929.

ANÓNIMO: "Terraza del Callao", *La Nación*, Madrid, 14-VI-1929.

ANTOLÍN, arzobispo de Tarragona: Arte y Cinematografía, Barcelona, nº 101, 31-I-1915.

ANSOLA, Txomin: "El Salón cine Ideal, exponente de la consolidación del espectáculo cinematográfico en Portugalete durante la década de los veinte", en *Ikusgaiak*, nº 4, 2000.

ANSOLA Txomin: *Del taller a la fábrica de sueños. El cine en una ciudad industrial: Barakaldo (1904-1937)*, Servicio Editorial de la Universidad del País Vasco, Bilbao, 2002.

ANSOLA, Txomin: "Esbozo del primer cineasta vasco: Antonio de Diego", en J.R. SAIZ (coord.): *Primeros rodajes cinematográficos en España*, Consejería de Cultura del gobierno de Cantabria, Santander, 2005, págs. 135 a 148.

ANSOLA, Txomin: "Femenino singular. La presencia de la mujer en el espectáculo cinematográfico de Bilbao durante los primeros tiempos (1896-1915)", en *Vasconia*, nº 35, 2006.

ANSOLA, Txomin: "El cineclub de Bilbao. Primera experiencia cineclubística en la villa", en Bidebarrieta: *Revista de humanidades y ciencias sociales de Bilbao*, Nº. 6, 2000.

ANSOLA, Txomin: "El espectáculo cinematográfico en Bilbao durante la Guerra civil (1936-1937)", en *Bidebarrieta* nº 19, 2008.

ANSOLA, Txomin: "Notas sobre la llegada, expansión y consolidación del espectáculo cinematográfico en Vizcaya (1896-1915), en J.R. SAIZ (coord.): La exhibición cinematográfica en España, de los barracones de feria a los palacios de cine, Consejería de Cultura del gobierno de Cantabria, Santander, 2009, pp. 141-151.

ANSOLA, Txomin: "Otras voces, otros ámbitos. La historia del espectáculo cinematográfico en el marco local" en *A propósito de Cuesta. Escritos sobre los comienzos del cine español 1986-1920*, Valencia, Ediciones de la Filmoteca, pp. 223-230.

AR.: "El cineclub de Madrid. Tercera sesión", en *La Gaceta Literaria*, nº 53, Madrid, 1-III-1929.

ARANZUBÍA, Asier (coord.): *Los mecanismos comunicativos del cine de todos los días. Antología del colectivo Marta Hernández y Javier Maqua,* en *Comunicación* XXI , Shangrila, Valencia, 2016.

ARCE, Julio: "El barracón cinematográfico, el pianista y su 'estuche de distracciones", en *Música, ciudades, redes, creación musical e interacción social. Actas del Congreso de la Sociedad Ibérica de Etnomusicología,* SIBE, 2008.

ARCE, Julio: "Imitadores de estrellas: transformismo, travestismo de género en la escena de las variedades", en ENCABO, Enrique (ed.): Miradas sobre el cuplé en España. Identidades, contextos, artistas y repertorios, Universidad Complutense, Madrid, 2019, pp. 95-105.

ARCONADA, César M: *Vida de Greta Garbo,* Ulises, Madrid, 1929.

ARCONADA, César M: *Tres cómicos de cine. Biografías de sombras,* Renacimiento, Madrid 2007 (reed.).

ARIAS, Salvador Mateo: "Granada: el cine y su arquitectura", Universidad de Granada, Granada, 2009.

ARIES, Philippe y DUBY, Georges, (dirs.): *Historia de la vida privada,* Taurus, Madrid 1989.

ARNAVAT, Albert y MIRÓ, Neus: "L'arribada del cinema a Reus", en *Revista del Centre de Lectura,* Reus, VI-1995.

AUBERT, Michelle; SEGUIN, Jean-Claude (eds.): *La production cinématographique des Frères Lumière,* Mémoires de cinéma, París, 1996.

AUBERT, Paul: "Hacia la modernización" en *Los felices años veinte. España, crisis y modernidad,* Marcial Pons, Madrid, 2006.

AVILÉS, Javier: "Un pálido reflejo del fascismo: la dictadura de Primo de Rivera en los informes diplomáticos italianos", UNED, 2017 [en línea].

BADENAS I RICO, Miquel*: El Paral.lel, nacimiento, esplendor y declive de la popular y bullanguera avenida de Barcelona,* Amarantos, Barcelona 1993.

BÁEZ Y PÉREZ DE TUDELA, JOSÉ María: *Fútbol, cine y democracia: ocio de masas en Madrid, 1923-1936,* Alianza Editorial, Madrid, 2012.

BAHAMONDE, Ángel, MARTÍNEZ, Gaspar y OTERO, Luis Enrique: *Las comunicaciones en la construcción del Estado contemporáneo en España, 1700-1936,* Ministerio de Obras Públicas, Transportes y Medio Ambiente, Madrid, 1993.

BAILEY, Peter: *Leisure and Class in Victorian England,* Routledge and Kegan Paul, London, 1978

BAKER, Edward y CASTRO, Demetrio: "Presentación. Espectáculos en la España contemporánea: de lo artesanal a la cultura de masas", en *Ayer,* nº 72, 2008.

BAKER, Edward: "La Cinelandia de la Gran Vía madrileña, 1926-1936", en *Ayer*, nº 72, 2008.

BALCELLS, Albert: *Breve historia del nacionalismo catalán*, Alianza Editorial, Madrid, 2004.

BALLESTEROS, Ana Isabel: *La verbena de la Paloma: la modernidad de su libreto*, Universidad de Mayores, Madrid, 2004.

BALLESTEROS, Esmeralda: "¡Vivir al límite! Diferencias entre el salario monetario y el presupuesto familiar, siglos XIX y XX", en *El trabajo a través de la historia* (volumen coordinado por Santiago Castillo), Asociación de Historia Social, Madrid 1996.

BARBÉNS, Francisco de: La moral en la calle, en el cinematógrafo y en el teatro. Un estudio pedagógico-social, Luis Gili, Barcelona, 1914.

BARQUÍN, Rafael: "Transporte y precio del trigo en el siglo XIX: creación y reordenación de un mercado nacional", *Revista de Historia Económica*, año XV, 1997, Invierno, nº 1.

BARREIRO, Javier: *Raquel Meller y su tiempo*, Diputación General de Aragón, Zaragoza, 1992.

BARREIRO, Javier: "Las artistas de varietés y su mundo", en *Mujeres de la escena, 1900-1943*, S.G.A.E, Madrid 1996.

BARREIRO, Javier: "Álvaro Retana en la erotografía del primer tercio de siglo. Un acercamiento a los textos del cuplé psicalíptico", en *El cortejo de Afrodita. Ensayos sobre literatura hispánica y erotismo*, Analecta Malacitana, Málaga, 1997.

BARREIRO, Javier: *Cruces de bohemia: Vidal y Planas, Noel, Retana, Gálvez, Dicenta y Barrantes*, Zaragoza, UnaLuna, 2001.

BARREIRO, Javier: *Voces de Aragón*, Zaragoza, Ibercaja, 2004.

BARREIRO, Javier: "Aurora Mañanós Jauffret" en *DBE*, Real Academia de la Historia [consultado el 14-I-2024].

BARREIRO, Javier: "La Fornariana y el origen de la canción en España", en Asparkia, nº 16, 2005.

BARREIRO, Javier: "Del cuplé escénico al cuplé discográfico" en *Miradas sobre el cuplé en España. Identidades, contextos, artistas y repertorios*, Ediciones del ICCMU, Madrid, 2019.

BARRENA, Clemente: "Varia documental", en *El cinematógrafo en Madrid, 1896-1960*, Ayuntamiento de Madrid, 1986.

BARRERA, Patricia: "Cine y novela cinematográfica en la revista Blanco y Negro (1928)", Trabajo Fin de Máster, Universidad Complutense, Madrid, 2011.

BARRIENTOS, Mónica: "Antonio de la Rosa, empresario pionero del cinematógrafo en Sevilla (1902-1907)". *Cuadernos Eihceroa*, nº 2, Sevilla, 2003.

BARRIENTOS, Mónica: "El primitivo cinematógrafo de Sevilla (1896-1906) a través de programas de mano y prensa local", tesis doctoral, Universidad de Sevilla, 2003.

BARRIENTOS, Mónica: *Antonio de la Rosa, empresario pionero del cinematógrafo en Sevilla (1902-1907)*, Padilla Libros Editores & Libreros, 2003. El mismo trabajo ha sido publicado en *Frame*: revista de cine de la Biblioteca de la Facultad de Comunicación, nº. 2, 2007.

BARRIENTOS, Mónica: "De Sevilla a la luna. Vistas animadas de la Star-Films en el cinematógrafo sevillano (1896-1906)", en Revista Comunicación, nº 11, 2013.

BARRIENTOS, Mónica: "Primeros pasos hacia el asentamiento del cinematógrafo en Sevilla", en Apuntes de cine: homenaje a Rafael Utrera, Delta Publicaciones, Madrid, 2016.

BARRIENTOS, Mónica: "Cinematógrafo y ciudad: integración del nuevo espectáculo en el espacio urbano de la Sevilla de finales del siglo XIX y principios del XX. El factor tranvía", en *Actas V Congresso Internacional Cidades Criativas*, 2017.

BARRIO, Ángeles: "La oportunidad perdida: 1919, mito y realidad del poder sindical", en *Ayer. Revista de Historia Contemporánea*, nº 63, Madrid, 2006.

BARTOLOMÉ, Isabel: "La electrificación atractiva (1983-1967)", en *Andalucía en la historia*, nº 68, 2020.

BARTRA, Eli y ESTEVE, Llorenç: "La I Guerra Mundial y el auge del Cine Catalán: un estudio de Barcinógrafo y de Magí Murià", *Film Historia*, vol. IV, nº 2, 1994.

BAS, Manuel y Ventura, Rafael: *Blasco Ibáñez, cineasta*, Diputació de València, Valencia 1998.

BEN-AMI, Shlomo: *La dictadura de Primo de Rivera, 1923-1930*, Planeta, Barcelona 1984.

BENAVIDES, Domingo: *El fracaso social del catolicismo español. Arboleya -Martínez 1870-1951*, Nova Terra, Barcelona, 1973.

BENET, Vicente J.: *El cine español. Una historia cultural*, Paidós, Barcelona, 2015 [1º edc. 2012].

BENIGNO, Francesco: *Parole nel templo: un lessico per pensare la storia*, Viellla, Roma, 2013.

BERGER, Stefan: *History and Identity. How Historical Theory Shapes Historical Practice*, Cambridge University Press, 2022.

BERMEJO, Jesús (coord.): *Publicidad y cambio social. Contribuciones históricas y perspectivas de futuro*, Sevilla, Comunicación Social, 2005.

BERNARDINI, Aldo: "Teatre i actors teatrals ens els orígens del cinema italià", en *Cinema i teatre influències i contagis*, Museu del Cinema, Gerona, 2006.

BERNARDINI, Aldo: *Cinema muto italiano,* Laterza, Roma 1981.

BERNARDINI, Aldo: Cinema mutto italiano. Arte, divismo e mercato, 1910/1914, Laterza, Roma, 1982.

BERRIATÚA, Luciano: "Frivolinas, la reconstrucción de un musical 'mudo", en *Archivos*, nº 34, 2000.

BERRIATÚA, Luciano: "Zarzas. El género chico en el cine mudo", *Cuadernos de la Academia*, nos. 11-12, 2002.

BETANCOR, Orlando: "La información cinematográfica en el diario "Gaceta de Tenerife" durante la Gran Guerra", en *Boletín Millares Carlo*, nº 31, 2015.

BIGGS, W.: *El cinematógrafo y sus accesorios. Manual práctico de cinematografía*, Araluce Editor, Barcelona, 1911.

BILTEREYST, Daniël, MALTBY, Richard y MEERS Philippe (eds.): *Cinema, Audiences and Modernity. New Perspectives on European Cinema History*, Routledge, 2012.

BLANCH, Antonio: "La llegada del ferrocarril a Extremadura: una época de especulación y corrupción", en *Revista de Estudios Extremeños*, 2013.

BLASCO Ricard: Introducció a la Historia del cine Valencià, Ajuntament de Valencià, Valencia 1984.

BLOT-WELLENS, Camile: *El amigo del alma y Escobar*, Madrid 1905.

BONIFAZ, Rosario: *Surgimiento de la industria cinematográfica y el papel del estado en México (1895-1940)*, Porrúa, México, 2010.

BORDELL, David, STAIGER, Janet y THOMPSON, Kristin: *El cine clásico de Hollywood. Estilo cinematográfico y modo de producción hasta 1960*, Paidós, Barcelona, 1997.

BORDERÍA, Cristina, PÉREZ-FUENTES, Pilar y SARASÚA, Carmen: "Desigualdad en el consumo familiar. Diferencias de género en la España contemporánea (1850-1930)", en *DT-AEHE*, nº 1411

BORDERÍAS, Cristina: "Salarios de mujeres y hombres en la provincia de Barcelona, segunda mitad del siglo XIX", en *Actas del VIII Congreso de la Asociación Española de Historia Económica (AEHE)*, Santiago de Compostela, septiembre 2005.

BORDWELL, David, STAIGER, Janet y Thompson, Kristin: *El cine clásico de Hollywood. Estilo cinematográfico y modo de producción hasta 1960*, Paidós, Barcelona, 1997.

BOYER, Marc: *Le tourisme de l'an 2000*, Presses Universitaires de Lyon, Lyon, 2000.

BOYER, Marc: "El turismo en Europa, de la Edad Moderna al siglo XX", en Turismo y nueva sociedad, *Historia Contemporánea*, nº 25, Universidad del País Vasco, 2002.

BRAUDEL, Fernand: *Civilisation matérielle, économie et capitalisme*, t. 2: Les Jeux de L'echange, éd. Armand Colin, 1975.

BRAVO MAYOR, Luis Javier: "'Fútbol, amor y toros', la primera película sonora española de la historia", en *Cuadernos de Fútbol*, nº83, Centro de Investigaciones de Historia y Estadística del Fútbol Español (CIHEFE), 2017.

BROTONS, Magdalena: "La imagen de las Islas Baleares en el cine anterior a 1936", en *Rassegna iberistica*, vol. 43, nº 113, Giugno 2020.

BROWNLOW, Kevin: *Hollywood The Pioneers*, Alfred Knopf, New York, 1979.

BRUNETTA, Gian Piero: *Il viaggio dell'icononauta. Dalla camera oscura di Leonardo alla luce dei Lumière*, Marsilio, Venezia, 1997.

BRUNETTA, Gian Piero: "La narración: del "colosal" al realismo, en *Historia General del cine*, vol. III, Europa (1908-1918), Cátedra, Madrid, 1998.

BRUQUETAS, Fernando: *Historia de los burdeles en España. De lupanares, puteríos reales y otras mancebías*, La Esfera de los libros, Madrid, 2006.

BUENO, Alfredo: "Cristóbal Colón y el hallazgo de América vistos a través del cine", en *Cuadernos americanos*, nº 168, 2019.

BUÑUEL, Luis: *Mi último suspiro*, Debolsillo, Barcelona, 2004 [1ª ed.: Mon dernier soupir, Éditions Robert Lafont, Paris, 1982].

BURCH, Noël: "Passion, poursuite: la linéarisation", en Communications , nº 38, 1983.

BURCH, Noël: *El tragaluz del infinito. Contribución a la genealogía del lenguaje cinematográfico*, Cátedra, Madrid, 1987.

BURKE Peter: *Historia y teoría social*, Amorrortu editores, Buenos Aires, 2007 [1ª edc. 1992].

BURKE Peter: *Qué es la historia cultural*, Paidós, Barcelona, 2006.

CABALLERO, P.: "Crónica teatral", en *La Lectura Dominical*, 23-I-1909.

CABERO, Juan Antonio: *Historia de la cinematografía española (1896-1949)*, Gráficas Cinema, 1949.

CABRERA INFANTE, Guillermo: *Cine o sardina*, Alfaguara, Madrid, 1998.

CABRERA, Gregorio J.: "Canarias: la frustración del proyecto cinematográfico (1921-1930)", en *Cuadernos de la Academia*, nº 2, 1998.

CABRERA, Gregorio José: "Primeros tiempos del cinematógrafo en Canarias (1896-1915)", en MADRID, Juan Carlos de la (coord.): *Primeros tiempos del cinematógrafo en España*, Trea-Universidad de Oviedo, Gijón, 1997 (2ª edc.).

CABRERA, Mercedes y DEL REY REGUILLO Fernando: "De la oligarquía y el caciquismo a la política de intereses. Por una relectura de la Restauración", en Manuel SUÁREZ CORTINA (ed.): *Las máscaras de la libertad. El liberalismo español, 1808-1950*, Marcial Pons/Fundación Sagasta, Madrid, 2003.

CALVO, María Dolores: *Raquel Meller. Una mujer, una artista*, Zaragoza, Diputación-Ayuntamiento de Tarazona, 2004.

CAMACHO, Miguel Ángel: "Una mirada al teatro español desde la luz (siglos XIX-XX): la palabra, el silencio", tesis doctoral, Universidad Complutense de Madrid, 2022.

CAMBA, Julio: *El Nuevo Mundo*, 25-VII-1907.

CAMERON, Rondo E.: *Francia y desarrollo económico de Europa*, Tecnos, Madrid, 1971.

CAMPORESI, Valeria (ed.): *Il cinema spagnolo atraverso i film*, Carocci, Roma, 2014.

CANICÉ, Marga: "Perspectivas, modelos y figuras del estudio del divismo en Italia", en *Comparative Cinema*, nº. 10, 2017.

CANO, Pedro: "La épica cristiana: una tradición cinematográfica", en *Revista de Estudios Latinos*, nº 4, 2004.

CÁNOVAS, Joaquín: "Consideraciones generales sobre la industria cinematográfica madrileña en los años veinte" en *Archivos de la Filmoteca*, Filmoteca de la Generalitat Valenciana, Valencia, 1990.

CÁNOVAS, Joaquín: "La Atlántida S.A.C.E. y otros estudios madrileños en los años veinte", en GARCÍA DE DUEÑAS, Jesús y GOROSTIZA, Jorge (coords.): *Los estudios cinematográficos españoles*, Academia de las Artes y las Ciencias Cinematográficas de España, Madrid, 2001.

CÁNOVAS, Joaquín: "Identidad nacional y cine español: el género chico en el cine mudo español", en *Quintana*, nº 10, 2011.

CAPARRÓS LERA, José María: "¿Influencia de Quo Vadis? (1912), de Guazzoni, en Judit of Bethulia (1913), de Griffith?", en *d'Art*, nº 13, Universitat de Barcelona, 1987.

CAPARRÓS LERA, José María y BARRACHINA, Carles: "El cine catalán durante la I Guerra Mundial", *Filmhistoria*, vol. 4, nº 2, 1994.

CAPARRÓS, José María (coord.): *Cine español. Una historia por autonomías.* vol. I, Centro de Investigaciones Film-Historia, Barcelona, 1996.

CAPARRÓS, José María: *Historia del cine español*, T&B editores, Madrid, 2007.

CARDONA, Rosa: "La recuperación de la versión para el mercado alemán de La secta de los misteriosos (Albert Marro, 1917)" , en *Secuencias*, nº 26, 2007.

CARDONA, Rosa: "Laboratorios cinematográficos en Barcelona entre 1906 y 1920. Fuentes de investigación y características generales, en LAHOZ (coord..) *A propósito de Cuesta. Escritos sobre los comienzos del cine español 1986-1920*, Ediciones de la Filmoteca, Valencia, 2010.

CARR, Edward H.: *¿Qué es la historia? Edición definitiva*, Ariel, Barcelona, 1999.

CARR, Raymond: *España, 1808-1936*, Ariel, 1982.

CASANOVA, Julián: *La historia social y los historiadores*, Crítica, Barcelona, 1991.

CASARES, Aníbal: *Estudio Histórico-Económico de las construcciones ferroviarias españolas en el siglo XIX*, Estudios del Instituto de Desarrollo Económico, Madrid, 1973.

CASARES, Emilio y ALONSO, Celsa: *La música española en el siglo XIX*, Universidad de Oviedo, Oviedo 1995.

CASARES, Emilio: "Cuplé [couplet] [cuplet]", *Diccionario de la zarzuela. España e Hispanoamérica*, vol. I, ICCMU, Madrid, 2005.

CASARES, Emilio: "Teatro musical: zarzuela, tonadilla, ópera, revista...", en *Historia de los espectáculos en España*, Castalia, Madrid 1999.

CASARIEGO, Jesús Evaristo: *Caminos y viajeros de Asturias*, ALSA, Oviedo, 1979.

CASASÚS, I.: "Don Jacinto Benavente y la cinematografía", en *Arte y Cinematografía*, nº 280, VII-1924.

CASETTI, Franceso y DI CHIO, Federico: *Cómo analizar un film*, Paidós, Barcelona, 1994.

CASTILLEJO, José: *Democracias destronadas. Un estudio a la luz de la revolución española 1923-1939*, siglo XXI, Madrid, 2008.

CASTILLO, Santiago y FERNÁNDEZ, Roberto (coords): *Historia social y ciencias sociales*, Editorial Milenio, Lleida, 2001.

CASTILLO, Santiago: "El socialismo madrileño hace un siglo: Un anhelo de reformas", en *Arbor CLXIX*, 666 (Junio 2001).

CASTILLO, Santiago y DUCH, Montserrat: "Espacios, lugares, territorios, los escenarios de la acción social", *Sociabilidades en la historia*, Catarata, Madrid, 2015.

CASTILLO, Santiago y URÍA, Jorge (coords.): *Sociedades y Culturas*, Ediciones Trea, Gijón, 2021.

CASTRO, Demetrio: "Tipos y aires. Imágenes de lo español en la zarzuela", en *Ayer*, nº 72, 2008.

CASTRO, Guadalupe, "Revistas de cine", en *El cinematógrafo en Madrid 1896-1960*, Ayuntamiento de Madrid, Madrid, 1986.

CASTRO, José Luis: "A chegada do cine a Galicia e as primitivas fórmulas de exhibición (1896-1908)", en CASTRO, José Luis (coord.): Historia do Cine en Galicia, A Coruña, Vía láctea, 1996.

CASTRO, José Luis, FOLGAR, José María y NOGUEIRA, Xosé: "José Sellier y las primeras filmaciones españolas: Fábrica de gas, Orzan, oleaje y plaza de Mina (mayo de 1897). Estado de la cuestión y nuevas aportaciones documentales", en LAHOZ (coord..) *A propósito de Cuesta. Escritos sobre los comienzos del cine español 1986-1920*, Ediciones de la Filmoteca, Valencia, 2010.

CASTRO, José Luis, FOLGAR, José María, NOGUERIA, Xosé y SEGUIN, Jean-Claude: "José Sellier Loup (Givors, 1850-A Coruña, 1922), fotógrafo y cineasta", en VV.AA.: *José Sellier en A Coruña. Los comienzos del cine español*, Diputación de A Coruña, 2013.

CÁVIA, Mariano de: "El enemigo del 'Género chico", *El Imparcial*, Madrid, 8-XII-1903, y "Crónica", *Alegría*, nº 24, 21-VIII-1907.

CEBALLOS, Álvaro: "El cine en el género chico (1897-1936)" en *Hecho Teatral: Revista de teoría y práctica del teatro hispánico*, nº 17.

CEBOLLADA, Pascual: *Segundo de Chomón*, Instituto de Estudios Turolenses, Teruel, 1986.

CELA, María: "La empresa cinematográfica Filmófono (1929-1936)", *Documentación de las Ciencias de la Información* nº18, Ediciones Complutense, Madrid, 1995.

CENTENO, Juan Carlos: *Los teatros y cines de Vitoria. Arquitecturas para el espectáculo*, Ayuntamiento de Vitoria-Gasteiz, Vitoria, 1999.

CERDÁN, Josetxo: "Silencios y ruidos en torno a la llegada del sonoro a España", *Archivos de la Filmoteca* nº 27, Institut Valencià de Cinematografía Ricardo Muñoz Suay, Valencia, 1997.

CERÓN, Juan Francisco: "El cinematógrafo en Murcia (1896-1914)", en MADRID, Juan Carlos De la (coord.): *Primeros tiempos del cinematógrafo en España*, Trea-Universidad de Oviedo, Gijón, 1997 (2ª edc.).

CHECA, Christian: "Montaje y escritura cinematográfica: un arqueología conceptual", en ADELL, María, PIÑOLL, Marta y POLO, Magda: *Visiones del cine. El pensamiento cinematográfico en España: de los orígenes a los años 60* (II).

CHIMENTI, Alfredo: "¡Unión!", en *Eco Artístico*, Madrid, nº 120 15-III-1913, n.º 120.

CIRLOT, Juan Eduardo: *Ferias y Atracciones*, Libertarias/Prodhufi, Madrid 1992 (1ª edc. 1950).

CLARKE, John y CRITCHER, Chas: *The Devil makes Work: Leisure in Capitalism Britain*, London, 1985.

CLAVER, José María: *Luces y rejas. Estereotipos andaluces en el cine costumbrista español (1896-1939)*, Fundación Pública Andaluza Centro de Estudios Andaluces / Junta de Andalucía, Sevilla, 2016.

CLÚA, Isabel: "Culturas del espectáculo en el fin de siglo", en *Hecho Teatral: Revista de teoría y práctica del teatro hispánico*, nº 17.

CLÚA, Isabel: "Las joyas de la Otero: los inicios del glamour en la escena teatral del fin de siglo", en *Miradas sobre el cuplé en España. Identidades, contextos, artistas y repertorios*, Ediciones del ICCMU, Madrid, 2019.

COHEN-SÉAT, Gilbert: *Essai sur les principes d'une philosophie du cinéma*, Presses Universitaires de France, Paris 1958.

COLÁS, Joan: "Lista: todos los cines centenarios de Cataluña que aún proyectan películas", *Crónica*, 6-VIII-2023.

COLÓN, Carlos: *Los comienzos del cinematógrafo en Sevilla*, Ayuntamiento de Sevilla, 1981.

COMÍN, Francisco: *Hacienda y economía en la España contemporánea (1800-1936)*, Instituto de Estudios fiscales, Madrid, 1988, vol. II.

CONTRERAS, Francisco: "La Hispano Aviación. Antecedente histórico del cluster aeronáutico del sur", en *Andalucía en la historia*, nº 56, abril-junio de 2017.

CORBALÁN, Rafael T.: *Blasco Ibáñez en los orígenes del cine*, Filmoteca de la Generalitat Valenciana y Festival de Cine de Huesca, Valencia. 1999.

CORBIN, Alain: *L´avènement des loisirs, 1850-1960*, Flammarion, Paris, 1995.

CORDERO, Helena: "El cuerpo de las estrellas de cine nacionales en la España de los años veinte", en *Quiroga*, nº 22 octubre, 2023.

CORTIZO, María Encina: "Realismo e ilusionismo en la temporada teatral madrileña de 1902: María del Pilar de Giménez y *Trip to the moon* de Méliès", en VV.AA.: *Música, escena y cine (1896-1978): diálogos y sinergias en la España del siglo XX*, Universidad de Oviedo, 2021.

COSTA PINTO, Luis Álvaro: "Modernización, concepto e ideología", en *Revista de Estudios Políticos*, nº 14, 1980.

COSTA, Joaquín: *Oligarquía y caciquismo como la forma actual de gobierno en España: urgencia y modo de cambiarla*, Fortanet, Madrid, 1901.

COSTE, Grégory: *Erotisme et modernité dans l'œuvre narrative d'Álvaro Retana (1890-1970)*, Editions Publibook Université, 2012.

CRESPO, María Mercedes: "Estudio geográfico de la distribución espacial de las salas de cine madrileñas", *Geographica*, 16, 1974.

CRUCES, Cristina: "Bailes boleros y flamencos en los primeros cortometrajes mudos. Narrativas y arquetipos sobre 'lo español' en los albores del siglo XX", en *Revista de dialectología y tradiciones populares*, vol. LXXI, nº 2, 2016.

CRUZ, Jesús: *El surgimiento de la cultura burguesa. Personas, hogares y ciudades en la España del siglo XIX*, Siglo XXI, Madrid, 2014

CUÉLLAR, Domingo: "Los ferrocarriles en España, siglos XIX y XX. Una visión en el largo plazo", *Jornadas de Historia Ferroviaria: 150 años de ferrocarril en Albacete (1855-2005)*/coord. Por Francisco Polo Muriel, 2007.

CUENCA, Carlos Luis de: "La Moral peliculera", en *La Ilustración Española y Americana*, Madrid, nº X, 15-III-1908.

CUENCA, Luis Alberto de: "Carlos Fernández Cuenca y Segundo de Chomón", *Turia. Revista Cultural*, nº 140, Valencia, 2021.

CUNILL, Josep: *Elena Jordi. Una reina Berguediana a la corte del Paral.lel*, Ajuntament de Cercs, 2º edc. 2021.

CURTIUS, Ernst Robert: *Ensayos críticos sobre la literatura europea*, Antonio Machado Libros, Madrid, 1989.

D' LUGO, Marvin: *The Films of Carlos Saura: The Practice of Seeing*, Princeton University Press, 1991.

D'LUGO, Marvin: *Guide to Cinema in Spain*, Greenwood Press, 1997.

D'LUGO, Marvin: *Recent Spanish Cinema in Global Contexts,* Guest editorship of Post-Scripts, Essays in Film and the Humanities,Winter/Spring, 2002.

D'LUGO, Marvin: *Pedro Almodóvar: Contemporary Film Directors,* University of Illinois Press, Urbana and Chicago, 2006.

D' LUGO, Marvin y VERMON, Kathleen (eds.*): A Companion to Pedro Almodóvar. West Sussex, UK: Wiley-Blackwell,* 2013.

D'ORS, Eugenio: "El cinematófago", en *La Veu de Catalunya,* 3-IV-1906.

DALLE, Angela: Diva: *Defiance and Passion in Early Italian Cinema,* University of Texas Press, 2008.

DÁVILA, Miguel: "Las pasiones de Juana la loca en el cine español: desde la Historia y el teatro a las adaptaciones, readaptaciones y remakes compuestos", en *Trasvases entre la literatura y en cine,* I, 2019.

BARBÉNS, Francisco de: *La moral en la calle, en el cinematógrafo y en el teatro. Un estudio pedagógico-social,* Luis Gili, Barcelona, 1914.

DE LUCIS, Flavia, BERNARDINI, Aldo y FESTANTI, Maurizio: *C'era il cinema. L'Italia al cinema tra Otto e Novecento (Reggio Emilia 1896-1915),* Panini, Regio Módena, 1983.

DECORDOVA, Richard: *The emergence of the Star System in America,* Univeristy of Illinois Press, 1990.

DELEITO y PIÑUELA, José: "Origen y apogeo del "género chico", en *Revista de Occidente,* Madrid, 1949.

DELGADO VIÑAS, Carmen: *Las pequeñas y medianas capitales de provincia en el proceso de modernización del sistema urbano español,* Universidad de Las Palmas de Gran Canaria, Las Palmas de Gran Canaria, 1995.

DELGADO, Anita: *Impresiones de mis viajes por las indias,* Ediciones del Viento, La Coruña, 2017.

DÍAZ, Ángel: "Diseño arquitectónico y protección en caso de incendio: desarrollo normativo español en materia de evacuación en los siglos XIX y XX", tesis doctoral, Universidad Politécnica de Madrid, 2015.

DIEGO, Estrella de: "Buscando a Hollywood desesperadamente. Una aproximación a las revistas de cine madrileñas", en *El cinematógrafo en Madrid 1896-1960,* Ayuntamiento de Madrid, Madrid, 1986.

DÍEZ, Emeterio: "El cine español en el Parlamento", en Cuadernos Iberoamericanos, nº 612, Madrid, 2001.

DÍEZ, Emeterio: La novela cinematográfica, Servicio de Publicaciones de la Universidad de Navarra, Pamplona, 2002.

DÍEZ, Emeterio: Historia social del cine en España, Editorial Fundamentos, Madrid, 2003.

DÍEZ, Emeterio: "El precio del cine en España (1931-2000)" en *Boletín de la Academia*, nº 69.

DOUGHERTY, Dru y VÍLCHES DE FRUTOS, María Francisca: *La escena madrileña entre 1918 y 1926*, Fundamentos, Madrid, 1990.

DOVIFAT, Emil: *Periodismo*, UTEHA, 1959, pág. 3 (1ª edc. Berlín, 1931).

DYER, Richard: *Las estrellas cinematográficas. Historia, ideología, estética*, Paidós, Barcelona 2001.

EGUIZÁBAL MAZA, Raúl: *Historia de la publicidad*, Eresma & Celeste ediciones, Madrid 1998.

EJIDO, Marián y RELLÁN, Javier: "Pontevedra, cuna de Colón (Enrique Barreiro, 1927)", en #DoréEnCasa, hoja de sala, Filmoteca Española, Madrid, 2020.

EL ESPECTADOR (Federico de Onís): "Asta Nielsen", en *España*, nº 1, 29-I-1915.

EL HADJ: "Los operadores de cinematógrafo", en *Arte y Cinematografía*, nº 98, Barcelona, 15-XII-1914.

ELENA, Alberto: "Cine y públicos en América latina. El período mudo", en *Otrocampo. Cine latino*, nº 4, 2001 (edc. digital).

ELENA, Alberto: "Cine para Macondo: tecnología, industria y espectáculo en Latinoamérica, 1896-1932", en *Archivos de la Filmoteca*, nº 28, 1998.

ELLIOT, John H.: *Haciendo historia*, Taurus, Madrid, 2012.

ENCABO, Enrique: "Teatro Ortiz de Murcia (1914-1929). Artistas y repertorios en un teatro de provincias. Los inicios", en *Hecho Teatral*, nº 17, 2017.

ENCABO, Enrique (ed.): *Miradas sobre el cuplé en España. Identidades, contextos, artistas y repertorios*, Universidad Complutense, Madrid, 2019.

ENCABO, Enrique: "Cuerpos que cuentan: La Fornarina y la encarnación del deseo", en *Miradas sobre el cuplé en España. Identidades, contextos, artistas y repertorios*, ICCMU, Madrid, 2019.

ENCABO, Enrique: "Introducción. Más allá del canon: Erotismo, deseo y frivolidad", en *Miradas sobre el cuplé en España. Identidades, contextos, artistas y repertorios*, Universidad Complutense, Madrid, 2019.

ESPÍN TEMPLADO, María del Pilar: *El teatro por horas en Madrid (1870-1910)*, Servicio de Reprografía de la Editorial de la Universidad Complutense de Madrid, Madrid, 1988.

ESPINET, Francesc y TRESSERRAS, Joan Manuel: *La gènesi de la societat de masses a Catalunya (1888-1939),* Universitat Autònoma de Barcelona, Bellaterra, 1999.

FALQUINA, Ángel: *El cine español en premios, 1941-1972*, Editorial Madrid, Madrid, 1974.

FAULKNER, Sally: *Una historia del cine español. Cine y sociedad*, 1910-2010, Iberoamericana Madrid, 2017.

FERNÁNDEZ COLORADO, Luis: "Buñuel, Urgoiti y Filmófono", *Archivos de la Filmoteca,* nº34, Valencia, 2000.

FERNÁNDEZ COLORADO, Luis y CERDÁN, Josetxo: *Ricardo Urgoiti. Los trabajos y los días,* Filmoteca Española, Madrid, 2007.

FERNÁNDEZ CUENCA, Carlos: *Fructuoso Gelabert, fundador de la cinematografía española,* Madrid, Filmoteca Nacional, Madrid, 1957.

FERNÁNDEZ CUENCA, Carlos: "Promio, Jimeno y los primeros pasos del cine", en Cuadernos de la Filmoteca Nacional, nº 1, Madrid, 1959.

FERNÁNDEZ CUENCA, Carlos: *Segundo de Chomón, maestro de la fantasía y de la técnica*, Editora Nacional, Madrid, 1972.

FERNÁNDEZ FERNÁNDEZ, Xosé: "Una arquitectura desaparecida: quioscos de refrescos y tinglados de feria de los jardines de Méndez Nuñez de La Coruña", en *Boletín Académico,* Escola Técnica Superior de Arquitectura Da Coruña, La Coruña, 1989.

FERNÁNDEZ, Ana: "Génesis y comportamiento comercial de la distribución cinematográfica en las primeras décadas del siglo XX en Cataluña. Un ejemplo José Gurgui Pujol", en *A propósito de Cuesta. Escritos sobre los comienzos del cine español 1986-1920*, Valencia, Ediciones de la Filmoteca, pp. 389-396.

FERNÁNDEZ, Javier: "Magia y cine: del espectáculo mágico al cinematógrafo", tesis doctoral, Universidad complutense, Madrid, 2013.

FERNÁNDEZ, María Fernanda: *Arquitectura y cine en el concejo de Mieres. Estudio histórico-artístico de los cinematógrafos de la villa y concejo de Mieres*, Real Instituto de Estudios Asturianos, Oviedo, 2000.

FERRARA, Chrystelle: "La construcción de los orígenes del cine en España a través de la manipulación historiográfica franquista", en COLOMÉ, Juan Carlos, ESTEVE, Javier y IBÁÑEZ, Melanie: *Debates, historiografía y didáctica de la Historia*, 2015.

FERREIRA, António J.: *A fotografia animada em Portugal. 1894-1895-1896-1897*, Cinemateca Portuguesa, Lisboa 1986.

FERRER y Espel, Emili: "Chiquilín/Artiach", litografía en color sobre papel. Colección on line y Banco de imágenes, Museo de Bellas Artes de Bilbao [consultado el 4-I-2024].

FERRER, Isabel: "Vermeer revela el misterio de su luz en vísperas de su mayor retrospectiva en Ámsterdam", *El País*, Madrid, 6-I-2023.

FERRY, Apolo M.: "Anuario del Cinematografista para 1930", en *Proyección*, Madrid, 1929.

FÍGARO: "La diligencia", en *Mensajero*, Madrid, n.º 47, 16 –IV-1835.

FOCUS: "Estrenos. 'El cantor de jazz'", *El Sol*, Madrid, 15-VI-1929.

FOLGAR DE LA CALLE, José María: El espectáculo cinematográfico en Galicia (1896-1920), Universidad de Santiago de Compostela, Santiago de Compostela, 1987.

FOLGAR, José María y LETAMENDI, Jon: "Portugueses en Galicia na presentación do 'cinématographe", en *Imaxes para un centenario. O cine en Galicia*, Xunta de Galicia, Santiago de Compostela, 1997.

FOLGAR, José María: "Los primeros años del espectáculo cinematográfico en Galicia (1896-1914)", en MADRID, Juan Carlos De la (coord.): *Primeros tiempos del cinematógrafo en España*, Trea-Universidad de Oviedo, Gijón, 1997 (2ª edc.).

FOLGAR, José María: "O cine silencioso en Galicia ata aparición do sonoro", en CABO, Xosé Lluis, Castro, José Luis y FOLGAR, José María: *Historia do cine en Galicia*, Vía Láctea Editorial, A Coruña, 1996.

FORCADELL, Carlos: "Sobre desiertos y secanos. Los movimientos sociales en la historiografía española", en *Historia contemporánea*, nº 7, 1992.

FÓSFORO: "Frente a la pantalla, del espectador impertinente", en *España*, nº 48, 1915.

FOURRELL DE FRETTES, Cécile: "Vicente Blasco Ibáñez: la 'Odisea' de un escritor en el cine", en *Blasco Ibáñez y el cine: un escritor frente al mundo, Archivos de la Filmoteca. Revista de Estudios Históricos sobre la Imagen*, nº 74, Valencia, 2018.

FOX, Inman: *La invención de España*, Cátedra, Madrid, 1997

FRANCIA, Ignacio: *Leopoldo Alonso (1877-1949) y la aventura de la imagen*, Junta de Castilla y León, Salamanca, 2024.

FRANCO TORRE, Christian: *Edgar Neville. Duende y misterio de un cineasta español*, Shangrila Textos Aparte, Santander, 2015.

FRANCO TORRE Christian: *La poética del asedio. Cine e historia en la autarquía*, Shangrila, Valencia 2021.

FRUTOS, Francisco Javier: *La fascinación de la mirada. Los aparatos precinematográficos y sus posibilidades expresivas*, Junta de Castilla y León/Seminci, Valladolid 1996.

FRUTOS, Francisco Javier y PÉREZ MILLÁN, Juan Antonio: "Los primeros pasos del cine en Castilla León", en *Artigrama. Revista del Departamento de Historia del Arte*, Universidad de Zaragoza, 2001.

FUENTES, Juan Francisco y FERNÁNDEZ SEBASTIÁN, Javier: *Historia del periodismo español*, Madrid, 1998.

FUENTES, Juan Francisco: *Bienvenido Mister Chaplin. La americanización del ocio y la cultura en la España de entreguerras*, Taurus, Barcelona, 2024.

FUENTES, Maximiliano y GARCÍA, Carolina: "España y la Gran Guerra: un análisis historiográfico a la luz del centenario", en *Índice Histórico Español*, nº 128, 2015.

FUERTES, Maximiliano: "Germanófilos y neutralistas: proyectos tradicionalistas y regeneracionistas para España (1914-1918)", en *Ayer*, nº 91, 2013.

FULLERTON, John y SöDERBERGH-WIDDING, Astrid: *Moving images: from Edison to the webcam*, John Libbey &Co Ltd., Sydney, 2000.

FUSI, Juan Pablo: *Historia mínima de España*, Turner, Madrid, 2012.

GALINDO, José María: "El canon cinematográfico y el campo cinematográfico. Variaciones fílmicas de una tradición conceptual", en *El pasado en la Historia. El canon en el cine español, Archivos de la Filmoteca*, nº 78, abril, 2020.

GARCÍA CARRIÓN, Marta: *Por un cine patrio. Cultura cinematográfica y nacionalismo español (1926-1936)*, Universitat de València,Valencia, 2013.

GARCÍA CARRIÓN, Marta: "Lugares de entretenimiento, espacios para la nación: cine, cultura de masas y nacionalización en España (1900—1936)", en *Ayer*, nº 90, 2013.

GARCÍA CARRIÓN, Marta: "Peliculera y española. Raquel Meller como icono nacional en los felices años veinte", en *Ayer*, nº 106, 2017.

GARCÍA DE DUEÑAS, Jesús: ¡Nos vamos a Hollywood!, *Nickel Odeon dos*, Madrid, 1993.

GARCÍA DE DUEÑAS, Jesús y GOROSTIZA, Jorge (coords.): *Los estudios cinematográficos españoles*, Academia de las Artes y las Ciencias Cinematográficas de España, Madrid, 2001.

GARCÍA DE LA INFANTE, José María: *Primeros pasos de la luz eléctrica en Madrid, Ediciones Fondo Natural*, Madrid, 1987.

GARCÍA DELGADO, José Luis: "Economía", en *Los comienzos del siglo XX*, vol. XXXVII de la Historia de España Menéndez Pidal, Espasa, Madrid, 1984.

GARCÍA ESCUDERO, José María: *La historia en cien palabras del cine español y otros escritos sobre cine*, cine-club del SEU, 1954.

GARCÍA FERNÁNDEZ, Emilio Carlos: "La prensa cinematográfica", en *Historia Universal del Cine*, Planeta, Madrid, 1982.

GARCÍA FERRERO, Alejandro: "Las salas de cine en Madrid. De los primeros cinematógrafos a la demanda por «salvar» los cines históricos de la ciudad", en *Estudios Geográficos*, vol. LXXVII, 280, enero-junio 2016.

GARCÍA LARA, María Pepa: *Historia de los cines Malagueños (desde sus orígenes hasta 1946)*, Diputación Provincial de Málaga, 1988.

GARCÍA MAROTO, Eduardo: *Aventuras y desventuras del cine español*, Plaza y Janés, Barcelona, 1988.

GARCÍA QUEIPO DE LLANO, Genoveva: *Los intelectuales y la dictadura de Primo de Rivera*, Madrid, Alianza, 1988.

GARCÍA RAYA, Joaquín: "Cronología del ferrocarril español de vía ancha", en *Actas del IV Congreso de historia ferroviaria*, Fundación de los ferrocarriles españoles, 2006.

GARCÍA, Andrea: "Aproximación a los mecanismos socio-productivos determinantes para la vinculación del género chico con la industria cultural", en *La cultura popular en los procesos de transformación social. Actas del VI Congreso internacional de SELICUP*, Universidad de Oviedo, 2015.

GARCÍA, Andrea: "Reciprocidad cultural, modernidad y sinergias entre el cine y el género chico durante el cambio de siglo", en VV.AA.: *Música, escena y cine (1896-1978): diálogos y sinergias en la España del siglo XX*, Universidad de Oviedo, 2021.

GARCÍA, Emilio Carlos: *El cine español entre 1896 y 1939. Historia, industria, filmografía y documentos*, Ariel, Barcelona 2002.

GARCÍA, Héctor Jesús: "Cine Ideal de Alicante. Análisis tipológico y contextual", TFM, Universidad Politécnica de Cartagena, 2016.

GARCÍA, Marta: "Filias y fobias en acción: propaganda británica en España durante la Primera y Segunda Guerra Mundial", tesis doctoral, Universidad de Las Palmas de Gran Canaria, 2021.

GARCÍA-MANSO, Angélica: "Los cinematógrafos del valle del Jerte (Cáceres): arquitecturas del ocio entre el río y las laderas", *Vegueta. Anuario de la Facultad de Geografía e Historia*, nº 24, 2024.

GARCÍA-VELASCO, José: "Un proyecto de modernización de la cultura finisecular: la Institución Libre de Enseñanza", tesis doctoral dirigida por Juan Pablo Fusi, Universidad Complutense, Madrid, 2016.

GARÓFANO, Rafael: *El cinematógrafo en Cádiz. Una sociología de la imagen (1896-1930)*, Fundación Municipal de Cultura, Cádiz, 1986.

GARRABOU, Ramón: "Salaris i ocupació a la Maquinista Terrestre i Marítima, 1872-1889", en *Recerques*, nº 12, 1982.

GAUDREAULT, André: "Del 'cine primitivo' a la 'cinematografía-atracción", en *Secuencias*, nº 26, 2007.

GAUDREAULT, André y JOST, François: *El relato cinematográfico. Cine y narratología*, Paidós, Barcelona, 1995.

GENERELO, Jesús y GARZÓN, Itziar: *Álvaro Retana. Salir del armario de la historia*, de la serie *Imprescindibles*, RTVE, primera emisión el 29-VI-2025.

GIMÉNEZ CABALLERO, Ernesto: *Memorias de un dictador*, Editorial Planeta, Barcelona, 1979.

GLEDHILL, Chistine: *Stardom. Industry of Desire*, Routledge, Londres, 1991.

GOMERY, Douglas: "La teoría del star system", en *Historia General del cine*, vol. II, EE.UU. (1908-1915), Cátedra, Madrid, 1998.

GÓMEZ BERMÚDEZ DE CASTRO, Ramiro: "La transformación del cine mudo al sonoro en España (1929-1931). Los costes económicos", en *Actas del IV Congreso de la AEHC*, Editorial Complutense, Madrid, 1993.

GOMEZ DE LA SERNA, Ramón: *Cinelandia*, Sempere, Valencia, 1923.

GÓMEZ DE MESA, Luis: "La fiesta taurina y el cine", en *Antrophos*, nº 58, 1986.

GÓMEZ MENDOZA, Antonio y SAN ROMÁN, Elena: "Transportes y Comunicaciones", en CARRERAS Y TAFURELL, (Coords.): *Estadísticas Históricas de España, siglos XIX y XX*, vol II, Fundación BBVA, Madrid, 2005.

GÓMEZ MENDOZA, Antonio: "Los efectos del ferrocarril sobre la economía española, 1855-1913", en *Papeles de economía española*, Nº 20, 1984.

GÓMEZ MENDOZA, Antonio: *Ferrocarril y mercado interior en España (1874-1913)*, vol II. Cereales, harinas y vinos, Banco de España, Madrid, 1984.

GÓMEZ MENDOZA, Antonio: *Ferrocarril y mercado interior en España (1874- 1913)*, vol II, Manufacturas textiles, materias textiles, minerales, combustibles y metales, Banco de España, Madrid, 1985.

GÓMEZ MESA, L.: "Ayer, hoy y mañana (Rápida ojeada al desarrollo del cine en la villa y corte)", en *Arte y Cinematografía*, Barcelona, nº especial 1926.

GÓMEZ NAVARRO, José Luis: *El régimen de Primo de Rivera*, Madrid, Ediciones Cátedra, Madrid, 1991.

GÓMEZ, A.L.: *Aproximación histórica al estudio de la geografía del ocio. Guía introductoria*, Antrophos, Madrid, 1988.

GÓMEZ-FERRER, Guadalupe y SÁNCHEZ GARCÍA, Raquel (coords.): *Modernizar España: proyectos de reforma y apertura internacional (1898-1914)*, Biblioteca Nueva, Madrid, 2007.

GONZÁLEZ BALLESTEROS, Teodoro: *Aspectos jurídicos de la censura cinematográfica*, Madrid 1981.

GONZÁLEZ CALLEJA, Eduardo: *El Máuser y el sufragio. Orden público, subversión y violencia en la crisis de la Restauración (1917-1931)*, CSIC, Madrid, 1999.

GONZÁLEZ CALLEJA, Eduardo: *La España de Primo de Rivera. La modernización autoritaria 1923-1930*, Alianza, Madrid, 2005.

GONZÁLEZ CALLEJA, Eduardo y AUBERT, Paul: *Nidos de espía, España, Francia y la I Guerra Mundial*, Alianza, Madrid, 2014.

GONZÁLEZ MARTÍNEZ, Carmen: "La Dictadura de Primo de Rivera: una propuesta de análisis", en *Anales de Historia Contemporánea*, nº 16, Murcia, 2000.

GONZÁLEZ PORTILLA, Manuel, HERNANDO, Josu y URRUTIKOETXEA, Josetxo: "Desarrollo urbano y flujos migratorios: los desequilibrios regionales en el primer proceso modernizador español, 1860-1930", en OTERO, Luis Enrique y PALLOL, Rubén: *La sociedad urbana en España, 1900-1936. Redes impulsoras de la modernidad*, Libros de la catarata, Madrid, 2017.

GONZÁLEZ PORTILLA, Manuel: *La formación de la sociedad capitalista en el País Vasco, 1876-1913*, Haramburu, San Sebastián, 1981.

GONZÁLEZ REQUENA, Jesús: *Los espacios del cine*, edición en línea, gonsalezrequena.com, 2014.

GONZÁLEZ YANCI, María Pilar: "El impacto del ferrocarril en la configuración urbana de Madrid. 150 años de historia del ferrocarril", en *Ferrocarril y ciudad*, Fundación de los ferrocarriles españoles, Madrid, 2002.

GONZÁLEZ YANCI, María Pilar: "El transporte configurador del desarrollo metropolitano de Madrid. Del inicio del ferrocarril al metro ligero, siglo y medio de historia", en *Anales del Instituto de Estudios Madrileños*, nº XLVI, Madrid, 2006.

GONZÁLEZ, Ana: "La exhibición cinematográfica en Badajoz (1914-1929)", tesis doctoral, Universidad Complutense, Madrid, 2016.

GONZÁLEZ, José: Higiene del obrero minero, Establecimiento tipográfico Editorial Ibérica, Madrid, 1922.

GONZÁLEZ, L.: *Manual de cinematografía (como arte, industria, espectáculo, profesión)*, Colón, Madrid, 1929.

GONZÁLEZ, Palmira: *Els anys daurats del cinema clàssic a Barcelona (1906-1923)*, Institut del Teatre de la Diputació de Barcelona, 1987.

GONZÁLEZ, Palmira: "En el 90 Aniversari de l'arribada del Cinema. Més sobre els inicis del Cinema a Barcelona (1896-1900)", en *Cinematògraf*, vol. 3, 1985-86.

GONZÁLEZ, Palmira: "La Llegada del cine a Barcelona y las primeras salas de proyección (1896-1900)", en *D'Art*, nº 21, Universitat de Barcelona, 1995.

GONZÁLEZ, Palmira: "Los orígenes del cine en España", en Apuntes sobre las relaciones entre el cine y la historia (el caso español), Junta de Castilla y León, Salamanca, 2004.

GONZÁLEZ, Palmira: "El espectáculo y la industria del cine en España de 1905 a 1914. Asentamiento social definitivo del espectáculo cinematográfico y tentativas de búsqueda en la producción autóctona", *A propósito de Cuesta. Escritos sobre los comienzos del cine español 1986-1920*, Valencia, Ediciones de la Filmoteca, Valencia, 2010, pp. 297-312.

GONZÁLEZ, Palmira y CÁNOVAS, *Joaquín: Catálogo del cine español. Películas de ficción, 1921-1930*, Filmoteca Española, Madrid, 1993.

GONZÁLEZ, Palmira y SEGUIN, Jean-Claude: "La Hispano Films", en 1896-1906-productor HISPANO FILMS (grimh.org).

GONZÁLEZ, Palmira, SEGUIN, Jean-Claude y RODRÍGUEZ, María Dolores: "Ricardo Baños", en 1896-1906-figures BAÑOS Ricardo (grimh.org).

GONZÁLEZ, Fernando: "Primeras filmaciones en Castilla y León", en SAIZ, J.R.(coord..): Los primeros rodajes cinematográficos en España , Consejería de Cultura de Cantabria, Santander, 2005.

GRAMSCI, Antonio: *Quaderni del carcere* (4 vols.), Einaudi, Turín, 2014.

GRANÉS, Salvador y POLO, Ernesto con música de Emilio Borrás: *La poca vergüenza. Pasatiempo cómico-político-psicalítpico-cinematográfico*, Sociedad de autores, Madrid, 1909.

GRAU, Mariano: "Historia del cine en Segovia (desde sus comienzos hasta la implantación del sonoro)" en *Estudios Segovianos*, Segovia, 1982.

GRAU, Ramón: "Un sansimoniano para la Barcelona decimonónica", en *La Razón en la Ciudad. El Plan Cerdà, Metrópolis*, nº 76, Barcelona 2009.

GUBERN, Román: El cine sonoro de la II República. 1929-1936, Lumen, Barcelona, 1977.

GUBERN, Román: *La imagen pornográfica y otras perversiones ópticas*, Akal, Barcelona 1989.

GUBERN, Román: "Boireau/Cretinetti, padre del cine cómico", en *Nosferatu*, nº 4, 1990.

GUBERN, Román: "La herencia del Star System", En *Archivos de la Filmoteca*, nº 18, Octubre 1994.

GUBERN, Román: *Benito Perojo. Pionerismo y supervivencia*, Filmoteca Española/Ministerio de Cultura, Madrid, 1994.

GUBERN, Román: "Los difíciles inicios", en De la Madrid, Juan Carlos: *Primeros tiempos del cinematógrafo en España*, Universidad de Oviedo/Ayuntamiento de Gijón, 1996 [2ª edc. de Ediciones Trea, 1997].

GUBERN, Román: Proyector de luna. La generación del 27 y el cine, Anagrama, Barcelona, 2006.

GUBERN, Román: "El cine sonoro (1930-1939)", en GUBERN, Román, MONTERDE, José Enrique, PÉREZ PERUCHA, Julio, RIAMBAU, Esteve y TORREIRO, Casimiro: *Historia del Cine Español*, sexta edición ampliada, Cátedra, Madrid, 2009.

GUBERN, Román, MONTERDE, José Enrique, PÉREZ PERUCHA, Julio, RIAMBAU, Esteve y TORREIRO, Casimiro: *Historia del Cine Español*, sexta edición ampliada, Cátedra, Madrid, 2009.

GUBERN, Román y HAMMOND, Paul: *Los años rojos de Luis Buñuel*, Cátedra, Madrid, 2009.

GUEREÑA, Jean- Louis: *La prostitución en la España Contemporánea*, Marcial Pons, Madrid, 2003.

GUEREÑA, Jean-Louis: "Fuentes para la historia de la sociabilidad en la España contemporánea", *Estudios de Historia Social*, nºs. 50 y 51, 1989.

GUEREÑA, Jean-Louis: "La sociabilidad en la España contemporánea", en Isidro SÁNCHEZ y Rafael VILLENA (coords.): *Sociabilidad fin de siglo. Espacios asociativos en torno a 1898*, Ediciones de la Universidad de Castilla y La Mancha Cuenca, 1999.

GUNNING, Tom: "La estrella y el telescopio. Mr. Griffith, Florence Lawrence, Mary Pickford y la aparición de la estrella 1908-1912", en *Archivos de la Filmoteca*, nº 18, 1994.

GUTIÉRREZ LLORCA, Rosa Ana: "¡A las urnas, en defensa de la Fe! La movilización política católica en la España de comienzos del siglo XX", en *Pasado y Memoria. Revista de Historia Contemporánea*, nº 7, 2008.

HARNEY, Lucy: "Controlling Resistance, Resisting Control: the género chico and the Dynamics of Mass Entertainment in Late Nineteenth-Century Spain", en *Arizona Journal of Hispanic Cultural Studies*, nº 10, 2006.

HAUPTMANN, Gerard: "Atlantis", en *Schiave bianche allo specchio. Le origini del cinema in Scandinavia (1896-1918)*, Studio Tesi, Pordenone 1986.

HAUSER, Philip: *Madrid bajo el punto de vista médico-social. Su policía sanitaria, su climatología, su suelo y sus aguas, sus condiciones sanitarias, su demografía, su morbicidad y su mortalidad*, Establecimiento tipográfico "Sucesores de Rivadeneyra", Madrid, 1902.

HEININK, Juan B. y DICKSON, Robert G.: *Cita en Hollywood: Las películas norteamericanas habladas en español*, Mensajero, Bilbao, 1991.

HEIT, Óscar, ARCUSHIM, Abrahan y GONZÁLEZ, Carlos: "El incendio del Bazar de la Caridad de Paris, nacimiento de la Odontología Legal", *Revista del Colegio de Odontólogos Entre Ríos*, n° 149, 2016.

HERNÁNDEZ GIRBAL, Florentino: *Los que pasaron por Hollywood*, Verdoux, Madrid, 1992.

HOID, Martiliano: "El Cinematógrafo en Madrid" en *Arte y Cinematografía*, Barcelona, nº especial 1926.

HOLGUÍN, Sandie: "The conquest of Tradition: Culture and Politics in Spain during the Second Republic, 1931-1936" tesis doctoral, Universidad de California Los Ángeles, 1994.

HOTTIER, Hugues: *Vocabulaires du cirque et du music-hall*, Malonie SA, Editeur, Paris, 1981.

HUERTA, Javier (director): *Historia del teatro español*, vol II: Del siglo XVIII a la época actual, Gredos, Madrid, 2003.

IGLESIAS, Pablo: *De las tablas al celuloide. Trasvases discursivos del teatro al Cine Primitivo y la Cine Clásico de Hollywood*, Fundamentos, Madrid, 2007.

INSÚA, Alberto: "El panorama cinematográfico", en *Heraldo de Madrid*, Madrid, 6-VII-1929.

ISBERT, Pepe: *Mi vida artística Memorias. Su teatro, su cine, su época*. Nausicaä, Murcia, 2009.

JANCOVICH, Mark, FAIRE, Lucy y STUBBINGS, Sarah: *The Place of the Audience.Cultural Geographies of Film Consumption*, BFI, Londres, 2003.

JARVINEN, Lisa: *The Rise of Spanish-languaje Filmmaking. Out from Hollywood's Shadow, 1929-1939*, Nueva Brunswick: Rutgers University Press, 2012.

JASSA, Ignacio y MEJÍAS, Enrique: "El género ínfimo: un arte de ser 'bribones'. Notas al programa de Las bribonas y La revoltosa", Madrid, Teatro de la Zarzuela, Madrid, 2007.

JUARISTI, Jon y ALONSO, Juan Ignacio, en *El canon español. El legado de la cultura española a la civilización,* La Esfera de los libros, Madrid, 2022.

JULIÁ, Santos: *Historia social. Sociología histórica*, Siglo XXI, Madrid, 1989.

KEATON, Buster y SAMUELS, Charles: *Slapstick. Las memorias de Buster Keaton*, Plot Ediciones, Madrid, 1982.

KINDER, Marsha: *Blood Cinema*, University of California Press, Berkeley-Los Ángeles-London, 1993.

KINDER, Marsha: *Refiguring Spain. Cinema/Media/Representation*, Duke University Press, Durham NC, 1997 (como editora).

KIRCHER, Athanaisus: *Magia lucis et umbrae*, libro X de Ars Magna Lucis et Umbrae, Roma 1645.

KUHN Annette: *An Everyday magic. Cinema and Cultural Memory*, I.B. Tauris, Londres, 2002.

LAGUNA, Antonio: "Comunicación popular y espectáculos públicos: la trascendencia del charlatán", en Comunicación y espectáculo. Actas del XV Congreso de la Asociación de Historiadores de la Comunicación, Universidade do Porto, 2018.

LAGUNA, Antonio, MARTÍNEZ, Francesc-Andreu: "Jaque al rey, juego de héroe: Vicente Blasco Ibáñez desde París, entre la heroificación y la República", en *Historia y comunicación social*, Ediciones Complutense, 2019.

LAHOZ, Ignacio: "La construcción de un cine nacional: fracaso industrial y éxito popular entre 1921 y 1930", en LICEUS.COM [en línea].

LAHOZ, Nacho: "La industria cinematográfica valenciana en la etapa muda", en *Archivos*, nº 6, 1990.

LAHOZ, Ignacio: "La introducción del cinematógrafo en Valencia, en *Historia del cine valenciano*, Prensa valenciana, Valencia 1991.

LAHOZ, Juan Ignacio (coord.): *A propósito de Cuesta. Escritos sobre los comienzos del cine español 1986-1920*, Valencia, Ediciones de la Filmoteca, Valencia, 2010.

LAHOZ, Juan Ignacio: "Films H.B. Cuesta y la construcción de un cine popular. Una revisión historiográfica", en LAHOZ, Juan Ignacio (coord.): *A propósito de Cuesta. Escritos sobre los comienzos del cine español 1986-1920*, Valencia, Ediciones de la Filmoteca, Valencia, 2010, pp. 297-312.

LAÍN ENTRALGO, Pedro: "La guerra civil y las generaciones españolas", *En este país*, Tecnos, Madrid, 1986.

LALOUETTE, Jacqueline: "Parler de Dieu après une catastrophe. L'exemple de prédicateurs catholiques après l'incendie du Bazar de la Charité (4 mai 1897)", en *Histoire urbaine*, nº 34, 2012.

LANDES, David*: L´Heure qu´il est. Les horloges, la mesure du temps et la formation du monde moderne*, Gallimard, Paris, 1987.

LARRINAGA, Carlos: "El impacto económico del turismo receptivo en España en el siglo XX (1900 a 1975)", en *Jornadas de Historia Económica del Turismo El Mediterráneo: mucho más que sol y playa (1900 a 2010)*, [edición en línea].

LARRINAGA, Carlos: "La madurez de un producto turístico: el País Vasco entre 1876 y 1936", en *VIII Congreso de la Asociación Española de Historia Económica*, Santiago de Compostela, 2005.

LASA I CASAMITJANA, Joan Francesc de: "El Coliseum, com a símbol de tota una època". *Cinematògraf*, no. 2 [consultado el 30-XII-2024].

LAVILLA, A., MARTÍN C., POZO J. M.: "Contexto arquitectónico y desarrollo tecnológico del Cine Monumental de Teodoro Anasagasti", en *Informes de la construcción*, nº 546, Abril-junio 2017.

LAVILLA, Ana Cristina: "La implantación de la arquitectura de los cines en España: de los pabellones a los palacios cinematográficos", en *Apuntes*, nº 31, 2018.

LEÓN, Pablo: "El cine norteamericano y la España franquista, 1939-1960: relaciones internacionales, comercio y propaganda", memoria para optar al grado de doctor, Universidad Complutense, Madrid, 2009.

LETAMENDI, Jon: *Aportaciones a los orígenes del cine español*, Royal Books, 1996.

LETAMENDI, Jon y SEGUIN, Jean-Claude: *Los orígenes del cine en Álava y sus pioneros (1896-1897)*, Vitoria, 1997.

LETAMENDI, Jon y SEGUIN, Jean-Claude: "Los orígenes del cine español", en *Cuadernos de la Academia*, nº 1, octubre de 1997.

LETAMENDI, Jon y SEGUIN, Jean-Claude: *La cuna fantasma del cine español. Salida de misa de doce del Pilar de Zaragoza: la crónica de una mentira fraguada y mantenida desde la historiografía al servicio del poder*, CIMS, Barcelona 1998.

LETAMENDI, Jon y SEGUIN, Jean-Claude: *Los orígenes del cine en Bizkaia y sus pioneros*, Filmoteca Vasca, Bilbao, 1998.

LETAMENDI, Jon y SEGUIN, Jean-Claude: "Salida de misa de doce del Pilar de Zaragoza. La fraudulenta creación de un mito franquista" en *Cuadernos de la Academia*, nº 5, 1999.

LETAMENDI, Jon y SEGUIN, Jean-Claude: *Los orígenes del cine en Cataluña*, Institut Catalan de les indústries culturals y Filmoteca Vasca, Barcelona, 2004.

LETAMENDI, Jon y SEGUIN, Jean-Claude: "Los operadores Lumière o la difusión del cinematógrafo", en NÁRVÁEZ, Daniel (coord.): *Los inicios del cine*, Universidad Autónoma de Zacatecas y Plaza y Valdés, México, 2004.

LETAMENDI, Jon y SEGUIN, Jean-Claude: Alexandre Azevedo y César Marques: ¿Quiénes fueron los "competidores" de Sellier en mayor de 1897", en VV.AA.: *José Sellier en A Coruña. Los comienzos del cine español*, Diputación de A Coruña, 2013.

LIUÍS I FALCÓ, Josep: "Evolució de la legislació sobre sales cinematogràfiques: la prevenció d'incendis (1896-1935)" en *Cinematògraf*, segona època, nº 2 [Actes de les II Jornades sobre Recerques Cinematogràfiques]. Barcelona: Societat Catalana de Comunicació, 1995.

LÓPEZ, Carlos Aurelio: Enrique Barreiro. Cineasta e Inventor, A nosa Terra, Vigo, 2001.

LÓPEZ, Fernando: *Madrid, figuras y sombras. De los teatros de títeres a los salones de cine*, Editorial Complutense, Madrid, 1999.

LÓPEZ, José María: "Las ciencias sociales en la Edad de Plata española: el Centro de Estudios Históricos, 1910-1936", tesis doctoral, Universidad Complutense, Madrid, 2003.

LÓPEZ, José María: *Heterodoxos españoles. El Centro de Estudios Históricos, 1910-1936*, Marcial Pons, Madrid, 2006.

LÓPEZ, Laura: "Los oficios cinematográficos en España (1895-1936)", tesis doctoral, Universidad Nacional de Educación a Distancia, 2015.

LÓPEZ AHUMADA, José Eduardo: *Evolución normativa de los descansos laborales*, Ministerio de Trabajo y Asuntos Sociales, Madrid 2004.

LÓPEZ-OCÓN, Leoncio: *Breve historia de la ciencia española*, Alianza Editorial, Madrid. 2003.

LÓPEZ MONDEJAR, Publio: *150 años de fotografía en España*, Lunwerg editores, Barcelona, 1999.

LÓPEZ RUIZ, José: *Aquel Madrid del cuplé*, Avapiés, Madrid 1988.

LÓPEZ SANGÜESA, José Luis (ed.): *Crisis y agonía del cine español* [1939-2018], Cisma editorial, 2019.

LÓPEZ YEPES, José: "Catálogo de revistas cinematográficas españolas (1907-1989)", en: *Revista General de Información y Documentación*, nº 2, 1992.

LORDUY-OSÉS, Lucas:"Los arquetipos de la mujer en los orígenes del cine y su relación intermediática con sus imágenes en las artes plásticas", en *Arenal: Revista de historia de las mujeres*, nº 1, 2021.

LUIS J.: "Breve historia del cine en Oviedo y el retorno de las salas al centro urbano", en *Postigo abierto*, 23-IV-2024 [en línea].

LUIS, Gustavo y PASÁN, María del Carmen: "Colón en el cine español. Tres miradas en el tiempo", en Revista Latente: *Revista de Historia y Estética del Audiovisual*, nº 3, 2005.

LUQUE, Alberto: "El pensamiento cinematográfico español", en MONTERDE, José Enrique y CASALS, Josep: *Un arte Nuevo. El pensamiento cinematográfico en España: de los orígenes a los años 60 (I).*

M.: "El conflicto de Madrid", en *Arte y cinematografía*, Barcelona, 31-VIII-1914.

MACÍAS, Joseba: "Cine vaso ¿un debate cerrado?", en *Zer*, nº 28, 2010.

MACMILLAN, Margaret: *Usos y abusos de la historia*, Ariel, Barcelona, 2010.

MADRID, Juan Carlos De la: "El cinematógrafo en Asturias (1896-1905)", Memoria de Diploma, Universidad de Valladolid, 1990.

MADRID, Juan Carlos De la: *Cinematógrafo y varietés en Asturias (1896-1915*), Servicio de Publicaciones del Principado de Asturias, Oviedo 1996.

MADRID, Juan Carlos De la: "Cinematógrafo Primitivo ¿teatro para pobres?" en MONTERDE, José Enrique, *La imagen negada. La representación de la clase trabajadora en el cine*, Filmoteca de Valencia, Festival Intrenacional de Cine de Gijón, Valencia, 1997, pp. 241-246.

MADRID, Juan Carlos De la: *Primeros tiempos del cinematógrafo en España*, Universidad de Oviedo/Ayuntamiento de Gijón, 1996 [2ª edc. de Ediciones Trea, 1997].

MADRID, Juan Carlos De la : "Cuando el cine llegó a Llanes", en *El Libro de Llanes*, Ed. Trea, Gijón, 1998.

MADRID, Juan Carlos De la: "El cinematógrafo Lumière en Llanes", nº extraordinario de *El Oriente de Asturias*, Llanes, julio 1998.

MADRID, Juan Carlos De la: "Apuntes para un concepto de patrimonio audiovisual en Asturias", en VV.AA.: Estudio básico sobre el patrimonio industrial asturiano. Los archivos históricos, industriales y mercantiles, TREA, Gijón, 2000.

MADRID, Juan Carlos de la: "Mina imagen" en *Asturias y la mina*, Trea Gijón, 2000. MADRID, Juan Carlos de la: "Imágenes en movimiento de los mineros asturianos", en *Sociología del Trabajo*, nº 42, Siglo XXI Editores, Madrid, 2001.

MADRID, Juan Carlos De la: "Cine de complemento. El espectáculo de varietés en España hasta 1914", en *Cinema i teatre influències i contagis*, Museu del cinema, Gerona, 2006.

MADRID, Juan Carlos De la: *Prensa y sociedad en una villa del Cantábrico*, Laria, Oviedo, 2007.

MADRID, Juan Carlos De la: *8.000 Películas de cine primitivo. Asturias, 1896-1915*, CICCES-INCUNA, Gijón, 2009.

MADRID, Juan Carlos De la, voz "Varietés", en Diccionario del cine Iberoamericano. España, Portugal y América, Fundación Autor, SGAE, ICCMU, Madrid, 2012.

MADRID, Juan Carlos de la: *Una patria posible. Fútbol y nacionalismo en España*, Trea, Gijón, 2013.

MADRID, Juan Carlos De la: "Coloso a la fuerza", *La Nueva España*, Oviedo, 4-VIII-2013.

MADRID, Juan Carlos De la: "Adiós al paraíso. Los inicios del turismo y el cine en Asturias", en REY-REGUILLO, Antonia del (ed.): *Viajes de cine. El relato del turismo en el cine hispánico*, Tirant, Valencia, 2017.

MAGRANER, Salvador y BUENO, Francisco Carlos: "Vicente Lleó Balbastre y el género psicalíptico", en *Archivo de Arte Valenciano*, XCVII, 2016.

MAGRINYÀ, Francesc: "El ensanche y la reforma de Ildefons Cerdà como instrumento urbanístico de referencia en la modernización urbana de Barcelona", en *Scripta Nova: Revista electrónica de geografía y ciencias sociales*, nº 13, 296, 2009.

MAINER, José Carlos: *La Edad de Plata (1902-1939)*, Madrid, Cátedra, 1987 (1ª edc.).

MALLADA, Jonathan: "El 'cinematógrafo kalb': hacia la modernidad en el teatro Apolo de Madrid (1896)", en VV.AA.: *Música, escena y cine (1896-1978): diálogos y sinergias en la España del siglo XX*, Universidad de Oviedo, 2021.

MALUQUER, Jordi y LLONCH, Montserrat: "Trabajo y relaciones laborales", en *Estadísticas Históricas de España. Siglos XIX y XX*, Fundación BBVA, Bilbao, 2005 (2º edc). , vol. III.

MANNONI, Laurent: "Le quatrième centenaire du cinéma. L'archéologie du cinéma et la naissance de l'industrie cinématographique", in Marie, Michel (ed.): *Théorème n 4. Cinéma des premiers temps. Contributions françaises*, 1996.

MANNONI, Laurent: *Le Grand Art de la Lumiere et de l'Ombre: archéologie du cinema*, Nathan Université, París, 1999.

MANSFIELD, Elizabeth (ed.): *Making Art History. A Changing Discipline and its Institution*, New York, Routledege, 2007.

MARCO, José María: *Francisco Giner de los Ríos. Pedagogía y poder*, Península, Barcelona, 2002.

Marío A.D.: "Consecuencias", en *Arte y Cinematografía*, nº 93, Barcelona, 30-IX-1914.

MARQUESÁN, Ana: "Patrimonio cinematográfico aragonés destruido y disperso", en *Artigrama*, nº 20, Zaragoza, 2005.

MARQUIEGUI, Emilio y GONZÁLEZ, Julio: "UZCUDUM, Paulino", en *DBE*, Real Academia de la historia en línea.

MARRUS, Michael: *The Emergence of Leisure*, New York, 1976.

MARTÍN ARIAS, Luis y SAÍNZ GUERRA, Pedro, *El cinematógrafo (1896-1919)*, Caja de Ahorros Popular, Valladolid, 1986.

MARTÍN ARIAS, Luis: *En los orígenes del cine*, Castilla Ediciones, Valladolid, 2009 .

MARTÍN, Fernando y FERNÁNDEZ, Benito: *Ciudadano Rivero. La Rivero Film y el cine mudo en Canarias*, Ayuntamiento de San Cristóbal de La Laguna, San Cristóbal de La Laguna, 1997.

MARTÍN, Rafael: "Cine en Segorbe", en *Boletín del Instituto de Cultura Alto Palancia*, nº 1, Julio de 1995.

MARTÍNEZ, Amparo: "Estado de la cuestión sobre el caso aragonés", en Artigrama nº 16, Universidad de Zaragoza 2001.

MARTÍNEZ, Amparo: *Los cines en Zaragoza*, 1836-1936, Ayuntamiento de Zaragoza, 1997.

MARTÍNEZ, Josefina: *Los primeros veinticinco años de cine en Madrid (1896-1920)*, Filmoteca Española, Madrid, 1992.

MARTÍNEZ BRETÓN, Juan Antonio: "El control cinematográfico en la evolución del mudo al sonoro", en *Actas del IV Congreso de la A.E.H.C.*, Madrid, Editorial Complutense, 1993.

MARTÍNEZ CACHERO: "Semblanza de Luis Bello (1872-1935), un noventayochista 'menor", en *Boletín de la Biblioteca de Menéndez Pelayo*, 2007.

MARTÍNEZ OLMEDILLA, Augusto: Arriba el telón, Madrid, 1961.

MARVAUD, Ángel: *La Cuestión social en España*, Ediciones de la revista de Trabajo, Madrid, 1975 [1ª edc. 1910].

MARZAL, Javier y GÓMEZ TARÍN, Francisco Javier (eds.): *Metodologías del análisis del film*, Edipo, Madrid, 2007.

MATEO, Javier: "La primera Galicia cinematográfica en color: un estudio de la película Pontevedra Cuna de Colón (1927) y de su recuperación", *MHJournal*, vol. 12 (2), 2021.

MAURICE, Jacques: "Propuestas para una historia de la sociabilidad en la España contemporánea", *Estudios de Historia Social*, nºs. 50 y 51, 1989.

MAZZANTI, Nicola: "Un paisaje que se aleja: arqueología y cine entre continuidad y ruptura", en *Patrimonio y arqueología de la industria del cine*, INCUNA-CICCES, Gijón, 2010.

MEJÍA, Joffre: "Els primers anys del cinema a Barcelona: una aproximació a l'evolució de l'exhibició i la seva funció social (1896-1923)", T.F.G., Universitat de Barcelona, 2022.

MEJÍAS, Enrique: "Las raíces isabelinas del teatro por horas y su primer repertorio: en torno a los orígenes del género chico", en *Cuadernos de Música Iberoamericana*, nº 30, 2017.

MÉNDEZ, Félix: "1908", en *Nuevo Mundo,* Madrid, 9-I-1908.

MÉNDEZ- LEITE, Fernando: Historia del cine español, Rialp, Madrid, 1965.

MÉNDEZ- LEITE SERRANO, Fernando: *Historia del Cine Español en 100 películas*, Guía del ocio, Madrid, 1975.

MENÉNDEZ, Carmen: "Semblanza de Domingo Blanco Misamigo (¿ - 1943)". En *Biblioteca Virtual Miguel de Cervantes - Portal Editores y Editoriales Iberoamericanos (siglos XIX-XXI).*

MICÓN, Sabino: *Cómo se hacen las películas (Teorías sobre la impresión)*, Compañía Iberoamericana de Publicaciones, Madrid, 1929.

MIGUEL, Santiago de: "Madrid. Los retos de la modernidad: trasformación urbana y cambio social (1861-1931)", tesis doctoral, Universidad Complutense, Madrid, 2015.

MINGUET, Joan M.: "El pensament cinemàtografic à Catalunya, 1896-1936. Intel.lectuals y corrents culturals enfront del cinema", Universidad de Barcelona, 1995.

MINGUET, Joan M.: La "Sala Mercè", el primer cinematógrafo de la burguesía barcelonesa. (Con unas precisiones sobre la primera etapa de Segundo de Chomón en Barcelona)", *Actas del V Congreso de la A.E.H.C.*, A Coruña, C.G.A.I., 1995.

MINGUET, JOAN: *Segundo de Chomón, más allá del cine de atracciones*, Filmoteca de la Generalitat de Catalunya, Barcelona, 1999.

MINGUET, Joan M.: *Paisaje[s] del cine mudo en España*, Ediciones de la Filmoteca, Valencia 2008.

MINGUET, Joan M.: "Certezas e incertidumbres: El final de los orígenes del cine español, 1914-1920", en LAHOZ, J.I. (Coord.): *A propósito de Cuesta. Escritos sobre los comienzos del cine español 1986-1920*, Ediciones de la Filmoteca, Valencia, 2010.

MINGUET, JOAN: *Segundo de Chomón: el cine de la fascinación, Institut Català de les Indústries Culturals*, Barcelona, 2010 .

MIQUIS, Alejandro: "La baratura", en *Nuevo Mundo*, Madrid, 11-VIII-1916.

MONTERDE, José Enrique: "Breve historia de la crítica y la prensa cinematográfica en España", en *La prensa cinematográfica en España (1910-2010)*, Shangrila, Valencia, 2018.

MONTERDE, José Enrique: "Sobre el canon cinematográfico (y español)", en *El pasado en la Historia. El canon en el cine español, Archivos de la Filmoteca*, nº 78, abril, 2020.

MONTERDE, José Enrique: "Conclusiones a modo de introducción", en *Un arte Nuevo. El pensamiento cinematográfico en España: de los orígenes a los años 60 (I)*, Ediciones de la Filmoteca (CulturArts-IVAC), Valencia, 2023.

MONTERDE, José Enrique y CASALS, Josep (coords.): *Un arte Nuevo. El pensamiento cinematográfico en España: de los orígenes a los años 60 (I)*, Ediciones de la Filmoteca (CulturArts-IVAC), Valencia, 2023.

MONTERDE, José Enrique: "Conclusiones a modo de introducción", en *Un arte Nuevo. El pensamiento cinematográfico en España: de los orígenes a los años 60 (I)*, Ediciones de la Filmoteca (CulturArts-IVAC), Valencia, 2023.

MONTERO, José Antonio: "España y los Estados Unidos frente a la I Guerra Mundial", en *Historia y Política*, nº 32, Madrid, julio-diciembre 2014.

MONTERO, Julio y PAZ, María Antonia: "Ir al cine en España en el primer tercio del siglo XX", en PELAZ, José-Vidal y RUEDA (eds.): *Ver cine. Los Públicos cinematográficos en el siglo XX*, Rialp, Madrid, 2002.

MONTERO, Julio, PAZ, María Antonia y SÁNCHEZ, José: *La imagen pública de la monarquía. Alfonso XIII en la prensa escrita y cinematográfica*, Ariel, Barcelona, 2008.

MONTERO, Manuel y RODRÍGUEZ-MARÍN, Nuria: "Consumo, ocio y prácticas sociales en la España urbana: Madrid-Bilbao. 1900-1936", en OTERO, Luis Enrique y PALLOL, Rubén: *La ciudad moderna. Sociedad y cultural en España, 1900-1936* , Libros de la catarata, Madrid, 2018.

MONTES, Samuel: "Saturnino Ulargui y la distribución cinematográfica en el contexto de la II República española", tesis doctoral, Universidad de Salamanca, 2017.

MONTIJANO, Juan José: "Historia del teatro olvidado: la revista (1864-2009)", Tesis doctoral, Universidad de Granada, 2009.

MORADIELLOS, Enrique: *El oficio de historiador*, Siglo XXI editores, 3ª edc. 1999.

MORADIELLOS, Enrique: *El Sindicato de los Obreros Mineros de Asturias, 1910-1930*, Universidad de Oviedo, Oviedo, 1986.

MORAL, Carmen del y GARCÍA, Manuel: *El Género Chico. Ocio y teatro en Madrid (1880-1910)*, Alianza Editorial, Madrid, 2004.

MORENO, Ana: "Turismo y nación. La difusión de la identidad nacional a través de los símbolos turísticos. España 1908-1929", Universidad Complutense, Madrid, 2004.

MORENO, Ana: *De forasteros y turistas. Una historia del turismo en España (1880-1936)*, Marcial Pons, Madrid, 2022.

MORENO, Esteban: "Una polémica olvidada: el debate político en torno al 'Edicto de Milán' en España durante el año 1913", en *Revista de historiografía*, nº 32, 2019.

MORENO, Javier: "La Restauración: 1874-1914", en ÁLVAREZ JUNCO, José y SHUBERT, Adrian (eds.): *Nueva historia de la España contemporánea (1808-2008)*, Galaxia Gutemberg, Barcelona, 2018.

MORET, Andrés: *Una vida de repuesto. El cine de José Luis Garci*, Hatari Books, Madrid, 2022.

MORETA-LARA, Miguel: *Más amor y más sufrir. Cancionero de cuplés*, Arguval, Madrid 2000.

MORIN, Edgar: *Las stars. Servidumbres y mitos*, DOPESA, Barcelona, 1972 (trad. Ricardo Mazo).

MORO, Javier: *La pasión india*, Seix Barral, Barcelona, 2005.

MOTA, Andrés de la: "Adelante", en *Arte y Cinematografía*, Barcelona, nº 101, 31-I-1915.

MUNSÓ CABÚS, Joan: *Els cinemes de Barcelona*, Proa-Ajuntament de Barcelona, 1995.

MUÑOZ MOLINA, Antonio: *Todo lo que era sólido*, Seix Barral, Barcelona, 2013.

MUÑOZ ZIELINSKI, Manuel: *Inicios del espectáculo cinematógrafico en la región murciana (1896-1907)*, Academia de Alfonso X el Sabio, Murcia 1985.

MUÑOZ, Javier: "Saret i Vila, Domènec. Domingo Ceret", en *DBE*, [en línea].

MUÑOZ, Miguel: "Los 'grandes debates' de la historiografía ferroviaria española y su influencia en la historiografía general y económica", *Revista de la Historia de la Economía y de la Empresa*, XII, pp. 89-112, 2018.

MURIÀ, Magín: "Carta abierta al señor J. Freixes Suarí, director de 'Arte y Cinematografía", en *Arte y Cinematografía*, Barcelona, nº especial 1926.

NADAL, Jordi: *El fracaso de la revolución industrial en España*, 1814-1913, Ariel, Barcelona, 1975.

NARVÁEZ, Daniel y CERÓN, Juan Francisco: "Inicios del cinematógrafo en Valencia y Murcia", en *Artigrama* nº 16, Universidad de Zaragoza 2001.

NAVARRO, Laura: "Ángeles Caídos: Cupletismo y Prostitución en Barcelona (1880-1936)" tesis doctoral, Ohio State University, 2015.

NAVAS, Alina: "Cine, Vanguardia y fascismo en torno a la Gaceta Literaria" en *Hispania Nova. Revista de historia contemporánea*, nº 1, 2022.

NAVAS, Raúl: "La legislación laboral y las condiciones de trabajo a principios del siglo XX", en *Revista Crítica de Relaciones de Trabajo. Laborum*, nº 5, Murcia 2022.

NEVILLE, Edgar: "Desde Hollywood. 'Cine' parlante", *ABC*, Madrid, 6-II-1929.

NICOLAU, Roser: "Población, salud y actividad" en CARRERAS, Albert y TAFUNELL, Xavier: *Estadísticas Históricas de España. Siglos XIX y XX*, Fundación BBVA, Bilbao, 2005 (2º edc.).

NIETO, Jorge Juan y COMPANY, Juan Miguel (coords.): *Por un cine de lo real. Cincuenta años después de las "Conversaciones de Salamanca"*, Ediciones de la Filmoteca, Salamanca, 2006.

NIETO, Jorge: "El valor del pasado. Canon y crítica en la historiografía reciente sobre el cine español bajo el franquismo", en Archivo *Español de Arte*, Julio-septiembre 2017.

NOGUEIRA, Xosé: "Barreiro, Enrique", en José Luis Cabo y Miguel Anxo Fernández (coords.): *Diccionario do cine en Galicia 1896-2008*, Foro Galego do Audiovisual, Santiago de Compostela, 2008.

NORMAN, Barry: *The Story of Hollywood*, NAL Books, Chicago, 1987.

NÚÑEZ FLORENCIO, Rafael: "La Cultura", en ÁLVAREZ JUNCO, José y SHUBERT, Adrian (eds.): *Nueva historia de la España contemporánea (1808-2008)*, Galaxia Gutemberg, Barcelona, 2018.

NUÑEZ ORGAZ, Adela: "Las modistillas de Madrid, tradición y realidad (1884-1920)", en BAHAMONDE, Ángel y OTERO, Luis Enrique (eds.): *La sociedad madrileña durante la Restauración (1876-1931)*, Comunidad de Madrid- Alfoz- UCM, 1989.

NÚÑEZ, Clara Eugenia: "Educación", en CARRERAS, Albert y TAFUNELL, Xavier *Estadísticas Históricas de España. Siglos XIX y XX*, Fundación BBVA, Bilbao, 2005 (2º edc.).

NÚÑEZ, Francisco: *Mujeres públicas. Historia de la prostitución en España*, Temas de Hoy, Madrid, 1995.

NÚÑEZ, Gregorio: "Modernización de las ciudades españolas durante la crisis política de la Restauración", en *Ciudad y territorio: Estudios territoriales*, nº 128, 2001.

NUÑEZ, Xosé Manoel: *¡Fuera el invasor! Nacionalismo y movilización bélica durante la Guerra Civil española (1936-1939)*, Marcial Pons, Madrid, 2006.

OÍAZ-OIOCAHETZ, Myriam y ZAVALA, Iris (eds.): *Discurso erótico y discurso transgresor en la cultura peninsular, siglos XI al XX*, Tuero, Madrid, 1992.

OLIVA, César: "Teatro y sociedad en la España del siglo XX, en *Literatura y sociedad, el papel de la literatura en el siglo XX*, 2001.

OLIVA, César: *Teatro español del siglo XX*, Síntesis, Madrid 2002.

ORS, Carlos d': El *Noucentisme, presupuestos ideológicos, estéticos y artísticos*, Madrid, Cátedra, 2000.

ORTEGA Y GASSET, José: "El error Berenguer", en *El Sol*, Madrid, 15-XI-1930.

OSSORIO, Fernando de: "¿Va a imponer el cine yanqui un nuevo tipo femenino?", *Popular Films*, nº 350, 27-IV-1933.

OTERO, Luis Enrique y PALLOL, Rubén: *La ciudad moderna. Sociedad y cultural en España, 1900-1936 , Libros de la catarata, Madrid, 2018.*

OTERO, Luis Enrique, PALLOL, Rubén, GONZÁLEZ, Manuel y otros: *La sociedad urbana en España, 1900-1936*, Libros de la Catarata, Madrid, 2017.

OTERO, Luis Enrique: "Ocio y deporte en el nacimiento de la sociedad de masas. La socialización del deporte como espectáculo en la España del primer tercio del siglo XX", en *Cuadernos de historia contemporánea*, nº 25, 2003.

OTERO; Luis Enrique: "Tradición y modernidad en la España urbana de la Restauración", en GÓMEZ-FERRER, Guadalupe y SÁNCHEZ, Raquel (eds.): *Modernizar España. Proyectos de reforma y Apertura internacional (1898-1914)*, Biblioteca nueva, Madrid, 2007.

OTERO, Luis Enrique: "La sociedad urbana en España. Redes y flujos que impulsaron la modernidad. 1900-1936", en OTERO, Luis Enrique, PA-

LLOL, Rubén, GONZÁLEZ, Manuel y otros: *La sociedad urbana en España, 1900-1936*, Libros de la Catarata, Madrid, 2017.

PABLO, Santiago de: "Los orígenes del cine en el País Vasco y Navarra (1895-1910): un estado de la cuestión", en Artigrama nº 16, Universidad de Zaragoza 2001.

PABLO, Santiago de: "Cine e historia ¿La gran ilusión o la amenaza fantasma?", en *Historia contemporánea*, nº 22, 2001.

PABLOS, Clemente de: *Luces de otro tiempo. La exhibición cinematográfica en la provincia de Segovia*, Universidad de Valladolid, Valladolid, 2015.

PALACIO, Manuel: "El público de los orígenes del cine", en *Historia General del cine. Volumen I, Orígenes del cine*, Cátedra, Madrid, 1998.

PALÉS, Susana: "La introducción del primer plano en el cine de los orígenes. Los primeros intentos de una fragmentación espacial en la escena cinematográfica. En *Revista Sonda. Investigación en Artes y Letras*, nº 8, 2019.

PALLOL, Rubén: "Deudas pendientes de la historia urbana en España", en *Ayer*, nº 107, 2017.

PALLOL, Rubén: *Una ciudad sin límites.Transformación urbana, cambio social y despertar político en Madrid (1860-1875)*, los libros de la Catarata, Madrid, 2013.

PARDO BAZÁN, Emilia: "El cinematógrafo", en *La Ilustración Artística*, nº 1406, de 1908.

PARDO, Rosa: "España ante el conflicto bélico de 1914-1918: ¿una espléndida neutralidad?", en Salvador FORNER (ed.): *Coyuntura Internacional y Política Española*, Biblioteca Nueva, Madrid, 2010.

PARÉS, Luis Enrique: "La actividad de Antonio de P. Tramullas como síntoma de la naciente industria cinematográfica española", Trabajo fin de Máster, Universidad Rey Juan Carlos, Madrid, 2012.

PASDERMADJIAN, H: *La Segunda Revolución Industrial.* Prólogo de André Siegfred. Traducción por V. G. Madrid: Tecnos, 1960.

PAUL, Robert W.: *Catalogue of Paul's animatographs & films. London: Animatograp depot,* 1903.

PELLEJERO, Carmelo: "Antecedentes históricos del turismo en España: de la Comisión Nacional al Ministerio de Información y Turismo. 1900-1950", en *Historia de la economía del Turismo en España*, Cívitas, Madrid, 1999.

PELLEJERO, Carmelo: "La actuación del Estado en materia turística durante la dictadura de Primo de Rivera", en *Revista de Historia Económica*, Año XX, 2002, nº 1.

PEMÁN, José María: *El hecho y la idea de la Unión Patriótica*, Junta de Propaganda Patriótica y Ciudadana, Madrid 1929.

PEMARTÍN, José: *Los valores históricos en la dictadura española*, Junta de Propaganda Patriótica y Ciudadana, Madrid, 1929.

PÉREZ BOWIE, José Antonio: *Realismo teatral y realismo cinematográfico. Las claves de un debate (España 1910-1936)*, Biblioteca Nueva, Madrid 2004.

PÉREZ GALDÓS, Benito: *Cánovas. Episodios Nacionales*, Serie Final, Perlado, Páez y Compañía, Madrid, 1912.

PÉREZ MERINERO, Carlos y David: *En pos del cinema. Antología de la Gaceta Literaria (1932-1935)*, Anagrama, Barcelona, 1974.

PÉREZ VIEJO, Tomás: *España imaginada. Historia de la invención de una nación*, Galaxia Gutemberg/Fundación Alonso Martín Escudero, Barcelona, 2015.

PÉREZ, José María: "La génesis del gran cine histórico: Italia, 1910-1923", en *Nosferatu*, nº 4, 1990.

PÉREZ, Luis: "Cortesina, Helena", en *Mujeres Artistas en España (MAE). Las artistas en la escena cultural española y su relación con Europa, 1803-1945*, Universidades de Zaragoza, Valencia, Sevilla y Complutense de Madrid, 2020.

PÉREZ-VILLANUEVA, Isabel: "Entretenimientos y diversiones", en *España, fin de siglo 1898*, La Caixa, Barcelona 1998.

PÉREZ PERUCHA, Julio: "La narración de un aciago destino", en *Historia del cine español*, Cátedra, Madrid, 1995.

PÉREZ PERUCHA, Julio (dir.): *Antología crítica del cine español, 1906-1995. Flor en la sombra*, Cátedra, Madrid, 1997.

PÉREZ PERUCHA, Julio: "Hacia una reconsideración del cine español", en ZUNZUNEGUI, Santos y PÉREZ PERUCHA, Julio: *La nueva memoria. Historia(s) del cine español*, Vía Láctea, La Coruña, 2002 [hay edición posterior en Liceus, 2005].

PÉREZ PERUCHA, Julio: "La larga marcha", en LLINÁS, Francisco: Directores de fotografía del cine español, Filmoteca española, Madrid, 1989.

PÉREZ PERUCHA, Julio: "La singular trayectoria de 'Casa Cuesta. Valencia", en *Archivos de la Filmoteca*, Valencia, 1989.

PÉREZ PERUCHA, Julio: *Cine español. Algunos jalones significativos (1896-1936)*, Filmes 210, Madrid, 1992.

PIÑOL, Marta, ADELL, María y POLO, Magda (coords.): *Visiones del cine. El pensamiento cinematográfico en España: de los orígenes a los años 60 (II)*, Dir. Adj. Audiovisuales y Cinematografía, Valencia, 2023.

PIQUERAS, Juan: "El 'Filmófono' de Ricardo Urgoiti", *Popular Film* nº 167, 10-X-1929, Barcelona.

PIZARROSO QUINTERO, Alejandro, *De la Gazeta Nueva a Canal Plus. Breve historia de los medios de comunicación en España*, Madrid, 1992.

PIZARROSO, Alejandro: "Guerra, Cine e Historia. La guerra de 1898 en el cine", en *Historia y Comunicación Social*, nº 3, 1998.

PONS, Anaclet y SERNA, Justo: *Cómo se escribe la microhistoria: ensayo sobre Carlo Ginzburg*, Cátedra, Madrid, 2000 .

PONS, Anaclet y SERNA, Justo: *La historia cultural: autores, obras y lugares*, Akal, Madrid, 2005.

PONS, Jordi, y otros: *L'origen del cinema i les imatges del s. XIX*, Museu del Cinema - Col·lecció Tomàs Mallol-Ajuntament de Girona, Girona, 2000.

PORTER, Miquel: "El cinema català primitiu", en *L'Avenç*, nº 11, Barcelona, 1978.

PORTER, Miquel: *Història del cinema a Catalunya*, Barcelona, Departament de Cultura de la Generalitat de Catalunya, 1992.

POZO, María del Mar de y BRASTER, Jacques F.A.: Cine y educación: las primeras experiencias en España (1898-1939) [en línea].

POZO ARENAS, Santiago: *La industria del cine en España. Legislación y aspectos económicos (1896-1970)*. Publicacions i Edicions de la Universitat de Barcelona, Barcelona, 1984.

PUCHE, María del Carmen: "Imagen e identidad territorial. El cine como instrumento de análisis del turismo en Andalucía (1905-1975)", Universidad de Sevilla, 2019.

PUCHE, María del Carmen: "El díptico turístico de 'Musidora' (1922-1924). Propaganda cinematográfica en el marco de la Comisaría Regia", en *Estudios Turísticos*, nº 220, 2020.

PUCHE, María del Carmen y FERNÁNDEZ, Alfonso: "Turistas en la España de la Comisaría Regia de Turismo: Blasco Ibáñez y la primera adaptación de Sangre y arena (1916)", *Bulletin of Spanish Studies*, nº 9, 2019.

PUJADAS MARTÍ, Xavier y SANTACANA, Carles: "La mercantilización del ocio deportivo en España. El caso del fútbol 1900-1928", en *Historia Social*, nº 47, 2001.

PULIDO, Catalina: "Apuntes para la historia del cine en Extremadura", en Artigrama nº 16, Universidad de Zaragoza 2001.

PULIDO, Catalina: *Inicios del cine en Badajoz (1896-1900)*, Junta de Extremadura, Badajoz, 1997.

QUINN, Michael: "Distribution, the Transient Audience, and the Transition to the Feature Film", en *Cinema Journal*, nº 40, 2001.

QUINTANA, Àngel, BRUNETTA, Piero, ZUNZUNEGUI, Santos y MACHETTI, Sandro: Què és el precinema? Bases metodològiques per a l'estudi del precinema, Museu del Cinema - Col·lecció Tomàs Mallol - Ajuntament de Girona, Girona, 2000.

QUIROGA, Alejandro: "Caudillo Nacional. Propaganda, culto al líder y masculinidades en la dictadura de Primo de Rivera", en *Revista catalana d'història*, nº 15, 2022.

QUIROGA, Alejandro: *Goles y banderas: fútbol e identidades nacionales en España*, Marcial Pons, Madrid, 2014.

QUIROGA, Alejandro: *Miguel Primo de Rivera. Dictadura, populismo y nación*, Crítica, Barcelona, 2022.

QUIRÓS, Francisco: *Las ciudades españolas, a mediados del siglo XIX*, Ámbito, Valladolid, 1991.

RABINAD, Antonio y CURIA, Marina: *100 años de canción y Music Hall*, Difusora Internacional, Barcelona 1974.

RALLE, Michel: "Socialistas madrileños (de los orígenes de la agrupación a 1910)" en *Estudios de Historia Social*, nº 22-23, 1982.

RAMIREZ, Juan Antonio: *La arquitectura en el cine, Herman Blume*, Madrid, 1986.

RAMÍREZ, Juan Antonio: *La arquitectura en el cine. Hollywood la Edad de Oro*, Alianza Editorial, Madrid, 1993.

REAL ACADEMIA ESPAÑOLA: *Diccionario de la lengua española*, versión en línea.

RETANA, Alvaro: *Estrellas del cuplé*, Madrid 1964.

RETANA, Álvaro: *Historia del arte frívolo*, Tesoro, Madrid 1964.

REY REGUILLO, Antonia del: *El cine español de los años veinte, una identidad negada*, en *Colección Eutopías*, vol. 195, Episteme, Valencia, 1998.

REY REGUILLO, Antonia del: "La pasión obstinada del primer cine Valenciano", en *Archivos de la Filmoteca*, nº 33, pp. 76-92, 1999.

REY REGUILLO, Antonia: "Modos de representación en el cine español de los años veinte. Cuatro ejemplos significativos", tesis doctoral, Universitat de València, 1998.

REY REGUILLO, Antonia del: "Los borrosos años diez. Crónica de un cine ignorado", Liceus, Servicios de Gestión y Comunicación, 2005.

REY REGUILLO, Antonia del: *Cine, imaginario y Turismo. Estrategias de seducción*, Tirant Lo Blanc, Valencia, 2007.

REY REGUILLO, Antonia del: "Celuloide hecho folleto turístico en el primer cine español", en REY REGUILLO, Antonia (ed.):*Cine imaginario y turismo. Estrategias de seducción*, Tirant lo Blanc, Valencia, 2007REY REGUILLO, Antonia del: "Sobre remakes ejemplares y charlotadas avant la lettre en el cine primitivo español", en *Secuencias*, nº 29, pp. 32-48, Madrid, 2009.

REY REGUILLO, Antonia del: "Segundo de Chomón, un guía turístico de cine", en *Fotocinema*, nº 7, 2013.

REY REGUILLO, Antonia del: "El estimable logro de un diletante. Sangre y arena (Vicente Blasco Ibáñez y Max André, 1916)", en *Archivos de la Filmoteca*, nº 74, 2018.

REY REGUILLO, Antonia del: "La casa Cuesta, los toros y el humor cinematográfico", en LAHOZ, J.I. (Coord.): *A propósito de Cuesta. Escritos sobre los comienzos del cine español 1986-1920*, Valencia, Ediciones de la Filmoteca, 2010, pp. 313-325.

REY REGUILLO, Antonia del: "Políticas turísticas y cine: Restauración, dictadura de Primo de Rivera y Segunda República", en REY REGUILLO, Antonia de (ed.): *La huella del turismo en un siglo de cine español*, Síntesis, Madrid, 2024, 2ª edc.

RIAMBAU, Esteve y TORREIRO, Casimiro: *Guionistas en el cine español. Quimeras, picarescas y pluriempleo*, Cátedra/Filmoteca Española, Madrid, 1998.

RIAMBAU, Esteve y TORREIRO, Casimiro: *Productores en el cine español. Estado, dependencias y mercado*, Cátedra / Filmoteca Española, MADRID, 2008.

RIBAGORDA, Álvaro: "J. B. Trend: un hispanista inglés en la Residencia de Estudiantes", en *BILE*, nº 89-90, Julio 2013.

RIBAS: Iolanda: "El papel de la distribución en Cataluña durante la Primera Guerra Mundial", en LAHOZ, J.I. (Coord.): *A propósito de Cuesta. Escritos sobre los comienzos del cine español 1986-1920*, Ediciones de la Filmoteca, Valencia, 2010.

RIBEIRO, M. Felix: *Os mais antigos cinemas de Lisboa 1896-1939. A distribuiçâo de filmes en Portugal 1908-1930*, IPC/Cinemateca nacional, Lisboa, 1978.

RIBERA, José Eugenio: Hormigón *y cemento armado. Mi sistema y mis obras*, Imprenta de Ricardo Rojas, Madrid, 1902.

RIBOT GARCÍA, Luis y DE ROSA, Luigi: *Trabajo y ocio en la época Moderna*, Actas, Madrid, 2001.

RICO SÁNCHEZ, Alberto: "Retribuciones en la Guardia Civil: 1931-1936", *Ayer* nº 71, 2008.

RÍOS CARRATALÁ, Juan Antonio: *Lo sainetesco en el cine español*, Universidad de Alicante, Alicante, 1997.

RIQUER, Borja de: "Sobre el lugar de los nacionalismos-regionalismos en la historia de España, en *Historia Social*, nº 7, 1990.

RITTAUD-HUTINET, Jacques: *Auguste et Louis Lumiére. Les 1.000 premiers films*, Philippe Sers editeur, París, 1990.

RITTAUT-HUTINET, Jacques: *Le cinéma des origines. Les frères Lumière et ses opérateurs*, Champ Vallon, St. Juste-la-Pendue, 1985.

RIVAS, Víctor: "La construcción cultural del cine: anomalías, resistencias y desvíos en Madrid en torno a 1913", Tesis doctoral, Universidad Rey Juan Carlos, Madrid, 2017.

ROCA, Antoni M. y LUSA, Guillermo: "Historia de la ingeniería industrial. La escuela de Barcelona (1851-2001)", en *Documentos de la Escuela de Ingenieros Industriales de Barcelona*, nº 15, 2005.

ROCA, Antoni M.: "Cien años del Institut d'Estudis Catalans. Sus principales contribuciones", en *Quark*: *Ciencia, medicina, comunicación y cultura*, nº 39-40, 2007.

RODRÍGUEZ INFIESTA, Víctor: "La venta de prensa en España: los orígenes del asociacionismo", en *Estudios sobre el mensaje periodístico*, nº 15, 2009.

RODRÍGUEZ TRANCHE, Rafael: "(1934-1969) CEA: Los intereses creados", en *Cuadernos de la Academia*, nº 10 (Ejemplar dedicado a: Los estudios cinematográficos españoles/coord. por Jesús García de Dueñas, Jorge Gorostiza), 2001.

RODRÍGUEZ, Anabel: "Pioneras del Cine Español", en *El Correo de Andalucía*, 31-VIII-2016.

RODRÍGUEZ, Nuria: "Hábitos de consumo y publicidad en la España del primer tercio del siglo XX, 1900-1936", en *España entre repúblicas 1868-1939. Actas de las VII Jornadas de Castilla-La Mancha sobre Investigación en Archivos*, ANABAD, Guadalajara, 2007.

RODRÍGUEZ, Nuria: *La publicidad y el nacimiento de la sociedad de consumo. España, 1900-1936*, Catarata, Madrid, 2021.

ROGER: "Crónicas catalanas" en *Nuevo Mundo*, Madrid, 22-XII-1910.

ROMAGUERA, Joaquim: "Los inicios del cine educativo y científico en el Estado Español hasta 1920. Una panorámica y algunas referencias", en LAHOZ, J.I. (Coord.): *A propósito de Cuesta. Escritos sobre los comienzos del cine español 1986-1920*, Ediciones de la Filmoteca, Valencia, 2010.

ROMAGUERA, Joaquim: *"Magí Murià, periodista i cineasta. Memories exiliat 1939/1948*, L'Arc de Bera, Barcelona, 2002.

ROMÁN, José: *Frente al lienzo,* ed La Regional, Málaga 1924.

ROMERO DE PABLOS, Ana: "Thomas Alva Edison: de la invención a la innovación, en *Temas para el debate*, nº 129-130, 2005.

ROMERO, Alfredo, SANCHEZ MILLÁN, Alberto y TARTÓN, Carmelo: *Los Coyné. 100 años de fotografía*, Diputación de Zaragoza, Zaragoza, 1988.

ROMERO, Francisco: "España no era Rusia'. La revolución española de 1917: anatomía de un fracaso", en *Hispania Nova. Revista de historia contemporánea*, nº 17, 2017.

ROMERO, Marta: "El ojo inverso: una mirada hacia el público cinematográfico", en ADELL, María, PIÑOLL, Marta y POLO, Magda: *Visiones del cine. El pensamiento cinematográfico en España: de los orígenes a los años 60 (II).*

ROSALES, Francisco José: "La lucha contra la amoralidad en la sociedad española: La Lectura Dominical frente a los espectáculos de variedades (1900-1920)", en *OGIGIA*, nº 21, 2017.

RUBIO, José Luis: "Observaciones a propósito de la etapa formativa en Barcelona de Josep María Maristany junto a Giovanni Doria (1913-1916)", LAHOZ, J.I. (Coord.): *A propósito de Cuesta. Escritos sobre los comienzos del cine español 1986-1920*, Ediciones de la Filmoteca, Valencia, 2010.

RUBIO, José: *El franquismo contra Álvaro Retana*, Renacimiento, Sevilla, 2024.

RUEDA, Luis: "Los espacios del cine en Jaen (1898-1966)", en *Boletín de Arte*, nº 37, Universidad de Málaga, 2016.

RUÍZ, Álvaro: *El Templo oscuro. La arquitectura del cine en Tenerife 1897-1992*, Gobierno de Canarias, Tenerife, 1993.

RUIZ, Ariadna: *Los cines en Sestao y sus programas de mano*, Diputación Foral de Bizkaia, Bilbao, 2018.

RUIZ BERRIO, Julio: "Las reformas históricas de las enseñanza secundaria en España", en *Encounters on Education*, vol. 7, 2006.

RUIZ DEL MORAL, Carmen: "Género chico y ocio en el Madrid de la Restauración", en *Alfoz*, nºs. 84 y 85, Madrid 1991.

RUIZ MARGARIT: "La producción nacional", en *Arte y Cinematografía*, nº 94, Barcelona, 15-IX-1914.

SADA, Javier María: *Cinematógrafos donostiarras*, Filmoteca Vasca, San Sebastián, 1991.

SADOUL, Georges: *Histoire Générale du Cinéma. 1. L'invention du cinéma 1932-1897*, Denoël, Paris, 1941.

SADOUL, Georges: *Histoire Générale du Cinéma: Le cinema devient un Art*, Paris, Editions Denoël, 1974.

SAIZ, José Ramón: *Una historia del cine en Cantabria*, Ayuntamiento de Santander, Santander, 1999.

SAÍZ, José Ramón, "Cantabria", en CAPARROS, J. M.: Cine español, una historia por autonomías, vol. I, P.Pu. Barcelona, 1996.

SAIZ, J.R.(coord..): *Los primeros rodajes cinematográficos en España*, Consejería de Cultura de Cantabria, Santander, 2005.

SAIZ, José Ramón (coord.): *La exhibición cinematográfica en España, de los barracones de feria a los palacios de cine*, Consejería de Cultura del gobierno de Cantabria, Santander, 2009.

SALAÜM, Serge: *El cuplé*, Espasa Calpe, Madrid, 1990.

SALAÜM, Serge: "Sexo y canción (prostitución y espectáculos en los siglos XIX y XX)", en *El Bosque*, nº 2, Zaragoza, mayo-agosto 1992.

SALAÜN, Serge: "El Paralelo barcelonés (1894-1936)", *ALEC*, vol. 21, nº 3, 1996.

SALAÜN, Serge: "Modernidad-vs.-modernismo. El teatro español en la encrucijada", en Javier SERRANO et alii. (eds.): *Literatura modernista y tiempo del 98*, Universidade de Santiago de Compostela, 2000.

SALAÜM, Serge: "La sociabilidad en el teatro (1890-1915)", en *Historia Social*, nº 41, 2001.

SALAÜN, Serge: "Spectacles (tradition, modernité, industrialisation, commercialisation)", en *Temps de crise et années folles. Les années 20 en Espagne*, Presses de la Université Paris-Sorbonne, París 2002.

SALAÜN, Serge: "Autopsia de una crisis proclamada", en *La escena española en la encrucijada (1890-1910)*, Fundamentos, Madrid, 2005.

SALAÜN, Serge y SERRANO, Carlos: *Los felices años veinte. España, crisis y modernidad*, Marcial Pons, Madrid, 2006.

SALAÜN, Serge: *Les Spectacles en Spagne (1875-1936)*, Presses Sorbonne, París, 2011.

SÁNCHEZ ARANDA, José Javier y BARRERA, Carlos: *Historia del periodismo español. Desde sus orígenes hasta 1975*, Pamplona, 1992.

SÁNCHEZ NORIEGA, José Luis: *Historia del cine. Teorías, estéticas, géneros*, Alianza Editorial, Madrid 2018 (tercera edición).

SÁNCHEZ OLIVEIRA, Enrique: *Aproximación histórica al cineasta Francisco Elías Riquelme (1890-1977)*, Universidad de Sevilla, Sevilla, 2003.

SÁNCHEZ RON, José Manuel: "La Junta para Ampliación de Estudios e Investigaciones Científicas, un siglo después", en *Circunstancia.* Año V- nº 14, Septiembre 2007.

SÁNCHEZ, Bernardo: *100 años luz. El tiempo del cinematógrafo en La Rioja* , Cultural Rioja, Logroño, 1995.

SÁNCHEZ SALAS, Daniel y SOTO, Begoña: "Como la vida mejor'. Prácticas de no ficción en España entre 1896 y 1931", en TORREIRO, Casimiro y ALVARADO, Alejandro (eds.): *El documental en España. Historia, estética e identidad*, Cátedra-Festival de Málaga, Madrid, 2023.

SÁNCHEZ SALAS, Daniel: "Explicar la guerra. El acompañamiento oral en la exhibición de noticias sobre la Primera Guerra Mundial en España", *en La Gran Guerra 1914-1918. La primer guerra de Les Imatges,* Museu del Cinema, Girona, 2016.

SÁNCHEZ SALAS, Daniel: "Las adaptaciones de Don Juan Tenorio de Zorrilla en el cine mudo español", *Literatura y cine: perspectivas semióticas: Actas del I Simposio de la Asociación Galega de Semiótica*, 1997.

SÁNCHEZ SALAS, Daniel: "Su majestad el cine. El teatro por horas y su recreación del cine de los orígenes", en *Cinema i teatre: influències i contagis*, Museu del cinema, Gerona, 2006.

SÁNCHEZ SALAS, Daniel: "Vigilar y castigar. La censura en España de informaciones cinematográficas sobre la Primera Guerra Mundial (1914-1918)", en *L'Atalante: revista de estudios cinematográficos*, nº 21, 2016.

SÁNCHEZ SALAS, Daniel: *Historias de luz y papel. El cine español de los años veinte a través de su adaptación de narrativa literaria española,* Filmoteca Regional Francisco Rabal, Murcia, 2007.

SÁNCHEZ VIDAL, Agustín: *El cine de Florián Rey*, Caja de Ahorros de la Inmaculada, Zaragoza, 1991.

SÁNCHEZ VIDAL, Agustín: *El cine de Chomón*, Caja de Ahorros de la Inmaculada, Zaragoza, 1992.

SÁNCHEZ VIDAL, Agustín: *Los Jimeno y los orígenes del cine en Zaragoza*, Ayuntamiento de Zaragoza, 1994.

SÁNCHEZ VIDAL, Agustín: *El siglo de la luz. Aproximación a una cartelera I. Del Kinetógrafo a Casablanca (1896-1946)*, CAI, Zaragoza, 1996.

SÁNCHEZ VIDAL, Agustín: "Panorámica sobre los orígenes del cine en Zaragoza", en *Artigrama*, nº 16, Zaragoza, 2001.

SÁNCHEZ VIDAL, Agustín: *Luis Buñuel*, Cátedra, Madrid, 2004

SÁNCHEZ VIDAL, Agustín: *Pero... ¡en qué país vivimos!*, Espasa, Barcelona, 2024.

SÁNCHEZ VIGIL, Juan Miguel: *La fotografía en España, otra vuelta de tuerca*, Ediciones Trea, Gijón, 2013.

SÁNCHEZ, Francisco M. y PULIDO, Catalina: "Cine mudo en Extremadura 1897-1914", en DE LA MADRID, Juan Carlos (coord.): Primeros tiempos del cinematógrafo en España, Trea, Gijón, 1997.

SÁNCHEZ, Jesús Ángel: "Las salas de cine en España: evolución histórica, arquitectura y situación actual", en *Patrimonio cultural de España*, nº 10, Madrid, 2015.

SÁNCHEZ, Jesús Ángel: *Inventario y selección de salas cinematográficas para elaboración de Plan Nacional de Patrimonio del siglo XX. Informe final*, Instituto del Patrimonio Cultural de España, Julio, 2021.

SÁNCHEZ, María Begoña: "La publicidad y la imagen en movimiento: primeros pasos del cine publicitario en España", en *Pensar la Publicidad*, nº 1, 2010.

SÁNCHEZ, Pablo: "Luz y movimiento. Cultura cinematográfica y nacionalismo en la España de los años veinte", en *Siglo: actas del V Congreso Internacional de Historia de Nuestro Tiempo*, coord. por Carlos Navajas Zubeldia y Diego Iturriaga Barco, 2016.

SÁNCHEZ-VERDEJO, Francisco Javier, BARRIENTOS-BÁEZ, Almudena y CALDEVILLA, David: "El mito de la femme fatale: El paso de la literatura al cine, o la subyugación irremediable del hombre", en *Unidos por la comunicación: Libro de Actas del Congreso Internacional Latina de Comunicación Social*, 2020.

SAND, Shlomo: *El siglo XX en la pantalla*, Crítica, Barcelona, 2004.

SANTA EULALIA, Mary G.: "Un inventor español del cine sale del anonimato", *Academia: revista del cine español* (Tribuna), nº 108, Madrid 2005.

SARO, Francisco: "Los cines de Melilla y la aventura de Marruecos", en SAÍZ, J.R. (coord.): *La exhibición cinematográfica en España. De los barracones de feria a los palacios de cine*, Consejería de Cultura, Turismo y Deporte, Gobierno de Cantabria, Santander, 2009.

SECALL, Esteve y FUENTES, Rafael: *Economía, historia e instituciones del turismo en España*, Pirámide, Madrid, 2000.

SEGUIN, Jean-Claude y LETAMENDI, Jon: "El Sistema Lumière en España (1896-1897)", en MADRID, Juan Carlos De la (coord.): *Primeros tiempos del cinematógrafo en España*, Trea, Gijón, 1997.

SEGUIN, Jean-Claude: *Alexandre Promio ou les énigmes de la lumière*, Editions L'Harmattan, París, 1999.

SEGUIN, Jean-Claude: "El cine en la formación de la conciencia nacional", en Nancy BERTHIER y Jean Claude SEGUIN (dir.): *Cine nación y nacionalidades en España*, Casa de Velázquez, Madrid, 2007, edición en línea.

SEGUIN, Jean-Claude y LETAMENDI, Jon: "La llegada del cinematógrafo a España (1896-1897): Metodología y esbozo", en *Secuencias: Revista de historia del cine*, nº 28, 2008.

SEOANE, María Cruz y SÁIZ, María Dolores: *Historia del periodismo en España. 3 El siglo XX: 1896-1936*, Alianza Editorial, Madrid, 1996.

SERRANO, Alfredo: *Las Películas Españolas. Estudio Crítico-analítico del desarrollo de la producción cinematográfica en España. Su pasado su presente y su porvenir*, Barcelona, 1925.

SHINER, Larry: *La invención del arte. Una historia cultural*, Paidós, Barcelona, 2004.

SHUBERT, Adrian: *A las cinco de la tarde. Una historia social del toreo*, Madrid, Turner, 2002.

SIERRA, José: *El obrero soñado: ensayo sobre el paternalismo industrial (Asturias,1860-1917)*, Siglo XXI, Madrid, 1990.

SILLS, D.L.: *Enciclopedia internacional de las ciencias sociales*, Madrid, 1975.

SIMÓN, Juan Antonio: "La marea del deporte: fútbol y modernización en los orígenes de la sociedad de masas en España, 1900-1936", Tesis doctoral leída en la Universidad Carlos III de Madrid, 2011.

SIUL: "Estrenos de la semana. En la calle de Cedaceros: El 'Salón Madrid", *¡Alegría!*, año I, nº 11, 22-V-1907.

SMITH, Ángel: "Los tipógrafos de Barcelona (1899-1914). Relaciones laborales, desarrollo sindical y praxis política", en CASTILLO, Santiago (ed.): *El trabajo a través de la historia*, Asociación de Historia Social, Madrid 1996.

SOBREVILA, Nemesio: "Un tema importantísimo del Congreso. La protección del Estado a la industria cinematográfica nacional", en *La Pantalla*, Madrid, 14-X-1928.

SOILA, Tytti (ed.): *Stellar Encounters: Stardom in Popular European Cinema*, John Libbey, New Barnet, 2009.

SORALUCE, José Ramón: "A Coruña arquitectura desaparecida los espacios del ocio", en *A Coruña arquitectura desaparecida*, La Coruña, 2004.

SOSA CORDERO, Osvaldo: *Historia de las varietés en Buenos Aires*, 1900-1925, Corregidor, 1978.

SOTO, Álvaro: *El trabajo industrial en la España contemporánea (1874-1936)*, Antrophos, Barcelona, 1989.

SOTO, Begoña: "Las relaciones cinematográficas ítalo-españolas durante el cine mudo. La trayectoria profesional a modo de indicio, el caso de

Raimundo Minguella (1876-1951)", en *Rassegna iberistica*, nº 118, 2022.

SOTO, Begoña: "Lo que de real tiene el mar. Sobre 'A tour in Spain and Portugal' (R.W. Paul / H.W. Short, 1896)". *El documental, carcoma de la ficción. X Congreso de la Asociación Española de Historiadores del Cine*, Filmoteca de Andalucía, Córdoba 2004.

SOTO, Begoña: "Lo nuevo y lo viejo. El cinematógrafo y la resistencia al cambio de los teatros tradicionales", *Cinema i teatre influències i contagis*, Museu del Cinema, Gerona, 2006.

SOTO, Begoña: "Méliès en España, a partir de lo conservado y estudiado" en *Secuencias*, nº 40, 2014.

STAIGER, Janet: "El modo de producción de Hollywood hasta 1930", en VV.AA.: *El cine clásico de Hollywood. Estilo cinematográfico y modo de producción hasta 1960*, Paidós, Barcelona, 1997.

SUÁREZ CORTINA, Manuel (ed.): *Secularización y laicismo en la España contemporánea. III Encuentro de Historia de la Restauración*, 1ª ed., Santander, 2001.

SUÁREZ CORTINA, Manuel: "La Restauración (1875-1923) en la historiografía del siglo XXI", en *Bulletin d'Histoire Contemporaine de l'Espagne* [En línea], nº 52, 2017.

SUÁREZ CORTINA, Manuel: *La España Liberal (1868-1917). Política y sociedad*, Editorial Síntesis, Madrid, 2006.

SUÁREZ, Luisa: "El cinema i la constitució d'un public popular Barcelona. El cas del Paral.lel", tesis doctoral, Universitat de Girona, 2011.

SUÁREZ, Rafael: *Cines, teatros y salones de variedades en Gijón (1896-2018*), Ayuntamiento de Gijón, 2019.

SUDRIÀ, Carles: "Los beneficios de España durante la Gran Guerra. Una aproximación a la balanza de pagos española", en *Revista de Historia Económica*, n.º 2, 1990.

TELLERÍA, Alberto: *Informe (provisional) Real Cinema*, Madrid Ciudadanía y Patrimonio, Madrid, 11-I-2020.

TEMES, José Luis: *El siglo de la zarzuela, 1850-1950*, Siruela, Madrid, 2014.

TERÁN, Fernando De: *Historia del urbanismo en España III. Siglos XIX y XX, Cátedra*, Madrid, 1999.

THARRATS, Juan Gabriel: *Los 500 films de Segundo de Chomón*, Prensas Universitarias de Zaragoza, Zaragoza 1988.

THATCHER GIES: *El teatro en la España del siglo XIX*, en Cambridge University Press, 1996.

TIMOTEO, Jesús: "Los frustrados intentos de regeneración informativa", en TIMOTEO, Jesús y otros: *Historia de los medios de comunicación en España. Periodismo, imagen y publicidad (1900-1990)*, Madrid, 1989.

TORIBIO, Núria Triana: "Miradas distintas. El estudio del cine español en Gran Bretaña", en *Secuencias. Revista de historia del cine*, nº 28.

TORIBIO, Nuria Triana: *Spanish National Cinema*, Routledge, Londres-Nueva York, 2003.

TORREBADELLA-FLIX, Xavier: "Del espectáculo acrobático a los primeros gimnasios modernos: una historia de las primeras compañías ginmástico-acrobáticas en la primera mitad del siglo XIX en España", en *Aloma*, nº 32 (2), 2013.

TORREGROSA, Marta: "Ors y Rovira, Eugenio d', en *DBE*, Real Academia de la Historia.

TORTELLA, Gabriel: *Los orígenes del capitalismo de España: banca, industria y ferrocarriles en el siglo XIX*, Tecnos, Madrid, 1973.

TOSI, Virgilio: *El cinema prima di Lumiére*, RAI TV, Torino, 1984.

TOWNSON, Nigel (coord.): *¿Es España diferente? Una mirada comparativa (siglos XIX y XX)*, Taurus, Madrid, 2010.

TOWNSON, Nigel (coord.): "España: el debate sobre la nación", en *¿Es España diferente? Una mirada comparativa (siglos XIX y XX)*, Taurus, Madrid, 2010.

TOWNSON, Nigel: "El controvertido camino hacia la modernización: 1914-1936", en ÁLVAREZ JUNCO, José y SHUBERT, Adrian (eds.): *Nueva historia de la España contemporánea (1808-2008)*, Galaxia Gutemberg, Barcelona, 2018.

TRAMULLAS, Antonio de P.: "Mis andanzas por España. En el cine mudo y en el cine parlante hace veinticinco años", en Arte y cinematografía, nº 400, 1935.

TRAMULLAS, Antonio P.: "El cine mudo y el cine parlante de hace veinticinco años. Mis andanzas por España", en *Arte y Cinematografía*, nº 400 (especial bodas de plata), 1935.

TREND, John Brande: *A Picture of Modern Spain. Men and Music*, Constable and Co., Londres, 1921.

TUÑÓN DE LARA, Manuel: *Historia y realidad del poder. El poder de las élites en el primer tercio de la España del siglo XX*, Edicusa, Madrid, 1967.

TUÑÓN DE LARA, Manuel: *El Movimiento Obrero en la Historia de España*, Sarpe, Madrid 1985.

TUÑÓN DE LARA, Manuel: Poder y sociedad en España, 1900-1931, Espasa Calpe, Madrid 1992 (1ª edc. en 1984).

ÚRBEZ, Pablo: "El cine biográfico español (1900-1939): causas de su producción y labor de la prensa cinematográfica", en *Revista Internacional de Historia de la Comunicación*, nº 18, Universidad de Sevilla, [en línea].

URÍA, Jorge: *Una Historia social de Ocio. Asturias 1898-1914*, Publicaciones Unión, Madrid 1996.

URÍA, Jorge: "Los lugares de la sociabilidad. Espacios, costumbre y conflicto social", Historia social y ciencias sociales, Editorial Milenio, Lleida, 2001.

URÍA, Jorge: "Lugares para el ocio. Espacio público y espacios recreativos en la Restauración española", en *Historia Social*, nº 41, U.N.E.D., Valencia 2001.

URÍA, Jorge: "El camino hacia el ocio de masas. Las industrias culturales en España antes de 1914", en ROSA, Luigi, de et alii: *Trabajo y ocio en la época moderna*, 2002.

URÍA, Jorge: "Cultura popular y actividades recreativas: La Restauración", en *La cultura popular en la España contemporánea: doce estudios*, Biblioteca Nueva, 2003

Jorge URÍA (ed.) *La cultura popular en la España contemporánea. Doce estudios.* Biblioteca Nueva, Madrid, 2003.

URÍA, Jorge: *La España Liberal (1868-1917). Cultura y vida cotidiana*, Editorial Síntesis, Madrid, 2006.

URÍA, Jorge: "Sobre cultura popular e historiografía española contemporánea. Algunas reflexiones, en CASTILLO, Santiago y URÍA, Jorge (coords.): *Sociedades y Culturas*, Ediciones Trea, Gijón, 2021.

URQUÍZAR, Antonio: *Historiografía del Arte*, Editorial Universitaria Ramón Areces, Madrid, 2017.

UTRERA, Rafael y DELGADO, Juan Fabián: *Cine en Andalucía*, Argantonio, Sevilla, 1980.

UTRERA, Rafael: "El concepto de cine nacional. Hacia otra Historia del Cine Español", en *Comunicación* nº 3, 2005.

UTRERA, Rafael: *Modernismo y 98 frente a cinematógrafo*, Publicaciones de la Universidad, Sevilla, 1981.

UTRERA, Rafael: "Primera crítica cinematográfica española", en *Nickel Odeon*, nº 21, 2000.

UTRERA, Rafael: "Escritores del 98: de la teoría cinéfoba a la práctica cinéfila", en MÍNGUEZ, Norberto, (coord.): *Literatura española y cine*, 2002.

UTRERA, Rafael: "Azorín, periodista cinematográfico", en Cuadernos de Eihceroa, ns.º 13-14, Padilla Libros, 2011.

UTRERA, Rafael: "Entre el rechazo y la fascinación. Los escritores del 98 ante el cinematógrafo", en UTRERA, Rafael (ed.): José Luis García Sánchez: plano detalle sobre su filmografía, Padilla Libros Sevilla, 2012.

UZQUIANO, Araceli: "Inventario-catálogo de películas de cortometraje del cine mudo español 1896-1930. Memoria final de proyecto", Instituto del Patrimonio Cultural de España, 2018.

VALLÉS COPEIRO, Antonio: *Historia de la política de fomento del cine español*, Ediciones Filmoteca, Valencia, 1992.

VALLÉS, Antonio: "Aproximación a la prehistoria de la política cinematográfica española", en Archivos de la Filmoteca, nº 6, Valencia, 1990.

VÁZQUEZ GEY, Elisa: *Anita Delgado marahaní de Kapurthala*, Planeta 1996.

VELASCO, María*: La política turística. Gobierno y administración turística en España: 1952-2004*, Valencia, Tirant lo Blanch, 2004.

VENTAJAS, Fernando: "Arquitectura y espacios para el espectáculo: hacia una historia de las salas cinematográficas en las comarcas de Guadix, Baza y Huéscar (primera parte 1896-1959)", *Boletín del Centro de Estudios Pedro Suárez*, nº 20, 2007.

VERA, Vicente: *La fotografía y el cinematógrafo*, Calpe, Madrid, 1923.

VERNE, Jules: *Le Tour du monde en quatre-vingts jours*, Hetzel, París, 1873.

VIANA, José: "Zaragoza", en *Arte y Cinematografía*, nº 94, Barcelona, 15-X-1914.

VICENTE, Fernando: "La modernidad deformada. El imaginario de bajos fondos en el proceso de modernización de Madrid (1860-193)", en *Ayer*, nº 101, 2016.

VIDEIRA, Santos, A.: *Para a história do cinema em Portugal I, Cinemateca Portuguesa*, Lisboa 1991.

VILLA, Roberto: *1917. El Estado catalán y el soviet español*, Espasa, Madrid, 2022.

VILLALOBOS, Cristobal: "Cossío en París: Unamuno y Blasco Ibáñez en el exilio primorriverista", Zenda libros, [en línea].

VILLENA, Luis Antonio de: *El ángel de la frivolidad y su máscara oscura: vida, literatura y tiempo de Álvaro Retana*, Pre-Textos, Valencia, 1999.

VIZCAÍNO CASAS, Fernando: *Historia y anécdota del cine español*, Adrá, Madrid, 1976.

VV. AA.: *Anasagasti. Obra Completa. Exposición organizada por el Ministerio de Fomento, 2 de diciembre de 2003-26 de enero de 2004*, Ministerio de Fomento, Madrid 2004.

VV.AA.: "El precio de una entrada de cine en España: 1930-2012", eprints.ucm.es.

VV.AA.: *Historia general del cine*, Cátedra, Madrid, 1998.

VV.AA.: *La construció del públic dels primers espectacles cinematogràfics*, Fundació Museu del Cinema, Gerona 2003.

WALKER, Alexander: *El estrellato. El fenómeno de Hollywood*, Anagrama, Barcelona, 1974 (1ª edc. Londres 1970),.

WALTON, J.K. y WALWIN, J. (eds.): *Leisure in Britain, 1780-1939. Manchester*, Manchester University Press, 1983.

WANAMAKER, Marc: "Los Angeles Studios of the Teens", en *Sulla via di Hollywood, 1911-1920*, Edizioni Biblioteca dell'Imagine, Pordenone, 1988.

WEBBER, Christopher: "¿Fruta podrida? Nuevas perspectivas sobre la zarzuela ínfima en Madrid (1900-1912)", en VV.AA.: *Música, escena y cine (1896-1978): diálogos y sinergias en la España del siglo XX*, Universidad de Oviedo, 2021.

WLASCHIN, Ken: *Silent mistery and detective movies. A comprehensive filmography*, McFarland & Company, Jefferson, 2009.

XIMÉNEZ, Luis: "La electricidad cambió el mundo: el caso madrileño", tesis doctoral, Universidad Carlos III, Madrid, 2013.

YESARES; R.: "Anuario de electricidad para 1901", Editorial Bailly-Bailliére e Hijos, Madrid, 1901.

ZECCHI, Barbara: *Desenfocadas: Cineastas españolas y discursos de género*, Icaria, Barcelona 2014.

ZIELNIK, F: "La estrella de cine", en *Arte y cinematografía*, nº 328, VIII-1928.

ZUMALDE, Imanol, "Asignatura pendiente. Pequeño breviario de la historiografía del cine español", en *La nueva memoria. Historia(s) del cine español (1939-2000)*, Via Láctea, A Coruña, 2005.

ZUMALDE, Imanol: "El extraño caso del análisis-Jeckyll- y la crítica-Hyde" en *Cahiers du Cinéma España*, nº 17, 2009.

ZUNZUNEGUI, Santos: *El cine en el País Vasco*, Diputación Foral de Vizcaya, Bilbao, 1985.

ZUNZUNEGUI, Santos: *Cinematógrafo. Metodologías de la historia del cine*, Festival de cine y Fundación Municipal de Cultura de Gijón, 1989.

ZUNZUNEGUI, Santos:"Elementos para una geografía de la visión: el cine mudo en el País Vasco", en *Archivos de la Filmoteca* n° 6, Valencia.

ZUNZUNEGUI, Santos: Historias de España: de qué hablamos cuando hablamos de cine español, Filmoteca de la Generalitat Valenciana, Valencia, 2002 [libro reeditado por Shangrila en 2018].

ZUNZUNEGUI, Santos y PÉREZ PERUCHA, Julio: "La línea general o las vetas creativas del cine español", *La nueva memoria. Historia(s) del cine español*, Vía Láctea, La Coruña, 2002 [hay edición posterior en Liceus, 2005].

ZUNZUNEGUI, Santos: "La crítica y los críticos", en *Cahiers du Cinéma España*, nº 17, 2008.

ZUNZUNEGUI, Santos: "A vueltas con la metodología", en *A propósito de Cuesta. Escritos sobre los comienzos del cine español*, 1896-1920, Institut Valencià de l'Audiovisual i la Cinematografia Ricardo Muñoz Suay, Valencia 2010.

ZUNZUNEGUI, Santos: "Tres tristes tópicos", en MARZAL, Javier y GÓMEZ TARÍN, Francisco Javier (eds.): *Metodologías del análisis del film*, Edipo, Madrid, 2007.

ZURITA, Mariano: *Historia del género chico*, Madrid, Prensa Popular, 1920.

3. **PÁGINAS WEB** (con las direcciones del momento de la consulta).

Academia de cine español, www.academiadecine.com

Ajumtament de Tarragona. Premsa digitalizada: https://www.tarragona.cat/patrimoni/arxiu-municipal/fons/hemeroteca-1/premsa-digitalitzada-1

Archiu de Revistes Catalanes Antigues. ARCA: https://arca.bnc.cat/arcabib_pro/ca/inicio/inicio.do

Archivo *ABC*. Hemeroteca: https://www.abc.es/archivo/periodicos/

Archivo del Sonido y de la Imagen de Mallorca. ASIM: https://www.conselldemallorca.es/es/asim

Archivo Fundación AGR: https://archivo-agr.blogspot.com/

Archivo General de la Administración: https://www.cultura.gob.es/cultura/areas/archivos/mc/archivos/aga/portada.html

Archivo Histórico Nacional: https://www.cultura.gob.es/cultura/areas/archivos/mc/archivos/ahn/portada.html

Archivo Municipal de Murcia.

Hemeroteca: https://archivo.murcia.es/fondos/Arquitectura catalana:https://www.arquitecturacatalana.cat/es

Arquitectura de Catalunya: https://www.arquitecturadecatalunya.cat/

Arquitectura de Madrid: https://guia-arquitectura-madrid.coam.org/

Asociación Española de Historiadores del Cine:https://www.historiadoresdelcine.org/

Biblioteca Digital de Castilla y León: https://bibliotecadigital.jcyl.es/es/inicio/inicio.do

Biblioteca Digital de la Comunidad de Madrid: https://bibliotecavirtualmadrid.comunidad.madrid/bvmadrid_publicacion/es/inicio/inicio.do

Biblioteca Digital de la Región de Murcia: https://www.cervantesvirtual.com/portales/biblioteca_digital_region_murcia/

Biblioteca Digital de les Illes Balears:https://ibdigital.uib.es/greenstone/library

Biblioteca Nacional de España: https://www.bne.es/

Biblioteca Nacional de España. Catálogo colectivo de publicaciones periódicas: https://www.bne.es/es/blog/recursosprensa/2012/12/18/catalogo-colectivo-de-publicaciones-periodicas

Biblioteca Nacional de España. Hemeroteca Digital: https://hemerotecadigital.bne.es/hd/es/advanced

Biblioteca Valenciana Digital. Bivaldi: https://bivaldi.gva.es/va/inicio/inicio.do

Biblioteca Virtual de Andalucía. Hemeroteca: https://www.bibliotecavirtualdeandalucia.es/catalogo/publicaciones/listar_numeros.cmd

Biblioteca Virtual de Aragón: https://bibliotecavirtual.aragon.es/es/inicio/inicio.do

Biblioteca Virtual de Castilla la Mancha: https://ceclmdigital.uclm.es/

Biblioteca Virtual de prensa histórica: https://prensahistorica.mcu.es/es/inicio/inicio.do

Biblioteca Virtual del Patrimonio Bibliográfico: https://bvpb.mcu.es/es/inicio/inicio.do

Biblioteca Virtual del Principado de Asturias: https://bibliotecavirtual.asturias.es/i18n/estaticos/contenido.cmd?pagina=estaticos/presentacion

Biblioteca Virtual de la provincia de Málaga: https://bibliotecavirtual.malaga.es/es/estaticos/contenido.cmd?pagina=estaticos/presentacion

Biblioteca Virtual Joan Lluis Vives. Hemeroteca: https://www.lluisvives.com/cataleg_hemeroteca/

Biblioteca Virtual Miguel de Cervantes:https://www.cervantesvirtual.com/

Centro de Estudios de Castilla La Mancha. Biblioteca virtual: https://ceclmdigital2.uclm.es/

Cinémathèque Française:https://www.cinematheque.fr/

Digital Library of Free & Borrowable Texts, Movies, Music & Wayback Machine: https:archive.org

Directorio y recolector de recursos digitales HISPANIA: https://hispana.mcu.es/es/inicio/inicio.cmd

Docomomo ibérico: https://www.Docomomoibérico.com

DonostiaTEKA: https://www.donostia.eus/DonostiaKultura/donostiateka//?locale=es

Electra. Publicaciones periódicas y webs andaluzas en la red: https://www.bibliotecasdeandalucia.es/web/electra/

Euskal memoria digital:https://www.euskalmemoriadigitala.eus/

Euskal prentsaren lanak:https://www.hemeroketa.eus/

Euskomedia. Cultura Vasca on-line: la Cultura Vasca en la prensa 1900-1975: https://www.eusko-ikaskuntza.eus/es/fondo-documental/cultura-vasca-prensa/

Filmoteca Canaria: https://www.gobiernodecanarias.org/cultura/filmotecacanaria/

Filmoteca de Albacete: https://www.albacete.es/es/cultura-ocio/filmoteca

Filmoteca de Andalucía: https://www.filmotecadeandalucia.es/

Filmoteca de Cantabria. Mario Camus: https://filmotecacantabria.es/es/

Filmoteca de Castilla y León: https://filmotecadecastillayleon.es/

Filmoteca de Catalunya: https://filmoteca.cat/web/es

Filmoteca de Extremadura: http://filmotecaextremadura.juntaex.es/web/

Filmoteca de Galicia:https://filmotecadegalicia.xunta.gal/es

Filmoteca de Zaragoza: https://filmotecazaragoza.com/

Filmoteca de La Rioja. Rafael Azcona: https://www.larioja.org/cultura/es/filmoteca-rioja-rafael-azcona

Filmoteca de Navarra: https://www.filmotecanavarra.com/

Filmoteca de Valencia: https://ivc.gva.es/es/audiovisuales/programacion/valencia-la-filmoteca-cas

Filmoteca Española: https://www.cultura.gob.es/cultura/areas/cine/mc/fe/portada.html

Filmoteca regional de Murcia: https://www.filmotecamurcia.es/

Filmoteca Vasca: https://filmoteka.eus/es

Galiciana. Biblioteca Dixital de Galicia: https://biblioteca.galiciana.gal/es/publicaciones/listar_cabeceras.do

Hemeroteca del Archivo Municipal de Alicante: https://www.hemeroteca-archivo-municipal-alicante

Hemeroteca del Archivo Municipal de Murcia: https://archivo.murcia.es/Inicio

Hemeroteca de la Diputación de Huelva: https://www.diphuelva.es/servicios/hemeroteca/

Hemeroteca de la Universidad de Sevilla: https://bib.us.es/humanidades/hemeroteca

Hemeroteca Municipal de Gijón: https://hemeroteca.gijon.es/

Hemeroteca Municipal del Ayuntamiento de Madrid: https://www.madrid.es/portales/munimadrid/es/AyuntamientodeMadrid/Hemeroteca-Municipal?vgnextfmt=default&vgnextoid=b8c9ba1b6bd7d010VgnVCM1000000b205a0aRCRD&vgnextchannel=2af809f68134b010VgnVCM1000000b205a0aRCRD

Ibero-Americanischis Institut:Start - Ibero-Amerikanisches Institut

Inventari del Patrimoni Arquitectònic de Catalunya (IPAC):https://invarquit.cultura.gencat.cat/simple-search

Jable. Archivo de prensa digital de Canarias: https://jable.ulpgc.es/

Javier Barreiro: https://javierbarreiro.wordpress.com/.

La Barcelona de antes: https://labarcelonadeantes.com/

Le Grimh. Groupe de Réflexion sur l'Image dans le Monde Hispanique: https://www.grimh.org/index.php?lang=fr

Library of Congress. HLAS Online: Handbook of Latin American Studies:https://www.loc.gov/ghe/cascade/index.html?appid=5898b3c035c74ee3b7480118f297ecbe

Memoria de Madrid: https://www.memoriademadrid.es/

Memoria Digital de Canarias, Universidad de Las Palmas de Gran Canaria: https://mdc.ulpgc.es/

Memoria Digital de Cataluña: https://mdc.csuc.cat/digital/custom/home

Ministerio de Cultura del gobierno de España: https://www.cultura.gob.es/portada.html

Museo de Bellas Artes de Bilbao: https://bilbaomuseoa.eus/

Museo del Cinema, Girona: https://museudelcinema.girona.cat/cat/index.php

National Museum of Photography, Film & Television: https://www.sciencemuseumgroup.org.uk/projects/bradfords-national-museum

Newark Public Library's Archival Collections: https://newarkpubliclibrary.libraryhost.com/

Prensa canaria digitalizada: https://www.ull.es/servicios/biblioteca/servicios/prensa-canaria-digitalizada/

Proyecto CARMESÍ. Catálogo de Archivos de la Región de Murcia en la Sociedad de la Información: https://www.regmurcia.com/servlet/s.Sl?METHOD=FRMSENCILLA&sit=c,373,m,139,serv,Carmesi

Real Academia de Bellas Artes de San Fernando: https://www.realacademiabellasartessanfernando.com/

Real Academia Española: https://www.rae.es/

Real Academia de la Historia: https://www.rah.es/

RTVE: https://www.rtve.es/

UCLA Library: https://www.library.ucla.edu/

9.

ÍNDICE ONOMÁSTICO

10.

ÍNDICE DE PELÍCULAS

sh